中国近代海军史事编年
（1860—1911）

姜鸣 编著

生活·讀書·新知三联书店

Copyright © 2017 by SDX Joint Publishing Company.
All Rights Reserved.

本作品版权由生活·读书·新知三联书店所有。
未经许可，不得翻印。

图书在版编目（CIP）数据

中国近代海军史事编年（1860—1911）／姜鸣编著．—北京：生活·读书·新知三联书店，2017.7
ISBN 978 – 7 – 108 – 05486 – 9

Ⅰ.①中⋯ Ⅱ.①姜⋯ Ⅲ.①海军 – 军事史 – 编年史 – 中国 – 1860—1911
Ⅳ.① E295.2

中国版本图书馆 CIP 数据核字（2015）第 221123 号

特约编辑	孙晓林
责任编辑	张　龙
装帧设计	蔡立国
责任校对	张国荣　王军丽
责任印制	宋　家
出版发行	生活·讀書·新知三联书店
	（北京市东城区美术馆东街 22 号 100010）
网　址	www.sdxjpc.com
经　销	新华书店
印　刷	河北鹏润印刷有限公司
版　次	2017 年 7 月北京第 1 版
	2017 年 7 月北京第 1 次印刷
开　本	635 毫米 × 965 毫米 1/16 印张 49
字　数	480 千字　图 194 幅
印　数	0,001 – 7,000 册
定　价	108.00 元

（印装查询：01064002715；邮购查询：01084010542）

本书献给为发展中国海军和海权

不懈努力的人们

目 录

序一 /钱 钢 ▶ 1
序二 /李鹏程 ▶ 6
自序 ▶ 9
前言 ▶ 17
例言 ▶ 19

咸丰十年庚申（1860） ▶ 1
中英、中法签订《北京条约》/ 设立总理各国事务衙门 / 曾国藩提出师夷智造船炮为永久之利

咸丰十一年辛酉（1861） ▶ 4
赫德创议购置外国火轮船 / 辛酉政变 / 清廷命速雇轮船

同治元年壬戌（1862） ▶ 7
筹划购船经费 / 议定在英购船 / 李鸿章率淮军乘轮船赴沪 / 聘用阿思本 / 确定三角黄色龙旗为国旗 / "李泰国—阿思本合同"

同治二年癸亥（1863） ▶ 14
容闳与曾国藩议设机器局 / 曾国荃拒用李—阿舰队进攻金陵 / 阿思本要挟总署 / 总署要求撤回轮船 / 改赫德任总税务司

同治三年甲子（1864） ▶ 22
湘军攻陷天京 / 遣返出售李—阿舰队舰船 / 李鸿章建议设厂造船

同治四年乙丑（1865） ▶ 26
李鸿章创建江南制造总局 / 湘军水营改为长江水师

同治五年丙寅（1866） ▶ 31
"黄鹄"试航 / 左宗棠筹建福州船政 / 奕䜣奏设天津机器局 / 沈葆桢总理船政 / 日意格、德克碑任船政洋监督 / 船政学堂开学

同治六年丁卯（1867） ▶ 37
日意格回法购买机器、雇募工匠 / 李—阿舰队案结清 / 沈葆桢释服视事 / 沈葆桢劾吴棠掣肘 / 船政第一座船台竣工 / 丁日昌倡设三洋水师提督

同治七年戊辰（1868） ▶ 45
沈葆桢奏船厂开工日期及规划 / 江南制造局"恬吉"下水

同治八年己巳（1869） ▶ 50
制造局"操江"竣工、"测海"下水 / 船政"万年清""湄云"下水

同治九年庚午（1870） ▶ 56
船政"福星"下水，改练船 / "伏波"下水 / 天津教案 / 李鸿章任直隶总督 / 李成谋任轮船统领 / 吴大廷综理江南轮船操练局 / 沈葆桢丁忧 / 制造局"威靖"竣工

同治十年辛未（1871） ▶ 62
《轮船出洋训练章程》及《轮船营规》/ 船政"安澜""镇海"先后下水 / 琉球船民事件 / 宋晋请停造船，以省糜费 /《防海新论》出版

同治十一年壬申（1872）

曾国藩临终反对裁撤船局 / 命各地分拨闽局轮船 / 船政"扬武""飞云""靖远""振威""济安"先后下水 / 左宗棠、李鸿章反对裁停船局 / 制造局"镇安"竣工 / 创办轮船招商局 / 更换三角龙旗

▶ 67

同治十二年癸酉（1873）

罗大春统领轮船事务 / 沈葆桢请免轮船官兵练习弓箭 / "建威"练习舰出洋巡历 / 船政"永保""海镜""琛航"先后下水 / 船政聘用洋员到期解散 / 制造局"驭远"下水 / 奖赏日意格、德克碑

▶ 74

同治十三年甲戌（1874）

日本侵略台湾 / 沈葆桢率舰赴台交涉 / 船政"大雅"下水 / 设广东机器局 / 准船政续造军舰 / 中日签订《北京专条》/ 第一次海防大筹议 / 金登干推荐英国炮艇

▶ 81

光绪元年乙亥（1875）

派船政学堂学生出洋游历 / 命扩大海防筹议范围 / 改"扬武"为练习舰 / 购买英国炮艇 / 清廷确定先创北洋水师，俟力渐充，就一化三 / 沈葆桢、李鸿章督办南北洋海防 / 船政"元凯"下水 / 日本出兵琉球 / 筹划海防经费 / 江华岛事件 / 丁日昌督办船政 / 南洋海防经费先供北洋使用

▶ 92

光绪二年丙子（1876）

"扬武"访日本 / 船政"艺新""登瀛洲""泰安"先后下水 / 吴赞诚督办船政 / 李鸿章寄语船政诸生文武兼资 / 第一批英国炮艇"龙骧""虎威"来华 / 赫德与金登干讨论佣金 / 派李凤苞、日意格率学生出洋留学 / 赫德推荐土耳其铁甲舰 / 制造局"金瓯"建成

▶ 104

光绪三年丁丑（1877）

第一届海军留学生出洋 / 丁日昌请购铁甲舰 / 第二批英国炮艇

▶ 114

"飞霆""策电"到华 / 李鸿章反对购土耳其铁甲舰 / 海防经费赈灾 / 李鸿章论购铁甲舰诸要点 / 船政"威远"下水

光绪四年戊寅（1878） ▶ 134

沈葆桢奏请南北洋海防经费分解 / 移海防经费办赈 / 船政"超武"下水 / 派许钤身为北洋水师督操 / 曾纪泽任出使英法大臣，李凤苞出使德国 / 对留学生评语

光绪五年己卯（1879） ▶ 148

日本吞并琉球 / 海军无力跨海远征以保琉球 / 江南提督李朝斌为外海兵轮船统领 / 各省兵轮船赴吴淞口合操 / 命李鸿章整顿北洋海防，丁日昌会办南洋海防 / 格兰特调解琉球事件 / 金登干推荐订购英国巡洋舰 / 船政"康济"下水 / 李鸿章拟购铁甲舰 / 第三批英国炮艇"镇南"等来华 / 彭楚汉总统闽局轮船 / 赫德谋任总海防司 / 崇厚擅订《交收伊犁条约》/ 黎兆棠督办船政 / 丁汝昌留北洋海防差遣 / 延聘琅威理 / 沈葆桢去世 / 刘坤一任两江总督兼南洋大臣 / 温子绍捐资自制炮艇

光绪六年庚辰（1880） ▶ 164

清廷批准购铁甲舰 / 张佩纶反对许钤身统带北洋水师 / 李鸿章请英国为中国训练海军 / 创建天津水师学堂 / 中国自制潜水艇 / "超勇"下水 / 船政"澄庆"下水 / 琉球案 / 在德定制铁甲舰 / 修筑旅顺黄金山炮台 / 葛雷森任北洋水师总教习

光绪七年辛巳（1881） ▶ 189

丁汝昌赴伦敦接舰 / 马建忠察勘旅顺口 / 山东烟台防务划归北洋大臣节制 / 吴仲翔总办天津水师学堂 / 第四批英国炮艇"镇中"等来华 / 曾纪泽为"超勇""扬威"升龙旗回国 / 赫德论控制中国海军 / 左宗棠任两江总督兼南洋通商事务大臣 / 创建天津医学馆 / 李鸿章验收"超勇""扬威"，勘察旅顺口 / 北洋安排留美幼童 / 第二届海军留学生出洋 / 丁汝昌统领北洋水师 / 奏改长方形国旗

光绪八年壬午（1882） ▶ 213

张佩纶论设三洋水师 / 葛雷森请辞 / 丁汝昌、马建忠带舰前往朝鲜，襄助签订朝美、朝英、朝德条约 / 李鸿章丁忧 / 张树声署理直隶总督兼北洋大臣 / 朝鲜"壬午之变" / 北洋军舰出兵朝鲜平乱 / 聘琅威理任北洋海军总查 / 船政"开济"下水

光绪九年癸未（1883） ▶ 231

吴全美统领广东轮船水师 / 命袁保龄、汉纳根兴建旅顺军港 / 张梦元督办船政 / 命李鸿章署直隶总督兼北洋大臣 / 订购"济远" / 何如璋接办船政 / 中法战争爆发 / 李凤苞被弹劾 / 总理衙门内设海防股

光绪十年甲申（1884） ▶ 244

李鸿章与张佩纶筹划海部 / "甲申易枢" / 醇亲王奕譞主政 / 曾国荃巡察江防 / 张佩纶请设水师衙门统管七省水师 / "南琛""南瑞"到华 / 吴大澂、陈宝琛、张佩纶会办北洋、南洋、福建海疆 / 李成谋总统江南兵轮 / 李鸿章与"清流"巡阅海防 / 张佩纶请南北洋军舰援闽，并请先发制人 / 法舰进攻台湾 / 马江之战 / 对法宣战 / 命左宗棠为钦差大臣 / 张佩纶兼船政大臣 / 吴淞堵口 / 基隆、淡水之战 / 命南北洋军舰援台 / 何如璋革职 / 聘用式百龄 / 朝鲜"甲申政变" / 许景澄受命订购新舰 / 船政"横海"下水 / 张佩纶革职发军台 / 裴荫森署理船政 / 请建马江昭忠祠 / 吴安康率舰援闽

光绪十一年乙酉（1885） ▶ 287

石浦之战 / 镇海之战 / 镇南关大捷 / 吴安康革职 / 中法议和 / 英占朝鲜巨文岛 / 中日签订《天津条约》 / 派丁汝昌带"超勇""扬威"前往巨文岛 / 孤拔病殁 / 第二次海防大筹议 / "定远"三舰启程回国 / 命再购巡洋舰 / 左宗棠病逝 / 李鸿章进京商讨海防 / 醇亲王总理海军事务，节制调遣沿海水师 / 设立海军衙门 / 李鸿章验收"定远"三舰 / 李凤苞革职 / 船政"镜清"下水 / 《外国师船图表》出版

光绪十二年丙戌（1886） ▶ 313

海防新捐展限 / 筹备"定远"三舰经费 / 刘含芳查勘胶州湾 / "横海"触礁沉没 / 第三届海军留学生出洋 / 醇亲王巡阅北洋海军 / 张之洞巡阅广东军舰 / 挪海军经费修三海工程 / 二聘琅威理 / 北洋军舰赴日本油修 / "长崎事件" / 谋修颐和园，醇王奏请恢复昆明湖水操旧制 / "福龙"到闽 / 船政"寰泰"下水 / 法商承包旅顺船坞 / 海军衙门经费 / 赫德敦促英政府协助控制中国海军领导权 / 昆明湖水操内学堂开办

光绪十三年丁亥（1887） ▶ 346

光绪帝亲政 / 长崎事件议结 / 派琅威理往英、德接舰 / 布置旅顺威海防务 / 准海军人员参加乡试 / 第三届海军留学生上舰实习 / 粤省文武员绅捐资扩造兵轮 / 设立广东水陆师学堂 / 船政"广甲""龙威"下水 / "致远"等四舰从欧洲返国 / 醇亲王病重，嘱咐"无忘海军" / 北洋向德国订购鱼雷艇料件回国组装

光绪十四年戊子（1888） ▶ 365

清漪园改名颐和园，公开施工 / 裴荫森督办船政 / 船政协造广东军舰 / 赏还李凤苞原衔翎枝 / 李鸿章验收"致远"4舰并察勘威海、旅顺炮台 / 帮办海军大臣善庆去世 / 张曜帮办海军事务 / 台湾吕家望番社起事 / 丁汝昌率带"致远""靖远"援台 / 以海军名义集款以供颐和园工程 / 派刘含芳驻旅顺，专办沿海水路营务处 / 北洋海军成军 / 批准《北洋海军章程》/ 以丁汝昌为北洋海军提督，林泰曾、刘步蟾为北洋海军总兵 / 购买"敏捷"练船 / 周馥总理北洋海军营务处 / 林绍年请停海军报效

光绪十五年己丑（1889） ▶ 380

任命北洋海军新设副将至守备各缺 / 慈禧归政 / 兵船国旗改长方形 / "龙威"试航 / "致远"等舰报销 / 船政"广庚""广乙"下水 / 修理更新南洋兵轮 / 刘公岛水师学堂成立 / 李鸿章请修改海防捐章 / 旅顺口设海军枪炮学堂

光绪十六年庚寅（1890） ▶ 397

琅威理"撤旗事件"/刘铭传帮办海军事务/卞宝第兼管船政/北洋海军接收"龙威"，改名"平远"/琅威理辞职/李鸿章验收"平远"/北洋接收"福龙"雷艇/陈湜总统南洋兵轮/设江南水师学堂/旅顺船坞竣工/总理海军大臣醇亲王奕譞去世/设立旅顺口鱼雷学堂

光绪十七年辛卯（1891） ▶ 413

船政"广丙"下水/开去刘铭传帮办海军事务/郭宝昌总统南洋兵轮船/李鸿章校阅南北洋海军/李鸿章奏请于烟台、胶州口添筑炮台/户部奏南北洋暂停购买外洋船炮二年/丁汝昌率舰二访日本/帮办海军大臣张曜去世/设立刘公岛水师学堂/庆郡王奕劻总理海军事务，定安、刘坤一帮办海军事务/旅顺船坞及船澳厂库全工告竣/新海防捐展限/裁停南洋兵轮船总统，各兵轮责成两翼长督率操练/希元兼署船政

光绪十八年壬辰（1892） ▶ 437

海军升署各缺照部章改为补授/谭钟麟兼管船政/丁汝昌率舰三访日本/黄翼升任长江水师提督/为筹"海军巨款"督抚请奖/杨岐珍任福建水师提督/刘坤一筹划南洋水师规模/船政"福靖"下水

光绪十九年癸巳（1893） ▶ 446

李鸿章与刘坤一论南洋购舰/刘含芳兼管北洋海军营务/李鸿章论日本岁增铁舰，处处胜我一筹/北洋水师天津总医院开办/严复任天津水师学堂总办/筹划北洋军舰大修

光绪二十年甲午（1894） ▶ 452

李鸿章校阅北洋海军/对海军装备落后的预感/东学党起义/朝鲜请求清政府派兵/日本组建联合舰队/清军赴朝/丰岛之战/击沉"高升"轮/中日宣战/黄海海战/恭亲王奕䜣总理海军事务/汉纳根建议整顿海军/慈禧太后六旬大庆/命马格禄帮

办海军 / 林泰曾自杀 / 边宝泉兼管船政 / 旅顺失守 / 李鸿章革职留任，丁汝昌拿刑部治罪 / 刘步蟾暂署海军提督 / 刘坤一节制关内外各军 / 日军荣成湾登陆 / 李鸿章要求保全海军战舰 / 威海防御之争

光绪二十一年乙未（1895） ▸ 528

威海守将不和 / 日军陷南北帮炮台 / 日鱼雷艇偷袭"定远" / 北洋鱼雷艇出逃 / 洋员劝降丁汝昌 / 刘步蟾自杀 / 日军猛攻威海卫，待援绝望 / 丁汝昌自杀，北洋海军投降 / 斥革海军军官 / 停撤海军衙门 / 船政"建靖"下水，后改为练船，更名"通济" /《马关条约》/ 三国干涉还辽 / 台湾军民反割台 / "飞霆"鱼雷炮舰落成 / 李鸿章入阁办事，王文韶任北洋大臣 / 准俄舰借山东胶澳暂泊过冬 / 收回旅顺 / 南洋订购"辰""宿"等鱼雷艇到华

光绪二十二年丙申（1896） ▸ 552

王文韶奏整顿布置北洋防务 / 福建船政石坞建成 / 中俄密约 / 向德订购"海容""海筹""海琛"巡洋舰 / 向英订购"海天""海圻"巡洋舰 / 裕禄兼署船政大臣 / "元凯"改练船

光绪二十三年丁酉（1897） ▸ 558

聘法人管理船政 / 船政"福安"下水 / 王文韶请量加录用北洋海军军官 / 选派第四届海军留学生 / 巨野教案 / 德军在胶州湾登陆 / 俄占旅顺

光绪二十四年戊戌（1898） ▸ 566

陈旭统带南洋兵轮 / 德租胶州湾 / 俄租旅大 / 增祺兼管船政 / 恭亲王奕䜣去世 / 英租威海卫 / "海容""海筹""海琛"回华 / 戊戌政变 / 船政暂停造船、经费解交户部 / 船政"建威"下水 / 江南水师学堂恢复招生 / "海龙"等鱼雷艇到华

光绪二十五年己亥（1899） ▸ 576

意大利索借三门湾 / 起用叶祖珪、萨镇冰 / 善联兼管船政 / 防意

战备 / 意大利放弃索要三门湾 / 命叶祖珪整顿海军 / 法租广州湾 / 李鸿章署理两广总督 / "海天""海圻"到华

光绪二十六年庚子（1900） ▸ 582
船政"建安"下水 / 许应骙兼管船政 / 义和团运动爆发 / 八国联军攻占大沽口 / 海军南下 / 慈禧挈光绪西狩 / 李鸿章接任直隶总督，与各国议和 / 撤回第四届海军留学生 / "建威""建安"拨归广东

光绪二十七年辛丑（1901） ▸ 587
景星兼管船政 / 改总理衙门为外务部 /《辛丑条约》签订 / 李鸿章去世 / 李占椿接统南洋兵轮

光绪二十八年壬寅（1902） ▸ 590
沈翊清会办船政事宜 / "开济"爆炸 / 叶祖珪参谋水陆军务 / 萨镇冰代统北洋海军 / 船政"建翼"鱼雷艇下水 / 杜业尔擅定制造江船合同 / 赔偿"高升"轮 / 收回津沽机厂船坞

光绪二十九年癸卯（1903） ▸ 595
裁停南洋军舰 / 擢用萨镇冰 / 开复北洋海军军官 / 向日本订制"江元"炮舰 / 崇善督办船政 / 撤换船政监督杜业尔 / 日俄战争爆发，清政府宣布中立 / 设立烟台海军学校

光绪三十年甲辰（1904） ▸ 600
"海天"触礁沉没 / 裁福建水师提督 / 叶祖珪总统海军 / 向日本订制"湖鹏"等雷艇，"楚泰"等浅水炮舰

光绪三十一年乙巳（1905） ▸ 603
整顿江南制造局 / 叶祖珪去世 / 萨镇冰补授广东水师提督 / 日俄订立《朴次茅斯和约》，俄将旅顺口、大连湾转让日本 / 向日本订制"江亨"等炮舰

光绪三十二年丙午（1906） ▶ 608
周馥请将南北洋合为一军 / 清政府厘定官制，兵部改陆军部，海军事务暂归陆军部办理 / 派遣赴日海军留学生

光绪三十三年丁未（1907） ▶ 611
"楚泰"等军舰到华 / 陆军部设立海军处 / "海容"等舰出巡南洋各埠 / 船政停办 / 重建海军计划 / 整饬长江水师 / 派遣海军留英学生

光绪三十四年戊申（1908） ▶ 616
派舰巡历南洋 / 美国"大白舰队"访问厦门

宣统元年己酉（1909） ▶ 621
派善耆等筹划海军 / "飞鹰"到东沙调查 / 载洵、萨镇冰充筹办海军大臣 / 设立筹办海军事务处 / 萨镇冰任海军提督 / 设立巡洋、长江舰队 / 奏定海军官制、海军旗式官服 / 载洵、萨镇冰赴欧考察海军 / 赏海军留学生严复等进士、举人 / 陆军部奏定水师事宜划归海军事务处管理

宣统二年庚戌（1910） ▶ 629
设立海军处各司和海军警备队 / 开复丁汝昌 / 载洵、萨镇冰访美购舰 / 设立海军部 / 萨镇冰统制巡洋、长江舰队

宣统三年辛亥（1911） ▶ 635
"海圻"访英、美、墨西哥、古巴 / 任命海军部官员 / 拟定海军部官制职掌 / 同盟会员刺杀李准 / 武昌起义 / 萨镇冰率舰抵汉口与革命军作战 / 黎元洪劝降萨镇冰 / 海军起义

附表 ▶ 645
附表一　北洋海军舰只表（1894） ▶ 646
附表二　南洋兵轮船表（1884） ▶ 650
附表三　南洋兵轮船表（1891） ▶ 651

附表四　船政兵轮船表（1884）　▶ 653
附表五　广东水师兵轮船表（1891）　▶ 654
附表六　巡洋舰队舰只表（1911）　▶ 657
附表七　长江舰队舰只表（1911）　▶ 658
附表八　江南机器局造船一览表　▶ 660
附表九　福建船政造船一览表　▶ 661

附图　清末海军舰只舰体线图　▶ 665

"万年清"级炮舰／"操江"级炮舰／"福星"级炮舰／"伏波"级炮舰／"扬武"级巡洋舰／"金瓯"炮艇／"龙骧"级炮艇／"飞霆"级炮艇／"镇东"级炮艇／"镇中"级炮艇／"超勇"级巡洋舰／"定远"级铁甲舰／"济远"级穹甲巡洋舰／"开济"级巡洋舰／"致远"级穹甲巡洋舰／"经远"级装甲巡洋舰／"南琛"级巡洋舰／"平远"级巡洋舰／"福龙"鱼雷舰／"左队一"级鱼雷艇／"广乙"级巡洋舰／"飞霆"号鱼雷炮舰／"海天"级穹甲巡洋舰／"海容"级穹甲巡洋舰／"联鲸"号炮舰

主要参考文献　▶ 691
人名索引　▶ 703
舰船索引　▶ 739

序 一

钱 钢

本书作者造过飞机——作为飞机制造厂的工人;"造"过军舰——以业余设计者身份参与为中国军事博物馆制作了北洋海军"定远"舰模型;他参加过政治体制改革的实际运作——在上海市委组织部任职期间曾长时间为"公务员制度"方案的出台奔波,而当他最终完成这本《中国近代海军史事日志》(即今本《中国近代海军史事编年》1994年版,下同——编注)的时候,他正在他管理的一个证券业务部的电脑系统前注视着久"熊"不"牛"的股市行情:这是1994年。100年前,岁在甲午,发生了那场著名的海战。

1986年初夏某夜,几位来京参加政治体制改革研讨会的上海朋友聚集我家,慷慨激昂地谈论"企业家集团""知识分子独立人格",话题不知怎么移到了中国近代史。一脸机灵的复旦历史系毕业生姜鸣,用他那清脆悦耳的上海普通话说起1884年中法马江海战。说起愚守仁义道德的福州军政大员在法军的最后通牒面前如何无知无措:

"他们很Gentleman的!"姜鸣镜片后的眼睛在谈笑婉讽时眯成细缝,"派人给法国人送信,说对不起,我们还没准备好,请于明天下午开战!送信的鱼雷艇刚接近法国军舰,法国人突然开火……"

大家笑。随即是久久的叹息。那晚的谈话对我的写作方向有重要影响:作为军事记者和作家,我把视线从当时的军队改革转向百年前的烽烟。那是"全景式社会问题报告文学"的波峰时期,我被一位同道称为"坐冷板凳的人"。在姜鸣的激励和帮助下，我开始搜集资料写作纪实文学《海葬——大清国北洋海军成军一百周年祭》，而他则一边潜心研究"公务员制度改革"，一边醉心于写作他的史学专著《龙旗飘扬的舰队》和《中国近代海军史事日志》。

一种深深的悲剧感因着现实的镜照而紧紧攫住了我们。姜鸣在给我的信中写道：

> 历史确实是面镜子。在最近十年中，我们飞快地把过去一百多年所走过的道路又回溯了一遍。当我们从镜子里看到这样一种影像，便不禁哑然失笑。一百多年来，一代又一代中国人在探索着，谈论着，冲击着，这样的过程还要延续下去。作家的笔应当如实记下这种拼搏，而历史学家，还要从正面到背面，去剖析发展的规律。搞历史的人，有时很豁达，说，哦哦，这事，古已有之。有时又很苦闷，觉得路太难走了，中国太苦了，怎样才能走出周而复始的循环，进入幸福的乐园呢？……

中国近代海军史是一个灼人的话题。从1986年到今天，倏忽八年，如白驹过隙。我们被命运的潮水所裹挟，很少再有机会滔滔不绝地谈论李鸿章谈论铁甲舰谈论刘公岛……或是一同去北京故宫乾清门前寻访军机处遗迹去煤渣胡同寻访旧日的海军衙门……但那个灼人的话题何曾有一日离开我们？这些年，我们更多的不是在"说"，而是在"做"：姜鸣在市场经济的前沿——金融界弄潮，我办报办刊，做了些事倍功半甚或功亏一篑的艰难试验。也许正因如此，我们对那段历史有了更"刻骨"的理解？

很长一段时间，谈及中国近代史，在我们眼前出现的就是四幅具有递进意义的定格画面：

第一幅：洋炮前站着花翎灿烂的清朝大员（这被朋友们概括为"器物技术层面的改革"）。

第二幅：戊戌六君子在北京菜市口慷慨就义（——"在体制内进行的制度层面改革"）。

第三幅：武昌起义的新军在开火（——"推翻旧体制的制度层面的革命"）。

第四幅：高喊"打倒孔家店"口号的五四青年（——"文化层面的变革"）。

在谈论中国现代化声浪最高的那些日子里，我们对前辈改革者投去无情审视的目光。历史被我们切割成不同的方块，最受诟病的就是那洋务运动——所谓技术层面的改革。那焦灼应被理解：俟河之清、人寿几何？我们不愿再重绕历史的旧圈，渴望一步到位，从根上清除窒碍现代化的病源。

但今天，在负重跋涉、艰撑苦斗后的短暂喘息中，我面对姜鸣的《中国近代海军史事日志》，却有新的感受油然而生。是的，这是一部史事编年，没有文学家的激情，也没有思想家的宏论，它只提供事实，原始形态的事实。我们"现代化情结"深重的焦灼者们不曾抑或不屑去发掘的这些浩繁的事实，使我对过去产生那四幅定格画面的思维方式开始怀疑。

1993年秋游历德国，我曾为慕尼黑的德意志科学技术博物馆所感动。它充满了作为审美对象的"技术"：人类要行走，那么路是怎么出现的？桥是怎么出现的？马车、自行车、火车、轮船、飞机又是怎么出现的？一个个寻常的事物，被溯源，被解析，成为智慧的史诗。无数欢乐的孩子在星期天叽叽喳喳涌向这里（我想到我们的孩子涌向街上的电子游戏机房），好奇地看潮汐发电的演示，看高速公路的施工模型和沥青配方，看一代代汽车的发展史——从1886年的"奔驰"到本世纪初的"奥迪""大众"……当看到一位严肃的老人在不惮其烦地给孩子讲解，我几乎落泪。有些事是不奇怪的，我想。什么叫"强大"？大而无当高而无当永远也"强大"不了……

《中国近代海军史事日志》强化了我的这一印象。剖省洋务运动是"皮毛改革"，绝不应当成为人们鄙薄"技术层面"的理由。中国近代海军史充满了不应被忘却的"技术"成就，洋务运动时代甚至可以说是中国弃旧图新的一个巅峰时代。只要想一想中国人1840年、1860年还在干什么，那么，1886年在渤海湾出现的，几乎全部由留洋年轻中国军官用英语口令指挥的北洋舰队，就不是可任后人随意轻慢的。事实上，1994年中国全方位推进体制改革的过程中，有识之士已在为"技术层面"的滞后而焦虑。中国奇缺掌握新体制操作技术的人才，960万平方公里的改革大工地上有众多设计师而奇缺施工员——奇缺称职的律师、税务官、公务员。

这不很奇怪吗？现代中国焦灼的改革者从来都是疾呼"体制滞后""观念滞后"，现在忽然发现技术层面同样乏善可陈。洋务运动的确有未能超出"技术"的眼界的问题，但现代人即使有了超拔高远的眼界，却仍需从技术层面做起——没有技术的推进，同样谈不上体制的变革，文化的更新。100

多年前，中国的改革从"技术层面"切入，然而时至今日——时至高科技已在越来越深刻改变人类社会发展趋向的世纪之交，对技术的崇尚，对讲求"实证""精准""客观"的科学理性的追求，还远没有蔚为我们全民族的风气。从这个意义上说，读读中国近代海军从毛细血管到骨骼到肌肤艰难发育的史实，绝非多余。

历史不能割裂，一如"技术""制度""文化"无法断然切分。100多年前，铁甲舰给中国载来的绝不只是"技术"。外来制度和文化的萌芽，从"数字管理"的程序、因巨大补给需求而对经济发展的推动、某些留洋海军军官的生活方式（如刘步蟾禁止家人缠脚），乃至最初的理性精神，无不与技术如影相随。可是人们为什么又常常割裂了它们？

言体制言文化而轻技术，是一种割裂；因环境因某种心态只言技术讳言制度和文化，是另一种割裂。涛声喧嚣的年代，"制度决定论"和"文化决定论"使一些知识分子焦灼激进，自不待说；而"技术"也常反过来在退潮时成为弱者的一条逃路，成为让知识分子束手就擒的麻药。在中国，激进和保守，常常就这样交相刺激，互为因果。正是这些殊途同归的"割裂"，造成历史的虚无，使中国近代史在我们眼前只剩下失败者的残鳞败甲。我们对先人有太多的纠问，太多的抛弃，太多的肢解和各取所需——可是我们没有"取"来今日中国改革所亟须的精神驱动力。

这精神驱动力何在？

当我抛开抽象的理念，感性地沉浸到《中国近代海军史事日志》用事实、用细节甚至用军舰的参数诸元构成的"海洋"中，以审美的态度面对中国近代史时，我真切切触摸到了这精神。它的确活生生地存在：在洋务派官僚"天下事穷则变，变则通"的疾呼声里，在中国人建造的第一艘蒸汽明轮船"黄鹄"号首航长江的轰鸣声里，在福建船政学堂拖着长辫研习欧几里得几何学的中国学童专注的神情里，在英国皇家海军学院中国留学生的勃勃英姿里，在和父亲一起参与过"黄鹄"号制造、又担负赴德订制"定远""镇远"铁甲舰重任的徐建寅，最后因试制无烟火药而牺牲的辉煌爆炸中……这是中国的改革先行者们留下的以豁达、开放、坚韧为特征的精神遗产。

一方面是文化的衰落所引起的各种灾难，另一方面却是这个古老文化自强不息、更生自新的可歌可泣的惊人努力。近代中国这具有悲剧意味的二重组合，被美国历史学家费正清称之为"一个真正令人感动的人的故事"，"人类最伟大的戏剧性所在"。历史是整体。整体的历史中有群体的生命力。这曾经存在的生命力，对我们今天的改革，远比李鸿章的历史局限、西太后的褊狭自私以及甲午战败的奇耻大辱重要。它是我们重铸民族魂魄的精神矿石。

这魂魄必须重铸。走向21世纪的中国，最需要的不是梦回汉唐，而是"更生自新"，不是从废墟上拣拾古老伦理信条，而是从历史进步的推动者——包括在技术、制度、文化各个层面奋起自新，躬行改革，甚至献出鲜血和生命的一代代志士仁人身上，汲取建设一个健康、自信、有尊严的强大民族的生命遗传信息。"整体改造中国"，在这伟大抱负激励下的我们，当勇毅而不浮躁，隐忍而不苟且，"经世致用"而不"急功近利"，"多研究些问题"而绝不淡忘甚至丢弃"主义"——剑及履及，从建构文明的一木一石着力，一厘米一厘米，甚至一毫米一毫米地进取。

《中国近代海军史事日志》的作者是一个被激情支撑的务实主义者。我这样说，实在是因为今天太少具有理想主义色彩的行动家与知行合一坚韧实行的理想主义者。姜鸣治史，从不靠简单地寻章摘句、微言大义、类比附会、对号入座来讨巧或追求轰动；他重考据，重踏勘，重历史人物的生活氛围和生存状态（从书中绘制的军舰图纸可见一斑）。姜鸣置身改革运作，则无论政治学、行政管理学、经济学皆悉心探究。他曾获得全国人才研究新秀奖、上海社联优秀学术成果奖；1994年初，他还作为金融行家，口若悬河地回答我一度所主持的《三联生活周刊》的记者关于"暴利状况改变后的深、沪股市变化趋向"的电话采访。

这是1994年。100年前，岁在甲午，发生了那场著名的海战。

姜鸣的《中国近代海军史事日志》是一份纪念。

我们今天所有成功或失败的改革实践，都是躬行者的纪念。

1994年5月16日于北京
三联书店《三联生活周刊》

序 二

李鹏程

带队完成第十六批亚丁湾护航和出访非洲八国任务返回青岛后,我接到了姜鸣兄的电话,听到了久违而亲切的声音。他一则祝贺我们回航,二则提出任务,约我给修订版的《中国近代海军史事日志》作序。受此重托,我有激动,更多的是忐忑不安。中国近代海军史事浩繁,甲午海战落败殇国泣血。史不敢忘、言不敢妄,不知我能否为史书序、为忠魂歌。

我和姜鸣是2002年认识的,那时读了他的著作《龙旗飘扬的舰队》,看了他发表在《舰船知识》等杂志上的诸多文章,深深为之感动。他不是军人,却有军人的情怀;他任职企业,却醉心于史海;他人在上海滩,却眼放各大洋。我通过《舰船知识》杂志社的田小川、宋晓军,与姜鸣取得了联系,当时主要是想有机会能够面对面地学习请教,不成想后来我们成了无话不谈的好朋友,成了相知相惜的好兄弟,更因为有着热爱海军、建设海军的共同理想而成了"好战友"。无论我在青岛、天津还是北京工作,我们始终保持着密切联系,只要有机会,都会相互看望,言欢长谈。当读到各自喜爱的好书时,我们还会相互推荐,甚至专门寄去。就是从他那里,从他的《中国近代海军史事日志》(1994年版)中,我了解到中国近代海军曲折发展的许多鲜为人知的历史往事。

读史明智。姜鸣的《中国近代海军史事日志》,用一年一年、一月一月、一天一天的记事,勾勒编织出中国近代从筹议海防到组建海军的历史过程。

初读此书，便觉姜鸣严谨的学风跃然纸上。从政治家的谋划，到舰艇的购买建造、海军军官的培养、海军基地的建设，以及一次又一次的战争，呈现出清末海军发展的完整历史。编年体的写作是冷静而简略的，没有多余的主观描写，读者却从这冷静和简略里面，读到事件的内在逻辑，人物的思考践行，战场的刀光剑影。全书读来，再现的是那国破飘零的沧桑历史。

今年是甲午战争爆发120周年。作为中国海军军人，对这段历史我有很多感叹，但更多的是沉重，是屈辱。120年前的那场战争，败得让人不堪回首，痛得让人锥心刺骨。一场战争，将一个庞大的帝国推向历史的深谷。我每次率舰出海，黄海古战场是必经之地，硝烟散尽，国耻犹在；殷鉴不远，知耻后勇。每次与姜鸣聊及此事，常嗟叹不已，心绪难平——挨打是因为落后，被打败是因为自己不争气。总结历史教训，我们看到，甲午之败是海洋观念之败。血的教训证明了面向海洋则兴，放弃海洋则衰。海权是决定国家和民族命运的重要因素，是国家综合国力的战略依托和潜力所在。洗刷那段曾被欺凌的血泪历史，唯有发奋努力，强国强军，实现中华民族的伟大复兴。

今天，我们的国家，我们的海军，都已经发生了翻天覆地的变化，在刚刚过去的九个月前，我率领海军"盐城"舰、"洛阳"舰和"太湖"舰，执行第十六批亚丁湾护航，并进入地中海，为运输销毁叙利亚化学武器船只护航。此后，中国海军编队还对突尼斯、塞内加尔、科特迪瓦、尼日利亚、喀麦隆、安哥拉、纳米比亚、南非等非洲八国进行正式友好访问。中国军舰行驶在印度洋和大西洋上，执行国家使命，显示出人民海军的发展和壮大。中国的海军发展，是一个延续的过程，从昨天，到今天，再走向明天。对于正在高速发展的国家来说，我们比任何时候，都更感到必须树立新型海洋观，大国的崛起就是海洋强国的崛起。中国要坚定不移地发展海军，努力建设一支与海洋强国地位相衬的强大海军。

得知姜鸣兄之书修订出版，我非常高兴，这是一份对先行者的纪念，也是一份对后来者的追问。我深知，以一己之学识，为此书作序，实有史重言轻之嫌，且有钱钢先生之序在先。作为军人，甲午之痛在我心底是最沉痛又最敏感的记忆，我不愿轻易叙说这段曾被欺凌的历史，更愿用挥戈逐马的豪情祭奠忠魂。姜鸣兄为史著书、警醒后人的历史责任感，让我不得不提笔，一抒胸怀。

马克思曾说，如果一个国家真正感到了耻辱，那它就会像一只蜷伏下来的狮子，随时准备向前扑去。现在的中国已经不是任人宰割的时代，我们期望和平，但如敌人强加战争于我，我们必将用血和钢来洗刷那跨越世纪的耻辱。

这正是我们的渴望。

2014年9月17日于青岛

自 序

  我说不好自己是怎么会迷上海军史的。我没有当过一天兵，家族里也没有军人的血缘背景，许多朋友向我提出这个问题时，我只能笼统地说，这是一种兴趣吧。

  回想起来，几乎每个男孩，都有过对军舰、大炮、飞机着迷的经历。我开始迷恋军舰，是在1965年"八六海战"之后。那时，我刚上小学。大家把小炮艇打败猎潜舰的故事听了一遍又一遍，又看了电影《海鹰》，心中充满了英雄主义的激情，经常步行十几里路，到南京西路"翼风航模商店"去买制作舰艇模型的木料和胶水，把断钢锯条磨制成锋利的小刀，认真地制作船模。还到处收集关于军舰的图片资料。邻家孩子有本旧杂志，上面刊有1956年苏联太平洋舰队"德米特里·巴日尔斯基"号巡洋舰访问上海的照片，这成了我们研究外国军舰的宝物，也是我第一次看到三联装的主炮塔，从此意识到巡洋舰的凛凛威力。那会儿，我做了艘鱼雷快艇，邻居孩子做了艘"里加"级护卫舰，大家玩得很开心。

  我的少年时代是个没有书读的年代。往前推溯若干年，出版社也只出版介绍苏联海军的读物。所以，我当时对西方海军几乎一无所知。70年代初，我随母亲下干校，那里的图书馆尽管堆满了从各机关集中起来的书籍，我能读到的，仍是苏联人编写的从彼得大帝创建俄国海军到十月革命后红军舰队击败进攻喀琅斯塔得要塞英国舰队的故事。在反复放映的电影《列宁在十月》里，我有机会看到"阿芙乐尔"号巡洋舰发炮的雄姿。1977年重映《甲午风云》，我看到电影里的邓世昌在"致远"舰望台上披着斗篷，举起指挥刀，发出气壮山河的最后命令"撞沉'吉野'！"时，激动得血脉偾张、热血沸腾。

中学毕业后，我进了一家航空工厂，参加制造我国第一架大型喷气式客机。天天在飞机上钻来爬去，摆弄驾驶盘、襟翼、副翼、方向舵、升降舵之类玩艺儿，自然也关心中国的军事工业。我从《航空知识》一直读到《简氏飞机年鉴》，把美国、苏联的飞机性能指标背得滚瓜烂熟。想到中国主战飞机与国外的差距，便黯然神伤。听说要进口英国"鹞"式飞机的传闻，就禁不住怦然心动。空闲下来时，工人们常常放言阔论国际关系和国防战略，虽非肉食者，却不乏闪光的真知灼见。我也爱掺和其中，以为天下兴亡，匹夫有责。我相信，如我从小开始从未有人着意灌输的那种期望富国强兵的潜意识，显然是多数国人皆有之，且是从古到今贯穿之的。

1981年底，我在复旦大学历史系读二年级。大约是我在听沈渭滨师讲授中国近代史课时喜欢频频发问的缘故吧，有天课后，沈师把我叫住，问我晚上是否有兴趣参加一个学术聚会，我自然说可以。当晚我便按照沈师告诉的地址，找到学生俱乐部二楼的某个房间。原来，沈师有意在中国近代军事史荒疏的处女地中独辟蹊径，正指导几位志同道合的青年教师和高班学生做专题研究。那时四年级的刘申宁兄，担任校学生会副主席，属校内知名人士，在俱乐部里独占一屋，这次便借他的宝地来作学术活动场所。我津津有味地听了申宁兄作的关于江南机器制造局武器生产的报告，郭太风兄作的关于清军粮饷制度的报告，以及沈师对近代军事史宏观研究的演讲。接着，沈师问我是否有兴趣研究近代军事史中的某个分支课题？我脑中的军舰飞机记忆在一刹那间全部复活，毫不犹豫地表示同意。由于觉得空军历史实在太短，于是选择了海军史，当我从俱乐部出来的时候，心里有种畅快的感觉，对着清冷的满天星斗作了个深呼吸。但我当时未想到，后来我会在这个研究领域倾注如此多的精力。

从大二便进入专题研究，似乎早了些。但80年代初，校园里正弥漫着读书气氛。莘莘学子都想把被耽误的时间补回来，写论文搞创作都是文科生的时尚。不能发表，贴在墙上也很满意。交谊舞刚开始流行，且被限制在周末。谈恋爱为校规严禁。到校外"扒分"，更是闻所未闻。每天晚饭后，图书馆门前照例挤得水泄不通。为争夺阅览室的座位牌，几乎可以打架。我就是在这样的背景下，"投奔怒海"。

刚开始研究时，沈师给我定了个指标：用十年时间写出一部高质量的海军史专著。同时又做规定：从专题研究入手，先做大事记和资料长编。没有完成大事记和资料长编不写论文，没有完成一定数量和质量的专题论文不写专著。从此，我便在中国近代海军史的研究领域中开始了艰辛的耕耘。

历史犹如散落在沙滩上的破碎镜子，赶海者不用太费力便能拣到一些残片。在不同的光线下，镜片都折射着熠熠光彩。问题是，当细碎的镜片与石英砂混杂的时候，赶海者能收拢多少残片并在多大程度上复原那面镜子？收集是复原的前提，靠的是勤奋；复原是收集的成果，凭的是智慧。而复原的目的，则是为了给现实提供借鉴。夫子们教诲说："板凳要坐十年冷，文章不说一句空"，讲的就是这个意思。在一个相当长的时期里，我几乎所有的业余时间都泡在图书馆，从《大清德宗景皇帝实录》和《李文忠公全书》入手，对浩如烟海的史料进行爬梳，以建立自己对中国近代史的直接感受。啃书本是很枯燥的。悬梁刺股，只是种形容。放弃中午休息，抱着书本忍不住打瞌睡，却是人之常情。复印对穷学生是奢侈享受，大量文献只能手抄。好在当时复旦图书馆对清末的线装书控制得还不太紧，只要有复本，学生也能借走；孤本书可以调到阅览室去看。《清实录》嘉业堂抄本，属于复图的宝物，备战备荒时被装箱，后来不再开启。但有台湾华文书局的影印本，使用反更方便。这种研究条件，至今仍使我怀恋。记得高班某兄认真钻研了几年《李文忠公全书》后，不无得意地向我宣称：那些研究甲午战争的先生，其实没有认真通读过《李集》。《李集》里蕴含着丰富的宝藏，足以重写历史，足以向学界前辈挑战。此话说过，转眼十余年矣，我自己早已离开学界，也未与某兄互通音问，不知他境况如何。但回想起他那时的野心，确也觉得孟浪有趣和纯真可爱。

我不敢生取巧之心，只有埋头读书。倒不是书中有黄金屋颜如玉，而是从枯燥乏味的字纸中看出了趣味，看出了一段段活生生的故事和一个个水灵灵的人物，按照自身的逻辑在喜怒哀乐，在寻求发展，在思维决策。不管是大人物还是普通人，都和今人有相通之处。中国人的民族秉性和思维特点，如同遗传密码，会在冥冥之中发挥潜移默化的作用。过去中国走过的道路，决定了未来中国的发展。所以，我渐渐形成了自己的历史观，以为后人应当设身处地理解先人、再现先人，研究他们的思维逻辑、强点和弱点，以及这一切给历史带来的影响；而不是随心所欲地曲解先人、强奸先人，把他们当作表述自己观念的传声筒。这个观点自然算不得新潮，但真正以此指导学术，说真话，抒真情，不欺世，不欺己，却是很不容易的。

1984年5月，在我大学毕业之前，《复旦学报》发表了我的首篇论文《北洋购舰考》。同时，我在最后一个学期，按照毕业论文的要求，写成了两篇论文：《北洋海军训练述论》和《北洋海军经费初探》，并一直在做海军史大事记。留校执教后，我住单身教师宿舍。不论寒暑，不问气候，每天早晨7点15分起床。漱洗完毕，背上书包，拿上一个碗袋，先去食堂吃早饭，再去图书馆看书。中午11点45分，去吃午饭，12点15分又回图书馆。晚5点，吃晚饭，踏着校广播台播出的音乐节拍散步。至6点，重返图书馆，直至9点45分，工作人员打铃，才拖着疲乏的步履回宿舍。只要没有会议，没有课程任务，天天如此，周而复始。就是在这段日子里，我完成了一堆海军史论文和本书的初稿。生活很平静，但很充实。同时，我还大量阅读海军史料以外的书，对我影响最大的，是黄仁宇的《万历十五年》和威廉·曼彻斯特的《光荣与梦想》。我钦佩黄仁宇对体制及操作层面的独到思考和曼彻斯特结构浩瀚史料、再现社会生活场景的天才。

平心而论，我以为自己是个能耐寂寞、能坐冷板凳、能吃苦做学问的人。但我又是个理想主义者，总有轰轰烈烈做番事业的雄心，总想多涉猎人生，以使有限的生命更丰富多彩。记得还在工厂的时候，几位师傅劝我不要考大学，以为读书必定吃亏。我谢绝了他们的好意。我说，我想读大学，并不是为了摆脱工人身份。而是4年的工厂生活，已经使我看到了继续待在厂里，30年后大概是什么模样。同样，留校当教员，虽然正是我毕业时的强烈愿望，但当这个愿望实现之后，也立即使我看清了生命的终点——矻矻碌碌，从助教爬讲师、爬副教授、爬教授、爬博士生导师。我相信，这确是条灿烂光明的路，但何尝又不是条泥泞艰辛的羊肠道呢？4年的专业训练，使我深爱历史这门学科，但一个优秀的史家难道就非一辈子待在象牙之塔里吗？我不相信。所以，当一年后，市里机关来校调我的时候，我立即就走了，没有犹豫。

离校前，我应当时在上海市人事局工作的唐克敏兄之约，写了篇论文：《劳动者应当有权选择自己的职业——试论人才流动中的一个基本理论问题》，首次提出择业权的概念。文章指出："在打破了人身依附关系的当代社会，任何人，任何单位或组织，都无权把劳动者终身禁锢在一个特定的岗位上，无权拒绝劳动者要求变换工作环境和兴趣、要求辞职的权利。有无择业权，是衡量一个社会文明程度的重要标尺。"论文在国家人事部召开的全国人才交流理论讨论会上宣读，引起了一番争论，但受到广泛好评，并使我获得全国十家人才刊物联合评出的"人才研究新秀奖"。文章反映了我当时对人的生存权的思考。我相信，在一个健全的社会，人们可以同时扮演多种社会角色，比如，我即使到了机关，依然可以做历史学家，而不必做一个职业官僚。

我初进机关那几年，工作极为繁忙。但是，就在工作最为紧张的时候，我也始终没有忘记1981年底，一个历史系学生向老师做出的承诺。承蒙我的领导——张序敏、沈懋兴先生的关照，我依然能够参加各种学术活动。1986年底，我出席了全国第一届中国近代军事史讨论会。会上，学术界的朋友们建议我，应当开始撰写中国近代海军史专著了。军事科学院的张一文先生，还聘我担任《中国军事百科全书》中"清末海军"条目撰写人。我非常感谢他们的厚爱和器重。正是在北京西山娘娘府军科招待所，我作出了决定：从明年1月1日起，开始写作中国近代海军史。每天写1000字，不管时间多紧，也要完成这部著作。

离开复旦后，我一直过着两栖生活。结束了白天工作后，我的风帆就在历史的海面上巡洋，查阅、考证、写作。两者间的距离是那么遥远，却又那么贴近。困难首先表现为时间和资料，更深层次的则是洞察力和识见。研究近代海军史的过程，其实也是我对整个中国近代史乃至中国社会的思辨过程。中国近代海军从创建到失败的历史教训，总使我的心灵震颤不已。随着深入地钻研，我逐渐形成了自己的见解。我觉得自己像是个掘宝人，手中的洛阳铲已经从地底掏出了宝物的碎片。

用了一年半的夜晚和星期天，我完成了《龙旗飘扬的舰队——中国近代海军兴衰史》的初稿。又经历了一年有半的磨砺，这部专著终获出版。在我困难的时候，许多朋友向我伸出了友谊之手，使我终生难忘。获悉该书出版，赵启正部长亲自撰写了推荐书评。上海历史学会专门召开了书评会。一位素昧平生的留学生给我来信，告之美国斯坦福大学胡佛东亚图书馆收藏了此书，以及他读该书的体会。更有我的同事姚晓亭君，认真对《龙旗》全书作了详尽的批注，使我得益匪浅。中学高班学长马逸群博士，在挪威从事用电子衍射作材料结构研究的同时，也多次给我来信，从中国人的文化心理，探讨近代化失败的教训，使我深受启发。

接着，在杨志本同志的推荐和张炜女士的直接操作下，海军学术研究所内部印行了我的《中国近代海军史事编年》。未久，我离开工作了七个年头的机关，转入公司。

进入90年代后，中国社会发生了巨大的变化，从大学到社会底层，到处充满了躁动和不安。市场经济和发财成为社会关注的主题。听说我去经商，朋友们议论纷纷。其实，在我想来，原因很简单：一是想直接感受世纪交替之时社会的变化，以加深人生阅历；二是锻炼自己的从事经济工作的能力。但我依然书生本色。今年是甲申中法战争110周年和甲午中日战争100周年，我要用自己的方式祭奠在这两场民族战争中牺牲的海军将士，我献上的就是这本《中国近代海军史事日志》。

《中国近代海军史事日志》也是我在紧张的工作之余完成的。它以《中国近代海军史事编年》为基础，增补了大量记事和图片，和《龙旗飘扬的舰队》恰好互补。书中记事，尽可能采用第一手原始史料，并进行了必要的考证。在本书编写过程中，我深深体会到，采用编年体的方式展现历史场景，是历史学最传统也是最重要的表达手段。虽然作者自己并不直接阐述观点，但依靠历史自身的逻辑，却能产生强大的说服力，读者也就在阅读之中，感受到中国走向现代化的种种细节和重重困难。如前所述，历史是难以完全复原的，但沿着时间走廊，把搜寻到的残片逐一定位，毕竟能够接近事件的本来面目。记得七年前，我与赵幼雄先生合作，为中国人民革命军事博物馆考证制作北洋海军旗舰"定远"号模型。开始时，仅有几帧照片和一张简图。我们奉行宁缺毋滥原则，模型上每件设施都要有来历，找不到依据的不放上去。模型交付后，我们的探索并没有停止。本书所附的舰体图，"定远"改了七稿，"致远"改了四稿，"经远""超勇""平远"等都改了三稿。这一次次改动，凝聚着作者大量心血，也越来越接近历史真实。《史事日志》的条文，同样体现出这种精益求精的追求。我想，这些努力对于推动中国近代海军史的研究只要能有绵薄之力，我就感到满意了。

在我编撰本书时，许多朋友给我提供了无私帮助和指教。他们包括：我的老师沈渭滨、陈绛教授，我的同学后志刚、许敏、蔡伟兄，中国人民革命军事博物馆的许华兄，军事科学院的皮明勇少校、刘庆少校，海军的杨志本先生、张炜中校，山东甲午战争博物馆的戚俊杰馆长，我向他们表示衷心的感谢！

本书吸收了当代学术界的研究成果，对被引用论著的学者，在此一并致谢。我特别要指出的是，台湾师范大学王家俭教授的论文，旁征博引了大量外交档案资料，对我帮助很大。

我感谢好友钱钢兄为本书撰序。七八年前，我鼓动他写历史纪实文学，写中国近代海军。我们为此神侃了几年，从现实的改革谈到历史，谈到历史上改革失败的教训以及历史上为改革捐躯的仁人志士……钱钢兄的《海葬——大清国北洋海军成军一百周年祭》，以其磅礴的气势和独到的见解，使我激动、给我启迪。

世界航海模型运动协会国际裁判赵幼雄先生在香港探亲期间，为本书绘制海军舰图，复旦大学历史地理研究所的陈伟庆女士为本书绘制历史地图，三联书店潘振平先生为安排本书的出版，军事科学院的张一文研究员担任本书的特约编审，都付出很大心血，谨向他们深表谢忱。

我的父母、我的妻子李家玻对我的事业所给予的最直接的支持，是任何人无法替代的，我也向他们深致敬意。

1994年4月18日晨2时
于上海望亭室

*本文原为1994年版《中国近代海军史事日志（1860—1911）》跋语

前 言

三十多年前，我刚开始进行中国近代海军史研究的时候，首先是从收集整理和编纂史料长编入手的。这种以时间为纵轴，以年、月、日为脉络的资料整理方式，清晰地展现出每一历史时期所发生的事件，对于史学研究，是必不可少的基础工作。而通过对资料长编整理所形成的史事日志，其实就是一种编年体的史学文本，它不需要作者更多地抒发评论，却再现了事件发展的过程和因果关系。

1994年底，三联书店出版了我的《中国近代海军史事日志（1860—1911）》。在后来的二十年里，我继续对《日志》进行修订和扩充，尤其注重研究和吸收近年来新出版的《光绪宣统两朝上谕档》《光绪朝朱批奏折》《李鸿章全集》等文献中所披露的新资料，独家使用了新近由张佩纶后人捐赠给上海图书馆的《李鸿章张佩纶函札》《张佩纶李鸿藻函札》等未刊信函，以及同时代其他人的日记、年谱、文集等等，吸收整合了近20年来学术界的研究成果，使得全书内容更为丰富翔实。积累至今，新增篇幅达到一半以上。三联书店再次予以付梓，并商定，易名为《中国近代海军史事编年（1860—1911）》。

我在《中国近代海军史事日志（1860—1911）》跋中曾经说过，历史学家犹如一个赶海者，不停地在收集并努力复原散落在海滩上的破碎镜子。复原的过程，充满辛苦艰难，也时时感受到成功的喜悦。相比上一个版本，本书对于整个中国近代海军发展的历程，记载得更为丰富和完整，读者从中可以深切地体会到中国走向军事现代化的过程，是何等的艰难与不易。先行者的谋划、统筹，体制内的掣肘、龃龉，国门外的竞争、征伐，这一切的曲折波澜，融汇在晚清五十多年的一天天记事中，不是空洞的概念，而是具体的细节：自办工厂、国际采购、新式教育、海外留学、新式军队、军港要塞，在这些过程中谋划、探索、战争、失败；交织着悲壮、惨烈、阴谋和背叛。细细读来，可以对近代中国人发展海上防卫力量的过程有一清晰了解；掩卷思考，更是收益良多。以往古人评论《春秋》，或曰"述而不作"，或曰"微言大义"，其实，编年体史学著作，恰是能够体现出这样两种特点。

在写作这篇"前言"的时候，我又重读了1994年版的"跋"，感慨着岁月的流逝。当年的伙伴，皮明勇少校、张炜中校如今都已成为将军，我和朋友们在过去的二十年里，除了进行历史研究之外，更都参加了国家的振兴和发展。在此，我向多年来一直关心、帮助和支持我的师长、朋友、同事、亲人表示衷心的感谢。尤其感谢陈悦，他为本书的修订提供了许多宝贵的意见和资料。我们常常在半夜作深入的交谈。感谢刘炬赫，本书所附的军舰舰图，是他和海军史研究会同好最新的研究成果。而新的舰图，也使我回忆起已故的赵幼雄先生当年为1994年版绘制舰图的种种往事。书中保留了一幅赵幼雄绘制的"操江"轮，以此纪念这位已故的前辈老友。感谢孙建军、张黎源、马幼垣、徐家宁等先生在本书修订中给予的帮助。感谢章骞，他为本书的一些外军舰名考订提出了建议。感谢吴慧剑、刘震为修饰图片和重绘地图所做的工作。本书1994年版的序，为钱钢兄所写。新版的序，是东海舰队参谋长李鹏程海军少将所赐。他们都为中国军队的发展做出过贡献。还要特别感谢三联书店的编辑朋友们，他们提出许多专业的意见，给我很大的帮助。

去年，是甲午战争120周年，中国海军和学术界进行了隆重的纪念仪式和学术研讨。今年为《马关条约》签订120周年，而120年前的今天，正是李鸿章马关议和遇刺的日子，那时中国的前景曾是多么的灰暗。如今，经过无数志士仁人的奋斗，中国综合国力获得巨大发展，国际地位得到极大的提高，中国的海军正在走向世界。在过去的几天里，中国发起的亚洲基础设施投资银行接纳了英国、法国、意大利等多国加入的申请，美国劝阻盟国抵制亚投行的行动完全失败，这是值得载入历史的重要事件。往前看去，道路依然充满艰难险阻，有无数新的挑战正在等待我们。以史为鉴，"勿忘甲午"，中国一定要加快建设强大的国家海上力量。

2015年3月24日晨2时于上海

例　言

一、本书以《中国近代海军史事日志（1860—1911）》（三联书店，1994年）为基础，扩充并更新史料（主要取材于档案文献、奏稿、函札、日记、文集、年谱、报刊及老照片等），尤以近二十年新见资料为主，增补近倍，修订而成。书名易为《中国近代海军史事编年（1860—1911）》，全面辑录1860年以后51年间，中国海军从创建到初步发展历程中的史事，涉及海军建设、舰船军械的购买和制造、军队的教育训练、基地建设、经费收支、人事变动、中外海军交往以及军事行动和战争等方面。

二、本书所收史事均按时间顺序排列。以年为纲，以月为目，以日系事加以编纂。为便于查索，目录中编列各年份重要事件，以为全书提要。正文以年为单元。每年开篇，按月编列重要事件，集中呈现当年史事提要；所有记事均系于日，一日一事或几事。日期以旧历月日干支为主，括注公历月日。日期不详者或作"某日"或省略日期；月份不详者系于当年之末。旧历不详者只标公历。

三、本书附录设有舰船表、舰只舰体线图。百数十幅历史图片穿插书中。书末编制有人名索引、舰船索引。

四、本书少量专称、简称、古地名等需要说明者，随文括注。如：总理各国事务衙门（简称总署、译署）；

五、本书行文中使用的度量衡单位，多依从史料原文，或英制或市制，不强统一。

六、本书凡外国人名、舰船名的译名尽量标注原文。外国人名、舰船名不同时期有不同译法，索引中尽可能予以辨识和说明。一些人名、舰船名无法找到外文原文，只能暂付阙如，也希望读者提供线索。

七、本书专有名词用字兼顾历史上的习用字和今日一般用法。

咸丰十年庚申（1860）

九月　中英、中法《北京条约》签订
十二月　设立总理各国事务衙门 / 曾国藩奏，师夷智造船炮为永久之利

九月十一日辛丑（10.24）

清朝钦差大臣恭亲王奕䜣与英国全权代表额尔金伯爵（James Bruce, 8th earl of Elgin）签订《中英北京条约》。

九月十二日壬寅（10.25）

钦差大臣奕䜣与法国全权代表葛罗男爵（J.B.L.Gros）签订《中法北京条约》。

十月初二日壬戌（11.14）

钦差大臣奕䜣与俄国全权代表伊格那提业幅（Н.П.Игнатвев）签订《中俄北京条约》。

十月初七日丁卯（11.19）

容闳抵太平天国首都天京（今南京），晤干王洪仁玕，建言七事，其中第三项为建设一所海军学校。

十月十一日辛未（11.23）

奕䜣等奏，俄使伊格那提业幅欲送中国鸟枪万杆、炮50尊，并愿派匠役来中国教导制造枪炮、炸药、水雷、火药；派兵300名在水路会击，以剿灭太平军。本日清廷着两江总督曾国藩等公同悉心体察借助外兵助剿事，迅速奏明。

十一月初四日癸巳（12.15）

钦差大臣漕运总督袁甲三奏，俄人助战，有害无利。

十一月初八日丁酉（12.19）

两江总督曾国藩奏，俄国与我向无嫌怨，请用兵船助剿，自无诡谋。惟皖吴官军之单薄，在陆而不在水；金陵"发逆"（太平天国）之横行，亦在陆而不在水。此时官军势不能遽进金陵，应缓俄国兵船会师之期。自古外夷助华，功成之后，每多意外要求。不如约定兵船雇价、夷兵月饷、经费数量。

十一月十八日丁未（12.29）

江苏巡抚薛焕奏，借俄、法助剿，兵费虽巨，若地方早得肃清，所省不胜计数，联俄亦能戢英骄心，不至与"发逆"勾结为害。

十二月初六日乙丑（1861.1.16）

以英人李泰国（H.N.Lay）为海关总税务司。

十二月初十日己巳（1.20）
　　清廷在京师设立总理各国事务衙门（简称总署、译署）。着派奕䜣、桂良、文祥管理。崇厚为办理三口（牛庄、天津、登州）通商大臣；广州、福州、厦门、宁波及内江三口，潮州、琼州、台湾淡水各口通商事务，着署理钦差大臣、江苏巡抚薛焕办理。

十二月十一日庚午（1.21）
　　奕䜣等请饬曾国藩、薛焕酌行仿制或雇佣洋船，以济兵船之不足。十六日旨准依议。

十二月十四日癸酉（1.24）
　　奕䜣等奏，遵旨酌议曾国藩、袁甲三、薛焕等折片，借夷助剿，通盘筹划，利少害多。曾国藩奏称师夷智造船炮为永久之利，应请饬下曾、薛酌量办法。

咸丰十一年辛酉（1861）

五月　赫德创议购置外国火轮船
九月　辛酉政变
十二月　清廷命速雇轮船

正月初十日己亥（2.19）

崇厚函总署,法国将军马勒、军政司达布理愿助中国教练兵丁,购买外洋火器。

4月

李泰国因"健康受损",回英国休养。

四月十三日辛未（5.22）

总署函崇厚转致达布理,练兵购器须与法使哥士耆（M.A.Kleczkowsky）皆同来署面议。此时未便定准。

五月二十七日甲寅（7.4）

总署奏,据代理总税务司赫德（R.Hart）云,进剿太平军,可购外洋小火轮船十余号,益以精利枪炮,其费不过数十万两。可雇广东、上海人学习驾驶,亦可雇佣外人司舵司炮。请由海关抽收洋药票税筹款购之。并饬官文、曾国藩、胡林翼妥议遴选统带大员及官兵办法。

五月三十日丁巳（7.7）

① 清廷谕官文、曾国藩、胡林翼、薛焕、劳崇光、耆龄等筹议买船炮,期于必行。内患既除,则外国不敢轻视中国,实于大局有益。

② 奕䜣、桂良、文祥奏,进剿太平军以火轮船更为得力,拟托赫德购买外洋船炮,交广东、江苏各督抚雇内地人学习驾驶,驶入大江。

六月初二日己未（7.9）

总理衙门致函崇厚知照赫德,购买船炮虽经奏明,但不必向赫德告知,仅令其将船炮价格开来,并告知此事须奏明候旨办理。

六月十二日己巳（7.19）

总署收赫德禀,劝速购船炮规复金陵,以防太平军请外人代购火轮船。又请雇外人教练。经费共需160万两。其中火轮船3只,约计价20万两;中轮船2只,每只带大炮2门、中炮4门,约计价20万两;小轮船5只,每只带大炮2门、小炮2门,约计价20万两。

六月十九日丙子（7.26）

总署收赫德禀,再劝购买船炮,称不再因省有限之费致误大事。

六月二十八日乙酉（8.4）

总署函崇厚,已飞行江苏巡抚、湖广总督及南省军营,令其妥善筹议,谋定后动,再行具奏,以期允准。赫德所禀中洋枪洋刀毋庸置议。船炮各节，经费大半须于税款中取之，希与赫德悉心经营。

七月十七日癸卯（8.22）

咸丰帝奕詝病薨于承德。

七月十八日甲辰（8.23）

① 尊皇后钮祜禄氏及皇太子载淳生母叶赫那拉氏分别为母后皇太后和圣母皇太后。

② 曾国藩复奏，强调金陵"发逆"之横行在陆不在水，皖吴官军之单薄亦在陆不在水；又称购买外洋船炮为今日救时之第一要务。购船之后不过一二年，火轮船必为中外官民通行之物。俟轮船行至安庆、汉口，每船酌留洋人司舵司火，其余酌用楚军水勇，并于水师镇将中遴选统带大员。

九月初一日丙戌（10.4）

上母后皇太后徽号为慈安皇太后，圣母皇太后徽号为慈禧皇太后。

九月十七日壬寅（10.20）

赫德抵沪，与江苏巡抚薛焕、江海关道吴煦商议购买船炮事。薛、吴表示，经费若只需80万两，尚不难办。

九月三十日乙卯（11.2）

清廷诏革赞襄政务八大臣，史称"辛酉政变"。次日授恭亲王奕訢为议政王，在军机处行走。

十月初九日甲子（11.11）

清皇太子载淳即位，以明年为同治元年。

十月十三日戊辰（11.15）

御史魏睦庭奏，请购买西洋火轮船、火器，并派人学习驾驶演放之法，进剿金陵太平军。

十一月初七日辛卯（12.8）

总署函薛焕，因英国对购买轮船尚在游疑，请其在英公使前极力怂恿。

十二月二十五日戊寅（1862.1.24）

总署以宁波、杭州被太平军攻占，请饬苏、闽、粤督抚速雇轮船，赴宁波口外堵剿太平军。次日，上谕允之。

十二月二十八日辛巳（1.27）

崇厚函总署，已向法国斯总兵论及雇觅外国轮船驻扎海口一带，租船较购船似尚便宜。

同治元年壬戌（1862）

正月　　筹划购船经费 / 议定在英购船
三月　　李鸿章率淮军乘轮船赴沪
六月　　聘用阿思本
七月　　李、阿擅自设计"国旗"
闰八月　清廷确定三角黄色龙旗为国旗 / 增添购船经费
九月　　轮船官兵配置方案
十一月　"李泰国—阿思本合同"
十二月　清廷派蔡国祥统辖轮船

正月初二日乙酉（1.31）

总署分函薛焕、赫德迅筹款银80万两，或租或买船炮堵剿太平军。

正月初三日丙戌（2.1）

总署行文两广总督劳崇光、福州将军文清，即于粤海关抽银20万两，福州关抽银10万两，厦门关抽银5万两，会同薛焕、赫德购买船炮。

正月初七日庚寅（2.5）

总署收崇厚函，海防吃紧，请酌拨轮船二三只防守北洋。

正月十一日甲午（2.9）

总署函崇厚，望赶紧租买船炮。倘所费过巨，可奏明税项动拨。

正月十六日己亥（2.14）

总署收崇厚函，请咨行江苏巡抚代购二百余吨船一二艘来津备防。又收薛焕函，赫德论购船一事函所叙薛、吴各语，系该税司孟浪之词，并述会谈经过。

正月二十一日甲辰（2.19）

奕䜣等奏，购买船炮，由江海、粤海两关各筹银20万两，福州关10万两，厦门关5万两，开办洋药税票以为归补各关的款。驾驶拟雇吕宋人。购船后即分数只驻天津，以备北洋防守。又奏，购船之事，如薛焕不能兼顾，即由劳崇光与赫德在粤办理。上谕允之。

正月二十五日戊申（2.23）

① 据英国照会称，英国公使卜鲁斯（Sir F.Bruce）因总署之请，咨驻沪英国水师提督协助薛焕在沪购买船炮。

② 总署请户部咨行各省开办洋药票税以购船炮。

正月二十六日己酉（2.24）

总署行文薛焕、赫德，速同英提督在沪购买船炮。前议在外国购买，同时进行，两不相妨。

正月二十九日壬子（2.27）

劳崇光在粤与赫德议定向英国购买轮船7只，连配炮位、火药工价及雇佣外人薪粮共需银65万两。先拨银10万两，余款分8个月交清。

二月十八日辛未（3.18）

薛焕奏，遵旨购船，闻赫德近日来沪，即与其商酌。又片，购舰须购暗轮战船；雇洋人驾船放炮，须先与外国船员订章，不致掣肘。

二月
　　薛焕奏，传闻太平军汇银50万两向美国购买船炮，已请美国公使蒲安臣（A.Burlingame）阻止。

三月初一日癸未（3.30）
　　劳崇光奏，据赫德称，在英购买中号兵船4只，小号兵船3只，约共需银65万两。又奏，赫德已写信雇驾船、炮、水手等英人，并拟邀英国熟悉船务、诚实可靠武员管带，以次训练钤束。毋庸另雇吕宋之人。曾国藩所部水师均系浙勇，未见外洋船只，与外人亦难洽合。拟照赫德原议，选募粤、闽水勇分配驾驶。

三月初七日己丑（4.5）
　　道员李鸿章率淮军自安庆分三批乘上海会防局所雇轮船援沪。首批2 000人于初十日抵达。

三月二十日壬寅（4.18）
　　①总署行文苏抚、粤督，江海、粤海两关加筹船款各5万两。
　　②总署因购买船炮定议，函促曾国藩预筹酌配驾驶兵丁。

三月二十四日丙午（4.22）
　　总署因收英参赞威妥玛（T.F.Wade）函，请趁华尔（F.T.Ward）之弟回国之便，行文劳崇光、薛焕改向美国购买船炮，以免太平军在美购置。

三月二十七日己酉（4.25）
　　清廷谕李鸿章署江苏巡抚，薛焕专任通商大臣。

三月二十八日庚戌（4.26）
　　总署收薛焕咨，英提督复照，中国沿海现无军舰出售，应仍责成赫德承办。

三月
　　①曾国藩购买"威林密"轮船承值军差。
　　②苏松太道吴煦、苏松粮道杨坊与常胜军统领华尔等议向美国购船炮。

四月二十三日乙亥（5.21）
　　总署收曾国藩函，再称轮船攻剿太平军，声势虽壮而地势多不相宜。"发匪"之猖獗在陆而不在水，官军之单薄亦在陆而不在水。长江水面已无足虑，拟派师船驶入内河。"发匪"应剿之处与里下河应保之区，即长龙舢板尚嫌太大，强用轮船犹不相宜。以轮船七只攻金陵一曲或

中国海关总税务司李泰国

攻宁波，皆已足用，不必再添。
五月二十六日丁丑（6.22）
　　总署行文李鸿章、薛焕，购买轮船或交赫德，或交华尔，务须酌定妥善，勿致两歧。
六月初三日甲寅（6.29）
　　薛焕奏，据赫德称，在英所购皆系新造兵船。统兵武员姓名实纳·阿思本（Sherard Osborn）。所有舵炮水手、看火人等，均由该员雇募。
六月十三日甲子（7.9）
　　英国海军部批准阿思本在中国政府担任军事职务。
六月十五日丙寅（7.11）
　　总署收薛焕函，与赫德会商，前已寄英国购船银约计20万两，应仍向英国购买船炮。
六月二十三日甲戌（7.19）
　　总署行文李鸿章，船炮决定仍向英国购买。
七月初九日庚寅（8.4）
　　总署行文劳崇光，船炮决定仍向英国购买。
七月十八日己亥（8.13）
　　李泰国、阿思本致函英国外交大臣罗素伯爵（Earl Russell），确定以绿色底，上以黄色交叉对角线，心内画黄龙式样的旗帜为欧洲—中国舰队的国旗，并请将此点在英国政府公报上公布。

李泰国聘用的英国海军军官阿思本

八月初六日丙辰（8.30）

英国海军部秘书罗曼（W.G.Romaine）致函外交部秘书莱亚德（A.H.Layard），称在中国当局未曾批准该国旗为舰队使用前，"公报"不能发表这一消息。

八月初九日己未（9.2）

罗素将本日刊有英国内阁批准李泰国、阿思本在英国征募人员和军舰装备为中国皇帝服役消息的"公报"副本送交卜鲁斯。

八月十七日丁卯（9.10）

英国外交部要求李泰国尽快获得中国政府对其进行海军援助活动的书面许可。

闰八月十六日丙申（10.9）

李泰国告知英国外交部，他有6月14日赫德寄来购买和装备蒸汽舰队的书面许可及费用。又称，一旦收到关于舰队旗帜的书面许可，就将通报罗素。

闰八月二十四日甲辰（10.17）

总署奏准，所有师船均悬三角黄色龙旗，以为中国官船旗号。

闰八月二十八日戊申（10.21）

总署收李鸿章文，据吴煦、杨坊称，原托华尔之弟购买船炮，已汇银22万两，数过价值之半。议由银钱业商董认提捐银归垫。现总署奏准仍由赫德购船，上海饷银支绌，不能重复筹款。因与银钱业商董公议，所购之船,专防上海,在银、钱、洋三项交易时,每千两买卖各提银二钱五分,共捐规银五钱,以抵船械之价。派董设局,稽收汇缴。

闰八月二十九日己酉(10.22)

总署奏,据李泰国函,购船经费前定60万两,实属不敷,请添拨20万两。总署拟再拨15万两,由福州关加筹10万两,厦门关5万两。奉旨依议。

九月初二日辛亥(10.24)

总署应赫德之请,札令总税务司李泰国经办购买船炮事宜。

九月十三日壬戌(11.4)

总署收李鸿章文称,吴煦、杨坊等购买美国船炮,并未得前任苏抚薛焕及李鸿章允许。华尔现已阵亡,船炮现已购到,应归何人管带节制?该道所请专防上海应否准行?

九月十八日丁卯(11.9)

总署行文李鸿章、薛焕,严查吴煦等经手购买船炮之款各节。管带之事,应俟该船到后再行察看。

九月二十九日戊寅(11.20)

① 奕䜣等奏呈赫德草拟轮船应派将弁、兵丁、炮手、水手清单。派总兵官一员,会同阿思本综理一切。另派武官7人,每船一人督带水勇。大轮应用炮手、水手各40名,水师兵30名;小轮应用炮手、水手、水师兵各十余名。炮手拟用湖南人,水手拟用山东人,水师兵拟用八旗人。

② 上谕着湖广总署官文、曾国藩悉心筹酌,赫德所呈称轮船应派官兵水手事宜,所需官兵于船到之前一律配齐,船到即可上船练习。

十月十二日辛卯(12.3)

实授李鸿章江苏巡抚。

十一月初一日己酉(12.21)

总署函曾国藩预筹轮船节制、经费及进剿事宜,以防外人掣肘,拟由赫德、日意格(P.F.M.Giquel)、李泰国帮同办理。

十一月二十七日乙亥(1863.1.16)

李泰国在英国同阿思本签订统带轮船合同13款,由阿思本统带轮船,任期四年。中国所有轮船均归阿思本调度。一切命令须用谕旨由李泰国转达。若阿思本认为不能照办，则李泰国未便传谕。并同所雇官兵水手等订立合同8条，规定任期、薪饷、伤恤、任免办法。

十二月十二日己丑（1.30）

官文、曾国藩等奏，拟派统带巡抚营提督衔记名总兵蔡国祥统辖轮船，副将衔参将盛永清，参将袁俊，参将衔游击欧阳芳、邓秀枝、周文祥、蔡国喜，游击衔都司郭得山各领一船。水手、炮手兵丁，由蔡国祥所部弁勇中预为派定。又称，两湖水勇，能泛江不能出海，目下一二年内，须不令出洋。

十二月十九日丙申（2.6）

谕：官文、曾国藩等所奏均甚妥协，惟轮船不能出海，须与洋人预先议定。

十二月二十六日癸卯（2.13）

清廷令薛焕进京，李鸿章署通商大臣。

同治二年癸亥（1863）

四月　李鸿章论自强 / 李泰国进京面递统带兵轮合同
五月　总署议定轮船章程
六七月　李鸿章、曾国藩诘轮船章程
八月　容闳与曾国藩议设机器局 / 曾国荃拒用李—阿舰队进攻金陵
九月　阿思本要挟总署 / 总署要求撤回轮船，"中国兵权不可假与外人"
十月　免李泰国，改用赫德任总税务司

正月

福州关税务司美理登（B.E.Meritens）两次向香港洋商借银15万两，交清福、厦二关两次筹拨船炮价款。

三月初三日己酉（4.20）

总署准李鸿章请，轮船将到，预筹月费。

三月初十日丙辰（4.27）

总署札赫德，告李泰国函称购船经费80万两不敷。着订轮船月费与节制章程，呈李鸿章酌定。

四月初四日庚辰（5.21）

① 总署收李鸿章文，赫德酌议轮船月费在五关共派3万两。又收李鸿章文，李泰国由英回沪，面请李鸿章即付代垫船炮价款12万两，及修建栈房，多购煤炭，以备船到应用，并称赫德所云月费3万两，不止此数。

② 李鸿章函曾国藩论自强，谓中国但有开花大炮轮船两样，西人便会敛手。

四月初九日乙酉（5.26）

① 总署函李鸿章速与李泰国、赫德议明轮船经费。如难酌定，即着渠等来京。

② 总署札李泰国、赫德，着赴沪与李鸿章议明船价，并速来京听候筹办一切。

四月十五日辛卯（6.1）

李泰国、赫德进京。

四月十七日癸巳（6.3）

李泰国向总署提出申呈：1. 船炮价款及募人用费等项共需银107万两；2. 轮船月费约10万两；3. 上海建立栈房、炮台、医院约需15万两；4. 李泰国、赫德、阿思本购办轮船有功，应予奖励。

四月二十六日壬寅（6.12）

李泰国向总署面递节略，要求：1. 各关税应由总税务司代收，地方官不得擅用；2. 江浙雇佣外兵薪饷亦由总税务司核发；3. 借银1 000万两，专供雇佣外兵经费。并面递在英与阿思本所订统带轮船合同13款及经费清单。

阿思本舰队的军舰。右起:"江苏""广东""厦门""北京""天津""中国"

五月十八日癸亥（7.3）

总署酌定增拨船炮经费，粤海关3万两，潮州关2万两，福州关3万两，厦门关2万两，江海关2万两，九江关3万两。另，李泰国垫款12万两，由江海关分月抽还。

五月二十三日戊辰（7.8）

① 奕䜣等奏，李泰国所称借银1 000万两，中国断无此等办法；与阿思本所定13条尤为不谙体制，难以照办。经与李泰国再四驳诘，议定轮船章程5条：由中国选派武职大员作统率师船之汉总统，阿思本为帮总统，以四年为定；用兵地方，听督抚节制调遣；水师轮船七只，趸船一只，每月给银75 000两；中国官兵登轮学习等。

② 清廷准总署所奏，轮船抵海口后，着曾国藩、李鸿章节制调遣，蔡国祥统带。

五月二十四日己巳（7.9）

① 总署咨行各督抚将军等，已奏准轮船章程5条。

② 总署行文各督抚将军，火轮船7号，原由李泰国、赫德拟名，现由总署改定为"金台"（原名"北京"）、"一统"（原名"中国"）、"广万"（原名"厦门"）、"德胜"（原名"盛京"）、"百粤"（原名"广东"）、"三卫"（原名"天津"）、"镇吴"（原名"江苏"）。

③ 总署照会英、法、美、德，中国自购轮船旗号，并请其严缉济匪船只。

④ 总署札令李泰国、阿思本遵照轮船章程支放经费，管带师船。

⑤ 总署函李鸿章，李泰国要求管辖上海旧有捕盗轮船及"常胜军"粮饷支放，应予婉拒。

⑥ 李泰国要求：若洋兵攻克金陵，所得财物一半给洋兵充饷，一半给降众资遣外国，即收为猪仔。深恐异日仍为中国之累。现已议定：如得金陵，所得财物三分归朝廷充公，三分归阿思本赏外国兵弁，三分半归中国官兵作赏。如系阿思本克复，并无官兵，则七分均归阿思本充赏。阿思本欲赴皖面见曾国藩，请密为告知。

六月二十二日丁酉（8.6）

总署收李鸿章函称，外人性情嗜利揽权，今派武职大员为汉总统，阿思本为帮总统，归督抚节制，中国官兵登轮学习，但仍难分外人之权，洋人亦未必肯实心指教。

七月初七日辛亥（8.20）

总署收曾国藩咨，李泰国称所延外国武弁兵丁水手约六百人，每月粮饷军火75 000两归李泰国经理支用。蔡国祥部正副营官14员、文案7员、通事1员、水勇605名，经费由何处支领？七船究系多少兵丁？

七月初八日壬子（8.21）

总署函李鸿章，李前函称金陵已成合围之势，可毋庸外国兵会剿，现此事已糜饷百万，毋庸再议。应设法收回我船之权。

七月十四日戊午（8.27）

总署收李泰国呈送阿思本拟定轮船水师章程、旗号式样及所雇官兵水手订立之合同。

七月十八日壬戌（8.31）

总署复曾国藩，蔡国祥部水勇断难再容六百余人。究系多少，请与李泰国议后复告。经费应自行由粮台筹办。

七月二十日甲子（9.2）

阿思本率"北京"号等兵轮由英国来华，抵达上海。

七月二十五日己巳（9.7）

总署收崇厚函，李—阿舰队"都利"号抵津。

八月初六日庚辰（9.18）

阿思本抵津，请领护照进京。

八月初八日壬午（9.20）

本日及次日，李—阿舰队"厦门"号兵轮在上海黄浦江内先后拿获两只宁波钓船，内有十名外国人及接济太平军军火多件。

9月

容闳抵安庆晤曾国藩，议设机器局。

八月二十二日丙申（10.4）

总署收曾国藩函称，轮船章程奉行甚难。拟令蔡国祥仍驻长龙舢板，自成一营，不遽以汉总统自居，亦不遽与湾泊一处；且与阿思本交往察看，若不甚倨骄，然后虚与委蛇，徐讲统辖之方。若阿思本意气凌厉，视轮船奇货可居，不如早为之谋，疏而远之。以中国之大，区区107万之船价，每年93万之用款，视之直如秋毫。或竟将此船分赏各国,亦足使李泰国失其所恃而折其骄气。或与轮船中酌拨数船交阿思本统带,配用洋兵;拨数船与蔡国祥统带,配用华兵,亦是一法。

八月二十七日辛丑（10.9）

浙江巡抚曾国荃奏,长江水师帆樯如林,无须轮船会剿金陵。请将新购轮船移巡海上之盗贼。请裁沿海水师以养新购兵轮。

九月初四日戊申（10.16）

从李鸿章奏,命江西候补知县丁日昌赴沪督造军火。

九月初六日庚戌（10.18）

阿思本呈文总署,请按在英所订合同管带轮船,二日内不能示复,即遣散所募官兵水手。

九月初八日壬子（10.20）

英使卜鲁斯照会总署,以恭亲王不愿依李泰国、阿思本所立合同办理轮船事宜,阿思本欲将所募兵弁遣散。即将此事报告国内,请示船只应如何办理。

九月十三日丁巳（10.25）

总署照会卜鲁斯,详述购船事件始末,并附各项文件合同。指出"中国兵权不可假与外人"。

九月二十日甲子（11.1）

美国人卫廉士（S.W.Williams）代总署拟照会稿,指明中国何故不能准允李泰国在英国所立13条合同。

九月二十一日乙丑（11.2）

① 总署照会英国,谢其派船来华睦谊。指明中国不能照准李泰国、阿思本13条合同理由,并请设法将撤回轮船变价交还中国。

② 总署行文通商大臣、福州将军、两广总督等,饬各关暂停拨发轮船月费。

九月二十二日丙寅（11.3）

总署接崇厚函,李一阿舰队"天津"号抵津。

九月二十三日丁卯（11.4）

曾国藩函郭嵩焘,李泰国七船之事,最为近日败意之事,恭王亦内疚。

九月二十五日己巳（11.6）

① 总署与李泰国、阿思本订立撤退轮船字单,订明轮船回英经费拨付

办法及轮船撤回变价交还中国。

② 总署行文通商大臣，请饬各关自九月十九日起，照轮船月费之数，改拨轮船回英经费五个月。

十月初六日己卯（11.16）

① 奕䜣奏"李—阿舰队"案始末，拟赏阿思本银1万两，于轮船变价内划收。派赫德继任总税务司（前一日已免李泰国职）。

② 谕：船案办理颇为决绝，亦欲以折服外国虚骄之气。赫德能否称职，再由总署及督抚察看具奏。

③ 总署札赫德，着将李泰国经手一切账目接收。

十月初十日癸未（11.20）

① 总署照会卜鲁斯，请担保李泰国依限移交清竣，当拨给四个月薪俸银8 000两与路费6 000两，在李泰国应交还中国银数内划收。

② 总署札令李泰国速回沪交清经手账款。

十月十三日丙戌（11.23）

李泰国离京。

十月十九日壬辰（11.29）

总署函告英参赞威妥玛（时在英国）撤退轮船原因及李泰国狂妄悖理之处。

十月二十一日甲午（12.1）

① 奕䜣等奏，李泰国回沪交出往年款项，由新任总税务司赫德转呈通商大臣李鸿章核办。撤退李泰国时，酌给其四个月薪俸8 000两，路费6 000两。

② 奕䜣又奏，已将详情函告威妥玛，以防李泰国回国播弄。

十月二十二日乙未（12.2）

李鸿章函曾国藩，李泰国轮船撤退，师门倡议、公使助力，执政刚断，为近来第一快事。

十月二十五日戊戌（12.5）

① 曾国藩函李鸿章，拟设铁厂，派容闳向西洋购买造器之器，请尊处于应解月厘项下提银1万两，交令成行。乙丑岁（1865年）或有成船之望。

② 曾国藩函毛鸿宾：新购轮船，令一概撤退，处置极当。拟另筹造船之法，开设铁厂，派容闳往西洋采购制器之器。请从解皖厘金项下筹

拨2万两，交容闳驰往采购。

十月二十九日壬寅（12.9）

李泰国抵沪。

十月三十日癸卯（12.10）

曾国藩函江苏粮道郭柏荫，七船既撤，宜另求造船之法。拟设铁厂，派容闳向西洋购买应用器物，请于尊处月解敝处4万两中速拨1万两，交令成行。

十一月初二日乙巳（12.12）

阿思本离沪回英。

十一月初九日壬子（12.19）

曾国藩函李瀚章，无论粤厘旺否，速拨2万两，交容闳承领。

十一月二十九日壬申（1864.1.8）

李泰国在沪交代完毕，起程赴香港。

十一月

循李泰国请，于四个月薪俸及路费外，赫德又给其兼办轮船薪俸7 000两，房租4 010两，补给两个月薪俸2 000两，在京家具值5 000两，并允给在英办事用费2 500镑，将来于轮船变价款中支取。

十二月初二日甲戌（1.10）

李泰国离港返英。

同治三年甲子（1864）

五月　左宗棠会见日意格、德克碑
六月　湘军攻陷天京
七月　遣返出售李—阿舰队舰船
八月　李鸿章建议设厂造船

正月二十四日丙寅（3.2）

曾国荃部进扎太平门、神策门外，天京被合围。

三月二十一日辛酉（4.26）

以围攻天京需款孔急，总署奏准将上年奏拨轮船回国经费余款50万两拨解曾国藩大营以充军饷。

四月二十八日戊戌（6.2）

奕䜣等奏，治国之道，在乎自强，而自强以练兵为要，练兵又以制器为先。自洋人构衅以来，内患外侮，一时并至，岂尽武臣之不善治兵？抑有制胜之兵，而无制胜之器，故不能所向无敌。外洋如英法诸国，说者皆知其惟此船坚炮利以横行海外，而船之何以坚，与炮之何以利，则置焉弗讲。洋人秘此机巧，亦不肯轻以授人，遂无从窥其门径。近年江苏用兵，李鸿章不惜重赀，购求洋匠，设局派人学制洋枪炸炮，各营得此利器，足以摧坚破垒，所向克捷。现拟派武弁8名、兵丁40名，发交李鸿章差委，专令学习外洋炸炮炸弹及各种军火机器与

李鸿章 洋务运动的倡导者、中国军事近代化的奠基人和近代海军的主要创建者。在同时代的高级官员中，他是最具有世界眼光的，崇尚和大量引进西方军事装备，把北洋海军装备成远东最为强大的舰队。他深知军队的重要性以及保持军队实力的必要性，在对付强敌时，往往作出自私的考虑。他多次代表中国在屈辱的条约上签字。他自称"裱糊匠"，哀叹不能将一间行将倾覆的破屋装修成净室

制器之器。并附李鸿章来函,谓中国欲自强,则莫如觅外国利器;欲学外国利器,则莫如觅制器之器,欲觅制器之器与制器之人,则或专设一科取士。旋得上谕,允派弁兵尽心讲求,以期得西人之妙。

五月十二日辛亥（6.15）

闽浙总督左宗棠在杭州接见长捷军军官日意格、德克碑（Paul D'Aiguebelle），日意格奉法国东亚舰队司令饶勒斯（Jeanlouis Jaures）之命,建议左收购法军在宁波设立的造船厂,为左拒绝。左宗棠后于九月十六日又见日意格,请其观看中国人自造小汽船。

六月初六日乙亥（7.9）

赫德呈交译出阿思本经手轮船细账。

六月十六日乙酉（7.19）

曾国荃部攻陷天京。

七月十八日丙辰（8.19）

英国公使威妥玛照会总署,时值美国南北战争,撤回轮船暂缓出售。

七月二十二日庚申（8.23）

总署照复威妥玛,前购轮船,本为李泰国不照原札之意,致碍中国之权,迫中国不能留用,虚耗经费。又迫得不能在中国境内自行变价。现请英国政府购用,价款可在中国赔款中扣抵。

七月二十四日壬戌（8.25）

总署函两广总督、上海通商大臣等,请查明华人雇买洋船是否报官立案,有无稽查防范办理,并请妥立章程具复。

八月初二日庚午（9.2）

英国照会总署,撤回轮船,4艘已交印度水师管理,3艘驶回英国,弁兵开始遣散。

八月十七日乙酉（9.17）

署上海道丁日昌出示晓谕沿海一带居民,今后如遇遭风搁浅之中外船只应立即设法援救,并报地方官勘验,若乘机抢劫,立即严拿追究。

八月二十七日乙未（9.27）

李鸿章函总署,建议在沪设厂制造轮船。

九月初六日甲辰（10.6）

总署收李鸿章函,丁日昌建议内地商人购买火轮船须由殷实华商联环出保，禀明地方官编立字号。

九月十七日乙卯（10.17）

从李鸿章请，英国兵官马格里（Sir S.H.MaCartney）教练西洋枪炮，颇为得力。旋即设局仿制西洋各火器，委副将韩殿甲、知州刘佐禹悉心讲求，所制开花炮弹，无远不中，无坚不摧。得以克复苏州等城，赏马格里三品顶戴。

九月十八日丙辰（10.18）

总署复函李鸿章，赞同在沪筹设船厂，并望讲求驾驶之法。

九月二十六日甲子（10.26）

总署复函李鸿章，中外商民购买轮船事，由其斟酌，归入设立船厂案内一并奏明办理。

十月初一日戊辰（10.30）

① 总署函卜鲁斯（时在英国），望英国政府购买撤回船炮。

② 福建巡抚徐宗干函总署，内地人购买洋船事，即会商福州将军，妥立章程。

十一月初五日壬寅（12.3）

总署收两广总督毛鸿宾文，今后华商购买火轮夹板船，请外国领事随时知会地方官立案查验。

十一月十三日庚戌（12.10）

总署照会威妥玛，今后中国欲买雇洋船，应由官经理，不得任凭民间私相授受，并请转饬各国领事。

十一月二十一日戊午（12.19）

威妥玛复照总署，华人买雇洋船饬令由官办理一节，碍难办理。英国之例，战时禁止出售战船以示中立，货船买卖向由民人自主。

十一月二十八日乙丑（12.26）

总署行文李鸿章、毛鸿宾、徐宗干，洋人对华人购船既无所禁，自应由中国立定章程，以杜流弊。请速将所拟章程咨复总署。

十二月初四日辛未（1865.1.1）

监察御史陈廷经奏，海防亟宜筹划，请在广东虎门外沙角、大角设造船厂、火药厂，引西洋工匠司造夹板火轮舟，并延西洋舵师教行船演炮之法，一二载后，即可自行改造、自行驾驶。承平之时，护海运之米。凡水师官员入京，必乘海轮。又请闽、粤二省武试增设水师一科。

同治四年乙丑（1865）

五月　　赫德对中国海军的想法
八月　　李鸿章创建江南制造总局
十二月　湘军水营改为长江水师

二月初八日甲戌（3.5）
　　福建向洋商购买"长胜"轮船，作捕盗用。
三月十二日丁未（4.7）
　　厦门关拿获济"匪"英轮"古董"号，籍没入官，更名"靖海"，归福建水师调用。
四月二十九日癸巳（5.23）
　　清廷命曾国藩赴山东剿捻，李鸿章暂署两江总督。
四月
　　李鸿章命苏松人道丁日昌购买"海生"轮承办军差。
五月初六日庚子（5.30）
　　赫德在日记中称他目前在中国的工作，除海关工作有序外，还包括劝导政府维持一支由轮船组成的小型舰队，由英人担任军官，中国人在舰操作，训练中国军队并且形成海军核心；促使中国商人不再使用沙船，采用轮船进行贸易等。
闰五月二十一日甲申（7.13）
　　总署收闽浙总督左宗棠文，咨送办理通商事务衙门前署粮道周立瀛所拟华商向洋商买卖及租雇火轮夹板各船稽查章程。
六月初五日戊戌（7.27）
　　总署收赫德面递单，论雇买洋船事。
六月二十七日庚申（8.18）
　　威妥玛照会总署，阿思本带回轮船，英政府已估价为152 500镑，合银467 500两。此后售价若低于此数，由英国赔补。船上炮位军器火药不在此项内，俟估明后再行退还中国。
六月
　　淮军总统勋字营提督杨鼎勋购买"伏波"小轮，留沪作巡船。
七月十七日己卯（9.6）
　　总署收广州将军瑞麟文，酌拟中国购买洋船章程。
八月初一日癸巳（9.20）
　　李鸿章奏，丁日昌于上海虹口购买洋人机器铁厂一座，定名"江南制造总局"，并将上海旧有炮局并入。委派丁日昌会同韩殿甲、冯焌光、王德均、沈保靖经理，经费在军需项下筹拨。

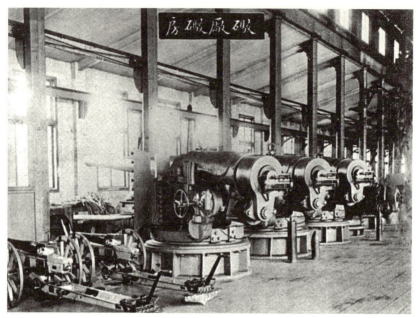

江南制造局是清政府创办的第一个近代军工企业,早期建造舰船,后以生产枪炮军火为主,兼修轮船。1905年,设江南船坞,从制造局分出,其后发展为江南造船厂

江南制造局大门是一座硬山式的门楼,门楼两侧停满人力车,大约是为职员服务的。这张照片拍摄时间较晚,似在清末民初之际

江南造船厂是中国最大和最重要的造船企业。该厂在上海世博会前搬迁到长兴岛。2009年4月25日,作者拍摄下这张江南造船厂厂门即将拆除前的照片。现在,上海还留下制造局路和局门路两个与制造局相关的路名。后者因通过制造局的北大门而得名

八月初三日乙未(9.22)

　　赫德译呈阿思本撤回细账。

八月初十日壬寅(9.29)

　　清廷批准江南制造总局成立。

八月十六日戊申(10.5)

　　总署收赫德申呈一件并草拟华商买造洋船章程28条。申呈称,准华商买造洋船,照洋船税则纳税,对华商大有裨益,国课亦可日渐充裕。且寓慎重海防之意。请行文上海等处,饬殷商富绅设立洋船局,筹办此事。

九月二十三日乙酉(11.11)

　　总署收李鸿章文,已通令南洋各关将中外巡船编列号数,所有巡丁发给汉英文牌照,以资识别。

九月二十五日丁亥(11.13)

　　日意格告诉赫德,他将辞去税务司,和德克碑一起为左宗棠效力,监

督一所海军学堂、船坞、铸造厂和船坞。并给赫德看了拟议的章程，说将全部雇佣法国人。赫德表示他最好是以与海关联系的方式而不是与海关相脱离的方式去实现目标。日意格表示不愿受到赫德的掣肘和束缚，并希望开创一个独立的事业。

十一月二十五日丙戌（1866.1.11）

总署接上海通商大臣李鸿章咨文，参照福建巡抚徐宗干所拟华商购买火轮夹板等船稽查章程7条，斟酌上海情形，订立《筹议中国商民置买洋船章程》18条。

十二月二十五日丙辰（2.10）

总署收赫德申呈，议复华商购买洋船章程及船牌式样。

十二月二十八日己未（2.13）

曾国藩会同漕运总督吴棠、护理江苏巡抚刘郁膏、安徽巡抚乔松年、江西巡抚刘坤一、湖北巡抚郑敦谨、湖南巡抚李瀚章奏长江水师事宜30条、营制24条，将湘军水师改为经制长江水师，设提督衙门于安徽太平。

同治五年丙寅（1866）

三月　　"黄鹄"试航
五月　　左宗棠筹建福州船政
八月　　奕䜣奏设天津机器局
十月　　沈葆桢总理船政
十一月　日意格、德克碑任船政洋监督 / 船政动工兴建
十二月　船政学堂开学

正月十六日丙子（3.2）
　　总署行文李鸿章，告之赫德所拟章程事。
三月初七日丙寅（4.21）
　　英国照会称，撤回之轮船，埃及购买2艘，价20 500镑；印度购买2艘，价1万镑。
三月初九日戊辰（4.23）
　　李鸿章根据总署意见，对赫德所拟章程5款作修订补充，酌定《华商买用洋商火轮夹板等项船只章程》，共6款30条，以及船牌式样、巡船牌式两份，于是日送总署。
三月
　　徐寿、华蘅芳等制造的第一艘木质轮船"黄鹄"号，在江宁试航。该船长50余尺，时速20余里。
五月初七日乙丑（6.19）
　　福建向洋商购买"福源"小轮。后归船政衙门、总督部堂调用，当捕盗等公干差使。
五月十三日辛未（6.25）
　　左宗棠奏，欲防海之害而收其利，非整理水师不可；欲整理水师，非设局造船不可。拟于福建海口罗星塔一带建局造船。
六月初三日庚寅（7.14）
　　准左宗棠请，在福建设局试造轮船。经费于闽海关经费内酌量提用。
六月初八日乙未（7.19）
　　总署收李鸿章函，商筹沪厂制造小型轮船。
七月二十六日壬午（9.4）
　　崇厚奏加固大沽炮台。
八月初七日癸巳（9.15）
　　左宗棠向洋商购买轮船，改名"华福宝"，委贝锦泉管带，招募熟练船工随船学习。后归船政衙门、总督部堂调用，当捕盗等公干差使。
八月十四日庚子（9.22）
　　法国署理公使伯洛内（C.H.M.Bellonnet）致函总署，闽省欲用法人日意格、德克碑在福州设立炮船厂和海部学房，左宗棠派员至法领馆，请领事代本国应许照应保全。此事实乃贵国有益之举，但本国不能过

左宗棠

船政的洋监督日意格

问照管,此后中国与日、德若有争议,法使必按合同查办。又称船厂新立,轮船器具造成之后,较外国现成之船,价银有数倍之差。应用枪炮及水营弁工,不知本国肯办理否。雇佣外国人教习立限三年,为时太促,当与赫德商明。

八月十七日癸卯(9.25)

清廷调左宗棠为陕甘总督。

八月二十八日甲寅(10.6)

① 奕䜣奏准在天津设立机器局。

② 总署函署理闽浙总督英桂,设厂造船等事务与前督左宗棠洽商妥办。无论如何为难,总期志在必行,行则必成。中国自强之计,入手全在于此。又函左宗棠,嘱与英桂办理移交,并告伯洛内来函内容。

九月二十三日己卯(10.31)

左宗棠奏,已令法人日意格等在马尾选定船局地址,请旨特命前江西巡抚沈葆桢总理船政。

十月十一日丙申（11.17）

因福州将军英桂、福建巡抚徐宗干奏，恳留左宗棠暂缓西行，创立轮船。清廷谕左宗棠暂缓交卸篆印，催促工匠，上紧制造，妥定章程。

十月十三日戊戌（11.19）

谕：着沈葆桢总司船政事务，准专折奏事。一切应办事宜并需用经费，均着英桂、吴棠、徐宗干妥为经理。随时与沈葆桢会商。

十月十五日庚子（11.21）

英桂请由闽关四成结款项下动拨银40万两作船政经费，并将闽关展限月协5万两，概行充作船政经费。奉旨允行。

十月十七日壬寅（11.23）

左宗棠卸闽浙总督篆，遗任由英桂兼署。

十月二十三日戊申（11.29）

道员胡光墉及法国人日意格、德克碑到闽并呈造船之保约、条议、清折及合同规约各件。

十一月初一日丙辰（12.7）

清廷命曾国藩仍回两江总督原任，李鸿章为钦差大臣，专办剿捻事宜。

十一月初五日庚申（12.11）

① 左宗棠奏，已与洋员日意格、德克碑订立清折，监督制造轮船，由日意格主政，德克碑协同办理。日意格禀呈保约，经法国驻上海总领事白来尼（Brenier de Montmorand）印押担保。所有铁厂、船槽、船厂、学堂、中外公庙、工匠住房、筑基砌岸工程，经日意格觅中外殷商包办。计共需银24万余两。与洋人约定要点：1. 日意格、德克碑分任正副监督；2. 优待艺局生徒，学成制造、驾驶之人，为将来水师将材所自出；3. 从船政局铁厂开工之日起，五年内，建造工厂、采购设备，建造船槽，并募雇370名外国工程技术人员，教授中国员匠造船技术、驾驶技术；4. 建造150匹马力大轮船十一艘，80匹马力的轮船五艘；5. 与洋员订立合同，赏罚进退、辛工路费，皆明定规约，一律遵守；6. 日意格、德克碑月薪银1 000两。五年内如能达到计划的各项要求，另各嘉奖2.4万两，嘉奖外国员匠6万两。

② 左宗棠又奏，开设艺局（学堂），并制定《艺局章程》8条。

③ 左宗棠又奏，以日意格、德克碑所请，此后船局遇有陈奏事件，仍

由沈葆桢会臣后衔，以昭大信。

④ 左宗棠又奏，请调道员胡光墉往来照料，听候船政大臣差遣。盐运使衔广东补用道叶文澜、候选同知黄维煊随同胡光墉与日意格、德克碑议拟章程，请旨留差委。五品军功贝锦泉向在浙江管带捕盗、缉私各轮船，堪充轮船船主，请破格录用，以都司留福建水师，赏加游击衔，以奖倡导之人。福建布政司经历徐文渊，涉猎西洋图书，仿制洋炮百余尊，应并交沈葆桢差遣。

⑤ 左宗棠咨呈德克碑、日意格禀稿，提及聘用外国员匠共计37名，办厂期限从三年延至五年等。并保约1件，条议18条，款目清折（预算）1扣，外国员匠合同规约14条等。

十一月初七日壬戌（12.13）

总署因崇厚函请，札令赫德提拨船炮变价款，代神机营购买手枪2 000杆，马枪3 000杆。

十一月初十日乙丑（12.16）

左宗棠离开福州，启程由江西、湖北、河南北上陛见。

十一月十七日壬申（12.23）

福建船政动工兴建。

十一月二十二日丁丑（12.28）

日意格由香港返法。

十一月二十四日己卯（12.30）

上谕：此次创立船政，实为自强之计。若为浮言摇惑，则事何由成？左宗棠所见远大，大臣谋国，理当如此。所议优待局员，延长期限，均着照所请。船局由左宗棠创立，虽赴甘肃，一切仍当与预闻。沈葆桢服阕以前，船局事宜由英桂陈奏。服阕以后，由沈会同督抚陈奏，均仍列左宗棠之名。胡光墉、叶文澜、黄维煊均交沈葆桢差遣。贝锦泉破格录用，以都司留福建水师，赏加游击衔。左宗棠启程后，船局事务，沈葆桢当专心经理，于日意格等加意笼络。

十一月三十日乙酉（1867.1.5）

两广总督瑞麟、广东巡抚蒋益澧购买法国兵轮"澄清""绥靖"，英国轮船一只。

十二月初一日丙戌（1.6）

福州船政学堂开学，时称"求是堂艺局"。校舍假福州城南定光寺（白塔寺）空房及仙塔街亚伯尔顺洋房。学生有严宗光（复）、林泰曾、刘步蟾等。入学试题为"大孝终身慕父母"，严宗光考列一等。不久，马尾新盖校舍落成。依制造、驾驶二专业，分为前后二学堂。前学堂用法语授课，后学堂用英语授课。

十二月二十七日壬子（2.1）

日意格抵法，即向法国海军部长禀明中国委造轮船情由，该部长以未闻中国通知，令暂缓雇工。

十二月

广东向英国所购"飞龙"轮船抵达，在本省洋面巡缉。

同治六年丁卯（1867）

正月　日意格回法购买机器
二月　法国宣称不干预船政
三月　李—阿舰队案结清
五月　法允日意格在法雇募工匠
六月　沈葆桢释服视事
九月　日意格率洋员匠抵马尾／沈葆桢劾吴棠掣肘
十二月　船政第一座船台竣工／丁日昌倡设三洋水师提督

正月初四日己未（2.8）
    总署札令赫德提拨船炮变卖款购买手枪鞘及制造铜炮机器。

正月十五日庚午（2.19）
    ① 总署收署理闽浙总督英桂函及绘图一纸，称船政已在马尾购买328 亩厂址，用银18 087两，于十一月十七日开始建设。求是堂艺局已经开设。洋员日意格回法购买机器，雇募洋匠。
    ② 总署收沈葆桢函，在六月十六日释服前，碍难会办船政。

正月二十三日戊寅（2.27）
    ① 总署函英桂，沈葆桢来函称视事必待服阕，望与吴棠会同沈葆桢商酌办理。五年造船约需300万两，所费不赀，船成之后，可用于河防、海运、治水、转漕，所省实多。惜费之见可不必存。
    ② 总署函沈葆桢，服阕约计六个月，只在转瞬之间。然事关创始，无成例可循。奉命总理，责无旁贷。六月以前应办事件，望与英桂、吴棠会同计议，不必拘泥。

二月初八日壬辰（3.13）
    总署函曾国藩，议商华商雇买夹板轮船事。

二月十三日丁酉（3.18）
    总署收赫德文，华商购买洋船，应由税务司代觅。并绘华商旗帜图样。

二月二十二日丙午（3.27）
    英桂报告总署，十七日接福州海关税务司法国人美理登来函，反对造船，称外国学习驾驶轮机，需在学堂学习五六年，上轮船学习五六年，始知头绪。中国素不识外语幼童，期于五年，能制造、驾驶轮船为不可能，且造16艘轮船为无用。又称法国领事白来尼虽签字担保，但未报法国公使，不能做主。请暂缓办理，并令日意格不必招雇洋匠来闽。或将造船规模减少至4艘。并要求管理船政人员随时将用款咨其核实，按月报总税务司。

二月二十六日庚戌（3.31）
    英国公使阿礼国（R.Alcock）照会称，撤回轮船"广东""都利"两号在印度售出，实得价款8 124镑。

二月二十七日辛亥（4.1）
    总署收法国署理公使伯洛内函，称法国不干预船政，建议中国应用各国之人，勿仅用法人，以免别国不平。

二月
　　广东向法国所购"镇海"轮抵达，在本省洋面巡洋。

三月二十四日戊寅（4.28）
　　总署收英桂函，已将总署来函转达沈葆桢。沈表示日意格、德克碑回闽前船政尚无紧要事件，择六月十七日莅事。若日意格五月前来，遇有应办事宜，英桂自当会同妥善办理。修建船厂船槽工程，系日意格前在闽时估定，留洋人贝锦达监工。学堂在城内暂设两处，城外分设一处。诸事尚属妥协。同日，总署收沈葆桢函，亦表示六月十七日莅事。

三月二十六日庚辰（4.30）
　　英国照会称，撤回轮船"江苏""厦门"两号已在英国售出，合价11 500镑，均全数付清。"李—阿舰队"案至此完结。

四月十三日丙申（5.16）
　　清廷从曾国藩奏，命于江海关四成洋税内酌拨二成，一成解济军饷，一成解沪局造船。

四月二十六日己酉（5.29）
　　天津机器局开工。

五月初一日癸丑（6.2）
　　总署收曾国藩函，商人买洋船利少弊多，建造轮船系当务之急。

五月初四日丙辰（6.5）
　　法国海军部接驻香港海军提督回文，称中国委造轮船事，已由中国皇帝批准，并简派大臣接办，乃许雇定工匠。

五月初七日己未（6.8）
　　总署函曾国藩，详论购买洋船。

五月
　　① 船政学堂在福州正谊书院招生，录取方伯谦等人。
　　② 广东向法国所购"澄清"轮抵达，在本省洋面巡缉。

六月十四日丙申（7.15）
　　① 总署收吴棠函，五月初旬赴马尾勘视，船政衙署已创立初成，各厂地基亦在逐一填筑。沈葆桢表示六月下旬即赴马尾居住，就近督率监办。
　　② 日意格在法派夹板轮一艘载船厂器具并铁料250余吨来华。

天津机器局,北方最大的近代军工企业。1866年由恭亲王奕䜣奏准,三口通商大臣崇厚等办。1870年后,由李鸿章接办。专为北洋海军提供火药、炮弹、水雷等军火

六月十七日己亥(7.18)

　　船政大臣沈葆桢昨日释服,本日拜访福州将军英桂、闽浙总督吴棠、福建巡抚李福泰后,乘轮船抵马尾工次莅事。开用"总理船政关防"。

六月二十一日癸卯(7.22)

　　赫德请拨发船炮变款购买洋米。

六月二十四日丙午(7.25)

　　法皇拿破仑第三(Napoléon Ⅲ)召见日意格,询中国造船情形。

七月初九日庚申(8.8)

　　命闽浙总督吴棠驰赴广东查办事件,英桂兼署闽浙总督。

七月初十日辛酉(8.9)

　　谕沈葆桢实力讲求船政,并着闽省督抚将军和衷办理,俾沈葆桢永无掣肘之虞。

七月二十日辛未(8.19)

　　日意格随带洋员匠等由法国起程返华。

沈葆桢

八月初八日戊子（9.5）

沈葆桢奏马尾形势，办厂规划。指出船政根本在于学堂，采办原料似易实难。

八月十八日戊戌（9.15）

日意格又雇夹板船一艘载铁厂一半器具并铁料200余吨来华。

九月初六日丙辰（10.3）

总署收曾国藩送呈华商买用洋商火轮夹板等项船只章程。

九月初九日己未（10.6）

日意格带同洋员匠12人暨眷属抵马尾。

九月二十三日癸酉（10.20）

① 沈葆桢奏，与左宗棠商定派前福建布政司周开锡及胡光墉为船政提调，又请以福建补用道叶文澜一并交臣差遣。又奏闽浙总督吴棠掣肘事及闽局人事纠葛。

② 沈葆桢咨呈日意格九月十一日禀，详叙回法购买设备及马尾船厂施工情形。称共聘请外国工程人员37名，第一批到闽者，为匠头5名，匠人7名；另有总监工、看铁监工、医官、驾船教习各1名，下月到

达。其余待德克碑明年正月带同前来。

十月十二日辛卯（11.7）

福建船政总监工洋员达士博（Trasbot）、铁山煤山监工都逢、英文教习嘉乐尔（J.Carroll）和医官尉达尔抵闽。

十月十六日乙未（11.11）

总署接沈葆桢函，日意格到闽后，常驻工所，每日巳午未三时到局，与员绅会商一切。又录船政洋员匠名单：博赖（法国学堂教习，旧年来）、贝锦达（洋监工，旧年来）、乐平（第一木匠头）、哥送（第二木匠头，现在暹罗采办木料）、博士忙（Brossement，锤铁匠头）、布爱德（水缸匠头）、西林（铁厂匠头）、贝那德（画图匠头）、卑德儿（Péter，木匠）、格里那（木匠）、巴士假（木匠）、腊佛奴（木匠）、布爱达（图画匠）、假格士急（水缸匠）、雷意（打铁匠）。

十月十七日丙申（11.12）

上谕：着沈葆桢会同英桂、李福泰督饬局员、洋匠，将工程妥善布置，着传知周开锡专意从公，勿得畏难退阻。着胡光墉克期赴闽，以资差委。叶文澜前有被控案件，着英桂等秉公断结，知府李庆霖前经吴棠革职，准沈葆桢请留局差遣。所有船政一切，着英桂详细商榷，和衷办理。

十月二十五日甲辰（11.20）

左宗棠奏，吴棠到任后，务求反左所为，专听劣员怂恿。船政之事，宗棠未能遥揣，当由沈葆桢体察经理。

十月

① 广东向法国订购"绥靖"轮船抵达，在本省洋面巡缉。
② 日意格又雇夹板船一艘载铁厂一半器具并轮机两副来华。

十一月初六日乙卯（12.1）

总署收赫德呈，申报动拨轮船变价款数目和理由。

十一月初八日丁巳（12.3）

总署函沈葆桢，以大局为重，勿以吴棠掣肘为意。称朝廷既不惜巨万帑金求转弱为强之计，则功期必集，志在必成，断不因偶有阻扰，致垂成之功败于中止。并分函英桂、左宗棠妥为调处。

十一月十八日丁卯（12.13）

载运船政建厂设备的第一艘夹板船到达福州，数百人搬运二十余日始毕。

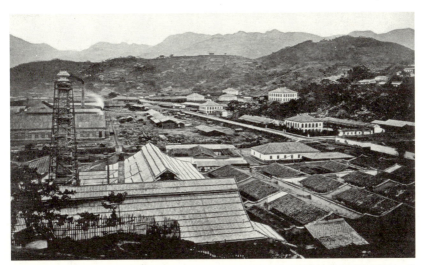

福建船政，中国近代规模最大的造船企业。位于福州马尾闽江之畔。引进法国造船技术和设备，培育了中国第一代造船工程技术人员。从1866—1907年，共建造各种舰船约40艘

此照从马尾后山的妈祖庙上方远眺福建船政。庙下方是船政衙署和厂区。远处闽江中停泊的轮船，从左至右，分别是"万年清""伏波"和"福星"

十二月初五日甲申（12.30）

福建船政局第一座船台竣工。

十二月初六日乙酉（12.31）

湖广总督李鸿章附呈藩司丁日昌条陈，提出创建轮船水师，设立北洋提督（驻大沽，直隶、盛京、山东各海口属之）、中洋提督（驻吴淞口，江苏、浙江海口属之）、南洋提督（驻厦门，福建、广东各海口属之）。设立市舶司，赴各国有华人处管理华人。又提议精制造而必期有成，机器厂宜设天津。又请重价招募能驾驶轮船之人。又请联络沿海附近各国，称日本立意自强，训练士卒，精造船炮，已能自行驾驶轮船，请密派妥员观察日本举动。

十二月二十四日癸卯（1868.1.18）

沈葆桢亲率在事员绅并日意格、达士博等祭告天后，前往船坞，与提调周开锡、夏献伦共捧第一号轮船龙骨，安上船台。

同治七年戊辰(1868)

正月　沈葆桢奏船厂开工日期及规划
三月　吴大廷襄办提调船政事务
六月　江南制造局自制第一号轮船"恬吉"下水
九月　吴大廷拟定《轮船章程》/ 丁日昌提出《酌议海洋水师事宜》

正月初八日丁巳（2.1）

总署收英桂函，称努力排解沈葆桢与吴棠矛盾。又谓税务司美理登欲谋入局，屡上条陈，此间置之不理，又赴京游说。现请假回国，往返须年余。

正月初九日戊午（2.2）

沈葆桢奏船厂开工日期、船厂情形和规划，拟建船台四、工厂五（铁厂、水缸厂、打铁厂、铸铁厂、合拢机器厂）。称胡光墉十一月初一日到工，熟商一切，因兼办陕甘转运局务，于二十五日请假回浙。因奉旨允准往来照应，未能常川在局。旋商调前署福建藩司候补道夏献伦到工，协同周开锡办理提调事务。叶文澜四月来省，派为总监工。五品衔举人王葆辰，会同日意格赴沪考察胡光墉所招铁匠并驾舡之人。内阁中书衔蒲田县学训导吴仲翔会同达士博赴泉州采勘南洋木料，叶文澜赴泉厦采办红砖。

二月初二日庚辰（2.24）

清廷从沈葆桢请，船政正监督日意格赏加提督衔并赏戴花翎，副监督德克碑赏戴花翎；总监工达士博赏加三品衔。

三月初五日癸丑（3.28）

曾国藩等奏长江水师未尽事宜十条。

三月二十四日壬申（4.16）

总署收英国照会，华民购买洋船章程碍难实行。

三月二十九日丁丑（4.21）

① 沈葆桢奏，德克碑续带洋员5名，洋匠17名到工，连同原先到者共45名。扣除暂雇者2名，专教驾驶轮船者1名，造风雨表匠3名不计外，实有39名，与原约定38名逾额一名。嗣后续到者尚有二三名。二月七日，两艘外国夹板船运到暹罗直木曲木及花旗木材。日意格在上海招考江浙铁匠、水手等129人，亦由黄维煊督带来工，分别赴厂学习。

② 以工程吃紧，沈葆桢奏请管带船政水师营尽先游击杨廷辉暂缓进京引见。又请调前台湾道吴大廷在船政襄办提调事务。

三月

广东向法国订购"恬波"轮抵达。

福建船政轮机厂是船政制造船用蒸汽机的车间，1867年由法国人设计建成，具欧洲风格。总面积3 000平方米，砖石铁木合构，坚实牢固。1871年，我国第一台船用蒸汽机在此制造成功。轮机厂北侧厂房现仍在使用，是国内现存最古老的工业车间

福建船政第一号轮船正在建造中

四月十三日辛卯（5.5）

上海道应宝时照会美国驻沪领事西华（G.F.Seward）通商各口岸华洋船只来往江面，每有磕碰沉损，争讼不休。请确查贵国定例，明晰示复，以便出示晓谕。十五日，西华照复应宝时，并译抄《行船防撞章程》20条。

四月十七日乙未（5.9）

因捻军逼近海隅，清廷命曾国藩、丁日昌立即派员将上海捕盗轮船架炮备兵，星驰赴津，交崇厚派令严防海口。

闰四月初三日庚辰（5.24）

曾国藩由江宁乘舟至苏州。初八日，巡阅太湖形势，确定太湖水师布置处所。

闰四月十四日辛酉（6.4）

曾国藩、丁日昌会奏，上海捕盗局仅有"天平""铁皮"二轮船，均损坏，不能调赴天津。闽局"华福宝"轮现在上海，可以移用。该船系华人管驾，现添配开花炮6尊、洋枪100杆，赶雇水勇50名，约计十五日以前即可开行。

六月初四日庚戌（7.23）

江南制造局第一号明轮船下水，该船长185英尺，宽27英尺2英寸，吃水8英尺，马力392匹，排水量600吨。造价并帆樯、旗帜、器具共银81 397.3两。

六月二十三日己巳（8.11）

沈葆桢奏外国轮船运送船政机器及造船部件到闽情形及各厂施工情况。

七月二十日乙未（9.6）

调曾国藩为直隶总督，马新贻为两江总督。

七月二十二日丁酉（9.8）

命彭玉麟会筹长江水师事宜。

七月二十七日壬寅（9.15）

江南制造局第一号明轮船试航。上海道应宝时、制造局总办、委员，以及造船之洋人均登船观看。上午10时3分，轮船由高昌庙开出，11时25分到吴淞，岸上鸣炮庆祝。下午1时，轮船驶至海岛停泊。次晨6时20分，由海岛开回。下午1时20分，抵高昌庙码头。该轮行驶顺遂，官民无不欣喜。

七月

广东向英国订购"镇涛""安澜"两轮抵达,在本省洋面巡缉。

八月初六日庚辰(9.21)

江南制造局第一号轮船开赴江宁,请曾国藩命名,听候使用。

八月十三日丁巳(9.28)

第一号轮船驶抵江宁,曾国藩亲自登船,试航至采石矶,命名"恬吉",取"四海波恬,公务安吉"之意。

八月二十六日庚午(10.11)

谕马新贻、丁日昌悉心经营江南机器局。

九月初九日癸未(10.24)

吴大廷与沈葆桢幕僚梁鸣谦在福州拟定《轮船章程》10条,包括:定官制、定廉饷、定操练、定日期、定赏罚、定修整、定运载、定分段、定巡缉、定探报。

九月十七日辛卯(11.1)

曾国藩核定《外洋水师章程》。

九月

丁日昌向曾国藩咨《酌议海洋水师事宜》30条,《海洋水师章程别议》6条,提出三洋水师专用大兵轮,三洋联为一气,沿海择要修筑炮台等。曾反应冷淡。

十月十七日庚申(11.30)

两广总督瑞麟奏,同治五六年粤东筹款购买大轮船六号巡缉洋面,年前驶到四只,取名"澄清""绥靖""飞龙""镇海";又购法国轮船,取名"恬波";现在英购"安澜""镇涛"二船已到,每船酌拨兵勇之外,参用洋人三四名,统归管带。

十一月初三日丙子(12.16)

曾国藩、马新贻、丁日昌会奏,酌议江苏水师事宜14条及营制16条,请饬下各衙门会议。

十一月初六日己卯(12.19)

总署收赫德呈,购买机器、洋米、手枪、马枪及蒲安臣出使等项,共用船炮变价银362 000余两,留存147 000余两。

同治八年己巳（1869）

四月　　"操江"竣工
五月　　"万年清"下水
九月　　"测海"下水
十一月　"湄云"下水

正月初八日庚辰（2.18）

军机处交出瑞麟片，同治五六年购办轮船六号，价银244 000余两，在法国订购"恬波"，船价40 000两，在英国购"安澜""镇涛"，价银各47 000余两。

二月初十日壬子（3.22）

马新贻奏，将江海关所留二成洋税全拨江南制造局，专造轮船。

四月

江南制造局第二号"操江"轮船竣工，出洋试航至舟山。该船长180英尺，宽27英尺8英寸，吃水10英尺，排水量640吨，马力425匹。安炮8尊。由马复震管带。船价并配帆樯、舢板、旗帜、器具共83 305.9两。

五月初一日壬申（6.10）

沈葆桢主持福建船政第一号轮船下水仪式。

五月初二日癸丑（6.11）

清廷批准马新贻等奏长江水师续议事宜。

五月十二日癸未（6.21）

沈葆桢奏报船政第一号轮船下水，拟名"万年清"。该船为木质，长238营造尺，宽27尺8寸，吃水14尺5寸，排水量1 370吨，马力150

江南制造局建造的轮船"操江"。"操江"在甲午战争之丰岛海战中被日本俘获，此照系日人所摄

匹，时速10节，价银162 000两。由法员达士博监造，委游击贝锦泉管驾。第二号轮船拟名"湄云"，委游击吴世忠管驾。

五月二十九日庚子（7.8）

日本明治维新后，改革官制，设立兵部省，管理全国陆海军事务。当时共有幕府遗留及各藩"献纳"军舰"富士山"（排水量1 800吨）、"东"（1 358吨）、"千代田"（138吨）、"第一丁卯"、"第二丁卯"（皆125吨）、"龙骧"（2 530吨）、"乾行"（523吨）、"日进"（1 468吨）、"春日"（1 269吨）、"摄津"（920吨）、"孟春"（357吨）、"云扬"（245吨）、"凤翔"（121吨）、"肇敏"（885吨）、"筑波"（1 578吨）等。

八月二十日己未（9.25）

沈葆桢亲督日意格暨各员绅登"万年清"轮出港。向晚，寄碇熨斗内洋。二十一日丑刻出大洋试航，由正东转向福宁洋面，绕南茭、北茭各岛而归。逆风逆水一时辰行70里（约9.45节）；顺风顺水一时辰行90里（12.15节）。静水航速一时辰约以80里（10.8节）为准。

八月二十六日乙丑（10.1）

① 船政提调吴大廷监驶"万年清"轮北上天津候验。

② 沈葆桢奏轮船驶入天津静候派验，并呈报贝锦泉所拟该轮之管理、驾驶、舵工、水手等工作人员名单及酌定各员之薪资等清册，咨呈军机处及总署审议。据报该轮管驾人员共98名，其中管驾官1员，月支薪水银200两；大副1名，月支辛工银50两（以下月支皆辛工银）；二副1名，月支40两；三副1名，月支30两；管队1名，月支40两；舵工8名，月各支15两；水手头目1名，月支25两；副头目1名，月支20两；头等水手29名，月各支12.5钱；二等水手10名，月各支10两；号手1名，月支10两；副号手1名，月支9两；鼓手1名，月支9两；管炮1名，月支25两；副管炮1名，月支13两；炮勇10名，月各支8两；正管轮1名，月支100两；副管轮1名，月支50两；三管轮1名，月支40两；管油3名，月各支20两；管水气表3名，月各支16两；头等升火12名，月各支14两；二等升火6名，月各支11两；医生1名，月支10两；木匠1名，月支15两。共月支银1 690.5两。

九月初一日己巳（10.5）

江南制造局第三号轮船"测海"下水。丁日昌到局观看。该舰长175英

1869
同治八年己巳

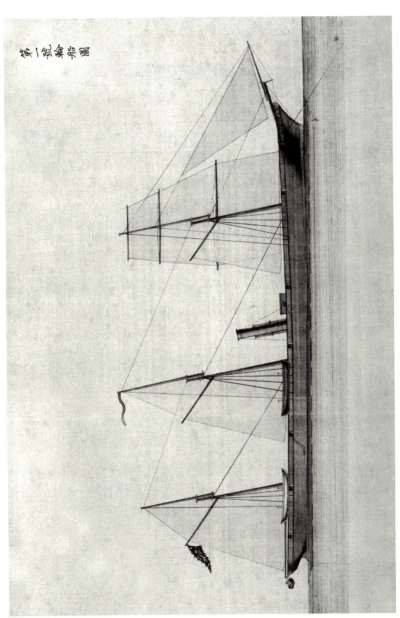

沈葆桢向清廷奏报福建船政建造第一号轮船"万年清"时附呈的船图

尺，宽28英尺，吃水10英尺，排水量600吨，马力431匹。安炮6尊。由金荣管带，并雇外国船主、雇员多名。船价并配帆樯、舢板、旗帜、器具共82 736.5两。

九月二十一日己丑（10.25）

"万年清"轮船驶至天津紫竹林新关。

九月二十七日乙未（10.31）

谕：派三口通商大臣崇厚验收船政第一号轮船，准该船定名"万年清"。

九月

日本恢复原幕府设在东京筑地的海军操练（英国海军军官德勒塞〔R.E.Tracey〕曾在1867—1868年参与该校组织管理），所并于十二月十日（1870.1.11）举行首届学员开学典礼。旋将操练所改名为海军兵寮。1876年该校更名海军兵学校。

十月初二日庚子（11.5）

崇厚登"万年清"轮验看。

十月初五日癸卯（11.8）

"万年清"轮驶出大沽拦江沙外演放炮位，并验视轮机。当日，崇厚奏报勘验"万年清"轮船完竣。

十月初七日乙巳（11.10）

马新贻、丁日昌再次会奏，江南制造局造船、行船、制造枪炮，以及译书、建立学馆等，用款甚巨，请准留二成洋税作为经费。

十一月初四日辛未（12.6）

福建船政局第二号"湄云"轮船下水。该船为木质，长166英尺1英寸，宽26英尺4英寸，吃水10英尺6英寸，排水量550吨，马力80匹（一说船长162英尺1英寸，宽23英尺4英寸，排水量515吨，马力320匹），时速9节。价银106 000两。由法员达士博监造。适该船管驾游击吴世忠到闽，沈葆桢派令驻船监制旗帜、号衣，髹漆内外船板，检点军火炮械，申定号令章程，拟月底出大洋试航。

十一月二十五日壬辰（12.27）

江南制造局奏准留拨沪关二成洋税，交造船用。

十二月初七日甲辰（1870.1.8）

吴大廷督驾"万年清"轮返抵闽局。

十二月初九日丙午（1.10）

　　沈葆桢率日意格等登"湄云"轮出洋试航，次日返。

十二月十一日戊申（1.12）

　　"测海"轮由沪驶赴江宁，马新贻登轮验看。

十二月十八日乙卯（1.19）

　　总署接马新贻文称，刊行华商买用洋船章程后，并无华商买洋船情事。

同年

　　日意格为船政后学堂开展航海教学所需，委派洋教习前往香港、南洋地区寻购合适大帆船，预备改作练船。同时，鉴于后学堂在校生基础学科学习进度较慢，为保证练船购得后能有合适的学员学习航海，又在香港专门招收张成、吕瀚、叶富、李和、李田、邓世昌、黎家本、梁梓芳、林国祥、卓关略等10名具有一定西学功底的广东籍青年，预备直接登练船学习航海，称为外堂生。原船政后学堂在校学生称作内堂生。

同治九年庚午（1870）

五月　　"福星"下水，改练船 / 天津教案
八月　　调曾国藩为两江总督，李鸿章为直隶总督 / 李成谋任轮船统领
九月　　吴大廷综理江南轮船操练局 / 沈葆桢丁忧 / "威靖"竣工
十一月　"伏波"下水 / "建威"练习舰

二月初十日丙午（3.11）

沈葆桢等奏，船政渐著成效，恳俟轮机创造就绪择优请奖。

二月十三日己酉（3.14）

日本与英国签订为期三年合同，日本派遣两名学员到英舰"奥德斯阿斯"号上学习航海技术。是为日本第一批海军留学生。以后，日本开始派遣多批学生到英、德、法、俄等国留学海军。

四月初四日庚子（5.4）

日本兵部省向太政官提出海军扩张建议，从分析日本地理特点出发，提出日本需要一支超过英国的精良海军，并以俄国为头号假设敌国。拟在20年内，分三批建造大小军舰200艘。该计划未批准。

四月十五日辛亥（5.15）

总署收闽浙总督英桂文，闽省购买"五云车"轮船，改名"海东云"，赴台巡缉。

五月初一日丙寅（5.30）

福建船政局第三号轮船"福星"下水。该船为木质，各尺寸性能造价均同"湄云"轮。由法员安乐陶（M.Arneadeau）监工。

五月十四日己卯（6.12）

因上年洋员在香港、南洋未能购得合适的风帆练习舰，沈葆桢奏请将"福星"暂作为练船使用，将学堂上等艺童移入船中训练。

五月二十三日戊子（6.21）

法国驻天津领事丰大业（H.V.Fontanier）因鸣枪伤人，为群众殴毙，法领馆、教堂及英法讲学堂被焚。

五月二十九日甲午（6.27）

获悉天津教案发生，在沪英国炮船开赴天津。次日晨，法国炮船开赴天津。正午，旗昌公司派"山东"轮载大炮、火枪、火药及工部局、公董局巡捕15人驶赴天津。

六月初一日丙申（6.29）

法国军舰驶抵大沽，鸣炮示威。

六月初二日丁酉（6.30）

报载，上海江南制造局"恬吉"轮改用中国人黄梅生（原在福建"万年清"轮供职）为船主，大副、水手等亦改华人。

六月初五日庚子（7.3）
　　从香港招收的10名外堂生被派上"福星"居住学习。
六月十四日己酉（7.12）
　　清廷命曾国藩布置海口，并命彭玉麟整理长江水师。
六月二十六日辛酉（7.24）
　　法军舰驶入天津海河，逼三口通商大臣崇厚将天津府县及提督陈国瑞抵命，否则撤退在京法人。
七月二十三日丁亥（8.19）
　　谕：闽沪两厂轮船次第告成，着马新贻、丁日昌、英桂、沈葆桢于两处各择统将出洋操练。
八月初三日丁酉（8.29）
　　清廷调曾国藩为两江总督，李鸿章为直隶总督。
八月初七日辛丑（9.2）
　　沈葆桢奏，请简派熟悉海疆、忠勇素著之大员为轮船统领。
八月二十五日己未（9.20）
　　清廷着福建水师提督李成谋为轮船统领。
八月
　　英桂、沈葆桢奏保水师人才。
九月初六日己巳（9.30）
　　曾国藩奏调前台湾道吴大廷至江南，综理轮船操练事宜。旋允准。
九月初九日壬申（10.3）
　　设立江南轮船操练局，以台湾道吴大廷综理局务。
九月十二日乙亥（10.6）
　　沈葆桢父亲沈廷枫去世，沈葆桢丁忧。
九月二十七日庚寅（10.21）
　　① 清廷允准英桂、沈葆桢所保水师人才总兵黄联开等7员及游击贝锦泉以备擢用，把总吴锡章、都司吴世忠等16员分别予以奖励。现在已成之船，必须责成李成谋督率驾驶出洋，认真操练。
　　② 李鸿章致函杨秉璋，称中国不亟图强兵经武，徒纷纷遇事张皇，事后苟且粉饰，必致失国而后已，可为寒心！

九月

江南制造局第四号"威靖"轮船竣工。该船长205英尺,宽30英尺6英寸,吃水11英尺,排水量1 000吨,马力605匹。船价并配帆樯、舢板、旗帜、器具用银118 031.4两。

十月初三日乙未(10.26)

清廷着沈葆桢守制百日后仍出任事。

十月二十日壬子(11.12)

裁撤三口通商大臣,所有洋务海防均归直隶总督办理。并另颁钦差大臣关防(北洋通商大臣)。

闰十月二十六日戊子(12.18)

以安徽巡抚英翰请设天津水陆提督,着李鸿章酌议妥奏。

十一月初一日壬辰(12.22)

① 福建船政局第四号轮船"伏波"下水。该船为木质。长217尺8寸,宽35尺,马力150匹,吃水13尺,排水量1 258吨,航速10节,由法员安乐陶监工,造价161 000两。

② 江南轮船操练局开局。吴大廷拟定"专留'操江''测海'二船泊沪操练稿",定《操练章程》4条,成"轮船制造操练问答""中国驾驶轮船应用洋人抑用华人问答"。

十一月十一日壬寅(1871.1.1)

江南制造局所造"恬吉""操江""测海"三轮,均归江南轮船操练局吴大廷接管经理。遵曾国藩嘱,各轮尽用华人,乃招募张顺高充任"操江"船主,王予照充任"测海"船主。大、二副,大、二铁柜亦用华人。以后,江南制造局造成各轮,皆用华人管驾。

十一月二十七日戊午(1.17)

福州将军文煜奏,船政建造船槽(船坞)一座,自同治七年秋间兴工,现已完工,长320英尺,可上两船,或一大船。配40马力轮机一座,以便拉船上坞。已购日耳曼国"马得罗"(Matadore)号夹板船,改名"建威",用为练船。该船长125英尺,宽27英尺,吃水15英尺,载货475吨。配后膛炮1门,前膛炮4门。桅杆3支。船价14 191元,合库平银10 782两余。

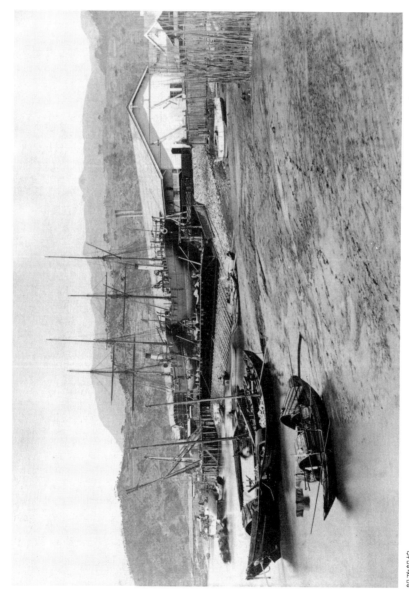

船政船坞

十二月初一日壬戌（1.21）

李鸿章奏复英翰疏，目前既无久著威望之大将，又无水师，亦无多陆营。故不敢议新设天津水陆提督，应随时体察大局形势，再行奏办。

十二月二十六日丁亥（2.15）

文煜等奏，十一月十二日承准军机大臣字寄上谕，着文煜、英桂传知沈葆桢于百日后将船政事务照常经理，毋再拘泥固辞。十二月二十四日接沈葆桢呈，以身体多病，再次固辞，请另行派员接办船政。

十二月

"威靖"轮出洋试航后，开往南京。曾国藩登轮验看。募都司衔孙绍钧充船主。

同治十年辛未（1871）

二月　《轮船出洋训练章程》及《轮船营规》
五月　"安澜"下水
十月　琉球船民事件／"镇海"下水
十二月　宋晋请停造船，以省糜费
本年　《防海新论》出版

正月初一日辛卯（2.19）

"威靖"试航成功，吴大廷委都司金荣任管驾。"测海"改徐传隆试带。初四日，吴大廷率"操江""测海""威靖"出海操练枪炮。十三日复率"测海""威靖"至川沙演炮。十七日登"威靖"。十九日至金陵谒见曾国藩。二十七日回沪，二十九日阅"测海"洋枪队。

二月初二日壬戌（3.22）

吴大廷阅"操江"操炮。

二月二十一日辛巳（4.10）

总署收军机处交出义煜等奏拟《轮船出洋训练章程》12条。

二月二十四日甲申（4.13）

总署收英桂呈送《轮船营规》32条。

三月初十日庚子（4.29）

文煜等奏，船政第五号轮船开工，拟名"安澜"。第六号轮船二月初九日安上龙骨，拟名"镇海"。又奏沈葆桢坚请终制，船政须有大员常川驻工，督率经理。

三月十九日己酉（5.8）

曾国藩奏，前任福建台湾道吴大廷，告病开缺回籍，现在委办轮船操练事宜，规划方始，必须精心果力，未便遽易生手，请免其送部引见。如果练成劲旅，请免其坐补台湾道缺。旋获允准。

三月二十七日丁巳（5.16）

吴大廷率"威靖""测海"自上海出洋，二十八日抵普陀山，操演枪靶。嘱"威靖"天文司招锡恩测日、经纬度数，用速率表测航速。二十九日，过铜沙，命"威靖"操泰西阵法行船打靶。四月初三日回上海。

四月初一日庚申（5.19）

① 上谕：沈葆桢办理船政成效彰彰，现虽病未就痊，未可置身事外。着俟服阕后再行赴工督率经理，此系朝廷曲体孝思，沈葆桢毋再因病固辞。
② 将外堂生移入"建威"练习舰学习。英国海军军官德勒塞任舰长，负责教学，另有洋员枪炮长J.Harwood、水手长逊顺（F.Johnson）协助工作。

四月初四日癸亥（5.22）

吴大廷登"恬吉"看船操。各技纯熟。

5月

船政后学堂内堂生举行大考，首届18名毕业生严宗光、刘步蟾、林泰曾、何心川、叶祖珪、蒋超英、方伯谦、林承谟、沈有恒、林永升、邱宝仁、郑溥泉、叶伯鋆、黄建勋、许寿山、陈毓淞、柴卓群、陈锦荣被派上"建威"练船实习，与外堂生一起，巡历南至新加坡、槟榔屿各口岸，北至直隶湾、辽东湾各口岸。

四月十五日甲戌（6.2）

吴大廷赴吴淞参观法国铁甲舰。

四月二十六日乙酉（6.13）

吴大廷率"恬吉""威靖"出吴淞阅操，黜"威靖"正副炮手之滥充者。二十七日至铜沙试炮，饬天文司测量射程。三十日回沪。

五月初一日庚寅（6.18）

福建船政局第五号轮船"安澜"下水。该船长200尺8寸，宽30尺，吃水12尺，马力150匹（一说长217尺8寸，宽35尺，吃水13尺），排水量1 258吨，航速10节，造价165 000两。

五月二十五日甲寅（7.12）

吴大廷率"威靖"赴崇宝沙，二十六日泊普陀山。连日操演枪炮、舢板等技能，三十日回沪。

五月二十九日戊午（7.16）

清廷批准曾国藩所奏《续议长江水师变通章程》5条。

六月初十日己巳（7.27）

吴大廷督同"威靖""恬吉"二轮出洋操演。

七月十五日癸卯（8.30）

总署收文煜呈《轮船巡缉章程》12条。

七月十七日乙巳（9.1）

吴大廷撰"轮船南北分巡议""规划操练轮船事宜折"。

七月二十三日辛亥（9.7）

吴大廷率"恬吉""威靖""测海"出吴淞阅操，四日后回沪。

七月二十九日丁巳（9.13）

　　山东巡抚丁宝桢奏，整顿山东水师，拟派员赴粤购造拖缯船14号，以定水师根本，并陈整顿水师各款。

九月初

　　吴大廷率"测海""威靖"至铜沙演英国水师阵法第七图及枪炮、舢板诸法。十六日阅"恬吉""测海"操。

十月十二日己巳（11.24）

　　吴大廷陪同曾国藩登"恬吉"在沪看操。十三日曾国藩乘"威靖"回南京。

十月十三日庚午（11.25）

　　李鸿章函福建巡抚王凯泰，船政280匹马力之船，若能放两层炮，居然战船，然视西国战船，犹小巫见大巫。各省不肯拨用，即无可分养，越造越多，闽固不支，左宗棠若在，似亦无此长策。

十月十五日壬申（11.27）

　　琉球船遇风漂泊至台湾，船民与当地高士佛、牡丹社山民发生冲突，死54人。

十月十六日癸酉（11.28）

　　福建船政局第六号轮船"镇海"下水。该船为木质，长166尺，宽26尺，吃水11.8尺，排水量572吨，马力80匹，时速9节。由法员安乐陶监造。船价109 000两。

十一月初七日癸巳（12.18）

　　总署奏准行文南北洋通商大臣及沿海各省督抚，分别奏咨调拨闽厂船只应用。

十一月十三日己亥（12.24）

　　吴大廷阅"恬吉""威靖""测海"合操。十七日乘"威靖"至定海。十九日看打炮靶。午初回轮。

十二月十一日丙寅（1872.1.20）

　　吴大廷阅"操江""测海""威靖"枪阵。

十二月十四日己巳（1.23）

　　清廷以内阁学士宋晋奏，闽沪两厂造船名为远谋，实为虚耗，请停造船，以省縻费。诏令曾国藩、文煜等通盘筹划。

同年

江南制造局译书馆出版傅兰雅（J.Fryer）口译、华蘅芳笔述，布国（普鲁士）希理哈（V.Scheliha）撰《防海新论》18卷；金楷理口译、华蘅芳笔述，英国白尔特撰《御风要术》3卷；金楷理口译、王德均笔述，英国那丽撰《航海简法》。

同治十一年壬申（1872）

正月　曾国藩临终反对裁撤船局
二月　曾国藩病逝 / 命李鸿章、左宗棠、沈葆桢议筹裁撤闽、沪船局事
三月　命各地分拨闽局轮船 / "扬武"下水 / 左宗棠反对裁停船局
四月　"镇安"竣工 / "飞云"下水
五月　李鸿章反对裁停船局，主张裁旧式师船，改用自造兵轮
七月　创办轮船招商局 / "靖远"下水
九月　更换三角龙旗
十一月　"振威"下水 / "济安"下水

正月二十日乙巳（2.28）

吴大廷率"恬吉""威靖""测海"至铜沙操演阵法、炮法，并操舢板。

正月二十一日丙午（2.29）

李鸿章函王凯泰，宋晋有停造轮船之奏，未知执事如何筹复。左宗棠初定闽局合同，似有欲罢不能之势，闽船创自左公，沪船创议曾相，鄙人早知不足御侮，徒添靡费，今已成事，而欲善后，不亦难乎？

正月二十五日庚戌（3.4）

吴大廷乘"威靖"前往普陀。二十七日回。

正月二十八日癸丑（3.7）

总署收曾国藩函，称船局不宜停止，应筹变通之方。

二月初四日戊午（3.12）

① 大学士两江总督曾国藩病逝于江宁（今南京）。

② 吴大廷乘"威靖"前往江阴、镇江，初八日到达南京。十二日回沪。

二月初九日癸亥（3.17）

文煜奏，查左宗棠原议制造轮船16号，定以铁厂开工之日起，限五年为期，总计经费不逾300万两。铁厂开工在同治八年正月，其拨解经费先于闽海关结款项下提银40万两作为创始之用，嗣后每月于洋税项下拨银5万两，自同治五年十二月至十年十二月止，已拨过正款银315万两。另以洋药票税奏明拨作养船经费，共解过银25万两。轮船于铁厂未开工之先，造成下水者一号，铁厂开工后，造成下水者五号，具报开工者三号。制造轮船立意深远。造成之船虽均灵捷，而与外洋兵船较之尚多不及，以之御侮未有把握。其第七、八号船只计本年夏间方克蒇工，第九号出洋尚无准期。应否即将轮船局暂行停止，请旨遵行。

二月十三日丁卯（3.21）

李鸿章函天津机器局道员沈保靖，"万年清"系闽厂开创时造，机器木料均未精善，将来或指第七号轮船来津。奏停轮船工作，论者皆知其不可，尊议经费可省不可裁，船可少造不可中废，自是正论。

二月二十日甲戌（3.28）

日本废除兵部省，设置陆军省和海军省。

二月三十日甲申（4.7）

清廷命李鸿章、左宗棠、文煜、王凯泰、沈葆桢议筹裁撤闽、沪船局事。

三月初六日庚寅（4.13）

总署函山东巡抚丁宝桢、盛京将军都兴阿、盛京户部侍郎瑞联，请调闽省轮船。

三月初七日辛卯（4.14）

总署行文南北洋大臣及沿海将军督抚，请议分拨闽省轮船办法。

三月初九日癸巳（4.16）

清廷准拨"伏波"轮船赴粤巡洋。

三月十六日庚子（4.23）

福建船政局第七号轮船"扬武"下水。该船为木质，长190尺，宽36尺，吃水16尺，排水量1 560吨，马力250匹，航速12节，船价109 000两。由法员安乐陶监制。

三月二十五日己酉（5.2）

陕甘总督左宗棠奏，船局不宜裁停。

四月初一日甲寅（5.7）

沈葆桢奏，制造轮船，熟能生巧者则利，鲁莽从事、浅尝辄止则不利。如虑用费过多，可间造商船。又请月拨经费500两，作为福建水师提督轮船统领李成谋出洋操练费。

四月初八日辛酉（5.14）

李鸿章函黄彭年，谓日本上下一心，皈依西土，机器枪炮战舰铁路事事取法英美，后必为中国肘腋之患。

四月十一日甲子（5.17）

清廷准"安澜"轮赴山东巡洋。

四月十八日辛未（5.24）

江南制造局第五号轮船"镇安"竣工。该船长300英尺，宽42英尺，吃水20英尺，排水量2 800吨，马力1 800匹。配轮机舢板1只，帆桅舢板8只，及旗帜器具等共价银355 198两。

四月二十日癸酉（5.26）

懿旨：船政继续维持，候李鸿章议再定。着文煜、王凯泰按月筹给银500两，作为李成谋出洋操费，即饬该统领认真训练，无论留闽及分拨外省轮船，均应随时校阅，俾臻娴熟。又询台湾道夏献伦是否暂缓赴任或另行遴员署理？

"扬武"是福州船政所制第七号军舰,亦是船政第一批所造15艘舰船中最大者,曾被作为船政学堂的练习舰,后又成为船政兵轮船的旗舰。1884年8月在中法马江之战中被击沉。图为"扬武"水手在训练站桅

四月二十八日辛巳（6.3）

　　福建船政局第八号轮船"飞云"下水。该船为木质，长200尺，宽32尺，吃水12尺，马力150匹，排水量1 258吨，航速10节。由法员安乐陶监造，船价163 000两。

五月初十日癸巳（6.15）

　　清廷从两广总督瑞麟请，调"安澜"轮船赴粤巡缉，吕文经率船抵粤。

五月十五日戊戌（6.20）

　　李鸿章奏，国家诸费皆可省，唯养兵设防、练习枪炮、制造轮船之费万不可省，亦万不可求速效。又请裁各省艇船，改用自造兵轮。

五月十九日壬寅（6.25）

　　文煜奏，经与沈葆桢商量，船政事宜难易生手，应令夏献纶暂缓东渡，俟十二月间沈葆桢服阕到工，再饬赴任。

六月初九日壬戌（7.14）

　　文煜等奏，"湄云"轮船拨调奉天巡缉，"安澜"已派粤省，"伏波"已赴浙江，改派"万年清"赴山东遣用。

六月二十八日辛巳（8.2）

　　奕䜣等奏，船政不宜停止，应由李鸿章、沈葆桢妥善办理。奉旨依议。

六月二十九日壬午（8.3）

　　丁宝桢奏，请改派"飞云"轮船赴山东巡缉。

七月十二日甲午（8.15）

　　李鸿章向总理衙门提出创办轮船招商局，并报朱其昂等人所拟轮船招商节略20条。其中提出酌用水师兵勇，操练枪炮，寓兵于商。

七月十八日庚子（8.21）

　　福建船政局第九号轮船"靖远"下水。该船为木质，性能参数同"镇海"。由法员安乐陶监造，造价11万两。

夏

　　"建威"练船对见习学生进行考核，外堂生张成、吕翰、李田、黎家本首先合格，其中张成和吕翰被洋教习德勒塞推荐担任军舰舰长，李田和黎家本被推荐担任副手，4人是船政后学堂培育的第一批海军军官。训练中，学生以洋教习逊顺非礼虐待，为之"哄堂"，夏献纶罚刘步蟾、邱宝仁等做小工，在船政担土。罗丰禄等据禀沈葆桢。沈葆桢丁忧后本不问事,时毅然撤逊顺教习,拟撤后学堂,另谋诸生赴英国学习。时日意格在越南,洋监督斯恭赛格引咎。

八月初一日癸丑(9.3)

彭玉麟奏请外海内江水师一律专习枪炮,不习弓箭。

九月初三日甲申(10.4)

总署批准中国轮船桅梢所竖常挂之主旗式样为三角龙旗,龙头向上。旗用黄羽纱制,龙身用蓝羽纱。定于11月1日一律更换。

九月十一日壬辰(10.12)

李鸿章函丁日昌,电线由海至沪,似将盛行。中土若竟改驿递为电信,土车为铁路,庶足相持。吾谓百数十年后舍身莫由。前上轮船疏,以裁沿海师船,试开煤铁矿,总署不敢置议,梦梦可知。

九月二十三日甲辰(10.24)

李鸿章奏,北洋三口洋面辽阔,向无专设水师,亦无捕盗轮船。天津为京师门户,需轮船调遣,稍壮声势。已调闽厂新制"镇海"兵船归直省留用。

十月十五日丙寅(11.15)

① 署南洋大臣张树声、北洋大臣李鸿章奏,江南制造局轮船"恬吉""操江""测海",原船主皆用洋人,因闽厂轮船自船主以次皆用华人,从翌年起也改用华人。

② 左宗棠奏,闽省轮船经费不足,请于该省应解甘饷内酌拨。如实力不能及,或于现月解军饷5万两内及甘捐项下,改拨银2万两,交船政局收支,以免废辍。奉旨着户部议奏。

十月三十日辛巳(11.30)

丁宝桢奏,候补道李宗岱酌带文武员弁赴粤制造大小拖缯14号,业已鸠工。明年春暮夏初可北来。

十一月十一日壬辰(12.11)

福建船政局第十号轮船"振威"下水。该船为木质,各尺寸参数同"镇海"轮,由法员安乐陶监造。

十二月初四日甲寅(1873.1.2)

福建船政局第十一号轮船"济安"下水。该船为木质,各尺寸参数同"安澜"号,由法员安乐陶监造。

十二月十五日乙丑（1.13）

沈葆桢十二月十二日释服，本日赴工任事。

十二月十六日丙寅（1.14）

轮船招商局正式开办，局址在上海永安路（一说十九日开局）。

十二月

① 闽浙总督李鹤年等奏，福建水师提督李成谋调补长江水师提督，所遗提督篆由福宁镇总兵罗大春接署。唯李成谋前蒙简派统领轮船，现难兼顾，与沈葆桢函商，拟令罗大春统领轮船。

② 日本海军卿胜海舟提出18年造舰计划，准备建造铁甲舰26艘，大型军舰14艘，中型军舰32艘，小型军舰16艘，运输船8艘，练习舰2艘，帆装运输船6艘。该计划未获通过。

同年

江南制造局译书馆出版傅兰雅口译、徐建寅笔述，英国战船部原书《水师操练》（18卷，首1卷，末1卷）；金楷理口译、朱恩锡笔述、李凤苞删润，美国水师学院撰《兵船炮法》3卷。

同治十二年癸酉（1873）

正月　　罗大春统领轮船事务 / 沈葆桢请免轮船官兵练习弓箭
二月　　"建威"练习舰出洋巡历
闰六月　"永保"下水
九月　　"海镜"下水
十月　　船政聘用洋员到期解散，奖赏日意格、德克碑
十一月　"驭远"下水
本年　　"琛航"下水

正月二十日庚子（2.17）

谕：着罗大春统领轮船事务。

正月二十六日丙午（2.23）

同治帝载淳亲政。

正月二十七日丁未（2.24）

① 沈葆桢等奏陈船政经费支绌情形，及各厂、学堂兴办规模，洋员人数薪酬，养船经费，请自本年正月起，每月添拨船政经费银2万两，俟限满洋将撤回，即行停发。又因养船经费支绌，请将福建船政局第十二号至十五号轮船改造商船。

② 沈葆桢等奏轮船薪粮公费清单，并管驾员弁衔名，计开："万年清"管驾沈顺发，"湄云"管驾屠宗年，"福星"管驾杨永年，"伏波"管驾贝栅泉，"安澜"管驾吕文经，"镇海"管驾陆伦华，"扬武"管驾贝锦泉，"飞云"管驾吴世忠。

③ 沈葆桢等奏，请免轮船官弁兵勇练习弓箭，俾专心训练枪炮。

二月

① 洋教习德勒塞（Tracey）率领"建威"练船历厦门、香港、新加坡、槟榔屿，于六月返回福建船政。除去各码头停泊外，实在洋面75天。训练中"海天荡漾，有数日不见远山者，有岛屿萦回，沙线交错，驶船曲折而进者。去时，教习躬督驾驶，各练童逐段誊注日记，量习日度、星度，按图体认，期于精熟。归时，则各童自行轮班驾驶，教习将其日记仔细勘对。至于台风大作，巨浪如山，颠簸震撼之交，默察其手足之便利如何，神色之镇定如何，以分其优劣"。沈葆桢奏称，驾驶心细胆大者，粤童张成、吕瀚为之冠。精于算法、量天尺之学者，闽童刘步蟾、林泰曾、蒋超英为之冠。

② 沈葆桢派留闽补用千总郑渔为"靖远"管驾。

六月初九日丙辰（7.3）

丁宝桢奏，五月二十日赴登州筹办水师轮船，巡阅水师兵丁打靶水操，营务皆已废弛，即将枪炮射击不准之老弱兵丁111名全行开除。又挑选战守兵495名分拨各营操练。前拨烟台操练洋枪队，已阅5年，颇觉整肃，拟不归水师，仍留枪队。

六月十五日壬戌（7.9）

李鸿章函吴大廷，提及同意闽厂各管驾皆仿照西法，归船主一人充当，临事不致隔膜。

六月二十日丁卯（7.14）

沈葆桢奏，轮船之设，必张声势联络。前以养船经费支绌，文煜等奏请分拨各省，计诚出万不得已，仍须于分拨之地力筹联络之方。经与罗大春熟商，拟由统领躬任其劳，随时周历各口校阅。

闰六月初六日壬午（7.29）

李鸿章函沈葆桢，称招商局在英国购制三船，装货多用煤少，行驶亦速，价值七八万至十万。闽沪各厂工料过昂，每船减算成本似须十数万。商人唯利是图，岂肯受意外亏累。轮船例须保险，作价少则保资亦少，庶易招徕。发商租领，实为官厂远大之图。俟期满遣散洋人，务祈妥筹善后之法，酌留工匠经费，俾常能营造接济。

闰六月十八日甲午（8.10）

福建船政局第十二号轮船"永保"下水。该船参数同"伏波""安澜"。并仿商船式样，增设舱房。造价16.7万两。

闰六月二十五日辛丑（8.17）

沈葆桢派留闽补用千总罗昌智为"振威"管驾，出洋试航。

七月十三日己未（9.4）

吴大廷乘"威靖"到吴淞。十四日考验水手，看操枪炮。

七月二十四日庚午（9.15）

① 沈葆桢调"飞云"管驾吴世忠任"济安"管驾，"飞云"大副都司衔林文和任"飞云"管驾。命张成、吕瀚管驾"海东云""长胜"轮船。

② 又奏，五月二十日"福星"在台湾鸡笼抢救遇风之英国夹板船"吞顿""丝马儿"，请予管驾五品军功杨永年以千总留闽，尽先补用。奉旨允准。

七月二十八日甲戌（9.19）

丁宝桢奏，十四日赴铁门关验收在粤购造师船14号及大小舢板28只，均制造合式。

八月二十一日丁酉（10.12）

总署收沈葆桢函，造船经费挪为养船者甚巨，将来须另行设法。

1873
同治十二年癸酉

福建船政的洋员

八月二十五日辛丑（10.16）

吴大廷乘"恬吉"到吴淞。"恬吉""威靖""测海"用舢板演习水战阵法。二十六日三船在铜沙外操第五、第十阵图。二十七日至宁波。二十八日上岸阅操。

九月初一日丙午（10.21）

吴大廷乘"威靖"阅大操。初三日出海，"恬吉""威靖""测海"操第五、第六阵图。初四日回沪。

九月十八日癸亥（11.7）

吴大廷乘"威靖"到吴淞。督同"测海""恬吉"合操阵法。

九月十九日甲子（11.8）

福建船政局第十三号轮船"海镜"下水。其性能参数同"永保"，排水量为1 358吨，价银16.5万两。

十月十八日癸巳（12.7）

① 沈葆桢奏，船政所聘洋员匠5年限期将满，请速筹犒赏回费，如期解散。并请赏日意格一等男爵一等宝星、德克碑一等宝星。

② 沈葆桢又奏，请派前后学堂优异学生赴英法继续学习。

十一月初四日己酉（12.23）

江南制造局第六号轮船"驭远"下水。该船长300英尺，宽42英尺，吃水21英尺，马力1 800匹，排水量2 800吨。并配帆桅舢板8只，轮机舢板1只，以及旗帜、器物共价银318 717两。

十一月十八日癸亥（1874.1.6）

奕訢等奏准提拨闽海关厦门、福州两口及内地征收起运、运销两项茶税并茶叶加捐军饷15万两，作为船政洋员匠犒银回费，并奏准赏日意格一品衔穿黄马褂，给一等宝星；德克碑赏一等宝星。

十一月二十日乙丑（1.8）

总署分函沈葆桢、李鸿章、李宗羲、左宗棠等，谓造船应筹消纳之法，遣学生出洋亦应斟酌尽善。

十二月十五日己丑（2.1）

"镇安"轮船配置齐备，在黄浦江试航。

十二月十九日癸巳（2.5）

"镇安"轮由吴淞出口，驶往铜沙、黄陇一带洋面演试。二十日返沪。

船政学堂第一届学生与教习合影。该届学生1867年入学,1871年上练习舰学习,1873年陆续毕业,派上军舰任职

1880年,由船政学堂学生组成的少年洋枪队队员列队站立,手持洋枪,其中还有两位法国教官。这些少年中包括后来北洋海军的主要管带

十二月二十一日乙未（2.7）

李鸿章函总署，闽厂善后，定为每年递造二船，令商局随时租赁，力求自强兼省养船经费，洵属法良意美。所造兵船，请令沿海裁撤巡洋红单、拖缯艇船，逐渐配以自造兵轮船。

十二月二十九日癸卯（2.15）

总署收左宗棠函称，遣人赴泰西学习，不必专限英、法、美三国；闽厂修船经费，请以新成轮船运漕及装运淮盐。

同年

① 福建船政局第十四号轮船"琛航"下水。该船性能参数同"海镜"号。由法员安乐陶监造，船价 164 000 两。

② 江南制造局译书馆出版傅兰雅口译、徐建寅笔述、英国贾密伦撰《轮船布阵》(12卷，首1卷)。求实书社出版马建忠撰《法国海军职要》。

③ 原两江总督李宗羲将《防海新论》一书删节，以《防海纪要》书名刊行。凡僚属有事于海防者，人置一编，在修筑吴淞及长江下游两岸炮台时，多所师法。

同治十三年甲戌（1874）

正月　"镇安"改名"海安"
二月　日本谋侵台湾
三月　命沈葆桢率舰赴台察看
四月　"大雅"下水／设广东机器局
五月　中国近代海军首次参与军事行动
八月　准福建船政局续造军舰
九月　中日签订《北京专条》／第一次海防大筹议
十月　丁日昌拟《海洋水师章程》／议购英国炮艇／金登干推荐"坚定"级炮艇
十一月　李鸿章主张购舰成军／杨昌濬主张设三洋海军／李鹤年请以南北洋大臣督办防海／沈葆桢建议福建巡抚移扎台湾／王文韶请设督办海防大臣

正月二十三日丁卯（3.11）

总署收李宗羲文，主张嗣后分造兵船商船，当视需船多寡，以定增减。至派学生出洋学习，应以熟悉泰西国情之员带往。船政既与日意格有约，不宜另委他人。

正月二十四日戊辰（3.12）

轮船招商局承领福建船政局"海镜"轮到沪，旋运漕到津。

正月二十六日庚午（3.14）

"镇安"轮由沪赴宁，听候李宗羲验看。二月初一日（3.18）李宗羲登"镇安"轮验看无误，改船名为"海安"。

二月初六日己卯（3.23）

① 沈葆桢奏，船政外洋员匠遵约遣散，薪水截至同治十二月三十日止。
② 沈葆桢奏请调派郑渔管驾"济安"，张成管驾"靖远"，叶富管驾"海东云"，林文和管驾"永保"。又称上年十一月二十七日英商船"德吉利士"在福清县海坛洋面失事，24名旅客逃生荒岛，槁立五昼夜。张成率"海东云"前往营救，请奖以千总留闽，尽先补用，朱批允准。

二月十八日辛卯（4.4）

日本以陆军中将西乡从道为台湾番地事务都督，参议大隈重信为台湾番地事务局长官。

二月十九日壬辰（4.5）

总署收沈葆桢函送日意格所拟学生出洋学习条例、章程、日用费清单。

三月初三日乙巳（4.18）

长崎日军3 600人准备向台湾出动，雇用英、美船各一。英使威妥玛派梅辉立（W.F.Mayer）告总署大臣董恂，谓日军开赴台湾。

三月初四日丙午（4.19）

日本因俄国、意大利、西班牙等国质问，美使平安（Binghom）抗议雇用美船，进兵台湾延期。

三月十二日甲寅（4.27）

西乡从道不顾日本政府之延期决定，派兵进犯台湾。

三月十五日丁巳（4.30）

日本兵船到达厦门。

1874 同治十三年甲戌

三月十六日戊午（5.1）
罗大春驾"扬武"船率"万年清""伏波""安澜""湄云""靖远""振威""长胜""海东云""福星""济安"等10船在福州五虎口之白竿塘洋面阅操。至十七日结束。

三月二十一日癸亥（5.6）
日舰载兵自厦门至台湾琅𤩹上岸。

三月二十三日乙丑（5.8）
日本海军大辅西乡从道照会闽浙总督李鹤年，借口同治十年十一月琉球船民与台湾原住民冲突，侵略台湾。

三月二十六日戊辰（5.11）
总署照会日本外务省，诘责日军侵台。

三月二十九日辛未（5.14）
清廷以日舰泊厦门，令沈葆桢带领轮船兵弁，以巡阅为名，前去台湾察看。命文煜、李鹤年、罗大春酌量调拨兵弁。日舰到闽后动静，命据实具奏（此为六百里密谕，罗大春记其为四月十九日收到）。

三月
吴大廷接收江南机器局移交之"海安"轮船，委王予照管驾。

四月初一日癸酉（5.16）
① 福建船政局第十五号轮船"大雅"下水。该船性能参数同"海镜"号，由法员安乐陶监造，船价102 000两。
② 吴大廷赴吴淞，登"海安"，看普鲁士人教练炮法。旋出洋，至普陀。

四月初七日己卯（5.22）
日军开始进攻台湾原住民村庄。

四月十四日丙戌（5.29）
命沈葆桢为钦差大臣，总理台湾等处海防，兼总理衙门大臣。

四月十八日庚寅（6.2）
李鸿章函沈葆桢，称其来信"谓人只知御戎之要在水，不知至要仍在陆最为中肯"。

四月十九日辛卯（6.3）
① 文煜、沈葆桢会奏筹备台湾防务大概情形。为防范日本，提出联外交、储利器、储人材、通消息诸措施，称其已抵台南之船，均非中国

新船之敌。而该国尚有铁甲船两号，而我无之。主战购买两艘铁甲船及水雷，修电线以利台防。所需经费，将闽省存款移缓就急，不足者暂借洋款。请调提督罗大春、前署台湾道黎兆棠、吏部主事梁鸣谦赴台。又，沈葆桢赴台后，船政工程，委内阁中书衔莆田学训导吴仲翔提调。前陕西藩司林寿图在籍服满，请饬暂缓北行，以稽查船政之名坐镇，以固省垣门户。二十三日上谕允之。

② 文煜等奏，将船政轮船"海镜""琛航""大雅"拨交轮船招商局。"琛航"派五品军功林国祥管驾。

③ 两广总督瑞麟奏，请在广州设立广东军装机器局，派在籍候选员外郎温子绍在局经理。

五月初一日壬寅（6.14）

沈葆桢率福建布政使潘霨暨日意格、斯恭塞格（E.D.de Segonzac）等乘"安澜""伏波""飞云"等舰从马尾前往台湾。初四日，抵台湾安平。

五月初六日丁未（6.19）

潘霨、台湾道夏献纶、日意格、斯恭塞格等前往琅𤩝，与西乡从道交涉日本退兵，未果。

五月二十七日戊辰（7.13）

命罗大春迅速赴台，巡防淡水等处。福建水师提督彭楚汉原经李鸿章奏请留带直隶练军，着命其克日驰赴新任，直隶练军另拣妥员统带。

五月三十日辛未（7.13）

以日军侵台，命滨海各省襄办防务。

六月十一日壬午（7.24）

李鸿章与日本公使柳原前光在天津谈判日本从台湾撤退事。

六月二十日辛卯（8.2）

罗大春乘"靖远"轮船离厦门，夜驻澎湖，二十一日抵达台湾安平，谒沈葆桢、潘霨。

七月十四日甲寅（8.25）

沈葆桢奏，请闽厂继续建造轮船。

七月二十五日乙丑（9.5）

沈葆桢带同洋员到台湾安平筹建炮台。

七月三十日庚午（9.10）

同治帝革奕䜣爵。次日慈禧太后复奕䜣爵。

八月初二日壬申（9.12）

清廷准闽厂续造得力兵船。

八月初四日甲戌（9.14）

日本全权办理大臣大久保利通在总理衙门会晤奕䜣、文祥等大臣，谈判台事交涉，以后谈判凡八次。

八月十九日己丑（9.29）

因大风雨，"大雅"轮船沉于安平口，10人死、19人伤。"安澜"船避风不及，漂至凤山县二十余里之凤头鼻，1人死。

八月二十一日辛卯（10.1）

李鸿章函奕䜣，赫德称英国新造破铁甲船之铁炮船，又名蚊子船、水炮台，守海口最为得力。将来南北洋必须购置二三只，分布要口，认真操练，庶各国兵船不敢觊觎。昨已嘱法国公使热福礼（F.L.H.de Geofroy）向该国官厂索要铁炮船图样、报价。

八月二十七日丁酉（10.7）

吴大廷率"测海""威靖"至崇宝沙，试射克虏伯炮。又阅"海安""测海""恬吉"操。

九月初九日戊申（10.18）

李鸿章收到奕䜣同意购买铁炮船的复函后，即回函称，赫德已寄信金登干，了解详情及报价。该船系小轮载巨炮，在浅海处行驶，足制铁甲船。又寄去载生洋行所呈炮船图说进行比较，认为由总税务司经办较洋行为可靠。

九月十八日丁巳（10.27）

李鸿章赴天津考察俄国军舰数日，初次观看演放鱼雷。

九月二十一日庚申（10.30）

中国海关驻伦敦办事处主任金登干（J.D.Campbell）在本月十四、十五日收到赫德关于了解英国军火情报的电报后，开始收集信息。本日在给赫的信中，首次谈到阿摩士庄公司（Armstrong & Co.）股东伦道尔（S.Rendel）设计的炮艇"坚定"号（Staunch，在当时一些中国文献中被称为师丹炮船）。

积极推动李鸿章在英国购买军舰的清政府海关总税务司赫德

赫德购舰的搭档,中国海关驻伦敦办事处主任金登干

九月二十二日辛酉(10.31)

① 总署奏,经英使威妥玛调停台湾事件,称日本此为保民义举,中国不指以为不是。中国付日本抚恤银50万两,日本军队于十一月十二日全数退回。朱批依议。

② 中日签订《北京专条》。

九月二十七日丙寅(11.5)

总署奏,日本兵踞台湾,明知彼之理曲,而苦于我之备虚。拟定紧要应办事宜:练兵、简器、造船、筹饷、用人、持久等条,请饬下南北洋大臣、滨江沿海督抚将军,详细筹议。上谕着李鸿章、李宗羲、沈葆桢、都兴阿、李鹤年、李瀚章等将总署所拟各条,于一个月内详细筹议复奏。

十月初三日壬申(11.11)

李鸿章函李瀚章,廿七寄谕,饬整备海防,自是当务之急。惟中国水师向未讲究,离道太远,无人无钱,一时殊难集事。文祥为倭事气愤不过,发此正论,但恐有唱无和。弟处洋务笺奏皆自起稿,苦涩殊甚,

"坚定"（Staunch）号。英国设计师伦道尔设计的第一型炮艇，其特点是在很小的船身上装载大口径火炮，用于港口防御作战。该艇排水量180吨，火炮口径9英寸（228.6毫米）。当时人也将这种军舰称作"蚊子船"

无动笔之人。倭事密举沈葆桢赴台，嗣文祥拟准通商结局，弟言就抚恤为归宿，是以总署迭奏，皆引鄙言相印证。以之分谤不敢辞，但初言酌给二三十万敷衍，总署恐决裂，开口便允50万，且允日本为保民义举，不指为不是，足见中国无人。廷臣一派雌柔，洋务更无能担之人。近日热闹，万寿筵宴，恬嬉歌舞，皆幸倭事速了，窃料奏议即多，仍是空话，农部及外省一毛不拔，必一事无成。

十月十一日庚辰（11.19）

广东巡抚张兆栋奏呈丁日昌拟《海洋水师章程》6条：1. 外海水师专用大兵轮船及招募驾驶之人；2. 沿海择要修筑炮台；3. 选练陆兵；4. 沿海地方官宜精择仁廉干练之员；5. 设北、东、南三洋提督，以山东益直隶而建阃于天津，为北洋提督。以浙江益江苏而建阃于吴淞，为东洋提督。以广东益福建而建阃于南澳，为南洋提督，每洋各设大兵轮船6号，根钵轮船（gunboat，炮艇）10号，三洋提督半年会哨一次；6. 精设机器局。

十月十三日壬午（11.21）

总署奏，请将丁日昌预拟《海洋水师章程》6条饬下南北洋通商大臣及沿海沿江将军督抚议奏。

十月十八日丁亥（11.26）

大学士文祥奏，日本近年改变旧制，大失人心，叛番乱民一旦崩溃，则沿海各口岌岌可虞。海防以防日本为尤亟，当台湾有事之秋，议买铁甲船、水炮台，仓猝莫办，今倭兵既退，正宜认真办理。请饬下沈葆桢、李鹤年悉心筹商台湾布防，会同南北洋通商大臣，将铁甲船、水炮台及应用军械等件，赶紧筹款购买，无论如何为难，务必设法妥办。

十月十九日戊子（11.27）

① 谕：台事虽结而后患在在堪虞。着沈葆桢、文煜、李鹤年、王凯泰、潘霨等悉心筹防。并着李鸿章、李宗羲等迅速筹办铁甲船、水炮台及应用军械等件。

② 署山东巡抚漕运总督文彬议复总署海防奏折，请设水军三大营，分扎天津、长江口、福建，简派大员统率。先购一二只铁甲船以为根本，再派员赴各地海口测量吃水沙线。

十月二十三日壬辰（12.1）

文彬奏，李鸿章堪任水军统领之职。

十月二十五日甲午（12.3）

① 日军乘舰撤离台湾。

② 浙江巡抚杨昌濬奏请由闽省代造轮船两只。

十月二十六日乙未（12.4）

金登干向赫德报告分别装载18吨和38吨大炮的"坚定"号级炮艇价格。

十月二十八日丁酉（12.6）

盛京将军都兴阿议复总署海防奏折，查奉省滨海之处，自山海关、宁远、牛庄、营口、盖州、金州、旅顺口迤东，直至岫属之大孤山，紧要口岸三十余处，其中金州地界，海口多系老水贴岸，亟为扼要。道光年间，曾经设防于山海关锦属各处，调官兵驻守。牛庄、营口，人烟辐辏，作为通商口岸，设立枪队，添盖营房。"湄云"轮船湾泊防范，似已严密。岫岩所属之孤山，亦时有重兵设守。俟练有成效，将留防客兵，陆续遣撤。以本省之款，练本省之兵，分布各城，呼应较灵。

十月二十九日戊戌（12.7）

李鸿章将所拟海防奏议稿寄李瀚章秘览，称将来王大臣会议，即不能尽行，存吾此言，以俟后世。不一一做到，洋务断不能振作，自强断无实际。兄未办洋务，复疏不必分条详对，幸勿雷同。

十一月初二日辛丑（12.10）

李鸿章奏，议复总署及丁日昌所陈奏折，称中国造船之银，倍于外国购船之价。今急欲成军，须在外国订造为省便。应派员赴英国考察定造，并讲求驾驶操练之法。丁日昌议三洋各购大兵船6号、根钵轮10号，合计48号，不能再少。铁甲船尤宜先订。又称据《防海新论》，海军防御一为抵岸封锁，一为保卫本国海口。中国兵船甚少，无法往堵敌国海口，只能进行海口重点防御。

十一月初三日壬寅（12.11）

两广总督英翰、安徽巡抚裕禄等议复总署6条。

十一月初四日癸卯（12.12）

① 浙江巡抚杨昌濬议复总署奏折。称自强之道，陆军固宜整理，水师更为要图。海上无大支水师，无可靠战船，一旦有警，只能就陆地击之，角逐海中，实无把握。拟于闽广、江浙、直奉设南、中、北水陆三大支，每支精练万人，各置轮船二十号（兵、商船各半）、铁甲船一二号，仍归南北洋大臣调遣。

② 湖广总督李瀚章议复总署奏折，拟请于南北两洋分设轮船外海水师，配购铁甲船及轮船。

③ 李鸿章函总署，报告赫德所呈三种炮船（炮重80吨、38吨、26.5吨）报价及工期。

十一月十一日庚戌（12.19）

湖南巡抚王文韶议复总署奏折。称水战不利则数年经营悉归无用。持久之谋，水师固不可废，所重尤在陆防。

十一月十二日辛亥（12.20）

两江总督李宗羲议复总署奏折。谓外人涉重洋而来，志在陆上，非在海中。中国恶其来者，恶其登岸，非恶其在海中。故练兵应以水陆兼练，尤亟宜练陆兵。外人出售铁甲，皆损坏不堪用者，故不敢轻于一掷。且铁甲吃水极深，必先酌定停泊处所。造船似以兵轮为主。各口驻铁甲一二，蚊船三四，佐以兵轮，辅以炮台，便可屹成重镇。

十一月十四日癸丑（12.22）

闽浙总督李鹤年议复总署奏折，请饬下南北洋大臣督办海防以重事权；船政添工制造轮船，海防经费请部署分拨协解；请饬下沿海各道兼理海防事宜，分隶南北洋大臣统属；长江水师提督李成谋可胜任轮船统领之任。水师拖缯长龙酌量裁议；水师提督、副将各缺亦可裁并；南洋大臣当为知兵大员，威望素著。请饬廷臣各举所知，得一明体达用、晓畅军务之臣。

十一月十五日甲寅（12.23）

沈葆桢等奏，请仿江苏巡抚分驻苏州之例，将福建巡抚移扎台湾，清廷下部议。

十一月十七日丙辰（12.25）

① 王文韶奏，丁日昌请设北、东、南三洋提督，查海疆各省，有专设水师提督，有提督专辖水陆仍分设水师各镇者，又议设三洋提督，旧有提督是裁是留？请简任知兵重臣，督办海防事务，驻节天津。由该大臣慎选熟悉海洋情形之提镇作为分统，分布沿海，以资防御。

② 江西巡抚刘坤一奏复总署奏折。

十一月二十日己未（12.28）

丁宝桢议复总署奏折。又奏，上年奏调广东候补员外郎温子绍已蒙允准，嗣该员办理广东机器局未能来东，请调湖北候选道张荫桓、刑部候选郎中文天骏迅速来东。

十一月

江苏巡抚吴元炳与吴大廷乘"威靖"出吴淞口，察看炮台形势。

十二月初一日庚午（1875.1.8）

吴大廷出吴淞口阅操。

十二月初五日甲戌（1.12）

① 同治帝载淳病薨。懿旨立醇亲王奕��子载湉为帝（年号光绪）。初八日两宫太后再度垂帘听政。

② 沈葆桢议复丁日昌海洋水师一折，称木轮船可辅铁甲船，不足以御铁甲船，则铁甲船不得不办。

十二月二十一日庚寅（1.28）

沈葆桢奏准福建船政局添购大挖泥船一只。

十二月二十二日辛卯—二十六日乙未（1.29—2.2）

慈禧召见李鸿章三次，李请开煤铁矿，架设电线，修建铁路，各海口添设洋学格致书院，荐郭嵩焘出任洋务，赞同移福建巡抚于台湾，建置海军，停左宗棠西征。慈禧未置可否。

十二月二十六日乙未（2.2）

李宗羲奏请将原奉旨抽调聚扎操练的长江及外海内洋里河各水师船只各归所防，分别会操巡缉。下兵部知之。

同年

① 福建善后局筹款向美国订购"福胜""建胜"炮艇。艇长100英尺，宽26英尺，吃水6英尺，双副康邦机器，马力400匹，时速8海里。配前膛阿摩士庄式16吨炮一尊。每艘船价银12万元。

② 郑观应《易言》在香港刊行。其中有《论船政》《论水师》篇。

光绪元年乙亥（1875）

正月　派船政学堂学生出洋游历 / 清廷命扩大海防筹议范围 / 左宗棠反对划分三洋
二月　改"扬武"为练习舰
三月　购买英国炮艇
四月　清廷确定先创北洋水师，俟力渐充，就一化三 / 沈葆桢、李鸿章督办南北洋海防 / 沈葆桢任两江总督
五月　"元凯"下水 / 日本出兵琉球
六月　筹划海防经费 / 奕䜣论购铁甲舰以防日
七月　李鸿章论山东烟台海防
八月　江华岛事件 / 丁日昌督办船政
十月　张荫桓论山东海防 / 海防经费先供北洋使用

正月初六日甲辰（2.11）

李鸿章函沈葆桢，日意格所开铁甲船价已得大概，请告知其何时回国。前议带生徒工匠前往学习造驾，能否一并筹办？文祥急欲购办守口小铁船，嘱赫德问价，据闻每船连炮在英厂订造约一二十万，拟令赫来京会议。

正月初十日戊申（2.15）

吴大廷乘"威靖"出洋，十一日到普陀，十七日回吴淞。

正月十七日乙卯（2.22）

清廷以筹办海防事宜，将丁日昌条陈《海洋水师章程》、左宗棠复陈各件并各大臣议复中引申请议各节，着派亲王、郡王会同大学士、六部九卿悉心妥议，限一个月内复奏。

正月二十九日丁卯（3.6）

奕䜣等照录陕甘总督左宗棠签订丁日昌条陈单。左谓海防一水可通，若划三洋，各专责成，则畛域攸分。设三洋提督共办一事，彼此势均力敌，意见难以相同，且督抚亦成虚设。

正月三十日戊辰（3.7）

沈葆桢等奏，原定船政经费，仍恳于闽海关按时拨解。并奏销同治五年十一月至十三年六月制船经费。总收银5 360 588两余，共支银5 356 948两余，存银3 640两余。养船经费同治六年八月至十三年四月，共收429 372两余，支银621 831两余，不敷银192 458两余，在制舰项下挪用。

沈葆桢又奏，派日意格等赴法购办大挖泥船、铁胁及新式轮机等件，并随带前学堂学生魏瀚、陈兆翱、陈季同，后学堂学生刘步蟾、林泰曾出洋游历。是年冬成行。

二月十七日乙酉（3.24）

沈葆桢奏，请改"扬武"轮船为练船，以蔡国祥暂充督练。

二月二十七日乙未（4.3）

① 礼亲王世铎奏，洋枪炮、水炮台、水雷亟须购办。铁甲船船质笨重，不能入口收泊，每只价值百万两，应俟沈葆桢购到察看，如利实用，再行续买。

② 通政使于凌辰奏，但修我陆战之备，不必争利海中；但固我士卒之

心，结以忠义，不必师洋人机巧。

③ 大理寺少卿王家璧奏，造兵轮撤艇船，名为设防，实为撤防。丁日昌如此谋国，不知是何居心？铁甲船外国始造试样，中国不可一试。

三月初七日甲辰（4.12）

左宗棠复陈海防塞防及关外剿抚粮运情形。谓此时停兵节饷，于海防未必有益，于边塞则大有所妨。

三月十二日己酉（4.17）

李鸿章函丁日昌，于凌辰、王家璧复议，语多诬蔑，其主谋附和者，非止一人，盖恐悬两江总督待丁。书生无识，可为悲叹。

三月十七日甲寅（4.22）

命杨岳斌前往长江一带，每年与彭玉麟往来巡阅各营水师，认真整顿。

三月二十二日己未（4.27）

李鸿章函总署，与赫德在津连日商谈，拟定购买英国阿摩士庄公司制36吨、28.5吨炮船（均指炮重）各2只，一切正杂费共银45万两，委派金登干办理购船事务，并附《购办炮船章程》。

三月二十六日癸未（5.1）

李鸿章函督操闽省轮船蔡国祥，索要操演章程。

三月二十八日乙丑（5.3）

日本因侵台未能得手，痛感海军软弱，向英国订购"扶桑""金刚""比睿"三艘军舰。

四月初二日戊辰（5.6）

奕䜣奏，请批准购买炮船计划。

四月初四日庚午（5.8）

清廷命李鸿章调拨军队镇压边匪，选派得力巡哨大轮船2只，驶往大东沟口，以资策应。

四月初七日癸酉（5.11）

李鸿章函总署，接户部咨复，允买炮船，并派人赴英国等地细加考察。查沈葆桢已派日意格带闽厂学生数人赴英、法各厂学习，现另派人，言语不通，须审慎酌择。

四月初八日甲戌（5.12）

李鸿章函江海关道冯焌光，闻李凤苞精能耐苦，望其地图事竣工，饬令来津。

四月十三日己卯（5.17）

① 山东巡抚丁宝桢上薛福成"应诏陈言"，提出欲御外侮，先图自强；欲图自强，先求自治，宜购铁甲船。发各衙门议奏。

② 从沈葆桢请，派艺童随同日意格出洋游历。

四月十五日辛巳（5.19）

李鸿章函沈葆桢，通报购买英国炮船事，并嘱沈乘日意格出洋，密探阿摩士庄厂报价。又称师船所用枪炮宜各省一律，沪局多用普鲁士克虏伯炮、英国士乃得枪和美国林明敦枪，闽局用炮过杂，宜择定佳者。

四月二十六日壬辰（5.30）

① 奕䜣等奏，将总署原奏六条，参酌诸议，折衷拟议办理。练兵一条，限于财力，请先就北洋创设水师一军，俟力渐充，就一化三。旧有舢板、红单等各水师，倘实不堪用，即行裁撤。简器、造船两条，新立外海水师，应用枪炮、水炮台、水雷，应随宜购办；并派员赴各国学习制造诸艺。铁甲船拟先购一两只试用，果有实效，再行购办、仿造。筹饷一条，当与户部分别妥议具奏。

② 清廷以沈葆桢为两江总督兼办理通商事务大臣，着李鸿章督办北洋海防，沈葆桢督办南洋海防。所有练军设局及招致海岛华人诸议，统归该大臣择要筹办。各海口巡历、布置及提拨饷需、整顿诸税，均着悉心办理。铁甲船需费过巨，如实利用，即先购一两只。

四月二十九日乙未（6.2）

李鸿章函沈葆桢，请教在北洋创设一支水师，应设兵轮几艘，何人堪为统领？

五月初一日丁酉（6.4）

福建船政局第十六号轮船"元凯"下水。该船系木质兵船，长208尺，宽32尺，吃水13尺，排水量1 258吨，马力150匹，时速10海里。由法员安乐陶监造。船价102 000两。

五月初七日癸卯（6.10）

① 命前江苏巡抚丁日昌赴天津帮同北洋大臣李鸿章商办事务。此职总署本拟在复奏海防时一起任命，因王家璧等人指摘多端，恐生异议，没有

发布。丁日昌旋奏旧恙加重，请假回籍调理。清廷才予以任职。李鸿章初九日致丁函谓："欣悉请假疏上，奉旨赴津帮办，可谓天从人愿。"
② 日本宣布派兵驻扎琉球。

五月初八日甲辰（6.11）
赫德要求金登干立即电告每艘炮艇装备齐全后的合同价格，指出这是一种适于远洋航行并有一门巨型大炮的特种舰只。

五月初十日丙午（6.13）
李鸿章奏谢督办北洋海防，提出海防筹办机宜较他处尤难，非财力不行。经费支绌，展布何从？

五月十一日丁未（6.14）
李鸿章函总署，北洋现仅"镇海"一船，昨已奏调奉省大东沟协剿；"操江"上年回沪修理，尚未来津，且皆炮船。创设水师一军，须兵船20只，内应有铁甲船一二只。续购续造，需费将及千万，各省收入皆缺，故目前海防以筹饷为第一要义，也为第一难事。

五月十二日戊申（6.15）
李鸿章函丁日昌，海防非有三千万南北均分，断办不出局势。东南各省，即处处得人，认真搜刮，收入共增一二百万，何济于事？且看文祥如何回复，若置之不复，只有置之不办。

五月十五日辛亥（6.18）
① 李鸿章函沈葆桢、李瀚章等，以总署来函，新闻纸称长江炮台只炮门用铁皮遮护，非如西国全台皆用厚铁甲炼成，请予查照。
② 李鸿章函吴大廷，接总署转来新闻纸，论中国轮船水手应讲求操练，函嘱妥筹饬办，查沪局轮船弁勇，经执事督饬训练，渐有进境，各船水手人等，应如何选择操练精益求精之法，望详筹妥办。

五月二十日丙辰（6.23）
金登干收到赫德命其向阿摩土庄公司订购炮艇的电报。

五月二十一日丁巳（6.24）
李鸿章赴大沽阅德舰"雅里阿特"号操练。

五月二十三日己未（6.26）
署两江总督刘坤一抵达上海，察看江南机器局。该厂正在建造铁甲轮船"金瓯"号。旋视察吴淞、江阴、镇江炮台情形。

五月二十六日壬戌（6.29）

李鸿章函沈葆桢，询问船政替人，以为郭嵩焘与左宗棠积憾未平，似不肯任船局。

五月二十九日乙丑（7.2）

金登干函告赫德，他向阿摩士庄公司索要购买军舰的佣金，"给中国政府的发票可按合同价开出"，以减少办事处的开支。在同日另一密函中，他说他把收到的钱款通过一个"秘密工作"账向赫德报销。

六月初二日丁卯（7.4）

吴大廷撰《海防操练轮船水军议》二篇。

六月初三日戊辰（7.5）

李鸿章函盛宣怀，议由江南机器局设立艺馆学堂，令轮船管驾稍明算学，再派上轮船游历洋面，系应及时筹办之事，较翻译洋书尤有实济。

六月初十日乙亥（7.12）

奕訢奏请从粤海、潮州、闽海、浙海、山海五关并沪尾、打狗二口提四成洋税，暨江海关四成内二成洋税共银二百数十万两；江苏、浙江厘金各40万两，江西、福建、湖北、广东厘金各30万两，共200万两；总计400余万两为海防经费，分解李鸿章、沈葆桢总收应用。

六月十一日丙子（7.13）

李鸿章函吴大廷，论江南轮船操练事宜。以为人才必须设法练习，闽厂学堂诸生，于西学略知门径，仍令附搭帆船，出洋阅历，择优升补船主、大副，以此胜于沪局。尊意欲于江南仿照帆船，延请西人，选派弁勇，随同学习，远赴欧洲，期以四年，二年回华考校一次，自为远大之谋。又谓英国轮船阵法，以12号为一班，随时分合练习。在沪操练者仅有4船，"威靖""测海"尚不足称为兵船。

六月十二日丁丑（7.14）

日本内务大臣松田道之在琉球宣布禁止琉球入贡中国。命奉行明治年号，遵行日本法律制度，允许日本驻兵。

六月十四日己卯（7.16）

吴大廷乘"惠吉"出吴淞，阅看操舢板、洋枪阵法打靶、测量。

六月十六日辛巳（7.18）

李鸿章函总署，接公函询山东派员赴粤，出洋购买机器，是否会商妥协始令前往。查山东巡抚丁宝桢四月接奉谕旨，曾专函以此事相商。其于仿造新式军火，寻觅精巧洋匠，派委员弁出洋，一切言之太易。陈择辅闻由艇船出身，于洋器少所谙练。所恃者粤人温子绍，虽有巧思，未谙机器，且恐不肯应召。鸿章曾允调沪局委员徐建寅随后赴山东，旋据上海机器局总办冯焌光禀复，徐建寅病体未甚复原，所译采炼铁矿洋书须两月完竣后即赴东省。又谓派员出洋甚难，结实可靠而不深悉洋务，谙习制器，固不足以膺是选，即略知洋务、机器，而心地不能笃实，身体不甚耐劳，亦未可轻相托付。

六月十八日癸未（7.20）

沈葆桢奏，六成洋税入不敷出，无法解拨船政月款。请拨四成洋税以济船政要需。

六月二十一日丙戌（7.23）

李鸿章函丁宝桢，转告李凤苞前往查勘山东沿海形势，以为烟台可设炮台，余多散漫而少收束。

六月二十三日戊子（7.25）

奕䜣奏驳孙诒经所称筹购外洋铁甲船不但无益，而且有害之说。指出日本未能一日忘我，不能不预为之备。

七月初十日甲辰（8.10）

吴大廷至吴淞阅"威靖""海安"打靶、测量。

七月十一日乙巳（8.11）

刘坤一奏，嗣后除内洋水师人员准与外海各员统补外，里河水师五营，内洋水师五营遇有缺出，亦准通融酌行。下兵部议奏。

七月十三日丁未（8.13）

清廷谕沈葆桢交代清楚，即赴新任筹办海防，毋庸来京陛见。

七月十九日癸丑（8.19）

李鸿章函沈葆桢：海上水师一军，须兵轮十数只，现无钱无人无船，从何措手？部拨四百万，有名无实。轮船统领蔡国祥，尚属沉毅耐劳，兵船操法，似是初学。"镇海"陆伦华，才艺可取，精力亦强，大可造就。

七月二十日甲寅（8.20）

因马嘉理（A.R.Margary）案，英、法、美、普军舰驶泊烟台，至二十七日共达8艘。

七月二十一日乙卯（8.21）

奕䜣奏，请准沈葆桢请，将四成洋税项下余银40万两，拨归船政应用。不敷之数，仍在六成项下匀拨。

七月二十五日己未（8.25）

李鸿章函丁宝桢，称山东洋面散漫，将来集有巨款，将设水军一支，驻扼庙岛旅顺口之间，以固北洋门户。目前只能先顾口隘，于烟台、登州、威海择地筑炮台，尤以烟台为最先最要。又称据《防海新论》，美国南北战争时，铁甲船进门直冲过十数台而深入，则台坚炮多未必能御大敌，惟得地稍壮声势。

七月二十八日壬戌（8.28）

沈葆桢奏，台湾抚番开山，实为预筹海防地步。诏命通盘筹划，俾福建巡抚省台兼顾。

八月初八日壬申（9.7）

沈葆桢奏请派福建按察使郭嵩焘接督船政。

八月十一日乙亥（9.10）

金登干报告赫德：已与伦道尔讨论了购买军舰的佣金，按照订货的2.5%支付。条件是不能从货价中扣除，也不能交给中国政府。金登干希望用这笔款项支付中国海关伦敦办事处的咨询费、修缮费、日用器物、订购四轮马车、餐费、他本人的房租和捐税等。

八月十四日戊寅（9.13）

清廷以两江关系紧要，再催沈葆桢将船政交代清楚后，迅速赴任。

八月十八日壬午（9.17）

沈葆桢因接李鸿章密咨，郭嵩焘已奉令使英，改奏请派北洋帮办大臣丁日昌接督船政。

八月二十日甲戌（9.19）

"振威"管驾、守备黎家本积劳病故。

八月二十一日乙酉（9.20）

日本军舰"云扬"号到朝鲜江华岛附近测量海口，测水兵乘小艇登岸索取淡水，朝鲜以日本侵入领水，江华岛炮台发炮警告。日舰即发炮进攻，次日占领炮台，造成"江华岛事件"。

八月二十五日己丑（9.24）

李鸿章函总署，论遣官驻倭。称日本为我切近之患，与西洋窎远及南洋各埠情势迥异，若遣官往驻，以恤华侨，并侦彼族虚实动静，似与中外大局有裨。

八月二十八日壬辰（9.27）

清廷命丁日昌督办船政。

八月二十九日癸巳（9.28）

李鸿章函沈葆桢，丁日昌近日吐血，眠食大减。命下之日，相对踌躇，拟五、六日起程。以后船政与南北洋一气呼应，似可请作两处帮办，于全局更有裨益。

九月初二日乙未（9.30）

清廷谕沈葆桢即将船政事宜交李鹤年兼顾，俟丁日昌到闽后再行交代，着沈即赴两江新任。

九月十四日丁未（10.12）

吴大廷乘"测海"出洋，十五日到宁波。十八日泊招宝山。十九日赴舟山，阅晓峰岭、竹山门炮台。旋至普陀。

九月十五日戊申（10.13）

李鸿章函丁日昌，告知其初六、七、八日三次觐见太后，每次数千言，痛谈洋务，于羁縻中求自强之道。又谓李鹤年密劾沈葆桢所造船不得力，虚糜巨款，留中未发。

九月十八日辛亥（10.16）

谕：准沈葆桢等请，闽海关七月以后续征四成洋税25万两，以补船政欠款。六成项下，每月应解5万两。

九月

沈葆桢奏，船政经费万难，吴仲翔工程熟悉，任劳任怨，倘经费无出，不特非一道员所能为力，即丁日昌到闽后，亦不能赤手空拳，从事其间。请饬将军督抚设法支持。

十月初一日甲子（10.29）

① 丁宝桢奏筹议海防折，转呈道员张荫桓禀称，本省洋面，应防烟台、威海卫、登郡（蓬莱）及防御三策。

② 沈葆桢乘船离开福州。

③ 吴大廷阅"海安"测量。

十月初七日庚午（11.4）

沈葆桢抵沪，晤丁日昌，商谈船政事宜。初九日离沪，沿途视察吴淞、江阴炮台，十一日抵达南京。吴大廷陪其到南京。

十月十二日乙亥（11.9）

丁日昌在船政接篆视事。

十月十四日丁丑（11.11）

李鸿章函总署，赫德来函，英国新制80吨炮，其力克穿破铁甲船，若订购两只炮船，须两年方能造送。惟饷力不继，拟购一艘来华试用。或俟前购炮船四只明年夏秋到津试演，再行筹款订购。

十月十六日己卯（11.13）

上谕：沈葆桢现赴两江，船政事务着与丁日昌随时商办。

十月二十一日甲申（11.18）

沈葆桢在南京接篆视事。

十月二十三日丙戌（11.20）

① 李鸿章函沈葆桢，前商海防额款暂解北洋，目下各关四成分毫未解，各省至今仅江西解到5万两。财绌时艰，防务从何下手？只可就现有陆军、现有饷项逐渐整顿，添备利器，勤苦操练，设有警变，陆路或可自立，背城一举。至水路，无论大洋必须铁甲大兵船，非一蹴可几，即欲堵扼内江内河，其战守之具亦费巨万，岂可咄嗟立办？

② 福建巡抚王凯泰因在台湾积劳成疾，兼感瘴疠去世。

十月二十九日壬辰（11.28）

沈葆桢函李鸿章，总署所筹巨款，本有分解南北洋之说。窃思此举为创立外海水师而起，分之则为数愈少，必两无所成，不如肇基于北洋，将来得有续款，固不难于推广，万一有急，亦召而立至。如得铁甲船2号，若"扬武"兵船者6号，若"镇海"兵船者10号，亦可以成一军。铁甲船似宜英、法各定制其一，派员率生徒往学，而后可兼收制造、驾驶之效，否则有船而不能修，不能用，与无船同。其丈尺，宜取中国船厂所能容者；其统领，必由学堂出身而历试于西洋、洋人所推重者。

十月三十日癸巳（11.27）

从王凯泰请，福建巡抚冬春驻台湾，夏秋驻福州。并命其即行渡台，以资镇摄。

十一月初七日庚子（12.4）

李鸿章函美国领事，美国陆军提督阿布堂（G.Upton）建议设立武学院，李请其代为访求各国水师将才，操法。

十一月十一日甲辰（12.8）

福建船政局铁胁厂兴工。

十一月十四日丁未（12.11）

以丁日昌为福建巡抚。

十一月十七日庚戌（12.14）

李鸿章函赫德，接总理衙门函，所报80吨炮船，拟俟前购炮船4只到津演试后再行商购。

十一月十九日壬子（12.16）

李鸿章函沈葆桢，海防款项，蒙咨尽解北洋，可谓能见其大。户部所拟海防额款，本为搪塞之计。统计每年实解，不过数十万两。已令津局无论解到多少，皆专款存储，以备购炮艇之需，又称丁日昌主张派人赴英德各厂学习造船和驾驶，请在沪、闽厂中选择可靠之员，率生徒出洋。

十一月二十一日甲寅（12.18）

李鸿章函丁日昌，贺其任福建巡抚，称"巡台计需开春，又兼船厂"，即丁日昌以闽抚兼摄船政和台湾事务。又称沈葆桢来函，亦欲派员率生徒往英法各厂造驶铁甲船之法，与尊论同。闽沪厂中必有其人，务求精心选择，妥议章程见示。

十二月初三日丙寅（12.30）

户部奏准自光绪二年正月起，所有船政经费，由闽海关六成洋税内月拨银3万两，四成洋税内月拨银2万两。

十二月初十日癸酉（1876.1.6）

日本派外务少辅森有礼为特命全权公使，在北京与奕䜣等谈判江华岛事件。

十二月二十日癸未（1.16）

李鸿章函沈葆桢，称日意格拟定之铁甲船一号连枪炮共需29万镑，合银百万两。海防经费半年才解到20万两。难遽允订。各处报纸谓，克虏伯、阿摩士庄新制巨炮，可以洞穿10余寸铁甲，而铁甲船转虑无用。果尔购铁甲更宜斟酌。

十二月二十三日丙戌（1.19）

吴大廷乘"海安"出吴淞口，阅"惠吉"操。二十四日至操场阅"海安"勇弁。

十二月二十四日丁亥（1.20）

李鸿章函丁宝桢，海防经费，南洋分毫未收，北洋半年才解到20万两，无从拨还。

同年

① 船政学堂以"扬武"兵船为练船，将"建威"所有练生移入，复添萨镇冰、林颖启、吴开泰、江懋祉、叶琛、林履中、蓝建枢、戴伯康、许济川、陈英、林森林、韦振声、史建中等登舰见习。航行外海，游历新加坡、小吕宋、槟榔屿等地。

② 江南制造局译书馆出版美国傅兰克令撰，傅兰雅译，徐建寅述《格林炮操法》。

光绪二年丙子（1876）

正月	"扬武"舰访日本
二月	朝日《江华条约》
三月	吴大廷阅操 / "艺新"下水 / 派卞长胜赴德学习陆海军 / 谋划船政学生出洋 / 吴赞诚督办船政 / 以海防经费提还西征饷银
四月	李鸿章寄语船政诸生文武兼资
五月	《救护洋面中外船只遇险章程》
闰五月	"登瀛洲"下水 / 第一批英国炮艇"龙骧""虎威"来华 / 赫德与金登干讨论佣金
六月	李鸿章赴烟台谈判马嘉理案
十月	"泰安"下水 / "扬武"访问新加坡
十一月	派李凤苞、日意格率学生出洋留学
十二月	中国驻英使团抵达伦敦 / 赫德推荐土耳其铁甲舰
本年	"金瓯"建成

正月初十日壬寅（2.4）
"扬武"舰练习海道，由烟台驶赴日本。

正月十二日甲辰（2.6）
李鸿章函沈葆桢，丁日昌来信提及拟挑选学生数十人，交妥员带往英国铁甲船学习。又往香港挑选学生三四十人，延外国名师分途教习。"扬武"至东洋，新闻纸甚为赞美，将来能往西南洋一巡否？

正月十九日辛亥（2.13）
① 丁日昌因已任福建巡抚，奏请于二品顶戴顺天府尹吴赞诚、布政使衔津海关道黎兆棠二员中拣派一人接办船政。
② 丁日昌等奏，去冬"湄云""镇海"自北省避冻回南，与在闽之船调集演操。其操演帆索、枪炮，以"万年清""振威"为优，操演舢板、用桨、用帆，以"济安"为优，操演洋枪，以"靖远""振威"为优，操演水雷，以"镇海"为优。又，本厂总监工叶文澜熟谙西法轮船，营务处游击吴世忠能耐劳苦。现饬其会督各兵轮船，出五虎门外大洋，练习大炮及分操合操，并嘱叶文澜细察吴世忠能否胜任轮船统领之任。
③ 丁日昌等又请于香港英国学堂挑选学生40名，入船政后学堂学习天文、算学、驾驶诸法。

正月二十六日戊午（2.20）
李鸿章函沈葆桢，赞其所论铁甲船必须购置头等之说。若能添购2艘，当可与日本角胜于海上。日意格寄到英厂铁甲图说，如已译出，乞寄示一阅。总署惑于浮言，尝疑日意格贪利欺骗，其久荷执事恩知，谅不忍相负。派员带学生出洋，尚无成局，公与鄙人责无旁贷。

正月二十七日己未（2.21）
福建购买的英制炮艇"福胜""建胜"回国，经香港到达广州，两广总督刘坤一及广东巡抚张兆栋前往参观，并嘱温子绍携带工匠逐细丈量。

二月初二日甲子（2.26）
日本与朝鲜签订《江华条约》12条，规定朝鲜除釜山外，向日本开放元山、仁川二口通商，日本可在开放口岸设立居住地，获领事裁判权、自由贸易等。

二月初六日戊辰（3.1）
吴大廷陪同段起、洪汝奎察阅"测海"。

二月初七日己巳（3.2）

沈葆桢议复左宗棠西征息借洋款1 000万两（年息8厘），以为耗息太多，海关部库均受其害。应于各省移缓就急。又称海防专款所得甚少，绝无甘饷为海防所占之事。现已咨请各省将海防专款尽解北洋，冀可借资集事。

二月初十日壬申（3.5）

沈葆桢、丁日昌分函总署，请照会英使，将在英高士堡学堂学习之刘步蟾、林泰曾收入英国大战船续学军事。

二月十五日丁丑（3.10）

丁日昌等奏，船政学堂教习英人嘉乐尔，前因限满遣撤回国，现饬日意格函招再行来工。并另行再募管轮教习一名，每月各给薪工银二百两，三年为限。

三月初一日癸巳（3.26）

吴大廷到吴淞口阅操。

三月初三日乙未（3.28）

福建船政局第十七号轮船"艺新"下水。该船系木质兵船，垂线长118.8尺，宽17尺，吃水15.1尺，马力50匹，由船政制造学堂毕业生吴德章、汪乔年、罗臻禄、游学诗设计制造。

三月初四日丙申（3.29）

李鸿章与德使巴兰德（M.A.S.von Brandt）商议派年少聪明之游击卞长胜等五人随德军官李劢协赴德学习陆海军，李鸿章即传询卞长胜等，年皆二三十岁内外，诚实要好，稍通文艺，久历战阵，且从李协迈习炮法、洋书，略通门径。李鸿章将此事报告总署。在所拟《学习章程》中规定，出洋后一半人入水师院。学习时间三年。

三月初六日戊戌（3.31）

李鸿章函丁日昌，支持派李凤苞率学生留洋计划，对左宗棠举债西征表示不满，以为会影响海防经费，购买铁甲舰亦将缓议。又询蚊子船核验是否得力，称"此间实不需此物，如免送更妙"。

三月初七日己亥（4.1）

① 清廷命吴赞诚以三品京堂候补督办福建船政事宜。

② 吴大廷阅各船操后，乘"测海"出洋。初八日到宁波，十六日回上海。

1876 光绪二年丙子

三月二十七日己未（4.21）

赫德函金登干，反对他花掉购舰佣金的一切办法。

三月

① 福建船政局铁胁厂竣工。

② 户部从南北洋海防经费四成洋税项下提还部库垫拨西征饷银200万两（此款陆续提至光绪五年底）。

③ 日意格先带刘步蟾、林泰曾、陈季同回国，魏瀚、陈兆翱仍留法厂学习。

四月初六日丁卯（4.29）

吴大廷出吴淞，放饷阅操。

四月十四日乙亥（5.7）

李鸿章函船政局提调吴仲翔，称赞船政学生严宗光《东洋日记》，嘱寄语诸生仿欧洲将弁文武兼资。

四月二十二日癸未（5.15）

沈葆桢、吴大廷在吴淞大阅水陆各营。

五月初一日辛卯（5.23）

吴赞诚到福建船政局视事。

五月初二日壬辰（5.24）

吴大廷赴吴淞阅操。

五月初四日甲午（5.26）

总署奏，闽省拟定《保护船只章程》五条，请饬下南北洋大臣各省将军、督抚晓谕所属沿海地方通行办理。

五月初七日丁酉（5.29）

丁宝桢奏，四月十五日抵烟台校阅登荣水师，至五月五日返省。

五月二十七日丁巳（6.18）

① 文煜奏，筹议《救护洋面中外船只遇险章程》。得旨，请饬各省一体遵行。

② 清廷饬候选道唐廷枢、副将王荣和赴粤襄理洋务。

五月二十九日己未（6.20）

吴大廷率"威靖""海安"赴崇宝沙打靶。

"龙骧",赫德为清政府订购的第一批两艘炮艇之一,排水量319吨,装有11英寸(279毫米)大炮。当时,金登干按照希腊字母,将其暂时命名为ALPHA(阿尔法),故也有人将这批炮艇称作字母炮艇。

闰五月初二日壬戌(6.23)

福建船政局第十八号兵船"登瀛洲"下水。该船木质,长204.4尺,宽33.5尺,吃水16尺,排水量1 258吨,马力150匹,时速10海里。船价162 000两。由华员监造。

闰五月初三日癸亥(6.24)

在英国订购的"阿尔法""贝塔"号炮艇,由英国前海军军官勒普里曼达吉(Laprimandage)和汉密尔顿(B.Hamilton)驾驶,离开普利茅斯来华。

闰五月十二日壬申(7.3)

金登干函赫德,表示理解赫德根本反对任何形式的佣金。但他本人认为有义务努力获得商务代理人在业务中应得的佣金,然后把它用于一般的公务开支。由于赫德答复较迟,金登干已将赫德的沉默当成同意,并用于支付某些款项。他将把佣金退回给阿摩士庄公司。

闰五月十五日乙亥（7.6）

沈葆桢函李鸿章，提及刑部左侍郎袁保恒"想入非非，一人智而天下皆愚"，指出防海而可无陆师，纵船炮之精过于彼族，风平浪静时处处可以登舟岸，其谁御之？有陆师便可不防海，则一二号兵轮窥我南北洋，终岁疲于奔命，不知其所守矣。先是上年，袁保恒上奏，认为十余年来全力注意海防，不遑再顾陆路，而海防卒不足恃，若不翻然改图，蹉跎数年，悔之奚及。请节省海防无益之费，厚增陆路将士之饷。袁保恒曾为左宗棠管理西征粮台。

闰五月二十三日癸未（7.14）

英使威妥玛以马嘉理案交涉未遂下旗出京，命李鸿章、沈葆桢实力整顿海防江防，有备无患。

六月初二日辛卯（7.22）

李鸿章函总署，海防经费额饷400万两，沈葆桢知各省空虚，咨令全解北洋。迄今一年之久，各省关仅解60万两。

六月初八日丁酉（7.28）

① 命李鸿章为全权大臣，即赴烟台与威妥玛会商一切事务。

② 李鸿章奏，中国人才财政均无把握，目下海防空虚，度支告匮，不宜因马嘉理案与英国失和。

六月初十日己亥（7.30）

吴赞诚奏，到工后亲诣学堂、书院考校学生，并督带"扬武""飞云""济安"等船赴妈祖澳洋面操演枪炮。洋教习嘉乐尔业已到工。拟饬日意格在法国再延二位来华教导。各船枪炮，"扬武"中靶最多，"飞云"次之，"济安"又次之。而"扬武"中靶，则水手不及学生。营务处记名总兵吴世忠驾驶精稳，堪膺督率之任。

七月初六日甲子（8.24）

李鸿章在烟台与英使谈判马嘉理事件期间，赴德舰参观。

七月初十日戊辰（8.28）

李鸿章赴英旗舰参观实弹射击，对其武器的日新月异，极为惊奇。

七月二十五日癸未（9.12）

吴大廷出吴淞阅各船打一尺八寸见方铁靶，盖从前所未有。

八月初三日辛卯（9.20）

李鸿章与美国海军总兵讨论海军，美国人称其专办水炮台、水雷守口，不置铁甲舰。又与威妥玛商议派遣海军留学生事。

八月初四日壬癸（9.21）

① 李鸿章函丁日昌，滇案及通商各节，大致定议。此后若控驭得宜，可保十年无事。昨晤美国水师总兵，谈铁甲船之利病，谓美现专办水炮台，水师以守口，不置铁甲船。故鄙意不甚以购铁甲为然。沈葆桢迭函商催，想因日本新购铁甲一二只，我亦不可无备也。惟海防无款，又无管带铁甲舰之将，权衡轻重，仍以派遣子弟赴英国学习驾驶为急务。昨和议既定，商之英国公使威妥玛，允诺联系，并告之拟以李凤苞统带闽厂熟悉英语略知驾驶之学生十数人随同郭嵩焘出洋。

② 李鸿章函吴赞诚，嘱选闽厂学生十余人，随郭嵩焘赴英水师学堂及铁甲舰学习。须熟悉英语，略通驾驶、天文、算法，宁少毋滥。

八月二十三日辛亥（10.10）

① 李鸿章函吴赞诚，告知正与李凤苞议论带学生去英国学习驾驶，日意格适自烟台回津，面陈前后学堂学生系其一手经理，深知造诣高下，沈葆桢前三年已定令其带学生赴英法学习制造、驾驶，求仍酌派与李凤苞会办。因与议明，该员出洋，月给六百两，另由船政给四百两，合之一千两。李凤苞回籍葬母后，即赴厂料理行装。又称福建船政局已成之船速缓费煤，今后铁胁船第一要求为省煤行快。

② 李鸿章函丁日昌，日意格与李凤苞似能联合一气，他日生徒当可学成备用。请于闽厘洋税项下如数应付，俾成善举。铁甲船须李凤苞到英后探讨底细，再行订购。

八月二十五日癸丑（10.12）

李鸿章函总署，拟派日意格、李凤苞管带学生分赴各国学习海军、造船。谓出洋学习造、驶之举，实为中国海防人才根本，未可缓图。滇案议结时，曾会商威妥玛，将遣学生赴该国水师大学堂及铁甲船学习，该使允转致英国外交部核准。所需薪费路费，五年共需关平银42万两。

八月二十七日乙卯（10.14）

李鸿章函沈葆桢，铁甲船必不可少，惟目前无可靠之员，修船之坞，已密嘱李凤苞明年到英国后，悉心访求新式制，再为订购。俟船成而生徒之学亦成，管驾回华，以免中外浮议。

九月初七日甲子（10.23）

① 吴赞诚等奏，"登瀛洲"下水后，调原带"济安"补用都司郑渔任管驾，于七月二十八日出妈祖澳试航，八月二十八日驶往金陵差遣。派尽先游击吕文经管带"济安"。

② 又奏，船政总监工、广东遇缺题奏道叶文澜前赴台北开办煤矿，拟调按察使衔候选道叶廷眷接任总监工。奉旨允准。

九月十四日辛未（10.30）

李鸿章函吴赞诚，进口炮船约二十日内外到津，他日可令学生原样仿制。李凤苞以驾驶学生出洋缺额，先将原调来津严宗光等二人回闽充数。明春第二批炮船续到，祈酌派驾驶可靠而不愿出洋者北来补额。

九月二十三日庚辰（11.8）

从英国订购的炮船驶抵上海。

九月二十七日甲申（11.12）

总署行文沈葆桢，准南洋派"海安"轮船赴日本游历。

十月初五日壬辰（11.20）

从英国进口之炮船到达大沽口。

十月十二日己亥（11.27）

李鸿章、赫德等前往大沽，验收新购炮艇。船上英国水兵走火，子弹紧贴李鸿章头顶和海关税务司德璀琳（G.von Detring）耳边飞过。

十月十五日壬寅（11.30）

李鸿章函吴赞诚，海军留学裁减人数，尚属可行。进口炮船，拟由送船来华之船主、水手驾驶赴闽，令张成、邱宝仁随船同去募人，在闽再行接替。请吴督令认真操练。38吨炮船明年四月到华，亦令赴闽厂交替，请妥选管带，酌照"龙骧""虎威"定章，就地募齐弁勇舵水人等，一并北来。昨容闳在美访得黎氏鱼雷，绝妙天下，长75英尺到90英尺，时速18英里，每号23 000元，来春先携一雷到津演试，如果秘巧出众，允购50副，将制法、用法传授中国。

十月十七日甲辰（12.2）

福建船政局第十九号兵船"泰安"下水。该船性能参数、造价同"登瀛洲"。

十月二十日丁未（12.5）

李鸿章奏，经与赫德等同至大沽海口演试新购炮船，所有炮位、轮机、器具等件均属精致灵捷，命名"龙骧""虎威"，派张成、邱宝仁管驾。该船排水量319吨，时速8海里。

十月二十七日甲寅（12.12）

广东以8万银元购买英商黄埔船澳，为将来扩充机器局和开设西学馆预做准备。

十月下旬

蔡国祥率"扬武"兵轮访问新加坡。

十一月十八日乙亥（1877.1.2）

招商局总办唐廷枢奉沈葆桢命，与美商旗昌洋行（Russell & Co.）所设之Shanghai Steam Navigation Co.议定，将该公司江船9号、海船7号、小轮船4号、趸船6号及上海、汉口、镇江、天津、宁波之码头、栈房、洋楼一并归招商局。共价银222万两。

十一月二十九日丙戌（1.13）

李鸿章、沈葆桢、丁日昌、吴赞诚等奏，派三品衔候选道李凤苞为华监督，一品衔闽厂监督日意格为洋监督，率船政学堂学生30名，分赴英、法学习制造与驾驶。学业三年，出洋经费约20万两，拟于明年正月启行。本年三月，洋员李劢协回国，派令武弁卞长胜等7人赴德国军营学习兵技，此次饬令李凤苞按三月一次，赴德国兼差卞长胜等功课。并附《选派船政生徒出洋肄业章程》及经费预算。

十二月初一日丁亥（1.14）

① 李鸿章函丁日昌，谈李凤苞可对日意格制衡。又称二炮船待募齐弁勇后调赴台湾游历兼督操练。张成尚朴劲，邱宝仁似颇软弱，头目水手恐多生疏，望严督其上紧操练。第二批炮船明年四月可到闽，已嘱吴赞诚代为验收，挑募管带水手，再与张成等结伴北来。赫德议请令张成等二船弁勇届时移带38吨炮船，而将26吨炮船另觅新手，乞与吴赞诚酌办。
② 李鸿章函吴赞诚，李凤苞拟由尊处刊给关防，并已嘱李凤苞素服顶戴，以崇礼制。赫德前请俟38吨炮船到后，令张成全船弁兵移带新船，而将26吨炮船另选管驾水手，似甚近理。盖38吨炮尤为要紧利器，中土未有，希留意查办。

十二月初二日戊子（1.15）

命二品顶戴直隶候补道许钤身发往福建船政局差委。前派该员出使日本，改派三品衔升用翰林院侍讲何如璋充任。

十二月初八日甲午（1.21）

首任出使英国大臣郭嵩焘、副使刘锡鸿抵达伦敦。

十二月十六日壬寅（1.29）

福建巡抚丁日昌奏台湾海防，主张购舰、练兵、修炮台、设电线、开矿、招垦诸务。

十二月二十日丁未（2.3）

赫德函李鸿章，两年前土耳其在英国订购两艘铁甲舰，现船已造妥，土国限于资财，另有他议。该船宽5丈，长24丈，3千吨，600马力，时速72里，载25吨炮4门，水手300名，铁甲至厚处10寸。每只造价80万两。

十二月二十二日己酉（2.5）

丁日昌奏，西班牙船"索伯拉那"号同治元年在台湾遭风搁浅被抢，现从小吕宋（菲律宾）调兵船来华交涉，预筹对付办法。

十二月二十五日辛亥（2.7）

① 总署奏，西班牙船在台湾遭风被抢，及前议古巴招工章程不合将调兵船来华，已函寄沿海督抚密防。

② 李鸿章函吴赞诚，日意格所拟出洋章程，鄙人本不惬心，因李凤苞劝勿失沈葆桢之欢，牵率成意，仍请闽中删裁。知丁日昌素惜小费，必能裁减就范。监督学生薪费，既经会奏定案，务祈实力筹催。丁日昌建议台防一疏，需有着之款数百万，乃可举办。许钤身出使日本，颇有物议，兼之景廉、李鸿藻与沈桂芬有介蒂，故乘枢府赴东陵之隙，奏请撤销，派往船政差遣。似李鸿藻知许钤身津郡口碑不甚见协，其实许钤身在敝处并无经管要务，其辛勤亦有可嘉，望量才器使。

同年

① 江南制造局建"金瓯"小铁甲船，长105英尺，宽20英尺，吃水7英尺，马力200匹。配有120磅炮1门，船首装有冲角。

② 江南制造局译书馆出版金楷理口译、朱恩锡笔述，英国水师学堂原书《兵船炮法》2卷。

光绪三年丁丑（1877）

二月　　第一届海军留学生出洋
四月　　"威远"下水
五月　　丁日昌请购铁甲舰 / 第二批英国炮艇"飞霆""策电"到华
七月　　丁日昌论备御日本
八月　　李鸿章反对购土耳其铁甲舰 / 海防经费赈灾
十月　　郭嵩焘参刘锡鸿 / 李鸿章论购铁甲舰诸要点
年底　　吴大廷去世

正月初五日辛酉（2.17）

出使英国大臣郭嵩焘及参赞黎庶昌由金登干陪同，前往朴次茅斯港，视察中国在英订购炮船"伽马""德尔塔"号，乘"德尔塔"出海，并亲自发射一炮。

正月十五日辛未（2.27）

① 总署收沈葆桢函，请将直隶候补道许钤身仍留总署或津门当差，暂勿交船政差遣。

② 李鸿章函复赫德，土耳其铁甲船待李凤苞到英国后前往逐细查勘，再与金登干及阿摩士庄公司商议。

正月十六日壬申（2.28）

第二批炮船由英国海军军官琅威理（W.M.Lang）和劳伦斯·庆（Laurence Ching）驾驶，离开普利茅斯前往中国。

正月十八日甲戌（3.2）

李鸿章函总署，传闻西班牙从小吕宋调兵船14只来华之说不确。据吴赞诚来书，闻小吕宋华商叶虎，同治元年十一月租得吕宋夹板船，行至台湾南琴撞礁失事，并未被抢，亦无杀毙水手及索赔之事。据刚从小吕宋游练之统带"扬武"提督蔡国祥报告，小吕宋仅旧坏兵船1只。

正月二十二日戊寅（3.6）

① 从丁日昌奏，谕南北洋分拨兵轮大炮以备台防，御西班牙兵船。丁日昌拟购铁甲舰二三号及水雷、大炮、快枪，预练精锐，着文煜、何璟、吴赞诚统筹全局，暂将他款截留，移缓就急。

② 总署复沈葆桢函，未便将许钤身仍留津门当差。

正月二十七日癸未（3.11）

吴大廷赴吴淞。二十八日辰刻阅"惠吉""测海""威靖"打靶；巳刻阅"测海""威靖"洋枪；未刻阅"测海""威靖"洋枪。

正月二十八日甲申（3.12）

英国外交部通知海军部，中国将派遣12名海军学生赴英学习，请予协助。

正月

郭嵩焘函李鸿章，称英国海军军官琅威理"运用机器，轻便灵妙"。

二月十七日癸卯（3.31）

福建船政学堂制造学生郑清濂、罗臻禄、李寿田、吴德章、梁炳年、

"策电",赫德订购的第二批两艘炮艇之一。排水量400吨,火炮口径12英寸(305毫米),和"定远"铁甲舰相当。船的侧舷上,能够看到DELTA(德尔塔)的舰名

陈林璋、池贞铨、杨廉臣、林日章、张金生、林怡游、林庆升,艺徒裘国安、陈可会、郭瑞珪、刘懋勋,驾驶学生刘步蟾、林泰曾、蒋超英、方伯谦、严宗光、何心川、林永升、叶祖珪、萨镇冰、黄建勋、江懋祉、林颖启,由李凤苞、日意格及随员马建忠、文案陈季同、翻译罗丰禄带领,从马尾搭"济安"轮船起程,经香港换船,前往英、法等国学习。此为船政学堂第一届出洋学生。

二月二十二日戊申(4.5)

沈葆桢奏,江苏筹办防务,建筑炮台、配购新式洋炮经费不敷,请再拨江海关解部二成洋税一年。

二月二十四日庚戌(4.7)

总理衙门奕䜣等会议沈葆桢、李鸿章、丁日昌台防奏折。

三月初一日丁巳(4.14)

郭嵩焘、刘锡鸿应日本驻英公使上野景范邀请,出席日本在英订购军舰"扶桑"号下水典礼。

1877
光绪三年丁丑

李凤苞，1877年率海军留学生出国，不久担任出使德国大臣。主持订购"定远""镇远"铁甲舰和"济远"巡洋舰

三月初四日庚申（4.17）

　　李鸿章函丁日昌，海防各关拨饷，岁四百万两。两年解不足二百万两。本年七月以后，两处均分，每年计数十万。中小铁船，每只将近百万，未敢轻于一掷。"龙骧""虎威"驻台督操，邱宝仁软弱，果否胜任？二船副手，选有人否？36吨炮船，四月初到闽，望严饬张成、邱宝仁，预备替换。张成所保李和、李田，吴赞诚称灵敏而欠稳重，仍宜替换，请处之。

三月初五日辛酉（4.18）

　　郭嵩焘、刘锡鸿应邀参观英国乌里治兵工厂（Woolwich Arsenal）并观看发射鱼雷表演。

三月十九日乙亥（5.2）

　　吴赞诚奏，"扬武"练船现挑十二名学生出洋，余分派各船充当管队及大、二副，在船仅五六人，现将该船洋教习裁撤，调"飞云"管驾、轮船营务处记名总兵吴世忠任"扬武"管驾，游击衔都司吕翰任"飞云"管驾。

三月二十日丙子（5.3）

　　李鸿章函吴赞诚，"永保"在津，因船舵损坏，修理逾月，今饬解炮船饷银一万两回闽。丁日昌嫌邱宝仁软弱，鄙见略同。管带巨炮，行大洋风浪中，望与丁日昌、吴世忠认真考订。

三月二十二日戊寅（5.5）

沈葆桢奏，筹防经费不敷，请再拨二成洋税一年。

三月二十四日庚辰（5.7）

李凤苞、日意格率船政学堂留学生抵法国马赛。学习制造的学生及艺徒即分赴法国学校、工厂学习。学习海军的学生继续前往英国。

三月二十五日辛巳（5.8）

吴大廷赴吴淞，登"海安"，点名散饷。

三月二十六日壬午（5.9）

李鸿章函郭嵩焘，西洋水陆兵法及学堂造就人才之道条理精严，前派卞长胜等前往小试其端，迭致总署，概置不理。去冬会奏派水师学生赴英法，请总署照会各公使，至今未见照会。又，李凤苞带去学生中，兼通中英文者，可留意为使馆任职。

三月二十八日甲申（5.11）

李凤苞、日意格率领12名海军留学生抵达英国伦敦，并于四月初一日赴公使馆拜会郭嵩焘。拟先至朴次茅斯小住。

四月初二日丁亥（5.14）

① 郭嵩焘照会英外交大臣德比伯爵（Earl of Derby），通知他中国学生已经抵达英国，请协助安排。

② 英国外交部通知海军部，中国留学生已抵英国。

③ 李鸿章函郭嵩焘，请嘱李凤苞赴德国时，联系安排卞长胜等人赴德国海军学习。

四月初三日戊子（5.15）

福建船政局第一号铁胁兵船"威远"下水。船垂线长217.1尺，宽31.1尺，吃水17.8尺，排水量1 268吨，马力750匹，时速12海里。由法员舒斐（Jouvet）监造，船价195 000两。

四月十六日辛丑（5.28）

李凤苞、日意格、金登干等人去英国米尔沃尔船坞，察看原为土耳其订制的两艘铁甲船。

四月十八日癸卯（5.30）

吴大廷在吴淞阅"威靖"枪靶阵法。

五月初四日戊午（6.14）

① 福建巡抚丁日昌奏，将台湾铁路改马车路，其经费移购铁甲舰。奉旨交总署议奏。六月十五日，奕䜣奏，清廷同意所请。

② 吴大廷赴吴淞演武厅，阅"海安"操洋枪阵。

五月十四日戊辰（6.24）

闽浙总督何璟等奏，琉球国王遣使密咨，日本阻贡，向中国求援。清廷着出使日本大臣何如璋到日本后相机妥办琉球之事。琉球使臣着何璟、丁日昌饬令回国，毋庸在闽等候。

五月十五日己巳（6.25）

① 在英订造的第三、四号炮船抵达福州后，正式向中方移交。命名为"飞霆""策电"。船长120英尺，宽30英尺，吃水8英尺，排水量400吨，时速9海里，炮重38吨，12英寸口径。

② 郭嵩焘照会德比伯爵，请发给中国海军留学生凭照，以便参观朴次茅斯船厂、港内船只、炮台及海湾。

五月二十一日乙亥（7.1）

① 李鸿章函丁日昌，炮船到闽后，赫德本有留洋弁二人教习之请，务请察夺主裁。应留洋弁及遴选船主、大二副等，均饬吴仲翔等妥办。船名如何更易，并乞示遵。

② 赫德在给金登干的信中，对新购炮艇设计提出疑问，称它绝不会给李鸿章留下什么好的印象。又说教官们对水手掌握工作的方法感到满意，现在需要一位英国指挥官来指挥这些舰艇，但中国不愿聘指挥官而只需要教官。

五月二十六日庚辰（7.6）

① 吴大廷赴吴淞，率"测海""威靖"出铜沙，演英军水师阵法第七、第八图。申刻，回至崇宝沙，打炮靶。酉刻，回吴淞口。二十七日，阅"测海""威靖"舢板操阵图。辰刻，阅"海安""测海""威靖"枪靶。

② 德比伯爵函复郭嵩焘，已咨朴次茅斯海军司令及船厂监督，准中国监督与海军留学生前往参观。

五月二十七日辛巳（7.7）

① 直隶候补道许钤身到达闽省，派司稽查员绅之任。

② 两广总督刘坤一奏，饬广州机器军装局建造内河轮船14号。

五月二十九日癸未（7.9）

英国外交部致函英国海军部，要求安排中国留学生入格林尼治皇家海军学院（The Royal Naval College, Greenwich）学习。

五月

上海吴淞西炮台修筑竣工。内设暗炮台11座，明炮台3座，安放大炮12门，小炮6门。

六月初六日庚寅（7.16）

李鸿章函丁日昌，同意其在"飞霆""策电"到闽后，留洋兵5名，仍令张成、邱宝仁管驾；水手、大二副等回粤厦各处选择，归并澎湖合操，俟其精熟，再饬北上之措置。称张成器识出众，可派作总管。又称南洋海防经费，本系有名无实，沈葆桢故推至敝处，方幸拨归台防，执事复原璧送还，如总署议准购办铁甲船，未知五年后能否集事。昨缄嘱李凤苞留心察访，请英官兵教习，须铁船定有眉目，再令带船来华。四船炮弹，赫德续购，每炮500具。津局仅可仿制实心弹。核其工料，比定购尤贵。中国不自开铁矿，用机器炼生熟铁，制大炮弹，及造铁路、铁桥，皆不合算。焉得许多人才办如此大事？

六月十一日乙未（7.21）

李鸿章函奕䜣，已通知郭嵩焘、刘锡鸿安排赴德学习之武弁上兵船实习事。郭派使馆翻译德明赴柏林与海军部联系。

六月十二日丙申（7.22）

李鸿章函郭嵩焘、刘锡鸿、李凤苞，接总署函，及与德使巴兰德往复函件，知卞长胜等在彼学习一事，该国拟调赴演放炮位之军舰名"黎挠讷"。是否派往该舰学习，由郭酌夺。

六月十六日庚子（7.26）

① 刘锡鸿参观英国阿摩士庄工厂。

② 德比伯爵照复郭嵩焘，请将中国海军学生3人从速开具名单，并于西历8月底前上船出巡。

六月十七日辛丑（7.27）

吴大廷在吴淞阅"威靖"打枪靶。

六月十八日壬寅（7.28）

李鸿章函复丁日昌，来函称察勘张成等，非实心力图精进之人，功夫亦浅，非觅一在行教习，认真课督一二年。去冬"龙骧""虎威"到津，赫德商留机器炮手，张成等面称可有可无，华人类能自为。渠等似非实心受教者。第三号原船兵官（即琅威理）确是好手，即由尊处函商英国驻华水师提督，借作四号炮船教习一年。土耳其铁甲船吃水26尺，只能沿海停泊，有事不得入江海各口，势孤或为敌擒，且中国无修理船坞，闽船政码头亦不能容铁甲，此皆必须预筹。闽中定购38吨炮船4号，可称豪举。金登干代办炮船辛苦，欲请奖三四品衔，似应由赫德申陈请奏。

六月十九日癸卯（7.29）

吴大廷乘"海安"出海。二十日抵普陀，二十三日回吴淞口。

六月二十一日乙巳（7.31）

郭嵩焘函复德比伯爵，开具海军实习人员名单，曰刘步蟾、林泰曾、蒋超英。先是，郭嵩焘接德比伯爵十六日来文后，当即函告在巴黎的李凤苞、日意格，顷得回信，以现在科鲁苏（Coulums）地方游看，难在月底料理上船事宜，先将名单开上，俟下月在行听候办理。

七月初一日甲寅（8.9）

李鸿章函福建船政提调吴仲翔，后学堂头班出洋学生，威妥玛拟准3人上兵船学习，其余令入格林尼治、朴次茅斯两处官学。李凤苞以土耳其兵船均用英国宿将，如不能全上英船，亦可以数人上土国兵船学习。未出洋学生现上"建威"练船学习，必须认真督饬，渐求精进。三、四两号炮船，邓世昌留"扬武"当差，邱宝仁拟调"虎威"，三号管驾改派何人？

七月初四日丁巳（8.12）

命李鸿章酌量借拨海防经费以应山西赈恤。

七月初五日戊午（8.13）

准丁日昌回籍就医，葆亨署理福建巡抚。

七月初七日庚申（8.15）

郭嵩焘、刘锡鸿应邀参观英国查塔姆（Chatham，亦译喀敦、甲敦）炮台，在乘小轮观看搭浮桥时，英国提督见郭寒噤，取所携褐氅为郭遮

LIST OF FOREIGN OFFICERS SERVING IN HER MAJESTY'S SHIPS.

Name.	Rank.	Nation.	Ship.	Date.
Funaki Rentaro	Midshipman	Japanese	Sultan	18 June 76
Yendo Kitaro	Midshipman	Japanese	Turquoise	6 Oct 77
Tomioka Sadayasu	Cadet	Japanese	Audacious	29 June 76
Don Alvaro Bianchi	Lieutenant	Chilian	Alexandra	10 July 77
Don Albert Silvo Palma	Lieutenant	Chilian	Minotaur	10 July 77
Don Policarpo Toro	Lieutenant	Chilian	Black Prince	10 July 77
Lew-Poo-Chin	Sub-Lieut.	Chinese	Minotaur	14 Aug 77
Lin-Tai-Tsan	Sub-Lieut.	Chinese	Black Prince	14 Aug 77
Chung-Cheow-Ing	Sub-Lieut.	Chinese	Defence	14 Aug 77
Wang Kien Shoon	Sub-Lieut.	Chinese	Bellerophon	7 Nov 77
Kiang Mow Tye	Sub-Lieut.	Chinese	Agincourt	7 Nov 77
Lin Ying Khe	Sub-Lieut.	Chinese	Agincourt	7 Nov 77

海军留学生在英国军舰实习的名册

风。刘锡鸿指为"即令冻死，亦不当披（洋人衣）"。是为郭"穿着洋服"事件。

七月初八日辛酉（8.16）

英国外交部通知郭嵩焘，刘步蟾、林泰曾、蒋超英分别被派上英国地中海舰队（The Mediterranean Station）"马那杜"（Minotaur）、"孛来克柏林"（Black Prince）、"狄芬士"（Defence）号铁甲舰实习，享受军官伙食和床位待遇。二十日（8.28）上船。

七月初九日壬戌（8.17）

① 李鸿章函李凤苞，知悉赴英法学生安排。土耳其铁甲船所议各节，极有见地。该船船大炮少，火炮驾驭不用汽机，自难灵捷。该国现在英国订造新船，显非乏钱。中国现既无驾驶之人，亦无修理之坞，应暂作罢论。英人新创鱼雷倘可访购，请确探见示。彼国精奥，秘之甚深，如乌里治厂之鱼雷及兵船，不肯多收学生，出洋生徒自非聪明杰出之才，未易窥其秘要。若得其粗而遗其精，务其小而舍其大，买椟还珠，仍无大益。全赖阁下与各生徒之颖异者，入穴得子，庶不致宝山空回。

② 李鸿章函吴赞诚，告知李凤苞论土耳其铁甲船之弊：一、机器不用康邦，二、弹药库近船尾，三、运炮起碇不用汽机，四、止有四炮，

蒋超英

刘步蟾

1879年6月,林泰曾结束留学回国之前,在英国高士堡拍摄的照片

林泰曾照片的反面,有他中英文的签名和日期

五、桅上不装横杆,六、烟囱和锅炉皆在八角台之外。土耳其在英国另造新船,非无钱,亦非俄土交战不准出口。此船非上品,价又不廉,自考暂缓议购。又谓设水师以教练为要务,"扬武"于练船为最宜。

七月初十日癸亥(8.18)

吴大廷在吴淞阅"海安"操炮。

七月十二日乙丑(8.20)

郭嵩焘函复德比伯爵,已咨会李凤苞等饬令海军留学生如期登船。

七月十三日丙寅(8.21)

日意格在朴次茅斯开出赴格林尼治皇家海军学院学习的9名中国留学生名衔。

七月十七日庚午(8.25)

吴大廷率"测海""海安"出海,二十一日抵烟台,二十七日抵大沽口,换乘"操江",二十八日抵天津紫竹林。二十九日,吴大廷谒李鸿章。

七月二十日癸酉(8.28)

丁日昌奏,购买铁甲请归南北洋大臣督办。西洋以通商为主,苟驾驭得宜,一时尚无战事。日本逼近而贫,内乱已定,必有借端索诈之举,当预筹备御。

八月初三日乙酉(9.9)

德比伯爵致函郭嵩焘,告以外国留学生入格林尼治皇家海军学院学习之规章。

八月初四日丙戌(9.10)

李鸿章、吴大廷前往大沽洋面,乘坐"海安",考校船员测量沙线、升桅、救火、操演枪炮。吴大廷称李鸿章初五日到船看操极细。并看打靶。初七日吴大廷拜访李鸿章,李允出奏密保。十二日,吴大廷抵达北京。

八月初八日庚寅(9.14)

① 吴赞诚登"威远"铁胁船出洋试航。旋因病难支,换坐"艺新"轮船先回,"威远"次日返航。

② 李鸿章上奏密保吴大廷,称其才识优裕,历练已深,"海安"操演枪炮,娴熟可观。请酌量录用。

八月十一日癸巳（9.17）

德比伯爵函告郭嵩焘，英方已同意中国留学生严宗光、方伯谦等6人入格林尼治皇家海军学院。

八月十三日乙未（9.19）

吴赞诚奏，调贝珊泉接管"元凯"轮船，林国祥接管"伏波"轮船，林高辉接管"琛航"轮船。

八月十四日丙申（9.20）

德比伯爵函告郭嵩焘，决定9月27日对中国留学生进行入学考试。

八月十五日丁酉（9.21）

李鸿章函吴赞诚，称土耳其铁甲船船式稍旧，价格非廉，现无修船之坞、带船之人，不敢贸然定购，中国洋面万里，无铁甲尚可各谋守口，仅铁甲一二只，既难兼顾又难收口，转恐立脚不住。丁日昌一再上疏，必欲订办，鄙意不敢画诺。中国于兵船一道，造诣尚早，须俟出洋生徒学有心得，方可放手为之。黎式新式水雷已到大沽，月杪勘验，如精妙堪用，即拟购买。

八月二十一日癸卯（9.27）

① 中国留学生严宗光、方伯谦、何心川、林永升、叶祖珪、萨镇冰等6人通过英国格林尼治皇家海军学院入学考试，学制9个月。

② 李鸿章函丁日昌，土耳其铁甲船二号，日意格、李凤苞云每船80余万两不能再减，赫德谓可减至60余万两，究无明文，且未过晤。且目下无带船之人、修船之坞，仓促定购，善后无方，请从长计议。

八月二十四日丙午（9.30）

李凤苞拜访郭嵩焘，告知严宗光等6人已被海军学院录取。晚间，李凤苞与日意格又拜访郭嵩焘，称来英12名学生，已安排9人，剩余黄建勋、林颖启、江懋祉，仍需托英国外交部会商海军部安置。

八月二十六日戊申（10.2）

清廷以本年山西、河南旱灾，着李鸿章等筹拨海防经费银20万两，三成交豫，七成给晋鲁，即作购买赈粮之用。

八月二十七日己酉（10.3）

① 郭嵩焘致函英国外交部，对格林尼治皇家海军学院热情接受中国海军留学军官表示感谢。又函，告以海军学院负责人已向中国留学生监

萨镇冰

叶祖珪

严宗光

林永升

督通报，对中国6名年轻军官的勤奋努力深表赞赏。

② 李鸿章函曾纪泽，谈曾谋职事。谓船炮煤铁小事，委员职分，不应借重名卿。前缄沈葆桢会请调曾督办江南机器局，昨闻恭王询及吴大廷，吴若引见后简用，或将督操轮船归并一手经理，名目较重。

九月初三日乙卯（10.9）

李鸿章函吴赞诚，第三、四号炮船，蒙锡嘉名，封河期近，应缓俟明岁北来。丁日昌函，批评新购四炮船管带，均非锐意向上之人，必须雇觅精于铁船之英官赶紧教导，不至以有用变为无用，洵为笃论。前闻管驾三号兵官琅威理本领甚佳，顷赫德过津面称，其人奉英国委带兵船，不能分身，且不愿前来。问其何以不愿，据云仅令教练而不假以节制黜陟之权，弁兵必不听令，断难进益。即如"龙骧""虎威"原募各教习皆已求退，因兵官以下毫不虚心受教，船炮机器久恐废坏。所言虽未必尽确，而张成、邱宝仁等之无用，丁日昌所见甚远。因与赫德约曰，倘访有英官精练熟手，订以教练名目，管带以下如不得力，尽可随时禀请撤换。该总税司意仍不欲代雇。务望严谕张成等力求自强精进为要。弁目等运机操炮既尚未臻精熟，"虎威"所留教习及新船各教习一处合操，是否可以通融分拨，该教习愿否，悉听卓裁妥办。水师人才浅薄，沈葆桢、丁日昌日催购铁甲，有船无人，可为太息。

九月初六日戊午（10.12）

李鸿章函丁日昌，昨赫德过津，面询尊处函托各件：所订38吨炮船2号，明年五月不能送到，已由电信回绝。新购三、四号炮船，拟请英兵官教练，该兵官已受英职，断不得来，仅雇教练而不予以节制弁目之权，来亦无益。土耳其铁甲船，原议每号约20万镑，今既另有人议价25万余镑，政出多门，伊不愿经办。谓四船管驾均非锐意向上之人，中国水师人才造诣实浅，又不肯虚心求教，而执事与沈葆桢疾呼催购，铁甲原为御侮而设，即暂雇英官，事急例应求去，有船仍与无船等。况海洋万里，一二只铁船何能兼顾，终恐为人所擒。

九月十六日戊辰（10.22）

李鸿章函沈葆桢，铁甲船自台湾事起，中外迭经议购，迄无成局，丁日昌屡疏催购，实不敢独任。至土耳其铁甲船，李、日两监督会禀，以为可购，每只价银25万余镑，无可再减。赫德昨过津晤谈，去冬愿减至16万镑,今春可20万镑,日、李验过则增至25万镑,渠不肯经手。而李凤苞密函又沥称该船种种不合新式,土国非无力给银,实欲另变新样。三年来各省解到海防专款将及200万,现存约敷购船一只,购到后支用更繁。海防经费自本年七月分解津、闽,近三月仅收2万,以后来源将竭,何能作此豪举?非有贝之才与无贝之才辐辏并至,外海水师恐难应手奏效。

九月十七日己巳（10.23）

郭嵩焘函询德比伯爵:可否将刘步蟾等3人六个月薪饷预交英舰队会计,以便按月支付。因英舰队1877年11月至1878年4月访问西班牙,刘步蟾等月薪15镑,半年270镑。

九月二十三日乙亥（10.29）

郭嵩焘函德比伯爵:感谢批准黄建勋等3人派往英舰队练习,并询上船日期。

九月二十六日戊寅（11.1）

① 吴大廷在养心殿引见。归,奉旨,仍着以海关道员用。吴大廷旋病。十月初四日出京。

② 李鸿章函吴仲翔:三、四两号炮船仍委张成、邱宝仁管带,其"龙骧""虎威"两船即以该船大副分驾,并由吴赞诚饬派张成为四船督操,借资联络。必须饬令认真勤操,冀可稍备缓急之用。议购铁甲船,丁日昌回粤后,嘱由执事禀商沈葆桢筹办。经费太巨,管驾无人,恐一时尚难议订,应暂罢论。

九月二十七日己卯（11.2）

赫德函金登干,阿摩士庄公司可以同任何人做生意,佣金还是不要为好。

十月初三日甲申（11.7）

谕:郭嵩焘特参副使刘锡鸿,恳请撤回,以李凤苞接署驻德国使臣。着李鸿章据实具奏李凤苞情况。

十月初四日乙酉（11.8）

① 李鸿章函总署,李凤苞带闽厂学生在伦敦守候五旬之久,英国方准3人上船、6人进水师学堂,意颇吝教。法国皆允学徒进厂各项布置。德国本允卞长胜等赴练船学习,旋又作罢。经联系,始允派上味士哈芬海口"里桡恩"练船学习。

② 李鸿章函郭嵩焘，刘锡鸿种种乖戾，殊出意外。其于洋务素未究心，而矜张夸诈，倾陷凶悖，尤可鄙笑，若令使德，诚恐偾事贻羞。顷奉密寄抄示大疏，并垂询李凤苞是否胜任，是中朝已洞烛其奸。李凤苞博闻强识，具有深心，再加历练，可备缓急之用，内意似欲令接署德使，约数日内复陈当有后命。李凤苞局面略小，资望亦浅，但做事尚谨慎细密，既为我公推荐，自必感激图报。英法学生仍可责令经理。日意格利心过重，实难专任。

③ 李鸿章函总署，前德国公使巴兰德以中国派往武弁3人应调赴何项兵船学习，当经函致郭嵩焘暨李凤苞酌办。旋接李凤苞禀称，在伦敦与威妥玛商派闽厂出洋生徒赴该国兵船学艺，守候五旬之久，仅准3人上船，6人进水师学堂，意颇吝教。又往法都谒商兵部、外部、水师部各员，均允照应学徒。布置甫定，拟于七月初三日由铁路赴德国查勘武弁学艺。又接郭嵩焘函称，先派德翻译往德国，与海军大臣石多士议准，调卞长胜等赴师船学习。适石多士与俾斯麦龃龉辞职，再函询之，则诿以须由驻京公使请示酌办。郭复托德驻英公使敏斯达函催速办。该国始派该弁等在味士哈芬海口"里桡恩"练船上学习。十月初三日，又接李凤苞由德回英八月初四日来信，备言在德国晤商各部，查察武弁7人在斯邦道军营及"里桡恩"兵船学艺情形，并查访各国铁甲船、蚊子船、浅水快船、水雷、矿师；枪炮各事。

十月初五日丙戌（11.9）

① 德比伯爵函告郭嵩焘，黄建勋定于十一月初七日（12.11），林颖启、江懋祉定于十月十八日（11.22）前往指定港口登船。

② 金登干致函赫德，继续讨论购买军舰的佣金回扣问题。称将其用于为海关伦敦办事处租房子和购买马车。并将所有的账目都向赫德汇报。

十月初六日丁亥（11.10）

李鸿章函吴赞诚，琉球虽经罢贡，中朝尚无责言，何如璋过津云，只有暂置高阁，所见甚是。又谓巡海快船，昨接李凤苞抄示开有二种，吃水均在20尺外，与中国港口不宜。至浅水炮船，似甚合式，仅行九海里半，又嫌不快。尊处拟仿何种？张成督四船操练，能否虚心求益？郭嵩焘奏刘锡鸿不胜德使之任，举李凤苞代之，鄙意赴英法学生仍要李凤苞兼理，以专责成。

黄建勋

林颖启

十月初七日戊子（11.11）

① 李鸿章奏，遵查李凤苞堪胜出使之任，下所司议。

② 英国答复郭嵩焘，海军学生黄建勋由利物浦前赴百慕大，上西印度舰队（The West Indies Station）的"伯里洛芬"（Bellerophon）舰实习。江懋祉、林颖启由南安普顿前往摩洛哥，上大西洋舰队（Home Station）的"爱勤考特"（Agincourt）舰实习。

十月十二日癸巳（11.16）

金登干再函赫德，继续讨论购买军舰的佣金回扣问题。称制造商表面上绝不允许杀价，但有佣金。如果代理人拒绝佣金，政府也不能受益。

十月十四日乙未（11.18）

吴大廷回沪。年底去世。

十月二十一日壬寅（11.25）

李鸿章将其反对购买铁甲舰诸理由函告沈葆桢。称铁甲船本应定购，惟南北洋面万余里，一旦有警，仅得一二船，恐不足以往来扼剿，或有失利，该船不能进口，必先为敌人所攫，转贻笑于天下。即仅以一

江懋祉

铁甲扼大沽海面，以他船附之，亦虑立脚不稳，进退失据。又称铁甲至小者，吃水必一丈六七尺以上，沪坞闽坞均未能容。另辟船坞则需巨款，为购一船，创建一坞，既无指项，亦觉不值。又谓曾纪泽才气挺迈，京官势难久居，外省亦难俯就，将来不得已恐仍不免出使。

十月二十二日癸卯（11.26）

李鸿章函吴赞诚，沈葆桢、丁日昌来函催办铁甲船。沈称土耳其船既不合用，可另定制新式者，生徒随厂学习，将来可备驾驶、修理之用；并建议缩其尺寸，以就闽、沪船坞随时修整等语，与鄙意所筹及去秋面嘱日、李两监督之语略符。前接李凤苞八月初抄单云，中国购船以甲厚12寸、入水17尺为率，参以英厂新制，俟多考数船，较有把握。其入水17尺者，闽坞能否拖进修理，望查明见示。敝处海防存款约可订购一船，其余应请沈葆桢主持，或丁日昌再出时筹议。

十月二十三日甲辰（11.27）

中国首任出使日本大臣何如璋，乘"海安"舰前往日本（沈葆桢以"海安"曾历日本，港道稍习）。

11月

严宗光等向格林尼治皇家海军学院交付学费31英镑。

十一月初四日乙卯（12.8）

① 李鸿章函郭嵩焘，船政学生12员，蒙咨商外部，均收入各船及厂局

学习，三年后冀有成就，能驾驶自购铁甲船回国，庶不虚此行。沈葆桢、丁日昌催购铁甲船甚力，拟嘱李凤苞密为考究酌择新式吃水浅者。② 李鸿章函丁日昌，九月间，沈桂芬函询丁病状，李复以病根固深，台饷实缺，嘱其妥择替人。十月间来函又云，绰有吏才，自当用其所长。翁同龢假旋过晤，云尊议台防各务，旋又诿卸，近于自起自落，而枢廷多方磨折，致令告退，亦觉非是。所言似平允而不知台饷无从着手。闻闽中官绅诅咒颇多，可见任事之难。

十一月初八日己未（12.12）

沈葆桢函李鸿章：奉十月二十一日谕函，惟从前以铁甲船横亘胸中，海防、江防，一无措置，万一风涛起于意外，悔何可追？尊处所购38吨炮蚊船，务恳分赐数号，俾可暂顾藩篱，以补初见之谬戾，想我公必怜而许之也。倘所购各船，仅敷天津之用，可否于海防经费内提款为购两号？

十一月初十日辛酉（12.14）

赫德函金登干，表示他从来不赞成接受佣金，你搞到一笔钱并提出用公事方式将它花掉，逼他对此事采取行动。他则将此事搁置起来，等想清楚了再指示如何处理。

十一月十二日癸亥（12.16）

李鸿章函四川总督丁宝桢，谈陕晋豫荒旱赈款及山东海防协饷事。

十一月二十日辛未（12.24）

李鸿章函吴赞诚，巡海快船图样寄到，闽槽恐不能胜。倘须另修船坞，或兼预备能进一丈七八尺之铁甲船。所虑李凤苞不便兼德使五端，他国调署，西洋向有此例。总署拟俟刘锡鸿到德递国书后再撤回，届时李凤苞应已服阕，且署使无须觐见。兼顾留学生肄业一层，德、法、英车船往返不过数日，德使交涉公事无多，当可按季月分身查察，似不必数万里外代筹替人。

十一月二十五日丙子（12.29）

李鸿章函沈葆桢：敝处前购炮船四只，何璟来函，请暂留台防，若丁日昌复出，未必遽肯放手。承嘱提款另购两号，明春赴津后商定再行报命。

十二月十七日丁酉（1878.1.19）

李鸿章函李凤苞：铁甲船宜逐细考核，新式水炮宜先为购办，出洋学习武弁及闽厂生徒宜随时查察。此次刘步蟾等3人分送"马那杜"铁甲船，严宗光等6人进格林尼治官学，江懋祉等3人商准上毕士格湾缪答岛之兵船，罗丰禄入伦敦琴士官学，英国优待华人诚为破格，执事精心硕画，足令邻邦信服。又告知刘锡鸿撤回后将奏请其署理驻德公使。

十二月十九日己亥（1.21）

准何璟十一月二十七日奏，购置铁甲船仍归南北洋大臣酌办。

同年

① "龙骧""虎威"两炮船派往澎湖驻防。

② 江南制造局译书馆出版英国师德麟、极福德撰、舒高第译、郑昌棪述《英国水师律例》4卷。

光绪四年戊寅（1878）

正月　　海军留学生安排
二月　　沈葆桢奏请南北洋海防经费分解
三月　　移海防经费办赈
四月　　英拟购回炮艇以防俄
五月　　"超武"下水 / 派许钤身为北洋水师督操
七月　　订购第三批英国炮艇 / 曾纪泽任出使英法大臣，李凤苞出使德国
八月　　赫德称英国炮艇无敌于海上
十一、十二月　　对留学生评语

正月初一日辛亥（2.2）

留学格林尼治海军学院的中国学生给郭嵩焘拜年。严宗光谈最畅，余则方伯谦、何心川、叶祖珪、林永升、萨镇冰。介绍学院课程：星期一上午力学、化学；下午画炮台图。星期二上午，数学、物理、电学；下午画海道图。星期三上午，力学及普法战争、俄土战争；下午无课。星期四课程同星期一，星期五课程同星期三。星期六上午讲授铁甲舰、炮弹等知识，下午无课。

正月初八日戊午（2.9）

李鸿章函吴赞诚，李凤苞函称英国所造新式巡海快船，可载穿甲巨炮数尊，拟令生徒驻厂逐事习学，自较购图仿制为简易。闽江天裕洋船坞，能泊吃水十七八尺之船，希留意。何璟迭函商留38吨炮船2只，鄙意4船现令张成督操，应聚泊一处。留则俱留，遣则俱遣。沈葆桢昨以铁甲停购，缄商分拨38吨炮船扼守长江，将来或即以已购船只分拨，或另行定购。

正月二十四日甲戌（2.25）

沈葆桢、李鸿章等奏，台湾道员吴大廷病故，所遗操练轮船事宜，现归江南提督李朝斌接办。

正月二十五日乙亥（2.26）

李鸿章函李朝斌，沈葆桢请执事接办轮船操练事宜，望合操之暇，仍应督令出洋巡哨，使之涉历风涛，谙习沙线，考究来往道里。拟令月操两次，俟熟悉后或月操一次，固可撙节经费，然使常操之外即不展轮，则有用之船未免又成坐废。

正月

沈葆桢函告李鸿章，海防经费，将奏请仍归原议，俾后之人稍得藉手，自巩藩篱。

二月初三日癸未（3.6）

沈葆桢奏，光绪元年六月总理衙门会同户部奏准将粤海关四成洋税、江海关四成内二成暨江浙等省厘金银两分拨南北洋作为海防专款，臣以外海水师宜先尽北洋创办，咨明各省统解北洋兑收。现在南洋饷项如此之绌，海防如此之重，而派定南洋海防经费若仍悉数解归北洋，似臣博推让之美名，而忘筹防之要务，使后之人无可藉手。去年已请截留二成洋税一年，部准六个月。请将原拨海防经费现拟照案仍行分解南洋，条清款目。

二月初四日甲申（3.7）

① 李鸿章函何璟、吴赞诚，据张成禀，"龙骧"等二船驻扎澎湖，船底铁板久浸盐水，均生茜草，时速不及十里，船内机器亦不甚灵便。查阿摩士庄厂送考验单，时速二十七八里不等，初到津行驶，约可行三十里，何以相去如此悬殊，务望据实禀报。赫德前荐葛雷森（W.H.Clayson），称于水师铁甲船甚熟悉，鸿章曾与接晤，询其在英国仅充水师兵丁，并未得官，不知本领若何。闻英国所派管带琅威理熟悉水师兵法，但按英律，水师员弁如他国调用，须奉国家准许明文。中国应由总署照会英使，转商其国水师、兵部，或由驻英公使与外部商准。中国订购炮船，原为海防御侮，若经理不善，使有用之船弃诸无用，诚为可惜。然必用外国人管带，授权于彼，流弊滋多，未敢定议。张成督操，务祈严加督饬。鸿章前以四船统带无人，丁日昌谓张成于各弁中尚为可用，因缄商吴赞诚派令兼充督操，原拟开河后饬令北来。嗣奉何璟迭次函商，欲将38吨炮两船留闽。鄙意现需合操，必应聚于一处，互相观摩。故于正月初八日致吴赞诚函中谓留则俱留，遣则俱遣。总署谓此等船只宜动不宜静，驾船之人宜劳不宜逸，以后宜如何操练、修理，希两公妥议示复。

② 郭嵩焘、李凤苞拜会英国海军大臣施密斯。又，李凤苞谈及前派在德国学习海军之卞长胜、王得胜、朱耀彩恐不相宜，此辈本无赖子弟，刘含芳以其诓李鸿章，而不知其贻累。德方表示七万里学习兵法，乃如此轻率耶？

二月十三日癸巳（3.16）

沈葆桢、李鸿章等奏，吴大廷出都之日病已增剧，及抵上海尤复出洋督操，返局数日旋即身故。吴大廷八年来久历重洋，艰苦备尝，请照军营病故例从优议恤。

二月十六日丙申（3.19）

吴赞诚奏，据出洋监督李凤苞、日意格禀称，赴英学生刘步蟾上"马那杜"铁甲船，林泰曾上"孛来克柏林"铁甲船，蒋超英上"狄芬司"铁甲船，林颖启、江懋祉同赴西班牙上英国大西洋舰队"爱勒考特"兵船，黄建勋赴美国上英国西印度舰队"伯里洛芬"兵船，严宗

魏瀚

陈兆翱

光、方伯谦、何心川、林永升、叶祖珪、萨镇冰入格林尼治皇家海军学院均习驾驶理法。翻译委员罗丰禄入伦敦琴士官学学习气学、化学、格致之学。赴法学生魏瀚、陈兆翱、郑清濂、陈林璋入削浦官学（瑟堡造船工程学校），梁炳年、吴德章、杨廉臣、李寿田、林怡游入多郎官厂（土伦海军造船厂），池贞铨、张金生、林庆升、林日章入科鲁苏尼厂，均习制造理法，罗臻禄入汕答佃学堂学习矿务；随员马建忠、文案陈季同俱入政治学堂，专习交涉律例等。艺徒陈可会入腊县船厂，刘懋勋入马赛铸铁厂，裘国安、郭瑞珪入马赛木模厂，均习制造技艺。

二月二十三日癸卯（3.26）

丁日昌奏，拟遵旧制，由福建督抚、将军轮赴台湾巡查，清廷下所司议。

二月二十八日戊申（3.31）

上谕：左庶子黄体芳奏，灾区太广，部库支绌，所有海防经费、制造机器之江南厘税，请饬南北洋大臣酌留数万，以充工匠及修理器厂之用，其余暂停一年，悉充京饷。着李鸿章、沈葆桢、吴元炳妥筹具奏。

三月初二日壬子（4.4）

上谕：编修吴观礼奏，请节省海防经费，移济赈需并海防漏卮宜塞各等语，筹办海防本为自强之计，该编修以今之患在北三省，须急筹救济之方。请查明海防经费实存若干，移作赈需系为救灾恤民起见。着李鸿章、沈葆桢、吴元炳悉心商酌此项经费能否移缓就急，妥筹奏明。

杨廉臣　吴德章　梁炳年
李寿田　林怡游　池贞铨

三月初三日癸丑（4.5）

　　上谕：前据左庶子黄体芳奏，请将海防经费、制造机器各项酌充京饷；编修吴观礼奏，请将海防经费移作赈款，均经谕令李鸿章等筹商办理；又据给事中李宏谟奏，请饬南北洋大臣将各省协解轮船、轮船机器局用款，暂提十分之五，分解晋、豫办赈。仍留五成为各局委员工匠一切用项，俟赈务稍松，仍照常办理。所奏是否可行，着李鸿章、沈葆桢、吴元炳归入黄体芳前奏一并妥筹奏明。

三月初七日丁巳（4.9）

　　严宗光等6位海军留学生去中国使馆祝郭嵩焘生日。

三月十三日癸亥（4.15）

　　李鸿章奏，北洋海防经费、天津机器局专款难再分拨办赈。

林庆升

林日章

罗臻禄

裘国安

三月十四日甲子（4.16）

沈葆桢奏，黄体芳奏请将海防经费制造机器各项酌充京饷，吴观礼奏请将海防经费移作赈款。兹又据李宏谟奏，晋、豫待赈孔亟，请饬将轮船、机器各局用款，暂提十分之五办赈用。光绪四年以后之海防经费南洋项下可暂提五成，赈晋、豫灾。其余五成仍解南洋。江南机器局未便停工。

英国皇家海军学院。远处小山坡为格林尼治天文台。中国海军留学生在此留学

三月二十一日辛未（4.23）

上谕：沈葆桢奏议海防经费暂宜移缓就急等各折片，光绪四年南洋经费即着户部咨照各该省从此项银两内提出五成，速解晋豫办赈，此外五成仍解南洋。明年以后南洋海防经费全解南洋。

四月初二日辛巳（5.3）

李凤苞向郭嵩焘汇报严宗光抄录格林尼治皇家海军学院考试课目："一曰流凝二重学合考，二曰电学，三曰化学，四曰铁甲穿弹，五曰炮垒，六曰汽机，七曰船身浮率定力，八曰风候海流，九曰海岛测绘。"

四月初六日乙酉（5.7）

福建巡抚丁日昌病免，次日以船政大臣吴赞诚署理。

四月二十三日壬寅（5.24）

英俄冲突，恐将开仗。英领事富礼赐（R.J.Forrest）密商李鸿章，拟购回"龙骧""虎威""飞霆""策电"炮船。

四月二十八日丁未（5.29）

李鸿章函何如璋，琉球以黑子弹丸之地，孤悬海外，远于中国而迩于日本。中国受琉球朝贡，本无大利，若受其贡而不能保其国，固为诸国所轻；若专恃笔舌，与之理论，恐未必就我范围。对琉球不妨相机开导，仍候总署核示办理。

四月二十九日戊申（5.30）
　　郭嵩焘、李凤苞等参观英国格林尼治皇家海军学院。
五月初二日辛亥（6.2）
　　李凤苞将海军留学生的日记交郭嵩焘阅看。郭认为"各官学生日记，多可采录者"。
五月初九日戊午（6.9）
　　李鸿章函总署，称琉球事件，还当向日本进言。若言之不听，再援国际公法商会各国公使，日本必虑各国生心，不致灭琉球而占其地。
五月十四日癸亥（6.14）
　　英国外交大臣索尔兹伯里侯爵函郭嵩焘，林泰曾改上"潘尼洛布"舰（Penelope）实习。
五月十九日戊辰（6.19）
　　福建船政局第二号铁胁兵船"超武"下水。该船性能参数同"威远"，由法员舒斐监造，船价20万两。
五月二十日己巳（6.20）
　　李鸿章派道员许铃身为水师督操，率"龙骧"等四炮船北上抵津。
五月二十一日庚午（6.21）
　　李鸿章函总署，沈葆桢、丁日昌屡商购买铁甲舰，他因需费太昂、且无驾船之人、修船之坞，主俟出洋学生练习有成，再行查酌购办。又称在德国基尔练船之卞长胜、朱耀彩，与洋弁意气不合，李凤苞已将其撤回。

五月二十六日乙亥（6.26）

郭嵩焘函索尔兹伯里侯爵，林泰曾或须在英国海军再行学习一二年，上"潘尼洛布"舰或改派其他军舰均无不可。

五月

① 格林尼治皇家海军学院期末考试，严宗光等6人成绩优异。

② 郭嵩焘致函英国外交部，请求安排方伯谦、何心川、叶祖珪、林永升、萨镇冰等5名学生到皇家海军舰艇上实习。严宗光应让他在海军学院再学一学期（1年），俾使胜任中国政府已为其安排的职位。

六月初一日己卯（6.30）

李鸿章赴大沽验收"龙骧"等四炮船。二、三日登艇，督同道员许铃身、管驾张成等逐项勘验。旋奏称，四船轮机、器具均尚精致灵捷，演试大炮亦有准。命令分驻大沽、北塘两海口，每月出洋巡哨两次，按季合操打靶。并向英方接洽，代南洋订购炮船。新订炮船费用并杂费共61万两。

六月初二日庚辰（7.1）

李凤苞率罗丰禄、严宗光、方伯谦、萨镇冰自伦敦至巴黎游历，参观世博会。次日晚，郭嵩焘邀其小酌。

六月初五日癸未（7.4）

奕䜣奏，琉球事件似不宜遽思用武，自以据理诘问为正办。

六月初九日丁亥（7.8）

海关英籍职员裴式楷（R.E.Bredon）电询金登干"龙骧""飞霆"级炮艇报价，透露将再订购4艘。

六月十二日庚寅（7.11）

郭嵩焘在法国接见李凤苞及留法学生魏瀚、罗臻禄、陈兆翱、吴德章、杨廉臣、李寿田、郑清濂、陈林璋、林怡游。又与罗丰禄、严宗光谈。十四日，又邀留学生晚酌。

六月十七日乙未（7.16）

郭嵩焘得严宗光书，谓："又陵才分，吾甚爱之，而气性太涉狂易。吾方有鉴于广东生（刘锡鸿）之乖戾，益不敢为度外之论。亦念负气太盛者，其终必无成，即古人亦皆然也。"

六月十八日丙申（7.17）

索尔兹伯里侯爵函郭嵩焘，海军大臣允中国学生林泰曾续留一年。

六月十九日丁酉（7.18）

李鸿章函总署，四月初九日李凤苞来函，因与刘锡鸿不协，请辞驻德使馆参赞。请在刘、李冲突中保全李凤苞。又告之上年丁日昌托赫德在英订购二炮船，旋因李凤苞在阿厂询价而英方反悔。

六月二十七日乙巳（7.26）

中国驻英使馆官员黎庶昌、张德彝及海军留学生叶祖珪应邀前往泰晤士河口，参观首次访英的日本军舰"清辉"号。

七月初二日庚戌（7.31）

清廷从李鸿章请，于外洋购办船炮，派李鸿章一手经理。

七月十三日壬戌（8.12）

原在英国皇家海军学院学习的中国留学生，除严宗光继续留校外，林永升、萨镇冰、方伯谦、何心川、叶祖珪被分别派上"马那杜""们那次"（Monarch）、"恩延甫"（Euryalus）、"菩提西阿"（Boadicea）、"孛来克柏林"军舰实习。不久，萨镇冰改上"恩延甫"。

七月十五日癸亥（8.3）

郭嵩焘等应邀随英国女王赴朴次茅斯海口检阅海军，并参观英国船厂及"英佛来息白"（Inflexible）铁甲舰。林泰曾陪同参观。

七月十八日丙寅（8.16）

英国外交部通知中国使馆，严宗光仍留格林尼治皇家海军学院学习。方伯谦、叶祖珪、林永升、何心川、萨镇冰二十日在朴次茅斯登军舰实习。

七月十九日丁卯（8.17）

裴式楷通知金登干，订购4艘"飞霆"型炮艇。

七月二十六日甲戌（8.24）

赫德电金登干，炮艇事着其亲力，不要让郭嵩焘、日意格、李凤苞插手。

七月二十七日乙亥（8.25）

命候补京堂曾纪泽为出使英法大臣，赏戴花翎，以候补道李凤苞署出使德国大臣，赏二品顶戴。

七月

林泰曾改上"阿其力"（Achilles）号及"威灵顿"（Willington）号军舰实习。

八月初二日己卯（8.29）

金登干与阿摩士庄公司签订订购4艘炮艇合同。

八月初九日丙戌（9.5）

赫德通知金登干，曾纪泽将接替郭嵩焘，李凤苞将去柏林接刘锡鸿之职。对于正在建造的4艘炮艇，郭、李不会问津干预。在曾纪泽到任前，金要按赫之叮嘱，把此事掌握在自己手里，并保证明年7月底以前，将炮艇驶抵香港。

八月二十日丁酉（9.16）

李鸿章函总署，李凤苞可以署德使兼顾出洋学生及采购军火。次日清廷准李鸿章请。

八月二十八日乙巳（9.24）

金登干函赫德，阿摩士庄公司已将新炮艇火炮结构作了改进，并增大口径，加强了炮弹穿透力和粉碎性。九月十八日，赫德命金登干向裴式楷发电报，让其通知李鸿章，新式炮艇和大炮将无敌于海上，而此种贵重炮艇和大炮不宜订合同委托运送，致使照管无保障。

九月二十八日甲辰（10.23）

沈葆桢奏，请将堪胜轮船管带、船主，大、二副等职之吴安康等16员，留江苏外海、内洋水师酌量补用。他们是：提督衔留江题奏总兵吴安康，提督衔记名总兵王金楷，副将衔尽先参将谢太平，副将衔尽先游击金荣，副将衔尽先游击徐长顺，五品军功闽浙尽先千总屠宗高，五品军功蓝翎尽先把总虞庆堂，五品军功拔补外委张祖远，五品衔补用把总留江拔补外委陈贤球，六品军功补用把总留江拔补外委易梅玉，六品军功尽先把总王光胜，六品军功补用外委陈养，六品军功尽先拔补外委钟昆源，六品军功尽先拔补外委傅宗舜，七品军功留江补用外委梁福禧，七品军功留江补用外委竺九凤。

十月初八日甲申（11.2）

严复交格林尼治皇家海军学院本年（学制9个月）学费31镑。

十一月初一日丙午（11.24）

郭嵩焘照会索尔兹伯里侯爵。请将刘步蟾送回伦敦。初五日，索尔兹伯里侯爵照复，已将来文转海军部。

十一月二十八日癸酉（12.21）

刘步蟾因病自塞浦路斯离舰前往巴黎休养，本日在驻法使馆拜见郭嵩焘，谈外国水雷，又谈大连湾泊舟安稳，与烟台可为北海咽喉。次年2月病愈返伦敦。

十一月二十九日甲戌（12.22）

郭嵩焘在驻法使馆接见留法学生罗臻禄等，询及英法两国肄业生成就与其志愿，认为魏瀚、李寿田、吴德章皆匡时良才，制造则杨廉臣、林怡游、郑清濂，数学则陈兆翱。水师良才，曰刘步蟾、方伯谦、萨镇冰、何心川。问林泰曾如何？曰林泰曾、林永升、叶祖珪办事精细，而胆略不及刘步蟾等，大约主兵以刘步蟾为良。专守海口，布置于平时，林泰曾等3人亦为胜。问萨镇冰年最轻，体气亦瘦，能任将耶？曰体瘦而精力甚强，心思亦能锐入，能比他人透过一层。问严宗光宜何用之？曰以之管带一船，实为枉其材。交涉事务可以胜任。问陈季同酬应明干，能胜公使否？曰其识解远不逮严宗光。

十二月初四日己卯（12.27）

索尔兹伯里侯爵函询郭嵩焘：刘步蟾已抵巴黎，病愈即去英国。请另派上船，以竟学业。

十二月初五日庚辰（12.28）

郭嵩焘致函索尔兹伯里侯爵：海军留学生叶祖珪，暂上朴次茅斯旗舰实习，询问是否赞同？光绪五年正月初五日（1879.1.6）回函同意。

十二月初六日辛巳（12.29）

郭嵩焘收罗丰禄、陈季同信，评价留学生情况，罗丰禄认为严宗光、李寿田、罗臻禄、刘步蟾为上选。李寿田船工不如魏瀚，严宗光、罗臻禄算学不如陈兆翱，刘步蟾驾驶不如蒋超英，然任艰肩巨，才足济时，诸人皆有不逮。又分办理交涉之才、绩学之才二项。办理交涉：李寿田、严宗光、刘步蟾、罗臻禄、吴德章、方伯谦、林怡游、林颖启；绩学之才：陈兆翱、林泰曾、杨廉臣、陈林璋、萨镇冰。又水师统领1人：蒋超英；监造兵船1人：魏瀚；管理厂局5人：郑清濂、林

曾纪泽，曾国藩之子。无科举功名，袭侯爵。能读英文小说，在贵胄子弟中属新派人物。担任出使英国大臣期间，主持订购"致远""靖远"巡洋舰。在与俄国谈判收回伊犁问题时，挽回权利，名满天下。后任帮办海军大臣

庆升、林日章、张金生、池贞铨；管驾轮船5人：何心川、叶祖珪、黄建勋、林永升、江懋祉。陈季同分储用之才、教导之才二项。储用之才：罗臻禄、严宗光、李寿田、林怡游、方伯谦。教导之才又分六类：魏瀚、陈兆翱，总教习；郑清濂、陈林璋、杨廉臣，教习；刘步蟾、蒋超英，水师统领；吴德章，总监工；林日章、林庆升、张金生、池贞铨，管理矿务；林泰曾、何心川、叶祖珪、黄建勋、林颖启、萨镇冰、林永升、江懋祉，管驾轮船。

十二月初九日甲申（1879.1.1）

郭嵩焘收到严宗光信，谈及优秀留学生，所举9人：罗丰禄、魏瀚、罗臻禄、蒋超英、陈兆翱、何心川、刘步蟾、李寿田、陈季同。"而于蒋超英言管驾，陈兆翱言制造，独为全美于何心川。言志节，三者为无间然。"郭认为，"所言尤精切"。

十二月十二日丁亥（1.4）

曾纪泽抵达巴黎，拜会郭嵩焘。

十二月十七日壬辰（1.9）

刘坤一奏，请裁撤粤省水勇，全配水师兵丁。

十二月十九日甲午（1.11）

金登干函赫德，表示在英国军官照看下，由中国水手悬中国旗运送炮艇回华不会有什么困难；但又建议通知李鸿章，由中国军官运送军舰

是不能适应的。

十二月二十一日丙申（1.13）

① 索尔兹伯里侯爵函郭嵩焘，刘步蟾尚需休养，待痊愈后再派上他船。

② 金登干函赫德，反对使用中国军官出任舰长、管驾副和二副驾驶炮艇回国。

十二月二十二日丁酉（1.14）

吴赞诚派把总陈毓淞管驾"靖远"轮船，于次日开赴金陵。

十二月二十三日戊戌（1.15）

郭嵩焘致函李凤苞，并抄开设学馆和举荐出洋人才两咨稿送阅。以李凤苞心嗛严宗光、日意格心嗛罗青亭（罗臻禄？），而郭皆登诸荐牍，以为"皆时运之所值也"。

十二月二十四日己亥（1.16）

都司叶富管驾"超武"轮船，开赴浙江。

光绪五年己卯（1879）

三月　日本吞并琉球 / 海军无力跨海远征以保琉球
闰三月　李朝斌为外海兵轮船统领 / 各省兵轮船赴吴淞口合操 / 命李鸿章整顿北洋海防，丁日昌会办南洋海防
四月　格兰特调解琉球事件
五月　金登干推荐订购英国巡洋舰
六月　"康济"下水 / 李鸿章拟购铁甲舰 / 第三批英国炮艇"镇南""镇北""镇东""镇西"来华 / 严复奉召回国 / 彭楚汉总统闽局轮船
七月　郭嵩焘论严复 / 赫德谋任总海防司
八月　崇厚擅订《交收伊犁条约》 / 李鸿章反对赫德总司海防
九月　李鸿章论船政学生 / 黎兆棠督办船政 / 丁日昌论海军人才
十月　李鸿章验收四"镇" / 丁汝昌留北洋海防差遣 / 延聘琅威理
十一月　沈葆桢去世 / 刘坤一任两江总督兼南洋大臣 / 威妥玛建议英国向华派出海军教官
十二月　温子绍自制炮艇

正月二十五日己巳（2.15）
　　总署收军机处交来闽浙总督何璟奏，吴赞诚病重，暂委船政提调吴仲翔代办船政事务。

二月初四日戊寅（2.24）
　　李鸿章函总署，荐李凤苞以记名海关道任驻德公使，称其心气和平，诚笃耐劳。又报马建忠已考入法国学院，可以兼充曾纪泽翻译。

二月初八日壬午（2.28）
　　浙江巡抚梅启照奏，福建船政局新造兵船"超武"号，派蓝翎游击衔尽先都司叶富管带，往温州驻扎。

二月十六日庚寅（3.8）
　　① 清廷准沈葆桢请，船政经费，制造、养船各居其半，日显费支绌。如多拨号船赴江应用，养船经费即于南洋经费项下开支。
　　② 叶祖珪改上英地中海舰队"音温思布拉"（Invincible）号军舰实习。刘步蟾被派上"拉里"（Raleigh）号军舰实习。

三月初三日丁未（3.25）
　　日军入侵琉球，占那霸。

三月初六日庚戌（3.28）
　　在英订购的第五艘炮艇出海试航。

三月十三日丁巳（4.4）
　　日本大政大臣正式宣布琉球为冲绳县（三月初五日已由日本琉球处分官松田道之宣布）。

三月十五日己未（4.6）
　　赏李凤苞三品卿衔，以记名海关道为出使德国大臣。

三月十九日癸亥（4.10）
　　奕䜣等奏，何如璋在日本办理琉球交涉事宜，欲假兵力以示声威。揣度中国现在局势，跨海远征实觉力有不逮。再四熟商，仍以据情理辩论为正办。

三月二十六日庚午（4.17）
　　以李凤苞欲派中国海军留学生护送炮艇回华，金登干向中国驻英公使曾纪泽力言不可。称只能按英国船章程运返。学生附搭轮船，不能派遣职事。

三月二十七日辛未（4.18）

金登干函告赫德，他已向琅威理提出，请他指挥中国炮艇回华，支领双薪。琅尚未决定是否就职。又告李凤苞同军火商人伯恩（J.Bourne）为购买鱼雷艇的专利权发生争执，李预付200镑，但试验一直没有实现。伯恩称他无法退钱，但将替李控诉创制者。

三月二十八日壬申（4.19）

清廷以日本废琉球为县，居心叵测，命沈葆桢筹办南洋防守事宜。

闰三月初一日甲戌（4.21）

准杨岳斌开去巡阅长江差使，回籍省亲。

闰三月初四日丁丑（4.24）

谕：吴赞诚赏假两月，毋庸开去船政差使。

闰三月初五日戊寅（4.25）

金登干函告赫德，李凤苞已通知他不派中国军官随航。

闰三月十二日乙酉（5.2）

金登干函告赫德，李凤苞就鱼雷艇事向赫德在英国所聘律师霍金司（Hutchins）提出咨询，霍认为这是起诈骗案，建议起诉伯恩索还那笔钱。金登干则建议李尽可能避免诉讼，委托霍金司向伯恩谋求解决办法。

闰三月二十一日甲午（5.11）

① 沈葆桢、李鸿章奏，各省举办海防，奉天、直、鲁、苏、浙、闽、粤皆有兵轮船常川驻泊，无事练习操演，有事捍卫藩篱。各管驾由引港出身者，驾驶尚能胜任，而操演漠不关心；由学堂出身者，操演可专守定章，而战阵未窥实际，万一临事张皇失措，实觉资敌可虞。各海口形势不同，各轮船操法亦未能一律，风鹤有警，零星散布，处处孤立，自固门户不敢谓确有把握。应责成威望素著之大将，于适中之地按期操演，号令归一。吴淞口为南北洋适中之地，请饬江南提督李朝斌为外海兵轮船统领。各省兵轮船两月一赴吴淞口，听该提督合操，以期联为一气。

② 侍郎夏同善奏，遵查沿江炮台情形。各处所筑炮台，经费甚巨。缓急能否可恃，殊无把握。宜择留吴淞、江阴、焦山等处扼要之区，余可置而不修。本日诏命吴元炳、彭玉麟、李成谋酌度情形，会商筹议具奏。

闰三月二十二日乙未（5.12）

清廷以西方皆练水师，日本船炮亦效西人，该国密迩东隅，情尤叵测，极应未雨绸缪。命李鸿章认真整顿北洋海防。又以南洋地面辽阔，洋人来华首当其冲，赏丁日昌总督衔，会办南洋海防。

闰三月二十六日己亥（5.16）

金登干通知赫德，琅威理同意担任运送炮艇回华的指挥官，并获准请假9个月。

四月初八日辛亥（5.28）

沈葆桢奉旨入京陛见，此为其24年后首次回京。四次面见慈禧，并拜访京中大臣。二十八日离京，过天津时晤李鸿章。五月初七日抵金陵。

四月二十三日丙寅（6.12）

李鸿章请求来访的美国前总统格兰特（U.S.Grant）调解琉球事件。

四月二十五日戊辰（6.14）

丁日昌以病力辞会办南洋海防，提出海防应办事宜16条。

五月初一日甲戌（6.20）

① 金登干、琅威理拜访曾纪泽。

② 金登干向赫德寄去阿摩士庄公司乔治·伦道尔（George Rendel）所推荐"新类型的舰只"（即后来称之为"碰快船"的巡洋舰）备忘录，建议他告诉中国人，不一定购买铁甲舰，而可以买巡洋舰。

五月十三日丙戌（7.2）

福州将军庆春奏，留闽轮船现仅"扬武""威远""济安"三船差为得力，今海口常有日船游弋，轮船赴吴淞口应操，辗转需时，恐顾此失彼，唯有先派"扬武""威远"前赴合操，嗣后轮番更替。

五月十七日庚寅（7.6）

① 命李成谋即赴闽台一带总统水师，将船政轮船先行练成一军，归南洋大臣节制。李鸿章、沈葆桢妥速筹购铁甲船、水雷。

② 以丁日昌奏宜选深谙外海水师之大员，统领江南制造局、福建船政局所造轮船，勤力操练；延致熟谙水师之西员，会同操练。诏命沈葆桢斟酌办理。

五月二十八日辛丑（7.17）

北洋订购之"镇南""镇北""镇东""镇西"炮艇驶离米切尔

（Mitchell）船厂，在诺森伯兰船坞（Northumberland dock）对面装载了弹药。

五月二十九日壬寅（7.18）

山东巡抚周恒祺奏，东省海防原调"飞云"巡防，光绪二年回闽修理，续派"万年清"更换，三年又改换"泰安"。

五月

刘步蟾、林泰曾、何心川取道法国回国。

六月初二日甲辰（7.20）

福建船政局第三号铁胁船"康济"下水。该船性能同"威远"舰。由法员舒斐监造，船价211 000两。（一说初二日下水）

六月初六日戊申（7.24）

曾纪泽赴朴次茅斯，偕同英国陆军部、海军部官员、设计师伦道尔爵士参观中国所购之四艘炮艇，并出海试炮。共用主炮和加特林机枪试射炮。

六月初七日己酉（7.25）

① 吴赞诚奏，"扬武"轮船管驾吴世忠病，委该船大副守备邓世昌暂代。邓世昌现赴天津管驾"飞霆"炮船，"扬武"轮船派游击张成接管。"琛航"轮船管驾林高辉现经撤委，调都司杨永年接管。许济川管驾"福星"，李田管驾"振威"，陈绍芳管驾"福胜"，康长庆管驾"靖海"，韦振声管驾"建胜"。
② 闽浙总督何璟奏，闽省海防紧要，兵轮未能悉数调操。诏命所有该省"扬武""威远"两船，着何璟等饬命先行赴吴淞合操。嗣后遇有合操之期，即将各口分驻船只，轮流抽拨前往，由李朝斌认真操练，以全防务。
③ 沈葆桢奏陈海防事宜，认为选择大员统领轮船，与西员会操，现多窒碍难行。清廷着照其所议行。
④ "镇南""镇北""镇东""镇西"4炮艇抵达普利茅斯，下锚加煤。

六月初九日辛亥（7.27）

李鸿章函李凤苞，中国须亟购铁甲数船，伐谋制敌。命其在国外了解何船适用于中国海口，又能制日本军舰，以及船价等情况。

六月十一日癸丑（7.29）

谕李鸿章、沈葆桢刻意讲求海防。

六月十二日甲寅（7.30）

第三批炮艇由英国海军军官琅威理、保罗（Paul）、沃克（Walker）、贝尔（Bell）等驾驶，离开普利茅斯，前往中国。

六月十五日丁巳（8.2）

曾纪泽致函英国外交部，因"严宗光已奉电召立即回国"，取消其上舰实习计划。上月，严宗光在格林尼治海军学院毕业，英方拟安排上英舰"纽卡斯尔"（New Castle）号实习一年。

六月十七日己未（8.4）

方伯谦被改派"士班德"（Spartan）舰实习。

六月十八日庚申（8.5）

① 以彭玉麟奏，沿江炮台系中外观听所在，不宜半途而废。上谕称极有见地，命彭玉麟、沈葆桢随时整修完固，以重江防。

② "镇南""镇北""镇东""镇西"四艘炮艇驶抵直布罗陀。

六月二十四日丙寅（8.11）

① 出使日本大臣何如璋函李鸿章，谓格兰特议将琉球南部归中国，北部归日本，中部归琉球国王复国。

② 李鸿章函沈葆桢：尊论外海水师人才，品评精确。将来即购铁甲、钢甲，管带已难其人，统领更无其选。日本兵船之将，闻俱赴英法学成，且由公使在西国水师部内选请好手来日教练，其武学院与练船规制一仿西法，大有日进益上之机。中国办法似尚未臻美善，李、彭诸君虽有阅历，西法茫然不知，又未肯虚心求益。张成辈虽尚可造，而战事未经，难遽大用。昨缄嘱李凤苞在英、法、德各厂访求船式，如有成议，至少铁甲2只，连新置修船坞，总须现银300万两以外，敝处存项仅有百万可指。管带铁甲船专望出洋学生。顷曾纪泽五月朔来书，谓此举无大益处，后有议蝉联者，以阻止为是，令人不能无惑。

六月二十五日丁卯（8.12）

琅威理率炮艇抵达马耳他。因"镇东"螺旋桨叶片断裂，进船坞修理。二十九日驶离。

六月二十六日戊辰（8.13）
从彭玉麟等奏，令福建水师提督彭楚汉总统闽局轮船，李成谋仍留长江水师提督之任。

七月初二日甲戌（8.19）
吴赞诚奏报船政同治十三年七月至光绪三年底收支。制船经费总收银1 693 800两，总支银1 633 532两，实存银52 142两，又存钢炮价脚银825两。

七月初四日丙子（8.21）
吴赞诚奏，督带兵船宜学堂学生，分操合操宜别先后，督操统领宜驻厦门以资控制，各船薪费宜统领核发。

七月初五日丁丑（8.22）
"镇南""镇北""镇东""镇西"上午10时30分左右驶入苏伊士运河，次日上午5时左右驶出。

七月初十日壬午（8.27）
准刘坤一请，粤省轮船较小，毋庸赴吴淞口合操。

七月十一日癸未（8.28）
郭嵩焘接严宗光信，论曾纪泽门第意气太重，天分亦不高，然喜为轻蔑邮夷之论。日记中所载中西时事，去事理远甚，所带人从，皆赘疣也，于使事毫无补济。郭嵩焘认为："又陵言自有理，亦正嫌其锋芒过露，劼刚谓其狂态由邮人作成之，则亦不知又陵之狂由来固已久也。"

七月十四日丙戌（8.31）
① 李鸿章奏，遵旨密劝朝鲜与各国立约通商，以为"固圉"之策。
② "镇南""镇北""镇东""镇西"抵达亚丁港。

七月十六日戊子（9.2）
以福建船政局仿制铁甲轮船康邦机器著有成效，予道员许钤身等奖叙有差。

七月十七日己丑（9.3）
李鸿章函总署，议赫德海防条陈。赫德谋任中国总海防司。

七月十八日庚寅（9.4）
赫德给金登干信中透露其谋求担任总海防司的计划，并酝酿为此挑选一批英国海军军官来华任职。

徐建寅，驻德使馆参赞，协助李凤苞订购铁甲舰

七月二十一日癸巳（9.7）

从出使德国大臣李凤苞请，以道员徐建寅为驻德使馆二等参赞。

七月二十五日丁酉（9.11）

吴赞诚条陈督操轮船事。清廷谕李鸿章、沈葆桢、何璟、丁日昌会同酌办。

七月二十八日庚子（9.14）

沈葆桢奏，李鸿章代南洋订购炮船4只即将抵闽，命名为"镇东""镇西""镇南""镇北"。拟由赴英学生艺成回国之刘步蟾、林泰曾、何心川管带。尚余一人于未出洋学生中遴选。

七月底

沈葆桢函吴仲翔：快船愈窘愈振作，定有志竟成。"扬武""威远"请留管驾。又询何以吴赞诚会何璟衔奏，以"康济"归招商局，何璟亦会吴赞诚衔奏，以"康济"装兵？又谓蚊子船谨当具文请领，管驾补以许寿山。

八月十一日壬子（9.26）

因赫德向总署递海防条陈，痛诋铁甲舰縻费无用，李鸿章在给沈葆桢的信中表示不满，称畀赫德以权，虑有事不为我用。又称，铁甲如有成议，惟统领最难其人。兵船统将须日住船上，常在海中，李、彭皆有本任应办之事，其不知西学，即仅调阅操练，亦不足副统领之实。船坞须另设法。目前若购铁甲一二号，或可从省。都人金不以铁甲为然,枢廷、总署亦心非之,前缄嘱李凤苞在外洋访求图式,忽接总署函示,赫德海防条陈,痛诋铁甲糜费无用,益足坚众人之信,而断内应之机。又称,大连为北三口门户,闽、沪、津三处似无须另作经营。又称铁甲舰多有撞角,未闻无铁甲而专有碰船者。前订蚊船,议明可出海接战,若徒守口,殊为无用。赫谓可制铁甲舰,盖专指日本铁甲舰。沈拟托赫德代购铁甲舰,赫德不会经手。

八月十七日戊午(10.2)

崇厚擅与俄国签订《交收伊犁条约》,即《里瓦基亚条约》,割中国伊犁以西以南地区予俄国。

八月十八日己未(10.3)

李鸿章函总署,赫德谋总海防司一事,此间文武幕吏多不以为然。谓其既有利权,又执兵柄,总署、南北洋必为牵制。赫德倘赴海防,则另派人任总税司。在此之前,薛福成作《上李傅相论赫德不宜总司海防书》,指出赫德之为人,阴骛而专利,怙势而自尊。虽食厚禄,受高职,其意仍内西而外中国。

八月二十日辛酉(10.5)

沈葆桢奏,轮船统领宜住地方,何璟意在基隆,吴赞诚意在厦门,臣意在澎湖。应准统领自择。得旨允之。

八月二十三日甲子(10.8)

因崇厚轻率定议,使伊犁势成孤立,控守弥难,关系新疆全局,允拒两难。着左宗棠、李鸿章、沈葆桢等酌复密陈。

八月二十六日己卯(10.11)

报载中国向外洋定造新式水雷船今已由"轧令尔"船带至上海,其船式长而窄,为中国从来所未有。

八月二十八日己巳(10.13)

刘坤一奏广东筹防事宜,请截留粤海关原解南北洋四成洋税。

八月

沈葆桢函何璟,谈派"扬武"访问日本事。谓此去不重在觇国,重在量水,微示以彼能来,我亦能往之意。且必约束精严,以示中国之整暇。又谓该船管驾张成,沉毅能断,必不负委任。

九月初四日甲戌（10.18）

李鸿章函李凤苞，称赫德欲以炮船制铁甲船，总署颇为所惑。李与沈葆桢极力辩争，赫谋总海防司已作罢论，不便相托。命其与徐建寅在西洋访求合用铁甲舰。又称刘步蟾、林泰曾将来能调管大船，严宗光充学堂教习最为相宜，魏瀚、陈兆翱可胜督造快船。

九月初五日乙亥（10.19）

李鸿章函曾纪泽，告之已命李凤苞、徐建寅在英法访求新式铁甲舰，请曾亦就地查询。又称蚊子船经曾查验，称为"防御海口利器"，则赫德谓可海战攻破铁甲舰，似非确论。请向英国兵部海部借觅良将来华。闻英水师古德提督称率蚊船来华之琅威理人甚明干，拟到沽后再商留用。

九月初八日戊寅（10.22）

① 清廷准吴赞诚开去船政差使，命前直隶按察使黎兆棠督办福建船政事宜。

② 琉球耳目官毛精长等三人向总署递禀求援。十日，向礼部递禀。十一日，见奕訢时再次乞援。十三日，由总署发给川资300两，将毛精长等送津，再由李鸿章派员护送回闽。

九月十一日辛巳（10.25）

① 李鸿章函总署，已收奕訢函，赫德海防章程即毋庸议。蚊船炮大船小，舷浅底平，只能在海口及沿岸浅水处驰逐接战，似不宜于大洋。较各项商船兵船不畏风浪行四十余日抵华者大有径庭。若恃为洋面制敌之具，未有把握。南北洋海口甚多，若财力有余，尽可添购。似应由各省大吏自行酌办。蚊船须由西人教练，闻统带续购四船之琅威理诚实和平，堪以留用，俟到津酌商。出洋生徒学成回华，李凤苞称刘步蟾、林泰曾其才可驾驶铁甲。昨接船政提调寄呈该二员条陈西洋兵船炮台操法大略，似均阅历有得。内言蚊船利于攻人而无能自卫，中炮即有沉破之患，最上策非拥铁甲等船自陈数军，决胜海上，不足臻以战为守之妙。中国目前即无此力量，断不可无此志愿。鸿章前缄商李凤苞留意访购新式铁甲船，并函徐建寅到德后妥酌订办，拟尽敞处存款先购一船来华操演，以为始基。

② 徐建寅偕翻译金楷理乘法国公司"扬子"轮船，离开上海前往德国。

九月二十日庚寅（11.3）

李鸿章、沈葆桢奏，福建船政学堂出洋生徒自光绪三年至六年即将期满，请予蝉联。

九月二十二日壬辰（11.5）

丁日昌复奏吴赞诚条陈督操轮船事宜。李成谋、彭楚汉不习轮船事务。张成、吕瀚、刘步蟾、林泰曾、蒋超英才皆可用，资格太浅。请或择其最优者暂行代理统领，或令由外海水师出身如总兵吴奇勋为统领而以张成副之，再延西人为教练奋勉图功。

九月二十四日甲午（11.7）

① 李鸿章将刘步蟾所呈《西洋兵船炮台操法略论》抄寄李凤苞、徐建寅参考，并再次抨击赫德所谓蚊炮船可在洋面轰败铁甲船之说。又谓订购铁甲舰，船头应配冲角，可兼作碰船用。

② 沈葆桢函李鸿章：询代购之蚊子船，闻前次在闽交割，故令管驾在罗星塔守候。何以饬令径驶津沽，俟亲验其美善毕臻，乃付南洋。

九月三十日庚子（11.13）

翰林院侍读王先谦以日本袭灭琉球，奏请筹备军费船械，伺机征倭。

十月初六日丙午（11.19）

① 清廷准李鸿章、沈葆桢奏，出洋生徒蝉联，查照章程，接续遴才，派赴英法就学。

② "镇东"等四炮船到华。李鸿章偕津海关道郑藻如、道员许钤身，税务司德璀琳、赫政（J.H.Hart）赴大沽验收。称其精坚敏捷，炮有准头。因刘步蟾等尚未到津，饬令"飞霆"等四船管带官邓世昌等暂行兼管接收。该四船性能相同。长125英尺，宽29英尺，吃水9.6英尺，排水量440吨，马力350匹，时速10海里。装有11英寸口径35吨前膛炮1门，12磅后膛炮2门，格林炮2门。

十月十三日癸丑（11.26）

① 沈葆桢奏江南轮船"操江""测海""威靖""海安"马力、配人、薪粮情形。

② 李鸿章函丁日昌，赫德极不以购办铁甲船为是，前请总海防司条陈，沈葆桢已议驳，现罢议。鄙意先尽存款百万，购一铁甲，为北洋壮声势，总署又不画诺。顷赫德来津，交收新购蚊船。带有阿姆斯庄船图，

乃新式快船，带有冲头，力保可在海面撞沉铁甲，实海战制敌利器。据云两船价银65万两。

十月十六日丙辰（11.29）

李鸿章请将前淮军记名提督、协勇巴图鲁丁汝昌留北洋海防差遣。称筹办北洋海防，添购炮船到津，督操照料，在在需人。且水师人才甚少，各船管驾由学堂出身者，于西国船学操法已略知门径，而战阵实际概未阅历，必得久经大敌者相与探讨砥砺，以期缓急可恃。不得已派令丁汝昌赴"飞霆"等炮船，讲习一切。十九日上谕：着照所请。

十月十七日丁巳（11.30）

① 李鸿章函沈葆桢，蚊船来津交接，系早与赫德商定，且六月间已告知吴赞诚派员来津接管。又谓拟将"镇东"等四船留归北洋，"龙骧"等四船划归南洋，分防江阴、吴淞。又告已上奏订购碰快船。催促刘步蟾、林泰曾北上，或在二人中留一个接管新到炮艇，一个换带"飞霆"。

② 以光禄寺卿刘锡鸿奏水师兼练陆战，命李鸿章、沈葆桢等斟酌筹办。

③ 李鸿章函总署，拟购碰快船二只，旋于二十八日正式上奏。

十月二十二日壬戌（12.5）

以丁日昌奏整顿轮船水师，非择将帅、精器械不可。请延致材技精通之西人教练轮船。诏谓已购8艘蚊子船，如何训练、今后舰船如何添购、延聘西人可否令赫德及出使大臣分办，着李鸿章、沈葆桢一并筹商妥办。

十月二十四日甲子（12.7）

① 谕：丁日昌请以吴奇勋为（水师）统领，而以张成等副之。应俟延致西人到华后，再由该督等酌度具奏。目前仍当责成彭楚汉先将船政轮船操练成军，蚊子船着认真操练。

② 李鸿章函沈葆桢，称船政诸生，刘步蟾、林泰曾、魏瀚、陈兆翱四人尤为出色。留刘步蟾管带"镇北"炮船，林泰曾委带"飞霆"赴江苏，由沈葆桢差遣。

③ 李鸿章托琅威理带信给曾纪泽，称琅威理率新购炮艇到津后，观其出洋操演，阵式齐整，轰炮亦准，人也精明干练，船艺颇精。与商留华督练，伊亦情愿。但伊例需向本国海军部请假，且不影响其在英海军中的晋升。李请曾向英海军部提出借用二年。又请其了解赫德所订

碰快船情况。

十月二十七日乙卯（12.10）

① 李鸿章函曾纪泽，称琅威理人虽近刚激而办事尚尽心，或可勉强就范。若来华困难，请留心延致熟悉船务战法、性情和平、堪任驱策者。

② 赫德通知金登干，在英国阿摩士庄公司订购2艘巡洋舰。并要求在静水中的航速超过15节。

十月二十八日戊辰（12.11）

① 李鸿章奏，北洋拟购英厂碰快船2只；拟聘用琅威理；拟设练船，选募北省丁壮素习风涛者上船练习，庶快船至而弁勇不必尽资于闽。又称，蚊船防守海岸最为得力，广东、台湾至少各需2只，宁波、烟台至少各需1只。

② 徐建寅抵达柏林。

十月二十九日己巳（12.12）

清廷着李鸿章认真讲求购船事务，船政务需精益求精，以图仿造快船。各省关迅筹海防经费。

十一月初一日庚午（12.13）

清廷从总署奏，前因海防关系紧要，迭经谕令南、北洋大臣实力筹办，只以经费未充，遽难集事。近来各国狡焉思逞，情殊叵测，若再事因循，缓急难资备御，必致贻误大局。李鸿章以铁甲船暂难购办，现已订购碰快船两只，北洋稍资防护。南洋海面较宽，尤应添置战舰，以备不虞。现该衙门拟由出使经费于两年内，共凑拨银40万两，接济南洋购船之用。着沈葆桢将购船事宜迅速筹办。如铁甲船一时无力购办，应否先购兼碰快船两只，或添购蚊子船数只，借资策应，俟将来经费稍充，再行筹购铁甲船。至购到之船，应用何人统领，何人教练，及在何处扼守，期与北洋联络一气之处，着该督酌度情形奏明办理。此次总署凑拨之款，专为购船，不得移作他用。

十一月初六日乙亥（12.18）

两江总督沈葆桢去世。遗折称铁甲船不可不办，倭人万不可轻视。

十一月初八日丁丑（12.20）

李鸿章、沈葆桢、何璟奏，出洋学生现均学业有成，其中刘步蟾、林泰曾、魏瀚、陈兆翱等，于光绪元年二月间，派随洋监督日意格前赴英法，分往各兵轮船及船厂、机器厂，考究驾驶制造之法，开扩见闻而资历练。二年，刘、林随日意格购办机器回国，魏、陈仍留法国，分赴马赛、脑孙两厂考究制造。三年，刘、林复派出洋加功演习。经由李凤苞照准英国外部，将其选至该国兵轮，巡历西洋及地中海等处，讲习设防备战，布置水雷枪炮等事。又聘洋师迈达（Médard），按照该处官学章程，补授魏瀚、陈兆翱制造算理，兼赴法国削浦官学，按月考课，屡列上等，令游历比利时及克虏伯各大厂参会变通。兹届期满回国，臣等迭加考验，面行查询，请准予破格从优奖励。驾驶学生留闽补用都司刘步蟾、林泰曾，制造学生尽先都可陈兆翱，均请以游击留于闽省尽先补用，并请赏戴花翎。制造学生六品衔选缺后知县尽先选用县丞魏瀚，请免选本班，以知县分发省份补用，并请赏戴蓝翎。

十二月十六日奉旨：着照所请奖励。

十一月十三日壬午（12.25）

谕：广东、山东需用蚊炮船，统由李鸿章酌量代订。

十一月十五日甲申（12.27）

以刘坤一为两江总督兼南洋大臣。

十一月二十日己丑（1880.1.1）

彭楚汉奏，遵旨统带船政轮船"万年清""扬武""威远""济安""振威"五船齐集厦门训练，旋赴澎湖湾、台湾等处察勘炮台地形。至操演地点，基隆、澎湖、厦门均为要地。嗣后每月轮赴三地。

十一月二十二日辛卯（1.3）

左宗棠函徐用仪称：南洋欲购铁甲，不过为留饷计，以沈葆桢之明，岂尚不知铁甲固无所用？

十一月二十四日癸巳（1.5）

威妥玛电英国政府，如果英国不向中国派出海军军官，中国将会聘请德国人或美国人，这将严重损害英国利益。

十一月二十六日乙未（1.7）

李鸿章函总署，称李凤苞前奉丁日昌命，探询阿摩士庄厂蚊船价式，该厂但告知赫德，赫以为中国有猜忌彼人之见。李凤苞遂不肯涉手。盖赫、金等与该厂交情已深，另换他人觅订必致掣手，恐转縻费。刘坤一欲仿造，实系隔膜之谈。又称总署前函提及蚊船炮重船轻，放炮迟钝，解释系机器装添发射所致，但较炮台之炮力量更大。

十一月二十七日丙申（1.8）

总署奏定《内港江河行船免碰及获救赔偿专章》。

十二月初二日辛丑（1.13）

通政使司参赞胡家玉奏，南北洋宜设外海水师；长江水师宜归总督统辖；福建船厂宜专造铁甲船。

十二月初四日癸卯（1.15）

刘坤一奏，广东设法自制蚊船，机器局道员温子绍已捐款制第一号，船体改用木壳。主张除铁甲兵轮外，亦须木壳兵轮以为之辅。

十二月初九日戊申（1.20）

何璟奏，福建省城两被水灾，库储如洗。但密迩东洋，海防吃重。于无可均拨中极力筹措船款。

十二月初十日己酉（1.21）

山东巡抚周恒祺奏，已函请李鸿章代购一只炮船，但管驾及舵水人等断不宜参用西人。

十二月十四日癸丑（1.25）

郭嵩焘评论沈葆桢遗折议购铁甲船，认为其意为对日本用兵，认为中国此时万无用兵之理，其要在求人才、清吏治、裕国计、通民情，以自饬于根本之地，遗疏顾不一及之，舍本求末，据一隅之见而忘全局之忧，徒足以贻误朝廷，而益其偾张之气而已。

十二月十八日丁巳（1.29）

赫德函李鸿章，议防御日本之事，谓南北洋宜置陆海军三处。

十二月十九日戊午（1.30）

谕：彭玉麟奏水师兼练陆战遵筹办理折，着督饬各将弁随时认真训练。

十二月二十六日乙丑（2.6）

金登干函告赫德，琅威理上周告诉他，李鸿章通过曾纪泽向英政府要求聘用他。海军部表示，不反对他为中国政府服务，但不能算作海军服役期。琅称，他不通过赫德就不接受任命。

十二月二十七日丙寅（2.7）

李鸿章函周恒祺，赫德云日本拟仿造蚊船，定造50只。堂堂大邦，窘乏至此。备日不逮，遑论备俄？山东订造一只似太少，烟台登州两口布置，两只亦不为多。又称若有两只，可由蔡国祥统带。

同年

江南制造局译书馆出版林乐知（Y.J.Allen）译、郑昌棪笔述，英国水师部原书《轮船布阵》14卷，续编6卷；英国水师部《水师章程》；英人伯德著《海防集要》。

光绪六年庚辰（1880）

正月　日意格论"蚊子船"无用
二月　李鸿章论铁甲舰 / 清廷批准购铁甲舰
三月　张佩纶反对许钤身统带北洋水师
四月　"镇南"触礁 / 订购第四批炮艇 / 英国拒售土耳其铁甲舰 / 李鸿章请英国为中国训练海军
五月　赦免崇厚罪实因海防不足恃
七月　创建天津水师学堂
八月　中国自制潜水艇
九月　订购第一艘碰快船"超勇"下水 / "澄庆"下水
十月　琉球案
十一月　丁汝昌等赴英接船
十二月　李鸿章论刘步蟾、邓世昌 / 在德定制铁甲舰 / 山东炮艇与北洋诸舰并泊 / 为第一届海军留学生请奖
冬　　修筑旅顺黄金山炮台
本年　葛雷森任北洋水师总教习

1880
光绪六年庚辰

正月初三日辛未（2.12）

懿旨命王大臣议崇厚罪，派曾纪泽往俄改约。

正月初九日丁丑（2.18）

日意格与曾纪泽论"蚊子船"无用，曾纪泽亦谓从未闻英宿将达官赞此船为行军利器者。

正月十二日庚辰（2.21）

曾纪泽向金登干询问聘请琅威理事，金表示琅必须通过赫德才能接受任命。曾要求金向琅询问他是否愿意出国和在什么条件下才出国。二十五日，金登干向赫德函报此事，建议赫与信给海军部，说明像琅这样的一个英国海军军官在赫手下担任这一职务，在政治上和其他方面的重要性。

正月十九日丁亥（2.28）

李鸿章函周恒祺，赞山东订造两艘炮船。又论招募官弁舵炮水手人员。

正月二十一日己丑（3.1）

清廷着李鸿章备齐战船，于烟台、大连湾等处择要扼扎，以固北洋门户；营口、烟台防务亦归李鸿章统筹。又谕彭玉麟、李成谋认真整顿长江水师。

正月二十二日庚寅（3.2）

命裁汰沿海旧式师船以省经费。

正月二十三日辛卯（3.3）

① 慈禧召集御前会议，命李鸿章、左宗棠筹东北、蒙古、新疆防务备战，定崇厚罪为斩监候。

② 江苏巡抚吴元炳奏，已函商李鸿章代购快船2号；"龙骧"等4蚊船需修理。诏命着其拨到后赶紧办理。如何另筹添购，并着酌度情形，与李鸿章妥商。惟新船购到需时，着将现有兵轮先行认真操练，以备缓急。

正月二十七日乙未（3.7）

李鸿章函总署，告之赫德去年十二月十八日来函中提出防御日本之策，南北洋宜择要隘三处据守。每地设练兵五千，载兵大轮船1只、碰船1只、蚊子船4只。统归一处指挥，特设总理处，专管其事，兼管津沪闽各机器船政局。李称经反复筹议，未闻用碰船蚊船可制铁甲船。现接李凤苞电报，土耳其在英国定制八角台铁甲舰"柏尔来"（Belleisle）、

"奥利恩"（Orion）号，英肯转售。两船共543 380英镑，合银200万两。拟由总署请旨，将各省购买炮船、快船之款凑付铁甲舰。

正月二十八日丙申（3.8）

奕䜣奏，南北洋海口拟各备炮船4只、碰快船2只。福建、台湾另拟筹备炮船4只、碰快船2只。现已筹购炮船2只，尚缺之款陆续筹措。并从四成洋税项下拨银30万两。上谕从之。

二月初二日庚子（3.12）

翰林院侍讲张佩纶出京葬母。张之洞为其送行时言及，此行可至大沽北塘各海口一览形势，蚊子船碰船式样亦宜留意。

二月初五日癸卯（3.15）

李鸿章函总署，筹措购买土耳其铁甲舰款项。

二月初十日戊申（3.20）

赫德函告金登干、李凤苞、日意格一直在鼓吹铁甲舰，差一点决定用200万两银子去购买两艘土耳其铁甲舰。他反对这样浪费钱的事，但恐怕制止不了。又说刘坤一说能花更少的钱造出更好的炮艇，他主张让刘放手去干，会证明刘没能力造出一件有价值的东西。李鸿章告之拟再造5艘炮艇，而他则想在此之外再批准造5艘炮艇和4艘巡洋舰。

二月十一日己酉（3.21）

李鸿章函总署，称土耳其铁甲舰利于攻守海口，不能出洋交战，系指国外有更大军舰。中国购买铁甲舰，原为抵御日本及西洋来华军舰，此船最为相宜。中国倡议购办铁甲舰已七年，迄无成局。沈葆桢以死谏，丁日昌以病争，他本人亦不敢不任其职。此次机会一失，中国永无购买铁甲舰之日，即永无自强之日。可将闽省已奏定办理定购蚊船之款先购铁甲舰一艘，专供台防。以后有款再为福建购买铁甲舰。

二月十六日甲寅（3.26）

俄国驻沪领事请英俄舰队联合向中国示威。

二月十九日丁巳（3.29）

李鸿章奏，请速购"柏尔来""奥利恩"号铁甲船。称若机会一失，中国永无购铁甲之日，即永无自强之日。二十一日奉上谕：铁甲船为防海利器，现在筹办海防，事机紧要，李鸿章已函商李凤苞定购共需银二百余万两，拟将前定蚊船、碰船暂缓购置，腾出经费先购"柏尔来"，专归台湾调拨防守。需用款项即以前拨部库银30万两，并何璟等奏明筹备30余万元约银25万两，又前谕何璟等筹解银60余万两，通共合计足敷购船之用，着穆图善、何璟、勒方锜于税厘项下竭力筹拨，由李鸿章汇付，以便克期来华。"奥利恩"既须一年后交付，需用船价除将南洋备购碰快船之款65万两抵用外，所短银两亦需豫为筹备。该船到华后，应如何调派，着李鸿章与南洋大臣随时会商办理，并着何璟等预选管驾及轮机生徒、舵水等60人，赴英随同所雇洋员在船历练。将来修船及驾驶一切事宜，李鸿章仍当妥筹兼顾，分别商办。

二月二十日戊午（3.30）

李鸿章函李凤苞，对购买土耳其铁甲舰作详尽指示。谓中国急需铁甲舰，该舰虽非极新，尚属合用。已定"柏尔来"交福建调用，"奥利恩"由南洋调遣，需迟一年到华。此事未令赫德、金登干经手，难保不阴相忌阻，乞留心防备。"柏尔来"来华，需雇洋员。另由闽局选派管驾管轮及生徒舵水等60人来英随船历练。又称要加强人才培养，整顿船政学堂。

二月二十一日己未（3.31）

① 清廷从李鸿章请，先凑成100万两，购买铁甲舰。
② 船政大臣黎兆棠接篆视事。

二月二十八日丙寅（4.7）

"龙骧"等四炮船由沈有恒、许寿山、陈锦荣、何心川管带放洋南下，候南洋大臣调遣。

三月初一日戊辰（4.9）

① 李鸿章奏，遵旨密筹防务。称北洋兵船现仅"镇北""镇南""镇东""镇西"四炮船，可为守口利器，不足鏖战大洋。烟台、营口仅各有枪队五百人，闽厂轮船各1只，兵力过单，已奉旨调宋庆所部往营口布扼。东抚亦拟添勇营扎烟台后路，并订购2只蚊船分布海口。臣饬令许铃身、丁汝昌率现有炮船，会同新延英国水师兵官哥嘉（T.E.Cocker）认真操练，随时驶巡营口、大连湾，聊作声援。明年所购碰快船2只、"奥利恩"铁甲船如可陆续到津，北洋门户较有可恃。
② 李鸿章奏，各省协饷有拨无解，拨多解少，请将各省厘金按八成起解，请停从南北洋海防经费四成关税中提还光绪二年三月部拨给西征

饷银200万两。

③ 李鸿章函告川督丁宝桢，佩其请缨赴俄之志（二月初四日，丁宝桢自请赴俄交涉），但俄使已派定曾纪泽，自难更易。谓左宗棠主战，倡率一班书生腐官，大言高论，不顾国家之安危。即其西路调度，不过尔尔，把握何在？沿海防务，弟不敢不竭力筹办，昨与总署商定，李凤苞在英定购铁甲船2只。以后选将练兵，事理甚繁，经费尤窘，焦灼曷任。

④ 金登干函告赫德，阿摩士庄厂保证五艘炮艇明年三月中交货，价格为每艘32 500镑。

三月初五日壬申（4.13）

① 都察院左都御史志和等奏，购船费巨，洋商税司皆不可托，应请派一熟习制造大员出洋会同驻德使臣李凤苞，亲赴各厂考求实在，再与总署、北洋大臣商酌定夺。

② 张佩纶过津，李鸿章邀其住节署两旬。初十日，李鸿章约张佩纶参观电报房。十一日，李鸿章与张论及水师将才，东、西、南、北四"镇"管带邱宝仁、邓世昌、刘步蟾、林泰曾，以刘步蟾最优。丁日昌论张成近执、吕瀚近滑、刘步蟾近粗、林泰曾近柔，将超英较为纯正而年过轻。陈宝琛称严宗光器宇闳通天资高朗，李鸿章已往闽调之来津。十四至十六日，李、张周览大沽炮台。二十四日，李鸿章幕僚薛福成、赵铭约张佩纶游海光寺机器局。张试发水雷。二十六日，张佩纶与李鸿章夜谈，请定北洋水师规模，以阻浮议、戒因循，李鸿章遂以此事相属。

三月初六日癸酉（4.14）

张佩纶记盐道盛康有密陈防务疏，建议南北洋二路，每路铁甲2号、快船兼碰船4号、水雷船8号、自造炮船8号，再益以蚊船鱼雷，护守各口炮台，以为后路水师。就外海水师挑选宿将二人为统帅，延有名洋将为教习，优其廪禄，毋重其事权，余参用出洋学生。北洋以大连湾为坐营，南洋于福州厦门之间，凡船坞、炮台、水雷阻椿皆须筹备。疏中云："局中则拘守成法，局外则轻议朝章；事来则仓促震惊，事过则因循中止。"张佩纶认为，盛康之子盛宣怀官直隶，故于北洋事论之独详。天下唯老吏之议论不可忽也。

三月初十日丁丑（4.18）

① 奕䜣奏，同意李鸿章所请，并催各省速拨协饷。

② 谕彭玉麟、李成谋于每次巡阅长江之便，赴吴淞口会同李朝斌将各省兵轮调操。

三月十五日壬午（4.23）

① 金登干函赫德，报告炮艇新的报价：如5月订造两艘，每艘价格为33 500镑；如7月前订造一艘，价格为33 000镑；如8月前订造两艘，每艘价格为32 500镑；如五艘一次订购，则保持单价为32 500镑。又称琅威理被任命为驻中国的"铁公爵"（Iron Duke）号舰长，而他正在等待赫德的消息，已谢绝了这一任命。金认为当由琅来监督安装并指挥那两艘巡洋舰。

② 李鸿章接李凤苞来电，英铁甲舰价不减，须遽付，英海部月中换人，是否肯售则又不定。

三月十六日癸未（4.24）

① 谕：吉林将军铭安等遵筹选将练兵事宜，在三姓一带拟造战船，简练水师。着李鸿章妥筹具奏。

② 赫德函告金登干，"龙骧""虎威"等四炮艇因没有得到适当的照顾，情况很糟。现在由哥嘉和道台、提督一起管理四"镇"炮艇，葛雷森主管教练船，并在天津开办水师学堂。又依李鸿章之请，命金为中国海军留学生办理阿摩士庄船厂出入证，以便参观正在建造的巡洋舰，但该证不适用于陪他们前去的任何外国人。

③ 李鸿章奏，请奖英法官学官厂洋员：法国海部总理员弁并水手人等水师提督马的奴得式内，法国海部总理水师各厂事务提督衔萨把帖，法国格致院长、巴黎地图局副总办并矿院总监督一品衔多布类，法国矿院总稽查二品衔都朋，法国水师一等总监工、官学总监督总兵衔舒有，英国格林尼治皇家海军学院总监督二品衔好士德，法国政治院总办二品衔布德米，英国抱士穆德厂收发船表副将衔逊顺，法国水师总监工副将卞那美，法国科鲁苏制厂督办瑞乃德，以上10员拟请赏头等金宝星。法国汕萨芒制厂督办、前工部尚书孟格非埃，英国格林尼治皇家海军学院教习蓝博德、劳敦，法国马赛腊孙制厂总办二品衔勒摩奴，法国马赛制厂监督二品衔奥赛尔，法国腊孙制厂监督三品衔腊根，

以上6员拟请赏二等金宝星。法国科鲁苏制厂副总办拉飞德，法国汕萨芒制厂副总办毕庸，法国地中海厂巴黎副总办舒爱把士德，法国地中海厂巴黎总稽查芳舒，法国前赛隆官学监督基尔，法国赛隆官学监督三品衔郎格内，法国水师总监工、削浦官学副监督三品衔马丹美，以上7员拟请赏三等金宝星。法国水师副监工、削浦官学教习参将衔佳臬，法国水师副监工教习多郎学生奥滨，法国水师副监工前教习白海士登艺徒古士亥，法国水师副监工教习白海士登艺徒腊依德，法国水师副监工前教习削浦学生布拉，法国水师副监工教习削浦学生比俄，法国律例师前教习肄业随员福果阿芒，法国前教习肄业随员福果阿贝，以上8员拟请赏四品军功并三钱重錾金赏牌。英国格林尼治皇家海军学院天文教习欧般，英国海图教习掌孙，英国制造学士汽机教习义欧，英国格林尼治皇家海军学院格致教习戴柏、尔兰诺得，英国水师炮学都司苏哲尔，法国制造监工教习矿学生奥礼武，法国科鲁苏监工前教习艺徒岁甫，法国矿院官学教习基尔德，法国矿院官学教习李奈尔，以上10员拟请赏五品军功并三钱重錾金赏牌。

三月十八日乙酉（4.26）

赫德命金登干，巡洋舰的时速一定要达到16海里。又说不想执行把轮机员和炮手送到英国受训的想法，称这是"一帮粗鲁的人"。

三月十九日丙戌（4.27）

李鸿章收黎兆棠来信，告知严宗光不能即到。张佩纶在其日记中称严为陈宝琛所荐。

三月二十日丁亥（4.28）

① 李鸿章函黎兆棠，拟设天津水师学堂，称李凤苞迭函严宗光堪充教习，闽人多引重之，夏间学生出洋后，请饬赴津。并寄闽厂练船及后学堂章程以供参酌。又称刘步蟾、林泰曾曾在铁甲船学习而刘尤胜。将来"奥利恩"船到后，拟令刘步蟾管驾。否则明春赫德所购碰快船到时即令刘林二员分带。旨令吉林创设船厂，鄙意推荐温子绍带粤匠前往。

② 张佩纶函李鸿章，反对用许钤身统带北洋水师。称曾国藩创长江水师，文用彭玉麟、武用杨岳斌，极一时之选。今欲以许当彭，以丁汝昌当杨，虽在妇孺必不谓然。许钤身品望不符，心迹难恃，与哥嘉、葛雷森久处必为所轻，无形之中辱国体，以孤忠排众议，以群策植将

材,懈军心。许既世家子弟,丁乃淮军偏裨,何敢少撄其锋?以巨饷购洋船,而付之少年躁妄、热中不学、中藏叵测之小人,甚不可取。并指陈三事,一是烟台条约谈判期间泄密;二是李鸿章上年坐船出海演炮,因潮浅不能入口,许铃身却率随同之船先行离去;三是性本轻扬,取受狼藉,挟妓冶游,招摇过市。

三月二十一日戊子(4.29)

何璟、穆图善等奏,请饬南洋大臣协拨银20万两,以为闽厂仿造快船之费。

三月二十二日己丑(4.30)

金登干报告赫德,琅威理将于5月12日搭船去中国就任"铁公爵"号之职,除非此时他受到赫德给他一项工作的建议。

三月二十七日甲午(5.5)

张佩纶函陈宝琛:闻执事在李鸿章前举荐严宗光,李已累书向黎兆棠调令来津,黎初不愿,以有事为辞,现已允。严乃精于西学,并非长于水师,亦只能令其在学堂作师耳。

四月初三日庚子(5.11)

金登干收到赫德发去的为山东订购两艘炮艇的电报后,即赶往挽留行将出发的琅威理,并于初五日陪他前往纽卡斯尔,向设计师伦道尔讲述炮艇在驾驶、航行性能、通风设备等方面可改进之处。初六日,金向赫函告此事,并告之土耳其铁甲舰状况很糟,轮机是老式的,修理更新费用和造新船一样多。如中国必须要铁甲舰,最好通过赫德委托伦道尔设计。

四月初五日壬寅(5.13)

"镇北"等四炮船及"操江"兵船由大连湾驶往海洋岛途中,"镇南"触礁,船底穿挂于礁石上。海关"飞虎"船管带哥嘉立派葛雷森乘小艇先往,自督"飞虎"随行。旋用绳拖带出险,赴沪修理。

四月初七日甲辰(5.15)

清廷以定购"柏尔来"铁甲船需款甚急,准予出使经费项下通融垫银。管驾船只须得力之人,着刘步蟾交卸蚊船之任,赴闽局挑选轮机生徒舵水人等赴英练习。

四月初九日丙午（5.17）

清廷准李鸿章奏，混同、松花等江轮船均可驶行。制造舢板长龙不足守御。着在三姓设厂筹造小轮船。命道员温子绍酌带工匠前往吉林办厂。

四月十三日庚戌（5.21）

金登干函告赫德，阿摩士庄（公司）愿意接收中国人到该厂学习培训。关于运送炮艇回华，金主张由制造商来挑选轮机员。

四月十四日辛亥（5.22）

金登干与阿摩士庄公司签订订制三艘炮艇的合同，以供山东、广东使用。

四月十六日癸丑（5.24）

左宗棠函徐用仪，铁甲船英人视为废物，制造既停，姑留插各地，船坞为各国销金之锅，李鸿章、丁日昌独无所闻，不可解也。

四月十七日甲寅（5.25）

① 英国以中俄纠纷，拒绝转售土耳其铁甲舰与华。

② 李鸿章函李凤苞，询英国对出售土耳其铁甲舰的态度。如不出售，拟照新式在英厂订造2艘，并派刘步蟾带闽厂头目水手数十人出洋帮驾铁甲舰。

四月二十三日庚申（5.31）

李鸿章会晤赫德，请英为中国训练海军。

四月二十五日壬戌（6.2）

赫德电金登干向阿摩士庄厂订购10块钢板，以修理撞伤的"镇南"号炮艇。

四月

① 方伯谦、林永升、萨镇冰、叶祖珪学成归国。

② 船政学堂洋教习嘉乐尔病故。

五月初十日丁丑（6.17）

徐建寅赴德国基尔海军基地考察，参观军舰、船坞、炮台、海军医院，与德国海军将领讨论铁甲舰诸事。至十四日下午返柏林。

五月十一日戊寅（6.18）

赫德函告金登干，他收到琅威理的信，琅称他已改变了对中国船员的看法，建议将来派现在在炮艇上的水手去接带巡洋舰，但船上须配欧洲人做舰长和高级船员。

五月十三日庚辰（6.20）
　　李鸿章函丁日昌，英海部换人，铁甲又不肯售，只有徐图定制，远水不救近火，徒为焦急。

五月十九日丙戌（6.26）
　　因英、法、德、美公使劝告，慈禧颁懿旨，将崇厚暂免斩罪。次日，谕军机大臣，此次免崇厚罪，实因海疆防务毫不足恃，嗣后李鸿章、刘坤一、吴元炳务当预筹备御南北洋海防。

五月二十三日庚寅（6.30）
　　总署接李鸿章、张树声报告，俄兵舰纷纷向日本长崎开驶。

五月二十四日辛卯（7.1）
　　刘坤一回江宁，道经天津，与李鸿章谈及铁甲船，表示不敢附和。李鸿章言，南洋如有异议，北洋亦必独力担承。

五月二十九日丙申（7.6）
　　总署收黎兆棠函，陈述船政废弛弊端，并陈洋人倾轧。

六月初三日己亥（7.9）
　　① 李鸿章奏，英国拒绝转售土耳其铁甲船，即应查照新式，在英厂订造两只。所需经费，计上海及部拨并提出使经费110万两、南洋拟购碰快船65万两，合计170余万两，所短不过数十万两。现订之船应分闽省南洋各一只。北洋应再订两只，请以淮南北盐商报效银及招商局归还各省借拨官款下各100万两移用。目前时势艰危，议者攘臂言战，每怪海疆防务有名无实，又不肯筹集巨款。北洋海防岁拨经费经解到三四十万，而责以筹顾辽海千余里，虽才力百倍者亦无可为。请求批准拨款。俟奉旨后，即电嘱李凤苞酌择洋厂，一并订造。清廷允之。
　　② 又奏，请赏候选道马建忠二品衔，交军机处、总理衙门存记，充出使各国之用。
　　③ 李鸿章函告总署英拒绝出售土耳其铁甲舰之详情。

六月初四日庚子（7.10）
　　俄国国务会议主席康士坦丁亲王（H.Bеn.кн.Константин）主持有海军部、陆军部、外交部负责人参加的会议，策划用海军袭击中国海口。

六月初八日甲辰（7.14）
　　奕䜣等奏，船政办理多年，近闻诸事废弛，缘当初雇募日意格本非精于造船之人，所募洋匠帮办艺亦平平，所造之船多系旧式。如果属实，殊失议立船政之本意。上谕命黎兆棠严行整顿船政弊端。

六月十三日己酉（7.19）
徐建寅、金楷理参观德国刷次考甫厂，观试鱼雷。

六月十五日辛亥（7.21）
① 李鸿章函告总署，目前军舰无多，宜屯扎于险要之旅顺口，以扼北洋门户。
② 左宗棠致函徐用仪称：洋防变为海战，不特虚糜至艰之饷，且大海茫茫，全无把握，异日将有不胜其悔者。沈葆桢与李鸿章均为丁日昌所惑，徒贻外人话柄。

六月二十日丙辰（7.26）
两广总督张树声奏，粤省拟由北洋订购蚊炮船1只。

六月二十二日戊午（7.28）
盛京将军岐元等奏，旅顺水师营于康熙五十三年设主战船10只，驻防满营，领雇兵500名、舵工水手100名。乾隆十二年由金州拨去步兵100名，十九年裁汰战船4只。嘉庆四年添造战船4只。现仅堪用战船2只。

六月二十三日己未（7.29）
① 俄国派赴远东舰队全部离俄。李鸿章奉令严防津海以备俄国。
② 徐建寅、金楷理参观德国司旦丁伏尔铿船厂（Vulcan & Co.）制造之铁甲舰。

六月二十四日庚申（7.30）
以俄国兵船纷驶向日本，形势叵测，意图要挟，清廷命李鸿章将沿海兵力整练。又以琉球事未定，闻日俄勾结，乘机滋事，命闽浙总督何璟等预防台湾。

六月二十五日辛酉（7.31）
① 以北洋海防经费各省报解无几，李鸿章奏请严旨催解。
② 刘坤一函李朝斌，蚊船四号已交机器局估修，一俟竣工，即檄委王镇军统带。练童一节，暂作缓图，待防务稍稍清厘，再行熟议。

六月二十七日癸亥（8.2）
上谕：北洋防务急关紧要，需饷尤殷，各省关应解经费，着严饬赶紧拨解大批济急，厘金必解足八成，关税必照章提前，倘再延欠，即照延误京饷例议处。

六一七月

两广总督张树声奏，经与李鸿章函商，温子绍待秋间第一号蚊船葳工后，再赴天津并赴吉林。

七月初二日戊辰（8.7）

少詹宝廷奏，外患渐迫，乞召知兵重臣左宗棠入朝，策划方略，以定危疑。

七月初六日壬申（8.11）

以俄人意存启衅，并传闻俄兵船八九月间将封锁辽海，命左宗棠即从哈密来京陛见，以备朝廷顾问；命山西巡抚曾国荃督办山海关防务；命湖南提督鲍超从两湖募勇万人，乘轮船北上，务于八月前驶到，驻扎于天津山海关间。

七月初十日丙子（8.15）

右庶子张之洞奏《条陈海防事宜折》，称今日欲保和局，仍惟有急修战备一法。提出天津重兵不宜全聚海口；烟台、旅顺宜急筹固；大沽口宜备水师；天津、奉天沿海宜办团练；派彭玉麟、杨岳斌亲驻吴淞、江阴；禁止上海卖煤给俄船；宜与日本联络，允其商务，以阻俄势；请购备《防海新论》，分给诸将讲求。

七月十一日丁丑（8.16）

着彭玉麟具奏能否亲驻吴淞、江阴督办防务。

七月十三日己卯（8.18）

张佩纶函李鸿章，海防闻购置铁甲4艘，此为日后计，目前尚缓不济急。然借此邀允，实为得时。窃思中国海战，断不能与泰西争长。铁甲4艘即尽归北洋，亦只能牵缀贼势，若欲狎浪乘风，与之搏击，殊未可恃。如有战事，似宜加意陆战，而不可孤守炮台，俟有铁船之后，则以水军为牵制后路之计。

七月十四日庚辰（8.19）

李鸿章奏，于天津机器局度地建设水师学堂，由前船政大臣吴赞诚筹办。七月十九日上谕从之。

七月十六日壬午（8.21）

刘坤一函彭玉麟称：购买铁甲船，本出沈葆桢与李鸿章之意，政府诸公尚不谓然,究不敢一语驳饬,且从而推波助澜。现任京朝官来书,莫不以此数百万掷之外洋为可惜,且谓无以救燃眉之急,指摘纷纷,然亦无有形诸奏牍者。

七月二十日丙戌(8.25)

赫德告总署,俄兵船15只泊日本长崎附近,预备战事。

七月二十一日丁亥(8.26)

李鸿章致黎兆棠,严宗光已到天津。水师学堂由吴赞诚督办,明春当可竣工。船政多弊,船多旧式,为外人所轻。用人滥荐徇私,当事亦不能辞咎。目前各国皆以多造快船为急务,欲振兴水师,必当致力于快船。

七月二十二日戊子(8.27)

严复拜谒李鸿章。李鸿章当日函吴赞诚:顷该生来署禀谒,嘱于明日趋谒台端。水师学堂甫经动工,应否留局暂住,讨论一切?

七月二十六日壬辰(8.31)

传俄船从烟台至大连湾,并闻俄人拟从大连湾、日本海口、黑龙江三路进兵,命李鸿章、曾国荃、岐元、铭安、吴大澂密筹严防。

八月初三日

李鸿章奏,四月初五日,"镇南"触礁,现将驾驶不慎之官弁邓世昌、杨进贵及同行救援不力之"镇东"管带邱宝仁撤革摘顶。葛雷森派充总教习,拟赏二等金宝星。"镇南"大副五品军功李和、炮勇李贵不畏艰险,实力救护,李和拟请以千总尽先拔补,李贵拟请给五品顶戴并以把总尽先补用。初六日奉旨允准。

八月初六日壬寅(9.10)

李鸿章函复张佩纶,订购铁甲,李凤苞尚无回信,所筹各款既未足数,亦难应手。北洋若有铁舰4只,辅以快船水雷艇10余只,以大连湾、旅顺口为驻扼之所,敌船必不敢径入辽海。

八月十一日丁未(9.15)

翁同龢记:据林洄淑言,其弟林泰曾甫自英国习水战归,言中国非欧洲之敌。

八月十二日戊申(9.16)

① 李鸿章奏,请设南北洋电报,由天津循运河至江北,越长江由镇江达上海。电报局官督商办,设电报学堂,雇佣洋人教习中国学生。十四

日上谕妥速筹办。

② 李凤苞、徐建寅赴伦敦，要求参观清政府在英订制的碰快船，被金登干以未接到李鸿章通知为由拒绝。十八日参观朴次茅斯海军基地，登英国最新式之"英佛来息白"号铁甲舰。徐建寅在日记中称中国拟造之船，议仿"英佛来息白"及德舰"萨克森"（Sacksen）号，集二者之长，去二者之弊，以成"当今地球第一等铁甲船"。

八月十五日辛亥（9.19）

天津机器局制成第一艘潜水艇试航。该艇式如橄榄，入水半浮水面，上有水标及吸水机，可于水底暗送水雷。由道员陈某设计建造。

八月十七日癸丑（9.21）

李鸿章函李凤苞，同意其提出的购买铁甲舰的技术要求及刘步蟾、蒋超英可为管驾之设想。

八月二十日丙辰（9.24）

金登干函赫德，报告伦道尔建议将碰撞巡洋舰配备一艘鱼雷艇的方案，改为随带二艘携有杆状鱼雷的汽艇。

八月二十二日戊午（9.26）

国子监祭酒王先谦奏，长江水师请彭玉麟酌度，闽、沪船厂所造兵轮船，请并归彭指挥。诏命彭玉麟体察情况奏复。

八月二十七日癸亥（10.1）

因船政后学堂洋教习嘉乐尔去世，管轮洋教习穆勒登合同期满回国。学堂新延驾驶洋教习邓罗、管轮洋教习理格到工，月薪各二百两。

九月初二日丁卯（10.5）

李鸿章将《金州要口图》交张佩纶阅看，称"镇北"四船，仍照洋图测海，尚未另绘。《金州要口图》尚详确。他日铁甲、碰快船到，拟扼旅顺，可以自固。先是，本年三月下旬，张向李索问"北洋有无详细图？直奉及山东各海口，有，乞见示。无，宜设法绘图，以备将来设立水师及料敌应变用"。

九月初四日己巳（10.7）

李鸿章奏，新购碰快船所需水勇，着丁汝昌、葛雷森、许钤身等在山东登荣水师艇船经德弁瑞乃尔（T.H.Schnell）教练数年弁兵中挑选300名，认真操演。

九月初七日壬申（10.10）

张佩纶至天津，李鸿章向其谈及"镇北"各船均归提督丁汝昌管带，阴夺许钤身权。

九月初九日甲戌（10.12）

张佩纶晤薛福成，询"镇北"各船测量各口水道深浅。

九月十一日丙子（10.14）

在英订制的第一艘碰快船下水。

九月十六日辛巳（10.19）

李鸿章函总署，宍户玑论琉球案仅能归我南岛，球王及子嗣坚称不能交出。南岛枯瘠，不足自存，不数年必仍归日本耳。若由中国另行设官置防，徒增后累，而以内地通商均沾之实惠，易一瓯脱无用之荒岛，于义奚取。

九月十八日癸未（10.21）

巡阅长江水师彭玉麟议复王先谦奏长江水师折。又奏，宜多造十七八丈长之小兵轮，无事巡缉海面，有事防堵海口。旋以南洋经费艰难，部议暂从缓筹。

九月十九日甲申（10.22）

福建船政局第四号铁胁船"澄庆"下水。该船性能同"威远"舰，由法员舒斐监造。船价20万两。

九月二十日乙酉（10.23）

赫德函告金登干，经与李鸿章商量，同意将巡洋舰配备鱼雷艇方案，改为配备汽艇。

九月二十五日庚寅（10.28）

总署奏与日本使臣宍户玑谈判议结琉球事。日本再次建议中日两国分割琉球。提出修改《中日通商条约》时，准日本人入中国内地通商，加入"一体均沾"条款。同时签订条约，自光绪七年正月起，将琉球冲绳岛以北归日本，南部宫古、八重山诸岛归中国，以后彼此永不干预。中国如何保存琉球或助其复国，日本不再置喙。

九月三十日乙未（11.2）

李鸿章函张佩纶，日本拟归琉球南部岛屿，改通商内地之约。"倭力实不足以图我，我力亦暂不能越境图倭。练兵购船齐后，未知鹿死谁手。"

十月初一日丙申（11.3）

张佩纶函复李鸿章：对俄谈判完结后，枢臣高枕无忧，将吏解兵释负，公独持自强之说，又必为文法所持，故佩纶之见，欲留日本生一波折，使内外不即解严，以开自强之基，而公得因间以行其志。今年因俄事危迫，购铁舰、设电音，久不得请者一旦如愿以偿，是其明证。公慨然以倭事自任，则朝命必将以北洋全防付公，然后立水师、储战舰，汰冗弱之防兵，罢无用之将吏，搜军简器，与倭相持，更于台湾置一二材武之士，杜其窥伺，不战而复琉球。以公之才，左提右挈，效可立睹。

十月初七日壬寅（11.9）

刘坤一奏，请以记名提督杨明海统带"龙骧""虎威""飞霆""策电"四炮船，仍归李朝斌节制。十月十四日上谕允之。

十月初九日甲辰（11.11）

因右庶子陈宝琛奏，琉球案不宜遽结，旧约不宜轻改；惇亲王奕誴奏，恐日俄要结，宜照总署所奏办理；左庶子张之洞奏，日本商务可允，琉球案宜缓；十月初四日上谕：李鸿章系原议条约之人，日本情事素所深悉，着统筹全局，迅速具奏。李鸿章本日奏，琉球原部三十六岛，北部九岛，中部十一岛，南部虽有十六岛，而周回不及三百里。北部有八岛早被日本占去，仅存一岛。去年日本废灭琉球，经中国迭次理论，美国前总统格兰特从中排解，始有割岛分隶之说。中国若分球地，只可还之球人。本年二月间，日人竹添进一郎来津，提出北、中岛归日本，南岛归中国，又提出改约一节。琉球初废之时，中国以体统攸关，不能不亟与理论。今俄事方殷，中国之力暂难兼顾，允之则大受其损，拒之则多树一敌，惟有用延宕一法，俟俄事既结，再理球案。近询琉球官向德宏，始知中岛物产较多，南岛贫瘠僻隘，不能自立。在八重山另立王子，琉球人不愿。派员管理，既蹈义始利终之嫌，且将有用之兵饷守此不毛之地，劳费无穷。宜购铁甲，船械齐集，水师练成，纵不跨海远征，日本嚣张之气当为之稍平。至琉球案，原定御笔批准，三月内换约，可探俄事消息。若俄事三月内已议结（按，指中俄伊犁谈判），则不予批准。

十月十二日丁未（11.14）

以俄国将议约期展延二月，意殊叵测，恐俟来春开冻，用兵船来华恫喝。命李鸿章、曾国荃等及时布置。

十月十五日庚戌（11.17）

彭玉麟奏请赶造十七八丈长之小兵轮十只，重在头梢两炮，亦酌辅配边炮，作为江阴以下海防之用，仍交李朝斌同操。诏命刘坤一、穆图善、何璟、张树声等会商妥办。

十月二十一日丙辰（11.23）

徐建寅等考察德国克虏伯炮厂。

十月二十八日癸亥（11.30）

刘坤一奏，琉球案宜速结。中国整练水师，未必能东征日本，以复其国。又称琉球地位与朝鲜完全不同。

十一月初一日乙丑（12.2）

李凤苞与德国伏尔铿船厂起草建造第一艘铁甲舰合同，船体、炮械、弹药共合银374 482镑。

十一月初二日丙寅（12.3）

① 内阁学士梅启照奏整顿船厂十条：请饬船政及江南机器局仿造铁甲船；预筹购买外洋铁甲船及枪炮等件；推广招商局船赴东西洋贸易；添设海运总督；设立外海水师提督；裁改海疆各种笨船；严防东洋；令海疆提臣练习水战；长江水师添拨中号轮船。谕：李鸿章、刘坤一悉心筹商梅启照奏议，妥议具奏。

② 李鸿章函李凤苞，同意所定铁甲船式，称目前难集巨资，只能先订两艘。若有余力，或再添快碰水雷各船。"奥利恩"两船抬价未成，系伊不肯售，非我不愿买。铁甲船虽非金登干代办，英亦不能禁华人之不自订办。碰快船将成，已派丁汝昌、葛雷森、林泰曾等带员弁水手200余人赴英接带，升龙旗回华。中国洋面两铁甲尚不敷用，前奏请订四艘，难集巨资，只可尽力先订二艘。如有余力，再添快碰、水雷各船，或续添铁甲，容随时商办。

③ 李鸿章函黎兆棠，昨接李凤苞八月来函，学生展期已满，似可遣回。暂留聪颖艺徒一名，派往德国学习鱼雷造用之法。第二批学生何时出洋，务必先告诉李凤苞。已派丁汝昌、葛雷森、林泰曾、邓世昌带大、

二副，水手200余人赴英接带碰快船，各蚊船管带，大、二副等一空，望预选数人，以备咨调。山东新购蚊船明春到华，均请船政选派管带以接带。

十一月初三日丁卯（12.4）

李凤苞电李鸿章，已在德国订购铁甲舰，价620万马克，合306 930镑，合规银1 166 336两，另加30厘米大炮4门，21厘米大炮2门，每炮各300发炮弹，共计67 552镑，合规银256 701两（十四日收到）。

十一月初五日己巳（12.6）

丁汝昌率管带林泰曾、邓世昌，大副蓝建枢、李和，二副杨用霖，正管轮黎星桥、陈学书，副管轮王齐辰、陆保，文案池仲祐、马毓藻、马元恺、解茂承，管队袁培英、何桂福，医生江永、杨星源，并洋总教习葛雷森，洋管驾章师敦，暨工、水、火勇、夫役224人，在天津乘招商局"永顺"轮出西沽启行，前往接带新购巡洋舰"超勇""扬威"。各兵船升炮并挂彩旗送行。是夜，"永顺"泊大沽口。次日出港，初七日过烟台。

十一月初七日辛未（12.8）

赫德函告金登干，将派中国水手到英国将碰快船带回。葛雷森和丁汝昌先去，当确知碰快船何时可以启程后，章师敦带水手乘招商局轮船去英国。悄悄进行，不要声张。当他们及中国商船的旗帜在欧洲水域出现时，人们将大吃一惊。你要帮助葛雷森和丁，他们都是很好的人。

十一月初八日壬申（12.9）

徐建寅、郑清濂、金楷理前往德国伏尔铿船厂，查验定造雷艇之钢材。

十一月初九日癸酉（12.10）

寅刻，"永顺"泊吴淞口。午后，阖船人等均借住"驭远"兵船，定制军服号靴。是夜，丁汝昌偕幕友寓上海万安楼客馆。

十一月十四日戊寅（12.15）

接船人员分为两班，其一由林泰曾管带，蓝建枢、杨用霖率之；其二由章师敦管带，邓世昌、李和率之。从"驭远"借洋枪160杆，日赴淞校场会操。生火人等随时添招。属"超勇"者，黎星桥、王齐辰率之；属"扬威"者，陈学书、陆保率之，亦随水勇操演行队。

十一月十五日己卯（12.16）

① 谕：温子绍以母老且病，未能远离。着李鸿章另行遴员，驰赴吉林。

② 张佩纶函李鸿章：请奏设北洋水师提督，令巡阅三口，勘定炮台形势，参定水师额缺。可由刘铭传任提督，驻扎旅顺。十七日又写信催促李鸿章及时奏设水师提督，立不拔之基，为久大之业。

十一月十六日庚辰（12.17）

江南道监察御史李士彬奏，船政近则专徇情面，滥竽充数，学技艺者率皆学画、学歌词，提调不谙洋务，船政大臣亦为所欺。出洋学生多人入教，总办区姓，日吸洋烟、恋姬妾，十数日不到局一次，对学生毫无管束。上谕命何璟、勒方锜、黎兆棠整顿船政。并着李鸿章、刘坤一、陈兰彬查参洋局劣员及管束出洋学生。

十一月十九日癸未（12.20）

李鸿章函张佩纶，北洋水师提督终当议设，宿将竟无谙习此道之人。刘铭传对此隔膜，且性不耐官，彭玉麟对巡视舢板师船，耄不倦侵，但于大局何裨？刘坤一怠于事理，长于趋时，吴长庆贸然带所部赴山东，大为刘、周所窘。左宗棠提师入直，兴复不浅，然谓船政轮舶足敌俄之铁甲快船，又称俄虽强，不若粤、捻、回之南剿，岂非梦呓？

十一月二十二日丙戌（12.23）

丁汝昌、葛雷森偕文案马毓藻、解茂承，医生江永乘法国轮船先行赴英验收军舰。拟验收诸事齐备，合部再行赴英。驻淞公事，林泰曾会同章师敦办理。

十一月二十三日丁亥（12.24）

林泰曾、王齐辰、池仲祐乘圣诞节回闽探亲。所搭"新南升"轮延期至二十五日开行，二十七日抵福州，十二月十三日返回上海，十四日回吴淞。

十一月二十五日己丑（12.26）

张佩纶函李鸿章，提出变法当有次第，建议先侧重发展水师矿务，勿遽言修建铁路。

十一月二十六日庚寅（12.27）

① 李鸿章奏，新购碰快船命名"超勇""扬威"，拟派督练北洋炮船记名提督丁汝昌、总教习葛雷森总理内船事宜，督同管驾官林泰曾、章

师敦，副管驾邓世昌，大副蓝建枢、李和，二副杨用霖，正管轮黎星桥、陈学书及弁兵舵水共224人，赴英驾船回华。

② 张佩纶函李鸿章：传闻新碰快船命名"超勇""扬威"。超勇亲王策凌，捍边有功，借以名船。甚佳。夷务债事由于扬威、靖逆两将军，何必袭之？碰快船《防海新论》译作冲船，命名较雅，建议改正，免后人议为不典。

十一月二十九日癸巳（12.39）

御史萧韶奏，请饬下总署照会各国，凡兵船进入天津大沽口、上海吴淞口、宁波定海口、福建芭蕉口、山东烟台及广东各口，船上必须张挂旗号，先在口外报明，方准入口。无旗号者不得擅入。

十一月

北洋水师大沽船坞竣工。该工程提议于本年正月，由李鸿章奏准。二月，购用民地110亩，建筑厂坞。三月，聘用英员葛兰德为船舶总管，安的森为轮机总管，斯德浪为收支委员。四月，委罗丰禄为大沽船坞总办。五月，甲坞兴建，旋盖各厂大沽船坞竣工。

十二月初二日乙未（1881.1.1）

以道员陈本植条陈海防事宜，称奉天以朝鲜为屏蔽，该国被吞则我之藩篱尽撤，着李鸿章悉心筹议。

十二月初五日戊戌（1.4）

① 在德国伏尔铿（伏耳铿）船厂定购第二艘雷艇，价65 000马克，另折九扣。

② 李鸿章复函张佩纶，碰快船名偶尔失检，俟船到当遵示酌易。

十二月初六日己亥（1.5）

李鸿章函黎兆棠，再请船政推荐海军军官，称刘步蟾船学稍精，气质稍浮，不认抱养父母，天性殊薄，容再留意诫勉。邓世昌质地厚朴，而带船运气不佳，顷令出洋历练，当有进益。闽厂学生大都文秀有余，威武不足，似庶常馆中人，不似武备院中人，然带船学问究较他处为优。

十二月初九日壬寅（1.8）

在德国定购之第一艘铁甲舰合同，由李凤苞与伏尔铿船厂总办哈克士他耳正式在柏林签字。合同附有一函，声明船价中没有经手费。中国使馆任何人不得收经手费，工厂亦不送贿给监工之员。

光绪六年十二月初九日
西历一千八百八十二年正月初八日
中国驻德大臣李 押
德国伏耳铿厂总办士咯耳 押
铁甲合同之函

伏耳铿于正月初四日在伯雷度书立正月初八日在栢林书押之合同内定造铁甲船之价，毫无经手之费，中国使馆无论何人皆不得经手之费又申明，本厂亦不送贿与所派监工之员凡送贿或送经手之费即作为犯法，愿照办此件虽不钉连於合同内但与合同无照又公时送贿于德国官之律例辨罪此件虽不钉连於合同内但与合同无照又驳铁章程内有一款如德海部己不用故本章程内未列如德海部仍用此款则中国使馆亦可用之一千八百八十一年西正月初四日伏耳铿厂总办吉格耳 押

铁甲合同 八

"定远"合同中附带有禁止商业贿赂条款，规定"定造铁甲船之价，毫无经手之费，中国使馆无论何人，皆不得经手之费。又申明，本厂亦不送贿与所派监工之员，凡送贿或送经手之费即作为犯法。愿照办公时送贿于德国官之律例办罪"

合同
中国驻德大臣李与德国士旦丁伯雷度之伏耳铿厂两总办订定铁舰

第一款 伏耳铿厂由栢林使馆订令代造一中国铁甲战舰，俱汽机锅炉暗轮及一切附用之汽机锅炉吹风器等件又代购康邦铁甲以及铁甲上之铁锁铰链配安置於船身等工一切照合同后所附船身機器水管各图式铅续镜及詳答各图俱按該件兴工時陆续送呈核定此所送各图俱按照。铁章程及詳答各图俱按照。伏耳铿厂德国海部己造之式如用最坚固最熱悉许今船及一切相连物件用最上等之工料又允按合同最精細及用一切应用之新法造設時在瑞納們地方交於使馆所派之員，不论在旁在前后在炮台等全量之處供德國海部核實到時應行修改之處亦應修改

第二款 船件内有垫立之铁甲不论在旁在前后及可以移动之件如桌椅面盖由厂伙又拖梢及相随之件船上需用物件及一切官厅饭卧房之物件子药房之捆板等件无不具俗該厂又架衣屉凡一切官厅饭卧房之物件子药房之捆板等件无不具俗該厂又

铁甲合同 一

光绪六年十二月初九日（1881.1.8），李凤苞与伏耳铿船厂总办哈克士他耳签署了订购"定远"铁甲舰合同。这是合同中文本首页

十二月十一日甲辰（1.10）

① 李鸿章奏，议复梅启照条陈。除江南机器局已专造枪弹药，海运总督毋庸添设外，同意其他8条。指出今之所以谋创水师不遗余力者，大半为制驭日本起见。

十二月十四日丁未（1.13）

李鸿章函山东巡抚周恒祺，赞赏其提出的将山东2艘蚊船与北洋碰快船、蚊船并泊旅顺，以成大支水军，兼顾登州洋面的设想，并指出旅顺建筑炮台，需费十数万金，将来必成北洋一大屏蔽。

十二月十八日辛亥（1.17）

① 李鸿章奏船政第一届出洋生徒学成情况，并为请奖。称闽省船政送派学生26名、艺徒9名，随同李凤苞、日意格并斯恭塞格先后出洋，前赴英法两国学习驾驶、制造、矿务。其中魏瀚、陈兆翱、刘步蟾、林泰曾4人，其先经限满，学成回华，已经请奖；在洋病故之梁炳年亦经吴赞诚奏恤在案。赴英学习驾驶学生蒋超英、林颖启、江懋祉、黄建勋、方伯谦、林永升、叶祖珪、萨镇冰、严宗光、何心川等10人均系光绪三年三月到洋，蒋超英上"狄芬司"铁甲船，黄建勋赴美国上"伯里洛芬"兵船，林颖启、江懋祉赴西班牙上"爱勤考特"兵船，均能与西洋将士日夕讲求。光绪五年秋，各生船上课程届满，李凤苞延水师炮队教习苏萃授炮垒、军火诸学，又延美国水雷官马格斐授水雷、电气诸学，蒋超英所造最深，林颖启、江懋祉、黄建勋亦能专心学习。方伯谦、萨镇冰、林永升、叶祖珪均入格林尼治官学，先习行船理法。萨镇冰旋上"们那次"兵船，林永升上"马那杜"兵船，方伯谦先后上"恩延甫""士班登"兵船，叶祖珪先后上"孛来克柏林""英芬昔索耳"兵船，均经周历地中海、大西洋、美利坚、阿非利加、印度各洋，本年三月已届三年期满，经李凤苞咨送回工。严宗光先在抱士穆德肄业，随入格林尼治官学，考课屡列优等，又赴法游历，后复回该校考完数理、算学、汽化学及格致、驾驶、炼熔、枪炮、营垒诸学，光绪五年六月，吴赞诚以工次教习需才，调回充当教习。何心川先入格林尼治官学，习测量、格致等事，复上"菩提西阿"兵船，巡防阿非利加西南各洋，时值英兵有事于祖鲁，扎船于祖鲁海口，该生在船亲阅战事，因受瘴抱病，李凤苞先令回华。赴法学习制造者郑清濂、

杨廉臣、吴德章、林怡游、李寿田、陈林璋等6人，艺徒郭瑞珪、刘懋勋、裘国安、陈可会等4人，均光绪三年三月到洋。艺徒叶殿铄、张廉正四年十一月到洋。郑清濂、陈林璋入削浦官学，吴德章、杨廉臣、林怡游、李寿田入多郎官厂，所习皆制造船身、轮机理法，照章两年卒业。削浦合考郑清濂第一，杨廉臣、吴德章次之，林怡游、李寿田、陈林璋又次之，经该学监院各给堪胜总监工官凭。又游历法、比、英国船厂、轮机厂，暨熔炼钢铁官、民各厂，以资考证。本年三月限满，时李凤苞以枪炮为防海要务，留吴德章、杨廉臣赴卢爱里并布呵土水师陆军各炮厂，专习钢铁各炮。郑清濂、林怡游赴沙答佃洋枪官厂，专习验料、炼造诸法，凡四阅月而业成。艺徒之在白海士登官学者郭瑞珪、刘懋勋、裘国安均列优等，刘懋勋又在多郎随同总监工古新阅看官厂，郭瑞珪、裘国安经总监工萨巴里讲授气缸之学，陈可会、叶殿铄考列监工学堂，张启正考列匠首学堂，吴德章、杨廉臣、林怡游、李寿田、陈林璋、郭瑞珪、刘懋勋、裘国安先后回工，郑清濂经李凤苞仍留在洋，估计铁甲船价值及绘算一切。陈可会、叶殿铄、张启正留习鱼雷雷艇，此制造生徒学业有成之实在情形也。文案陈季同，专译法文函牍，兼习律例、公法，颇称熟悉。翻译罗丰禄，随同李凤苞谒商英国海部，考证制造，又经进士书院，兼习化学、政治。帮办洋员斯恭塞格，襄同日意格调置生徒，料理妥洽。洋员高氏耶管理支应，收掌文案，始终不懈。李鸿章为留学生请奖，包括：留闽尽先补用守备蒋超英、郑清濂、林庆升均拟请免补本班，以都司仍留原省尽先补用，并赏戴花翎；留闽尽先守备方伯谦、萨镇冰、严宗光、何心川均拟请免补本班，以都司仍留原省尽先补用，并赏加参将衔；五品军功尽先千总黄建勋、林永升、林颖启、江懋祉、李寿田、杨廉臣、林怡游、池贞铨、陈林璋均拟请免补本班，以守备仍留原省尽先补用，并赏加都司衔；都司衔尽先把总叶祖珪均拟请免补本班，以守备留闽尽先补用；五品军功尽先把总吴德章拟请免补本班，以守备留闽尽先补用；六品军功尽先把总裘国安、刘懋勋、郭瑞珪、陈可会、吴学锵均拟请以千总留闽尽先补用；六品军功叶殿铄拟请以千总留闽尽先补用；艺徒张启正拟请以千总留闽尽先补用；留闽尽先补用都司陈季同拟请免补本班，以游击仍留原省补用，并赏加副将衔；候选主事罗丰禄拟

汉纳根，德国退伍工兵军官，受聘来华设计建筑旅顺、威海炮台。1894年丰岛海战爆发时，他正搭乘"高升"轮前往朝鲜，船被击沉，他泅水幸免。旋任北洋海军总教习，参加黄海海战。战后建议清政府重练海陆军

请以同知不论双单月归部选用，并赏加四品衔；三品衔一等宝星帮办洋员斯恭塞格拟请赏加总兵衔；洋员高氏耶拟请赏给三等宝星，并赏加四品军功。光绪七年正月初八日，上谕着照所请奖励。

② 黎兆棠奏，福建船政局光绪四年正月至五年十二月经费收支报销折。收银967 222两，总支银895 894两余，实存银63 201两余，又存钢炮价脚银8 125两余。

③ 黎兆棠奏，二品衔分发补用道吴仲翔在工多年，历著劳绩，请赴部引见。

④ 黎兆棠奏，彭玉麟奏请为江阴以下海防赶造十七八丈长之小兵轮十只，已饬魏瀚监造，陈兆翱、李寿田等按图推算，约估工料价银。

十二月十九日壬子（1.18）

李鸿章函张佩纶，前承示北洋水师提督须早议设，极中机要，业于覆梅启照疏内详及。惟铁甲4只，终虑无力订购，独唱无和，曷任焦念。

十二月二十二日乙卯（1.21）

李鸿章复王闿运书，谓以铁甲船游历各岛，既不用战，而可习兵，洵为驭远要策。弟久蓄此志，奈铁甲甫订一艘，余无指款。又论变法之必要，"处今时势，外须和戎，内须变法，若守旧不变，日以削弱，和一国又增一敌矣。"

十二月二十五日戊午（1.24）

赫德函金登干，他从李鸿章处证实中国向德国订购铁甲舰之事。又嘱金对来接船的葛雷森、丁汝昌等人予以帮助，但不要太奉承。

十二月二十九日壬戌（1.28）

赫德函告金登干，巡洋舰将停泊在旅顺口锚地：系泊浮筒在上海制造，锚链、转轴和锚由葛雷森在英国采购。

冬

李鸿章派德员汉纳根（C.von Haneken）及县令陆尔发前往旅顺修筑黄金山炮台。

同年

① 北洋向总税务司赫德商借葛雷森、哥嘉、章师敦三员到军差遣。派葛雷森为总教习，哥嘉为督操，章师敦为教习。

② 江南制造局译书馆出版舒高第口译、赵元益笔述，英国水师局原书《爆炸纪要》；英人史理孟《水雷秘要》。天津水师学堂出版《哈乞开司炮图说》4卷。

光绪七年辛巳（1881）

正月　丁汝昌赴伦敦接舰 /"海琛"首航英国

三月　马建忠察勘旅顺口

四月　山东烟台防务划归北洋大臣节制 / 金登干阻中国军官参观"超勇""扬威"试航 / 吴仲翔总办天津水师学堂

五月　第四批炮艇"镇中""镇边""海镜清"来华

六月　罗丰禄充天津水师营务处

七月　曾纪泽为"超勇""扬威"升龙旗 /"超勇""扬威"回国

闰七月　张佩纶赴津讨论海军 / 温子绍捐资试制"海东雄" / 陈宝琛奏轮船水师积弊

八月　赫德论控制中国海军 / 铁甲舰命名"定远""镇远"

九月　左宗棠任两江总督兼南洋通商事务大臣 / 赫德批评葛雷森、章师敦 / 创建天津医学馆

十月　李鸿章验收"超勇""扬威"，勘察旅顺口 / 北洋安排留美幼童 / 第二届海军留学生 / 丁汝昌统领北洋水师

本年　奏改长方形国旗

正月初八日辛未（2.6）

① 刘坤一议复梅启照条陈，除江南机器局不必再造铁甲船、海运总督、外海水师毋庸再设，长江水师不用轮船四条外，其余各条切中时务。

② 赫德函金登干，不要把葛雷森看得太高，不要让人们认为他或丁汝昌是非常大的人物。

③ 李鸿章、穆图善等奏，头批出洋学生回华奏奖翎枝，除林泰曾等三员照准外，六品衔分发省份知县魏瀚请赏戴蓝翎，经吏部议驳，现为魏瀚另行请奖，拟予六品衔分发省份知县，赏加知府衔。奉上谕允准。

正月十二日乙亥（2.10）

丁汝昌、葛雷森抵达英国伦敦。

正月十四日丁丑（2.12）

载送赴英接舰官兵的招商局轮船"海琛"号改装完毕，第三舱作各勇卧床300架。从沪驶抵吴淞口。

正月十六日己卯（2.14）

丁汝昌、葛雷森、金登干前往纽卡斯尔，察看中国订购的巡洋舰。二十日返回伦敦。

北洋水师提督丁汝昌1881年赴英国纽卡斯尔接带"超勇""扬威"舰时，在当地门德尔松照相馆拍摄的照片

正月十九日壬午（2.17）

李鸿章奏福建船政学堂生徒出洋学习情形，请予出洋在事各员奖叙。二品顶戴三品衔记名海关道李凤苞拟请赏戴花翎，留闽补用。都司陈季同拟请免补本班以游击仍留原省补用并加副将衔。候补主事罗丰禄拟请以同知不论双单月归部选用并赏加四品衔。候选道徐建寅拟请赏加三品衔。前福建船政副监督洋员斯恭塞格，拟请赏给总兵衔。洋员高氏耶，拟请赏给三等宝星并加四品衔。二十二日上谕允准。

正月二十二日乙酉（2.20）

李鸿章函张佩纶，旅顺之行，须俟碰快船五月到津以后，届时扬舲击汰，当与公乘长风巨浪，发抒志气。

正月二十三日丙戌（2.21）

赫德函金登干，建议阿摩士庄公司提供资料，争取获得第二艘铁甲舰订货。

正月二十五日戊子（2.23）

为接"超勇"、"扬威"，又陆续添雇舵工2人，升火33人，夫役5人，连原驻"驭远"号之接船弁勇264人，移驻"海琛"轮。"海琛"本船只有船主、大、二、三副，三管轮及数名夫役，林泰曾按李鸿章与招商局之约定，派头目、舵工、木匠照常供差，又选水勇20人代役舱面各事，升火40人代役机舱各事。

正月二十六日己丑（2.24）

曾纪泽与沙俄代表格尔斯（Н.К.Гирс）签订《中俄伊犁条约》和《陆路通商章程》，中国收回伊犁地区及特克斯河流域，俄国占霍尔果斯河以西地区。

正月二十七日庚寅（2.25）

丁汝昌、葛雷森、金登干前往纽卡斯尔。

正月二十九日壬辰（2.27）

"海琛"轮启行，吴淞各兵船炮台皆升旗发炮欢送。时速10节，加风可11节。

正月

福建船政局派魏瀚、陈兆翱、陆麟清带匠首7人赴德监造铁甲船。

二月初一日癸巳（2.28）

李鸿章函总署，日本在英订制铁甲船"扶桑"号，水线以下铁多腐坏，中国在德订制铁甲，已派船政生徒前往监造，不致受厂主欺蒙。该舰实系新式，也较英法同类船便宜。

二月初二日甲午（3.1）

① 法国地中海造船厂派人与中国驻德使馆洽谈第二艘铁甲舰的订货事宜，报价贵于德国。

② 李鸿章函黎兆棠、李凤苞冬秒来函，铁甲船每艘须派监工2人，匠徒10余人。旋闻回华各生致函郑清濂，有"创办铁甲正我辈福贵之日，苟非高官厚禄切不可就"等语，深虑回华各生聚行挟制。故商德海部，倘华监工不敷，请派德水师监工代劳。现船政派魏瀚、陈兆翱、郑清濂三生并匠首7人同往监造，魏、陈二人尤为李鸿章、李凤苞所盼望者，不惟监工得力，将来亦能仿造。闽厂生徒一得自矜，贪慕荣利，皆因从前过于姑息，执事莅工以来，随事整饬，当稍变风气。请速派蚊船管驾、大、二副，管轮管炮人选。

二月初四日丙申（3.3）

① 左宗棠以琉球事件未结，日本新造小铁甲舰可驶入长江，请严备海防。

② 法国外长圣提莲（B.Saint-Hilaire）函法驻华公使宝海（F.Bourée），称越南洋面有一艘中国炮船。请其转告中国政府，这一带海面剿灭海寇是法国的事情，不允许任何国家来执行这种属于法国警察权的事。

③ "海琛"行抵香港，修理制淡水机器，初七日启行，十三日抵新加坡。

二月初六日戊戌（3.5）

① 清廷因琉球事件未经定议，日使悻悻而归。令沿海各省严行戒备；并命彭玉麟、李成谋戒备长江。

② 前船政大臣吴赞诚到沪，为天津水师学堂挑选学生，是日在《申报》刊登告示，并附学堂章程称，13岁以上，17岁以下良家子弟，已读书数年，读过两三经，能作小讲半篇或论全篇者，可取具绅士认保，报名应试。

二月十三日乙巳（3.12）

"海琛"轮行至新加坡，修整至十七日启行，进入印度洋。

二月十八日庚戌（3.17）

徐建寅前往伏尔铿船厂，考察中国定制之铁甲舰、鱼雷艇建造情况。

二月十九日辛亥（3.18）

何璟等奏复光绪六年十一月十六日御史李士林所参船政废弛情形。称提调吴仲翔为沈葆桢最倚重，该员在局日久，凡求入局当差者未能尽如人意，以致积怨颇深。前有赴选之请，去冬给咨北上。监工王葆辰，品学素优，操守廉洁，惟驾驭工匠非其所长，亦于去冬以母病乞养早退。至厂内进退人材，皆黎兆棠躬亲裁决，尚无员绅把持怠玩陋习。又谓所称轮船大半不兵不商，难以适用。查船政开办时所造轮船，不能尽照兵船式样。迨后"扬武""威远""超武""澄庆"等船则全仿兵船，然旧船仍留转运，此非提调监工之过。

二月二十六日戊午（3.25）

金登干函告赫德，阿摩士庄公司不喜欢用中国水手把巡洋舰驶回的计划。

三月初六日戊辰（4.4）

"海琛"轮抵达苏伊士运河河口。初八日启行，初十日出运河，入地中海。

三月初八日庚午（4.6）

命方伯谦为"镇西"管带。

三月初十日壬申（4.8）

戌刻，慈安太后病薨。

三月十五日丁丑（4.13）

何璟等奏，船政开办以来，先后成大小兵轮商船共23号，除"安澜""大雅"已在台湾失事外，"康济"商船拨归招商局；"万年清"去年停修，现拟改练船；"登瀛洲""靖远""澄庆"拨江南，"伏波""元凯""超武"拨浙江，"镇海"拨天津，"湄云"拨牛庄，"泰安"拨山东。留闽兵船7号："福星"驻海坛，"飞云"驻澎湖，"振威""济安"驻厦门，"艺新"驻福宁，"扬武""威远"驻罗星塔。商船"永保""琛航""海镜"往来台湾、福州，以利转运。

三月十七日己卯（4.15）

法国海军部商同外交部，筹措经费，经营越南北圻。并训令西贡法国总督确定法国对越南保护权，禁止向中国进贡。

三月二十日壬午（4.18）

① 李鸿章因慈安太后去世，进京谒灵。慈禧召见，嘱筹海防，购铁甲舰。

② 丁汝昌、葛雷森等在德国伏尔铿船厂观看了正在建造的铁甲舰后，返回伦敦。

三月二十四日丙戌（4.22）

① 丁汝昌、金登干拜访英国海军部，会见第一海军大臣凯古柏海军上将（Admiral Cooper Key）、海军审计官斯图尔特海军中将（Vice-Admiral H.Stewart）及设计师巴纳贝（Barnaby），观看了最新型军舰的图纸和模型。

② 夜，"海琛"轮抵达伦敦多佛（Dower）。

三月二十六日戊子（4.24）

"海琛"号入伦敦内港。下午在Low Walker下锚。

三月二十七日己丑（4.25）

① 丁汝昌到达"海琛"轮。次日起，水手站班点名。二十九日起，洗净全船，各执事按兵船办公。

② 马建忠前往旅顺察勘北洋海军基地。

三月二十九日辛卯（4.27）

在英定制之第四批炮艇开始试航，至二十九日结束。

四月初三日甲午（4.30）

① "海琛"行至纽卡斯尔系泊。

② "威远"兵轮在小阳山洋面（东经120°57′，北纬30°40′）发生触碰，损伤两处龙骨。

四月初八日己亥（5.5）

① 清廷将山东烟台防务归北洋大臣节制。

② 命岑毓英为福建巡抚，着其悉心规划台湾防务。

四月十一日壬寅（5.8）

数千英人参观"海琛"轮。

四月十五日丙午（5.12）

中国海军军官李和、黎星桥、陈学书、池仲祐欲参观"超勇""扬威"舰试航，为金登干所阻，谓该舰本日自航，他人不得与观。

四月十七日戊申（5.14）

① 以江西水师统领万重暄不理营务，扣减勇饷，收受营规；大开赌局，着彭玉麟确切查明。旋将万革职，永不叙用。

② 赫德函告金登干，李鸿章认为无须给巡洋舰保险，但费率如在百分之三，则让丁汝昌和葛雷森自行决定。又称丁汝昌是个挂名领导，以前从没见过一艘舰船。他被选中管理水师，是因为他为人谦逊且有几分机智，并且不用自己指挥干活。

四月二十日辛亥（5.17）

纽卡斯尔市长邀请"海琛"轮上中国官兵观赏马戏，雇公司马车接送，沿途市民以手挥帽致礼。

四月二十三日甲寅（5.20）

① 李鸿章奏，督办天津水师学堂吴赞诚于去冬回南就医，顺便赴沪选募学童，兹据咨称旧疾增剧，难期痊愈，拟暂由二品衔分发补用道、福建船政提调吴仲翔总办水师学堂练船事宜。旋获允准。

② 李鸿章函张佩纶，水师学堂创始，不得不借资熟手。福建船政实由沈葆桢立法过宽，用财过费，故其后不免流弊，非尽吴赞诚之过。

四月二十五日丙辰（5.22）

① 赫德函金登干，嘱其绝不要碰同伏尔铿船厂的铁甲舰交易，因为他不指望中国能把这笔钱用得划得来。

② 李鸿章函黎兆棠，选派各生，方伯谦暂署蚊船管驾，洋弁颇称其能。林永升、叶祖珪拟俟山东蚊船到津派充管驾。黄建勋、林颖启派带水雷兵队。杨则哲等七生学力尚浅，只可留备新船派用。吴赞诚宿恙增剧，现派吴仲翔接办天津水师学堂。闻"威远"北来途中搁浅，在沪修理。"济安"在浙。请催二船速来天津。将来拟在旅顺口扎老营，非多得数船并成一小支，不足以壮海上声威。

四月二十六日丁巳（5.23）

① 李鸿章电李凤苞，嘱其再订一艘铁甲舰。

② 赴英水勇袁培福死。二十八日，水勇顾世忠死。二十九、三十日，分葬二勇于英国。管驾官及弁勇皆为其送葬。

四月二十七日戊午（5.24）

李鸿章奏，原拟南北洋各订铁甲舰两只，目前经费不敷，挪后就前，将淮商捐项先作购买第二舰经费,并敕丁宝桢就川盐官运局筹拨款项。

五月初三日甲子(5.30)

岐元、富升奏,金州旅顺口水师营战船年久失修,不堪驾驶。请饬部咨行南省另造新船,迅速解送,以备巡防。下部知之。

五月初五日丙寅(6.1)

从英国订购的第四批炮艇由英国海军军官罗斯(Ross)等驾驶离开普利茅斯前往中国。

五月十一日壬申(6.7)

纽卡斯尔市长来"海琛"轮拜会。

五月十三日甲戌(6.9)

本日为英国"火车之父"斯蒂芬森(Geroge Stenphenson)百岁诞辰,斯蒂芬森为纽卡斯尔人,当地张灯结彩庆贺。市政府邀请"海琛"全体官兵上岸游观,中方辞谢,派丁汝昌、林泰曾出席市议会宴会。席间市长及阿摩士庄公司创始人威廉·阿摩士庄爵士(Sir.W.Armstrong)均致辞,愿中国推行铁路。林泰曾亦以英语致贺,愿中国他日用之,大获其利。次日报称中国人英语辞令之善,音调之纯,实所罕见。

五月十四日乙亥(6.10)

金登干向赫德寄出阿摩士庄公司设计师伦道尔提供的铁甲舰草图及备忘录。

五月二十一日壬午(6.17)

金登干报告赫德,据商业联合保险公司保险商桑德斯(Saunders)的报价,对巡洋舰保险的费率为每百镑60先令,碰撞责任条款全文有效。

六月初四日甲午(6.29)

① 李鸿章函丁宝桢,告知其三月中旬进京叩谒东太后梓宫时,奉慈禧面谕,与枢垣会商边防海防,即以钢面铁甲船仅订一只,而拨款万不敷用,因请提淮盐捐款60万两,及尊处去春奏明备拨之30万两,旋津后,即专疏驰陈,顷奉部议照准,请予以办理。

② 罗丰禄调充天津水师营务处。

六月初五日乙未(6.30)

李鸿章函李凤苞,第二号铁甲船昨奉部议,复准拨款,即应着手订办。望在该二船竣工前,勿急求回华。丨中料物须防偷减,工程须防草率。

六月初九日己亥（7.4）

① 李鸿章奏，出使德国大臣兼肄业监督李凤苞，前因督率船政学生出洋肄习期满，请赏戴花翎，奉旨允准，吏部议驳，以出使外洋不准保奖翎枝，请另核请奖。查李凤苞监督生徒，派往铁甲船及官民各厂，学习驾驶、制造各法，凡兵船操防、布阵迎御、电气、水雷、枪炮、矿学、艺学靡不研求，开风气、振武备，其劳绩效非一时打仗出力者可比。请仍赏戴花翎。十二日上谕允准。

② 李鸿章奏，请将翰林院编修章洪钧、袁保龄交北洋差委。十二日上谕允准。

六月十一日辛丑（7.6）

陈宝琛奏，两江总督刘坤一嗜好过深，广蓄姬妾，日中始起，稀见宾客。广东最重海防，刘坤一漫无布置，所筑炮台，一经淫雨，尽行坍塌。请令彭玉麟详查复奏。十三日上谕：现在东南海防正关紧要，着彭玉麟确切查明具奏。江海防务办理有年，究竟有无把握，着彭玉麟择要驻扎，将水师各营认真整顿，不必拘定巡视长江原议。

六月十六日丙午（7.11）

以津海关道郑藻如派充出使日美秘国大臣，李鸿章奏请二品衔尽先补用道周馥署理津海关道。十八日奉旨知道了。

六月十九日己酉（7.14）

① "扬威"进行航速测试。次日，"超勇"进行航速测试，均达设计要求。

② "威远"兵轮奉调北洋，驶抵天津。

六月二十日庚戌（7.15）

李鸿章函黎兆棠，将来北洋各船到齐后，拟扎旅顺为老营，惟筑炮台、添陆军、建军械库、船坞，至少需费百万以上，一时未易就绪。

六月三十日庚申（7.25）

第四批炮艇抵达广州。每只33 500镑，合银15万两。三船运杂费18 000镑。广东一只取名"海镜清"。山东两只七月十七日抵大沽，由水师营务处道员许钤身、督操炮船游击刘步蟾会同洋员哥嘉、津海关税务司德璀琳前往验收，取名"镇中""镇边"。分别任命林永升、叶祖珪为管带。三船技术参数同"镇北"等船，惟马力为400匹。

这张照片是"镇中"或"镇边"的船艏,从中可以看出,"蚊子船"的主炮是固定的,不能旋转。瞄准目标,要靠移动船身来配合

"镇边",第四批炮艇,排水量440吨。去掉桅杆,放在船台上看,这款军舰真的很小,驾驶它从英国驶往中国,还是需要技术和胆量的

七月初四日甲子（7.29）

中国驻英使馆参赞陈远济、翻译左秉隆参观"超勇""扬威"舰。

七月初八日戊辰（8.2）

中国所派接舰员弁勇丁，第一班赴"超勇"，第二班赴"扬威"。丁汝昌、葛雷森均驻"超勇"。

七月初九日己巳（8.3）

"超勇""扬威"在英国摩士庄公司制成，于前一天向中方移交。本日曾纪泽在纽卡斯尔亲升龙旗，鸣炮悬挂。并出洋试航，演放大炮。两船长220英尺，宽31英尺9英寸，排水量1 350吨，马力2 400匹，航速14节，装有10英寸阿摩士庄炮2门，4.5英寸炮4门，小号炮2门，格林炮4门，诺登飞机关炮2门。

七月十四日甲戌（8.8）

"超勇""扬威"舰上各项收尾工作报竣。粮食煤水装储均备。夜，丁汝昌赴伦敦，拟往普利茅斯上船。

七月十五日乙亥（8.9）

① 以上年救护"镇南"触礁出险，李鸿章奏请赏海关"飞虎"船管驾游击衔哥嘉头等宝星，并加参将衔；管轮副堪士郎、大副章师敦请赏二等宝星，水手史类白三等宝星。全船水手人等加一个月薪水。十八日上谕批准。

② "超勇""扬威"由纽卡斯尔启程，十七日抵达普利茅斯，丁汝昌回舰。

七月二十二日壬午（8.16）

大津水师学堂对已报名学生进行考试。招生广告称：今日之后生即他年之将佐，饮食教诲皆取给于公家事业勋名。

七月二十三日癸未（8.17）

"超勇""扬威"启航回国，巡航时速为8节。此为中国军舰第一次挂龙旗航行海外。舰上所聘英国船员，除葛雷森、章师敦外，还有"超勇"海军教习赫·赫·亚当生、管炮教习尼格路斯（T.Nicholls）、头等管轮季·葛雷德、二等管轮格·布·巴克（Barker）、三等管轮斯·赫布登、四等管轮弗·霍布森；"扬威"值班长格·赫·里格迈登（Rigomaider）、管炮教习季·季·斯·克罗克、头等管轮阿·沃尔芬登、二等管轮伍·贝索特、三等管轮季·克·斯内利、四等管轮伍·布莱尔、五等管轮尔·索普。

"扬威"巡洋舰

船台上的"扬威"巡洋舰。从这张船侧舷的照片看,军舰的前主炮安放在炮塔里,已能旋转

英国霍桑机械公司制造的"超勇""扬威"号巡洋舰的引擎

"扬威"舰下水

七月二十五日乙酉（8.19）

李鸿章电李凤苞，第一号铁甲舰名"定远"号。

七月二十八日戊子（8.22）

① 彭玉麟奏：遵查长江沿岸炮台情形，李鸿章妻兄道员赵继元专司其事，大权独揽，目空一切。炮台坍塌，守台官员屡请查看修补，皆为赵继元蒙蔽不行。彭恐刘坤一为其所误，力言其人不可用。刘坤一因而札调其出局，改派总理营务，而赵继元竟在公庭大众向该督力争仍要帮办局务。奉上谕：赵继元即行革职，以示惩儆。刘坤一来京陛见，两江总督及办理通商事务大臣令彭玉麟署理。

② 徐建寅前往伏尔铿船厂，验收鱼雷艇、鱼雷，讨论第二艘铁甲舰合同。至闰七月十五日（9.8）回柏林。

③ "超勇""扬威"驶入地中海。

七月

天津水师学堂落成，开始招生。

闰七月初七日丁酉（8.31）

"超勇"抵塞得港。初八日拟通过苏伊士运河时，接"扬威"电报，云其煤水已罄，在亚里山大港外80海里洋面抛锚。"超勇"即刻前去救援接济。

闰七月十一日辛丑（9.4）

① 黎兆棠奏，本年闰七月初一至初三日骤起风暴，船政厂中各所多被淹浸倒塌，现饬工匠次第勘修整理。

② 黎兆棠奏，派直隶试用道吕耀斗为船政提调。

闰七月十二日壬寅（9.5）

福建巡抚岑毓英赴台湾巡查，以备日本。

闰七月十六日丙午（9.9）

"超勇""扬威"进入苏伊士运河。十七日，"超勇"出运河，旋接"扬威"电报，螺旋桨坏，停河中不能行。十八日，"扬威"被拖轮拉出运河，入坞修理。二十一日工竣，添装煤粮开行。

闰七月十七日丁未（9.10）

张佩纶应李鸿章邀请前往天津。在津期间，与李幕僚薛福成讨论海军建设，薛作《酌议北洋海防水师章程》。要点为：创设北洋水师，全军须用铁甲船2只、碰快船3只、新式木壳大兵轮船4只、二等兵轮船4只、师丹式蚊船8只、根钵小轮船8只、水雷船10只。以津沽为大营，酌量分布辽海旅顺、大连湾、东海烟台、威海卫等第一要口，不时巡哨操练。铁甲2船似可泊大沽南炮台之南高墩。每岁春秋二季调集各船大操一次。北洋拟添设外海水师提督，建阃津沽。裁撤天津镇，改大沽协为总兵，天津镇衙门改为北洋水师提督衙门。旅顺、大连湾等处添设一镇，与大沽镇、登莱镇均归提督统辖。提督兼受北洋大臣节制。拟由北洋设水师学堂。北洋水师既成，南洋自当来取法。其闽、粤两省再能合力创成一军，正符原议化一为三之说。

闰七月二十二日壬子（9.15）

两广总督张树声奏，温子绍捐资试制蚊炮船成功。其船底板全用柚木、方木为骨，铁条为根，内外要处包固厚铁，机器照康邦新式。船长124尺，马力200匹。计用工料银33 900余两。取名"海东雄"，请予奖叙。

闰七月二十四日甲寅（9.17）

"超武"兵船管带都司叶富进剿浙江台州金满起事，至玉环内港，带兵上岸追击作战，次日阵亡。

闰七月二十六日丙辰（9.19）

陈宝琛奏称国家不惜千百万帑金造轮船，练舟师，以资御侮，管驾弁俸岁多至二三千金。闻近来派驻各口之轮船，操演多不合法。设靶试炮中者绝少。管驾弁携眷自随，往往舍船住岸，倡楼酒馆，征逐嬉游。大二副以下，相率效尤，漫无纪律，以至技艺生疏，船械锈蚀，驾驶迟缓，远逊洋人。今春"威远"由闽赴沪，不辨沙线，致被礁石触伤，船身几坏。又闻各船水手间有虚额，支发薪粮或亦克扣，如"泰安"即有被控之案，此中国之大病。请饬下南北洋大臣详议如何认真操阅稽查，严申黜陟。八月初四日诏命李鸿章、刘坤一、彭玉麟、何璟、岑毓英、黎兆棠等查明参办。

八月初二日辛酉（9.24）

李鸿章为天津机器制造局出力员弁请奖，总办候选道王德均、三品衔直隶候补道刘含芳、按察使衔直隶候补道刘汝翼、盐运使衔直隶候选道潘骏德，均请加二品衔；两江委用道龚照瑗，请加按察使衔；东局提调题奏总兵文瑞，请加提督衔；江苏候补班前先即补同知直隶州知

"超武"管带叶富,船政学堂的"外堂生",死于与金满作战之中

州查贵辅,请俟补缺后以知府用,先换顶戴;西局会办委员五品衔候选通判牛昶昞,拟请留直以本班尽先补用;候选同知龚照玙,请不论单双用分发省份。

八月初八日丁卯(9.30)

"超勇""扬威"抵锡兰。

八月十三日壬申(10.5)

赫德函金登干,称中国水师几乎肯定要交给李鸿章统辖,但李发现,战时不能依靠英国官员支持并帮他打仗,因而他正在慎重考虑。李可能任命美国海军提督薛斐尔(R.W.Shufeldt)为北洋水师总司令。赫德抱怨英国政府没有允许他去碰运气,以使英国人获得这一地位。又说怀疑把几份铁甲舰的备忘录放在葛雷森的手中是否做得对,因为朽木不能雕成美器。他已将那几份备忘录翻成中文交给李鸿章,但删掉"三个螺旋桨"的计划,以防落入克虏伯手中。

八月十六日乙亥(10.8)

"超勇""扬威"抵新加坡,中国领事左子兴来舰慰问。晚设宴招待诸军官。

八月十七日丙子（10.9）

李鸿章函李凤苞，两艘铁甲舰分别命名为"定远""镇远"。

八月二十日己卯（10.12）

① 李鸿章奏报新购第四批蚊子炮船情况。

② 李鸿章为建造大沽船坞出力之德璀琳、王德奎等人请奖。

③ 天津水师学堂首批录取学生30名，因管理甚严，已有4人逃学。

八月二十一日庚辰（10.13）

浙江巡抚谭钟麟奏，台州黄金满起事，六月二十九日攻打临海官府劫狱。迭次戕劫戕官，拨派舟师营勇，会同提镇水陆夹击。"超武"兵船管带都司叶富阵亡。上谕着交部从优议恤。旋追赠游击，并给骑都尉世职。

八月二十三日壬午（10.15）

"超勇"舰抵达香港，途中营救遇难渔民，"扬威"舰次日到。

八月二十四日癸未（10.16）

① "超勇"派小轮船入香港招商局，取李鸿章公文，谕令二舰顺道过广州、福州。

② 赫德函金登干，透露法国人正在谋求让戈威因（Gauvain）和努瓦康（Noiquand）担任北洋水师最高职务，而目前是哥嘉和葛雷森在掌权，海关的控制是牢靠的。

八月二十五日甲申（10.17）

"超勇""扬威"沿珠江自香港至广州。中途"扬威"因乘潮不及，船头微搁浅洲，"超勇"下锚相候。夜水涨，"扬威"浮行退出。

八月二十六日乙酉（10.18）

"超勇""扬威"抵达广州外江口。次日，粤督张树声及合城文武司道皆来参观，并备带猪鹅鸡鸭、酒席水果，犒赏合军。

八月二十八日丁亥（10.20）

"超勇""扬威"酉初抵香港抛锚。夜接天津电信，令舰不必闽广之行，恐封河在即，赴津太迟。是以二舰拟不入福州，直抵上海。

八月二十九日戊子（10.21）

金登干报告赫德，章师敦在英国时称两艘巡洋舰是骗人的东西。中国政府经常受人欺骗，他们将会感到非常失望。章帅敦属于中国水师，与海关无关，并且谋私营利，他给伦道尔的印象也不佳。又说他当着中国船员抱怨薪金的兑换率，并拒绝打收条。

九月初二日辛卯（10.24）

午后，"超勇""扬威"开船离开香港。时，"扬武"兵船到港。

九月初三日壬辰（10.25）

晨，"超勇""扬威"过南澳。午过汕头。亥初见厦门灯塔。初四日子刻入厦门抛锚。晨出港。冒大风雨行驶。初五日夜泊湄洲。

九月初六日乙未（10.28）

① 命左宗棠任两江总督兼办理通商事务大臣，开去刘坤一江督、彭玉麟署任江督各缺，彭玉麟仍任巡阅长江职。

② 金登干向赫德寄出阿摩士庄公司新型巡洋舰图样。该舰为3 000吨级，钢板更厚，有软木浮舱，造价15万—16万镑。

③ 金登干报告赫德，葛雷森对人说"超勇""扬威"不结实，开过几次炮就会散架。又指责葛在接船中做的工作不比琅威理上校或其他海军军官多。

④ "超勇""扬威"冒风开行，夜泊海坛观音湾。次日阻风未行。

九月初八日丁酉（10.30）

① 赫德函告金登干，李鸿章为中国未经保险，而把巡洋舰驶回大为高兴。李正忙于建立北洋水师，指挥权可能交给美国海军提督薛斐尔，而赫能做到的最多是使海军的编制带有世界性，以"防止任何一个大国为了恶意的目的利用它"。

② "超勇""扬威"开船出海坛洋面，过牛山、白犬山、马祖、笔架山、大小崳山，夜过南关。

九月初九日戊戌（10.31）

"超勇""扬威"过台州、宁波、茶山。

九月初十日己亥（11.1）

辰刻，"超勇""扬威"两舰驶抵上海，分别进虹口老船厂和祥生船厂修理，中外人士皆往参观。林泰曾、葛雷森、章师敦等作出洋用款报销账。二十二日由上海开行。

九月十五日甲辰（11.6）

① 苏松太道刘瑞芬禀李鸿章，第二批从美国撤回学生梁敦彦等49名到

沪。苏松太道衙门留用2名，上海制造局留用4名，梁伟年带20名交福建船政衙门，吴保福带23名往天津。

② 赫德函告金登干，巡洋舰的出航不错，但"扬威"在地中海烧了很多煤，又在苏伊士运河撞坏螺旋桨，在珠江搁浅，故可能要对章师敦"进行军法审判"。

九月十八日丁未（11.9）

黎兆棠奏，"万年清"轮船改为商船。

九月二十二日辛亥（11.13）

赫德告诉金登干，葛雷森一有机会就说那两艘军舰的坏话，称其过河拆桥。此后两人在通信时多次交流对葛的尖刻批评。

九月二十四日癸丑（11.15）

① 《申报》载："万年清"修理一年，功始告竣。春夏间即有人谋任管驾。黎兆棠发布告示称：本署凡派管驾者，俱选英隽之才。兹查郑荣勋，耳聋重听，不胜管驾之任，应即撤退。郑渔原系"登瀛洲"管驾，因贩人口营私，为沈葆桢撤退。近来潜回船局，胆敢在马尾私托悦来店主婆串通署内仆媪谋充驾弁。传谕立即驱逐出境，不准在左近逗留。

② 又载：九月一日，"扬武"轮由闽赴粤，搭载粤匠3人，苛刻相待，不给饭吃。管驾置而不问，且以谑语相嘲。该黎兆棠获悉后，将管驾张成扣薪水100两。

九月二十五日甲寅（11.16）

美国前驻天津署领事毕德格（W.N.Pethick）、大津施医处医生马根济（J.K.Mackenzie）致函李鸿章，建议设立医学堂，为陆军和战舰培养医官。学制三年，第一届招8人，以后每届招4人。并拟定《医学馆章程》和预算，获李鸿章批准。

九月二十七日丙辰（11.18）

① "超勇""扬威"两舰驶抵天津大沽。

② 金登干函赫德，在10月28日函中所报新巡洋舰伦道尔的口头报价15万到16万镑，在获得赫德授权后还会去磋商获得最低价格。钢现在比4月份更便宜了，且在厂方报价中还包括给中国方面的佣金、送礼等。金称经他经手的合同替中国政府至少节省10%。

十月初一日庚申（11.22）

① 李鸿章率周馥、马建忠、黄瑞兰、章洪钧、薛福成、德璀琳等赴大沽验收"超勇""扬威"两舰，认为机器精坚，与原订合同相等。次日出口验收，酉初冒大风雪驶行大洋，洋弁谓近年来罕有之飓风。初三日未初抵旅顺口，勘察该口形势及炮台工程。认为"奉直两省海防之关键"。前派员与德弁汉纳根经营修筑，工程已得大半。初四子初启碇西旋，初五日巳正初刻抵达大沽。

② 津海关道周馥详李鸿章，从美国撤回第二批学生23名到津。此前江海关道第一次送到学生23名，续又送回船政衙门，拨回习律例学生4名，前后共收学生27名。其中除一人带回上海织布局外，拨水师学堂9名，机器局2名，制造局1名，关署2名，开平矿厂2名，平泉矿厂2名，医院2名，电报学堂2名，水雷营4名。

十月初四日癸亥（11.25）

金登干函赫德，说葛雷森总是睁人眼睛竖起耳朵搜集军舰情报，担心他是一个被事业获得成功以及他受到教育和训练程度不配担任的职务所宠坏的人。

十月初五日甲子（11.26）

《申报》就船政大臣驱逐武弁及"扬武"管驾苛待搭客，在头版发表评论，称国家不惜重资，购办上等炮船铁甲船，此造船购船之银乃几经筹拨几经节省而成，以有用之钱有用之器轻易付诸无用之人，揆之初心，不亦相左耶？

十月十一日庚午（12.2）

① 李鸿章奏订购快船来华折。称经试航可见"超勇""扬威"妙用有三：船小，价不甚昂；炮大，能御铁甲；行速，易于进退。船艏又有冲角，可以碰穿铁甲。即委丁汝昌统领二舰，与本年代山东购到蚊船"镇中""镇边"，回泊旅顺，与总教习葛雷森实力操练。并请对驾驶快船回华出力人员予以奖励：记名提督协勇巴图鲁丁汝昌，拟请赏换清字勇号并正一品封典；总教习四品衔副税务司英员葛雷森，请赏加二品衔、花翎；留闽尽先补用游击林泰曾，拟请免补游击以参将仍留原省补用，并赏加勇号、都司衔；留闽尽先补用守备邓世昌，拟请免补守备以都司改留广东遇缺前先补用，并赏戴花翎；五品军功尽先补用把总李和，拟请

免补千、把以守备尽先补用，并赏戴蓝翎；五品军功蓝建枢请以把总留闽尽先补用，并赏戴蓝翎；五品军功留闽尽先外委杨用霖请以千总仍留原省补用，并赏戴蓝翎；五品军功黎星桥请以把总留广东尽先补用；六品军功王齐辰请以把总留闽尽先补用，并赏戴蓝翎；蓝翎尽先千总陈学书请以守备尽先补用；五品军功陆保请以把总尽先补用；都司衔江苏补用守备虞庆堂请补缺后以都司升用；蓝翎尽先把总张邦元请免补千总以守备尽先补用；六品顶戴记名把总袁培英请以千总留山东尽先补用，并赏戴蓝翎；六品顶戴尽先补用外委何桂福请免补把总，以千总留山东尽先补用，并赏戴蓝翎；六品顶戴记名外委廖云瑞、赵增盛均请以千总尽先补用；北河候补县丞马毓藻请免补本班，以知县仍留直隶归候补班前先补用；监生解茂承请以盐知事分发省份归候补班前先补用，并赏戴蓝翎；文童马元恺请以盐知事分发省份归候补班前先补用，并赏戴蓝翎；附生江永、池仲祐均请以主簿分发省份尽先补用；候选教谕陈锡周请赏加五品衔；花翎留闽尽先补用游击刘步蟾请赏加副将衔；驻英参赞道衔候选员外郎陈远济会同丁汝昌筹办接收船炮与英外部、海部交涉各事，照料周妥，拟请赏给三品衔。十三日奉旨依议。

② 李鸿章奏，请以丁汝昌统领北洋水师，破格擢用。遇有水师提督缺出，即予简放。又奏，请裁金州旗营水师原设旅顺口艇船，防务由驻泊该处兵轮兼顾。

③ 李鸿章奏，总税务司赫德先后承购蚊船11只，碰快船2只，请赏头品顶戴。税务司金登干代购船炮，并于光绪五年六月间，由赫德申呈，将船厂送交中费规平银17 460两（即金登干先前收取的佣金，1878年赫德回国休假后将其带回）交臣处存备公用。请赏三品衔。英国阿摩士庄制造精能，历次承造兵船，一律精坚，信义可嘉，请赏三等宝星。

④ 李鸿章、穆图善、何璟、岑毓英合奏，由福建船政学堂选学生10名，续派英、法学习。出洋者为前学堂第二届学生王庆端、黄庭、李芳荣、魏瀚、王福昌、王回澜、陈伯璋、陈才瑞，后学堂第四届学生李鼎新、陈兆艺。

十月十二日辛未（12.3）

① 吴仲翔向李鸿章建议在天津水师学堂内增设管轮学堂。培养轮机军官。教员拟先选中国洋文教习课之，俟两年后语言文字及浅近算学如

几何、代数之属均能通晓，再延洋师教以数学、重学、格致、化学并绘图等事，年余便可与驾驶学生同上练船，涉历风涛。

② 赫德致函奕䜣，金登干于1878年已被授予三品官。威廉·阿摩士庄爵士因在制造金属制品和枪炮上立有大功，已受封从男爵，斯·伦道尔先生则是国会议员，授予他们三等勋章恐怕不合适。

十月十五日甲戌（12.6）

刘坤一函李凤苞：承示《溪耳海口水操图记》《四铁舰盘旋行驶图》，此等操法，中国亟应仿照研求，已将图记照缮督操轮船李朝斌及筹防局参考。

十月二十日己卯（12.11）

① 清廷以捐造蚊船，赏广东在籍道员温子绍从一品封典。

② 署津海关道周馥详李鸿章，前奉批准天津医学馆章程，所需购买人体标本及书籍图画应用器具等1 250两，由其本人捐廉发给。并从由美回华二三批学生内挑选8人，交该医院习业。每月所需200两经费及房租，拟按月在新增药厘耗羡项下拨发。周馥同时上报《医学馆章程》。李鸿章批示同意，强调三年学有成效，仿造西国定章，核给考取官凭，以便分派军营战舰委用。

十月二十五日甲申（12.16）

周馥详李鸿章，从美国撤回第三批学生24名到沪，除罗国瑞留沪拨用外，唐国安等23名由天津分配。拨水师学堂6名，医院6名，水雷营5名，平泉矿厂1名，开平矿厂2名，关署2名，电报学堂1名。

留美幼童回国后被分配在海军系统（包括船政、大沽鱼雷局、北洋水师、广东水师、江南制造局等）者有：梁敦彦、邓士聪、陆永泉、詹天佑、欧阳赓、陈钜溶、容尚谦、吴仰曾、陈荣贵、邝荣光、丁崇吉、邝咏钟、吴应科、吴仲贤、宋文翔、王良登、邓桂庭、蔡廷干、吴锡贵、梁晋照、苏锐钊、杨兆南、黄季良、薛有福、徐振鹏、吴敬荣、宦维城、卢祖华、容耀垣、邝贤俦、杨昌龄、邓廷襄、曹嘉祥、沈家树、陈金揆、沈寿昌、黄祖莲、唐荣俊、邝国光、吴其藻、邝炳光。其中进入福建船政后学堂第八期驾驶班者为：陈钜庸（溶）、詹天佑、吴应科、欧阳赓、陆永泉、苏锐钊、杨兆楠（南）、邝咏钟、徐振鹏、容尚谦、黄季良、薛有福、邓士聪、吴其藻、宋文翔、邓桂廷（庭）。

十月二十九日戊子（12.20）

《申报》载，船政局各轮船上舵水炮勇向不足额，其饷银每月8两至16两不等，俱归管驾独得，此项收入比薪水尤多，往往充管驾数年即家拥巨资。前月黎兆棠得知此弊，亲到各船点名。"振威"缺额20余名，"福星"10余名，"济安"20余名，"福胜""建胜"船小，仅缺额4、5名，"扬武"缺额40余名。黎兆棠又观看打靶，中式者皆赏银牌。缺额不到者免于深究。各船皆歌功颂德。惟"济安"管驾吕文经于次日撤职，以后学堂广东丁忧学生唐佑补充之。后又报道，"扬武"管驾张成解释人员缺额系广东"安澜"于夏间借去20名水手、10名炮勇。船政总稽查复询，断无粤省借闽省水手之理。此事禀报黎兆棠后不了了之。

十月

李鸿章派道员黄瑞兰前往旅顺设立海防营务处工程局，主持炮台及拦水坝工程，调回陆尔发。

十一月初八日丙申（12.28）

"定远"舰出坞。

十一月十二日庚子（1882.1.1）

天主教江南教区徐家汇天文台自本日起，正式向上海各报发送中国沿海气象预报。

十一月十五日癸卯（1.4）

李鸿章奏，据赫德函称，金登干已于光绪四年正月赏给三品衔，此次褒奖恐有笔误，现改加二品衔。

十一月十九日丁未（1.8）

赫德函告金登干，德璀琳查问了"扬威"号的航行状况，在报告中把很多差错归罪于海关职员倭芬礼（R.Wolfenden），倭称是英国米切尔公司少装30吨煤。又说他担心德国铁甲舰一出现，我们在天津就会陷于困境。德国官兵薪俸低，中国可能全部雇佣他们。

十一月二十二日庚戌（1.11）

李鸿章将赫德寄来阿摩士庄厂拟造铁甲舰节略转告李凤苞以供参考。

十二月初二日庚申（1.21）

李鸿章奏，徐建寅在德两年，因水土不服致病，由李凤苞批准差回华，道经巴黎，曾纪泽命赍俄国新换约本进京投递，十月间回抵上海。现医治病痊，以三品衔候选道送部引见。

十二月十三日辛未（2.1）

《申报》载，船政"扬武"舰，但求安逸，不做维修，管驾每月坐获薪水及公费银600多两。其船底木已有松损，锅炉亦有罅裂。

同年

① 北洋奏改三角形国旗为长方形，以纵3尺横4尺为定制。质地章式如故。

② 北洋于大沽设水雷营、水雷学堂。旅顺设水雷鱼雷营、挖泥船。威海设鱼雷局、机器厂，并于威、旅设立屯煤所。

③ 江南制造局创设水雷厂，首次制造筒式100磅药碰电熟铁浮雷及生铁沉雷。

光绪八年壬午（1882）

正月	张佩纶论设三洋水师 / 丁日昌去世
二月	聘琅威理 / 葛雷森请辞
三月	丁汝昌、马建忠带舰前往朝鲜，襄助签订朝美、朝英、朝德条约 / 李鸿章丁忧 / 张树声署理直隶总督兼北洋大臣 / 设立天津水师学堂管轮学堂
四月	张树声奏请派张佩纶帮办水师风波
六月	朝鲜"壬午之变" / 北洋军舰出兵朝鲜平乱
七月	李鸿章返天津
八月	邓承修请派知兵大臣驻扎烟台以结琉球案
九月	张佩纶条陈朝鲜善后六事 / 何如璋倡设水师衙门 / 聘琅威理任北洋海军总查
十二月	"开济"下水

正月初八日乙未（2.25）

翰林院侍读张佩纶上《保小捍边当谋自强折》，指出日本废琉球、法国谋越南，"驭倭之策，虽无伐之力，当有伐之心；虽无伐之心，当有伐之势。欲集其势，则莫如大设水师"。主张北洋三口自为一军，设北海水师提督；改江南水陆提督移驻徐淮，专缉陆路，长江水师提督驻吴淞口（原驻安徽太平）；改福建水师提督为闽浙水师提督；粤省单设一军。初十日，奉上谕：着李鸿章、左宗棠、何璟、张树声、彭玉麟等通盘筹划，会同妥议具奏。

正月初十日丁酉（2.27）

前总督衔福建巡抚、帮办南洋海防大臣丁日昌去世。

正月十八日乙巳（3.7）

因徐建寅回国称李凤苞经办铁甲舰未暇专精照料，仅嘱之闽厂年少学生。此辈虽略谙西学，习气颇深。名目在厂监造，实未能事事考校。设令该厂稍有偷减，造不如法，则巨款可惜，人言可虞。李鸿章函告李凤苞，随时督同各监工认真考校，勿任嬉游敷衍蒙蔽。

正月二十三日庚戌（3.12）

李鸿章函黎兆棠，称留美幼童外语已精熟，惟洋气太深，华文太浅，现拨归后学堂，严立规矩。二三年后，水师稍入门径，仍可再派出洋。又称黎庶昌乘"驭远"舰赴日本，函告该船机器屡坏屡修，海道生疏，盖因平时少令出洋之故。各口兵轮须令常行出洋操练，请由船政咨商各省督抚勉力为之。

正月

广东建造"肇安"轮船，拨交肇庆协巡缉，造价7 846两。

二月初三日己未（3.21）

李鸿章将徐建寅所译德国《海部述略》一书及驻日本长崎理事余瓗有关海军衙门的条陈，抄送张佩纶参考。

二月初六日甲戌（3.24）

"建胜"管驾，都司衔留闽尽先补用守备江懋祉病故，江懋祉光绪六年五月留学回华，七年九月接带"建胜"。

二月初七日乙亥（3.25）

"扬武"为局船之冠，近年屡次破坏，不敢请修。该船去冬去台北，又驶上沙岸，被大石碰伤。大修工价需五六万。管驾张成恐有处分，已禀请黎兆棠派其出洋，另派小心妥慎之人接管，一时实难其选。

二月十一日丁卯（3.29）
方伯谦调任"镇边"管带。

二月十二日戊辰（3.30）
李鸿章通知李凤苞，派刘步蟾等11人赴德，协驾铁甲舰，月内起程。次日，李凤苞回电，称铁舰有保险保固，派员协驾，有损无益，且亦太早。李鸿章即复电，指出保固责在洋人，派华弁仅在随船学习，望妥商速复。

二月十三日己巳（3.31）
《申报》载，福建船政自创造轮船以来，所有轮船或每年一修，或两年一修，或一年两修，所费帑金百数十万。光绪五年奉部驳斥，云闽厂制造自应工坚料精，何致时待兴修？今后制造轮船，必须明定章程，严立保固年限，如限内损坏，责令赔修，不得动用正款。岂知部议虽严，每年修船，但得有机可乘，无不曲从驾弁。"扬武"湾泊罗星塔两载有余，惟去冬去台北三次，即称朽坏，请修不敢动禀，不修又怕出事。近日忽闻不日兴修，未闻具禀，未见船政大臣批示和总监工知会各厂员绅匠首到船勘估，正月二十四日总监工随拉一二员绅及水缸厂粤匠首到船勘估，即嘱驾弁开单送署。各厂工料费动辄巨万，自应循章，否则有心人能无慨然？

二月十六日壬申（4.3）
法国交趾支那舰队司令李维业（H.L.Revière）率远征队在越南河内登陆。另有一支法国舰队在东京湾游弋。

二月二十一日丁丑（4.8）
赫德电告金登干，他已劝说李鸿章委任琅威理担任海军主要职务，而琅本人在犹豫，怕影响他在皇家海军的前程（琅此时担任"茶隼"[Kestrel]号舰长）。请劝说英国海军部把琅在华工作算作其海军服役时间，以使中国海军不落入德国人或美国人手中。

二月二十四日庚辰（4.11）
李鸿章函总署，李凤苞出使届满，请予以专事订办铁甲舰。

二月二十六日壬午（4.13）

① 李鸿章电李凤苞，已请在津之伏尔铿船厂帮伙巴士致电该厂，派刘步蟾随船观摩。

② 金登干向英国第一海军大臣凯古柏爵士转达任命琅威理之事，凯对此表示全力支持。

二月二十八日甲申（4.15）

金登干将关于聘用琅威理的书面材料及私人备忘录交给凯古柏和英国外交部官员庞斯福德爵士（Sir J.Pauncefote），庞表示当晚将材料交给外交大臣格兰维尔伯爵（2nd Earl Granville）。

二月三十日丙戌（4.17）

因主管天津军械局道员刘含芳对年薪5 000美元之水雷专家训练的学生不用，弃置军械任其腐朽，洋教习葛雷森请求辞职。

三月初二日戊子（4.19）

李鸿章母病，清廷准假一月省亲，调张树声署直隶总督兼北洋大臣。

三月初五日辛卯（4.22）

赫德在给金登干的信中说，在推荐海军顾问时，中国不喜欢官方而接受个人推荐，因为要考虑到其他强国。如果英外交部已给威妥玛打了电报，而他去了总理衙门或给李鸿章写了信，恐怕琅威理的机会（也就是英国的机会）就算完了。

三月初八日甲午（4.25）

① 法国侵略军占领河内。

② 准李鸿章请，派北洋水师记名提督丁汝昌与马建忠酌带兵船前往朝鲜，襄助签订朝美条约。

三月某日

天津机器局总办潘骏德等禀李鸿章，本月初七日接奉宪札，天津水雷学堂开办已经两年，效果不很明显，建议认真遴选，将其中资质学业略可造就者，提归水师学堂，照章分班肄习。拟请行知水师学堂吴仲翔、正教习严宗光择日提选，还确定将水雷学堂校舍改为管轮学堂。

三月初九日乙未（4.26）

① 谕：李鸿章居母丧，但久任畿疆，驻防直隶各营皆其旧部，北洋水师规模初创，未可遽易生手，各口通商，尤为熟悉，着李鸿章以人学

士署理直督，穿孝百日，即行回任。

② 英国外交部通知金登干，海军部24日决定，同意琅威理为中国工作，并且不影响他将来的晋升。

三月十二日戊戌（4.29）

李凤苞电李鸿章，"定远"七月杪竣工，八月验收。

三月二十日丙午（5.7）

① 丁汝昌率"超勇""扬威""镇海"3舰载马建忠离烟台赴朝鲜。

② 李鸿章函告张佩纶，他将因母亲去世而离职，北洋水师自应张树声接办，条绪太繁，一时未易就理。

三月二十一日丁未（5.8）

① 美国公使薛斐尔乘"汕岛"（Swatara）舰离烟台赴朝鲜。

② 中国军舰在朝鲜洋面遇日本军舰"磐城"号，载日本公使花房义质赴朝。

三月二十二日戊申（5.9）

① 李鸿章为上年驾驶"超勇""扬威"2舰回华之随行人员候补县丞马毓藻、监生解茂承、文童马元恺、附生江永、池仲祐请奖。下吏部议奏。

② 薛斐尔在《北华捷报》上发表给美国参议员萨尔金特（A.A.Sargent）的长信，攻击李鸿章和中国海军，使美政府甚为尴尬，遂召其回国。

三月二十三日己酉（5.10）

吴仲翔报告李鸿章，已将天津水雷学堂房屋改为管轮学堂，现需添造书桌、添盖厨房、略修门窗、墙壁地砖等。又拟与洋文正教习严复认真考校水雷学生，其优者充水师（驾驶）学生，次者留备管轮之选，又次者商酌位置，或遣归水雷营。请任命在津当差之参将衔补用都司萨镇冰，任管轮学堂洋文正教习，福建船政驾驶学堂帮教生员郑文成任副教习，天津水师驾驶学堂汉文教习生员董元度任监督。各员薪水、学生赡养银及伙食一切，拟照水师（驾驶）学堂章程支给。旋获李鸿章批准。

三月二十四日庚戌（5.11）

① 清廷不准李鸿章恳请收回成命准予开缺守制折，准李鸿章开去大学士署直隶总督缺，仍俟穿孝百日后，驻扎天津，统率所部认真训练并署理办理通商事务大臣。派军机大臣署户部尚书王文韶前往天津慰勉。

② 黎兆棠等奏，遵查上年四月初三日"威远"兵轮在小阳山洋面触碰，

船舱并无渗漏，亦无暗礁。抵沪勘验，计伤龙骨两处，修理费用1 500余两。又，六年十月间，"泰安"轮船34名水手寄禀到船政衙门，称管驾周凤震虚捏人数。经山东巡抚周恒祺派东海关监督登莱青道方汝翼查明，该船按月支领口粮银两并无丝毫克扣，船员对联名呈控毫不知情。又称育才根本，全在前后两学堂。从前练童多半得力帆船，延洋教习试之洪波巨浪之中。现帆船朽废，练童暂分派兵船学习，惟有赶紧筹款，仍购备帆船驶洋教练，方可长胆艺、储干才。

③ 黎兆棠旧疾增剧，请求开缺。

三月二十五日辛亥（5.12）

总署以法兵船入越南东京湾，奏请通筹边备，以弭后患。

三月二十八日甲寅（5.15）

李鸿章函告张佩纶：张树声父子恐王文韶夺据直隶总督，劝李鸿章同意担任北洋通商大臣，他本人仍持初议，坚请婉谢。张树声下月初四、五日抵津。李母灵榇于初十登舟，他于十五日前由津启程，奔迎皖江一带，随护回籍。

三月二十九日乙卯（5.16）

王文韶到津，转告李鸿章，慈禧太后传谕不准李守制，意以张树声仍即回粤。

四月初三日戊午（5.19）

吴仲翔向李鸿章呈报管轮学堂章程仿照水师学堂办理条规九条、稍微变通者十条，其中提到驾驶学堂学生系分三班，第一班归洋文正教习课督，第二、三班归副教习二员分课。管轮学堂学生分作两班，第一班归正教习课督，第二班归副教习课督。所设洋文教习正副各只一员。获李鸿章批准。李鸿章指出："萨镇冰充教习原非常局，两年后必须另延洋师。务饬严宗光、萨镇冰预为咨访，届时禀请延订为要。"

四月初五日庚申（5.21）

"镇海"舰携带文报从朝鲜回国，汇报美朝谈判情况。

四月初六日辛酉（5.22）

朝鲜与美国签订《朝美通商条约》。

四月初八日癸亥（5.24）

王文韶代李鸿章上奏请求终制。

四月初九日甲子（5.25）

英国驻华公使威妥玛返国途经天津，李鸿章派刘步蟾、罗丰禄向其询问聘请琅威理事，希望英国破例应允。

四月初十日乙丑（5.26）

① 谕：黎兆棠赏假一月，毋庸开缺。

② 张佩纶、陈宝琛奏，闻法国三月八日攻陷越南河内，请于李鸿章、左宗棠中选一人任两广总督，以钦差大臣驻扎广东，节制滇粤各军。广东水师提督吴长庆现督防烟台，应饬北洋大臣别筹东防，俾吴长庆以所部赴粤。或于鲍超、彭楚汉中酌调　员，驻粤督防。粤中兵轮水师，急切不能成军，可从"超勇""扬威"中酌调一艘，并得力师船数艘，分布粤洋，借壮声势。或请以水师直趋顺化，以一军夹击河内，一军分扰南圻，并以越南义民和刘永福各部响应，使法军四面受敌。

③ 金登干电赫德，在收到赫发来的"琅威理接受邀请"的电报（赫亲自到日本说服琅到中国海军任职）后，他即转告凯古柏。

四月十一日丙寅（5.27）

① 李鸿章致函张佩纶，张华奎、章洪钧自春初起，屡请执事帮办海防，鄙人久在军中，阅历较多，踌躇未敢遽发，恐致他日进退两难。顷渠等又似怂恿张树声，颇为所动。若于事有济而于公出处大计有裨，则鄙早乐赞其成矣。询问张佩纶本人态度。

② 英国水师提督韦尔士（G.O.Willes）率2舰抵朝鲜济物浦，商量与韩定约事。

四月十二日丁卯（5.28）

张佩纶函告李鸿章，表示早在辛巳四月舟中与李鸿章约定，从公练习，不会转随张树声，张华奎未"免视署督太重，而视吾辈太轻"。

四月十三日戊辰（5.29）

张佩纶再函致李鸿章：解释张华奎邀其为张树声办理海防事。称张华奎去年从保定归来，言李鸿章亲老多疾，欲以张树声作接替人选，请张佩纶襄助。今春张佩纶去信拒绝，并将致张华奎的两封信件抄录李鸿章。在致张信中称"佩纶不才，忝直起居，似守疆大臣，未宜奏调。北洋一席仍属合肥，即直督亦仅署任，主峰未定，点缀他山，恐亦未谙画格"。

四月十四日己巳（5.30）

① 李鸿章自天津起程，乘"保大"轮南下，回籍奔丧。

② 命广东兵轮克期出洋，借壮声势，命滇军进驻保胜，毋作闭门自守之计。

四月十五日庚午（5.31）

① 张树声奏请派翰林院侍讲张佩纶赴天津帮办水师并请加卿衔。诏以帮办大员及加赏卿衔向系出自特旨，张树声奏着毋庸议。次日又从陈宝琛请，以张树声擅调近臣张佩纶帮办水师，实属冒昧，着交部议处。

② "扬威"携带文报返回烟台，旋于十九日返韩。

四月十六日辛未（6.1）

吴淞炮台安装电灯试点。《万国公报》称"光照海面，几同白昼"。

四月十七日壬申（6.2）

张佩纶致李鸿章：张树声不待复书，遽拜疏请诸朝廷，自谓眷注已隆，即可挟贵慢士。且仅有张华奎与张佩纶联系，张树声无书致张佩纶，李鸿藻大不以为然，以为鹘突，商定命下必辞。十五日章下，恭王亦拂然，谓此举若出自李鸿章尚可，否则侍从近臣何得听外吏擅调？又谓张树声学浅才短，"到任未及十日，便思罗致清流，眩惑观听，此乃吞刀吐火，左道旁门，并非真实本领。津防至重，似此屋大柱小，令人寒心"。

四月二十日乙亥（6.5）

法国驻天津领事狄隆（D.Dillon）乘军舰抵达朝鲜仁川，商传教通商事。

四月二十一日丙子（6.6）

朝鲜与英国签订《朝英通商条约》。

四月二十三日戊寅（6.8）

丁汝昌、马建忠率舰离朝鲜回国。

四月二十四日己卯（6.9）

两江总督左宗棠抵吴淞口，阅"驭远""测海""威靖""澄庆""靖远"5舰，"龙骧"等4炮船打靶，及外海六营、内海五营水操。

五月初一日丙戌（6.16）

金登干因《伦敦中国快报》发表琅威理任命消息而会见凯古柏，认为此事应该保密。

五月初八日癸巳（6.23）

因朝鲜与德国谈判通商，应朝鲜国王咨商，丁汝昌、马建忠率"威远"舰到达朝鲜。南洋"登瀛洲"舰随同前往考察朝鲜海道。德国驻华公使巴兰德率2舰先二日到达。初十日，"超勇""扬威"2舰亦达。

五月十三日戊戌（6.28）

朝鲜政府邀请"登瀛洲"舰管带叶伯鋆等官弁17人访问汉城。

五月十五日庚子（6.30）

朝鲜与德国签订《朝德通商条约》。

五月十七日壬寅（7.2）

① 丁汝昌、马建忠率舰由朝鲜回国。

② 黎兆棠奏，以法人图占越南北圻，奉四月十四日上谕，命速派兵轮赴粤，驻扎琼廉一带洋面巡防。现闽厂所成兵轮，"威远""镇海"驻天津，"泰安"驻烟台，"湄云"驻牛庄，"靖远""澄庆""登瀛洲"驻江宁，"元凯""超武"驻浙江，"伏波"驻台湾，"振威"驻厦门，"福星"驻海坛，"艺新"驻福宁，"扬武"驻罗星塔。为便更调赴粤，惟有将"济安"从浙撤回，"飞云"从台湾调回，该两船现皆驻工勘修，管驾唐祐、黄伦苏皆由闽厂驾驶学堂出身而籍隶广东，已饬二管驾准备一切，月之下旬开驶。

③ 黎兆棠假期届满，旧病未痊，请开缺调理。

五月二十八日癸丑（7.13）

李鸿章函李凤苞，"定远"舰须七月杪交收，派刘步蟾前往学习观摩。称刘堪派管驾铁舰之人，隶北洋数年，屡经严切教诲，近稍谨饬。日意格语，明敏而轻躁，恐易偾事，望加训迪。并嘱筹办雷艇。

六月初一日乙卯（7.15）

① 谕：黎兆棠续赏假两月调理。

② 李鸿章电李凤苞，在德国雇上等鱼雷官来津教习一年，并订购鱼雷艇两条。

六月初九日癸亥（7.23）

朝鲜发生"壬午之变"，士兵与群众烧日本使馆，日公使花房义质逃离仁川回国。

六月十五日己巳（7.29）
以日本派兵赴朝，命张树声酌派水陆两军赴朝，调招商局轮船载运陆师。

六月十七日辛未（7.31）
日本决定派兵船赴朝鲜干涉。

六月十八日壬申（8.1）
出使日本大臣黎庶昌连电张树声，谓朝鲜事变，我亦当派兵船前往观变。

六月二十三日丁丑（8.6）
总署函张树声，即选派将弁酌带兵船赴朝。

六月二十四日戊寅（8.7）
① 清廷着张树声酌派水陆两军迅赴朝鲜。如兵船不敷调派，即咨南洋大臣添拨；并调招商局轮船载运陆师以期迅速。饬令丁汝昌、马建忠相度机宜，随时禀商办理。
② 朝鲜事急，着李鸿章克日起程驰赴天津。
③ 统领北洋水师记名提督丁汝昌到登州，与广东水师提督吴长庆商援朝鲜事。

六月二十六日庚辰（8.9）
丁汝昌、马建忠率"威远""超勇""扬威"3舰前往朝鲜，于次日抵达仁川。日本海军少将仁礼景范率"金刚"舰已先达。

六月二十九日癸未（8.12）
① 清廷以朝鲜之乱，系该国王之本生父大院君李昰应为首，戕害王妃及大臣多人，情势危急。朝鲜久列藩封，密迩陪都，现值中外多事之际，该国忽生内变，日本已有兵船前往，恐后患不可轻言。着李鸿章即行驰赴天津，部署水陆各军前往查办。
② 晨，丁汝昌乘"威远"舰回津，向张树声汇报朝鲜局势。七月初一日抵天津。
③ 驻朝日使花房义质乘"明治丸"等3船抵仁川。

六月三十日甲申（8.13）
① "超勇""扬威"管带林泰曾、邓世昌分乘小轮至南阳测量水道，次日复去。
② 李鸿章函张树声，提出将"任性乖张"的黄瑞兰自旅顺工程局撤回，另派袁保龄接任。

六月

广东建造"南图"轮船,交大鹏协在九龙一带洋面巡缉。造价9 412两。

七月初二日丙戌（8.15）

丁汝昌奉张树声命,乘"威远"舰自天津再赴登州,转饬吴长庆率军东行。

七月初四日戊子（8.17）

广东水师提督吴长庆及丁汝昌率2营4哨共两千人分乘"威远"舰及招商局"镇东""日新""拱北"等,并以"泰安"兵船装载粮械军火前往朝鲜,于初七日达仁川。时日本已驻7艘军舰,1营陆兵。

七月初八日壬辰（8.21）

李鸿章奏,定于七月十二日起程,由巢湖出江,过金陵与两江总督左宗棠筹商水陆兵饷、后路接济事宜,并至上海查探近日详情,即乘轮北上,素服办事。

七月十三日丁酉（8.26）

① 吴长庆、丁汝昌、马建忠、袁世凯等扣留朝鲜大院君李昰应。次日,由"登瀛洲"兵船将其解送天津。

② "澄庆"大副、留闽尽先千总吴梦良病故。

七月十六日庚子（8.29）

提督吴全美率广东兵轮到越南海面游弋。

七月十八日壬寅（8.31）

凯古柏告金登干,英海军部已给琅威理发去公函,同意他请假并已指定了接替者,但要琅本人以电报方式再次提出申请。

七月二十一日乙巳（9.3）

黎兆棠补授光禄寺卿。

七月二十二日丙午（9.4）

丁汝昌率各舰回国,于二十三日抵烟台,二十五日抵天津。

七月二十三日丁未（9.5）

① 李鸿章抵达天津,会晤张树声,商谈朝鲜局势。二十七日接署通商大臣篆务。

② 赫德函告金登干,李鸿章表示对琅威理的任命,需待他与琅见面并对此职务双方取得一致看法后才能确定。赫已通知琅,建议他在与李

会晤后再辞去"茶隼"舰长职务。赫称这是李在与他搞诡计,若非考虑到把海军领导权掌握在英国人手中的重要性,他再不管此事了。

七月二十九日癸丑(9.11)

左宗棠、彭玉麟奏复张佩纶海防事宜折,称长江海口当以狼山、福山为重,兼顾吴淞口。现查吴淞、江阴及圌山关、焦山、象山、都天庙等处,沿江炮台均修整坚固。惟水面空虚。长江长龙、舢板不能禁海上风涛,蚊子船炮大船小,头重脚轻,万难出洋对敌,只可作水炮台之用。其余各省兵轮船归李朝斌每月调操,彭玉麟每年巡阅一次,不过虚壮声威而已。张佩纶原奏各海口可自为一军,与其购铁甲重笨兵轮争胜于茫茫大海之中,莫若造灵捷轮船,专防海口要地,随机应变,缓急可资为愈。彭玉麟于六年冬奏造小轮船10只,专防海口,不争大洋,自成一军,因南洋经费维艰,部议暂从缓筹,现拟赶造,每只造价8万两,派长江久于战阵之员管带,选通习洋语、算法之学生帮办驾驶以熟海道,募海上渔户强壮者为勇丁。该轮船归提督统领,无事巡缉洋面,以靖海盗;有事齐集海口堵御,或诱敌搁浅,我船环而攻之;或伺敌船长驱大进,我船跟踪追击,断其后路。并拟筹银150万两,造快船5只。两项共需银230万两,拟在淮盐加引中筹拨。

八月初二日乙卯(9.13)

给事中邓承修奏,朝鲜乱党已平,请乘机完结琉球案。请派知兵大臣驻扎烟台,相机调度;厚结南北洋战舰,与驻朝吴长庆军形成掎角之势,责日本擅灭琉球肆行要挟之罪。

八月初三日丙辰(9.14)

命丁汝昌为直隶天津镇总兵,统领北洋水师。

八月十二日乙丑(9.23)

① 谕:将李昰应安置直隶保定府,永远不准回国。吴长庆所部暂留朝鲜。
② 张佩纶密函李鸿章:朝鲜之役,清议深以诈力为非,幸内意得视为奇功,赏必不薄。又谈李鸿章夺情复出事,称经营日本,合于金革无避之义,可以内副众论,外张国威,鄙人拟即建言。二三知己均极力为国亦极力为公,李鸿藻也说,非李鸿章创设水师,张树声只能望洋而叹。然吾辈所以期期者,不在朝鲜而在日本。
③ 应李鸿章要求,赫德向金登干电询订购三艘改进的17节航速巡洋舰

和一艘改进的16节铁甲舰的交货价格。又告知琅威理奉命从长崎去福州，处理中国厘金官员进入沙逊洋行没收鸦片事件。

八月十六日己巳（9.27）

① 张佩纶奏请密定东征之策，以靖藩服。称日本贫窘倾危琉球之地，久踞不归，朝鲜祸起萧墙，殃及宾馆，彼狃于琉球故智，劫盟索费，贪婪无厌。今日之事宜因二国之名，令南北洋大臣简练水师，广造战船，台湾、山东两处宜治兵蓄舰，与南北洋犄角，沿海各督抚迅练水陆各军，以备进规日本。诏命李鸿章先行通盘筹划，迅速复奏。

② 李鸿章议复邓承修奏，称南北洋乏舰，难以服远。烟台无炮台、无驻军、无兵船、无自立之根本。欲图自强之实事，当以添备战舰为要，不以岁驻烟台为亟。中国战舰足用，统驭得人，则日本自服，琉球案亦易自结。

③ 曾国荃奏，已挑选兵轮6只、拖船2只，由水师提督吴全美统带，赴北海洋面驻扎操防。嗣由闽省拨到轮船2只，亦饬赴该处，以资厚集而壮声威。并设法购买雷艇。

八月十七日庚午（9.28）

张佩纶密函李鸿章：佩纶请密定东征之策已专寄公处定议。上意以鄙意似尚切要，而公于前复琉球疏中，慨然以攘倭自任，故舍左宗棠、彭玉麟而专问公。设水师、图日本，皆公夙志，今圣母环顾勋臣，独叩公以至计。此事约有三端：一、请寄谕驻日大臣黎庶昌使改正朝鲜之约；二、于榎本武扬到津，峻词责问琉球之事；三、请将已购之两铁船奏归北洋训练，并饬部臣及沿海疆吏大购师船，倡立水师。

八月十八日辛未（9.29）

琅威理放弃对福州事件的指挥权，到达天津。

八月二十二日乙亥（10.3）

李鸿章议复张佩纶折，日本步趋西洋，所有船炮略足与我相敌。跨海数千里与角胜负，制其死命，未敢谓确有把握。应先练水师，再图东征。

八月二十五日戊寅（10.6）

金登干向赫德报告所询问军舰的型号及情况。

八月二十九日壬午（10.10）

李鸿章奏，以平定朝鲜之变，请赏记名提督、新授天津镇总兵西林巴图鲁丁汝昌穿黄马褂。二品衔候选道马建忠赏戴花翎，以海关道存记擢用。"泰安"轮管驾都司、闽浙尽先补用守备李田免补守备，以都司仍留闽省尽先补用，并赏加游击衔。"登瀛洲"轮管驾补用守备、江南尽先千总叶伯鋆免补守备，仍留江南尽先补用，并赏加都司衔。"威靖"轮管驾副将衔江苏外海内洋水师补用参将尽先游击徐长顺免补游击，仍以参将留江苏外海水师尽先补用。"澄庆"轮管驾花翎留闽尽先补用都司蒋超英免补都司，以游击仍留原省尽先补用。管带"超勇"快船留闽尽先补用参将林泰曾免补参将，以副将仍留原省尽先补用。管带"扬威"快船广东补用都司邓世昌免补都司，以游击仍留本省尽先补用，赏给勇号。管带"镇海"兵船参将衔升用游击留闽补用都司陆伦华，赏给勇号。"威远"大副五品军功戴伯康，以千总留闽尽先补用，并赏戴蓝翎。"威远"二副军功陈策，请以千总尽先拔补，并赏戴蓝翎。候选中书科中书袁世凯请以同知分发省份。另，北洋总教习二品衔二等宝星葛雷森，请赏总兵衔。二品衔津海关道周馥、二品衔候补道刘含芳，请交部从优议叙。

九月初一日甲申（10.12）

① 谕：平定朝鲜乱党，办理甚为妥速。李鸿章创办水师深资得力，着交部从优议叙。张树声赏加太子少保衔。其他人均准李鸿章所保，并赏邓世昌劲勇巴图鲁名号（一说勃罗巴图鲁名号），陆伦华质勇巴图鲁名号。

② 赫德函告金登干，琅威理的任命已基本解决，头衔是北洋海军总查，月薪600两。

九月初二日乙酉（10.13）

金登干函告赫德，设计师伦道尔主张中国订购"超勇"型巡洋舰。

九月初九日壬辰（10.20）

① 以赫德推荐英厂新制快船图式，李鸿章命李凤苞向英德各厂查询该船是否新式？十三日李凤苞回电，称该船不能与铁船交锋，宜改成穹甲船。

② 金登干进一步向赫德汇报阿摩士庄厂关于巡洋舰和铁甲舰的价格。

九月十六日己亥（10.27）

张佩纶条陈朝鲜善后六事，以"星象主兵，奏请理商政，预兵权，救倭约，购师船，防奉天，争永兴，以图善后并东征"，其中第五为"购师船"，主张拨巨款先造快船两三艘，由北洋选派将领，召募滨海壮丁为士兵，驻守仁川，较为活着。十九日奉上谕：朝鲜密迩陪都，实为东北屏蔽。该国情形积弱，现在变乱甫平，邻邦窥伺，自应力为护持，以昭字小之义，兼为固固之谋。张佩纶所陈各条，着李鸿章悉心酌度具奏。

九月二十二日乙巳（11.2）

侍讲学士何如璋奏，中国自筹办水师以来，船械非良，兵弁多滥，章程不一，训练不精。条陈六事：立营制，编舰队，勤训练，谋并省，精选拔，特设水师衙门，以知兵重臣统理。清廷着李鸿章悉心酌度，妥善具奏。

九月二十四日丁未（11.4）

谕李鸿章、左宗棠、曾国荃、何璟、涂宗瀛、彭玉麟于水师副将内选择堪称水师统兵者，各保数员，候旨记名，以备简用。水师参将、游击、都司、守备各员，如才艺出众，打仗屡著劳绩，并请开单具奏；记名提、镇人员，能耐劳苦，熟悉沿江海情形，堪胜水师总兵者，亦着保奏。

九月二十五日戊申（11.5）

李鸿章签发聘用琅威理合同，写明丁汝昌为北洋海军提督，具有指挥舰队任何船只及中外军官的全权。聘请琅威理，系总税务司赫德推荐及担保。琅威理的职务为副提督衔（The Brevet Rank of Vice-Admiral）北洋海军总查（The Chief-In-spector of the Northern Naval Squadron），负责全军的组织、操演、教育及训练工作。可以副署提督发布命令，并向北洋大臣提出报告。约中未明确聘期。薪水为库平银600两。自11月起支薪。

九月二十七日庚戌（11.7）

赫德函告金登干，琅威理终于获得"总查"的任命，爱思德（G.Hext）任其秘书和译员，薪俸150两，津贴50两。葛雷森、葛果德等人都宣称不在琅手下服役。

九月

第二届海军留学生陈兆艺、李鼎新进入英国格林尼治皇家海军学院学习。

十月初五日戊午（11.15）

① 李鸿章议复张佩纶条陈朝鲜善后六事，谓朝鲜三面滨海，水程一日可通。保护朝鲜，必须添练水师。现拟巡护朝鲜，以固网门户，必须先造快船2艘，需银80万两。

② 日本海军省提出海军扩充计划，建议在未来七年里，每年建造6艘军舰，其中大型舰6只，中、小型军舰及鱼雷炮舰各12艘。此计划后来部分实施，共建造大舰"浪速""亩傍"等十余艘。

十月十一日甲子（11.21）

以"驭远"兵轮上年十二月护送出使日本大臣黎庶昌出洋，左宗棠奏请将该舰管带金荣免补游击，以参将尽先推升。

十月十四日丁卯（11.24）

黎兆棠奏请给假就医。十一月二十三日奉旨准赏假两个月，回籍就医。

十一月初一日癸未（12.10）

赫德函告金登干，希望英海军部很快授予琅威理退役职衔，让他肩上再加一道杠会增加他和英国的实力。又说已批准葛雷森休假，由海关"凌风"号巡船管驾官法乐（J.Farage）接替他。再由哥嘉掌管"凌风"号。这样，琅可以自由行事，而不会有不顺从的外国下属找麻烦。17日信中又说，法乐将掌管教练舰，葛雷森将回国两年，要金密切注视他的动态。

十一月初九日辛卯（12.18）

李鸿章函吴大澂，谓北洋师船训练未齐，南洋局势更散，跨海远征，非有大队兵船，前茅后劲，首尾相应，未足以操胜算。琉球得失无甚关系，似不值遽兴大役。

十一月二十四日丙午（1883.1.2）

① 左宗棠奏，原拟定造5快船，现通过上海泰来洋行德国商人福克于德国船厂订造两只（按，即"南琛""南瑞"），每只约需银27万两，炮价和驾驶来华费用除外，余由闽厂制造。另，小轮船10只，由上海机器制造局建造。又，船政大臣黎兆棠久病不痊，请迅赐简员任事。

② 李鸿章电询李凤苞，订一只穿甲船几月可成？十二月初一日收李凤苞回电，14个月竣工。

十二月初二日甲寅（1.10）

李鸿章电李凤苞，命在德国订购穹甲快船连炮3尊。

十二月初三日乙卯（1.11）

① 福建船政为第一号铁胁双重木壳快碰船"开济"号下水。船长260英尺，宽36英尺，吃水17英尺，排水量2 200吨，马力2 400匹，航速15节。由船政总监吴德章、李寿田、杨廉臣制造。船价386 000两。

② 船政大臣黎兆棠在"开济"下水后，乘轮回粤就医。

十二月初五日丁巳（1.13）

左宗棠奏，遵保水师人才并堪胜海防任使各员唐敏仪、刘得、罗锦方等人。又奏，请将帮办山东海防事务、广东水师提督吴长庆存记，留为南洋统帅。

十二月十二日甲子（1.20）

宝廷奏，闽据东南海隅，而台湾尤为冲要。日本包藏祸心，断不能久和。不及时速筹，一旦有事，后悔无及。总督何璟，微短于才，不能破除情面，于海疆人地似未相宜。若不更调，恐闽海防务终难收实效。船政人言啧啧，讥其虚糜多而实效少，必须任命通晓军务部徇情面大员认真清查。

十二月十五日丁卯（1.23）

御史陈启泰奏请武试别设水师一科。

十二月十六日戊辰（1.24）

清廷以有人奏出使德国之李凤苞系负贩小夫，略通西语，钻营保荐。出使以来，不遵定制，私带武弁，挟妓出游等语。所参各节着李鸿章访查明确，据实具奏。

十二月十八日庚午（1.26）

左宗棠奏，朝鲜事变已定，请将赴朝之南洋"登瀛洲""澄庆"各兵船驶回南洋。

十二月二十日壬申（1.28）

命方伯谦任"威远"练船管带（方光绪九年正月初一日接管"威远"）。

十二月二十四日丙子（2.1）

金登干函赫德，想法促进琅威理晋升，因为四周前琅给他夫人去电，说困难日多，叫她不要去中国。金猜发生了什么障碍。止月二日，他又告赫德，琅威理在给他的信中抱怨巡洋舰被玩忽，整顿非常费力，现有人员质量极差。他已再次打电报给夫人，阻止她来华。

冬

马建忠上李鸿章书，议复何如璋奏设水师书，建议设立水师衙门，以知兵重臣领之，统率各省大小兵轮及沿海机器船政各局。广储海军人才，在广州、福州、上海、天津等处设立水师小学，选取十四五岁身家清白幼童入学。另于水师衙门附设水师大学院，收水师小学考试中程的学生入学。强调学院必课英文，欲其异日通晓外洋专门新旧书籍，不致固步自封。又设学生练船，岁由大学堂考送30名专门教习，训练驾驶人才；设水师士卒练船，年招400人加以训练；设卒长练船，岁考80名以培养下级军官。订立海军品秩，明立海军人员升格，核定俸银及士卒口粮。增订铁甲、快船。海军在旅顺、北馆设营、建澳、造坞，在澎湖、胶州澳、庙岛、威海卫、海洋岛建立基地，在朝鲜巨文岛设兵驻扎。首先经营北洋旅顺。裁撤各省旧式艇船。

同年

① 北洋向德国定购单雷艇4艘。

② 粤督向德国定购鱼雷艇3艘，取名"雷龙""雷虎""雷中"。

③ 制造局购商船，改造为防缉用，名"钧和"。船长148英尺，宽24.6英尺，马力80匹。

④ 天津机器局出版李凤苞辑《艇雷纪要》3卷。

光绪九年癸未（1883）

二月　吴全美统领广东轮船水师 / 命袁保龄、汉纳根兴建旅顺军港 / 张梦元督办船政

四月　南洋兵轮船情形

五月　李鸿章回任北洋大臣 / 李鸿章反对使用海军封锁越南洋面 / 赫德谋总海防司

六月　李鸿章视察烟台、威海、旅顺防务 / 命李鸿章署直隶总督兼北洋大臣，张树声回两广总督本任

八月　刘步蟾欢迎琅威理

九月　订购"济远" / 何如璋接办船政 / 增派第二届海军留学生

十一月　中法战争爆发

十二月　弹劾李凤苞 / 总理衙门内设海防股

　　　　光绪元年至六年北洋海防经费报销（第一期）

正月初九日辛卯（2.16）
　　留法学生陈伯璋病故。该生原系船政绘事院画童，出洋后派在鱼雷厂。

正月初十日壬辰（2.17）
　　李凤苞电李鸿章，"定远"回华保险需百分之四，请示是否投保。经反复电商，二十七日李鸿章决定，保费过百分之三，即不投保。

正月十八日庚子（2.25）
　　赫德函金登干称，琅威理坚持不懈干下去，可顺利度过困境，请金设法让乔治·伦道尔给他提升一级。当葛雷森回国休假时，不要让海军部或海军军官过分对待他。他并没有为李鸿章、为中国、为英国或为赫德做出最好的工作。

正月二十日壬寅（2.27）
　　李鸿章奏，复查李凤苞被参各款。称李凤苞以诸生襄办局务，留心经世之学，即非出身微贱负贩小夫可比。光绪元年总署奏报出使人员，即有李凤苞在内。经向出洋学生了解，皆称其谨守律法，德国外部、兵部、海部皆因引重之，无夷装、挟妓、佻达等情事。又称私带武弁一节，李凤苞监督出洋生徒内多水师武弁，又购办铁舰军火，随时派弁往从学习，更非违例私带。该大臣驻德四年，于泰西新法探讨入微，一时罕有其匹。原参各节，应毋庸置议。二十二日军机大臣奉旨，知道了。

二月初二日癸丑（3.10）
　　因法国更改前由法使宝海与李鸿章、马建忠所拟越事办法，清廷命署理两广总督曾国荃饬令广东水师提督吴全美统带轮船水师，认真巡防。

二月初八日己未（3.16）
　　① 李鸿章奏，前在德国定购"定远""镇远"即将竣工，现拟定穹面钢甲快船一只，辅佐铁甲舰之用。又奏，南洋兵船已回二号，"登瀛洲"暂留梭巡朝鲜海口。
　　② 李鸿章派道员袁保龄、德员汉纳根兴建旅顺军港。

二月初十日辛酉（3.18）
　　赫德函金登干称，琅威理的工作开始受到赏识，但德国高级船员将以"廉价劳动"进行竞争。一个德国人月薪100两，而琅却要600两。

1883 光绪九年癸未

二月十一日壬戌（3.19）
吴仲翔报告李鸿章，拟在驾驶学堂操场竖立一支训练用八丈桅杆以供学生训练。

二月十三日甲子（3.21）
张佩纶奏，黎兆棠起自病籍，初无成效，所任用者，姚宝勋、冒澄，皆劣迹昭著，众论哗然，致有拆毁衙署之衅。仍不思振作，借病离局，养疾家居。局事皆道员吕耀斗经理。该道系规避新疆由翰林改捐道员，断难倚仗。应请旨将黎兆棠开缺。

二月十五日丙寅（3.23）
金登干向赫德报告，英海军部正在出售几艘状况良好的旧木制护卫舰和巡洋舰以供拆船，建议可购作教练舰。又函，称章师敦现在愿意在琅威理手下服务，以前他只是跟着葛雷森跑。

二月十六日丁卯（3.24）
赫德函金登干，建议英国送一艘旧护卫舰给李鸿章，作训练舰，以压倒德国竞争者。金答不可能。赫德还说，琅威理在李鸿章身边的职位是稳固的，他已通知夫人来华。

二月十七日戊辰（3.25）
① 清廷开去黎兆棠督办福建船政差使。福建按察使张梦元开缺，赏三品卿衔，督办福建船政事宜。
② 李鸿章函总署，吴全美凑集数船，不足与法国相角逐，仍应由滇粤量力添兵进扎，固我国防，徐观其变。

二月二十四日乙亥（4.1）
赫德函金登干，称琅威理正变得利欲熏心，他已警告琅克制欲望。

三月初八日戊子（4.14）
清廷因越事中变，命广东水师提督吴全美将原驻琼廉水师移近越洋巡哨。

三月二十五日乙巳（5.1）
① 清廷着李鸿章迅速前往广东，所有广东、广西、云南防军均归节制。
② 左宗棠奏，上年七月二十九日会同彭玉麟上奏议复张佩纶筹办江海防务事宜折，曾提出将长江提督分驻岳州府的半年改驻吴淞口，现李成谋驻扎太平府，不必定驻吴淞口和岳州，于江防、海防两得其宜。
③ 赫德函告金登干，琅威理对他遇到的困难感到厌恶，几乎要辞职。

赫劝他不要自寻烦恼，耐心等待。说琅不懂中文极为不利。

三月三十日庚戌（5.6）

左宗棠奏筹办海防会商布置事宜。拟于长江沿岸之白茅沙（在江苏昭文县之长江南岸，居南通狼山、福山之前）布置坚船、大炮。若有寇警，两江总督辖江海防务，责无旁贷，应亲临前敌督战。巡阅水师大员及长江提督，责任长江，未涉洋务。彭玉麟、李成谋于白茅沙会商布置后，当回驻江阴。

四月初一日辛亥（5.7）

李鸿章奏，法国志在逼越胁从，而不在吞全越。谓广东水师不能与法相敌，怕法兵扰我海口，请各省督抚自行调度。自己暂住上海。上谕允之。

四月初三日癸丑（5.9）

船政大臣张梦元接篆视事。

四月十三日癸亥（5.19）

刘永福率黑旗军败法军于河内之纸桥，击毙李维业。

四月十四日甲子（5.20）

左宗棠奏陈南洋水师情形，碍难裁撤轮船水勇，改配水师兵丁，请将各轮船水勇仍旧照章办理。又奏，南洋添造大小兵轮船15艘，已饬向闽、沪两厂及德商订制，须预筹驾驶人才，派蒋超英教习闽厂学堂学生和水手。

四月十九日己巳（5.25）

凯古柏函告金登干，琅威理在英海军的晋升必须取决于他以前在海军中的服役，目前他的职务既不能妨碍也不能促进他的晋升。

四月二十日庚午（5.26）

李鸿章抵江宁，与左宗棠商议兵饷事，电张树声派丁汝昌带"超勇""扬威""威远"来上海待命。

四月二十二日壬申（5.28）

① 李鸿章抵达上海。

② 丁汝昌率3舰离大沽赴沪。

四月二十四日甲戌（5.30）

清廷以法越局势未定，吴全美前带轮船水师回虎门修理，着修竣后驶赴越南洋面认真巡防。

四月二十七日丁丑（6.2）

曾国荃奏，粤船行海无济于事。

五月初二日辛巳（6.6）

① 清廷密电李鸿章仍回北洋大臣任。
② 李鸿章派丁汝昌率1舰偕吴全美所带1舰在香港会合后往廉州查探。
③ "定远"舰在德国试航，航速达15.3节。

五月初三日壬午（6.7）

吴全美乘坐军舰抵香港。初六日会同丁汝昌驶抵廉洋，在钦州察看海口。丁汝昌旋回上海。

五月初四日癸未（6.8）

赫德在给金登干的信中称，法国派日意格去德国，试图阻止"定远"舰驶离。伏尔铿公司本因延迟交货而承受很大一笔罚款，考虑到德国海军部免费把船带出（中国只付加煤和运河捐税费用），就减免了罚款。

五月初七日丙戌（6.11）

总署电李鸿章、廉琼海面紧要，广东水师无备，应添派师船直抵海防，断法后路，以免琉球事重现。李鸿章次日电，谓法铁甲船在越海面，断非中国水师能敌，且闽仅3轮，浙仅2轮，江南仅3轮，北洋仅2轮，有事未可远驶，实系无船可拨。

五月初九日戊子（6.13）

李凤苞电李鸿章，现催"定远"速备，倘越事决裂，虽开驶，两不能交。

五月十一日庚寅（6.15）

报载，上海祥生船厂、江南制造局、耶松船厂各为清政府建造2艘沿江炮艇，长136英尺，宽36英尺，舱深12英尺，吃水6英尺。每艘配阿摩士庄式后膛炮3门，炮重6吨，炮弹重120磅。炮由江南制造局制。

五月十三日壬辰（6.17）

赫德函告金登干，总理衙门暗示将设立海防衙门或海军部，并任命他担任总海防司。他不知这是一种哄人手段，还是真正的前兆。

五月十六日乙未（6.20）

李凤苞电李鸿章，"定远"经严催已竣工，但德国海军部担心法国开衅劫掠，不允代送。次日又电，试用龙旗开驶，因无华兵，只能托德国海军部看守。

五月十九日戊戌（6.23）

李鸿章电告总署，闻法国海军将在中国沿海拦截海运华兵及军火往越之船，故海路运兵断不可行。

五月二十二日辛丑（6.26）

李鸿章得报，海防有法国军舰20只，又闻法调驻英铁甲舰多艘、大兵船6艘赴中国洋面。电曾国荃饬吴全美率广东现有兵船并奏调福建2船往廉琼洋面巡扼。南北洋兵船实系无可远拨。

五月二十三日壬寅（6.27）

① 李凤苞与德国内政部商量，用伏尔铿船厂商旗代送"定远"回国。
② 赫德通知金登干，李鸿章已决定不向英国购买巡洋舰。

五月二十四日癸卯（6.28）

曾国荃饬令吴全美将原有各船已修竣者，刻日带往廉琼海面驻巡。闽船已调来2艘，未便再调。

五月二十五日甲辰（6.29）

琅威理率6"镇"炮艇到大沽，张树声命暂留操练，以壮声势。

五月

北洋水师营务处于天津落成。

六月初一日己酉（7.4）

李鸿章接李凤苞电，"定远"初八日（7.11）可驶，请定行止。旋回电局势未定，可随时与曾纪泽密商，俟事稍定开启为稳。

六月初二日庚戌（7.5）

① 李鸿章离沪赴天津，视察烟台、威海卫、旅顺防务，初八日回北洋大臣署任。
② 广东水师提督吴全美督带兵轮往廉琼海面巡防。

六月初十日戊午（7.13）

命李鸿章署直隶总督兼北洋大臣，张树声回两广总督本任。

六月十一日己未（7.14）

曾国荃奏请给予办理碉堡、购买舰炮的人予以优叙。下部议。又奏广东虎门海防情况。

六月十六日甲子（7.19）
① 法国水师提督孤拔（Vice-Admiral A.A.P.Gourbet）抵达越南海防。
② 赫德在给金登干的信中说，李鸿章从来没有公平对待从英国购买的炮艇和巡洋舰，既没有适当保养，也没很好地配备船员。他缺乏经验，而易受人影响。

六月十八日丙寅（7.21）
李鸿章接李凤苞询"定远"是否开行电报后，回电可速开驶。

六月十九日丁卯（7.22）
曾纪泽电李鸿章，谓"定远"驾驶未熟，难保不累；宜在红江上游使用水雷。

六月二十四日壬申（7.27）
报载，上海怡和洋行最近新置"高升"轮，船主为英人麦格罗。船长260英尺，宽40英尺，船头吃水8英尺，船尾吃水10英尺5英寸，分3层，马力500匹，日耗煤20吨，时速14英里。

六月二十五日癸酉（7.28）
李凤苞电李鸿章，"定远"已购煤募人，下月初可开，若再遣散，赔俸贻笑，请即电示。次日李鸿章回电，使用局外旗，倘法截阻，德国能保护否？

六月二十八日丙子（7.31）
李凤苞电李鸿章，谓倘有战期，"定远"因是军器，德国不能保护，但寄泊局外海口，便无妨碍。现拟七月初三日启航。李鸿章回电嘱在途探有的确警变，再寄泊局外海口候信，否则速驶。

六月三十日戊寅（8.2）
李鸿章电李凤苞，饬刘步蟾随"定远"回国。旋于上午10时40分收李凤苞电称，德国外交部言，若中法交兵，便可扣舰。不及先告局外，沿途难探确信，又匿不及进口，故建议缓办。询应否准刘步蟾先回？李鸿章电答刘步蟾继续在洋认真学习本领，俟"镇远"验收，一并回华。

六—七月
左宗棠函总理衙门，去年奏明添造快船5艘，已在闽厂建成"开济"，另在德国后挖得（Howaldt）船厂定制两艘快船，每艘27万两，预计年底完成。该船使用日意格在法国购买之图纸建造，派在洋监工之陈兆翱监造。又，原定建造小火轮10号，已饬在上海机器制造局试造1号。

七月初四日壬午（8.6）

署两广总督曾国荃奏，遵筹海防情形。得旨着切实妥协。廉琼洋面及钦州边境，饬令吴全美、方耀认真巡防。又奏，海防需款孔急，拟办捐输，以裨经费。下部议。

七月初五日癸未（8.7）

张梦元奏，光绪六年正月至八年十二月船政经费开支，共收管1 421 782两，共支银1 068 693两，存银304 960两余，又存钢炮价脚银8 125两余。

七月初七日乙酉（8.9）

以张佩纶奏，交广形势，水军当委重琼廉，请将广东水师改用兵轮，募雇琼廉疍户、粤海舵工以为管驾，驻琼驻廉均足牵制敌军。命张树声、裕宽、倪文蔚妥议具奏。

七月十三日辛卯（8.15）

张梦元奏，船政出船越多，费用越省，而成船越多，养船经费日增，须从长计算。应如何变通办理，容悉心妥筹后再报。又奏，员绅薪水津贴请于贴水项下开支。又奏，旧定轮船薪费，名额，分别裁减，酌核变通。八月初五日奉上谕，着左宗棠、穆图善、何璟、张兆栋核议具奏。

七月

陈兆艺、李鼎新毕业于英国皇家海军学院，旋分别登"斯卫福舒耳"（Swiftsure）和"诺尔参木顿"（Northampton）军舰实习。实习期满后，又返海军学院进修炮术。

八月初四日辛亥（9.4）

吴仲翔报告李鸿章，饬令严宗光向英国皇家海军学院总教习蓝博德（Captain Lambert）联系招聘管轮洋教习，现拟聘正教习一员，讲授理法，月薪250两，聘副教习一员，讲授手艺，月薪150两。李鸿章批示同意。

八月初七日甲寅（9.7）

金登干函告赫德，刘步蟾称他被任命为中国驻英国使馆海军武官，刘对其朋友琅威理参加中国海军感到高兴，曾写信劝琅一步步开展工作，不要操之过急。刘愿意看到一位英国海军上将（提督）来掌握中国舰队。

10月24日赫德回函，称刘要英国海军上将的愿望为时过早且"可笑"。

八月初十日丁巳（9.10）

因英国"汉口"轮洋人推挑夫罗亚芬入水溺毙，广州群众焚烧沙面洋房14处，张树声率兵镇压。次日，英法军舰从香港驶入广州，至二十三日，共有2英舰、1法舰。中国军舰5艘亦达。

八月十七日甲子（9.17）

谕张树声，勿让法船进入黄埔。

八月二十二日己巳（9.22）

谕兵部尚书彭玉麟往广东会同督抚办埋海防，左宗棠、李鸿章办埋南北洋防务，吴大澂带吉勇3 000人，来津防法兵船挑衅。

八月二十五日壬申（9.25）

张树声奏，越事愈棘，大局攸关，宜舍大洋而扼内港，置海军而用陆军，整练兵勇以扼要隘。如法兵再悖理，即与断交。着有法兵船入境即行奋力截击。

八月二十七日甲戌（9.27）

张梦元、吕耀斗登"开济"舰首次试航。九月初一日，张梦元会同闽浙总督何璟再次试航。旋派何心川为管驾，九月二十二日开往南洋遣用。

九月初一日戊寅（10.1）

① 李凤苞在柏林同伏尔铿船厂签订合同，订造一艘穿甲巡洋舰。

② 李鸿章电李凤苞，拟在伏尔铿船厂订造二艘鱼雷艇，请速寄总分图。

九月初九日丙戌（10.9）

张梦元补授广西布政使，派翰林院侍读学士何如璋接办船政。

九月十一日戊子（10.11）

① 张梦元奏各号轮船经裁减员弁后，核定官弁、舵水员名并月支薪粮、公费银数。

② 张梦元奏，请将"扬武"仍作兵船，船政第五号铁胁船作练船用。

九月十四日辛卯（10.14）

李凤苞电李鸿章，鱼雷艇已订购，请汇定银。

九月二十七日甲辰（10.27）

① 孤拔被任命为东京法军统帅。

② 内阁学士洪钧奏请速购德国铁甲舰，赶紧配驶前往粤洋，壮我声威。

九月二十九日丙午（10.29）

李鸿章电李凤苞，穹甲舰命名"济远"。邱宝仁、林履中作为增派的第二期海军留学生，进入英国格林尼治皇家海军学院学习。

秋

两广总督张树声奏，广东拟购新式穹面钢甲船两只。

十月初三日庚戌（11.2）

张梦元奏，后学堂驾驶洋教习邓罗，于六年八月到工，约限三年，现续约再留一年。月薪200两，因兼办翻译事务，另加50两。此外加给洋钱50元作翻译公费。前学堂制造洋教习德尚因病回国，拟令郑清濂兼充。后学堂管轮教习，自前教习理格回遣后，曾聘英国水师管轮师丢瓦，后因水土不服，力辞斯任，拟令魏瀚兼充。两学堂毕业生，续批出洋肄业及派赴闽省南北洋各练船。另遴幼童120名，入学堂肄习。

十月二十一日戊辰（11.20）

以中法行将开战，命沿海沿江各省严密戒备，加意保护通商口岸。另谕李鸿章筹度北洋防务，及时备办。

十月二十八日乙亥（11.27）

左宗棠等奏，长江水师兵丁口粮无可酌减，请照原定章程作为定额。

十一月初四日辛巳（12.3）

命张佩纶在总理各国事务衙门行走。

十一月初八日乙酉（12.7）

金登干函告赫德，琅威理以中国水师副提督身份向海军部提出，要求英政府派二名炮术教习来华。鉴于目前中法关系的状态，海军部完全不准备考虑此申请。又称一旦战事爆发，将召回琅。又谈到他向凯古柏提起琅的晋升问题，凯称他对琅6月未得到提升遗憾，但假如琅一直仍在英海军服务，他还是得不到晋升的。

十一月十五日壬辰（12.14）

孤拔率法军进攻由黑旗军和清军5 000人共同驻守的越南山西，中法战争爆发。

十一月某日

张佩纶函恭亲王奕䜣论海防。称法越之事无论和战利钝，必为西南边患。纵观沿海形势，北洋分扼沽、塘，略顾旅顺，而登莱之防尚虚；

南洋兼筹江海，重扼江阴，而苏太之防稍阙。应请饬下北洋大臣，选定将领，为简练之师，扼扎烟台，与沽塘、旅顺掎角。左宗棠之防，以江苏白茅沙为扼要。崇明孤峙海外，兵力单薄，必须预筹备御。福建远连粤海，近蔽浙洋，尤宜镇辖得人，以杜日本窥伺。浙江定海岛屿孤悬，乍浦口门深阔，并应与宁波、镇海设法筹防，使苏浙首尾衔接，以期巩固。海防之说，创自十年以前，购船购炮，所费不下数千万，而临事仍无甚把握；防倭防俄所费亦不下千余万，而沿海仍无甚规模。疆臣以部臣惜费为解，部臣以疆臣浪费为词，终之迁就因循。此后总署当切实讲求，查核沿海要隘，博考外洋船式，与户部议经费，与兵部议营制，与疆吏议将材，虽遽难立可久可大之规，亦当使成能战能和之局。又称闽省总督何璟、巡抚张兆栋，治务安静，不甚知兵，亦不讲求兵事。台湾镇道不和，防务一切搁置。一旦海波偶扬，恐台、澎、厦、澳尤不足恃。请别简贤臣以为更代。恭亲王将张佩纶此信略作修改，于十一月十八日以总署名义，上《筹办海防折》。

十一月十八日乙未（12.17）

以越南嗣王被杀，祸乱方殷，着李鸿章饬丁汝昌统带师船，赴粤听调。

十一月十九日丙申（12.18）

上谕：总署奏海防紧要，宜悉近患而豫远谋。法人侵占越南，外患日亟。南北洋防务，着李鸿章遴选得力将领曹克忠、郭宝昌等扼扎烟台，与塘沽、旅顺相掎角，陈士杰当就本省现有各营严密布置。崇明应如何预筹，着左宗棠熟筹酌办。其沿海可通内地者，或以冬防为名，檄令沿海州县挑练民壮，联络声势；或招募太湖一带枪船，借资巡缉，着卫荣光妥筹办理。台湾久为外人所觊觎，何璟、张兆栋务当同心筹划，备豫不虞。浙省防务，着刘秉璋严扼海口，并随时与闽苏两省互相策应，以期巩固。

十一月二十日丁酉（12.19）

以海防紧要，谕南北洋大臣暨各督抚实力筹防。

十二月初一日丁未（12.29）

船政大臣何如璋接篆视事。

十二月初四日庚戌（1884.1.1）

传闻法国将据琼州、台湾、定海为质，清廷命杨岳斌往福建筹办海防，彭玉麟移师琼州。

十二月初六日壬子（1.3）

清廷以国子监司业潘衍桐奏李凤苞误公侵职据实纠弹一折，称李凤苞为李鸿章订购铁甲二号，四年未成，故留经手未完之事，为要求留任地步。且数百万巨款一人开支，难保无收受花红等弊。又称李于法越一案，私自派员赴法，擅自退让土地之说，应先行撤任，着该衙门查明具奏。总理衙门十二月二十四日奏，"定远"订购在先，限上年六月告成，迭据报请展限，至本年春始试演齐备。"镇远"随后订购，据报明年四月交试。其中迟延情由，据李鸿章答复，实因该船料件被驳修换之故。至回华衍期，则以德国守约，不便代送，而自行驾驶，又恐法人劫夺，并非借词延宕。李鸿章称该员讲求武备，条理精微，为不易得之员。查该员办理交涉尚称熟悉，现在出使任期将满，经办各船，亦数月可成，应俟其如限验收，再行饬令交卸回华。依议行。

十二月初七日癸丑（1.4）

左宗棠奏，福建船政制造"开济"快船，拖延工时，机器不灵，吃水、航速均未达原定要求，实属玩延讳饰。请旨将新授广西布政使、前船政大臣张梦元严行申饬。十四日上谕命何如璋确切查明。

十二月初九日乙卯（1.6）

总署电李鸿章，闻张树声订购两钢甲船，价140万，确否？请查明为何国？李鸿章复电称，张树声所订钢甲快船，系在德国订办。

十二月十一日丁巳（1.8）

① 李鸿章电李凤苞，朝议颇责其不能将铁甲舰驶回，能否面见德相俾斯麦（O.von Bismarck），借德旗运送？十四日李凤苞回电，德外部谓，借旗碍于公法，且铁甲巨炮皆军火，挂商旗亦可截留。俾斯麦外出未回。李凤苞极愿早驶，不敢冒险。

② 李鸿章函张佩纶：顷电催李凤苞与俾斯麦商借德旗送铁船。恐前经总署照会，要与法国接仗，俾斯麦不欲犯局外中立之公法。春初德国海部与李凤苞订合同，即预言及此层。李凤苞经办"镇远""济远"，均约于明年春夏次第竣工，未知届时越事能否定局，若久持不决，3船成本过重，远来实可耽心，徒劾李凤苞无益也。

十二月十七日癸亥（1.14）

① 张佩纶函李鸿章，提及"海防已设专股"。此前，张佩纶函恭亲王，建议总署内设海防股。谓自同治十三年筹办海防一疏起，至近日法越事宜积牍纷繁，非专设海防一股不可。海防之事，分门别类，一曰海防经费（船政局及机器局经费附焉），一曰沿海要隘（各属国海岸附焉，沿海炮台若干、式样如何亦附焉）。一曰外海师船，一曰各省局厂，一曰各种枪炮（外国枪炮有我军所未用者亦附焉），一曰沿海防营。此外中外臣工条奏，分省分军，已布置者备查，未施行者备采，务令条分件系，了如指掌，庶各省陋塞各军情形，不至隔膜。建议于各股中抽调数员办理此事。

② 李鸿章电李凤苞，有人奏参其借铁甲舰延宕，嗜利玩公，着其交卸使事后，只可留德守候，押船回津。十九日收李凤苞回电，请速派人前来，交卸船务使务，或六月验收"济远"，并交一同回华。

十二月十八日甲子（1.15）

李鸿章函张佩纶：敝军枪炮系托李凤苞订造，数年尚未运齐，其曲折繁重，非言可喻。李凤苞用人或未尽当，若谓借端图利，尚不致此。曾纪泽俯视一切，积不相能。徐建寅心术太坏，又从而媒孽之，此谣诼所由来，不可不察。

十二月十九日乙丑（1.16）

① 李鸿章奏光绪元年六月至六年底北洋海防经费。共收银 4 826 618 两，登除滇案款及各处赈工用银 808 084 两外，购买船炮枪械、养船经费、中外员弁薪粮、制造修造各项共支银 2 964 232 两，应存银 1 054 301 两。

② 张佩纶致李鸿章：张树声在黄埔演放水雷，于商船出入殊碍，英、美、德三使均来争论。请转告。

十二月二十二日戊辰（1.19）

李鸿章电张树声，黄埔水雷，试演即撤，使知我有此器亦佳，无警不必常设。

光绪十年甲申（1884）

二月　李鸿章与张佩纶论海部

三月　琅威理辞职 / "甲申易枢" / 醇亲王奕譞主政

四月　曾国荃、李成谋巡察江防 / 张佩纶请设水师衙门统管七省水师 / "南琛""南瑞"到华 / 吴大澂、陈宝琛、张佩纶会办北洋、南洋、福建海疆 / 张之洞署理两广总督

五月　李成谋总统江南兵轮 / 李鸿章与"清流"巡阅海防

闰五月　张佩纶抵闽 / 孤拔率法舰入闽江 / 曾国荃赴沪与法使详议条约

六月　张佩纶请南北洋军舰援闽 / 张佩纶迭请先发制人 / 招商局轮船售予美商 / 不准塞河不准先发 / 法舰进攻台湾，基隆被击退 / 广东兵船布防

七月　马江之战 / 对法宣战 / 命左宗棠为钦差大臣 / 张佩纶兼船政大臣 / 吴淞堵口

八月　基隆、淡水之战 / 天津医学馆学生分派海军当差 / 南洋诸舰状况

九月　命南北洋军舰援台 / 何如璋革职 / 天津水师学堂第一届驾驶班毕业 / "定远""镇远"暂缓回国 / 聘用式百龄 / 许景澄验收军舰

十月　朝鲜"甲申政变" / 许景澄受命订购新舰

十一月　"横海"下水 / 北洋三舰抵韩

十二月　左宗棠奏马江之战情形，为张佩纶辩诬 / 张佩纶革职发军台 / 裴荫森署理船政 / 请建马江昭忠祠 / 张成斩监候 / 吴安康率舰援闽

正月十一日丁亥（2.7）

清廷准左宗棠开缺回籍调理。以裕禄署两江总督兼通商大臣。十九日，又以曾国荃署理两江总督兼通商大臣，裕禄着毋庸署理。

正月

李鸿章幕僚袁保龄函张佩纶，称海防事权归一，乃克有济。公与李鸿章、李鸿藻挽危局，探本源，在此一举。此间同心者仅章洪钧、周馥，倘得若章周者数辈布满北洋，当可日起有功。

二月初六日壬子（3.3）

李鸿章函张佩纶：北洋虽负虚名，数年来就款筹办洋枪炮，铁舰、蚊、快各船，鱼雷小艇，水师、电报各学堂，旅顺、威海水师，未竟之绪，实缘仅有二三中材奔走其间，万分吃力，鄙人心血、头发已耗枯。若不自揣量，好为大言，以七省水师自任，必为众射之的。明知执事可为同调倡和，第恐权力亦有弗及，且钱财、人才均少。今欲大办水师，必须以西洋为法。船政二十年，无一船可战，左宗棠、沈葆桢师心自用误之也。日本兵船无华船之多，肯学西洋，规制闳远。海部必应在京添设，而京员习气离道太远，乃欲改设天津，以外僭内，谤争蜂起，必不得已，仍由总署兼理，敝处会办，仿照日本东京建海部衙门，横滨、横须贺分建东西两镇衙门之意，或稍经久。

二月十三日己未（3.10）

李鸿章函总署，答复征询沿海七省专设一海防衙门事。主张仍由总署兼辖，暂不另建衙门。他本人可仿外省督抚兼京衔故事，予以海部兼衔，随时随事商榷。推荐张佩纶在海部任事。又称刘步蟾、林泰曾、蒋超英造诣可观，资历尚浅，尚未敢信其能当一面，然而将来水师人才，必于此辈求之。天津设水师学堂，今秋可选其优者上练船，操习一二年，仍须遣令出洋赴大学堂、大兵船随队观摩。磨炼必须十余年，拔十或可得五，再充兵船头目、升管驾、统领，庶与西洋相颉颃。西洋英法水师，盖萃数十万人之心力，费数亿万之金钱，穷年累世而后得之，非一蹴可几。德国、日本海军则是近年扩充，中国极应仿照。并附呈《德国海部述略》《日本海军说略》。

二月十八日甲子（3.15）

清廷接获李鸿章电报，援越清军与黑旗军坚守之越南北宁被法军占领，次日，慈禧召见军机，决定将广西巡抚徐延旭摘去顶戴，革职留任，责令其收拾败军，尽力抵御。如再退缩不前，定当从重治罪。

二月二十八日甲戌（3.25）

何如璋奏酌核轮船薪费、名额、练船各事宜。

三月初一日丙子（3.27）

李鸿章函张佩纶：海防衙门似以缓设为是。前接李凤苞腊尾函，抄与德外部问答节略，越事不定，3舰无法驶回，德人亦不肯保险。其谤李凤苞乃不知洋情者，幸勿为所淆惑。无铁船则水师何必专设耶？

三月初三日戊寅（3.29）

因越南太原失守。清军死伤甚众。又传法国拟索600万镑赔款。清廷震怒，上谕称关外军情万急，徐延旭株守谅山，毫无备御，云南巡抚唐炯退缩于前，以致军心怠玩，相率效尤。派湖南巡抚潘鼎新、贵州巡抚张凯嵩驰分别署理广西、云南巡抚，传旨将徐、唐革职拿问，解交刑部治罪。

三月初四日己卯（3.30）

张佩纶函李鸿章：水师疏已拟出，待恭亲王从东陵祭祀归来，定期入告，似不必缓。法事败坏，此后洋务不能办，一切水师、火器亦必有人挠之，中国决无自强之日。

三月初八日癸未（4.3）

左庶子盛昱上奏，称徐延旭、唐炯皆张佩纶荐之于前，李鸿藻保之于后。恭亲王、宝鋆久直枢廷，亦俯仰徘徊，坐观成败，请将军机大臣及滥保匪人之张佩纶，均交部严加议处，责令戴罪图功，认真改过。奏上，留中不发。

三月初九日甲申（4.4）

金登干函告赫德，两广总督电请曾纪泽订购一艘铁甲舰在珠江使用，并立即送出。曾派马格里与金商量，金称没有赫德指示，他不能在购买军舰上予以任何帮助。

三月十二日丁亥（4.7）

琅威理因在英海军中一直得不到晋升，向李鸿章提出辞职以回国任职，为李挽留。赫德函金登干，强烈批评英海军部，称自己25年来，一直力图使中国陆海军领导权保留在英人手中，而英国官场却不予配合。

琅一走，德国人肯定会得到这个空缺。

三月十三日戊子（4.8）

懿旨：恭亲王奕䜣始尚小心匡弼，继则委蛇保荣，近年因循日甚，每于朝廷振作求治之意，谬执己见，不肯实力奉行。着加恩仍留世袭罔替亲王，开去一切差使，并撤恩加双俸，家居养疾。军机大臣全班开缺。命礼亲王世铎、户部尚书额勒和布、阎敬铭、刑部尚书张之万在军机大臣上行走，工部左侍郎孙毓汶在军机大臣上学习行走。

三月十四日己丑（4.9）

懿旨：军机处遇有紧急事件，着会同醇亲王奕譞商办。

三月十七日壬寅（4.12）

命奕劻管理总理各国事务衙门事务。

三月二十三日戊戌（4.18）

金登干函赫德，报告南洋在德国所订轻巡洋舰"南琛"号的情况，称其作为战舰没什么用处。在25日信中又进一步提供该舰资料。

四月初一日乙巳（4.25）

金登干向赫德寄去阿摩士庄船厂技师怀特（H.White）所写关于阿厂各种新型舰船资料备忘录。

四月初六日庚戌（4.30）

清廷命李鸿章与法国总兵福禄诺（F.E.Fournier）会谈，听其"讲解"。

四月初八日壬子（5.2）

① 张佩纶奏，请饬边海各军严防战备以杜要盟。
② 清廷命曾国荃、李成谋严密布置南洋防务。

四月初十日甲寅（5.4）

翰林院编修梁鼎芬奏，李鸿章骄横奸恣，罪恶昭彰，恳旨明正刑典。

四月十三日丁巳（5.7）

① 曾国荃与长江水师提督李成谋巡察江防。至十八日回江宁。
② 李鸿章、左宗棠、何如璋等奏，船政关系海防，拟请协筹经费，以扩成规而期实效。提出闽局原造轮船，马力不过250匹，现仿造2 400匹马力快船，机器即不敷用。需进口设备，加扩厂地。同时，为扩大修船，还需构造船坞。请饬下户部，将积欠1百万两经费设法解清，并划拨各省关岁协60万两经费。

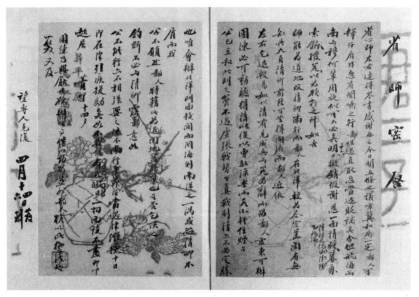

张佩纶获悉派往会办福建海疆事宜当日给李鸿章写的密信，称"鄙性过直，取忌当途，贬谪其分，但航海而南，与穆何辈周旋，似可不必"。请李鸿章上奏，将他与吴大澂调换，为李鸿章婉拒

③ 津海关道周馥禀李鸿章，天津医学馆前班学生6名约计九月学业可成，届时拟留2人充当副教习，其余4人分拨兵船。拟照英国船上医生所用，每人购置一百两器具。拟在医学堂设立一总药局，以备兵船各医生支取药材。每一医生配一百两药料。原定医学堂每年添学生4名，惟目下军营水师在在需用医官，分拨恐有不敷，拟请推广至12名，可从香港挑选聪秀学生来津习医。增添学生后，医馆房屋尚需增建。李鸿章旋批准扩招。

四月十四日戊午（5.8）

① 谕：吴大澂会办北洋事宜，陈宝琛会办南洋事宜，张佩纶会办福建海疆事宜。

② 张佩纶函李鸿章：请设法将他和吴大澂对调。李鸿章二十日回函，若李鸿藻能够设法，可由张专为督操水师。

四月十七日辛酉（5.11）

李鸿章与法国代表福禄诺在天津签订《中法简明条约》，承认法国占有越南，中国将军队撤回边境。

张佩纶是"清流"代表人物，又与李鸿章关系密切，积极参与筹划海军发展。经他向恭亲王建议，总理衙门内设立了海防股。1884年春，他还上奏建议设立水师衙门，统筹全国海军事务。5月，他奉派会办福建海疆。法舰入侵闽江，他调集船政军舰与之对峙，但得不到南北洋的支援。马江之战后，他担任船政大臣，旋革职发军台效力。后成为李鸿章女婿

四月二十二日丙寅（5.16）

金登干给赫德寄去怀特论"定远"铁甲舰设计缺点的备忘录，称中国人受骗了。

四月二十五日己巳（5.19）

① 张佩纶奏《请设沿海七省兵轮水师折》，认为水师宜合不宜分，宜整不宜散，当设水师衙门，特派大臣将沿海七省水师改用兵轮，各省船厂、机局均归调度。以水师一军应七省之防，以七省供水师一军之饷。此奏原为张佩纶与奕䜣、李鸿章商定的主张，经慈禧太后懿旨，由张佩纶上奏。

② 两江总督曾国荃奏，在德订购快碰船"南琛"现已抵沪。"南瑞"亦将到华。连同购办鱼雷艇、枪炮子弹，计价银70余万两。除在南洋防费及盐票项下付银30余万两外，尚缺30余万两，连同闽厂代造快船两号，合共需银90万两。请借出使经费60万两，盐务厘税30余万两。旋总署议准。"南琛""南瑞"舰长280英尺，宽36英尺，吃水17英尺，排水量1 905吨，马力2 800匹，航速13节。配阿式8英寸炮4门，阿式4.7英寸炮4门，哈式1.5英寸炮1门，拿式1英寸炮3门。

四月二十八日壬申（5.22）

张树声因病开缺，着张之洞署理两广总督。

五月初一日乙亥（5.25）

清廷命切实筹划台湾防务。

五月初二日丙子（5.26）

清廷命长江水师提督李成谋总统江南兵轮。

五月初九日癸未（6.2）

李鸿章函曾国荃，张佩纶奏设水师衙门，特请派重臣经画一事，先是张佩纶在总署创发此议，恭王、李鸿藻多龃之，遂欲以兹事委之，鄙人实苦才力不及，曾详复总署，请仿东西各国之例，在京添设海部，我襄助商榷，嗣闻枢意不以为然，仍拟奏请在外设水师衙门。正缮奏间，朝局忽更而中止。张佩纶赴闽召对时又奏，奉懿旨下南北洋会议。各省兵船散漫，必须统一，但非北洋所能遥制，即南洋兼管闽、粤洋面，亦恐鞭长莫及。若在京设海部，又无熟悉情事之人堪膺是任。各省防饷竭蹶，断难猝集千万巨款。张之洞、张佩纶及吴大澂、陈宝琛心精力果。愿分赞斯役，应否由你我合力肩承，乞详示。

五月十一日乙酉（6.4）

会办北洋事宜大臣吴大澂抵达天津。

五月十八日壬辰（6.11）

①曾国荃奏，遵旨江南兵轮船拨归长江提督李成谋总统。今将"登瀛洲""靖远""澄庆""开济""龙骧""虎威""飞霆""策电""威靖""测海""驭远""金瓯"大小兵轮12号悉拨李成谋总统。"南琛""南瑞"及即将完工之"保民"，派袁九皋、徐长顺、吴安康管带，亦拨李成谋总统，预为训练，以归画一。

②醇亲王函翁同龢，张佩纶条陈创立水师，局面甚大，已由南北洋妥议。而旁观之论，又谓徒费无益，究竟当如何？

③李鸿章函阎敬铭，张佩纶整练水师之议，实为自强要务，惟饷需竭蹶，取精用宏，非克期所能集事，似须时局大定，各省新募不得力之勇营酌量裁遣，腾出饷额，分年筹出有着之款，逐渐经营。即不能遽与英、法兵船抗衡，当可驾日本而上之，称东海劲敌，公有意提倡乎？

五月二十四日戊戌（6.17）

何如璋奏，遵旨查明船政前造"开济"，并无玩延讳饰。该船光绪八年十二月初三日下水后，船政系因赶修"海镜""湄云""扬武""澄庆""万年清""福星""长胜"而推迟。

五月二十六日庚子（6.19）

张佩纶奏，拟将闽局轮船抽调聚操。

五月二十九日癸卯—闰五月初五日戊申（6.22—6.27）

吴大澂新承简命，张之洞、张佩纶赴任过津，偕李鸿章巡阅北洋海防。参演军舰有"超勇""扬威""威远""康济""镇东""镇西""镇南""镇北""镇中""镇边"。闰五月初一日抵旅顺，初二日过烟台，初三日抵威海，观看军舰演阵、鱼雷训练和炮台建设。闰五月初四日，张之洞、张佩纶乘船赴沪，李鸿章、吴大澂扬舻北旋，初五日回到天津。

闰五月初二日乙巳（6.24）

① 刘铭传奏，沿海设防宜分缓急轻重，以期扼要。各海口炮台亟宜改进，以防严守。水师兵轮宜次第筹办。朝廷宜设海防衙门。长江、太湖水师急宜改制。闽、沪局宜加紧整顿，以求实济。

② 候选知府徐承祖条陈，请在京师添设轮船水师衙门，并附设水师总学堂。

闰五月初四日丁未（6.26）

① 赏前直隶提督刘铭传巡抚衔，督办台湾事务。台湾镇道以下各官均归节制。

② 法政府将其在中国和东京（越南北部）的舰队合编为法国远东舰队，由孤拔统率，利士比（S.N.J.Lespés）为副。

闰五月初八日辛亥（6.30）

① 利士比副官日格密（Jacquemier）致电海军殖民部长裴龙（Peyron），提出海军分舰队采取行动，占据一地为质，强制中国履行《天津条约》。

② 李鸿章收李凤苞电，"定""镇"2舰装备完毕，保费付讫。初十日进坞，十八日开洋。倘启衅不便开，空赔薪工保费70余万两。

闰五月初九日壬子（7.1）

① 上谕：旅顺口炮台是否坚实，天津至山海关一带炮台共若干处，即

孤拔，法国海军将领，中法战争时担任法国联合舰队司令，后病死军中

着查明详确情形，将直隶口岸及旅顺、烟台各炮台绘图帖说呈进。

② 金登干电告赫德，琅威理已获英海军部晋升。

闰五月十一日甲寅（7.3）

张佩纶抵闽，会同何如璋视察船政机器厂。

闰五月十二日乙卯（7.4）

① 曾国荃奏，购置"南琛""南瑞"，借用皖、赣、苏协款，盐厘，地丁款项30万两，无可归还，请作协拨南洋购船之款。

② 丁汝昌带"康济""威远""超勇""扬威"到威海，与刘含芳议事终日。

③ 孤拔率6艘军舰自香港抵上海。

闰五月十三日丙辰（7.5）

① 李鸿章奏天津至山海关防务情形，又奏北洋沿海各口炮台工程情况。称大沽、北塘炮台仍就咸丰年间防营旧基充扩而增益之，两岸沙滩一望无际，掘地三尺即见水，所幸海口淤狭，大船巨炮不能入。旅顺口黄金山、老虎尾炮垒系延德弁汉纳根仿照德国新式创建，尤为曲折精坚。津海关道周馥随营多年，熟谙工程，究心韬略，前因病给假调理，现甫就痊，拟饬委前赴各海口，会同该将领详细查勘炮台，绘图帖说汇呈。

② 丁汝昌带"康济""威远""超勇""扬威"及2艘鱼雷艇到旅顺，会同护军、毅军各统领，履勘就近沿海各处险要之区。

闰五月十四日丁巳（7.6）

张佩纶函李鸿藻：福建炮台苦卑，船局苦敝，枪炮苦杂，子药苦少。十羊九牧，朝命暮更，尤其锢弊。福建既有将军会办，台湾又有刘铭传督办，鄙人来此，岂非赘疣？初意将船政、台事及各处防务查明覆奏，静听朝命。召回，中途乞病；不召，设辞乞病。及抵上海，闻和局已败，法衅复开，闽海不知何时撤防，已无法退回。

闰五月十六日己未（7.8）

内阁学士尚贤奏，李凤苞购买铁甲船，价300万两，以二成折扣，侵吞60万两以肥己囊。又闻，包修船屋，糜费巨款数十万两，将来船之好坏不可知，而该员已盈箱充橐。

闰五月十七日庚申（7.9）

① 丁汝昌函林泰曾、叶祖珪，现在旅顺4船各西员，恐中法构兵，纷纷乞退，刻均乘"镇海"赴津。若辈近年在船供差，半属有名无实，早拟分别替去。此间仍须添华管轮4名，方足供用。望于六"镇"挑选三管轮4名，即随"镇海"来旅。至六"镇"所遗二管轮缺，于三管轮中考选充补；三管轮缺于管汽、管油中考试。倘有足资录补者固妙，或于沪上函招，或于津中就近选募，总期材职相称为要。所有升募各弁薪粮，均从六月份起支。

② 宋庆自营口抵旅顺，晤丁汝昌。英国水师提督率7舰抵旅顺，亦会见丁汝昌。次日，中英军舰同往大沽。

闰五月二十一日甲子（7.13）

① 法国代办谢满禄（Semallé）向清政府提交最后通牒，要求清政府发布特旨，命令清军退出越南北圻，并向中国索赔军费250兆法郎，限七天内回复。否则法国将自取押款及赔款。

② 广东水师提督吴长庆在奉天金州防次去世。

闰五月二十二日乙丑（7.14）

① 慈禧太后召见醇王和军机大臣，商量对策，确定照会法国，同意明降谕旨，宣布撤兵，但拒绝赔款。对于法国的无理要求，将依照《万国公法》提出抗议。

② 法舰"安普黎"号驶入闽江马尾左近之半屹搁浅。先是，二十一日法领事已告知有两艘法兵船入口。张佩纶向军机处请示和战。

闰五月二十三日丙寅（7.15）

军机处电福州将军穆图善，局势未定，请告法国领事，以中法并未失和，彼此应谨守条约，切勿生衅，军舰勿进口，以免百姓惊疑。

闰五月二十四日丁卯（7.16）

① 清廷发布上谕为：依据李鸿章与福禄诺四月间议定简明条约，着岑毓英、潘鼎新将保胜、谅山各处防营撤回滇、粤关内驻扎，并于一月内全数撤竣。

② 军机处向各地将军督抚电寄谕旨，密饬严阵以待，倘法军按兵不动，我亦静以待之；如果扑犯我营，务须并力迎击，断其接济，期于有战必胜。退缩不前者，立即军前正法。并转发懿旨，各营士卒奋勇有功者，除破格施恩外，并发给内帑奖赏。将士炎暑从军，赏给平安丹。

③ 刘铭传乘"海晏"轮抵达基隆上岸。报载当地文武官员出迎，炮台和中国军舰鸣礼炮欢迎。港中停泊一法舰，升旗要求中国军舰停止放炮，否则以炮还击。后经解释，法人始释疑。

④ 张佩纶电军机处，孤拔明日入闽江口。

⑤ 李鸿章电总署，孤拔率大铁舰4艘、快船10余艘。南北洋船皆小，难以应援。

⑥ 法舰"嚣卢荼"驶入闽江。

闰五月二十五日戊辰（7.17）

孤拔乘"益士弼"（I'Aspic）舰入闽江。"费勒斯"（Villars）舰进入台湾基隆。

闰五月二十六日己巳（7.18）

① 法舰"都杰""端腊士"入闽江。"安普黎"因搁浅船坏，退往香港。

② 何如璋奏，法舰聚泊马江，敌情叵测，应亟调各省兵船协防。

③ 醇亲王函翁同龢：孤拔直抵福州，利酋与其合队。张佩纶连电，甚为焦急，衅不开不能截击，衅既开彼已深入，和之误事，有如此者。总署日不暇给，却鲜奇策。

④ 张佩纶收李鸿章电：马尾以上水浅，大船难驶，宜预布置。有急但保省城无失，可免损威。同舟遇风，此时不容劾同官，积诚感之。公为法所忌，不可在前敌。上日，张佩纶电李鸿章，拟弹劾何璟及藩司沈保靖。

中法马江之战前停泊在福建闽江中的中法军舰

闰五月二十七日庚午（7.19）

① 清廷授曾国荃为全权大臣，克日赴沪与法使详议条约。

② 本日为法国最后通牒到期日，张佩纶接李鸿章电，法军将于二十八日进攻马尾船政。即于是夜偕何如璋作布置。次日双方未战。

③ 总署大臣周家楣电张佩纶：醇邸嘱阁下珍重，勿蹈险。

④ 陈宝琛以祖父病故，请假省亲。

闰五月二十八日辛未（7.20）

① 总署电张佩纶：法船迫马尾，意欲自取船厂作押。如但欲据厂而不开炮，可据理照会孤拔诘问。倘竟据不让，只可以兵力相争。各军防守稍单，可急添募。若战局已成，务须真力抵御，虽有小挫，亦可力图再振。总以谋定后动为主。

② 张佩纶电总署：法不开炮据厂，似无事。彼深入非战外海，敌船多敌胜，我船多我胜。促南北洋速以船入口，勿失机养患。谋定后动，想署不愿先发，急寡无器械，何能小挫再振？

闰五月二十九日壬申（7.21）

① 何如璋奏，二十八日已作迎敌交战之备。请旨饬下南北洋大臣速派各快船克期赴闽。旋奉旨，南北洋迭称船不能拨，着就现有兵力备御，以惩凶锋。

② 张佩纶电总署：昨纶到马尾，孤拔见管驾张成，疑我欲战。答以战

即约期，不行诡道。孤拔云，两国有礼，吾船将退。夜间，彼放电灯戒备，今晨开去两艘。

③ 丁汝昌函罗丰禄，帆缆教习嘉格蒙以中法关系紧张，其为英国水师军官，未便在船，拟赴津暂避。请暂为安置，或送水师学堂教书。

六月初一日癸酉（7.22）

① 总署电张佩纶，奉旨：据张佩纶电信，法船先后退出3只，如北南各饬两船，定能逼法出口等语。江南浙江现均无船可拨，北洋轮船稍多，着李鸿章速拨两船，备齐军火，赴闽策应，并由该署督电寄张佩纶知悉。

② 又谕：迭据何璟、张佩纶等电报，法全力注闽，已进8艘，请饬援应牵制等语。孤拔赴闽，有欲踞地为质之说，南北洋复称无船可拨。惟闽疆紧急，粤、浙相距较近，着彭玉麟、张树声、张之洞、倪文蔚、刘秉璋酌拨师船前往，设法援应牵制。

六月初二日甲戌（7.23）

① 张佩纶电军机处，宜争先下手。

② 张佩纶电张之洞，请粤船来借作声援，破各省畛域之见。

③ 张佩纶电李鸿章，孤拔在此，终夜自扰，却不退。今日闽调回一船，法亦来一船。粤派两船将到。张之洞公忠可感。

④ 李鸿章奏请以前甘肃提督曹克忠任广东水师提督。

六月初三日乙亥（7.24）

① 曾国荃从南京启程，次日到上海，与法使谈判。

② 李鸿章函张佩纶，移驻马尾，独当其冲，有辟易万夫气概，欣佩之余，转增危悚。曾国荃沪议恐必无成，公须刻刻防备退步。

六月初四日丙子（7.25）

① 李鸿章电总署，奉旨饬拨北洋轮船赴闽策应，现两碰船两运船驻扎旅顺，六蚊船调守大沽北塘，设有疏虞，咎将谁执？

② 张佩纶电总署，法船进闽港，三分二泊马祖澳。三分一泊龟后，紧对长门。今既不阻止，又必俟扑犯登岸，始能还击，彼操胜算，我失先着。战无可战，皆遵旨静以待之。请代奏，示机宜，为闽计即为大局计。

③ 张佩纶又电总署，请饬曾国荃分两船来闽，法退即送还。

④ 刘铭传奏，台湾孤悬海外，非兵船不能扼守。原闽省派轮船"永

保""琛航",专往台北装煤载货。"万年清""伏波",专备台南调遣往来。现在4船均赴闽沪,不独与闽疆音问不通,台南北亦声气隔绝。现在南洋新购钢快2船已到,请将船政前拨两江之"澄庆""登瀛洲""靖远""开济"4船遣回台湾,与张佩纶随时督练。旋奉旨,叠据曾国荃、陈宝琛电报,此时拨船赴闽,适以饵敌。且江南防务亦吃紧。已准许暂缓调拨。

六月初五日丁丑（7.26）

张佩纶电军机处,再请争先下手。

六月初六日戊寅（7.27）

① 总署奕劻等奏,南北浙洋均拒绝派船援闽。

② 为防止法国劫夺,招商局轮船暂售予美国旗昌洋行。

六月初七日己卯（7.28）

① 曾国荃在上海与法国公使巴特纳（J.Patenôtre）开始会谈。

② 何璟等电请饬曾国荃拨船援闽。

③ 总署电张佩纶,福建罗星塔为该省门户,船厂非城池可比,与其拘守一隅以正兵抵御,不如统筹全局,设法出奇。军情不能遥制,惟前敌审处。

六月初八日庚辰（7.29）

① 福州将军穆图善电总署,闽失势在不能先封口,又不能先发。法兵船守口1艘,入长门10艘,环马江者6艘,鱼雷艇2艘。又有大小兵轮7只,在近省城长乐县海口,拟筑炮台,要挟开衅。我俱新集之兵,倘一挫难振,转遂其夺厂之计,害不胜言。

② 陈宝琛力主派2舰援闽。曾国荃不允。

③ 黄国瑾函军机大臣阎敬铭：今日大局如此,和战皆难,限期已迫,不可不决计。福州首当敌冲,张佩纶张空拳以拒法人,始则欲塞海口,而地方官持不行,及法舰驶入,而北洋之船又不即往援,使人于危难之地,急而弃之,殊令志士寒心。望公请朝廷速颁电旨,严饬南北洋遣船往援。

六月初九日辛巳（7.30）

总署电李鸿章：陈宝琛欲调轮援闽,曾国荃恐贻口实,所虑是,已奉旨暂缓调往。

六月初十日壬午（7.31）

① 李鸿章电总署：顷因闽事，紧急电商张佩纶，沪议无成，难保不即动兵，探确敌情，以马尾以上水浅，兵船难进，若与接战，即烧船厂，掳兵轮。我自度兵轮不敌，莫如全调他往。腾出一座空厂，彼即暂据，事定必仍原物交还。否则一经轰毁，从此海防根本扫尽，力难兴复。乞速与当事诸公密图之。

② 张佩纶电张之洞：粤船已到，感甚。法船廿八后小船泊马尾，大船在外，防无潮时劫也。塞河遏粮断煤，均办不到，今但能以气驭将牵敌。

六月十一日癸未（8.1）

总署电张佩纶，事急莫若腾空船厂，撤全军以保省城，勿呆守马尾。

六月十二日甲申（8.2）

① 张之洞电总署，请饬南北洋派水雷艇牵制敌舰。

② 雇佣之德国商船"万利"（Wille）运送19门170毫米大炮及水雷抵达基隆，"费勒斯"舰禁止卸货。"万利"返回沪尾。

③ 夜，在马尾法舰上的法国远东舰队副司令利士比接到进攻台湾基隆的命令。

六月十三日乙酉（8.3）

利士比率"鲁汀"（Lutin）舰及陆战队从闽江口出发，次日会合已在马祖澳海面的法舰"拉加利桑尼亚"（La Galissonnière），十四日与已在基隆的"费勒斯"会合。

六月十四日丙戌（8.4）

清廷电谕，据张之洞电，请饬南北洋各派数舰带水雷艇，合力援闽，南北洋前因兵轮缺少迄未成行。现闽防相持日久，若多派兵轮，合成一队，作势牵制，勿与遽战，兼可援应他口，亦属制敌之策。着李鸿章、曾国荃、吴大澂、陈宝琛迅速电商定议复奏，并知照闽省。

六月十五日丁亥（8.5）

① 利士比指挥法舰"鲁汀""拉加利桑尼亚""费勒斯"攻打台湾基隆炮台。炮台被毁，清军撤退。当日，派"鲁汀"往上海，向法使巴特纳汇报战况。

② 张佩纶电总署：兵轮入口，瞬息即至马尾。塞河先发，正慎战重厂也。兵诡道，不可先传。敌船至，始商各领事，无及；未到先商，是

激法增船。互援是活着，先发是急着，舍此两着，布置更难。不乘未定时先筹，若待敌船大至，当何所恃？愿诸公审思。

六月十六日戊子（8.6）

① 法舰陆战队进攻基隆市街及附近煤矿被击退。利士比派"费勒斯"前往马祖澳，向孤拔报告战事。

② 刘铭传奏敌陷基隆炮台我军复破敌营获胜情形。

③ 谕何如璋、张佩纶等，前称法舰再入数艘，我塞河先发一策，塞河当与各国领事说明，免遭借口；先发尤须慎重，勿稍轻率。

六月十七日己丑（8.7）

总署照会各国公使，暂禁各国水师在福州登岸。

六月十八日庚寅（8.8）

① 何如璋、张佩纶电军机处，再请互援、先发。张电谓议和不成，法必扰闽。英、美调停，无非袒法，请严旨速拨五六快船来闽助势，使力足相抵，和战方有结局；若再延宕，误闽即误大局。

② 利士比由基隆赴上海。

六月二十日壬辰（8.10）

① 张佩纶电张之洞：闽口现在敌情，先发可胜。惟内政不定，南北不应，将士勇怯半，何如璋虑后患，独力不敢决计。

② 张佩纶电总署：颇闻台战交绥，彼仅4船，请派南洋"开济""南琛""南瑞""澄庆"4快船驰往基隆验虚实，水陆夹攻。如此，和亦得体。曾怯甚，非严谕不出船。

③ 总署电张佩纶等，奉旨：选据张佩纶电请饬拨四五船速到闽，方可阻法战。如仍延宕，误闽即误大局等语。法舰麇集闽口，被挫于台，难保不求逞于闽，增船诚为要着。南北洋现无急警，着李鸿章、曾国荃各拨兵船二只，克日抵闽，大局所关甚重，勿分畛域，勿存成见。法如蠢动，张佩纶等当竭力战守，不准以待船借词推卸。

六月二十一日癸巳（8.11）

① 何如璋、张佩纶电总署，请早定战计，并饬南北洋援闽。

② 总署电张佩纶，转美国驻华使馆参赞何天爵（C.Holcombe）主张，炸毁马尾船厂。

六月二十二日甲午（8.12）

① 廷议和战全局，拒绝赔款，仍请美国调处。

② 曾国荃奏，"澄庆"兵船改作练船，请加练船费用。

③ 张之洞命赤溪协副将吴迪文统带"海镜清""海东雄""安澜""执中""横海""靖安""宣威""澄波""广济""精捷"10船，驻泊虎门横档一带；水师提标左营游击黄廷耀统带"辑西""镇东""广安""扬武""翔云""永济""康济""靖海""飞霞""飞电"10船，驻泊黄埔一带；都司邓镇邦统带"靖江""利川""翼虎""宽济"4船及新雇轮船2艘，听候彭玉麟差遣，巡查各口；"定功""鹰梭"派往水雷局调用。中军副将王世清统带"篷洲海""广靖""永安""安涛""济川""报捷""南图""惠安""肇安""利济""永清"11船，派在省河差遣。派往虎门、黄埔、彭玉麟行营、水雷营26船，仍归王世清兼辖。

六月二十三日乙未（8.13）

总署电张佩纶、何如璋，本日奉旨：张、何力顾船厂，苦守一月，深堪嘉尚。电饬南洋拨船，曾国荃节次电报实难分拨，陈宝琛亦称拨船适足速变，系属实情。着就现有水陆兵勇实力固守。闽俗剽悍可用，如招营缓不及事，先募健卒，参用智谋，出奇制胜。张佩纶等胸有权略，迅即筹办。顷知基隆已复，所请"开济"轮船赴闽，已饬南洋速拨。至所称再宕二十日，法船续来等语，现已另筹办法。二十日内必有调度。

六月二十四日丙申（8.14）

① 清廷电谕沿海督抚，倘法国将照会置之不顾，亦不退出兵船，唯有即与决战，命听候谕旨。

② 曾国荃电总署：二十日张佩纶电陈宝琛云："开济"应还闽，如管驾推延，请遵旨照退缩不前例正法。陈复张电云：此时"开济"无济，不如不开。曾国荃意甚坚，未便遽问管驾之罪。查闽海白犬黄沙要路，有法铁甲3号阻截，闽口乃天堑之险，法船我船均不容易入口。今日吴淞口外，实泊法兵船3号，铁甲1号，日夜窥伺炮台与我兵船，此时万不宜舍长江而入海口，且法船坚于我船十倍，一经出口，必被抢去，诚恐自送败局。张陈二会办，当此万分危迫之际，往来电信，动曰军前正法，窃恐各兵船闻之人心解体，将贻淞沪长江五省不测之患。国

荃任大责重，只身孤立，不敢不先行密奏，乞恩以救各管驾之性命。

③ 总署电张佩纶：昨有旨饬曾国荃拨"开济"船援闽，兹据该署督电报，陈宝琛、张佩纶因调拨此船争论情形，拨船既于闽无济，吴淞、长江防务亦殊吃紧，着不必拨往。管驾归总督管辖，行止不能自由，张佩纶屡有将管驾正法之言，殊属过当。刻下事机万急，总当遇事和衷，妥筹商办，不得各存意见。

六月二十五日丁酉（8.15）

法舰"费勒斯"进入闽江。

六月二十六日戊戌（8.16）

① 法国议会支持法内阁对华军事行动。

② 李鸿章电张佩纶：台援绝，法援来，战衅将成，尊处好自支持。

六月二十七日己亥（8.17）

① 因美国调解失败，清廷谕各地若法人蠢动，即行攻击。

② 曾国荃离沪返江宁，夜抵吴淞口，与长江水师提督李成谋等商议布置江海防务。

③ 张佩纶电总署：致署及陈宝琛请"开济"退缩不前正法，系遵旨密电，因旨允拨后管驾推延，既未致曾，辞意亦有斟酌，陈复亦未争论，不解曾奏何据？臣承命历练，不敢擅作威福，闽事孔急亟，尤不敢私争饰渎，致失大体。惟久顿兵疲，闽不得请船以安军士之心，而疑敌望援苦衷，便恳代陈。

六月二十八日庚子（8.18）

张佩纶致函张人骏谓：株守已一月，请先发不可，请互援不可。机会屡失，朝令暮更，枢译勇怯无常，曾、李置身事外，敌在肘腋犹且如此，国事可知。决裂必在旬日之后，内谋不决，酿至法大举入犯，沿海各督抚，舍张之洞外无一有天良者！吾不忧敌而忧政也。

六月二十九日辛丑（8.19）

① 法国临时代办谢满禄向总署发出最后通牒，索赔8 000万法郎，限二日答复，总署拒绝。

② 张佩纶、何如璋电总署：拟告知各国后封锁河道。李鸿章旋电张佩纶，阻河危及各国，切勿孟浪。不以决战为是。

③ 陈宝琛偕许景澄由沪乘"均和"轮，抵崇宝沙，晤李成谋，观各兵

轮停泊形势。三十日过江阴，七月初一日登圌山关、镇江各炮台，初二日下午抵江宁。

六月三十日壬寅（8.20）

穆图善电总署，闽实无力禁法舰出口，欲阻必先发，欲先发必济船。

七月初一日癸卯（8.21）

① 谢满禄下旗离京。

② 清廷电张佩纶，事急，决不可放孤拔出口，所有闽台防务，须严密布置。

③ 军机处电李凤苞等，在德国募请军官50人来华，"定""镇"两舰亦请赶紧驶华，毋再延误。

④ 张佩纶电总署：前电请船，苦情要著。此时南洋但拨"开济"无益，必得四五船速到闽，方可阻法战，如仍延宕不速拨，法船日增，闽必竭力支持，但至船碎厂焚，祸及各省，请南洋任其咎。

⑤ 张佩纶电张之洞，旨云："如有蠢动，即行攻击"，非后发而何？无专权，无斗将，虽欲先发，能乎？愤闷！以闽为天阱，不准出口，尤奇！恐必偾事也。

七月初二日甲辰（8.22）

① 法国海军部命孤拔向福建海军发动攻击，并破坏船厂及沿岸防御设施。当晚，孤拔向各舰长下达次日下午2时作战的命令。

② 戌刻，何璟电张佩纶，告其传闻法将于明日乘潮进攻马尾，张佩纶复电严备，但以交战照会未至，迟疑不决。

七月初三日乙巳（8.23）

① 谕：着李鸿章、曾国荃各拨兵船两只，克日抵闽。

② 法国领事白藻泰（G.G.S.Bezaure）照会闽浙总督何璟等，午后2时开战。照会于午刻收到，未及措置，至未时才通报马尾和长门炮台。何如璋派魏瀚找英国领事探听消息。魏瀚乘雷艇前往闽江下游。此时，法国提前于1时56分攻击泊于福州马尾港内的船政船只。是役，法舰投入9艘，即二等木壳巡洋舰"窝尔达"（Volta），排水量1 300吨；炮舰"益士弼"，471吨；"野猫"（Lynx），515吨；"蝮蛇"（Vipère），471吨；45、46号鱼雷艇皆在罗星塔以西水域。二等铁骨木壳巡洋舰"杜居士路因"（Duguay Trouin），3 189吨；二等木壳巡洋舰"费勒斯"，

中法马尾海战。福建船政是引进法国造船技术和专家兴办的中国近代最大的造船企业,当中法因越南交涉而爆发战争后,来自法国的舰队在这里与他们的学生作战,并用舰炮轰击船厂

2 268吨;"德斯丹"(D'estaing),2 236吨,泊在罗星塔以东水域,总吨位达10 387吨,共拥有火炮72门。后又增加4 127吨的装甲巡洋舰"凯旋"号。中国参战军舰11艘,"扬武""福星""福胜""建胜""飞云""济安""琛航""永保""振威"等9艘被击毁,"伏波""艺新"2舰负伤。中方阵亡海军官兵700余人,法军死伤30余人。

七月初四日丙午(8.24)
　　① 法舰炮击马尾船政机关和船厂。
　　② 清廷命沿海各督抚及统兵大臣见有法船进口,立即轰击。

七月初五日丁未(8.25)
　　① 法军在罗星塔登陆,摧毁炮台。
　　② 张之洞颁布《统领轮船章程》7条。

七月初六日戊申(8.26)
　　清廷下诏对法宣战。

停泊在江中的"福星",远景为"建胜"

法舰"窝尔达"号

法舰"德斯丹"号

法舰"凯旋"号

中国旗舰"扬武"上的水兵

法国旗舰"窝尔达"号甲板上的激战场景

七月初八日庚戌（8.28）
　　法舰攻打闽江口长门、金牌炮台，守军顽强抵抗。至十日戌时法舰驶出闽江口外。

七月初十日壬子（8.30）
　　① 张佩纶奏，水师失利自请治罪，述马江之战情形。
　　② 法舰开炮轰击基隆。

七月十三日乙卯（9.2）
　　① 穆图善、张佩纶、何璟、张兆栋会奏闽省接仗情形。
　　② 张佩纶奏，为阵亡督带"飞云"管驾高腾云、"福星"管驾陈英、"振威"管驾许寿山、"福胜"管驾叶琛、"建胜"管驾林森林、学生王涟等请恤。又奏，请将水师营务处副将张成革职治罪。
　　③ 美国公使杨约翰（J.R.Young）照会总署，告之在马江之战中，"扬武"舰上有5名留美幼童，深明大义、奋不顾身。希望中国恢复幼童留美（实际上共有6名留美生参加战斗，他们是薛有福、杨兆南、黄季良、邝咏钟、容尚谦、吴其藻。前4人牺牲）。12月12日，杨约翰将此照会向美国国务卿弗里林海森（F.T.Frelinghuysen）汇报。

七月十四日丙辰（9.3）
　　李鸿章奏，请于北洋暂开军器捐输。

七月十五日丁巳（9.4）
　　① 孤拔自福建马尾电法国海军部，主张对华北采取行动，先占芝罘，再占威海卫、旅顺，十七日、二十四日、二十八日迭电重申。法海军部令其攻占基隆。
　　② 都察院左都御史锡珍等代递潘炳年等闽籍京官奏为闽省援绝城危请援师迅饬赴闽。
　　③ 张之洞咨水师提督护惜轮船。

七月十六日戊午（9.5）
　　① 谕：着户部速议李鸿章暂开军器捐输奏议。
　　② 陈宝琛奏，奉旨巡视沿途兵轮炮台，见淮军扼守江阴，操炮较熟，然不讲炮尺勾股之法，中靶绝少。轮船管驾，由行伍充者，不谙船械之机牙；由水手充者，不识西阵之行列。学生中惟蒋超英干略沉毅。提督李成谋忠勇勃发，虑其统带兵轮犹狃于水师故步。

七月十八日庚申（9.7）

清廷命左宗棠为钦差大臣督办福建军务。福州将军穆图善、漕运总督杨昌濬帮办军务。着张佩纶为会办大臣兼船政大臣。

七月二十三日乙丑（9.12）

李鸿章呈北洋海防图说，详述北洋沿海设防各要隘炮台营垒情形。

七月二十四日丙寅（9.13）

督办台湾事务刘铭传电，法军攻台，台北紧急万分，请饬南北洋速遣救兵。

七月二十七日己巳（9.16）

① 闽浙总督何璟召京另候简用；授漕运总督杨昌濬为闽督，闽抚张兆栋兼署。

② 曾国荃电李鸿章，商吴淞堵口之事。称海口有5艘法舰，情况紧急。李鸿章次日回电总署，主张留一活口，临事堵塞。

七月二十八日庚午（9.17）

① 户部议复李鸿章奏，请开北洋军器捐输。议立新章五项，预期一年。

② 张佩纶奏，查明水师阵亡人员请恤，增列督带"福胜""建胜"轮船蓝翎参将衔补用游击尽先都司吕翰，请照参将例优恤，列名请恤员弁学生还包括：管带平海左营一号师船蓝翎尽先补用都司蔡接，管带平海左营三号师船蓝翎尽先补用都司蔡福安，"扬武"副管队、闽浙督标水师蓝翎尽先补用守备郭玉麟，管队五品军功郭葆辰，大副六品军功陈善元，二副五品军功林鹏，管炮正头目六品军功张涌泉，三管轮七品军功庞廷桢，六品军功练童杨兆楠、薛有福，七品军功黄季良，自备资斧七品军功练童梁绍广，"飞云"大副六品军功补用外委谢润德，正管轮五品军功潘锡基，三管轮五品军功马应波，水手头目六品军功刘就。头等水手补用把总林元，头等水手六品军功林贡，炮勇六品军功任国柱，"福胜"大副、六品军功补用把总丁兆中，正管炮五品军功翁守正，正管轮七品军功任三穆，副管轮七品军功戴庆涛，"建胜"管炮六品军功江鸿珍，正管轮六品军功陆崇业，副管轮六品军功郑守三，"福星"二副、六品军功张春，炮手六品军功陈雄杰，副管轮五品军功补用把总尽先外委陈士秀，三管轮六品军功陈常寿，二等水手六品军功龚寿，七品军功林福成，"振威"大副六品军功梁祖勋，正管轮都司

马江烈士昭忠祠

衔水师尽先守备林维三,二副六品军功邝咏钟,"济安"正炮手六品军功梁珍,头等水手六品军功许坚,平海左营一号师船勇首六品军功蔡立煾,三号师船勇首六品军功卢城,镇海右营中哨官管驾二号师船督标守备衔尽先千总李来生,福靖营中哨什长花翎都司李俊云,新前营差弁蓝翎湖南补用游击彭行赞,什长六品军功李青云,船政差弁水师补用守备陈俊。

七月二十九日辛未（9.18）

① 谕李鸿章设法援救台湾。

② 谕曾国荃,吴淞堵口,越窄越好。需预为筹定,以免临时误事。

八月初一日壬申（9.19）

① 谕：何璟于平日防守无布置,临时又未能迅筹援救,着即行革职。

② 因法国军舰声称不日北来,沿海防务吃紧,李鸿章命津海关道盛宣怀赶紧派员山海关—营口—旅顺口电报线,约需经费10万两。

八月初五日丙子（9.23）

都察院代递翰林院编修潘炳年等奏张佩纶等偾事情形,称七月初一日,法人递战书于"扬武"管驾张成,张成达之何如璋,秘不发。初二日,各国领事、商人皆下船,众知必战,入请亟备。张佩纶斥之出,军火靳不发。嗣教习法人迈达告学生魏瀚,明日开仗。魏瀚畏张佩纶之暴,不敢白。初三日早,见法船升火起碇,始驰告,而法已照会未刻开战。张佩纶怖,遣魏瀚向孤拔乞缓,比登敌舟,而炮已发,我船犹未起碇装药。敌开巨炮,"福星""振威""福胜""建胜"殊死战,船相继碎,余船放火自焚。"伏波""艺新"逃回,自凿沉林浦,陆勇尽溃,而法船则仅沉鱼雷一艘。张佩纶、何如璋甫闻炮声,即从船局后山逃走。是日大雷雨,张佩纶跣而奔,途仆,亲兵曳之。行抵鼓山麓,乡人拒不纳,匿弹寺之下院。次日奔彭田乡。适廷寄到,督抚觅张佩纶不得,遣弁四探,报者赏钱一千,迹得之。何如璋奔快安施氏祠,乡人焚祠逐之,夤夜投洋行宿。晨入城,栖两广会馆,市人又逐之。复踉跄出,就张佩纶于彭田乡。张佩纶恐众踪迹及之,绐何回厂,自驻彭田乡累日。侦知敌出攻长门,将谋窜出,始回。何璟、张兆栋平日狃于和议,于海防毫无布置,藩司沈葆靖尤以战事为非,凡属防饷辄拒不发款。何如璋督船政,旦夕谋遁,弃厂扰走,已有罪矣;而谋匿战书,

何如璋，曾担任中国出使日本大臣，中法战争期间，为福建船政大臣

意尤叵测。复将船政局存银26万，借名采办，私行兑粤，不告支应所员绅，而私交旗昌、汇丰银行。众议其盗国帑，言非无因。奉上谕：潘炳年等奏张佩纶等偾事情形，请旨查办一折，所陈张佩纶、何如璋玩寇弃师，偾军辱国，如果属实，亟应从严惩办。着左宗棠、杨昌濬将所奏各节确切查明，据实具奏，毋稍徇隐。

八月初六日己卯（9.24）

吏科给事中万培因奏：初三之战，何如璋有隐匿战书之事，张佩纶有不发军火之事，又有遣魏瀚往缓师期之事。水陆各营之师，轮船惟"福星"等四艘死战属实。"艺新"船小逸去，"伏波"自凿，"扬武"并未开炮，余船皆纵火自焚。初三日闻炮，何如璋即从后山遁。张佩纶徒跣走雷雨中，迟明奔山后彭田乡，匿累日不出。又上二附片，一劾福建藩司沈葆靖拖欠发饷，前将收发各款私挪寄阜康钱庄生息；一劾何如璋于六月间将该局存银26万两，借采办为名，私交旗昌、汇丰各银行，均请严查。

八月初七日戊寅（9.25）

① 上谕以张佩纶奏整顿陆防并查明失事及阵亡之将弁，分别惩办及优恤各折，着穆图善会同张佩纶严督各军实力布置。左宗棠、杨昌濬陆续率师到防，并着统筹全局。马江失事之游击张成，着革职留营效力。阵亡参将高腾云，着照总兵例从优议恤。五品军功陈英，着赏都司衔照都司阵亡例从优议恤。船厂学生王涟，着照五品阵亡官议恤。守备

许寿山、叶琛、五品军功林森林，均着从优议恤。余着照所议办理。

② 上谕：又有人奏，马尾一役，诸臣讳败捏奏，滥保徇私，请将督抚治罪。何如璋故匿战书、私兑该局银两回粤，沈葆靖朋谋营私各情，着左宗棠、杨昌濬归入前次各折一并查明具奏。庶令众心翕服。左宗棠等务当一秉大公，持平办理，不得偏徇。

八月十一日壬午（9.29）

孤拔命法舰"塔恩"（Tarn）、"德拉克"（Drac）、"尼夫"（Nive）、"鲁汀"、"巴雅"向基隆方向出动。次日，利士比率"拉加利桑尼亚""德斯丹""凯旋"向淡水出动，与"蝮蛇"相会。"阿达朗德"（l'Atalante）"野猫""窝尔达"留马祖，保证川石山电信站的安全。

八月十二日癸未（9.30）

孤拔所率军舰与"梭尼"（Saône）、"雷诺堡"（Château-Renault）、"杜居士路因"在基隆外洋面会合。

八月十三日甲申（10.1）

孤拔率舰进攻基隆。利士比率舰进攻淡水。夜，刘铭传恐淡水不守，拨基隆之兵往援。

八月十四日乙酉（10.2）

① 法军占领基隆部分阵地。淡水守军击退法军进攻。

② 曾国荃奏，已将所备石船全数泊于口门，以备吴淞口各营刻日施工堵口。中泓留口十八丈，最多不过二十二三丈。诏命妥善办理，以免临时贻误。

八月十五日丙戌（10.3）

① 张佩纶接任船政大臣。何如璋交卸后赴京。何如璋奏兵轮伤亡弁勇由船政筹款抚恤。

② 有人奏福建水师提督彭楚汉营务废弛，克扣兵粮，任用劣员，贪黩营私，着左宗棠、杨昌濬确查。左宗棠寻奏，前参各节，均无其事，报闻。

八月二十日辛卯（10.8）

法国军队在七艘军舰掩护下，在淡水登陆，旋被清军击退。

八月二十二日癸巳（10.10）

① 清廷命杨岳斌帮办福建军务。

② 署津海关道盛宣怀禀李鸿章，天津医学馆头班学生现已三年将满，

将分派水陆各军当差。请核定所将发执照内容。

八月二十三日甲午（10.11）

陈宝琛奏，本月十二日从江宁乘"祥云"小轮巡阅防务。十三日至江阴，晤李成谋于舟次。察看兵轮停泊形势，偕唐定奎、张景春登南岸炮台，演放台炮、水雷。乘"澄庆"兵轮循白茅沙、大沙一带量勘水道。十四日抵吴淞，勘度炮台。晤上海道邵友濂，询悉塞港石船已备办。因西商梗议，尚未举行。十五日还轮，十六日至镇江，谝阅焦山、象山、都天庙诸炮台。十九日还抵江宁。兵轮以"南琛""南瑞""澄庆"三快船为最大，管驾以"澄庆"之蒋超英为最良。"南琛"管驾袁九皋，曾充招商局"海晏""江孚"等船买办，灵动便捷，善伺人意，而管带轮船，实用违其才。往来长江，犹可藏拙，放洋稍远，则茫无把握。此次回轮江阴之日，登"南琛""开济"，该管驾均已上岸，且闻管驾中有聚赌累日，胜负辄数百金，臣以牵累多人，不欲穷治其事，但告知曾国荃，请其申饬。又奏总统水陆马步各军前山西按察使陈湜，蒙上凌下，险诈骄贪，其驻军吴淞，日乘小轮船往来租界，出入妓楼，而轮船营务处总兵吴安康与游，比昵最甚。九月初九日，诏命河南布政使孙凤翔确查。

八月二十五日丙申（10.13）

李鸿章函张佩纶：此次声名之裂，鄙所痛惜。公之过津，本无意久留闽，迫于舟次知谅山反约，犹从容入险。闻到闽后不能坐守省垣，乃自请驻厂。法早欲毁厂，固明知之，厂船不敌西船，当亦知之。目前朝局，款必无成，不款必战，战必败，此路人皆知。是以事前欲公将船调守他隘，弃厂不顾。电商不允，又电署转商不允，失此机会，遂无挽救之方。公会办实系贬谪，只合浮湛，乃如此勇于任事，又任必不可任之事。为中外众射之的，能毋痛惜耶？事已如此，愿早离闽为幸。闻慈禧太后颇惜公才，闽绅虽有激言，杨昌濬素行谨愿，当不致有訾议，刘铭传智勇出众，但作事粗率而欠慎重。其赴台踊跃，与公略同，其孤注亦可危。南北洋仅有五快船尚能在洋面逐战，但不足敌铁舰，无统一之大将，曾国荃又不令出海一步。"超勇""扬威"只可扼险旅顺，此外更无援应之术。

八月二十六日丁酉（10.14）

奉上谕：前据刘铭传奏，洋面水师兵船宜次第筹办等语。外洋设立水师，系属制胜要策；前经张佩纶奏请设立七省水师，令南、北洋大臣会同妥议。着李鸿章、曾国荃将该提督所陈办法与张佩纶前折一并参酌议奏。

九月初二日癸卯（10.20）

① 以给事中万培因奏，马尾殉难轮船管驾林森林应得恤典，请饬部免其行查，即照五品官阵亡例从优议恤。着兵部查核办理。

② 孤拔宣布自初五日起封锁台湾。

九月初四日乙巳（10.22）

李凤苞电李鸿章，新任驻德公使许景澄初五日到柏林，闻船械未必肯接。李凤苞交卸是否应当奏报？

九月初五日丙午（10.23）

① 张佩纶奏筹办船政事宜，需整饬局章，兼筹军火，增添炮台，统集经费。又奏，船政学堂十余年来，考校生徒无不徇滥，偷情宽疲后学堂尤甚。已嘱洋教习邓罗增购洋书，加足课程，取北洋水师学堂章程以补闽学疏漏。委任何履亨为后学堂监督，并向英国延订教习。又奏，从沉没之"扬武"舰上打捞后膛炮24门，从"福胜"舰打捞大炮1门，分别安置沿岸炮台。又奏，"伏波"管驾游击吕文经，是日中炮先退，已将其杖责四十，撤去管驾，请旨即行革职永不叙用。统带哨船之总兵蔺炳南，怯懦谲诈，已由张得胜查撤差使。虽师船太小，不足御敌，惟事后一味捏饰，应一并请旨革职，以肃戎行。"艺新"乃根钵轮船，仅小炮5尊，马力50匹，是日开炮良久被伤，始行驶回。千总林承谟应请免其置议。

② 李鸿章电旅顺口守将宋庆等，闻法人有赴旅顺之谣，着其谨防。

③ 李鸿章电李凤苞：许景澄到后晤商，船械肯接办更妥，如不接，似应奏报交卸使事，仍暂留清理经办船械各务，声明另刊关防，旅费由敝处奏拨。

④ 新任驻德公使许景澄抵达柏林。

九月初六日丁未（10.24）

① 清廷着李鸿章、曾国荃选拔得力碰快、铁胁等舰各六七艘，多带兵

许景澄,出任驻法德意奥荷公使期间,潜心研究各国海军,著有《外国师船图表》,并主持在德订购"经远""来远"等舰。甲午战后,又受命订购"海筹""海容""海琛"号巡洋舰。后任总理衙门大臣,因反对义和团围攻外国使馆而被杀

勇器械运往台湾。

② 李鸿章电丁汝昌速带"超勇""扬威"来津,面商一切。又电曾国荃,请其令李与吾统率"开济""南琛""南瑞"及铁胁等船,与北洋两舰相机并进。

③ 李鸿章电张佩纶:各船大副、管轮、管队、炮首等,如有材武无烟癖者,无分闽粤,望择优挑送北洋。将来铁舰回,用人正多。鄙嫌闽人气质近弱。南洋不甚取学生,粤无好船,下驷可矣。

九月初七日戊申（10.25）

李鸿章电总署:接刘铭传电,在台北法舰已有20只,铭军疫疠不止,日有死亡,能战者不足三千,惟有死守。奉旨令南北洋选拔得力快碰、铁胁等船,多带兵勇、器械,连樯并进。惟查北洋仅有快碰船2只,驻防旅顺口;南洋亦仅有快船3只,断不足当铁舰之巨炮,且船小,无隙可载兵械,求枢廷另设他法。

九月初九日庚戌（10.27）

张佩纶函张人骏,称其初创议即以船炮为急,今犹持此论。李鸿章大炮足自给,安能济人？船则南北洋快船五号,铁胁五号。欲与法驰骤于大洋,恐南北洋管驾尚不能如马尾一战。称北洋军官均牧猪奴（赌徒）、登徒子,南洋军官均无赖,不甚用学生。福建各船学生何尝愿战,何尝敢战？直舌敝唇焦而勉之为忠义。又称闽人对其所劾太诬,似难罗织成狱。船政断难久处,经费甚绌,而渔利求差者太多。久居

不整顿受过，整顿受惩，如此一年耗国家若干钱，其为大蠹。前敌炮台工程已初就，然守台之勇弁实不得其人。又称船政之事，病在疲在私，绅把持、员冗劣、学生一得自封、工匠结党舞弊。

九月十一日壬子（10.29）

① 福建巡抚张兆栋、前船政大臣詹事府少詹何如璋即行革职。

② 李鸿章再电丁汝昌，即带"超勇""扬威"来津请示。所留旅顺各船弁勇，暂交刘含芳代为统率管束。

九月十二日癸丑（10.30）

天津水师学堂第一期驾驶班学生开始毕业考试。吴仲翔、罗丰禄、严宗光于十二至十六日对学生进行全面考试。十七日邀请英国助理领事霍伍德（W.Howard）和俄国炮舰舰长史塔克（Storck）一同检查。二十日，李鸿章到校面试。

九月十三日甲寅（10.31）

李凤苞电李鸿章，"定远""镇远"二舰须付停候保费，年六千镑，否则前付两万亦不算。李鸿章次日复电允准，望二舰法事定后即开驶。

九月十四日乙卯（11.1）

清廷从左宗棠请，着南洋派兵轮5艘，北洋派兵轮4艘在沪会合，载杨岳斌所带8营援台。

九月十五日丙辰（11.2）

李鸿章电总署，闻法国封锁台湾海峡，杨岳斌带兵从何路线往厦门？兵轮从北而南，闽洋恐被截获，势必半途接战，或敌至厦寻战，皆需预筹稳妥。北洋派"超勇""扬威"，南洋能否派5舰？法在台洋有铁甲船四五艘，我船小舷薄，绝非其敌。

九月十六日丁巳（11.3）

① 李鸿章电军机处，接曾国荃电，南洋只可拨"开济""南琛""南瑞"3舰，不足铁甲一炮等语。北洋仅快船2艘略可行海，军实太弱。

② 谕：有人奏，会办南洋事宜陈宝琛随员郭苇康、李相等造作谣言，颠倒是非，凌轹一时，着署漕运总督河南布政使孙凤翔确查。

九月十八日己未（11.5）

谕：左宗棠已与曾国荃商派南洋5船赴援，何以又称只有3只？曾国荃着交部严加论处。即着多派兵轮与李鸿章派出之船在沪会齐，驶往福建，交杨昌濬调遣。

九月二十一日壬戌（11.8）

李鸿章电总署，顷接曾国荃电，左宗棠前奏派南洋5船，系其"独抒忠爱"，曾未敢置问。曾云3船仅系答复总署所询快船而论，并非只允3船而不允5船。李鸿章称，已饬"超勇""扬威"南下，与南洋五轮会齐，相机前进。

九月二十五日丙寅（11.12）

① 谕：张佩纶毋庸会办闽省军务。

② 谕：轮船管驾吕文经，革职不足蔽辜，着发军台效力赎罪。统带哨船总兵觊炳南，着即革职。林承谟船小被伤，着毋庸议。

九月二十六日丁卯（11.13）

李鸿章奏，遵旨派林泰曾、邓世昌管带"超勇""扬威"南下援台。请用德国水师总兵式百龄（Sebelin）改名万里城者统带两船（琅威理本月以中法交战，英国臣民不便为他国作战为由辞职回国）。请两江、福建与式百龄联络商办水师事宜。

九月二十七日戊辰（11.14）

① 李鸿章电曾国荃，南北7船，号令进止必须画一，请令吴安康与之联络商办。

② 许景澄率参赞朱宗祥、翻译赓音泰等人，乘火车前往基尔，正式勘验停泊港中的"定远""镇远"号铁甲舰。原监工陈兆翱等陪同阅视。十月初一日返柏林，与李凤苞商办订购枪械事，初十日偕李凤苞再返船所，并派刘步蟾管驾随同点验。该舰设计时速14.5节，李凤苞面述曾亲试速率有赢。演试炮位并无震损之弊。现在北滨已冻，水手不齐，未能海试。旋与李凤苞商定，酌减洋管驾薪水，裁遣水手人数以节经费。此次验收至十六日结束。

九月二十八日己巳（11.15）

① 谕：着曾国荃、杨昌濬饬水师统领与式百龄妥为联络。嘱式百龄随事帮同教练指示。着杨昌濬暂署闽抚。

② 谕李鸿章妥筹烟台防务。

③ 曾国荃奏，长江、太湖水师一时不宜改用轮船。长龙、舢板不宜裁减。

④ 前据翰林院侍读王邦玺奏保直隶候补道黄瑞兰熟悉营务，堪以任用，兹据李鸿章奏称黄瑞兰并未专办水师营务，于兵船规制用法懵无所知，貌似质直，举动任性，办事糊涂，语言狂妄，似有心疾，前已撤去差使，其人实不堪任用。黄瑞兰着即勒令回籍，交地方官严加管束。王邦玺滥保非人，交部议处。寻议降二级调用，并毋庸在上书房行走。

九月二十九日庚午（11.16）

李鸿章电曾国荃，式百龄言闽洋必有法舰，我船可由大洋绕过台湾背后，至小吕宋（菲律宾）、新加坡间，拦截法由西贡至香港、台湾之运输船，敌船不能专力于台，在我即是援台。须先雇觅商轮二三只，或藏煤于南洋小岛，以供接济。

九月三十日辛未（11.17）

张佩纶上奏，称甫至闽中，未尝自调一将，自增一营，随臣者仅三五文员、六七差弁。现既撤销，文案处委员即咨令回省，北洋调来差弁，应候藩司给资归伍。

十月初二日癸酉（11.19）

曾国荃奏，南洋除"开济""南琛""南瑞"外，惟"澄庆""威靖"2船可以出洋，共计5船。总理轮船营务处提督衔总兵吴安康可任统带。

十月初三日甲戌（11.20）

式百龄统带"超勇""扬威"抵沪，旋入坞修理。

十月初四日乙亥（11.21）

李鸿章电已到上海之"超勇"管带林泰曾，命与吴安康密商，协调7船号令次序，不可漏泄风声。

十月初六日丁丑（11.23）

① 李鸿章电张佩纶，总署初六日来电，本日奉旨：李鸿章电称张佩纶恳准回京等语。张佩纶着仍遵前旨，办理船政事宜，不得借词诿卸。转电船政张，云内意尚倚重，或借磨炼，望静忍毋躁。

② 杨昌濬奏，经查前充轮船营务处署闽安协副将、管带"扬武"舰游击张成，交战时未升旗开炮，或谓仅开一炮，即弃船逃走。事先既无准备，事后又不以死拒敌，致令全军覆灭。仅予革职留营效力，不足蔽前辜策后效，请旨将张成按军法治罪。

③ 南洋兵轮用煤，向购东洋可介之煤和台湾基隆煤。因法船封锁，基

隆煤难购，可介之煤价格日昂，曾国荃奏请购江西乐平老龙坑煤，并请免完税厘，以利军储。

十月初九日庚辰（11.26）

① 英国承认中法正式交战，禁法船在香港装煤修理。

② 吴仲翔报告李鸿章，据管轮正洋教习霍克尔禀称，在堂学生英文尚需求深，方可学习深造之用。又请于学堂左近，起盖一座厂房，安放实习机器，共需银8 000两。李鸿章批示要加强对学生的训迪，建造厂房的经费务求撙节。

十月十一日壬午（11.28）

张佩纶上病势增剧请开差缺折，又委署理提调周懋琦代拆代行。二十二日奉旨，着仍遵前旨办理船政事宜，毋庸开缺。

十月十三日甲申（11.30）

曾国荃奏，已令提督衔留江尽先题奏总兵吴安康统带南洋赴闽5舰。"开济"舰由尽先副将升补吴淞营参将徐传隆管驾，"澄庆"舰由留闽尽先游击蒋超英管驾，"南瑞"舰由副将衔尽先参将徐长顺管驾，"南琛"舰由记名总兵袁九皋管驾，"驭远"舰由副将衔补用参将准补太湖右营都司金荣管驾。

十月十四日乙酉（12.1）

清廷授式百龄二等第二宝星，传谕其奋勉出力。

十月十七日戊子（12.4）

① 朝鲜发生"甲申政变"，开化党人金玉钧乘庆祝邮政局开局之际刺杀禁卫大将闵泳翊。夜，占领王宫。次日，组织新内阁。

② 李鸿章电船政大臣张佩纶，据李凤苞函，出洋闽生，在法国五名已改赴比利时，请正月调其回华，即裁撤日意格薪费。在英二生，明年三四月课毕回华。

③ 许景澄离基尔抵达司旦丁，次日赴伏尔铿船厂，与李凤苞交接验收"济远"。夜返柏林。

十月十九日庚寅（12.6）

朝鲜事大党乞援清军提督吴兆有、帮办袁世凯等率军占领王宫。次日，迎国王李熙至清军营，二十三日回宫。

十月二十日辛卯（12.7）

① 许景澄、李凤苞在基尔海口勘验"定远""镇远"完毕后，返回柏林，移交文牍卷宗、保险单及两船另购器件账册。

② 赫德函金登干，称其欲将中国海关置于英人管理之下，但英政府对此不积极。

十月二十三日甲午（12.10）

李鸿章急电总署，忽接旅顺口丁汝昌电，"泰安"轮二十三日到，言朝鲜事变，中日已接仗。日趁中法有事，寻衅图朝，恐祸更烈于越南。请调援台7船，东驶朝鲜弹压。

十月二十四日乙未（12.11）

① 以李鸿章电军机处，请调援台7船驶朝鲜弹压倭谋。奉谕，援台7船未便全数掣动，着李鸿章将北洋快船2号调回，添配船只，备齐军火，令丁汝昌统带前往朝鲜，与吴兆有相机定敌。南洋5船仍令式百龄统带赴闽，牵制法人。

② 许景澄奏，已向李凤苞处接收"定远""镇远"铁甲舰及"济远"穹甲舰。

十月二十五日丙申（12.12）

李鸿章电军机处，请释大院君回朝。又称式百龄谓南洋各船素未习西式操法，不愿统带。请旨仍令该洋将北返，与丁汝昌商办较易得力。

十月二十六日丁酉（12.13）

① 未刻，李鸿章电总署，日本领事原敬来谈，据闻华兵已在朝与日兵接战。李答以十九日后无确信。原敬称日政府实无意与华开衅。戌刻又电，查日本连日尚未添兵，仅派"海门"舰往釜山。我军行不宜急。戌刻又电朝鲜政变详情。当日戌正接旨，现在不宜令李罢应回国，着李鸿章、吴大澂妥筹办法。式百龄能否援台，已令曾国荃饬邵友濂与商。李再电总署，式百龄表示，北事现较南事尤急尤重，应回北。北事平，再回南。惟船添置要件，需二十九日开行。

② 亥刻，李鸿章电在沪之新任出使日本大臣徐承祖，告朝鲜事变十九日以前情形。称日本现仅派一船往釜山，似未添陆兵。但我无船在朝，仅勇三营，孤立危地，声息不通，故需遣兵船往巡。又称朝人愚暗，日人耸令自主，终恐叛华（徐先电李，询朝事，主张勿派兵船，恐激成事）。

十月二十七日戊戌（12.14）

① 午刻，李鸿章向总署转出使日本大臣黎庶昌电，日驻朝公使竹添进一郎已回国请兵，请速派兵船赴朝。

② 李鸿章电旅顺丁汝昌、袁保龄，命丁候"超勇""扬威"到后立即赴朝。又命方正祥部随行，登岸扼扎。

③ 戌刻，李鸿章电总署，顷接电旨，饬换"澄庆""驭远"北行。现不知该二舰在何处，何日能开。"超勇""扬威"原定明早由沪开驶，如已北驶，中途无电，亦无从知照折回。

④ 钦差大臣督办福建军务左宗棠抵达福州。

十月二十八日己亥（12.15）

① 李鸿章电曾国荃关于调"澄庆""驭远"北驶上谕，告之已饬"超勇""扬威"北归，询其能否派"澄庆""驭远"前往旅顺？

② 李鸿章向总署转黎庶昌电报，日派七百兵乘"扶桑""比睿"往仁川，我兵船不可缓。旋电丁汝昌带"威远""超勇""扬威"挟方正祥营赴朝。

③ 清廷密旨李鸿章仍将北洋2快船调回，俟船到后饬丁汝昌酌带队伍驶行。南洋援闽五船，仍遵前旨办理。

十月二十九日庚子（12.16）

① 李鸿章急电总署，式百龄表示愿带北洋快船，若快船北上，式甚孤弱。至南洋船，再操练一月方能巡海。式之6名外籍随员均电辞差。李已电该将等随快船北驶。

② 未刻，"超勇""扬威"离沪赴旅。

③ 李鸿章转沪道邵友濂电给总署，据式百龄称，七船援闽，殊无把握。再减二船更为难。询式援台之策，半晌无言。

十月

张佩纶奏，拟以福建补用道前台湾府知府周懋琦任船政提调。

十一月初一日辛丑（12.17）

① 李鸿章电丁汝昌、袁保龄，日本叵测，我水陆宜严防。彼若犯水师，自须接战，切勿先发。

② 军机处奏，李鸿章已令式百龄随船北上，拟令曾国荃饬吴安康统带南洋五船赴闽，归杨岳斌调度。该督未到前交杨昌濬调遣。式百龄前

往朝鲜，诚虑该将意在建功，或不服调遣转致别生枝节。拟请旨令李鸿章将式百龄行止妥议具奏。上谕从之。

十一月初二日壬寅（12.18）

福建船政局第五号铁胁兵船"横海"下水。船长217.1尺，宽31.1尺，吃水14尺，排水量1230吨，马力750匹，时速12节。配150毫米炮2门，120毫米炮5门。由船政总监吴德章、李寿田、杨廉臣监造。船价20万两。

十一月初三日癸卯（12.19）

李鸿章奏，请饬吴大澂赴朝鲜。并饬丁汝昌俟"超勇""扬威"调回旅顺后，先行驶至朝鲜马山浦，水陆相依，以备不测。

十一月初四日甲辰（12.20）

夜，丁汝昌、式百龄带"超勇""扬威""威远"快船又方正祥庆军一营，从旅顺驶朝鲜，于六日抵朝鲜马山浦。

十一月初五日乙巳（12.21）

① 上谕：本日据孙凤翔奏，前山西按察使陈湜被参各款案内所称吴姓前往妓馆是否系吴安康，着孙凤翔再行确切审讯，并访查吴安康平日统带勇丁是否足资任使，一并据实具奏。

② 李鸿章奏，水师学堂著有成效请援案奖励。请将二品衔分发补用道吴仲翔交军机处存记，酌予简用。寻获允准。又奏，参将衔留闽尽先补用都司严宗光，由闽厂出洋肄业，学成回国，派充该学堂洋文正教习，教导诸生，造诣精进，洵属异常出力，拟请以游击补用，并赏加副将衔。请奖人员还有洋文教习曹廉正、王凤喈、陈燕年，洋枪教习卞长胜，汉文教习董元度、郑筹、顾敦彝、陈埙、林学瑢、陈锡瓒，文牍甘联洁，司事顾衍贵，官医柳安庆等。

十一月初七日丁未（12.23）

丁汝昌赴汉城。初九日会见朝鲜国王及各国公使。初十日离汉城，十一日回军舰。汉城平静，仁川有2艘日舰及运送军火之商船。日本在月尾岛存煤粮、筑炮台。

十一月初八日戊申（12.24）

以天津水师学堂办有成效，予教习严宗光、游击卞长胜、学生伍光建、王学廉等奖叙有差。

十一月十一日辛亥（12.27）
"威利"轮载援台兵勇饷械抵台湾卑南，放划上岸。十二日风大险极，十三日全部登陆。该船十七日返回上海，称卑南法未封锁，系援台万妥之处。

十一月十二日壬子（12.28）
曾国荃奏，据式百龄称，"南瑞""南琛"之炮需加铁柱6根。各船柁楼须用两寸钢板遮蔽。除"南琛"现有哈乞开司炮2尊外，其余4船均应照样添置。查上海地亚士洋行尚存北洋"定远"舰哈乞开司炮12尊，前经"超勇""扬威"舰借去4尊，尚余8尊，禀请商借分配。5舰加固，饬吴安康督率各舰漏夜赶工。

十一月十三日癸丑（12.29）
① 吴大澂乘"富有"轮抵朝鲜马山浦。次日登岸，宿南阳。
② 李鸿章电旅顺袁保龄，接徐承祖来电，闻孤拔令在仁川或在途中遇我舰即攻击。又闻法已派2舰往仁川，请密饬来往轮船留意，旅防亦须警备。

十一月十五日乙卯（12.31）
① 日本公使榎本武扬询总署，马山浦有中国兵船，何意？总署答系北洋换防，适朝都有事，故暂扎缓进。
② "海镜"轮自朝鲜回旅顺，带回朝鲜消息。

十一月十六日丙辰（1885.1.1）
① 吴大澂抵汉城。日本外务卿井上馨亦带兵三商船、兵二千余泊仁川。次日吴见朝鲜国王，密商办法。
② 曾纪泽电总署，闻法二舰赴朝，恐袭我舰，希饬丁汝昌防备。

十一月十七日丁巳（1.2）
谕：都察院教职陈麟图条陈，船厂宜用武职，请令海疆各帅谨选武将，协办船厂兼操海军。着左宗棠、杨昌濬酌议具奏。寻奏，武员读书太少，洋务或未尝问途，不如仍用器识宏通之文员经理船政，尚可收效。并请调天津水师学堂道员吴仲翔赴船政差遣，从之。

十一月十九日己未（1.4）
"泰安"轮由旅顺赴朝。

十一月二十四日甲子（1.9）

朝日定约，朝向日本请罪赔款。二十六日井上馨回日本。

十一月二十七日丁卯（1.12）

① 以刘铭传电陈法船聚泊基隆、沪尾，日内添兵将到，急盼援兵，清廷命各地加急援台，南洋5船着曾国荃务饬赶紧前进。

② 曾国荃奏，各船加固添炮即将完工，吴安康定于十二月初三日统率南洋5舰出驶洋面，相机前进。

十二月初四日甲戌（12.19）

① 上谕称朝鲜事局尚未大定，丁汝昌等驻扎保护，尚难撤回。将来如我军久驻，应如何妥为区划，着吴大澂等妥商。

② 曾国荃奏，上年由江南筹防局延聘精通水雷之英国总兵衔夏威富勒都列来华，在江阴报设局教习勇丁，至十年七月期满，适江防紧要，原拨学习弁勇一律归伍编为水雷哨队。该洋教习议明仍留一年，选募学生16名，学习水雷电理各法及测量绘图勾股等事。

十二月初七日丁丑（1.22）

左宗棠奏，奉旨饬查马江失事一案，各员所参何如璋私匿战书、私兑船局银两，张佩纶怯战潜逃及诸臣讳败捏奏等，均查无此事。何璟、张兆栋业经革职，请邀恩免议，张佩纶才识夙优，勇于任事，初涉军旅，阅历未深，调度乖方，经革去三品卿衔而人言不已，请旨交部议处。张成玩寇怯战，请从重治罪。

十二月初八日戊寅（1.23）

户部奏开海防事例捐输章程。

十二月十二日壬午（1.27）

张佩纶革职，进京听候查办。

十二月十三日癸未（1.28）

① 以福建按察使裴荫森署船政大臣。

② 李鸿章向总署转发吴大澂电，日船陆续开放，式百龄恐其唆法船乘虚北犯，拟派"超勇""扬威""威远"3舰出巡洋面，顺回旅顺要防。已嘱丁汝昌酌办。次日奉旨，俟事定后，即令该舰随同驶回。

十二月十五日乙酉（1.30）

河南布政使孙凤翔奏，吴安康在沪游宴。又称其战功全在陆路，带船未经见仗。若以5船纵横海上，所向无敌，不但吴安康非其所能，遍求各营亦难其选。曾国荃弃其小疵，奏派援闽，乃不得已而求其次。到闽后，一切战守事宜，有左宗棠、杨岳斌、杨昌濬主之，不使独当一面。以兵轮济闽台之急，而不求战于中途，庶可牵制敌军，保全战船。

十二月十六日丙戌（1.31）

① 左宗棠、杨昌濬、张佩纶等奏，请于马江之侧建立昭忠祠，将水师高腾云等各员一体列祀。

② 张佩纶奏，马江战后，奉懿旨发内帑4万两，由福建藩库提存善后局。经赏给各营将士5 900余两，水师轮艇各船及陆营弁勇伤亡819名，已给恤银23 700余两，尚存局库1万余两。

③ 张佩纶奏请订购德国伏尔铿厂头等双筒鱼雷艇1只，需银57 000余两。订雷10具，需银38 000两。购买6门英国阿摩士庄厂6英寸口径炮，配"横海"兵舰。又请聘请英国教习3员来船政学堂授课。

十二月十九日己丑（2.3）

① "超勇"回旅顺。又，"镇边"回旅顺，带丁汝昌信，称朝防无事，吴大澂乘"康济"、巩绥军乘"利运""普济"，二十二日启行回华。

② 孤拔闻南洋5舰援台，派"费勒斯"到台湾，通知"凯旋""尼埃利"（Nielly）到马祖集结。他本人率"巴雅""侦察"（I'Eclatreur）"益士弼""梭尼"亦往。命利士比率"拉加利桑尼亚""窝尔达""阿达朗德""德斯丹"封锁台湾北部水域，"费勒斯"和"香伯兰"（Champlain）封锁台湾南部水域。

十二月二十二日壬辰（2.6）

"巴雅""侦察""益士弼""梭尼""凯旋""尼埃利""杜居士路因"在马祖会合。

十二月二十三日癸巳（2.7）

孤拔率法舰北上。

十二月二十四日甲午（2.8）

① 军机处接曾国荃电，南洋援闽5舰本月十一日泊南田，十六日泊玉环石塘，离闽口600里。探得福州口外法船防守严密，不能不慎，暂泊温州海面遥为声援，作佯攻台北之势。

② 船政大臣裴荫森接篆视事。

十二月二十六日丙申（2.10）

法国舰队行至舟山，"杜居士路因"因燃煤不足，返回基隆。

十二月二十七日丁酉（2.11）

① 谕：左宗棠所奏张佩纶等议处，殊觉情重罚轻。着张佩纶、何如璋发军台效力赎罪；何璟、张兆栋业经革职，免其再行置议。张成着定斩监候，秋后处决，交刑部监禁。

② 孤拔舰队泊大戢山，通过岛上电报站，获知中国军舰动态，决定次日返回舟山洋面。

十二月二十八日戊戌（2.12）

① 李鸿章接龚照瑗等电，法舰由大戢山南行，探实孤拔在船内，欲俟台来数轮会合，夹攻吴安康于石浦。已电吴防备。

② 因张之洞电，南洋5舰到闽，福州、厦门各口无收泊处，战无把握，不战遥泊何益？不如令驶来香港口外汲水门以北，以骚扰法运输船。诏命李鸿章、左宗棠、曾国荃与张之洞妥为商酌电奏。

十二月二十九日己亥（2.13）

吴安康率南洋赴闽5舰于浙江潭头山洋面遇法舰。"开济""南琛""南瑞"3舰驶入宁波镇海口，"澄庆""驭远"2舰退入三门湾石浦。

十二月三十日庚子（2.14）

法舰封锁石浦航道，并进行侦查。夜，"巴雅"舰军官赖威尔（Ravel）上尉和杜波克（Duboc）上尉分乘2艘改装的杆雷艇进港袭击。

同年

① 粤省向德国订购雷艇8艘，名目"雷乾""雷坤""雷离""雷坎""雷震""雷艮""雷巽""雷兑"。

② 天津水师学堂翻译出版《船阵图说》2卷。英国史理孟撰《水雷图说》4卷，长沙敦怀书屋出版丁日昌撰《海防要览》2卷。同文馆出版日本中根淑撰、姚文栋编译《日本地理兵要》。

光绪十一年乙酉（1885）

正月	石浦之战，"澄庆""驭远"沉没 / 法国禁止米粮北运 / 镇海之战
二月	镇南关大捷 / 冯子材收复谅山 / 吴安康革职 / 中法议和 / 英占朝鲜巨文岛
三月	中日《天津条约》
四月	派丁汝昌带"超勇""扬威"前往巨文岛 / 中法战争结束 / 孤拔病殁
五月	第二次海防大筹议 / "定远"三舰启程回国 / 慈禧对海防建设批示
六月	慈禧谋修三海 / 招商局收回轮船 / 命再购巡洋舰
七月	李鸿章论设海部 / 左宗棠病逝
八月	李鸿章进京商讨海防
九月	张之洞论海军建设 / 醇亲王总理海军事务，节制调遣沿海水师 / 先练北洋水师 / 设立海军衙门
十月	李鸿章验收"定远"三舰
十一月	李凤苞革职 / "镜清"下水
十二月	黄体芳劾李鸿章 / 琅威理回华
本年	《外国师船图表》出版

正月初一日辛丑（2.15）

① 凌晨，"澄庆"被法国杆雷艇袭击轰沉，"驭远"旋自沉。

② 张之洞电曾国荃，闻南洋5舰被围困于石浦，已请饬北洋拨两快船赴援。曾复电，5轮被困属实，石浦里港水浅，目下法舰难入，已设法接济。北洋2舰，闻尚在朝鲜，一时难援，且两船亦未能横行洋面，故不敢奏请上烦宸虑。曾将来往电报转发李鸿章，李当日回电致谢。称2舰冲冰多损，亟须修理，若奉旨调，恐难速往。

③ 李鸿章电总署，称"澄庆""驭远"失踪，其余3舰现泊宁波，四处探寻。

正月初二日壬寅（2.16）

① 浙江巡抚刘秉璋电称，南洋5舰十二月二十七日泊吴淞，二十八日折回，复过定海。二十九日到石浦，三十日"开济""南琛""南瑞"退至镇海漩山。

② 曾国荃电军机处，昨接电称，"南瑞""南琛""开济"3舰现泊招宝山，日内恐敌来寻，宜趁敌船未到，争调回沪，自顾门户。现已电饬吴安康相机妥慎驶回。

石浦之战中，法国杆雷艇攻击中国巡洋舰"驭远"号

正月初四日甲辰（2.18）

李鸿章电曾国荃等，接三日电旨，查询"澄庆""驭远"下落后即报。现已查明2舰在石浦，吴安康已前去，能于夜晚冲出最好，否则当可自保。内意不准5舰回江，似宜令5舰归并舟山镇海口驻泊，相机进至。当日李接邵友濂、龚照瑗电，方知2舰已沉，次日报总署。

正月初六日丙午（2.20）

清廷以"澄庆""驭远"已失，"南琛""南瑞""开济"3舰势孤，如何相机进止，命曾国荃、刘秉璋回商妥办。

正月初九日己酉（2.23）

法使巴特纳自上海通知列强，自本月26日起，法国舰队将把在中国沿海所运之米视为违禁品。

正月十一日辛亥（2.25）

法舰封锁吴淞口。

正月十三日癸丑（2.27）

刘秉璋电军机处，初五日后，洋面无法船。宁绍道薛福成派洋人同吴安康派弁附轮亲探至沪，发电回报无法船，管轮犹籍疑惑。龚照瑗自沪派轮迅探，于十二日未刻进口。3舰乃于戌刻出口，阅一时，无敌惊怯，于丑刻折回镇海口外，十三日复进镇海口。

正月十五日乙卯（3.1）

① 孤拔率"巴雅""尼埃利""凯旋""梭尼"4舰进攻镇海口，招宝山炮台及南洋3舰与之激战，击退法舰，并击伤其1艘。

② 船政大臣裴荫森奏，察看福州海口及填塞港道情形，称马江为船政重地，不应停泊商轮。现已与督抚照会各国领事，请将一切商船改停芭蕉山侧。

正月十六日丙辰（3.2）

负伤法舰驶离镇海口，前去修理。夜，法国鱼雷艇两次企图潜入港内，施放鱼雷，均被击退。

正月十七日丁巳（3.3）

法舰再次进攻镇海口，与守军及南洋3舰激战，被击退。

正月十八日戊午（3.4）

吴安康用渔网布置港口，封锁航道。又在南洋3舰上各装一具3 500磅尾锚,以保证船体不受潮汛影响而漂动。

正月十九日己未(3.5)

① 夜,法国舢板2艘潜入镇海港内,被击退。

② 张之洞奏,总办广东机器局道员温子绍经营该局多年,料价不实,工匠亦不足额,物议繁多,请旨革职彻查,勒令赔缴。

正月二十一日辛酉(3.7)

① 法国小火轮进攻镇海口,被击退。

② 以张之洞请调北洋2快船南下与南洋3舰合势,相机战守,诏命李鸿章妥为筹划电奏。

③ 沪报刊载英领事公告,奉英外交部电,英不允法以大米为违禁品。

正月二十三日癸亥(3.9)

李鸿章电总署,北洋快船与"南琛""南瑞"同式,实不足敌铁舰。法现有2铁甲舰扼镇海口之游山,南3船不能出,北2船不能入。南船与炮台依护,尚可自固,否则恐蹈"澄庆""驭远"覆辙。又电,法船北驶,意在邀袭华船,已饬各口严备。

正月二十四日甲子(3.10)

以法舰弃台湾北驶,分布浙苏洋面,沿海长江防务均关紧要,北洋3船可毋庸南驶。

正月二十五日乙丑(3.11)

左宗棠奏,请旨设立船政炮厂,专造铁甲兵船后膛巨炮。又奏,总理船政宜仍用文员,并请敕吴仲翔回船政办事。

正月二十七日丁卯(3.13)

法舰对镇海小港炮台轰击数十炮。

正月

丁汝昌函袁保龄:有二事请代向李鸿章婉求。西例水师在海上三年得展一阶,在内港六年得升一级。现各船大二三副人等在闽厂只得过军功奖札,迄今别无官阶者不只大半,并有已充管驾仍只五品军功者,至此而不能稍有所赏,何以振士气致死命?查两次援朝,幸定变迅速,水师先撄其锋,较陆军为尤险。学堂读书三年,即得一官。而由学生到水师,辛苦数年,反不如之。将来学生到船,水师官弁何以督率?又,洋员在水师,最得实益者,琅威理为第一,葛雷森次之。人品亦以琅为最，平日认真训练，订定章程，曾无暇晷，不肯稍懈。去冬濒离烟台时，贻示一书略曰：水师已有一半功夫，未竟而去。我深愿为中国出死力，奈国法不准。如中国能与我订立合同，我所应得本国终身廉俸，中国亦能认给，则我亦不难舍英趋中，将来中国有用得着我处，尚可效劳。然葛雷森业已优奖过，琅威理似尚缺然。望李鸿章能念琅之勤挚，予以奖励。

二月初七日丁丑—初八日戊寅（3.23—3.24）

冯子材大败法军，获镇南关大捷。

二月十三日癸未（3.29）

冯子材收复谅山。

二月十七日丁亥（4.2）

清廷将总兵吴安康革职，留营效力。命曾国荃即饬妥带师船，勉图自赎。"澄庆""驭远"2舰失事情况，着曾国荃确查参办。

二月十九日己丑（4.4）

金登干代表清政府与法国代表毕乐（Billot）在巴黎签订《中法议和草约》。

二月二十七日丁酉（4.12）

李鸿章电总署，英国于前几日派水师提督前往朝鲜仁川至釜山之间巨文岛。英国领事璧利南（B.Brenan）称，英占据此岛备俄，与中国、朝鲜无损。

三月初一日庚子（4.15）

台湾停战，法军解除封锁。

三月初二日辛丑（4.16）

① 谕：御史郑训承奏，新开海防捐例宜剔弊端。着该部议奏。

② 丁汝昌致函汉纳根，嘱其注意将旅顺口门处浅滩用挖泥船挖去。

三月初四日癸卯（4.18）

李鸿章和日本特使伊藤博文经多次谈判，签订《天津条约》。议定中国日本各撤在朝之兵；将来朝鲜国内有事，中日两国或一国要派兵，应先行知照。及其事定，仍旧撤回，不再留防。

三月初五日甲辰（4.19）

李鸿章奏报中日谈判情形。

三月初十日己酉（4.24）

英国代理驻华公使欧格讷（N.R.O' Conor）照会朝鲜政府，英国已占据朝鲜巨文岛。

三月十一日庚戌（4.25）

① 曾国荃三月初五日奏，查明"澄庆""驭远"失事情况，分别参办。本日得旨，李时珍着即严拿，务获正法；蒋超英、金荣均着革职，发往军台效力。

② 丁汝昌函"威远"管带方伯谦，"威远"水手空缺，亟宜由本船勇内按班推补齐全，其递遗三等水手空缺，即以四"镇"船头等练勇调补；"镇"船遗缺，即以"威远"二等练勇拨升。至于二等练勇空缺，暂勿庸募，待归队后当由屯船拨往。

三月十四日癸丑（4.28）

李鸿章奏，前接二月十三日寄谕，左宗棠奏，道员吴仲翔前在船政局当差，该局章程多系该员议定，请饬仍回福建办事等语。二品衔分发补用道吴仲翔光绪七年四月间，经奏派创办天津水师学堂，任总办。学堂为水师根本，猝乏妥员堪以接办，请准其在津当差，俾资一手经理。

三月十七日丙辰（5.1）

① 李鸿章电总署，不能允英据巨文岛。十九日再电陈述理由，拟派丁汝昌带兵船前往巨文岛，察探英舰占领该岛动静。

② 上年张佩纶请曾纪泽向英国格林尼治皇家海军学院请求推荐之英国教员赖格罗、李家孜到达船政学堂。赖格罗派为驾驶学堂管轮教习，李家孜派为制造学堂格致、算学教习。

三月二十日己未（5.4）

李鸿章致书朝鲜国王，请其勿轻易允许英占巨文岛。

四月初三日辛未（5.16）

李鸿章派丁汝昌率"超勇""扬威"2舰抵巨文岛察看。朝鲜派参判严世永及德人穆麟德（P.G.von Mollendorff）附轮前往质问。英国舰长麦乞伊明言此举系为防俄，请丁等往长崎晤英国提督交涉。初五日，丁汝昌率严、穆驾舰至长崎，晤英国远东舰队司令陶威尔（H.Dowell）海军提督，不得要领。

四月初七日乙亥（5.20）

① 丁汝昌在长崎致电李鸿章：连续晤英海军提督，往复理论，意尚和平。已索得英提督复函说，奉命所部，据守此岛，政府想借用。已将尊意电达政府，回电到，即函告。拟明早起锚返航，见王后内渡。

② 朝鲜外务署发函驻朝英国领事及欧格讷，抗议英军占领巨文岛。

四月十六日甲申（5.29）

英国驻华代办欧格讷密电英国政府，中法停战后，中国将重振海军。鉴于德人式百龄能力薄弱，难胜训练北洋海军之任，李鸿章很可能要求琅威理复职。希政府"从商务与政治的观点，不要忽视英国军官在中国海军行政中的重要性"。

四月二十日戊子（6.2）

许景澄电询李鸿章，"济远"应否保海险？李二十日复电，不必保险。

四月二十三日辛卯（6.5）

左宗棠奏，为购办"南琛""南瑞"来华之德国商人福克等请奖。

四月二十七日乙未（6.9）

李鸿章与法国公使巴特纳在天津签订《中法会定安南条约》（即《中法新约》），中法战争结束。

四月二十九日丁酉（6.11）

① 谕：中法条约已定，"定远""镇远""济远"3舰着即驾驶来华。

② 法军统帅孤拔在澎湖因赤痢、贫血等病，在"巴雅"舰上去世。

四月三十日戊戌（6.12）

许景澄电李鸿章，"定远""镇远"已有管驾，"济远"管驾亦雇定，现饬入坞整理，约五月下旬可行。"济远"是否与"定远""镇远"同行？是否需雇鱼雷教习？五月初三日李鸿章回电，3舰同行。鱼雷教习需雇如哈逊之精者。

五月初四日壬寅（6.16）

① 曾国荃奏，马江之挫，台湾被封，漕粮遭阻，皆因海上无铁甲兵轮，又少快船鱼雷。吴淞为苏沪要隘，江阴为长江门户，拟购快船5艘、鱼雷船10艘、铁甲船2艘。请饬下安徽、江西、湖北、湖南、四川五省每年共筹银100万两，以7年为期，专备购船之用。

② 李鸿章函许景澄称，式百龄虽曾在德管驾小船，实非学堂出身。来

"巴雅"载运孤拔遗体回国

津数月，闽厂管带员弁皆有议论，难以管带"镇远"。李凤苞听人言妄加推许。式所雇洋员亦不尽有真实本领，但不似式百龄夜郎自大。

五月初九日丁未（6.21）

清廷以和局虽定，海防不可稍弛。整顿海防以大治水师为主。着李鸿章、左宗棠、彭玉麟、穆图善、曾国荃、张之洞、杨昌濬筹议。

五月十九日丁巳（7.1）

李鸿章奏报中日从朝鲜撤兵情形。定于六月初十日，将清军全部撤回旅顺。

五月二十一日己未（7.3）

① 慈禧命御前大臣、军机大臣会同醇亲王奕譞踏勘修饰三海。

② 许景澄在基尔港致祭天后，"定远""镇远""济远"3舰启程回国：分别由洋员伏司、密拉、恩诺尔管驾。杨兆鋆、刘步蟾分驻"定远""镇远"，沿途照料。

五月二十二日庚申（7.4）

左宗棠、裴荫森奏请仿法国"柯袭德"（Coycyté）、"士迪克十"（Styx）、"飞礼则唐"（Phlegeton）号军舰式样，试造双机钢甲新式兵船。

五月二十五日癸亥（7.7）

张之洞奏筹议防海要策，拟在广州博学馆基址设立水陆学堂。又奏以阖姓捐饷20万元，试造浅水轮船4艘。又奏建造炮划，设立广安水军，以防卫西蕉门、横门、磨刀门、虎跳门、厓门五口。该水军营制仿长江水师规制。

五月二十六日甲子（7.8）

① 李鸿章电许景澄，鱼雷教习哈逊品艺极佳，因法事辞回。请商德部再借用一年。许复电，哈逊现带船督操，恐难借。

② 丁汝昌率"康济""扬威"等舰离开朝鲜马山浦回国，经威海于二十九日抵达烟台。六月初一日派"镇西"炮船将搭乘"扬威"而至的朝鲜大臣南廷哲等人送往天津。并命"镇西"在大沽等候至初六日，送南廷哲到烟台，命"扬威"在烟台等候至初八日，送南廷哲回朝鲜。

五月

陈兆艺、李鼎新在英学习期满回国。

六月初二日己巳（7.13）

曾国荃奏，遵旨筹议海防。南洋拟购铁甲舰，广筹经费等。慈禧太后朱批懿旨："所奏海防各事，均为未雨绸缪之计，着次第举行。至借洋债以购兵轮，究非长策，着另筹办法具奏。"

六月初四日辛未（7.15）

丁汝昌率"康济"抵达朝鲜马山浦，为中国军队撤兵做准备。

六月初五日壬申（7.16）

招商局从旗昌洋行收回全部财产。

六月初六日癸酉（7.17）

① 裴荫森奏，购置英商"美那"号夹板船作练船，拟名"平远"。该舰长140英尺，宽31英尺5英寸，载重457吨。同治十年在法厂制成。现价需番银4 000元。

② 李鸿章与总署商议朝鲜善后，称双方撤兵后，饬丁汝昌派二艘军舰按月轮替驻巡仁川，以觇动静（前一日已将此函告朝鲜国王李熙）。

③ 美国驻福州领事温（Joseph C.A.Wingate，通常译作荣日德约瑟）照会闽浙总督杨昌濬，代转美国在闽人士请求赦免张成死罪之函件。

六月初八日乙亥（7.19）

裴荫森奏，洋教习赖格罗、李家孜到校已三个月。已招幼童百余名入堂学习语言文字，半年后甄别去留。在学堂添盖学舍洋楼四十间，隔为八十间。又，上年张佩纶在船政公署内建立电报房，经费应归船署报销。

六月初九日丙子（7.20）

① 李鸿章函告张佩纶：获知其至流放地情况。但冀早日赐环。公是有心人，惟矜气过重，视事太易，致此蹉跌，左宗棠耄荒，实不足与图大计，此外亦少明白人。附上《海战新义》（奥地利阿达尔美阿著，天津机器局印行）一书，望悉心参详。以水师败者，必以水师求胜，非空言大话所能济事也。

② 南廷哲乘"扬威"回朝鲜马山浦，与丁汝昌会面。旋即去汉城。

六月初十日丁丑（7.21）

① 曾国荃奏，南洋现在兵船无多，未能拨驻台湾。

② "图南""利运"二轮到达朝鲜马山浦。

③ 吴兆有率清军由朝鲜汉城抵达马山浦，十一日队伍上船，十二日开轮，十三日返抵旅顺。

六月十一日戊寅（7.22）

法国舰队从澎湖撤退（一说六月二十四日）。

六月十三日庚辰（7.24）

① 刘铭传参奏台湾道刘璈贪污狡诈，劣迹多端，声名狼藉，旨命将刘革职拿问，并将该革员任所、原籍资产一并查抄。命锡珍前往江苏，会同卫荣光赴台查办。另密令其赴福建查办马江之战及左宗棠、杨昌濬参奏张成案。

② 刑部尚书锡珍等奏，上年十二月二十七日奉上谕，已革游击张成身充轮船营务处，并不竭力抵御，竟敢弃船潜逃，着定为斩监候，秋后处决，解交刑部监禁。当经臣部咨行闽浙总督钦遵办理。兹据该督派员将张成呈递亲供一纸，剖析在船力御，船被击沉，身被漂流，遇救得生情形。现恭呈御览。

③ 李鸿章电许景澄，鱼雷急需教习，请面商德国海军部，能借哈逊最

好,否则由哈逊保荐技精之人来华,并约福来舍同来。

六月十七日甲申(7.28)

利士比乘舰抵沪。

六月十九日丙戌(7.30)

李鸿章函总署,主张筹款购买"济远"式快船6艘以济急用。又函议驳船政局请试造双机钢甲兵船,称其不合海面交锋之用。

六月二十日丁亥(7.31)

杨昌濬遵旨筹议海防。主张建立北、中、南三洋水师,每支配以4艘铁甲舰,20艘快碰兵船,鱼雷船四五号,运船二三号。五年内将规模办定。

六月二十四日辛卯(8.4)

清廷命李鸿章照前购钢甲快船再购4艘,备台湾用。李鸿章将购舰上谕转电许景澄、曾纪泽,命分别与德、英船厂订造2只"济远"式巡洋舰,时速必须16海里。

六月二十五日壬辰(8.5)

李鸿章收许景澄电,"定远""镇远"抵波赛,"济远"在马耳他修机器,需二旬(此后"济远"即与"定远""镇远"分驶)。

六月

李鸿章以"定远""镇远""济远"即将到华,拟从南洋选调增充兵船大二三副数名;船政选调增充兵船大二三副数名及管轮20名,锅炉匠6名;招商局精壮水手、管油管汽40名,升火100名,饬令克日北来。

七月初二日戊戌(8.11)

① 李鸿章遵旨筹议海防各条。主张建立北洋、南洋、闽台、广东四支海军,每支必有铁甲船2艘,快船4艘,捷报舸2艘,鱼雷艇20只;请在旅顺口、威海卫、胶州湾、舟山、澎湖、虎门、沙角等处设立水师练泊之区并设船坞;水师口岸请设炮台;重视水师学堂建设;每岁增筹500万两经费,以为大治水师之需,约计十年成军;请设立海部,慎简深明防务大臣会筹妥办。

② 又奏,奉谕杨岳斌请拨快船到台湾备用,着奏明办理。查北洋仅有"超勇""扬威",以备朝鲜,难拨赴台。

七月初四日庚子（8.13）
　　谕：李鸿章遵议海防事宜各条，言多扼要，事关重大，必须该督来京，与在事诸臣，熟思审计，将一切宏纲细目，规划精详，方能次第施行。

七月初五日辛丑（8.14）
　　慈禧以刘秉璋查明南洋吴安康造成"澄庆""驭远"2舰失事责任，不准曾国荃开缺处分之请。

七月初六日壬寅（8.15）
　　① 李鸿章致张佩纶，锡珍查刘璈参案过津，密言张佩纶以戆直为醇亲王所嫉，非由他人下石，果尔则此结不易解也。
　　② 曾纪泽电总署，刘步蟾告其德前制舰上重下轻。主张待3舰到华后，察其利弊，再定新舰。

七月初七日癸卯（8.16）
　　① 彭玉麟奏请设海军水师于吴淞，下分二镇，一位于大沽管北洋，一位于厦门管南洋。
　　② 李鸿章电曾纪泽、许景澄，请将"济远"图纸交英海部员及有名大厂，详细考订是否上重下轻。称刘步蟾语不可靠，前英购"超勇""扬威"，亦疑其上重下轻，然行驶无病。望速商订购，不必等待。

七月初十日丙午（8.19）
　　驻德使馆参赞王咏霓写信给总理衙门章京袁昶，批评李凤苞订购"镇远""济远"舰中存在的质量问题。

七月十一日丁未（8.20）
　　李鸿章电许景澄，请催曾纪泽赶速考究订造，英德各购2艘，式不尽同，炮械要一律。

七月十二日戊申（8.21）
　　① 会办北洋事宜吴大澂奏，请设总理水师衙门；裁汰各省陆军，以防饷拨归水师；定购钢甲快船；各省口岸应造船坞；水师操练宜归一律；海军驻防口岸定时调防，以资阅历。
　　② 李鸿章接曾纪泽电，英最新例，不许海军部代谋。据海军部官员怀特谈"济远"名快船而不快，有铁甲而不能受子，不知可信否？拟译合同，择厂订制。
　　③ 裴荫森奏，台防需船，请派"伏波"东渡。

七月十六日壬子（8.25）

　　李鸿章收许景澄电，"济远"煤舱装煤百吨，煤柜太小，机房太窄，伏厂拟作修改。

七月十七日癸丑（8.26）

　　赫德函英国外交大臣格兰维尔，本月10日收到5月2日外交部公文，任命他为驻华公使，6月23日女王给中国皇帝、朝鲜国王的国书。7月18日，还收到格兰维尔电报，告知是否接受公使职务，完全由其自已决定。赫德表示，海关是改革这个帝国各个部门的行政及改进各工业部门的核心。海关领导权一定要留在英国人手里。为了总的利益，特别是英国同中国的特有利益，他最好还是留在现在岗位上。他辞去驻华公使职位，退回国书。

七月二十四日庚申（9.2）

　　李鸿章收许景澄电，获悉所拟巡洋舰的两种方案。次日李复电，请照"济远"式，穹甲升高5英寸，加长8英尺，加宽1英尺。价不得超过300万马克。

七月二十六日壬戌（9.4）

　　① 裴荫森奏，厘定船政员绅员弁书役薪工并一切杂费。规定督办船政大臣月薪600两，提调吕耀斗300两。

　　② 又奏各种水雷情况及船政各厂及船政公署厅堂被七月十五至十七日台风损坏情况。

　　③ 又奏，为船政驾驶学堂洋教习邓罗请奖。邓罗光绪六年八月二十七日抵工，合同三年。九年九月初一日换立合同，已延两年。现再订合同，留用三年。请奖五品顶戴并二等宝星。

七月二十七日癸亥（9.5）

　　钦差大臣督办福建军务左宗棠病逝于福州。

八月初二日戊辰（9.10）

　　李鸿章电船政派匠首陈和庆赴德验料，艺徒裘国安等二人往监工；匠首黄戴往英验料，艺徒张启正等二人往监工。

八月初九日乙亥（9.17）

　　"济远"到锡兰（今斯里兰卡）。

八月初十日丙子（9.18）

① 许景澄与伏尔铿厂代办哈克士他耳议定订购快船草合同。规定第一船工价300万马克，第二船294万马克，并将二船工价再扣除1厘，计59 400马克。至十月十三日，补立将仿造"济远"船式改为旁有水线甲堡之船，附立草合同。两船各加价47万马克，不再扣厘。

② "定远""镇远"到香港。

八月十七日癸未（9.25）

琅威理去中国海关驻伦敦办事处，向金登干询问中国政府请他返华服务的消息。

八月十八日甲申（9.26）

李鸿章函告张佩纶：七省海军非一手足所能为力，而左、彭复疏持论略同。鄙转悔前言之失，恐将为法自敝。吴大澂奏请醇王主持，愿充督操。醇王即肯领袖，鄙人才力精力实苦不支，且将为众箭之的，何法解脱，乞代筹示。

八月二十日丙戌（9.28）

① 两广总督张之洞电许景澄，询伏尔铿船厂铁甲舰及鱼雷艇报价，称拟购三铁甲舰、六鱼雷艇，合为一军，分为三队，专供粤用。价在400万两之内。

② "镇远"由香港赴大沽，"定远"在香港卸鱼雷艇。

八月二十一日丁亥（9.29）

① 金登干与英国国会议员S.伦道尔及外交部官员庞斯福德讨论琅威理赴华事。金登干表示琅威理的服务受到好评，但海军部对此事非常冷淡。又说琅威理不能从海军部得到一个适当的教官班子就不会就职。庞斯福德对找教官有困难也迷惑不解。"因为中国雇来为其服务的英国人越多，对两国的利益就越多。"他还与他们分别讨论了为中国海岸要塞借调或推荐一位工程军官事项。

② 许景澄电告张之洞，所询船价，若将铁舰改为"济远"式，则9船连炮、雷价约300万两。张旋回电，以为300万两恐误，仍要求按400万一480万两造9船。

八月二十二日戊子（9.30）

① 懿旨：海防善后事宜，着军机大臣、总理衙门大臣会同李鸿章妥议

具奏，醇亲王奕譞一并与议。所有左宗棠等折片，均着给阅看。
② 李鸿章入都陛见。慈禧太后五次召见，连日与奕譞、奕劻及军机大臣商讨海防，论及海部及铁路、银行之事。决定设立海军衙门，先于北洋建立水师一支。此外，分年次第兴办。

八月二十四日庚寅（10.2）

金登干密电赫德：曾纪泽奉命订购巡洋舰，正同阿摩士庄等厂联系，并送去了铁甲舰的详细数据（按：此处的铁甲舰其实指"济远"型舰）。

八月二十五日辛卯（10.3）

张之洞电许景澄，水带快船诚佳，但创水帅无铁甲则军威不壮。拟先制3艘铁甲舰，长、宽、炮力须略与"定远"等而不用其式，且将不急之处铁甲略省，每艘造价在百万两。

八月二十六日壬辰（10.4）

"定远"在香港开驶北上。李鸿章电周馥、丁汝昌预定送德国员弁回国之船，并派员弁舵水齐集准时接收。以免迟留之费。

八月二十七日癸巳（10.5）

许景澄电李鸿章，"济远"机器又坏，伏尔铿公司认为是管轮不慎，请饬"镇远"正管轮赴新加坡经理。

八月

总署遵旨会议海防善后事宜，拟请先从北洋开办水师一支，以为之倡。此后分年筹款，次第兴办。台湾宜设巡抚。

九月初三日戊戌（10.10）

李鸿章电曾纪泽，促琅威理来北洋教练。赫德亦电告金登干，中国人需要琅。

九月初四日己亥（10.11）

① 李鸿章电丁汝昌、周馥，合同前令荫昌译出，并各弁合同洋文，面交丁镇，已电署再查。德税司请雇商局船遣送，想未妥，改雇禅臣公司。三舰轮机、电灯等皆为新式，德厂请酌留20余人，半年为限，认真教练，期满遣回，务察商妥办。醇亲王拟明春赴沽，登舰看操，须于冬内操熟。鸿望月后回，即往勘试新船。
② 张之洞奏，遵旨筹议海防、建设海军共11条。主设立北洋、南洋、闽洋、粤洋4支水师，各设该洋海军提督及左右翼总兵。粤洋海军，拟

配水线带铁甲舰3艘，铁甲鱼雷船6艘。又奏，请饬出使大臣张荫桓派员分赴各口，劝令侨商捐赀购造护商兵船。次日诏命着交海军衙门随时察度情形，俟饷有着，次第推广。

九月初五日庚子（10.12）

① 懿旨派醇亲王奕譞总理海军事务，所有沿海水师，悉归节制调遣。派庆郡王奕劻、大学士直隶总督李鸿章会同办理，正红旗汉军都统善庆、兵部侍郎曾纪泽帮同办理。先从北洋精练水师一支以为之倡，此外分年次第兴办。北洋练军伊始，责成李鸿章专司其事。其应行创设筹议各事，统由该王大臣筹划拟立章程，奏明办理。

② 李鸿章奏，德国购造铁甲等船，将抵大沽，请饬李凤苞赴北洋襄办。得旨，李凤苞着交李鸿章差遣委用，随时察看，如不得力，即行奏撤。

③ 台湾设省，将福建巡抚改为台湾巡抚。福建巡抚事由闽浙总督兼管。

④ 张之洞奏，筹议大治水师事宜，海军宜分北洋、南洋、闽洋、粤洋四大支，又乞求将机器、军火两局合并，定名天津制造局。

⑤ 金登干密电赫德：马格里爵士上周在阿摩士庄厂订购两艘轮船，在德国订购两艘。

九月初七日壬寅（10.14）

① 许景澄电总署，已在德国订购铁甲快船，中要环绕厚甲，前后平复穿面钢板，照"济远"式样加长宽深，酌改不合适诸病。已与德厂订立两舰合同。

② 李鸿章向奕譞赠送《海战新义》《各国水师操练法》《艇雷纪要》各10部。

③ 美国驻华公使田贝（C.Denby）电本国政府，谓中国已创设海军衙门，此举意味中国将成立一支庞大的舰队，并可能聘请美国军官前来服务。

九月初八日癸卯（10.15）

醇亲王奕譞收到奕劻转交驻德使馆人员舒文、王咏霓的两封批评"济远"舰质量问题的来信，立即致函军机处，表示新购4舰，决不可照"济远"舰式样定造。

九月初九日甲辰（10.16）

① 懿旨：以奕譞等奏请裁长江水师岳州、汉阳、湖口、瓜州、狼山五镇之舢板船一半，裁出之饷，添制浅水轮船，分逮巡防。着彭玉麟、

1885
光绪十一年乙酉

醇亲王奕譞,道光帝第七子,光绪帝生父。1885年起被任命总理海军事务大臣,显示出清廷对发展海军的高度重视。曾出海巡阅海军,观念由保守转向开明。然遭慈禧猜忌,海军经费筹措困难,又被大量挪用,故终难有成。临终嘱咐"无忘海军"

庆亲王奕劻,乾隆帝第十七子永璘孙。1885年任会办海军事务大臣,1891年总理海军事务,逐渐在晚清政局上扮演重要角色。为人庸碌贪鄙,对海军事务全无建树

曾国荃、裕禄、李成谋悉心会商。寻奏,酌裁长江水师利少害多,着下所司议。

② 又以总署送到舒文、王咏霓各信函,称前购"济远"快船制造不精,除电知曾纪泽、许景澄暂缓照式订造外,着奕譞、奕劻、李鸿章俟"济远"驶到天津,遴员详加查勘,据实复奏。

九月初十日乙巳(10.17)

① 李鸿章函奕譞,请准裴荫森请,福建船政建造三艘浅水双底钢舰。造价130万两。

② 赫德函告金登干,海军衙门已经成立,琅威理的前途极其光明。他将代表中国海军,就像赫德代表中国海关一样。

九月十二日丁未(10.19)

① 曾国荃奏,上海机器局制造钢板船"保民"竣工。船长225英尺3英

寸，宽36英尺，吃水14英尺3英寸，马力1 900匹，时速13英里。共用银223 800余两。拟募官弁人等165员名，月支薪粮2 366两，公费220两。

② 琅威理在伦敦拜会金登干、庞斯福德，向庞抱怨他没有明确地位，也没有受到英国海军军官应受到的尊重。事后，金告诉庞，琅已获得外国人在中国所能得到的最高位置。他所需要的是英国海军的支持，和他在华工作时计算他在英海军中的服役期。

九月十四日己酉（10.21）

李凤苞到京后拜访翁同龢。

九月十五日庚戌（10.22）

李鸿章函张佩纶，昨日出京，海军明文，一如胜算，无饷可筹，空拳独张。醇王不欲罢船政，终是敷衍面门之举。

九月十七日壬子（10.24）

① 奕譞奏，海军事宜头绪纷繁，拟暂借神机营署内空房办公。名曰"总理海军事务衙门"，所有咨札文件，拟借用神机营印信以昭简易。又奏，派神机营全营翼长镶红旗汉军副都统花翎二等子恩佑为海军衙门总办文案翼长，派四品衔兵部郎中堃岫、记名知府户部郎中阿麟、内阁侍读学士云骑尉奎焕、记名御史工部员外郎常明等4员为帮总办文案，派即选主事宗室载林等22员为海军衙门章京，派营务翼长护军参领祥普等8员用备差遣。同日均奉懿旨允准。

海军衙门成立后，暂假东单煤渣胡同神机营后院办公。

② 赫德向金登干称，琅威理这次将有一个光辉的开端。只要他干得好，二十年后他会在中国成为比我今天还要大的人物。

③ 金登干收到琅威理通知，他将于11月底或12月初去中国。此前，英海军部命琅10月30日动身，而琅妻正要生产。金登干通过英外交部进行斡旋。10月26日，琅夫人生育一女孩。琅表示在他准备就绪前，不能强迫他动身。

九月十八日癸丑（10.25）

曾纪泽电总署，此次在英订制快船系仿英式，除铁甲外无甲（按系指除覆盖机舱之装甲甲板外，船体侧舷未设装甲）。请旨是否应加铁甲？本日奉旨，此次船只造成即应归入北洋水师操练，着李鸿章详加察核电奏。

九月十九日甲寅（10.26）

① 清廷以曾纪泽电奏，所订之船，系新式最佳者。着查访明确，即可仿造。李鸿章经办洋务多年，此项船只造成，即归入北洋水师操练。

② 任命方伯谦为"济远"舰管带。

九月二十一日丙辰（10.28）

① 李鸿章奏，请派袁世凯等护送朝鲜国王之父李昰应归国，并派扎驻朝鲜总理通商事务。

② 李鸿章又奏海防捐碍难归部。

九月二十三日戊午（10.30）

① 许景澄电总署，在德定购快船，拟中腰水线处围厚甲9英寸半，上覆平钢板，前后覆穿板，用双层底，炮台令台全护厚甲，比前定式样加宽长，吃水仍浅。加价47万马克。本日奉旨，命李鸿章结合曾纪泽称铁甲外无甲之说详核电奏。次日又命李电曾依式仿造。

② 李鸿章函陕西藩司叶伯音：海防开办，已见诏书，所苦者无大宗的款。两艘铁甲，既不成军，一支水师，无所谓部。然有此名目，将来冀可扩充。

九月二十四日己未（10.31）

① "济远"到大沽。

② 阿摩士庄公司工程师怀特撰写批评"济远"舰说帖，次日撰拟造新船说帖。

九月二十六日辛酉（11.2）

刑部尚书锡珍等奏，奉旨查办左宗棠、杨昌濬奏参已革游击张成案。查左宗棠等原参，谓张成充当营务处，法已悬旗示战，始行登舟，仅开一炮，即弃船逃走。张成所递亲供则称，去年七月初三日未刻，敌人突开大炮，首击"扬武"，赶饬炮手开炮还击。俄顷船受重伤，欹侧倾沉。其溺入江中，冲至上岐君竹乡江边，幸遇福靖后营哨官吴德恩捞救，其并未充当营务处，仅能各自为战，别船并无统率，实难兼顾。随咨查船政衙门，据复张成系光绪五年经福建水师提督彭楚汉委充营务处，不过未经张佩纶派委。当日开仗情形，经向"扬武"轮船教习水手枪炮之学生容尚谦等询查，张成充当营务处，战船均归统带。上年七月初三日十点钟，伊见孤拔坐船中桅忽然下旗，急告张成预备，张误为法船有官病死。正议论间,连珠炮如雨而至,打死多人。时船尾被鱼雷轰破,机器房亦被击坏,锅炉炸裂,轮船倾倒。张成先在桅后避炮,后在天窗口招呼管机器人开车,不知何时跳下水去。水手吴长元供,伊在"扬武"船管放船首大炮。法舰升起战旗,我船亦即升旗,旗绳忽断。法舰开炮,鱼雷亦到,船上木匠周宝用铁锤将锚链击断,张成即令开动机器,将船转过,对法船开炮,船旁有炮三尊,亦各开放两三炮。查马江一役,张成身非统帅,战事亦非伊所能专决。惟其早经委派充营务处,统率各船,所带"扬武"又系闽中第一战船,先事即毫无布置,战机已露,犹复观望议论,事后又不能竭力抵御,玩敌怯战。业经奉旨定为斩监候,情真罪当,似可毋庸再议。

九月二十七日壬戌(11.3)

李鸿章电总署,各国快船本非一式,曾纪泽奏有穹甲无水线甲及炮台甲,速率可达18节;许景澄奏照"济远"式加宽长,加水线甲、双层底,速率15节,似可并行不悖。本日奉旨,准许景澄向德厂订造。

九月二十八日癸亥(11.4)

李鸿章电曾纪泽谕旨,着曾纪泽照式订造英国快船。

九月二十九日甲子(11.5)

① 李鸿章电许景澄谕旨,着许景澄照议订造德国快船。
② 旋派林鸣埙、张启正、陈和庆赴英,曾宗瀛、裘国安、黄戴赴德监造军舰。

九月

因铁舰到华,事务尤繁,"超勇"管带林泰曾等请重聘琅威理。

十月初五日庚午(11.11)

① 李鸿章函告张佩纶:神机营兼设海军衙门,奏派文案旗员三四十人,铺排门面,毫无实济。醇王谓如昔惠王为奉命大将军,全赖僧邸在外,兹事非陆军比,鄙人更非僧邸比,部臣皆作壁上观,请吾入瓮。
② 李鸿章函告曾国荃,海军一事,条陈极多,皆以事权归一为主,鸿章事烦力惫,屡辞不获,虽得两邸主持,仍不名一钱,不得一将,茫茫大海,望洋悚惧。
③ 太仆寺少卿延茂奏,近闻李凤苞自德国购买"定远"一船质坚而价廉,"镇远"一船质稍次而价稍涨,至"济远"一船质极坏而价极昂。

"定远"和"镇远"是当时远东最大的铁甲舰。这是1886年,醇亲王奕譞巡阅北洋水师,随行画师所绘的"定远"舰

又说此事"自海上喧传,直抵都下,人人骇异,咸谓苟非李凤苞勾串洋人侵蚀肥己,必不至船质与船价颠倒悬殊至于此极"。应请饬惩办。

十月初六日辛未(11.12)

两广总督张之洞奏,停行海防捐输,改抽牙捐充饷。下部知之。

十月初八日癸酉(11.14)

李鸿章函奕譞,感谢其因天气寒冷,劝李不必亲往旅顺验收铁甲舰的好意,表示铁甲舰事关重大,必须亲自验试,方可放心。

十月十一日丙子(11.17)

① 清廷以张之洞奏,外洋各埠华商甚多,拟敕令捐资,购造护商兵船。此事创始非易,须详慎预筹。着张荫桓抵粤后与张之洞商办。

② "定远""镇远""济远"抵大沽。李鸿章率丁汝昌、周馥前往验收,均与合同相符。十二日登舟,履勘旅顺口东西岸炮台,十四日回

"镇远"舰。这张照片是1895年该舰被日军俘获后拍摄的

"济远",中国第一艘装甲甲板巡洋舰。特点是在舰体中层水平方向敷设装甲,其中央拱起,两侧斜至水线下,像龟壳覆盖住主机舱,当时亦译作"穹甲快船"。这张照片摄于甲午战争后,时"济远"已为日军所掳

津。"定""镇"二舰长298.5英尺，宽60.4英尺，吃水19.6英尺，排水量7 335吨，马力6 000匹，时速14.5节。装有305毫米克虏伯炮4门，150毫米克虏伯炮2门，机关炮10门。"济远"长236英尺3英寸，宽34英尺，吃水15英尺8英寸，排水量2 300吨，马力2 800匹，船速15节。装有8.5英寸炮2门，6英寸炮1门，机关炮7门。

十月十五日庚辰（11.21）

奕譞、奕劻电李鸿章：勘船公牍备悉，"济远"屡遭指摘，未便据镇道之言遽奏。阁下既亲阅，自极切实，希再咨来署并入奏。

十月十六日辛巳（11.22）

上谕：二品顶戴三品卿衔记名海关道李凤苞，品行卑污，巧于钻营，屡次被人参劾，着革职，永不叙用。

十月十八日癸未（11.24）

① 李鸿章奏报验收"定远"三舰情况，并为驾驶军舰回华人员请奖。计开：花翎副将衔留闽尽先游击刘步蟾拟请免补游击，以水师参将尽先补用，并加总兵衔。都司衔留闽浙尽先千总陆麟清、五品军功留闽浙尽先千总余贞顺、五品军功留闽尽先千总邱宝仁，均请以守备尽先补用并赏戴花翎。分发补用同知杨兆鋆拟请免补本班，以知府分发省份补用。四品衔分部主事胡漮请以直隶州知州尽先选用。举人陈伯勋请以教谕不论双单月尽先选用。附生丁应涛请以巡检不论双单月尽先选用。六品军功留闽尽先外委梁祖全、六品军功林履中，均请以千总补用并赏戴蓝翎。

② 许景澄函钱应溥，李凤苞偏执，致"济远"误。积资存银号有物议。管带难，刘步蟾稍浮。函袁昶，谓"济远"穹甲太低，招致英议。李鸿章信任李凤苞，公函不及，《师船图表》稍用意述病。函升芷，述新舰改订。另信论李凤苞订"镇远"，减价又扣厘，与前异。函寿农等，"济远"自酌新式之舛，现凭海部员定例扣厘，必归公用。函廖寿恒，论有甲无甲之辨。函张家骧，述"济远"有病。

十月二十五日庚寅（12.1）

李鸿章函奕譞、经试航，知舒文、王咏霓所指"济远"各弊未尽确切。北洋封冰后，各舰由丁汝昌督带南下厦门、澎湖认真操练。

十月二十七日壬辰（12.3）

御史殷如璋奏，传闻船政大臣收用员绅为数过多，薪水津贴需款太巨。建议以西学进行考试，不能者量予扣除。

十一月初一日乙未（12.6）

国子监祭酒盛昱奏，已革道员李凤苞所购"济远"铁船，浮开价值，尽入私橐。闻其数目足敷十数营一年之饷。请严密查抄，勿使寄顿。或将该员查拿监禁，勒令缴欠。

十一月初六日庚子（12.11）

金登干函赫德，琅威理服役期问题已解决，海军军官在华服役时期，可以算作退休年限，但不作晋升条件。

十一月十八日壬子（12.23）

福建船政局第二号快船"镜清"轮下水。该舰性能同"开济"舰。由吴德章、李寿田、杨廉臣制造，船价366 000两。

十一月二十九日癸亥（1886.1.3）

李鸿章函奕譞，复陈海军规模及筹办旅顺船坞。先是，户部咨称，将南北洋海防经费奏准拨归海署，作为常年饷需。

十二月初一日乙丑（1.5）

张之洞奏，广东机器局碍难裁撤。又称已革道员温子绍委办粤省机器局十二年，动用银594 000两，现查明尚无侵吞浮冒情弊，惟物料多耗，工匠手艺不精，绅董不尽任事，致有滥竽冗食之弊，责令温子绍赔缴银2万两。

十二月初二日丙寅（1.6）

裴荫森奏船政应办事宜，议于罗星塔、吴山寨之间红山修建大坞。又称出洋回华学生，于造船、轮机工程及测算具有本领，本年已成"横海""开济""镜清"，如果添机拓厂，即大铁舰之铁甲及轮机大件亦可自制，毋庸购自外洋。又称在德学制鱼雷、伏雷学生陈才镛已艺成回国，命其出图仿造。请催闽海关应拨经费。

十二月初四日戊辰（1.8）

李鸿章电驻德使馆参赞朱宗祥，命其向德海军部了解基尔军港船坞用硬砖是否经久，比石如何，以确定旅顺船坞用料。

十二月初七日辛未（1.11）

李鸿章电袁保龄，告之基尔船坞系用红砖面加瑞典格兰的青石砖砌成。硬砖配合得法，与石同坚。

十二月初九日癸酉（1.13）

李鸿章函曾纪泽，称中国铁甲仅"定远""镇远"二舰，军舰多一炮台及舱口立甲，亦可冒充铁甲舰。"济远"丛众谤及，及抵北洋，试验尚属平稳。虽不过速，而较"定远""镇远""超勇""扬威"已过之无不及。英德军舰虽不能强制合一，但海军甫设，不妨并存其式。他日驶行日久，利病自现，再择 推广仿造。

十二月初十日甲戌（1.14）

① 杨昌濬、裴荫森奏复御史殷如璋奏称船政收用员绅过多折，称初设提调三员，今仅用其一。初设总监工、总考工各一员，今则此职尚悬。局内督视差遣人员57人。经考核，呈报应裁应留应备咨取考验各员绅衔名。

② 裴荫森奏，因周懋琦充第三届出洋学生监督，请留吴仲翔为船政提调。又奏，请添盖学舍，复设艺圃，招考生徒。

十二月十二日丙子（1.16）

懿旨：内务府年终发款不敷，着准由海署存款内借银40万两，分5年归还。

十二月十六日庚辰（1.20）

① 奕劻等奏，将美国归还中国赔偿商亏余银拨归海军衙门。

② 曾国荃奏，前在上海耶松船厂订造安放水雷钢板轮船一只已成。长65英尺，宽14英尺，吃水4.6英尺。

③ 兵部左侍郎黄体芳奏，李鸿章会办海军，恐多贻误，请开去会办差使，电催曾纪泽迅归筹练海军。

十二月十七日辛巳（1.21）

① 懿旨：以黄体芳妄议更张，迹近乱政，着交部议处。

② 上谕：以黄体芳妄议更张，已交部议处。本年创办海军，以李鸿章老于兵事，熟悉北洋防务，特派会办。该大臣务将认真经理，不可掉以轻心，仰体朝廷格外成全，优加倚畀之意。

③ 李鸿章函海署，明年北洋海军经费，请海署照数拨给。

十二月二十日甲申（1.24）

赫德函告金登干，琅威理已到上海，不日前往北京。丁汝昌竭力要将琅威理掌握在自己手中，但他已经告诉琅，在事情未在天津妥善定局之前，不要和丁打成一片。又揣测琅威理可能在新设的海军衙门里担任总查或总海军司。如果他谨慎行事，一定会前程无量。

十二月二十五日己丑（1.29）

① 吏部尚书崇绮奏，请将黄体芳照妄行条奏，降一级调用。系公罪，请按例抵销。

② 懿旨：吏部所议过轻，黄体芳着降二级调用。吏部堂官着传旨严行申饬。

十二月二十九日癸巳（2.2）

李鸿章电曾国荃，奕譞、奕劻询南洋经费是否专放水师，请曾将海防经费所用各项咨商海署，俟经费改解后，仍照旧拨给。此前，曾国荃函李鸿章，询问户部及海军衙门咨文称业经奏准，将南北洋海防经费拨归海军衙门事，认为海防经费本已不敷展布，今全归海署，事事请款而后办，且各轮船薪粮煤油，已成计授要需，刻不容缓，请李鸿章指示大意，俾作南针。

十二月三十日甲午（2.3）

朝鲜海关税务司墨理贤（H.F.Merril）函赫德，中国驻韩人员利用军舰走私人参。1月26日，仁川海关税务司报告，有大量人参运上"镇西"舰。

十二月

许景澄在柏林编译印行《外国师船图表》。

同年

① 江南制造局停造轮船，专修南北洋各省兵轮船只。

② 天津机器局印行《整顿水师说》1卷，《海战新义》4卷（奥地利阿达尔美阿著），《鱼雷图秘本》1卷，《兵船纪略》3卷，《海战用炮》3卷。江南机器局译书馆出版英国息尼德撰、傅兰雅译、华备钰述《兵船汽机》6卷附卷1卷。

③ 日本海军省再次提出扩充海军计划，决定建造海防舰"严岛""松岛""桥立"等。

光绪十二年丙戌（1886）

正月　海防新捐展限 / 筹备"定远"三舰经费 / 刘含芳查勘胶州湾
二月　许景澄论海军 / "横海"触礁沉没
三月　第三届海军留学生出洋
四月　为第二届海军留学生及监造铁甲舰人员请奖 / 醇亲王奕譞巡阅北洋海军
五月　张之洞巡阅广东军舰 / 挪海军经费修三海工程
六月　光绪帝明年亲政，诸臣请太后处置海防及一切紧要事情 / 丁汝昌率舰赴朝鲜操巡并测量港道 / 二聘琅威理
七月　北洋军舰赴日本长崎油修 / 袁世凯报朝鲜求俄保护 / "长崎事件" / 调军舰赴朝
八月　奕譞奏请恢复昆明湖水操旧制 / 朱一新参李莲英随醇亲王巡阅北洋 / "福龙"鱼雷艇到闽
九月　详定昆明湖水操章程 / "寰泰"下水 / 法商承包旅顺船坞
十月　"遇顺"完工 / 海军衙门经费 / 赫德敦促英政府协助控制中国海军领导权 / 谋修颐和园
十一月　以海军名义借洋款修南海 / 英国撤出巨文岛
十二月　昆明湖水操内学堂开办 / "万年清"沉没
　　　　光绪七、八年北洋海防经费报销（第二期）

正月初四日戊戌（2.7）

李鸿章函张佩纶：海军本无办法，亟欲卸肩。他日曾纪泽回华，或可徐谋交替，庶翕众望。黄体芳自负清议，鄙人甘投浊流，尚何言哉。

正月初八日壬寅（2.11）

李鸿章函奕谨，筹备海防经费，惟请展海防新捐较为可靠。又论旅顺坞工重要。

正月初九日癸卯（2.12）

李鸿章函张佩纶：醇王、庆王壹意整军，而未深谙窍要，鄙人负重谤，仍未能赞助毫末，进退旁皇。

正月十六日庚戌（2.19）

李鸿章函曾纪泽，劝其就任海军衙门大臣而勿称病避受。又称财政拮据，海军无可恃之饷，未能多购巨舰，将才尤缺。欲仿英制，万分之十百一时实办不到。盼曾及时采访西国水师兵制，以备他日振兴。

正月十八日壬子（2.21）

李鸿章函奕谨，请筹备"定远""镇远""济远"三舰经费饷需及各省解数。答复奕谨询问《申报》"中国勿受欺于人"一文对旅顺军港的批评，认为北洋海岸，水师扼要之所惟旅顺口、威海卫两处。威海卫工巨费烦，故先经营旅顺口以为战舰收宿重地，兼以屏蔽奉省、控制大沽。旅顺虽三面临海，然岸上有险可扼，岸下有浅滩多处，敌船少来不敢，非小舟不能登陆。

正月二十二日丙辰（2.25）

海署奕谨等奏，裴荫森请于红山增造大坞，目下经费竭蹶，应俟筹有定款，再行定造。中国铁矿尚未开办，遑论自制铁甲，似系隔膜之谈。德国磷铜鱼雷为不传之秘，陈才镳纵能修配，未能仿造，应由船政大臣详查该学生造诣如何，以免虚縻。至所称闽海关应解银两，应催按月解清。

正月二十三日丁巳（2.26）

李鸿章函张佩纶：海军会办，欲退不能，黄体芳茫无所知，乃相诋斥。枢寄抄折，谓系格外成全，只可置之不答。尤异者，徐致祥专函诘责，与黄疏一鼻孔出气。

正月二十八日壬戌（3.3）

李鸿章前饬刘含芳带兵轮前往山东胶州湾查勘测量。本日刘电李，称该口地太偏僻，目前水师兵单饷缺，用之无益。

二月初八日壬申（3.13）

许景澄奏，海军应办事宜条款：大沽海口宜设铁甲炮船以固内防；铁甲船吃水不宜太浅；铁甲船宜仿制；海军炮位宜用一律；船厂机器局宜渐扩充；山东胶州湾宜及时相度为海军屯埠。

二月初九日癸酉（3.14）

① 李鸿章奏，酌定铁甲船人数饷数。"定远""镇远"舰各设官弁匠331名，各月支薪粮公费5 711两，岁支医药费300两；"济远"舰设官弁匠役204名，月支薪粮公费3 489两，岁支医药费200两。年应领库平银179 732两。本年起由海署现存洋款内拨给。煤斤、修费、旗帜、号衣每年约10万两，据实开报。

② 李鸿章奏，闽厂第二届出洋肄业生徒，自光绪八年正月到洋，经华洋监督酌核分送英国格林尼治学堂暨法国枪炮火药各官学肄业，请将指授生徒尤为出力之各官学洋员监督教习等照案酌给奖叙，计法国丰屯卜洛官学总办前管带第一军炮营总兵布士、法国兵部一等硝药总稽查莫卢阿、比利时色棱厂总监督沙都安、英国格林尼治官学总办尼文、法国嘉里炮厂总监督副将榜日，以上5员拟请赏二等第三宝星。法国硝药官学监督兼总监工沙富，拟请赏三等第一宝星。法国丰屯卜洛官学官医福尔聂、法国丰屯卜洛官学教习炮队都司布依生、比利时帮教习炮队守备渠威烈、比利时帮教习炮队守备德基士、比利时医士波赖，请赏三等第三宝星。硝药副监工排白德、硝药副监工氏布多、硝药副监工台斐司、桥路副监工布阿生，请赏四品军功顶戴并三钱重錾金赏牌。二月十二日奉旨允准。

③ 李鸿章奏，船政第二届出洋肄业生徒，现已期满学成回华，使馆出力各员及原派之洋监督亦应分别给奖。除参赞官舒文、朱宗祥在事未及三年，应行存记外，拟请将尤为出力之二等参赞官总兵衔副将陈季同免补副将以总兵用。洋监督法员日意格，前曾蒙赏正一品衔暨一等宝星，现在宝星厘定新章，请换给二等第三宝星。

④ 张佩纶函李鸿章，海军徒拥虚名，庸材积猾均可滥竽，何独苛及

勋旧?

二月十二日丙子（3.17）

晨七时半，"横海"兵轮在澎湖吉贝地方遇雾触礁沉没。管带忻成发即行革职。大副容尚谦咨部斥革，一并交福州府会同船政局审。

二月十五日己卯（3.20）

赫德函金登干，称琅威理已到天津，下周可能去北京。他具备了海军军官的坦率，但缺少一个组织者需要具备的宽宏大量。

二月二十一日乙酉（3.26）

许景澄函升芝，李凤苞所办公事与自诩"济远"之长，不能附和。尚无一言达总署，以尽前后任交谊。

三月初三日丙申（4.6）

海军第三批出洋肄业学生由华监督道员周懋琦、洋监督斯恭塞格率领，由香港前往欧洲。其中北洋海军及北洋水师学堂学生陈恩焘、刘冠雄、曹廉正、陈燕年、黄裳吉、任光鉴、郑汝成、陈杜衡、王学廉、沈寿堃等10名；船政学堂驾驶学生黄鸣球、罗忠尧、贾凝禧、郑文英、张秉圭、罗忠铭、周献琛、王桐、陈鹤潭、邱志范等10名，共20名往习驾驶。船政学堂制造学生郑守箴、林振峰、陈庆平、王寿昌、李大受、高而谦、陈长龄、卢守孟、林志荣、杨济成、林藩、游学楷、许寿仁、柯鸿年等14名往习制造。（内黄裳吉在北洋供差，未同出国。一说无罗忠铭，有陈寿彭。）

三月初七日庚子（4.10）

署湖广总督裕禄奏，海防经费无出，请暂停盐斤加价，以资挹注。俟厘金稍裕，再行停止。上谕允之。

三月十五日戊申（4.18）

李鸿章奏，请奖代购铁甲尤为出力之德国海部大臣叨司、必里微及其他洋员宝星。

三月二十二日乙卯（4.25）

浙江巡抚刘秉璋奏称，筹办海军经费与旗兵加饷二事并举，需费太巨，拟先竭一二十年之力，专意海军，俟海军就结，再议旗兵加饷。清廷以为轻议更张，尤属非是，将原折掷回。

琅威理（W.M.Lang 1843—1906），
北洋海军聘请的顾问

三月二十七日庚申（4.30）

总署收裴荫森文称，前大臣张佩纶以船政逼近马江，非战守之地，派候补知府孙孚侃赴江西鄱阳湖察看水道，现认定该处不宜建置船厂。

三月二十八日辛酉（5.1）

丁汝昌率北洋8舰出大沽东发，且操且行。二十九日到旅顺，四月初一日由旅顺开往大连湾，逐日合操水阵。初五日开会旅顺，初六日晨与旅顺岸炮台合操，各舰在口门外海面设靶，按炮演放。竣事后西渡，初七日抵大沽。

三月

琅威理到津，派赴各船教练。

四月初二日乙丑（5.5）

李凤苞函周馥，三舰还津后，谅能操演渐熟，计邸堂简阅时，必能左右咸宜，不至似去冬旅顺之呼应不灵。前承抄示英法订船公件，每于抱病时伏枕翻阅，现拟24条代呈李鸿章察阅。

四月初七日庚午（5.10）

① 李鸿章、裴荫森等奏，闽省船政二届选派学生出洋肄业，期满学成，其中派赴法国专习营造者黄庭、王回澜，专习枪炮李芳荣，专习硝药

者王福昌，专习制造者魏遐，派赴德国专习鱼雷者陈才锸，均请免补本班，以县丞分发省份补用，并赏加六品衔；派赴英国专习驾驶者陈兆艺、李鼎新，均请以千总留闽尽先补用；襄办二届肄业翻译各事宜者、五品顶戴盐大使衔吴德章，请以盐大使分发省份补用，补缺后以知县升用。

② 李鸿章奏，订造"定远""镇远"等号铁舰，派员前往监工，现请保奖。计开：留闽补用都司郑清濂，免补本班以游击留闽尽先补用，并赏加副将衔；留闽补用游击陈兆翱，免补本班以参将留闽尽先补用，并赏加总兵衔；同知衔分发省份补用知县魏瀚，免补本班以直隶州知州分发省份尽先补用，并赏加四品衔；都司衔留闽浙补用守备陆麟清，免补本班以都司留闽浙尽先补用，并赏给四品封典；带同匠首守备留闽补用千总黄戴、陈和庆，五品军功留闽补千总谭秀，补用千总黎晋贤，均免补本班以守备留闽尽先补用；补用外委记名把总程好，五品军功把总李祥光，免补本班以千总留闽尽先补用，并赏加守备衔。六品军功陆昭爱，上年正月，以积劳病发，在差身故，请饬部从优议恤。

③ 丁汝昌函周馥：旅顺布置情形，袁保龄有函详达。台右鱼雷阵图，濒行向刘含芳索取未获。水师前由甘、陈誊去阵图，此图册由谁代呈李鸿章，敬望酌定示知。因醇亲王大阅在即，所有在沽内外各船，一切应备事件并添装煤斤等事，须亲监视，赶早准备停妥。拟暂不赴天津，应行仪节及事宜均恳随时先行告示。学生考试评语，待大阅后详核奉复。

④ 又函罗丰禄：前由甘、陈誊去阵图，想已绘裱停妥。此图册系由执事与周馥代呈傅相，抑系由敝处分进，祈见示。所绘阵图，祈多绘一份，留敝处备考。

四月初九日壬申（5.12）

① 为巡阅北洋海军，慈禧太后召见奕譞、帮办海军大臣善庆和海军衙门文案总办恩佑。

② 李鸿章奏，臣遵保派往朝鲜防护定乱出力人员，经吏部分别准驳行查，业将先行查复各员奏奉谕旨，钦遵在案。查候选同知马复恒原保以知府不论双单月选用并戴花翎，吏部以打仗出力始保翎枝，所请与定章不符，拟请改加三品衔，仍以知府不论双单月选用。山东补用知

恩佑,蒙古正黄旗人,曾任神机营全营翼长兼海军衙门总办章京

县严道洪,吏部以系外省人员,行查有无奏调直隶前赴朝鲜案据。查该员久在水师当差,虽保归山东,并未离营到省,前次随队东渡,照章毋庸奏调,拟请仍以直隶州知州归原省尽先补用,并加四品衔。分省补用盐知事解茂承,吏部以系盐务人员,不准因地方劳绩保奖。查该员历在水师出力,由监生保从九品,递保盐知事,并未离营,亦未签掣省份,且水师劳绩与地方差委不同,拟请仍以县丞分省补用,并加六品衔。候补知县直隶蠡县县丞王仁宝,吏部以现任人员行查因何派往。查该员系光绪八年咨补县丞,并未到任,即派赴水师当差,往来旅顺、朝鲜,随同定乱出力,拟请仍以同知在县丞任候补。

四月初十日癸酉(5.13)

海军衙门帮办大臣善庆、总办文案恩佑及各随员先期出都,自通州易舟南下。

四月十一日甲戌(5.14)

醇亲王奕譞出都巡阅北洋海军,太监李莲英同往。巳刻抵通州,登长龙座船,由小轮船拖带下驶,夜宿码头。次日换乘"仙舫"小火轮,

1886年奕譞、李鸿章、善庆（左）巡阅海防时，摄于天津海光寺

奕譞巡阅海防，乘马从北京至通州换船，经北运河前往天津。此为北洋专程派去迎接的长龙座船

夜宿杨村。善庆、恩佑等抵达天津。

四月十三日丙子（5.16）

奕譞乘船巳刻抵天津。各军统领营官在二十里内外沿途跪接。李鸿章坐小轮船出迎，同舟抵红桥登岸。各随员先到津者，并赴北郭外红桥迎见，遂至海光寺行辕。

四月十四日丁丑（5.17）

晨，奕譞接见各国驻天津使节。辰刻，视察武备学堂。午刻，乘"快马"小轮船赴大沽。旋与李鸿章、善庆等换"海晏"轮船，夜泊大沽炮台下。

在李鸿章和善庆陪同下,奕谖在天津乘"快马"小轮船沿海河赴大沽,再换乘"海晏"轮前往旅顺巡阅。这是保存在台北故宫博物院的《渤澥乘风图》,画面上是"海晏"轮。

四月十五日戊寅(5.18)

丑刻,各舰乘潮出大沽口,"定远""镇远""济远""超勇""扬威""南琛""南瑞""开济"分左右各四行护行,六"镇"炮舰尾随之,酉刻抵旅顺口。

四月十六日己卯(5.19)

辰刻,奕谖赴宋庆毅军教场阅操。午后,庆军统领黄仕林、吴兆有,护军统领张文宣,俱带队操阵。宋庆复饬将士演练地雷,奕谖亲手放电引爆。时统领奉天东边防军固原提督雷正绾,统领奉天营口防军记名提督左宝贵,金州副都统文格皆至旅顺。

四月十七日庚辰(5.20)

① 卯刻,奕谖接见英国驻烟台领事宝士德(H.B.Bristow)、英国舰队

1886年5月18日，奕譞、李鸿章乘"海晏"前行，"保大"后随；"定远""镇远""济远""超勇""扬威"5舰并南洋派来合操之"南琛""南瑞""开济"3舰分左右各四护行；"镇东""镇西""镇南""镇北""镇中""镇边"6炮船尾随之。图为随行画师绘《渤海阅师图册·海军布陈》

司令哈密敦（Vice-Admiral Hamilton）及海军舰长，旋合影留念。又为中方文武官员拍照。已刻，登黄金山炮台观"镇远"等八舰演阵打靶，复看鱼雷五艇操练发射鱼雷。午后，看各炮台打靶。晚，看船坞各工。② 接懿旨。此次醇亲王阅看旅顺、烟台、天津水陆各操防务及三处地形、炮台、船只式样，均用洋法照相进呈。

四月十八日辛巳（5.21）

辰刻，奕譞视察崂埠嘴炮台。已刻，过西澳阅鱼雷厂。未刻，起碇开威海。舟过庙岛，见海市蜃楼。亥刻抵威海。

四月十九日壬午（5.22）

卯刻，奕譞阅六"镇"打靶，遂乘"镇东"验"定远"铁甲，善庆验"镇远"铁甲，恩佑验"济远"穿甲。于申刻抵烟台。哈密敦率英舰10艘，法国海军提督理尧年率法舰6艘，排列于烟台口外，鸣礼炮21响。山东巡抚陈士杰，钦差察看河工。广西巡抚张曜在此迎接。申刻，在

奕譞、李鸿章与英国海军哈密敦提督的合影

李鸿章手下的洋务大员在醇王巡阅海军时的合影。前排左起：直隶候补道盛宣怀，时任轮船招商局督办；直隶候补道潘骏德，时任天津机器局总办；分省补用道黄建筦，曾主持天津流传招商局；中排左起：天津知府汪守正；江苏候补道张翼，后任直隶矿务督办；分省补用道、李鸿章英文秘书和北洋水师营务处道员罗丰禄；后排左起：直隶候补道袁保龄，此时主持旅顺军港建设；津海关道周馥，他主持起草《北洋海军章程》；直隶候补道刘含芳，此时主持海军鱼雷艇训练

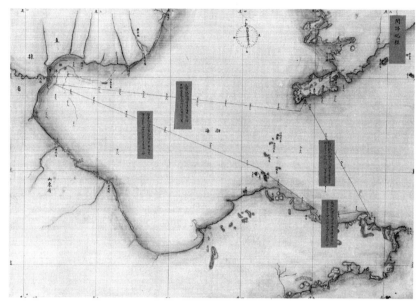

醇亲王巡阅海防，从大沽出发前往旅顺，再去威海、烟台，最后返回大沽。图为《渤海阅师图册·阅师纪》

"海宴"接见理尧年。夜，李鸿章、善庆往英法旗舰答拜。

四月二十日癸未（5.23）

子刻，展轮回大沽，酉刻抵大沽口。

四月二十一日甲申（5.24）

奕𫍽阅大沽南岸炮台打靶及发射鱼雷。

四月二十二日乙酉（5.25）

奕𫍽回天津。

四月

曾国荃函装荫森，船政局为舟师根本，南洋忝隶共济之末。局中经费支绌，此前各省协解之海防经费，早已有名无实，自都中创立海军衙门以后，此戋戋者亦失之。各轮船薪粮，已成计授要需，自海署行文饬提后，各省相率观望，南洋亦不敢妄作催符。经详向海署请示，前二日得拨三分之一，到手辄空。

五月初一日癸巳（6.2）

① 奕譞奏巡阅北洋陆海军情形。又片，请奖总教习琅威理、监造旅顺炮台德员汉纳根宝星。同日奉懿旨：精练水师，先从北洋开办。此次奕譞亲赴天津，会同李鸿章、善庆周历旅顺等处，将南北轮船调集合操，校阅水陆各营。四川提督宋庆，署湖南提督周盛波，广东陆路提督署通永镇总兵唐仁廉，天津镇总兵丁汝昌，皖南镇总兵史宏祖，大沽协副将罗荣光，候补副将郑崇义，记名总兵黄春元，津海关道周馥，直隶候补道刘含芳、袁保龄均着交部从优议叙；候补道潘骏德、盛宣怀，分省补用知府龚照玚，均着交部议叙；已革总兵吴安康留营效力，统带南洋轮船，尚称得力，着加恩赏给四品顶戴。至洋员教练兵舰著有成效，除分别给予宝星外，琅威理教练水师尤为出力，着赏给提督衔；汉纳根监造炮台，坚固如式，着赏给三品顶戴。海防关系紧要，必须逐渐扩充，历久不懈。练兵先须选将。陆军人才，以武备学堂为根本，水师人才，以驾驶管轮学堂为根本，洵属扼要之论。据醇王面奏，各学堂肄业，于讲求战备外，兼习经史，尤属合宜。经此次巡阅，奕譞务当会同李鸿章等物色将才，实力整理。并督饬管带各员，认真练习，力求精进。应如何筹集巨款续添船炮之处，并着随时会商，奏明办理。

② 懿旨：大沽口海神庙素著灵应，此次奕譞等巡阅各海口，仰邀神佑，迅速平稳，特颁御书匾额三方。

③ 陈士杰着来京另候简用，山东巡抚着张曜调补。

五月初四日丙申（6.5）

① 翁同龢拜访奕譞，奕譞与其谈巡阅海军，"意思甚壮也"。

② 丁汝昌函张次韩：昨奉中堂面谕，日后海军各船打靶宜勤，用弹较多，俟后凡操，用中国造子弹。留下进口洋制之弹以备不时之需。查各船东局制弹本属无多，请执事致函东局查照。各船炮中，"定远""镇远""济远"3舰尤为要紧，设有某炮未曾制弹，请速令制造，以备届时领用。

五月初六日戊戌（6.7）

裴荫森奏，研讯"横海"触礁情形，本年二月十二日确系大雾，该管驾不即设法停轮，候晴开驶，致迷雾搁浅，除将大副容尚谦、舵工水手陈金存、江四分别片办外,管驾忻成发永不叙用。

五月初八日庚子(6.9)

李鸿章奏,前保出洋照料铁舰工程并驾驶来华游击刘步蟾等10员,上年十一月二十五日奉旨着照所请。旋准吏兵部咨开,各省机器船政事务不准请奖。刘步蟾等系赴德国照料"定远"等舰工程,驻洋已逾三载,工竣后又同德弁驾驶来华,实属奋勉出力,现值创办海军,必须及时鼓舞,刘步蟾等请敕部仍遵前奉谕旨给奖注册。

五月初九日辛丑(6.10)

李鸿章电许景澄,式百龄禀求回国,准给至年底全俸。

五月初十日壬寅(6.11)

李鸿章函张佩纶,月前随醇王巡阅海军,醇王尚推诚倚重,惟于外事实多隔膜,人才贤否不甚分明。自谓赶办海军,俟亲政后当逍遥避世,亦明知枢辅不甚得力,然无进退之力也。

五月十一日癸卯(6.12)

① 李鸿章电丁汝昌、琅威理,胶州湾是否宜作水师港口岸?如何布置?约估需陆军几何?经费若干?着详细勘度。

② 丁汝昌函袁世凯,"威远"水手多疾,已禀蒙李鸿章批准,"镇西""镇北"两船东来更替。一旦两船抵达仁川,请即速饬"威远"内渡,前拨应差弁勇,令其回船当差,俾免旷误。惟"镇西""镇北"力小质薄,难膺巨任,此次驻仁川,但能在海口稍壮声势。若以跑差,恐途中遇风,无大船以左右之,致遭不测。

五月十三日乙巳(6.14)

李鸿章奏,第三届出洋学生,习驾驶者似以三年为限,习制造者改为六年。

五月十九日辛亥(6.20)

① 许景澄建议,新购快船,拟派员并水手分赴英德驾驶回华。

② 张之洞札委都司武永泰总带河海巡缉营,下设三营。其中"蓬洲海""缉西""镇东""靖安""保靖"为中营,"执中""海镜清""澄波""广安""运筹"为前营,"永安""广靖""利川""靖海""广房"为后营;分段梭巡外海、内海、六门内外及省河、西海连接西北两江之处,严拿私枭盗匪。

五月二十二日甲寅（6.23）

① 李鸿章函曾纪泽，奕𫍯来津出海巡阅，谈次未及催曾早来。曾可晚过盛夏回华，以调摄身体。乘暇游历各厂，以增见识。

② 李鸿章函张佩纶：闻三海停工待款，专指粤关筹借百万，新任甫去，尚无眉目。奕𫍯来咨，提借前存订船卅万，以应奉宸苑急需，盖户部、内务府未与斯议，邸实主之。

③ 丁汝昌函周馥，大沽海神庙经阁下倡劝重新修复，遵嘱将敝军各船前捐五百银数分晰开折，呈乞察核办理。

④ 丁汝昌函德璀琳，昨由芝罘抵达威海。翌日仍须带各船去胶州察测港道。"定远""镇远"急需筹备进坞，前闻香港有坞，并允电商，不知目前回复可否？

⑤ 丁汝昌函罗丰禄，"定远""镇远"两舰须速筹备进坞。请询祥生厂是否出据能保该两船入坞无碍？

五月二十三日乙卯（6.24）

① 丁汝昌函周馥，顷奉电示，祥生船厂当即电复，该厂坞初次承接此等巨舰，可虑者坞基质弱，或有不测，患即匪鲜。若该厂诚有把握，允以此两铁舰制价保险，自可照办。

② 张之洞巡阅广东新制军舰"广元""广亨""广利""广贞"4舰。各舰长110英尺，宽18英尺，吃水7英尺半。"元""贞"78匹马力，时速10英里；"亨""利"65匹马力，时速9英里。置4.5吨后膛前主炮1门，90毫米"克虏伯"尾炮1门。桅盘、船腰配"诺登飞"连珠炮3门。

五月二十四日丙辰（6.25）

李鸿章函海署，昨奉咨准于存汇丰银行购买快船款内暂提银30万两，修三海工程。因购船尚不敷，请另指他处有着之款拨付。

五月二十七日己未（6.28）

海署奏，奉宸苑修理三海工程，借拨海军衙门存款30万两。

五月二十九日辛酉（6.30）

李鸿章函奕𫍯，海防经费竭蹶，请将海防新捐展限。

五月

邱宝仁、林履中在英学习期满回国。

六月初八日庚午（7.9）

① 监察御史朱一新奏，南北洋地势辽远，宜建胶州为重镇以资联络，兼屏蔽北洋。闽粤宜添置水陆学堂，并永停出洋肄业。购炮买船亦核实经理。海军衙门宜仿总署，额设满汉章京。

② 丁汝昌率舰昨日由胶州湾返回威海卫。本日抵达烟台，添装燃煤。

③ 丁汝昌函德璀琳，昨奉答章，谓香港船坞尚须改造坞底龙骨等事，当即会商琅威理，琅云已知该坞不能入此巨舰。舰图也不便轻与人看，只得暂作罢论。

④ 丁汝昌函大沽船坞总办文瑞："康济"舰现作为专练水手之船，其应添操用各件，请照清单操办。一经齐备，遇有便船饬交随带前来。并函潘骏德，为"康济"舰现用新购阿摩士庄12磅炮定制炮弹，为"镇中""镇边"定制炮弹，为水勇定制操练用刀。

⑤ 丁汝昌函吕耀斗，安排"镇中"炮艇为天津水师学堂学生周历各口演试提供方便。

六月初十日壬申（7.11）

慈禧懿旨，定明年正月由光绪帝亲政。次日，奕𫍯及公王、六部九卿拟折奏请太后再训政数年。又奏请将海军办成一支再交卸。十四日折上，懿旨命将亲政典礼定于明年正月十五日进行。

六月十一日癸酉（7.12）

李鸿章电丁汝昌、琅威理，接袁世凯电报，初四日有俄兵船由元山赴永兴湾，我船如去朝，袁拟约韩臣同赴永兴，察看形势。李饬丁与袁联系。吴大澂函称，俄勘界巴使，颇愿我船至海参崴游历，到崴后可酌定几船内渡、几船赴长崎油修。

六月十三日乙亥（7.14）

李鸿章电总署，丁汝昌、琅威理自胶州湾回烟台装煤，即赴朝鲜元山、釜山，闻俄舰窥伺朝鲜永兴湾，拟令由元山驶巡永兴湾，聊作声势。

六月十五日丁丑（7.16）

① 翁同龢与诸王公商议，宜以海防事及一切紧要事情起见太后，并准臣工封事直达储秀宫。

② 李鸿章函奕𫍯，筹议胶州防务，拟先建旅顺后建胶州湾。请奕𫍯在亲政撤帘后继续主持海军。议购大鱼雷艇。并转呈刘含芳、琅威理关

于胶州湾说帖。

③ 丁汝昌函文瑞：今春"定远""镇远""济远"在沪添用各件，其大宗业由马建忠一律办理。嗣后"定""镇"两舰由义昌行续添零件，前曾面商该款由尊处领发该行，即作为敝处由贵坞领用，以划一报销。昨义昌行函询此款，届来领时，即祈查照该行所持"定远""镇远"两船收据发给。

六月十七日己卯（7.18）

丁汝昌率"定远""镇远""济远""威远""超勇""扬威"6舰由威海展轮，二十日到釜山，二十二日到元山，测量港道。七月初一日由元山永兴湾操巡至海参崴。初七日，送吴大澂至摩阔崴。"超勇""扬威"2舰俟吴大澂勘定俄界事毕驶回。其余4舰赴日本长崎油修船底。

六月十八日庚辰（7.19）

赫德电金登干，琅威理希望安排2名一等教官和9名二等教官来华。

六月二十四日丙戌（7.25）

袁世凯电李鸿章，报朝鲜群小谋联俄防英。

六月二十七日己丑（7.28）

许景澄函朱采，叙造船周折。

六月

清政府第二次聘用琅威理合同签字。琅负责全军的教育训练，并有建议及奖惩之权。月薪增至700两。琅承诺在5年内依照欧洲最新的方式将中国海军的训练，提升到一定的国际水准。并同意在战时帮同中国作战，除非对方为英国。

七月初八日己亥（8.7）

① 丁汝昌率"定远""镇远""济远""威远"4舰赴日本长崎修理。

② 李鸿章电总署，称拟派南洋快船赴朝鲜巡视。

七月初九日庚子（8.8）

张之洞札司道，于黄埔开设船局，以现筹之款在一年之内造成浅水兵轮10艘。

七月十一日壬寅（8.10）

① 户部按杨昌濬奏议定，今后各省购买外洋船械枪炮，务须报部及海署，请旨之后，再行定议。否则，即令该省自行筹款办理，不准开支正项。

② 刘瑞芬、马格里前往圣彼得堡。行前马格里告知金登干，对于公使致函英国外交部请准许派射击教官为中国海军服务一事，外交部没有答复。

七月十二日癸卯（8.11）

晨6时，何心川驾"镜清"快船载裴荫森、船政学堂洋教习邓罗及2位英国海军军官首次试航。过妈祖澳、白狗山，晚7时回港。航速达17节。

七月十四日乙巳（8.13）

① 袁世凯迭电报告，截获朝鲜联俄之电文。俄久欲在亚洲觅一水师出路，而英、日必不甘心。拟联英巡海，而嘱日不可妄动。

② 北洋海军在日本长崎修理军舰，是日水兵上岸购物（一说嫖妓）发生纠纷，遂与日本警察冲突，造成警察一人重伤，水兵一人轻伤。

七月十五日丙午（8.14）

裴荫森奏，"万年清"轮船向系派驻台湾供差，去年十一月间，该船在沪尾遭风，破损严重，回厂修理。共用银14 940两。"泰安"轮船，向系驻烟台供差。去年八月间，该船因锅炉年久失修，且船身破损，来闽大修，共用银26 490余两。

七月十六日丁未（8.15）

北洋海军水兵在长崎放假上岸时，与日警再起冲突。据丁汝昌向李鸿章报告，中方死5人、重伤6人、轻伤38人、失踪5人；据中国出使日本大臣徐承祖致日本政府照会，则死5人、重伤6人、轻伤39人、失踪9人；又据英国外交档案，死亡者为"定远"4人、"镇远"3人、"济远"1人。受伤者为："定远"25人、"镇远"12人、"济远"10人、"威远"3人。日方死2人，伤27人；一说死1人（警察），伤19人（其中警官3人、警察16人），另市民10人。

七月十七日戊申（8.16）

① 辰刻，李鸿章电丁汝昌，告知朝鲜求俄保护，我船须在俄前赶到（此时李尚未得悉长崎事件）。

② 出使日本大臣徐承祖接长崎理事蔡轩电报，即电告李鸿章长崎事件情况。因电报线路受阻，李鸿章至二十一日戌刻方收到。徐又电蔡轩，嘱照会日方从速究办。并嘱丁汝昌饬兵勿再闹。

③ 因日本外务大臣井上馨往北海道视察，外务次官青木周藏在箱根度

假，日内阁总理伊藤博文与内务次官芽川合议，一面以内务大臣名义训令长崎县知事，速报长崎事件原委，并与中国舰队长官谈判，采取戒备措施，避免扩大事态；一面派驻华使馆书记官花房会见徐承祖，希望控制事态。徐旋向日提出抗议照会，要求送交失踪之中国水兵，查究肇事人员。

七月十八日己酉（8.17）

以朝鲜联俄情事未定，懿旨命李鸿章预筹调兵事宜，酌调兵轮赴朝鲜海面操巡，以壮声势。

七月十九日庚戌（8.18）

① 李鸿章接丁汝昌电，即电出使日本大臣徐承祖，请日本政府解释长崎事件，并速电中国驻长崎理事与县官查办此案。又电丁汝昌，催中国驻长崎理事诘问长崎县，丁率舰速赴仁川。

② 丁汝昌电李鸿章，"定远"今日出坞，"镇远"暂缓进坞。加"济远""威远"，二十二日赴仁川。

③ 青木周藏照复徐承祖，否认所指日人"预存杀害之心"及日警故意寻衅，称中方应对事件负责。

七月二十日辛亥（8.19）

① 李鸿章电丁汝昌，"济远""威远"赴仁川，由袁世凯调遣吴安康4船于二十一日开赴仁川。

② 中国驻长崎理事蔡轩与长崎县知事日下在县政府举行第一次会谈，琅威理及助理哈瑞斯（Harris）参加会谈。二十二日，又举行第二次会谈。两次会谈均未取得结果。

③ 徐承祖电李鸿章，已派参赞杨枢赴长崎查案，请电丁汝昌与英人朗克商觅西洋证人，或请律师（次日李将电报转丁汝昌）。

七月二十一日壬子（8.20）

① 袁世凯七电李鸿章，已诘问朝鲜政府。朝王派大臣声明联俄之事皆为小人假造，定向俄国索回文凭。俄使称无其事。朝鲜送文之人蔡贤植已被幽害灭口。又，王与妃通俄日久，建议发兵5千，即可废王擒群小，解津俟讯。

② "南瑞""南琛""开济""保民"4舰自上海开赴仁川。日本以为增援长崎，照会徐承祖请予阻止。徐以为此时不到战时，且我舰尚有在坞，

故电丁汝昌派一舰出口迎阻。

③ 李鸿章电徐承祖,我舰赴长崎修理,足示睦谊。若日本不认真查惩,关系非轻。

④ 李鸿章电出使俄国大臣刘瑞芬,请与俄外交大臣倭良扎里(A. E. Влангали)联系,勿接受朝鲜奸党伪信。

⑤ 金登干函赫德,聘用教官一事,如果一开始就由他来办理,他一定能让外交部通过。现在既已纳入外交渠道,如果没有授权,他不能使用力量。

七月二十二日癸丑(8.21)

① 李鸿章电徐承祖,朝鲜密求俄国保护。"定远""镇远"修竣,英国律师担文(Dummand)抵日进行"长崎事件"交涉后,即令兵船赴朝。

② 李鸿章接丁汝昌电,"镇远"约二十七日出坞,"济远""威远"因雾未开仁川,丁拟与琅威理留长崎处理诉讼。

七月二十三日甲寅(8.22)

① 李鸿章电丁汝昌,命其俟"镇远"修竣即带船去朝鲜,讼事归徐承祖派员妥办。"济远""威远"速开仁川,与吴安康妥商。担文需二十六日动身去日本。

② 李鸿章电徐承祖,上海有军舰出巡洋,暂不赴长崎。但催日本务速惩办,以服军心。

七月二十四日乙卯(8.23)

① 李鸿章函奕譞,报告朝鲜事态,朝否认联俄。已命都司张文宣率护卫营二哨随轮东渡,二十二日抵仁川。南洋4舰亦可日内抵仁。丁汝昌俟"定远""镇远"修竣,即赴朝鲜海面操巡。

② 徐承祖电李鸿章,接蔡轩报告,倭官狡诈,请俟杨枢到崎再办,现已停议。惟仅我理事参赞与办亦难了。请电催担文速来。又请饬丁汝昌留员经理,留证候质。又电,顷晤伊藤博文,商崎事办法,现静候律师。伊藤谓韩事恐不确,嘱转告李鸿章再密查确,勿激成真。

七月二十五日丙辰(8.24)

金登干私下拜访庞斯福德,告知动员琅威理去中国,还要允许他找一些教官同去,但海军部至今迟迟不派他们去,琅威理可能会因此辞职,而中国政府也许不再雇佣英国军官。庞斯福德立即让外交部官员联络海军部。二十七日，金登干被告知，海军部已经彻底解决了此事，答应了他们的一切要求。

七月二十六日丁巳（8.25）

① 徐承祖电李鸿章，据伊藤博文告之，俄驻韩公使韦贝（C.Waeber）称，韩联俄系谣言。袁世凯闻信即向韩官大动气，致韩人甚慌。又告伊藤，恐我船赴朝生事。李即回电，袁闻信，不得不问韩官。我船当不至生事。

② 李鸿章接刘瑞芬来电，俄外交大臣倭良扎里允诺，若有朝鲜伪文函来，即作废纸。旋电告袁世凯，而向袁提供消息之大臣闵泳翊已逃走，不肯作证。此事难以查实。

七月二十七日戊午（8.26）

李鸿章电丁汝昌，率"定远""镇远"抵仁川察看无事后，可商吴安康带4船他往。丁留一二船驻仁川，余船回烟、旅候令。

七月二十八日己未（8.27）

① 李鸿章电丁汝昌、琅威理，·西洋报讥我军在崎上岸滋事损威，实由约束不严。船内无医药何也？醇邸函告，英使谓如中国有兵船停泊巨文岛，英国可让。并询问巨文岛左近是否有可选常驻之处。由崎赴仁川时应绕行至巨文岛，察勘形势再禀复。琅与英官兵熟，谅无嫌疑。

② 日方通知徐承祖，决定派遣法部顾问克尔沃（M.Kirkwood）随法务局长鸠山前往调查"长崎事件"。

八月初二日壬戌（8.30）

何心川驾"镜清"快船赴金陵验收。

八月初五日乙丑（9.2）

丁汝昌致函长崎县知事请驻长崎理事蔡轩转交：明日本军门带船回国，所有十六日晚我弁兵被贵治捕民等砍击死伤一事，已经彼此互验，两无异词，均已存案。为慎重起见，昨我政府特派参赞及律师前来，与领事会同执事诘判此案。我军伤不能行者，仍留此间寄养。

八月初六日丙寅（9.3）

① 丁汝昌率舰自日本长崎起碇开行，前往朝鲜仁川。

② 金登干函赫德，英国外交部转达海军部已经批准了6名射击军官去中国服务。琅威理欲聘的鱼雷教官岁哲士从地中海回来后来办事处拜访。

"致远"下水仪式

八月初七日丁卯（9.4）
　　长崎联合调查委员会成立并举行第一次会议。中方委员为蔡轩、杨枢、担文，日方委员为日下、鸠山、克尔沃。至十一月初九日会审结束，双方开会40余次，日方提出人证140名，中方也将海军有关证人100多人载回候审。

八月初八日戊辰（9.5）
　　李鸿章电出使英国大臣刘瑞芬，在英订制新舰，拟名"致远""靖远"。

八月十一日辛未（9.8）
　　① 长崎水兵事件开审。
　　② 李鸿章接徐承祖电，称担文要求北洋海军四舰于14天内回长崎，取四船主和百余水兵为证人，方能审办。徐恐再激事端，主张放一船载证人来即可。

八月十二日壬申（9.9）
　　李鸿章函奕𫍽，韩求俄保护，事发否认，俄亦未明认，只可了结。袁世凯精明刚躁，有德于韩民，惟洋务素少历练，宜预筹通才为他日用。又询昆明湖拟用何项船只？

八月十三日癸酉（9.10）

① 李鸿章电烟台丁汝昌，命其带全体证人赴日，否则不但输，且为万国笑。称汝等在长崎闹出坏样，若不如期带全证人致输，定行参办。

② 丁汝昌函文瑞，商谈船艇刮底除垢之事，称"镇西""镇北"两艇久住东瀛，船底苔蛎颇厚，兹特乘暇令其来沽刮垢、加油。其必要零配件，祈予添换。该两船竣工后犹须出海操巡，总期从速。"镇中""镇边"两船来沽，祈饬照"镇东""镇南"章程入泥坞存放。该两船底亦须刷油，零星需件择要添换，总期设遇需时，放出即可使用。又函罗曜廷，"镇中""镇边"两船现入泥坞存放，所有宜慎军械均须移存岸上。火药请暂时存放库中。

八月十四日甲戌（9.11）

李鸿章电徐承祖，丁汝昌复电即派船赴仁川，换"济远"回烟台。带要证赴长崎。韩现无事，崎案须妥办，不得任日本偏狡。

八月十五日乙亥（9.12）

丁汝昌函周馥，十二日到烟，因忙于料理各船事，无法赴津，长崎案中隐情须面禀中堂知晓。担文称，此案据理质办当不能输。尤愿密饬水陆军有暗中准备之状，阳为机密，阴可倭知。再，琅威理当事出之时，亦以倭捕随处逐砍我兵，并暗使民船不渡我兵等事为非。未几忽一意袒倭。盖英领事住崎年久，朋比倭人，而又恃琅在北洋掌水师大权，此案无论如何办理，中国总允了结，断不能决裂。故长崎县与英领事暗与琅谋，迨我参赞、律师至，每议此事，彼委曲求全，惟恐打仗之情显暴于外，担文亦深鄙之，曾嘱速调琅归。再，拟令刘步蟾择"定远""镇远"重要证人20名，"济远""威远"各10名同去。丁亲带"济远"赴长崎，余船留威海，令琅威理督率操练。如有要事，电林泰曾与琅商办。

八月十七日丁丑（9.14）

奕谟等奏，请复健锐营、外火器营昆明湖水操旧制，改隶神机营、海署会同办理。

八月二十一日辛巳（9.18）

丁汝昌带"济远""南琛"二舰及证人由烟台赴长崎。

八月二十三日癸未（9.20）

① 中国出使日本大臣徐承祖与日外相井上馨在外相官邸进行长崎事件第一次会谈。

② 李鸿章电刘瑞芬，琅威理禀，所募教习，应候英政府允行。请商催外部，准其即日起程。

八月二十四日甲申（9.21）

御史朱一新奏预防宦寺流弊。参李莲英随醇亲王巡阅北洋。次日，懿旨着朱一新明白回奏所参李莲英随阅北洋海口事。

八月二十七日丁亥（9.24）

① 朱一新奉懿旨明白回奏，称亲藩远涉，内侍随行，在朝廷为曲礼宗亲，在臣庶则为创见，不免惊疑。又称风闻北洋大臣以座船迎醇王，王弗受，该太监乘之，沿途办差者误谓王舟至，骇人观听。

② 张佩纶向德国订购的"福龙"号双筒鱼雷艇到闽。艇长43德尺，宽5德尺，马力1 500匹。航速23节，共用银57 000两。由德国挨吕屏什好厂制造。

③ 丁汝昌长崎电李鸿章，办理颇得手，日虽狡而已畏。担文谓，若我政府作劲，更易赢云。

八月二十八日戊子（9.25）

① 懿旨：朱一新徒以虚诞之词希图耸听，着以主事降补。

② 因琅威理称"定远""镇远""济远"三舰大炮罩碍事，新订各舰勿再用，李鸿章电刘瑞芬、许景澄酌办。

八月二十九日己丑（9.26）

徐承祖与井上馨在中国使馆举行第二次会谈，双方就肇事责任问题展开激辩。

八月三十日庚寅（9.27）

① "操江"与英国商船Min Hong号在大沽口外相撞。

② 罗哲士陪同2位鱼雷教官到中国驻伦敦使馆签署聘用协议。他告诉金登干，他们是鱼雷好手，他正在寻找第三个。金登干当天向赫德发电，请给刘瑞芬发电指示聘用罗哲士。九月初四日，金登干又将此事函告赫德，建议聘用罗哲士和鱼雷教官，最好从中国电告刘瑞芬，以让他向英外交部提出申请。

九月初二日壬辰（9.29）
　　英国商船 Min Hong 号进入大沽船坞修理，直至1887年3月下旬出坞。
九月初四日甲午（10.1）
　　① 李鸿章奏，副将衔补用游击卞长胜前充天津水师学堂洋枪教习，操练认真，前于光绪十年十一月初五日汇开清单，请赏给二品封典，奉旨允准。嗣部咨所请封典与成案不符，驳令另核请奖。查卞长胜曾派赴德国学习枪炮操法，回华后充当天津水师学堂教习，历时三年，著有成效。拟请将该员改俟补缺后以参将尽先补用。
　　② 李鸿章奏，请奖鱼雷总教习德员哈孙克赖乏（Hasenclever）二等第三宝星。
　　③ 丁汝昌电李鸿章：与担文等相商，证人不能回，令刘步蟾率住"南瑞"，约束候审。担文认为丁久驻长崎，日必揣我无备，拟初六日晨带"济远"回威海，将继续提供证人10余名，由"济远"舰载运至长崎，换"南瑞"回。
九月初十日庚子（10.7）
　　海军衙门、神机营奏，详定昆明湖水操章程，在湖中试小轮船。
九月十三日癸卯（10.10）
　　曾纪泽在法国马赛乘"阿筏"号轮船回国。
九月十六日丙午（10.13）
　　丁汝昌率"济远"离长崎北驶，十七日抵釜山，十八日复西发，二十日抵达威海。
九月十八日戊申（10.15）
　　福建船政局第三号快船"寰泰"下水。其性能同"开济"舰。
九月二十二日壬子（10.19）
　　① 法商承包建筑旅顺船坞合同在天津签字。中国代表为津海关道周馥，法国代表为法国辛迪加（French Syndicate）总工程师德威尼（M.Thevenet）。
　　② 李鸿章函徐承祖，催促尽快解决崎案，不要拖延。
九月二十三日癸丑（10.20）
　　李鸿章电刘瑞芬，前雇鱼雷教习罗察尔（即罗哲士，W.S.Rogers）、驾驶教习倪尔顺，请商海部准来。

九月二十五日乙卯（10.22）

① 李鸿章向总署报伍廷芳拟长崎案解决办法。

② 金登干函赫德，刘瑞芬接到李鸿章电报，指令他聘用罗哲士和倪尔顺。刘将提出聘请罗哲士及3名鱼雷教官。罗看来是位第一流的人才。倪尔顺无需申请，他愿意什么时候走就什么时候走。希望琅威理得到了他所要求的所有教官。

九月二十八日戊午（10.25）

① 丁汝昌函杨枢、蔡轩："济远"已装煤，续调人证已照单开交方伯谦载去。该船到崎后，即换"南瑞"归来。前留"威远"4学生，除十六日在岸弹压一名仍留长崎备质询外，余者应令回船学习。吴敬荣与在崎人证，凡已会审及不堪作证者，亦均提交刘步蟾率随"南瑞"回防。其应留要证，已饬方伯谦在船约束。

② 丁汝昌函袁世凯，谈长崎案。又谓，各国公使、领事驻扎他口，有文信，无论遇有何国兵商等船，均可附寄。是为海上通例。此次南船归去上坞，拟禀请李鸿章派"镇海""操江"两船驻朝鲜。以后尊处有信件邮寄，凡有他国之船西来，尽可托其携带，特要事或文件则有电可通。若有必须专送文件，再抽单船专走。

九月

刘冠雄、黄鸣球、邱志范被派上英国海军"额格士塞兰德"（Excellent）号军舰学习炮术。郑文英、贾凝禧、罗忠铭、郑汝成、陈杜衡、沈寿堃、王学廉进入格林尼治皇家海军学院学习。

十月初六日乙丑（11.1）

张之洞电船政大臣裴荫森，讨论广东与船政局协造军舰事。

十月初八日丁卯（11.3）

① 裴荫森、曾国荃等奏，请拨款仿造穿甲快船。据魏瀚等禀称，若由闽厂仿造"致远""靖远"式船，每船可省10万两；仿造"经远""来远"式船，每船可省12万两；且能省四笔保运各费。请饬海署由南北洋海防经费项下拨款数万两，交闽厂仿制穿甲快船一艘。

② 李鸿章奏，闽省船政二届出洋期满学生学成回华，前请以五品军功不论双单月尽先选用从九品黄庭、王回澜、李芳荣、王福昌、魏暹、陈才錩等均请免补本班，以县丞分发省份补用，并加六品衔；五品顶

戴盐大使衔吴德章，请以盐大使分发省份补用，补缺后以知县升用。于四月初七日具奏，奉旨均着照所请。嗣准吏部咨与定章不符，应分别改奖。黄庭、王回澜、李芳荣、王福昌、魏遑、陈才鏛原有不论双单月尽先选用花样，可否饬部更正，均免选本班以县丞不论双单月遇缺尽先选用，并赏加六品衔；吴德章以盐大使不论双单月遇缺尽先选用，并赏加六品衔，以示鼓励。

③ 丁汝昌、吴安康从朝鲜回到天津，晋见李鸿章。

十月初十日己巳（11.5）

李鸿章电刘瑞芬，百济雷艇照原合同价加雷筒价，望认真验速率。若难渡洋，拆运来华装钉。

十月十五日甲戌（11.10）

李鸿章电许景澄、刘瑞芬，顷丁汝昌、琅威理来津面商，琅欲明春假旋，令选管驾及弁目偕往分带四快船，每船酌雇洋管轮二三人帮驾。大致定议，但须二月杪启程，势难早去。又电，新快船每船应配新式锚五具，头二、尾二、备用一。

十月十六日乙亥（11.11）

李鸿章函奕譞，已与丁汝昌、琅威理商定，明春二月，琅威理带人赴英德接快船回华。

十月十七日丙子（11.12）

① 因长崎会审依然延宕，井上馨于午后三时往访徐承祖，展开第三次会谈。日方拒绝赔偿恤金。经反复辩论，双方同意起草长崎事件完结条文，并另缔《军舰规则》作为附录。

② 丁汝昌函高仲瀛：四"镇"在坞，泥水过深，较之泊河，伤船底尤甚。请饬该管人赶将坞中泥水撤净，即油船底。罩篷亦宜赶早搭起，庶船底船身得资保护。再，敝军各阵旗现有变通，附去新改旗图一本，不日拟禀请制旗帜。

十月十八日丁丑（11.13）

① 丁汝昌、琅威理率北洋海军离大沽，前往旅顺。

② 许景澄电李鸿章，琅统四船偕行，华员分带，惟洋面各驶，统带不及照应。前公函拟专雇船主，照管行驶一说，乞并饬议。李鸿章次日回电，现议琅等先至英，再带管驾等往德，带船至英会齐偕行。仍由

琅酌雇洋员在船照料行驶，不有船主名，似事权一。

十月二十日己卯（11.15）

① 海署奏，海署创办以来，经户部指定款项，为海防常年经费400万两，粤省余存洋款42万两，闽省造船余存洋款60万两，部库所存神机营息借洋款108万两，各省海防捐输100余万两，总署匀拨出使经费25万两，综计入款虽有700余万两，而常年经费只有海防400万两一项；且此项经费又虚悬大半，向来仅能拨解100余万两。目下海署库款暂可支持，转年势必不敷。请将海防捐输展限一年，统归海署动支。

② 又奏，从光绪十三年正月起，将南北洋海防经费及东三省饷项按二两平核支。余之六分平余银均解海署作各项杂支用。

③ 又奏，由海防捐输项下拨银10万两，用于"定远""镇远""济远"三舰煤、油、修费。又奏，从海署经费中拨东三省练兵饷银98万两。

④ 又奏，粤海关将海署垫奉宸苑工程银30万两解到，海署拟将此项仍交奉宸苑应用，俟南工竣再行归还。

⑤ 徐承祖前往井上馨官邸进行第四次会谈。就日下知事及丁汝昌提督是否有连带责任，并予以处罚发生争论（徐主应罚，井上反对，结果删而不议），形成了结束长崎事件约文草案和《中日善后兵船章程》草案。约文仅提双方严拿凶手而未提抚恤事。

⑥ 赫德在给金登干的信中说，这些教官的事真是麻烦。为什么我想让海军掌握在英国人之手的愿望会遇到这么多的困难和危险的拖延呢？他要金告诉庞斯福德，不论琅威理向英海军部提出任何要求，都能予以同意并立即办理，以助于中国海军的领导权掌握在英国人手中。又说现在领导权是在英国手中，为了英国的利益，应当继续将它掌握在英国手中。

十月二十一日庚辰（11.16）

① 李鸿章电总署，据徐承祖电，崎案日本意存延宕，请示办法。

② 李鸿章电丁汝昌：英厂造两船，明春二月告成，刘瑞芬意琅宜早到，每船添雇船主、管驾较妥。许景澄谓洋面各自行驶，统带照应不及，拟雇船主照管行驶，与前议华员管带，另雇洋弁帮同驾驶二三人不同，即与琅商。华员管驾，洋弁帮驾，究竟可靠否？恐各厂主不敢保，必须另议妥善章法。

十月二十三日壬午（11.18）

① 总署电李鸿章，崎案日方仅允拿凶而未提抚恤是为空言搪塞。请另筹办法。

② 李鸿章电刘瑞芬，琅威理谓华管驾可靠，再添雇西帮驾无误。另雇西管轮，则厂主机器可保。英两船如二月告成，应暂派数人看管，待德船建成有确切消息，再饬起程，免弁兵多人在西久住靡费。

③ 曾纪泽乘轮返抵上海。

十月二十四日癸未（11.19）

翁同龢日记载，奕劻晤奕譞，嘱其转告吾辈，当谅其苦衷。盖以昆明（湖）易渤海，万寿山换滦阳。透露出修建颐和园的计划。

十月二十五日甲申（11.20）

① 徐承祖昨接李鸿章来电，知当局对草案不满，本日前往井上馨官邸，展开第五次会谈。日方谓此次事件为中国水师提督不遵国际法惯例，允许多数水兵上岸所致，拒绝抚恤，又反对聘欧人仲裁。双方不欢而散。

② 丁汝昌函高仲瀛：敝军此番在大沽贵坞领煤，据"扬威"经查禀报，有一运船短缺6吨。后又经洋管轮通查，除上述短缺不计外，其余运到者共少34吨，请传集当日运船各户及经手雇船司事追查，假如该人等不认偿缴，即请将各人户姓名列出，以便禀办。日后运拨各船之煤，请仍查照原章程，由驳船公司装拖出送。

③ 报载，李鸿章近期前往天津水师学堂视察季度考试。

十月二十六日乙酉（11.21）

① 李鸿章向总署转徐承祖电，主对日撤回使臣、断绝通商，以促转圜。

② 李鸿章电许景澄，在德定制军舰命名为"经远""来远"。

十月二十七日丙戌（11.22）

曾纪泽在上海与李凤苞见面。

十月二十八日丁亥（11.23）

① 曾纪泽在上海乘"钧和"轮船抵吴淞口，阅炮台。换乘"镜清"兵轮，二十九日阅江阴炮台。三十日到达江宁，阅下关炮台，见曾国荃。十一月初三日乘"镜清"返沪，初四日抵达。

② 刘瑞芬电李鸿章，英海部复答，鱼雷教习3名允赴华，罗觉司不能允。

十月二十九日戊子（11.24）
　　徐承祖与井上馨在外务省作第六次会谈。日方提出改组长崎委员会，徐强调对死者互赠恤金实为重要，否则中国政府难以批准。

十一月初一日庚寅（11.26）
　　以日本狡赖、崎案屡议不合，从李鸿章请，饬徐承祖停审，将两造供证全案抄送来京，由总署详核，仍交李鸿章承办。

十一月初二日辛卯（11.27）
　　徐承祖与井上馨举行第七次会谈，再谈改组长崎委员会，仍无结果。

十一月初三日壬辰（11.28）
　　① 徐承祖与陆奥宗光谈判，旋于初五、初六日再次会谈，讨论崎案修正草案，仍未提抚恤事。
　　② 裴荫森等奏，因吴仲翔病假，请以王崧辰暂行代办船政提调。
　　③ 裴荫森奏，二月间派魏瀚赴外洋采购钢甲船料件时，顺购260毫米水师后膛炮一门，以备钢甲船用；购210毫米陆军后膛炮一门，以备马尾山护厂炮台用。大炮在六月向克虏伯厂定办，前者219 969.4马克，合银47 990两；后者89 150马克，合银19 368两。
　　④ 裴荫森奏，新购鱼雷艇命名为"福龙"，核定管驾官、大副、二副等共38员名及薪粮公费。命陈应濂为管驾。

十一月初四日癸巳（11.29）
　　李鸿章奏，光绪七、八年北洋海防收支，旧管1 055 375两，收银2 273 263两，支银1 630 176两，结存1 698 462两。

十一月初七日丙申（12.2）
　　曾纪泽乘"海晏"轮离沪，初十日抵达天津，李鸿章、吴大澂偕官员迎接。每日面谈，十四日离津。

十一月初八日丁酉（12.3）
　　① 徐承祖接李鸿章初四日电，得知奉旨停审，即照会日方。井上馨复函，表示诧异。
　　② 日本"亩傍"兵轮由新加坡开行至台湾洋面之东边失事沉没。

十一月初九日戊戌（12.4）
　　张之洞电裴荫森，请协造军舰八艘以供海口内河巡防。

十一月十一日庚子（12.6）

井上馨约徐承祖至外务省会谈，反复置辩，对中方处置表示无法同意。旋以二人名义训令解散长崎委员会。

十一月十二日辛丑（12.7）

李鸿章电刘瑞芬，罗觉司月给俸薪500两，房饭在内，暂借用二年。拟令先赴旅顺雷营教练，再随兵船往各处，可否先订合同？十四日又电，琅威理前拟罗觉司薪俸每月350两，因曾纪泽言其官职较大，改至500两。

十一月十六日乙巳（12.11）

① 上谕：徐延旭、唐炯、赵沃、张成加恩免于勾决。徐、赵发往新疆效力赎罪，唐发往云南效力赎罪，张成往台湾交刘铭传差遣效力赎罪。

② 曾纪泽抵达北京。

十一月十八日丁未（12.13）

① 奕譞函李鸿章，以南海工程款项不敷，请李鸿章称创建京师水师学堂或某事借洋款七八十万两。同日，李鸿章复函，已嘱周馥与天津洋行妥商。

② 曾纪泽觐见慈禧太后。拜访奕譞、善庆、孙毓汶等。

十一月十九日戊申（12.14）

① 慈禧太后召见曾纪泽。问各国船械，又论中国海军。

② 李鸿章函张佩纶：昨阅邸钞，唐炯、徐延旭及张成并邀赦典，唐在意中，徐、张等竟出望外，是知圣怒已解，明春如展觐，当讼言之。

十一月二十一日庚戌（12.16）

日天皇因长崎事件举行五小时廷议，无结果。

十一月二十五日甲寅（12.20）

以会典馆奏，续修《会典》，海军衙门事属创始，外衙门无由尽悉。请拣派文理通晓纂修二员，将一切营制执掌编纂成书。着派帮总办内阁侍读学士奎焕、四品衔浙江道监察御史常明为纂修官。

十一月二十九日戊午（12.24）

英国驻华公使华尔身（J.Walsham）照会总署，英国将撤出朝鲜巨文岛。

十一月

留英学生陈恩焘被派上东非舰队（The Easi African Station）之"依及利亚"（Egeria）军舰，前往印度洋及锡兰（今斯里兰卡）一带实习。周献琛上训练舰"罗福尔"（Rover）前往非洲练习。

十二月初六日甲子（12.30）

江南提督李朝斌因病乞休，以谭碧理继任。

十二月初八日丙寅（1887.1.1）

李鸿章收奕谖函，请告之威海、大连两处布置方案。

十二月初十日戊辰（1.3）

李鸿章函奕谖，告之与各外国银行商借款项情况，又称威海卫为烟台襟喉，大连湾为金州屏蔽，皆可屯操水师，应早设防，约需二三百万两经费。

十二月十二日庚午（1.5）

因接出使日本大臣徐承祖电，日本在法国新制之"亩傍"号军舰日久未到，现派"明治""长门"2舰前往汕头各港巡访云，张之洞电李鸿章，称长崎杀戮华兵案，华民极愤，倭舰来粤，难保其事。请转致日外部，该轮如果来粤，各港当即电告，不需派舰。并电告李鸿章。次日，李复电张之洞，称徐承祖议崎案，迁就太甚，已奉旨驳斥停议，调卷来津。徐允日派兵船均属荒谬，复电止之极是。

十二月十四日壬申（1.7）

李鸿章电告总署，徐承祖来电商总署、南北洋，辄允日舰赴华，请总署去电制止。次日，总署转电，奉谕申饬徐承祖。

十二月十五日癸酉（1.8）

京师昆明湖水操内学堂午刻开学。总办潘骏德、署总办惠年。提调奎昌、王福祥。学生60名。校址在颐和园西堤。同日未刻，颐和园排云殿供梁。

十二月十七日乙亥（1.10）

墨理贤函赫德，朝鲜国王对中国军舰走私人参很不安。墨多次要求袁世凯协助，袁曾表示设法制止，但中国军舰享有不受检查的权利，海关无法有效查禁。

十二月十八日丙子（1.11）

李鸿章电琅威理，曾纪泽函称，德国公使巴兰德谓运送德国造两快船添募管轮、帮驾须用德人，否则，将来评论该船有未能公允之处。可电许景澄与德外部选募，切不宜另雇别国人帮驾德国船。

十二月十九日丁丑（1.12）

闽浙总督杨昌濬电李鸿章及总署，顷接日本代办领事知照，已查明"亩傍"舰于十二月初八日由新加坡航行至台湾洋面以东失事。

十二月二十一日己卯（1.14）

李鸿章电奕譞，周馥已向德国银行借款500万马克，约合银90余万两，岁息5.5厘。

十二月二十三日辛巳（1.16）

丁汝昌、琅威理由吴淞电李鸿章，前议禀定四新船雇用西员，本拟管轮由各厂保荐，水师官拟雇通英语者于驾驶操练相宜。昨宪谕德船用德人，应遵办。惟每船机舱均不过八人，现议由北洋抽带德水师官二，管轮二，英管轮一。又派马吉芬去，因学生在一船可教习，回时沿途亦充一水师官，共抽六人去，可省六七千之谱。两厂雇人，须俟琅威理到厂考验后禀商钦差，再立合同。李回电，由北洋现用洋弁内抽带六人，自应照办。惟德弁宜派在德船，临时再由琅禀商钦差添雇。

十二月二十五日癸未（1.18）

李鸿章电丁汝昌、琅威理，曾纪泽复巴兰德函，声明前汝等条陈内各船雇用洋人，已酌定限制，此次若由德国简员帮同办理，亦不能更改。将来即由伏厂雇人，琅须禀商许景澄告知外部。德弁通英语者由琅挑拣。

十二月二十七日乙酉（1.20）

"万年清"运船在吴淞口外铜沙洋面被英京申公司船撞沉，淹没70余人及京饷公文，次年正月底，经英按察使堂断，咎属英公司，船价恤银另议。

同年

江南制造局出版美国杜默能撰、罗亨利译、瞿昂来述、钟天伟校《法国水师考》1卷，英国巴那比撰、傅兰雅译、钟天伟校《英国水师考》1卷。

光绪十三年丁亥（1887）

正月　　光绪帝亲政 / 长崎事件议结
二月　　派琅威理往英、德接舰
三月　　布置旅顺威海防务
闰四月　准海军人员参加乡试
五月　　第三届海军留学生上舰实习
六月　　粤省文武员绅捐资扩造兵轮 / 设立广东水陆师学堂 / "广甲"下水
七月　　"致远""靖远""经远""来远"从欧洲返国
十月　　醇亲王奕譞病重，嘱咐"无忘海军"
十一月　将"致远"四舰归入北洋
十二月　"龙威"下水
本年　　北洋向德国订购鱼雷艇料件回国组装
　　　　光绪九、十年北洋海防经费报销（第三期）

正月初二日庚寅（1.25）

日本驻华公使盐田三郎函告井上馨，英国驻华公使华尔身来访，提议使用"救恤金"（Charitable fund）一词而不用"赔款"（Indemnity），以作转圜。盐田认为不失为一种"至极圆滑的办法"。

正月初四日壬辰（1.27）

上午，德国驻日本公使何理本（Theodo von Holleben）访徐承祖，转告日方愿遵"伤多恤重"原则处理崎案，并约下午4时在德使馆与日外务次官青木周藏面议。结果议定"彼此各给抚恤，在东京议结"。但在恤金数目、应否仍须彼此拿凶，以及另订水手登岸章程等，未作最后决定。李鸿章得电后即电总署，认为日本既愿自我转圜，徐承祖所拟恤银数似可准行。惟彼此拿凶是面子话，水师登岸本照两国通行章程，毋庸另议。本日清廷批准徐、李方案。

正月初五日癸巳（1.28）

李鸿章奏，息借德商银款500万马克，交津海关兑收，听候海署提用，分批解京应用，即作南海工程挪款。

正月初十日戊戌（2.2）

李鸿章与海署函商布置威海卫、大连军港，称据德国鱼雷兵官哈逊约估，威海布置炮、雷一切工程，需银400万两，则二处共需800万两。现时无此财力，倘于洋药厘捐并征款内岁拨30万两，作为威、大两处布防费用，以10年经营，则威势渐振。

正月十一日己亥（2.3）

井上馨与徐承祖会谈后，即向伊藤博文报告，并请求上奏。晚10时，井上、青木、徐承祖及德使何理本作最后会谈，次日凌晨3时达成协议，确定互付恤款。至于是否拿凶惩办，由双方政府自行决定，互不干涉。

正月十五日癸卯（2.7）

① 光绪帝载湉亲政。
② 清廷批准长崎事件解决方案，并授徐承祖全权，就近画押。

正月十六日甲辰（2.8）

长崎案议结。称去年长崎警察与北洋水兵互斗一案，系言语不通，彼此误会。对死伤者各给抚恤。弁、捕头亡者，每人恤6 000元，兵、捕每人恤4 500元。兵因伤成疾者2 500元。彼此相抵。日方共付恤款52 500元，中方共付恤款15 500元。徐承祖、井上馨在协议上签字。

正月二十五日癸丑（2.17）

英军退出朝鲜巨文岛。

正月二十六日甲寅（2.18）

① 李鸿章电丁汝昌，德厂合同第十款，船主大副为伏厂合意者，该厂必保固船之工料。又管轮一正二副，必归伏厂所荐。前禀由琅酌雇管轮帮驾，实与该厂合同不符。今德允代简管轮帮驾，不愿英人掺越，应密嘱琅但居统船之名，不管德船雇员行海之事，亦可不担德船由德抵华之责成。其雇德员合同，或由许景澄与德酌订。此意可用洋文密致琅知照。并谕林永升、邱宝仁沿途行驶，均听德员帮驾主意，免致中途有失，伏厂不认保固；德船限四月二十三日、五月二十五日分期验收。许函谓弁兵四月初旬到德，可同往看验。

② 李鸿章电许景澄，请告德方，琅威理派往统带军舰，须作中国水师官看待。虽由德廷选雇管轮帮驾，仍归中国水师官节制。

二月初五日癸亥（2.27）

① 李鸿章奏，前在英国阿摩士庄厂，德国伏尔铿厂订造快船各两只，命名"致远""靖远""经远""来远"。现派北洋水师提督衔英员琅威理总理接船事。正月初已往英、德验视。邓世昌经理中国文报、银钱，兼管带"致远"；叶祖珪、林永升、邱宝仁管带"靖远""经远""来远"。共带领四船员弁400余员名，二月杪乘坐招商局轮船前往接收。

② 李鸿章奏"定远""镇远"两舰报销折，两舰船、炮、杂支各项总支银3 399 240两。又奏"济远"报销片，船、炮、杂支共支银686 204两余。

③ 丁汝昌率舰队北驶。过威海、烟台、旅顺，至二月十四日抵达天津。

2月

日本参谋本部第二局长小川又次大佐在两次秘密侦查中国和听取谍报人员汇报后，完成《征讨清国策略》。期以五年准备，"使清国乞降于阵前，以我海军击败彼之海军，攻陷北京，擒拿清帝。"在签订战胜条约时，将盛京盖州以南之旅顺半岛，山东登州府管辖之地（包括烟台和威海卫），浙江舟山群岛，澎湖列岛，台湾，扬子江沿岸左右十里之地，纳入日本版图。

二月十一日己巳（3.5）

赫德函告金登干，葛雷森将担任海关缉私船税务司。

二月十六日甲戌（3.10）

① 奕譞前往昆明湖查阅各处工作，奖赏有关人员共银23两，钱314吊，由海军衙门照数开放。

② 李鸿章电刘瑞芬，罗觉司言，百济雷艇可令阿厂快船拖带来华，省费又保护机器。乞嘱琅妥办。

二月十九日丁丑（3.13）

琅威理抵达英国。

二月二十二日庚辰（3.16）

奕譞奏，请建造津沽铁路以调兵运械，运输开平煤供海军用，兼办商运。又称今夏从英德两国订造战船可来华，拟明年再赴海口，与李鸿章等编立海军第一支。

二月二十八日丙戌（3.22）

刘瑞芬电李鸿章，琅威理已往阿摩士庄厂，查验新造两快船。据称，精坚合式。该两船于四月二十日后同时试行，闰四月初旬，华勇即可上船。

三月初二日庚寅（3.26）

李鸿章电丁汝昌，许景澄来电："来远"月朔下水，琅请电丁军门，德船不能在合同期前齐备，请饬员役于西历6月15日后到英。"图南"是否定期开驶？到英德须久候。

三月十六日甲辰（4.9）

丁汝昌函琅威理，"图南"十二日到威海，所有应拨出洋名目，均照前议办理。昨奉中堂来札，出洋监督称，陈恩焘随测量船放洋学习，刘冠雄甫派枪炮船学习，若令遽归，未免可惜。现改派吴敬荣为"靖远"大副，林文彬为"来远"大副，一并前去。"图南"明日起行，该船到英，"致远""靖远"换旗，及到德，"经远""来远"换旗等，均望电告。"来远"工程望随时请钦差催厂，早竣为幸。我军所购军械，应随"图南"带华者，均望费神查看，以期适用。

三月二十六日甲寅（4.19）

李鸿章奏，派津海道周馥总理北洋沿海水陆营务处，督饬洋员妥办旅顺坞工，并联络旅顺口、大连湾、威海卫水陆各将领妥善布置。又奏，派提督刘盛休、知府戴宗骞所部兵勇，拨队分往大连湾、威海卫察勘形势，扼扎营垒。拟在海滨露处购炮筑台。请从江海关每年拨银25万两，浙海关每年拨银5万两，以10年为期，逐渐经营。

四月初九日丙寅（5.1）

① 裴荫森奏，船政拟在马限山添筑护厂炮台，经费拟从制船项下支销，请饬部立案。

② 裴荫森奏，"镜清"业经南洋验收，所有在事出力员绅遵旨择优请奖。

③ 裴荫森奏请奖制造学生异常劳绩，魏瀚以知府仍发省份尽先补用，陈兆翱以副将仍留闽尽先补用，郑清濂以参将仍留闽尽先补用，陈林璋以都司仍留闽尽先补用，吴德章、李寿田、魏暹均以知县不论双单月遇缺尽先选用，杨廉臣以县丞不论双单月遇缺尽先选用，汪乔年以知州不论双单月遇缺尽先选用。

④ 裴荫森奏，船工员弁沈玮庆等15人，积劳病故，请予议恤。

四月十五日壬申（5.7）

奕譞前往昆明湖查阅各处工程，并阅看水操外学堂健利两队操演驶船。

四月二十日丁丑（5.12）

① 李鸿章奏，德国刷次考甫厂创制磷铜鱼雷，为各国水战新式最利之器。其炼铜秘法，向未示人，中国派往员弁，尚肯悉心教导，请赏该厂总办喀士洛斯基三等第二宝星。

② 李鸿章奏，试用道吕耀斗到省一年期满，该员资望已深，堪胜繁缺。俟有缺出，照例序补。

四月二十六日癸未（5.18）

琅威理、伏尔铿船厂总办哈克在柏林拜访许景澄，言"经远"6月7日竣工，琅威理拟6月30日验船。

四月二十九日丙戌（5.21）

① 慈禧以造船、购器、选将、练兵，均由海署主持考核，次第办理。目前应办事宜，以操练轮船为要。饬将无用之船分别裁撤。嗣后各省海防购器用款，均着先行咨报海署，斟酌妥善，再行办理。

② 海防目前应办事宜，以操练轮船为要，尤以裁节冗费为最先，着李鸿章、曾国荃、杨昌濬、张之洞奏报。

闰四月初三日庚寅（5.25）

李鸿章转张之洞电，粤造浅水兵船4号，底式较平，只能行内河及浅洋近岸，难往北洋，难以调津察看。

闰四月初四日辛卯（5.26）

丁汝昌率"定远""镇远""济远""威远""超勇""扬威"从巨文岛回到威海。

闰四月初六日癸巳（5.28）

海署电李鸿章，粤四新轮，只行浅洋，闻粤轮五十余号，大抵皆然。现复筹款续造，设遇事只可守而不能战，虽多何益？懿旨酌裁小轮，以数只并一大轮，海战有资，不必尽恃外援。

闰四月初七日甲午（5.29）

① 张之洞电裴荫森，经与魏瀚商量，拟托船政局协造钢胁浅轮4艘，每船造价5万，广东协款2.5万，共计10万，请将该船之长、宽、吃水、马力等告之。又电询每年养船、薪粮、修理、煤炭等费。次日裴复电，同意协造兵轮。该式舰只长144英尺，宽18英尺，吃水8英尺，300匹马力，配120毫米主炮一门，连珠炮二门。又告之第一号铁胁快船式同"超勇""扬威"。

② 丁汝昌率舰昨日抵威海。本日派"康济"船赴津领夏季饷项，并将各舰所需各种料件一并领回。

闰四月初八日乙未（5.30）

张之洞电裴荫森，协造4轮，须能驶至北洋，尺寸可放大，船体须用钢舷。次日，裴复电，同意加大尺寸，费用每轮亦需增加5 000两。十一日，张电裴，确定协造4轮尺寸，并望加快船速。

闰四月初九日丙申（5.31）

奕𫍽前往昆明湖查阅各处工作并奖赏有关人员。

闰四月十二日己亥（6.3）

张之洞电李鸿章，告之现造兵轮，可赴北洋阅看。称粤欲造舰而无款，此乃小试其端，自以大举能成一军为长策，请转达海署。次日，李鸿章转电海署。

闰四月十四日辛丑（6.5）

奕谟等奏，海防经费号称400万两，其中厘金按八成起解，且福建、广东厘金早经奏准留归本省动用。沪尾、打狗洋税亦援作台防经费。合之总数，实解不过300万两。请严饬欠解海防经费各省督抚，迅速解清，或另筹海军经费。懿旨着各省务于年内扫数解清。嗣后不得欠解。至闽、粤厘金已归本省，沪尾、打狗洋税留归台防，着户部另筹的款相抵，以符400万两之数。

闰四月十五日壬寅（6.6）

水操学堂昆明湖各处工程实应发银592 885两，前已发三成，177 865两，现再发三成。

闰四月十七日甲辰（6.8）

李鸿章奏，海防捐日形减色，酌议变通章程5条。

闰四月二十八日乙卯（6.19）

李鸿章奏，天津水师、武备学堂人员请一体参加乡试。上谕着总理衙门议奏。

闰四月

刘冠雄、黄鸣球、邱志范实习期满，转入乌里治炮厂（The Royal Arsenal at Wooliwich）学习造炮及火药。

五月初四日庚申（6.24）

奕谟前往昆明湖查阅各处工程。

五月十一日丁卯（7.1）

日本天皇拨30万日元内帑资助海防，全国华族、富豪竞相为海防捐款。至9月底，捐款达103.8万日元。这些款项全部用于扩充海军装备。

五月十五日辛未（7.5）

裴荫森等奏，三月间奏请添派刑部主事曾福谦、候选直隶州知州刘宗俊会同办理后学堂监督，户部以节费为辞不准。现请将二人留船工候差。

五月

在英国皇家海军学院留学之第三批留学生学习期满，王学廉、郑汝成、陈杜衡、沈寿堃等4人被派上地中海舰队，7月，登"额格士塞兰德"号实习。郑文英被派往海角舰队（The Caoe Station）之"拉里"号军舰实习。罗忠铭登北美舰队（The North American Station）之"伯里洛芬"号军舰实习，12月，罗忠铭抵达百慕大，又被改派上"都麦林"（Tourmaline）号。贾凝禧被派上"罗福尔"号练习舰实习，11月，改上地中海舰队旗舰"阿莱三登"（Alesandria）号及"苏丹"（H.M.S.Sultan）号实习。

六月初一日丁亥（7.21）

① 丁汝昌电李鸿章，接琅威理闰四月十八日来函，"致远""靖远"五月初二、初四日，"经远""来远"五月初十、二十五日均可试轮。拟六月半四船齐集英国朴次茅斯海口，令员弁游历练船各厂后，约六月二十二日左右可展轮回华，并带 大雷艇归来。

② 招商局轮船"保大"号在山东成山头洋面触礁。

六月初二日戊子（7.22）

丁汝昌函张次韩，告知昨接到枪炮教习洋员鲍察报告，前月十四、十五、十六日演放克虏伯炮时，所用铜螺丝拉火有炸断等弊。已将所坏的31支呈请查验。查此项军火系由东局制造，故将洋员原禀照录，请查核详实。

六月初三日己丑（7.23）

丁汝昌接盛宣怀电报，派"威远""扬威"赴成山头救援"保大"，初四日返回。

六月十一日丁酉（7.31）

丁汝昌函刘含芳，在威各船，久未出操，日前"威远""扬威"两船帮同"保大"捞救货物，并驰送烟台等事既经完竣，各船拆洗机舱并船身内外油饰之事亦了。昨经李鸿章批准，令林泰曾率6船赴大连湾操练。

六月十三日己亥（8.2）

"致远""靖远"在英国升挂龙旗。

六月十四日庚子（8.3）

① 张之洞奏，粤省邀集文武员绅捐资扩造兵轮，三年集资42万两，盐埠各商集资38万两，于本年二月商闽省协造铁胁木舣巡洋舰"广甲"号；又拟造钢胁铜舣穿甲巡洋舰"广乙""广丙""广丁"号；又拟造中号河海兼用兵船"广庚""广辛""广壬""广癸"号；又在黄埔船厂造浅水兵轮"广戊""广己"号。在此之前，张之洞已于五月初九日托李鸿章转电海署，叙述这一计划。十三日，海署回电同意，嘱粤自奏。

② 张之洞奏，请设广东水陆师学堂，拟委吴仲翔总办学堂事宜。朱批依议。

六月十七日癸卯（8.6）

① 福建船政局第六号铁胁快船"广甲"下水。船长212英尺，宽33英尺7英寸，马力1 600匹，排水量1 300吨，航速14节。装有150毫米炮3门，120毫米炮4门，连珠炮4门，雷筒两具。

② 李凤苞在老家崇明去世。

六月二十二日戊申（8.11）

许景澄、林永升、邱宝仁等在德国士旦丁港接收"经远""来远"二舰并进行升旗仪式。

六月

曾国荃函刘锦棠，前奉懿旨饬沿海各省裁撤轮船，南洋现有之轮船本属不敷，苦于经费支绌，拓展无由。求添既不能遽得，议减似非事势之宜。现拟酌裁年久而马力较钝者二号兵轮，勉谋交卷。

七月初一日丙辰（8.19）

张之洞以"广甲"已成，电李鸿章，拟调李瑞、刘恩荣赴粤管驾。若二人必不胜任或未便离差，则请代选有胆识北将二三员。次日李回电称李瑞、刘恩荣均不合适。西洋船主专论学识与历练，中国则仅尚胆气粗才，恐断送一船。

七月初四日己未（8.22）

酉刻，由亚罗船厂承造，"致远""靖远"拖带之鱼雷艇"左队一"号抵达朴次茅斯。

七月初六日辛酉（8.24）

① 许景澄抵达伦敦。次日出使英国大臣刘瑞芬请饭，"致远"管带邓世昌、"靖远"管带叶祖珪在座。

② 午正，"经远""来远"舰抵达朴次茅斯。

七月初八日癸亥（8.26）

刘瑞芬、许景澄偕参赞李经方、庆常、马格里赴朴次茅斯，琅威理陪同验勘"靖远""经远"。

七月初九日甲子（8.27）

① 刘瑞芬、许景澄偕参赞李经方、庆常、马格里及邓世昌、叶祖珪、

林永升、邱宝仁参观英国海军船坞。

② 张之洞电李鸿章,拟用一武职,勇敢而肯细心练习者为管驾,用一谙习机算之学生为帮带,请推荐一二员来粤。十一日李复电,称管驾必以学堂为根本,中国急就章,谓用一勇敢武职为管带,学生为帮带,一船不能两人出主意,最易偾事。北洋管驾皆闽学生,仍令英将训练,欲渐归正路。现无人推荐。

七月初十日乙丑（8.28）

金登干以私人身份拜访琅威理,并得以参观在英、德定制的4艘军舰。

七月十二日丁卯（8.30）

裴荫森、王崧辰乘"寰泰"首次试航。管驾为吴安康。航速达18节。

七月十六日辛未（9.3）

广东巡抚吴大澂率5舰到澳门勘察葡萄牙人侵占关闸以外地界。

七月二十日乙亥（9.7）

李鸿章奏,奉四月初四日上谕保举将士：水陆统将宋庆、周盛波、李长乐、唐仁廉、丁汝昌5员,候补提镇刘盛休、卫汝贵、赵怀业、贾起胜、姜桂题、罗荣光、黄金志、林泰曾等8员。

七月二十一日丙子（9.8）

卯刻,"致远"启航,锚链断,派学生驾舢板寻锚。至二十四日聘潜水员将锚启获。

七月二十五日庚辰（9.12）

寅初起火,未正开行,"致远""靖远""经远""来远"及"左队一"号雷艇驶离英国朴次茅斯港口返国。此行总理接船事宜为洋员提督衔琅威理、总理大副吴京荣、翻译洋员夏立士（A.H.Harris）,驻"靖远"舰。四舰军官有："致远"管带、营务处副将邓世昌,大副陈金揆,学生薛振声、郑纶、黄乃模、巡查刘东山；"靖远"管带、都司叶祖珪,大副刘冠雄,学生温朝仪、祁凤仪、洪桐书；"经远"管带、都司林永升,大副林文彬,学生韩锦、陈京莹、张浩；"来远"管带、守备邱宝仁,大副陈玉书,学生谢葆璋、蔡灏元、梁汝辉,鱼雷艇由"来远"拖带。

八月初一日乙酉（9.17）

未刻,"致远"等5舰进入直布罗陀海峡。

"致远",在英国阿摩士庄船厂定制的巡洋舰。甲午战争中,因管带邓世昌英勇作战、与舰同沉而出名

"靖远"停泊在朴次茅斯。1887年琅威理带队去英国接带从英德定制的四艘巡洋舰回华,以"靖远"为旗舰。这张照片曾长期被认为是"致远",但从其后桅上飘扬的提督旗,可以辨析它的身份

"来远",许景澄在德国定制的装甲巡洋舰。与穹甲巡洋舰不同,该舰在船的中部,用竖甲围出一个装甲防护圈,在当时是兼具铁甲舰和穹甲巡洋舰的一种设计。同型舰为"经远"

八月初四日戊子(9.20)

有广东打工者8人,在直布罗陀佣工期满,无钱返乡。经向邓世昌请求,允来船帮工,带其回国。

八月初六日庚寅(9.22)

"致远"等5舰启程,入地中海。

八月初八日壬辰(9.24)

① 李鸿章与英商订立合同,购克虏伯大炮18门,设防威海。

② 以闽省无款付北洋快船价,户部暂准由闽海关尚存药厘内先拨银82 208两速解。

八月二十二日丙午(10.8)

李鸿章电刘瑞芬,已与英驻华水师提督谈妥,将学堂优等生派赴英国在华巡船学习,据称可容6人。每位岁贴百镑,用费须英海部示准,请商外部转托。

八月二十四日戊申(10.10)

裴荫森等奏,本年四月初九日上奏"镜清"报案,部议文职员绅保至140余员,较光绪五年铁胁奏奖惩案员数增加一倍多,不免浮滥。令将各该员分别在工久暂,劳绩优次核实删减。查船政保案,自光绪五

新近发现的"来远"管驾日记

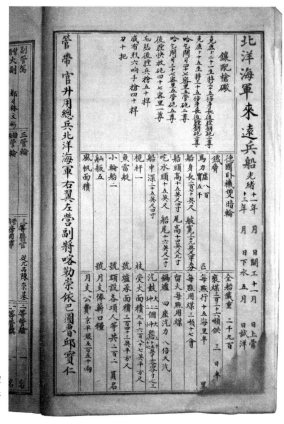

"来远"管驾日记中保存了军舰主要性能数据和人员、航行资料

邱宝仁,"来远"管带

年铁胁告成奏奖后迄今已经八年,成船除"镜清"外还有"康济""澄庆""开济""横海""寰泰""广甲"。铁胁开造之时,监工、匠首多用洋员,今皆以学生、艺徒代之。现删减32员,请准饬部奖叙。

八月二十五日己酉(10.11)

李鸿章电丁汝昌,接琅威理电,因拖鱼雷艇缓行,十月十七日前不能抵沽,拟在南省海口操练过冬。

八月二十八日壬子(10.14)

"致远"等五舰驶入亚丁港。

八月

黄鸣球、邱志范被派上"铁公爵"及"莫纳克"号军舰上实习。

九月初八日壬戌(10.24)

奕譞前往昆明湖阅看水陆马步合演阵式。

九月初十日甲子(10.26)

刘瑞芬电李鸿章,已商英海部,派学堂优等生9名赴各兵船学习。

九月十一日乙丑(10.27)

"致远"等五舰抵锡兰。

九月二十七日辛巳(11.12)

张之洞电许景澄:粤自制中小兵轮10艘,请订购克虏伯后膛150毫米炮2尊,120毫米炮6尊,105毫米炮6尊,并配弹药。

吕耀斗（1830—1895），江苏阳湖（今常州）人。翰林出身，曾任福建船政提调和天津水师学堂总办，官至直隶永定河道

九月

曹廉正、陈燕年、伍光建、周献琛、王桐、陈鹤潭进入英国皇家海军学院学习。次年，周、王毕业后上"诺尔参木布兰"（Northumberland）号实习，周又上"爱勤考特"号，王又转"们那次"号，直至1889年5月期满回国。陈鹤潭在洋病故。

十月初三日丙戌（11.17）

李鸿章电正在朝鲜仁川的丁汝昌，告之琅威理本日驶离新加坡。琅望丁率兵弁待于香港备用。李请丁酌办。

十月初七日庚寅（11.21）

天津水师学堂总办吕耀斗、水师营务处道员罗丰禄及前福建布政使沈保靖，开始对天津水师学堂驾驶学堂第二届学生冯琦等20人进行毕业大考。考试科目包括英语、算学、舆地、代数、几何、平弧三角、割锥、化学、格致、静重学、动重学、流质重学、积算驾驶、驾驶阐理、天文驾驶等15项，由严复选自英国皇家海军学院对海军上尉的试卷。十一日，英国海军军官马图林、法国海军军官马罗勒、大副贲璧尼勒、随员达祃都应邀参加考试。十五日,李鸿章亲临水师学堂阅视。洋文正教习严复、副教习麦赖斯(William Mcleich)也参加了考试。

十月十三日丙申(11.27)

刘瑞芬电李鸿章,英海部已允6名中国留学生上英舰实习。

十月十四日丁酉(11.28)

"致远"等五舰抵达香港九龙。

十月十九日壬寅(12.3)

正红旗汉军都统善庆十月十六日改任福州将军。是日懿旨,善庆仍着帮办海军事务并管理神机营事宜。

十月二十日癸卯(12.4)

裴荫森乘"广甲"出海试航。该船由武永泰管驾,程璧光帮带。

十月二十五日戊申(12.9)

① 因醇亲王奕𫍽疴沉,慈禧、光绪诣醇王府视疾。奕𫍽将其巡阅海军时慈禧所赐金如意交光绪,曰"无忘海军"。

② 巳正,"致远"等五舰驶出香港。在港期间,琅威理拜访英国驻中国舰队司令哈密敦海军中将。哈密敦认为琅威理为英国海军上校,在北洋海军任职,在军舰上升提督旗,倘若其确为中国海军提督(海军上将),按照海军礼仪应当由他先去拜访琅威理,但在英国海军军衔中,他的军衔在琅之上,这会出现尴尬局面。哈密敦给海军部写报告,说他从未收到中国方面关于琅威理为中国提督的资料,而琅威理本人则说,中国皇帝亲笔封他为提督。哈密敦建议授权接任其职务的萨蒙德提督(N.Salmon)向中方查证。英国首相索尔兹伯里侯爵表示不允许查问下去。因为此举将逼中国表明琅威理的身份,对琅不利。

十月二十六日己酉(12.10)

"致远""靖远""经远""来远"驶抵厦门。丁汝昌率"定远""镇远""济远""超勇""扬威""康济""威远"等舰及南洋"琛航"在厦门迎候。

十月二十七日庚戌(12.11)

丁汝昌登"致远"等舰答拜。

十月二十八日辛亥(12.12)

晚,丁汝昌在"定远"舰举行晚宴,邀"致远""靖远""经远""来

"致远"官兵（中为邓世昌）和北洋海军总查、洋员琅威理的合影

远"管带及琅威理出席。林泰曾、刘步蟾及洋翻译夏立士亦出席。

十一月初三日丙辰（12.17）

刘铭传奏，"伏波"轮自马江捞起修理后，拨台湾差遣，管驾林承谟。本年二月进船政大修更换气缸，共需经费14 489两。该船船身既旧，用煤尤费，全船开支，月需1 900两。台湾孤悬海外，需船孔亟。此种兵轮，养之不能得力，弃之无船可用，惟有裁减冗费，本年八月初一日起，裁撤管队1名，正副管炮各1名，炮勇24名，正副号手、鼓手、医生各1名。酌减薪粮，每年可省8 000余两。

十一月初五日戊午（12.19）

丁汝昌电李鸿章，据琅威理意，学生上英舰无谓。英在远东无新船炮械，且多驻商口，相待客气，不及在本国学习切实；且英提督亦无函来。次日，李回电，同意琅意见。

十一月二十日癸酉（1888.1.3）

李鸿章电海署，接台湾巡抚刘铭传电，英德所造四船，上年奉旨备台澎用。现船已到闽，是否由海军请领等因。查新造四快船，因北洋封冻，派丁汝昌、琅威理暂在厦门操练，候明春开河后，驶津沽验收。十二年三月、十三年二月海署已迭次奏准将四船归在北洋一支水师内，台湾现尚无事，尚难分拨。

十一月二十一日甲戌（1.4）

海署电刘铭传，所购快船归北洋海军应用。

十一月二十四日丁丑（1.7）

张之洞赴黄埔察验船政新制之"广甲"，广东自制之"广戊"已于九月落成，因令两船衔尾试航，"广甲"航速达12节，"广戊"航速达10节。

十一月二十六日己卯（1.9）

李鸿章奏，光绪九年、十年北洋海防经费，旧管银1 698 462两，共收2 525 348两，支银3 295 083两，结余928 728两。

十一月

福建船政局在罗星塔青洲地方开办新船坞。长38丈，宽10丈，深28尺。

十二月初二日甲申（1.14）

两广总督张之洞乘"广甲"兵轮巡海。五日抵琼州海口，七日抵廉州北海，八日抵雷州海安，十四日抵汕头，十九日抵香港。二十至二十五日，换中等兵轮考察蕉门、横门、磨刀门、厓门，沿西江直上肇庆，二十六日旋省城。

十二月初三日乙酉（1.15）

赫德在给金登干信中说，琅威理现在谈辞职，中国海军大权可能要从英国人手中失去。

十二月十七日己亥（1.29）

福建船政局制钢甲巡洋舰"龙威"号下水。船长197英尺，宽40英尺，吃水13英尺1英寸，排水量2 100吨，马力2 400匹，时速14海里，配有260毫米炮1门，120毫米炮3门。由魏瀚、陈兆翱、郑清濂、吴德章、李寿田、杨廉臣制造。价银524 000两。

十二月二十四日丙午（2.5）

① 裴荫森奏，船政学堂共分四班，前学堂两班，曰法学，曰英学；后

学堂两班,曰驾驶,曰轮机。每班设总教习一员,由洋员充之。教员中,法员一,曰迈达;英员三,曰邓罗、李家孜、赖格罗。现李家孜、赖格罗工作期满,拟再行留工三年。迈达前充法学教习,前因中法失和,撤退回国,十二年七月二十日到工,仍派前职。

② 裴荫森奏,工程处制造船身学生魏瀚、郑清濂、吴德章,制造轮机学生陈兆翱、李寿田、杨廉臣六员,出洋艺成回华,派充工程处以代洋员。历制"开济""镜清""寰泰""广甲""龙威"等船,请予每月加薪30两。

同年

① 北洋向德国订购"左二""左三""右一""右二""右三"鱼雷艇料件,回国内组装合拢。又购"导海"挖泥船一艘。

② 广东黄埔设立水师诵堂。

③ 徐稚荪《洋防说略》刊刻。是书探求海防良策,主张海口重点设防。

④ 天津出版《德国扩充海军条议》。

光绪十四年戊子（1888）

二月　　清漪园改名颐和园，公开施工 / 裴荫森督办船政 / 酌定"致远"4舰饷章

三月　　协造广东军舰 / 赏还李凤苞原衔翎枝 / 李鸿章验收"致远"4舰并察勘威海、旅顺炮台

四月　　奕譞查阅昆明湖各处工程，阅看外学堂炮船操演枪炮 / 天津水师学堂首届管轮班毕业 / 奖励接舰官员 / 帮办海军大臣善庆去世 / 张曜帮办海军事务

六月　　台湾吕家望番社起事

七月　　丁汝昌率带"致远""靖远"援台

八月　　拟定《北洋海军章程》/ "康济"改为练船

九月　　以海军名义集款以供园工

十一月　派刘含芳驻旅顺，专办沿海水路营务处 / 批准《北洋海军章程》/ 以丁汝昌为北洋海军提督，林泰曾、刘步蟾为北洋海军左、右翼总兵 / 购买"敏捷"练船

十二月　周馥总理北洋海军营务处 / 海军集资达260万两 / 林绍年请停海军报效

正月初二日甲寅（2.13）

张之洞接船政局来电，告之户部有意作梗，广东兵轮须粤作全价。建议变通办法，"广甲""广乙"二舰为闽厂自制，拨归粤防，由闽报销，粤不作价；"广丙""广丁"作为全价代造。惟二舰36万两不敷，增为每舰20万两，厂方能承办。如属可行，请由广东专奏，并派魏瀚赴粤面商。

正月初五日丁巳（2.16）

奕譞堂谕，据昆明湖水操内学堂呈称，原规定每月朔望，教习放假，学生息业。该学生等家居健锐外火两营，拟于清晨令各生父兄领回归省，当夜回校，不得在家过宿。又，教习学生每日辰刻入学，距午正放学早饭维时甚久，拟仿天津水师学堂章程，每晨加添点心，月加银30两。教习随带跟役3名，请每月给饭食银3两。又，"捧日"轮船入坞，各船人等分住东西值房，冬令各房每月加煤炭银3两。所请各款由海军衙门平余项下开放。

正月

刘冠雄、黄鸣球、邱志范留学期满归国。

二月初一日癸未（3.13）

清廷公布清漪园施工，称西苑修缮将次告竣，四月初十日奉慈禧太后驻跸。清漪园改名颐和园，量加修葺，以备慈舆临幸。

二月初四日丙戌（3.16）

福建按察使裴荫森着开缺，以三品京堂候补，督办福建船政事宜。

二月初十日壬辰（3.22）

奕譞堂谕，准昆明湖水操内学堂呈报，操演炮船自上年解到以来，在湖驾驶，并经风雨摧残，现饬天利厂估定，炮船8只，运料船6只，扒艇船2只，修理银共714两，由海军衙门开放。

二月十九日辛丑（3.31）

① 李鸿章奏丁汝昌验收新购军舰情形。各船与原订合同相符。"致远""靖远"长250英尺（按：此为垂线间长度。总长当为267英尺），宽38英尺，吃水16英尺，排水量2 300吨，马力7 500匹，航速18节，装有210毫米前后主炮3门，150毫米炮2门，6磅炮8门，速射炮6门，鱼雷发射管4具。派林鸣埙、张启正、陈和庆监造。"经远""来远"长

82米，宽12米，吃水5米，排水量2 900吨，马力5 000匹，航速15.5节。装有210毫米炮2门，150毫米炮2门，75毫米炮2门，鱼雷管4具。派曾宗瀛、裘国安、黄戴监造。

② 李鸿章奏，酌定"致远"等4舰饷章。

二月二十五日丁未（4.6）

海署奏，英德承造战船来华，拟明年编立海军一支，懿旨允准。

二月二十九日辛亥（4.10）

① 奕譞准李鸿章咨称，"定远""镇远""济远"三舰光绪十四年分薪粮公费并加文公费、医疗公费共应支京平银184 419两8钱，合库平银173 354两6钱1分2厘。

② 张之洞电裴荫森，"庚""辛""壬""癸"四舰请毋庸造。"甲""乙""丙""丁"四舰拟由广东上奏，容筹定再奉商。

二月

第三批留英学生陈恩焘因病先行回国。

三月初五日丙辰（4.15）

张之洞电裴荫森，"甲""乙""丙""丁"四舰，每艘造价20万两，其中四分之三为工料，四分之一为人工。料归粤出，工归闽出，则广东出款52万两，且停造四浅轮。

三月初六日丁巳（4.16）

① 裴荫森奏，再请在红山谷修建船坞。

② 在福州原籍家居之陈宝琛电张之洞，裴荫森因粤停造四浅轮，而闽已定购机料，甚为焦急。望粤万不得已亦需合制二轮，庶不至过分赔累。

三月初七日戊午（4.17）

裴荫森电张之洞，提议52万两作全价制"乙"、"丙"二舰及浅水轮船，"广甲"作为划拨，不取粤值。

三月十一日壬戌（4.21）

① 李鸿章奏，规复昆明湖水操，由天津机器局制"捧日"钢板小轮船及钢板座船一只，洋舢板两只，炮划八只，连同运费及运送"翔云"小轮船及火车一辆，共用银25 968.587两，由该局经费项下匀筹支给。

② 李鸿章奏，津海关道周馥本年正月派往旅顺口、威海卫、大连湾查察防务，督饬船坞炮台工程，顷已回津，遵旨饬回津海关道本任，仍

兼办沿海水陆营务处事宜，遇有要件，随时前往各口，会同各将领妥商筹办。

③ 李鸿章奏，已革记名海关道花翎二品顶戴三品卿衔李凤苞前带闽厂学生出洋肄习驾驶等事，以开风气，现在铁舰管驾官弁，多系该道造就。其监造"定远"等三舰到华后尚属船坚炮利，今病革，遗命其子李钟英变产救灾，捐银6千两，请赏还李凤苞原衔翎枝。十四日奉上谕允之。

三月十五日丙寅（4.25）

① 奕譞前往昆明湖查阅各处工程。

② "致远"等4舰与北洋各军舰驶抵天津大沽。

三月二十日辛未（4.30）

吕耀斗、罗丰禄对天津水师学堂管轮学堂第一届学生周传谦等19人进行毕业大考。考试科目包括算学、代数、三角、重学、英语、水学理、气理创造、汽机创造、鱼雷理、鱼雷实艺等20项。二十四日，邀法国海军机器官福理士参加考试。该班学生经教习课导四年半，又经副教习希尔顺兼课鱼雷，再经海上实习6个月后，即可派充各船管轮。

三月二十二日癸酉（5.2）

奕譞电李鸿章，闻将验舰阅防，自恨患病不能出海。定额兵制、驻扎会哨各章程，请于巡阅之后由贵处拟底，寄京公酌会奏，为续办三枝之式。李鸿章次日回电，拟二十五日起程，赴旅顺阅船坞操防、大连湾验驶快船，并察勘威、大两处布置炮台形势。水师兵制各章程，容与将领熟筹拟议，再呈酌定。

三月二十五日丙子（5.5）

李鸿章出海验收新购军舰并查勘各口防务，抵大沽。

三月二十六日丁丑（5.6）

李鸿章巡视毕大沽炮台后，乘"定远"前往旅顺口，北洋海军全军随行。

三月二十七日戊寅（5.7）

辰正，李鸿章抵旅顺口，巡视正在施工之大船坞。

三月二十八日己卯（5.8）

上午，李鸿章勘验"致远""靖远""经远""来远"及鱼雷艇，观看发射鱼雷。下午，巡阅馒头山、蛮子营、威远炮台。

三月二十九日庚辰（5.9）

李鸿章巡阅旅顺口基地各弹药库及崂崔嘴、黄金山炮台。

三月三十日辛巳（5.10）

李鸿章乘"定远"出海，观看"致远""靖远""经远""来远"试航。旋在大连湾柳树屯登岸，勘视和尚岛炮台基址。

四月初一日壬午（5.11）

李鸿章阅鱼雷艇操练后，乘"遇顺"轮勘视老龙头、黄山二炮台基址。下午察看大固山一带海澳。酉正乘"定远"前往威海。

四月初二日癸未（5.12）

李鸿章抵威海，勘视祭祀台、北山嘴炮台基址。

四月初三日甲申（5.13）

李鸿章乘小轮勘视刘公岛南北炮台、日岛炮台基址，又前往察看皂埠嘴、龙庙嘴炮台基址。

四月初四日乙酉（5.14）

辰刻，李鸿章乘"定远"前往烟台，沿途检阅海军操练。次日抵登州。

四月初六日丁亥（5.16）

① 李鸿章及北洋诸舰返回天津大沽。

② 户部奏，药厘一项未能提拨海军经费。又奏，补拨海署经费中广东、福建及沪尾、打狗截留税银60万两。

③ 李鸿章奏，三月二十五日至四月初六日出海验收订购各快船，并查勘北洋各口防务。四月初九日朱批：所有应行添筑台垒，即着择要兴办。水师各船仍严饬管带各官认真训练，务求精益求精，克臻实效。

四月十六日丁酉（5.26）

① 裴荫森奏，请将从南洋调回收坞之"靖远"轮船改作练船。

② 裴荫森奏，船政学堂洋总教习四员，其中李家孜去年十一月已经张之洞奏调广东充当水师学堂教习，赖格罗本年三月已经期满，现拟留工一年，聘英人斐士博任管轮教习。

四月十七日戊戌（5.27）

奕譞电询李鸿章，海军章程谅已就绪，周馥何时晋京？李鸿章次日回电，兵船章程，系属创办，似须查仿英德定章，酌量损益，方可经久有实济，止督同文武安晰拟议。周馥经手事多，须六月初晋京。

四月二十一日壬寅（5.31）

奕譞等奏请将筹拨洋药税厘银100万两全解海署，以济要需。

四月二十二日癸卯（6.1）

奕譞查阅昆明湖各处工作，阅看外学堂炮船操演枪炮。

四月二十五日丙午（6.4）

由天津水师学堂派往昆明湖水操学堂管轮水手到京，学习驾驶弁兵逐日勤加演练，派水操内学堂委员继昆、胜林任轮船督操，派外火器营委翼长永隆会同认真管辖。

四月二十七日戊申（6.6）

① 李鸿章奏，接带快船回华人员，请予奖励，计开：副将衔广东补用参将邓世昌，请免补参将，以副将仍留原省尽先补用，并赏加总兵衔。留闽补用都司叶祖珪、林永升，均请免补都司，以游击仍留原省尽先补用，并赏加勇号。花翎留闽补用守备邱宝仁，请免补守备都司，以游击仍留原省尽先补用，并赏加勇号。该员于管驾快船外，一路又拖带新购鱼雷艇，奋不顾身，保护平稳。是以请免补都守两阶，以示优异。记名总兵林泰曾，请赏加提督衔。总兵衔水师补用参将刘步蟾，请免补参将，以副将仍归水师尽先补用，并赏加勇号。参将衔留闽补用游击方伯谦，请免补游击，以参将仍留原省尽先补用，并赏加副将衔。花翎两江补用游击丁凤吟，请赏加副将衔并二品封典。游击衔两江补用都司张文宣、升用游击直隶候补都司萧仲达、花翎闽浙补用都司陆麟清、留闽补用都司林颖启、尽先补用都司王添江，均请免补都司，以游击仍留原省尽先补用。蓝翎留闽补用守备陈策、都司衔留闽补用守备汪恩孝，均请免补守备，以都司仍留原省尽先补用。陈策并请赏换花翎，汪恩孝并请赏戴花翎。蓝翎都司用补用守备梁云鹏，请赏换花翎。四品衔直隶候补守备刘金相、尽先守备阎钦、闽浙补用守备余贞顺、留闽补用守备黎晋贤，均请免补守备，以都司尽先补用。蓝翎候补千总刘玉胜、丁长柱、候补千总刘东山、守备衔尽先千总蔡廷干、五品军功蓝翎候补千总林履中、杨用霖、五品军功闽浙补用千总王永发，均请免补千总，以守备尽先补用。刘东山并请赏戴蓝翎，蔡廷干并请加都司衔，林履中、杨用霖并请赏换花翎。员外郎衔工部候补主事余思诒，系出使英国大臣派令护送快船来华，请免补主事，

以直隶州知州俟分发到省后，归候补班补用，并加四品衔。四品衔山东补用直隶州知州严道洪、直隶候补同知王仁宝，均请免补本班，以知府各留原省补用，王仁宝并开除蠡高县丞底缺。知县用直隶候补县丞方履泰、直隶试用直隶州州判廖炳枢，均请免补本班，以知县仍留原省归候补班补用，方履泰并请加同知衔。蓝翎分省补用县丞解茂承、分省试用州判李襄国，均请免补本班，以知县仍分省归候补班前先补用，解茂承并请加同知衔。五品衔候选直隶州州判王光第，请免补本班，以知县不论双单月选用。候选县丞林朝钧，请俟选缺后，以知县用，并加五品衔。候选教谕汤永图，请以本班不论双单月遇缺尽先前选用。廪生周礼请以训导不论双单月遇缺选用。五品衔直隶候补主簿马毓桂，请免补本班，以县丞仍留原省前先补用。县丞衔温朝仪、杨守训、周福臻，均请以县丞不论双单月选用。附生池寿光、李从龙，均请以主簿不论双单月尽先前选用。监生苏克明、林鹤龄、朱希贤，文童解茂毓、谢光斗、邱敏勋，均请以巡检不论双单月前先选用。五品顶戴选用从九董遇春，请免选本班以主簿不论双单月遇缺尽先选用。二品顶戴按察使衔直隶候补道朱福荣，会筹接船事宜，请加随带三级。三十日奉朱批，邓世昌等着照所请奖励；叶祖珪并赏捷勇巴图鲁名号，林永升赏御勇巴图鲁名号，邱宝仁赏劲勇巴图鲁名号，刘步蟾赏强勇巴图鲁名号。

② 又奏，接带四快船回华出力洋员酌拟奖叙，计开：提督衔二等宝星英员琅威理，请赏给头品顶戴；三等宝星洋员福来舍、哈和、格拉封得，四等宝星马吉芬、巴兰伯、夏立士、舒斐、李士固等8员，均请赏给四品顶戴；洋员贾礼达、庆司劳斯、海南、白罗们他耳、恩雪、哈朴里倍、波苐什（A.Purvis，即余锡尔）、倭伦、葛雷维、华甫曼（Hofftmann，即哈富门）、科里登、区尔、哈卜们（Heckman）、遂得、布劳德迈、安度卢、拔拉茂旦等17员，均请赏给四等宝星。

四月二十八日己酉（6.7）

帮办海军大臣善庆去世。

四月三十日辛亥（6.9）

懿旨着山东巡抚张曜帮办海军事务。

四月

① 周馥、丁汝昌、林泰曾、罗丰禄等议订《北洋海军章程》。

② 海署奏请添拨洋药厘税银100万两,以补放款未得,动用存款457 500余两于颐和园工程。

③ 广东船局制"广己"兵轮完竣试洋。

④ 方伯谦在威海盖福州式屋,旋与丁汝昌起隙。

五月初四日乙卯(6.13)

李鸿章奏新购雷艇酌定饷章。

五月初八日己未(6.17)

因户部不同意福建船政为广东协造兵轮经费之报销,张之洞上奏说明,并将原由广东协拨之一半工价48万两增为53万两。

五月初十日辛酉(6.19)

李鸿章奏光绪十二年四月在英国百济公司订造新式头等出海大鱼雷艇"左队一"号,长125英尺,宽13英尺,吃水6英尺6英寸,马力1 000匹,时速26英里。各项开支11 400镑,由"致远"等四船拖带来华。

五月二十二日癸酉(7.1)

李鸿章电总署,朝鲜民众仇教,各国均派兵船前往,现已平靖,近有退回。北洋派"超勇""扬威"二舰赴仁川,少缓乃撤。

六月初三日癸未(7.11)

奕譞前往昆明湖查阅各处工作。

六月初七日丁亥(7.15)

李鸿章函奕譞,巡海回津后,即饬文武将领悉心筹拟《北洋海军章程》,刻已初成底稿。此次章程采用英章,其力量未到之处,或参仿德国初式,或仍遵中国旧制。

六月二十四日甲辰(8.1)

① 海署奏,直隶按察使周馥暂留海军衙门,创办《海军章程》。俟拟成再行赴任。懿旨允之。

② 清廷准彭玉麟开去兵部尚书缺,回籍调理,仍留巡阅长江水师差使,由李成谋经理。

六月二十五日乙巳(8.2)

以"超勇""扬威"两船锅炉座年多未换,有烂朽处,请领柚木修换。

七月初一日辛亥（8.8）

李鸿章奏，津海关道周馥升任直隶按察使，所遗关道员缺，由记存海关道刘含芳接署。津海关道向充北洋海防翼长，近复派办沿海水路营务处，须与大沽、北塘、山海关及奉天之旅顺口、大连湾，山东之威海卫各海口防军统将随时商筹布置。又谓津海关道专管洋务，兼办海防，径隶通商大臣。刘与周馥为儿女亲家，无须回避。初四日奉朱批允之。

七月初四日甲寅（8.11）

因台湾吕家望番社于六月二十五日起事，围攻卑南清军大营，台湾巡抚刘铭传请援。李鸿章电丁汝昌、琅威理从旅顺派舰速往基隆援助。次日又电，指派快船专为送信、探事。

七月初六日丙辰（8.13）

李鸿章电刘铭传，连日大雨，电报线路中断，快船在旅大巡洋，信息不通，已设法送信。

七月初八日戊午（8.15）

李鸿章向裴荫森转海署电报，询问船政遵制双机钢甲一舰施工情形，并问设有鱼雷炮否？何日试驶？初十日，李鸿章电海署，顷接电复：遵制双机钢甲一舰，系丙戌冬月十二日安上龙骨，丁亥腊月十七日船身下水，现在钢甲镶配齐全，四水缸亦已下舱，轮机两副均合拢，约八月间可下舱镶配。前定克虏伯260毫米巨炮1尊，七月初二日甫到闽口。罗星塔因该商船吃水太深，不能驶至船槽码头起卸，转带上海存栈，俟另派官轮装回，约在八月抵闽。应配连珠炮4尊，亦已购到；其两旁耳台及船尾应配130毫米炮3尊，前后应配雷筒2具，均尚未购。缘炮、雷等件，不在原估之内，应归用船省份购办。因钢甲大炮台工程甚巨，须炮到方能施工，故先垫买，再由用船省份归款。刻下催赶工程，本年腊底方能竣工试驶。

七月初九日己未（8.16）

"威远"到大连湾，接获李鸿章初四、初五日给丁汝昌两电，即派"致远""靖远"二舰到烟台电禀丁汝昌。丁汝昌十一日赶到烟台，向李鸿章电报请示行止。李十三日收丁电后，即电刘铭传，询台湾情形，并电丁、琅，命"致远""靖远"在烟台候调。

七月十四日甲子（8.21）

① 吏部尚书锡珍等奏，李鸿章奏奖励驾驶铁舰回华折内文职人员请奖达25名，未免浮滥，应请核实删减。

② 丁汝昌电李鸿章，称二舰早备候。现军中"康济"修改，"敏捷"派人，"威远"验修配炮，四"镇"入坞。丁拟明日上午回威海候示，带舰援台。李当日复电同意。

③ 台湾镇万国荣带勇乘"伏波"抵卑南。提督李定明派三营并炮队乘"飞捷"轮亦至。当日解围。

七月十五日乙丑（8.22）

李鸿章电丁汝昌，接刘铭传十三日电，卑南被围半月，消息不通。命其速带"致远""靖远"援台。操防各事，饬琅威理与林泰曾妥商办理。

七月十六日丙寅（8.23）

① 刘铭传奏，光绪十一年法事定后，奉特旨由英德订快船4只，专备台澎防务。上年船成回国，海署奏归北洋训练。此次卑南变起仓猝，若台南北各有兵船一只，不致受困焚杀之祸。新购快船既归北洋训练，请海军衙门酌拨次等稍快兵船两只，再由台购买大小鱼雷艇数只，专备台、澎防患巡口之用。

② 丁汝昌电李鸿章，去台之后，操练各事，琅与林认真会商办理。公事归林泰曾代印代行。

七月十九日己巳（8.26）

丁汝昌率舰抵达基隆，次日见刘铭传，命开往卑南。

七月二十日庚午（8.27）

海署请将昆明湖开闸蓄水，以资水操学堂学生操演，称该学堂演试轮船，原为恭备拖带"安澜艒"御座船，系属要差，非寻常操船可比。

七月二十一日辛未（8.28）

丁汝昌率二舰到卑南，获悉吕家望等社尚未就抚，须添兵。商定"致远""靖远"七日往返基隆一次。

七月二十五日乙亥（9.1）

因海军衙门询问福建各船情形，闽浙总督杨昌濬、船政大臣裴荫森电奏："靖海"因锅炉敞漏，须通体换新，现停修收坞。"长胜"50马力，吃水7尺，船首配1 000斤铜炮，专用内河守口。"利济"20马力，吃水6尺,船头配格林炮一门,归福建水师提督彭楚汉差遣。"威凤"16马力,"祥麟"8马力,均吃水三四尺,系小火轮,无炮位,常川在五虎门、罗星塔一带巡缉,兼为马江各厂拖带料船。

七月二十六日丙子（9.2）

赫德函告金登干,琅威理又患眼病,怀疑他能否工作到元旦。请其悄悄打听谁是接替他的合适人选,以备万一。

七月

《海防策要》一书印行。

八月初四日癸未（9.9）

李鸿章电周馥,刘铭传奏请分拨快船巡台,当交海署议复。现快船本少,愈分愈单,只可有警暂派,碍难长驻。八月初七日收周馥复电,台抚拨船事,醇亲王许照李电复奏。

八月初五日甲申（9.10）

丁汝昌率"致远"到卑南,卸4门舰炮上岸,助清军攻剿。

八月十四日癸巳（9.19）

海军放炮助攻邦邦社,次日再攻,克之。

八月十六日乙未（9.21）

海军协助靖军攻破吕家望,"致远""靖远"共伤亡副头目1名,水兵伤8名。

八月二十日己亥（9.25）

① 李鸿章奏,为开挖疏浚旅顺口内西澳,饬大沽船坞制造暗轮拖船"遇顺"。船长120尺,宽20尺,吃水8尺5寸,气缸3副,康邦机器,马力350匹。时速12节。二十三日朱批允准。

② 又奏,光绪十一年度北洋海防用款先行立案。

八月二十一日庚子（9.26）

李鸿章电刘铭传,现已奏定《北洋海军章程》,拟简丁提督实缺,请饬丁汝昌率二舰北回。

八月二十四日癸卯（9.29）

刘瑞芬电李鸿章,"康济"改练船,价1675镑,乞速汇。李鸿章二十七日回电汇出。

在奕譞、李鸿章、周馥等人的主持下，起草并报朝廷批准了《北洋海军章程》，标志北洋海军正式完成了经制化

八月二十五日甲辰（9.30）

① 海军衙门奕譞等奏呈《北洋海军章程》。共分船制、官制、升擢、事故、考校、俸饷、恤赏、工需杂费、仪制、钤制、军规、简阅、武备、水师后路各局14款。二十八日，懿旨允准。

② 清廷着发给昆明湖水操内学堂之轮船水手号衣。

③ 丁汝昌乘"致远"返基隆，即电李鸿章，称台已有三艘差艇，现用北洋军舰久奔走，误操可惜。次日李电丁，《北洋海军章程》已奉旨准，命其速归。琅威理以眼疾请假回国，须俟丁回营再行。

八月二十六日乙巳（10.1）

① 醇亲王奕譞奏，因病恳请开去总理海军衙门、神机营差务。慈禧着仍由醇亲王管理。

② 因海军章程已定，琅威理来津面称目疾请假回国，李鸿章电丁汝昌来天津面商一切。

八月二十七日丙午（10.2）

丁汝昌电李鸿章，拟明日派"致远"去卑南，起回在岸大炮，即乘之回北。刘铭传要求仍留"靖远"在台北。次日李复电同意。

八月二十八日丁未（10.3）

李鸿章电丁汝昌，乘"致远"北旋，"靖远"候事定即回。

九月初二日庚戌（10.6）

刘铭传奏，以攻克台湾卑南吕家望"番社"，请予记名提督直隶天津镇总兵丁汝昌赏头品顶戴，以提督记名简放；"致远"管带总兵衔副将邓世昌拟请以总兵记名简放，并加提督衔；"靖远"管带游击叶祖珪拟请以参将补用并加副将衔。二十六日奉上谕，均着所请。

九月二十八日丙子（11.1）

李鸿章收奕𫍽函，称万寿山工程用款不敷，嘱函各处以海军名义集款200万两存储生息，以备分年修理等语，李鸿章即分函两广总督张之洞、两江总督曾国荃、湖广总督裕禄、湖北巡抚奎斌、四川总督刘秉璋、江西巡抚德馨等，部署报效。

秋

钟天纬撰《经营海军船坞策》三篇。

十月初十日戊子（11.13）

以恭备皇太后、皇帝临幸昆明湖要差尚无贻误，督修、监修等监视工作亦甚妥速，予督修帮总办堃岫、奎焕，翼长椿枝、成玺、明惠及水操学堂相关人员记功及赏银。

十月二十日戊戌（11.23）

丁汝昌函刘铭传，请将其子列入台湾后山保案内，赏保一阶。

十一月初五日壬子（12.7）

① 御史屠仁守奏，请停海军报效。指明海军衙门副都统恩佑干没报效独多。初八日懿旨命海军衙门王大臣确查。

② 李鸿章奏，派刘含芳前往旅顺驻扎，专办沿海水路营务处事宜，所遗津海关道，由二品衔遇缺提奏道刘汝翼接署。

十一月十二日己未（12.14）

① 李鸿章奏，《北洋海军章程》现已奏准，查《章程》内俸饷等项与向发数目多寡均有不同，应请自光绪十五年正月初一日起，照《章程》办理。

② 金登干函告赫德，琅威理给他去信，表示回国休假后不愿重返中国。

十一月十三日庚申（12.15）

张之洞电李鸿章，认筹经费100万银两，拟作为海军衙门备用之款，以供颐和园工程之用。

十一月十四日辛酉（12.16）

颁总理海军事务衙门关防。

十一月十五日壬戌（12.17）

谕：北洋海军提督着丁汝昌补授，北洋海军左翼总兵着林泰曾补授，北洋海军右翼总兵着刘步蟾补授。

十一月十六日癸亥（12.18）

① 曾国荃认筹银80万两。

② 李鸿章函出使德俄和奥大臣洪钧，提及李凤苞"制造之学，近今罕伦，摧折而死，良可痛惜。遗书当向其家询得校刊，以存其人。至所译《德国陆操新义》则久已惠行，此间各营。皆传习矣"。

十一月二十五日壬申（12.27）

昆明湖水操外学堂呈报两翼炮船本月初一日挽运上岸，已搭棚座所用物料工价银72两，钱440吊300文，奕谭命由海军衙门平余项下照数开放。

十一月二十七日甲戌（12.29）

李鸿章奏，光绪十二年以14 000两银购英国夹板帆船（即前与"操江"相撞之英国商船Min Hong号），现由大沽船坞用料价银7 939两，改作水师练船，命名"敏捷"。配设管带人员60名，月支俸饷公费银1 144两，岁支医药费200两，自九月初一日起在北洋经费内开支。

十二月初十日丁亥（1889.1.11）

① 李鸿章奏，新授直隶臬司周馥，仍总理北洋海军营务处。十三日朱批允之。

② 又奏，光绪十二年度北洋海防用款先行立案。

③ 又奏，北洋海防前募英、德各国兵官施密士等5员来华，派充水雷、枪炮等教习，均能尽心课导，劳瘁不辞，拟请给奖。德国水雷教习施密士、陆路炮队教习额德茂、英国一等医官鲍德均、伊尔文，请赏给三等第三宝星，德国队长贝阿拟请赏给四等宝星。十三日奉旨允准。

十二月十五日壬辰（1.16）

海军衙门奏，奕谭等拟筹一批银款存储北洋生息，按年解京。本银专备购舰、设防一切要务；余平、捐输二项专备颐和园工程。现各地督抚认筹260万两，5年内解津。奉懿旨依议。又从海署奏，详订海军经费生息章程。

十二月十九日丙申（1.20）

① 李鸿章奏，旅顺船坞工程已近完工，船澳口门加砌石坝，工期请求展限六个月。总计工程用款约需1 315 420两。

② 以广东钦州白龙尾一带盗匪抢劫，洋面不靖，派林国祥管带之"安澜"轮前往巡缉。

十二月二十二日己亥（1.23）

张之洞电福建船政文案广东监工委员梁孝熊，旧年"广甲"造法颇多未能尽善处，着其在新造各船酌改，务求合适。

十二月

御史林绍年奏，海军衙门无论何项人员均可报效，名器过滥，有关国家政体甚大，请饬停收。

同年

① 海署奏，将海署存银457 500余两挪用于颐和园工程。

② 北洋水师威海、旅顺医院开办。

③ 福建船政衙门出版《船政奏议汇编》四十二卷。

光绪十五年己丑（1889）

正月　任命北洋海军新设副将至守备各缺 / 申饬林绍年
二月　慈禧归政 / 兵船国旗改长方形
四月　懿旨命海军衙门筹办铁路 / "龙威"试航 / "致远"等舰报销
五月　"广庚"下水 / 修理更新南洋兵轮
八月　"广乙"下水 / 刘公岛水师学堂成立
十月　李鸿章请修改海防捐章
十一月　丁汝昌勘验"龙威"
本年　旅顺口设海军枪炮学堂
　　　光绪十一至十二年北洋海防经费报销（第四期）

正月十六日壬戌（2.15）

"济远""超勇""扬威"在上海进坞修理。

正月十八日甲子（2.17）

张之洞电裴荫森，催促"乙""壬""癸"3船工期，称年内不能全竣，未成之船广东即提回原款。

正月二十一日丁卯（2.20）

① 御史林绍年奏，近日督抚报效，存北洋生息，以备宫廷之需。请降特旨，饬下各省督抚及北洋大臣，将报效一款未解者停解，已解者立即发还。该折发醇王奕譞阅看。奕譞致函军机处，称巨款本银专备海防不时之用，息银补海军衙门放项之不足，并非特为内廷需用而设。两广总督张之洞方正持躬，岂肯为此献媚贡谀？可请该员到军机处，一读海署原奏，外间自无烦言。

② 李鸿章奏，请将北洋海军新设副将至守备各缺，拣员补署。计开副将五缺：中军中营副将，以花翎提督衔记名总兵邓世昌借补，委带"致远"快船；中军左营副将，以花翎副将衔补用参将方伯谦升署，委带"济远"快船；中军右营副将，以花翎副将衔补用参将叶祖珪升署，委带"靖远"快船；左翼左营副将，以花翎补用游击林永升升署，委带"经远"快船；右翼左营副将，以花翎补用游击邱宝仁升署，委带"来远"快船。参将四缺：除提标管轮参将俟遴员另补外，提标中军参将兼理粮饷事宜，以花翎四品衔山东候补知府严道洪借补；左翼右营参将，以花翎补用都司黄建勋升署，委带"超勇"快船；右翼右营参将，以蓝翎补用守备林履中升署，委带"扬威"快船。游击九缺，除提标游击充稽查军械事务、督运中营游击委带"利运"运船二缺俟遴员另补外，左翼中营游击充"镇远"船副管驾，以花翎补用守备杨用霖升署；左翼中营游击充"镇远"船总管轮，以花翎补用游击陆麟清补授；右翼中营游击充"定远"船副管驾，以五品军功、补用千总李鼎新升署；右翼中营游击充"定远"船总管轮，以花翎补用都司余贞顺升署；精练前营游击，以花翎补用游击林颖启补授，委带"威远"练船；精练左营游击，以参将衔补用都司萨镇冰升署，委带"康济"练船；精练右营游击，以蓝翎都司衔补用守备戴伯康升署，委带"敏捷"练船。都司二十七缺，除左翼中营都司充"镇远"船大管轮、右翼中营都司充"定

远"船大管轮二缺另行补，后军中营都司委带"镇中"炮船、后军副中营都司委带"镇边"炮船、后军左营都司委带"镇东"炮船、后军后营都司委带"镇北"炮船四缺，现在炮船收坞暂行悬缺外，提标都司充督队船大副，以五品军功拔补把总吴应科升署；中军中营都司充"致远"船帮带大副，以五品军功拔补千总陈金揆升署；中军中营都司充"致远"船总管轮，以五品军功补用把总刘应霖升署；中军左营都司充"济远"船帮带大副，以五品军功拔补把总沈寿昌升署；中军左营都司充"济远"船总管轮，以五品军功补用千总梁祖全升署；中军右营都司充"靖远"船帮带大副，以蓝翎五品军功补用千总刘冠雄升署；中军右营都司充"靖远"船总管轮，以五品军功拔补把总林登亮升署；左翼中营都司充"镇远"船帮带大副，以五品军功拔补把总何品璋升署；左翼中营都司充"镇远"船大管轮，以六品军功补用千总王齐辰升署；左翼左营都司充"经远"船帮带大副，以花翎补用都司陈策补授；左翼左营都司充"经远"船总管轮，以五品军功拔补千总孙姜升署；左翼右营都司充"超勇"船总管轮，以五品军功拔补千总黎星桥升署；左翼中营都司充"定远"船帮带大副，以五品军功补用千总江仁辉升署；左翼中营都司充"定远"船大管轮，以六品军功补用把总陈楠升署；右翼左营都司充"来远"船帮带大副，以五品军功补用千总林文彬升署；右翼左营都司充"来远"船总管轮，以六品军功补用千总伍廷山升署；右翼右营都司充"扬威"船总管轮，以蓝翎补用守备陈学书升署；后军右营都司，以蓝翎五品顶戴补用千总蓝建枢升署，委带"镇西"炮船；后军前营都司，以蓝翎都司衔补用守备李和升署，委带"镇南"炮船；鱼雷左一营都司委带左队一号鱼雷艇，以都司衔补用守备蔡廷干升署；精练后营都司，以花翎副将衔补用游击刘学礼借补，委练勇学堂督操官。守备六十缺，除提标守备充帮查军械事务、中军中营守备充"致远"船鱼雷大副、左翼中营守备充"镇远"船驾驶大副、左翼中营守备充"镇远"船二管轮、右翼中营守备充"定远"船炮务二副、右翼左营守备充"来远"船大管轮、右翼右营守备充"扬威"船大管轮缺、鱼雷左三营守备、鱼雷右三营守备缺、精练左营守备充"康济"船操练大副、精练左营守备充"康济"船大管轮、精练右营守备充"敏捷"船操练大副、督运中营守备充"利运"船帮带大副、督运中营守备充"利运"船大管轮十四缺，均俟遴员另请补署外，提标守备充督队船二副，以六品军功拔补把总冯荣学升署。中军中营守备充"致远"船驾驶二副，以五品军功补用千总薛振声升署。中军中营守备充"致远"船枪炮二副，以六品军功拔补把总周展堦升署。中军中营守备充"致远"船大管轮，以六品军功补用千总郑文恒升署。中军中营守备充"致远"船大管轮，以拔补把总曾洪基升署。中军左营守备充"济远"船鱼雷大副，以五品军功拔补把总邝炳光升署。中军左营守备充"济远"船驾驶二副，以五品军功拔补把总黄祖莲升署。中军左营守备充"济远"船枪炮二副，以五品军功拔补千总柯建章升署。中军左营守备充"济远"船大管轮，以五品军功补用千总黄胜升署。中军左营守备充"济远"船大管轮，以五品军功拔补把总郑朝宗升署。中军右营守备充"靖远"船鱼雷大副，以五品军功拔补把总陈成金升署。中军右营守备充"靖远"船驾驶二副，以补用千总祁凤仪升署。中军右营守备充"靖远"船枪炮二副，以补用千总洪桐书升署。中军右营守备充"靖远"船大管轮，以蓝翎五品军功补用千总张玉明升署。中军右营守备充"靖远"船大管轮，以拔补把总任正申升署。左翼中营守备充"镇远"船鱼雷大副，以五品军功补用千总汤金城升署。左翼中营守备充"镇远"船枪炮大副，以五品军功拔补把总曹嘉祥升署。左翼中营守备充"镇远"船炮务二副，以五品军功拔补把总陈成捷升署。左翼中营守备充"镇远"船炮务二副，以五品军功拔补把总沈叔龄升署。左翼中营守备充"镇远"船二管轮，以五品军功拔补把总刘冠南升署。左翼左营守备充"经远"船鱼雷大副，以六品军功拔补把总李联芬升署。左翼左营守备充"经远"船驾驶二副，以蓝翎五品军功补用千总韩锦升署。左翼左营守备充"经远"船枪炮二副，以六品军功补用千总陈京莹升署。左翼左营守备充"经远"船大管轮，以六品军功拔补把总陈申炽升署。左翼左营守备充"经远"船大管轮，以补用千总卢文金升署。左翼右营守备充"超勇"船帮带大副，以五品军功拔补把总翁守瑜升署。左翼右营守备充"超勇"船大管轮，以五品顶戴拔补把总邱庆鸿升署。右翼中营守备充"定远"船驾驶大副，以五品军功拔补千总邝国光升署。右翼中营守备充"定远"船鱼雷大副，以六品军功拔补把总徐振鹏升署。右翼中营守备充"定远"船枪炮大副，以六品军功拔补把总宋文翙升署。右翼中营守备充"定远"船炮务二副，以六品军功拔补把总陈镇培升署。右翼中营守备充"定远"船二管轮，以五品军功拔补把总陈兆锵升署。右翼中营守备充"定远"船二管轮，以拔补把总林敬先升署。右翼左营守备充"来远"船鱼雷大副，以五品军功拔补把总张哲溁升署。右翼左营守备充"来远"船驾驶二副，以五品军功补用千总谢葆璋升署。右翼左营守备充"来远"船枪炮二副，以五品顶戴拔补把总唐春桂升署。右翼左营守备充"来远"船大管轮，以六品军功拔补把总许德和升署。右翼右营守备充"扬威"船帮带大副，以六品军功拔补把总郑文超升署。鱼雷左二营守备委带左队二号鱼雷艇，以五品顶戴尽先补用外委李士元升署。鱼雷右一营守备委带右队一号鱼雷艇，以五品顶戴尽先补用千总徐永泰升署。鱼雷右二营守备委带右队二号鱼雷艇，以五品蓝翎尽先补用千总刘芳圃升署。精练前营守备充"威远"船帮带大副，以六品军功拔补把总周安升署。精练前营守备充"威远"船操练大副，以五品军功补用千总陈兆艺升署。精练前营守备充"威远"船大管轮，以都司衔补用守备黄应元补授。精练左营守备充"康济"船帮带大副，以五品军功拔补把总翁祖年升署。精练右营守备充"敏捷"船帮带大副，以蓝翎五品军功补用千总吴敬荣升署。

③ 李鸿章又奏，光绪十一、十二年，北洋海防经费旧管银928 727两，新收银2 862 143两，登除222 528两，支出2 947 746两，结余620 596两。

正月二十二日戊辰（2.21）

① 慈禧以醇亲王奕譞自垂帘听政以来，一心一德，宏济艰难。近年创办海军，运筹精密，规划周详，力破群疑，折衷一是。现当归政，着赏给金桃皮鞘戒服刀一柄，所有弓刀均准饰用金桃皮，并赏给御书"懋德嘉绩"匾额一方。

② 慈禧、光绪召见翁同龢，谈及海军，谓海军亦急务，但王大臣可恃，而所用之人不可恃。又云出使外洋诸臣如李凤苞、徐承祖等皆不可恃。

③ 慈禧懿旨：林绍年奏督抚报效有关政体民生，请饬禁止一折，任意揣摩，危词耸听，殊属谬妄。海军衙门创办以来，规模略具，需款浩繁，奏准由两江等省于正杂诸款内腾挪巨款，分年拨解天津，由李鸿章发商生息。各省筹解之银，专备海军不时之需，息银以补海军衙门放项之不敷，并无令各省督抚报效之事。着传旨严行申饬。

④ 李鸿章奏，前在英、德两厂接带"致远"等4舰出力员弁，现准

船政大臣，出使英国、德国大臣查明，咨请保奖前来。谨照上届监造"定远"等船，并参酌接船准保成案，拟将船政原派之不论双单月尽先选用从九品曾宗瀛、张启正、林鸣埙，请以县丞不论双单月尽先选用，并加六品衔。升用都司留闽尽先守备黄戴、陈和庆，请以都司仍留闽尽先补用，并赏戴花翎。五品军功升用守备留闽尽先千总裘国安，请以守备仍留闽尽先补用，并赏戴花翎。使馆原派之知府衔甘肃候补直隶州知州朱宗祥，请俟补缺后以知府用。刑部候补主事王咏霓，请以直隶州知州不论双单月尽先选用。正月二十五日奉朱批：着照所请。

正月二十三日己巳（2.22）

裴荫森电张之洞，表示船政必将赶工之意。

正月二十四日庚午（2.23）

海署咨总署等，核复派员参加美国成立保护行海船只万国会。

二月初三日己卯（3.4）

慈禧太后归政。

二月初五日辛巳（3.6）

奕譞准督练水操管带官桂祥、提调常瑛请，两翼炮船水操队兵内择其平常所习技艺较优且差操勤奋者，照章分别酌拟保奖，其教习官兵在事二年以上于指授一切均能实力实心，亦量加奖赏。所奖银两，由海军衙门平余项下照数发给。

二月初十日丙戌（3.11）

张之洞札善后局，照绘国旗图式。兵船国旗改为长方形，黄色，中嵌青色飞龙。

二月十七日癸巳（3.18）

李鸿章奏，海军衙门筹集巨款用备海军要需，业经臣缄商两江等省，共认筹银260万两，自两年至五年分批解津，统存北洋生息，将息银按年解京，以补正杂各款之不足。其本银专为购舰设防等用，并由各省将筹款正杂名目分别奏咨，奉懿旨依议。内有直隶认筹银20万两，系由藩库拨节年耗羡银2万两，六分平银2万两，外销款银2万两，长芦运库拨正课银5万两，外销款银3万两，天津道拨满剥变价银2万两，海防支应局拨天津厘捐银4万两。二月二十日奉朱批允准。

二月二十日丙寅（3.21）

　　昆明湖水操外学堂炮船添演快枪，调健字营六品顶戴额外蓝翎长恒通，利字队鸟枪护军校达朗阿专司修理，月各给津贴银4两，所需津贴由海军衙门平余项下照数开放。

二月二十一日丁卯（3.22）

　　"济远"在上海老船坞前系泊时，为怡和公司"公和"轮碰伤，该公司认赔。

二月二十四日庚子（3.25）

　　丁汝昌率"定远""经远"自上海回北洋，泊大沽。"济远""来远"在沪修理。"康济"在船政改修，余船在威海操练。

三月初五日庚戌（4.4）

　　昆明湖水操学堂炮船修理及耗材350两，由海军衙门平余项下预支。后实际用银366两7钱6分，在海军衙门盈余项下开放补齐。

三月初十日乙卯（4.9）

　　"济远"在上海修竣，十二日返威海。

三月十三日戊午（4.12）

　　丁汝昌率"定远""经远"由大沽抵威海，"镇南""镇北"在大沽修理。

三月二十日乙丑（4.19）

　　丁汝昌致函大沽船坞，前由贵局请领焦炭50吨，经发交"定远"5吨，到威过磅，仅3吨有奇，数目甚为悬绝。祈饬查。

三月二十三日戊辰（4.22）

　　吕耀斗、罗丰禄开始对天津水师学堂管轮学堂第二届学生郑听如等13人进行毕业大考。考试科目包括算术、代数、几何、三角、重学、英语、水学理、气理创造、气机汽锅制造、鱼雷学艺等22项。丹麦海军军官温德、洋教习希耳顺参加评阅试卷。

三月二十四日己巳（4.23）

　　"威远""敏捷"出威海，在北洋一带操巡，"康济"在船政修改。

三月二十五日庚午（4.24）

　　① 李鸿章复奏光绪九、十两年海防经费部驳各款折。

　　② 李鸿章奏，北洋新设提督、总兵等18员，应颁给印信、关防18颗。

三月二十七日壬申（4.26）

① 丁汝昌率"定远""镇远""济远""致远""靖远""经远""来远""超勇""扬威"9船从威海抵大连湾起操。

② 丁汝昌函刘含芳，三春将尽，刻带各艘齐集大连湾打靶、校演鱼雷，请派洋员罗哲士、福来舍乘"来远"前来。

四月初六日辛巳（5.5）

懿旨命海军衙门筹办铁路。

四月初七日壬午（5.6）

丁汝昌率舰在大连湾打靶试雷毕，返威海。

四月十五日庚寅（5.14）

丁汝昌函刘含芳，海军提标欲设军械两员，其游击一员已会议，拟以副都统成鹤借补；其守备一缺，拟以阁下前议之郝芗升署。该弁出身、年籍、三代履历，即祈饬照赶造，速送前来。

四月十六日辛卯（5.15）

"龙威"钢甲舰首次试航。次日，右轮机发生故障，旋驶入壶江，停泊修理。

四月二十二日丁酉（5.21）

① 李鸿章奏订购"致远"等4舰报销折。英厂制造"致远""靖远"2舰，舰、炮、弹药、器物共支银1 697 453两；德厂制造"经远""来远"2舰舰炮、弹药、器物共支银1 739 761两。接带"致远"等船经费，共支265 380两。订购左队一号鱼雷艇船、炮、雷筒、水雷共支银85 999两余。

② 出使日本大臣黎庶昌转呈苏州府学附生王肇铉刷印日本海岸全图4幅，奕譞命北洋调考，如有实用，由海军衙门奏保。

四月二十四日己亥（5.23）

"威远""敏捷"返回威海。

四月二十五日庚子（5.24）

吴安康率"寰泰""镜清""开济""保民""南琛""南瑞"6船到威海，以与北洋海军出海合操。

四月二十七日壬寅（5.26）

出使美国大臣张荫桓奏，请按《北洋海军章程》，以长方形龙旗为国

船政建造的钢甲巡洋舰"龙威",后改划北洋海军使用,改名"平远"。本照片是甲午战争后"平远"被日军俘获后所摄

旗,斜幅龙旗为商旗。

五月初一日丙午(5.30)

① 丁汝昌函罗丰禄,送去海军号衣图说尚称粗妥,惟祈详为考校,损益折中。一经完妥,希面陈帅鉴,请示施行。

② 丁汝昌函天津机器东局,"敏捷"练船本系货船改配,据该管带禀称,行驶海上,底舱太轻,多有未妥,请将贵局已经作废之铁,饬发50吨,交"经远"运威,俾资压载。

③ 福建船政局制浅水兵轮"广庚"下水。船长144英尺,宽20英尺,吃水10英尺,载重320吨,马力400匹,航速14节。配120毫米炮1门,105毫米炮1门,哈式连珠炮1门。

五月初二日丁未(5.31)

裴荫森电李鸿章,"龙威"试航,极为坚稳灵动。镶配工程尚需两个月。请派"康济"管带萨镇冰带船往天津试验,船政另派黄鸣球暂带"康济"。次日李复电,表示"康济"工竣,应令归队操练。"龙威"管带得人非易,容徐筹之。

五月初三日戊申（6.1）

丁汝昌函大沽船坞，"敏捷"练船本系装货之船改配屯勇，驶行洋面遇风多有未妥。拟将最关紧要之处，吁请改修。当属琅威理带同机器厂洋匠前往勘验，据称机厂可以代修，应需料祈查照发给，交"经远"带来。

五月初五日庚戌（6.3）

① 万寿山中路工程采办大件木植，所需款项20万两即由海军衙门库存正饷项下暂行垫放。

② 奕𫍽堂谕，海军衙门差委翼长祥普现升副都统，收发平兑银两之差，着派帮总办常明会同帮总办明惠叉为经管。

五月十五日庚申（6.13）

奕𫍽堂谕，海军衙门差委翼长祥普现授镶黄旗蒙古副都统，所遗留督修之差，着神机营军火局管带官内火器营翼长善福充补。

五月十七日壬戌（6.15）

丁汝昌函曾国荃，吴安康带领各船来威后，逐日两军以小轮会演各阵，并于夜间加操御敌各法。所有行海应用号令一经就熟，约在本月下旬当可巡阅各口。俟定准出海之期并应巡阅某口之处，当会同吴镇电禀上闻。

五月十九日甲子（6.17）

因闻船政学堂为节约经费，裁撤学生，张之洞电裴荫森，请将已学四五年者，咨送三四十人来广东水陆师学堂续习。六月初七日，裴回电，将驾驶管轮二班已学三年者三四十余人附轮送粤。

五月二十日乙丑（6.18）

① 李鸿章电海署，丁汝昌、吴安康拟于二十四日率南北洋军舰从威海开烟台添煤购物。后分两队，林泰曾率"镇远""济远""超勇""扬威""南瑞""南琛""保民"7船在北洋各口操巡约一月回威海；丁、吴带"定远""致远""靖远""经远""来远""寰泰""镜清""开济"8船去朝鲜沿海各口，并至海参崴一带操巡，约两月回国。

② 李鸿章回电丁汝昌、吴安康，同意其巡海计划，嘱其了解釜山、元山、海参崴等地情况，回来详报一切。

五月二十一日丙寅（6.19）

奕𫍽前往昆明湖静明园内学堂查阅各处工程。

五月二十三日戊辰（6.21）

① 李鸿章奏，前保出洋赴英、德接带4快船回华出力人员，内有留闽补用守备邱宝仁，请免补守备、都司，以游击仍留原省尽先补用；总兵林泰曾请赏加提督衔，均奉谕允准。嗣经兵部复称，邱宝仁所请系属越级，林泰曾所请与定章不符。查此次接带快船回华各员，皆未越级请保官阶，独邱宝仁必须越级，因该员既管驾"来远"快船，又拖带新购鱼雷艇，远涉重洋数万里，一人兼数人之事，并未用洋行保险之费，不特中国水师向所未经，亦为外洋各国罕有。至林泰曾现官实缺总兵，论其出洋劳绩及准奖章程，本可加保提督，今仅请提督虚衔，更非从优。五月二十六日奉朱批：着仍遵前旨给奖。

② 李鸿章、裴荫森奏，奏保船政衙门派赴英、德各厂监造"致远"等4快船及使馆派办船工出力员弁，查选用从九品曾宗瀛、张启正、林鸣埙与守备黄戴、陈和庆、千总裘国安等6员，均于光绪十一年八月由闽厂派赴英、德厂监造，十三年八月工竣回华。洵属异常奋勉。直隶州朱宗祥、主事王咏霓，本系驻洋参赞、随员，由出使大臣派往稽查督率，均极认真，请敕部仍遵前奉谕旨给奖注册。五月二十六日奉朱批：着仍遵前旨给奖。

五月二十六日辛未（6.24）

刘坤一奏，南洋兵轮年耗费50余万两，而船多枯窳，徒事虚糜。现已饬郭宝昌等逐一考究，确定修理更新方案。因北洋水师学堂已学生满额，不接受江南水师学堂学生船课等，拟裁撤学生教习，以节经费。六月二十日奉朱批：海军衙门知道。

五月二十八日癸酉（6.26）

丁汝昌、吴安康率舰离开烟台前往仁川。

五月二十九日甲戌（6.27）

李鸿章电丁汝昌等，朝鲜东海各岛于大局颇有关系，应就便酌派各船分赴朝鲜东海各岛询问土名，测绘图说进呈。

六月初二日丙子（6.29）

丁汝昌率南北洋8舰抵朝鲜仁川。

六月十一日乙酉（7.8）

奕劻奏，每年可从海军经费拨银30万两交颐和园工程处应用。又奏，内务府前借海署存款40万两归奉宸苑应用。请饬内务府大臣将欠解应还之款共17万两一并迅速解还。次日上谕：着内务府迅筹解还，勿再延宕。

六月二十日甲午（7.17）

南北洋各舰由巨文岛开元山。丁汝昌命"威远"进釜山泊二日，"经远""寰泰"去图们江测操，分2船去海参崴，2船到摩阔崴，余船在元山操练。

六月二十四日戊戌（7.21）

奕谖电李鸿章，以南北洋海军会合操巡，将士宣劳可念，请传语嘉奖各军，并请寄各船日记及丁汝昌与韩王答问。

六月二十七日辛丑（7.24）

林泰曾率"镇远""济远"诸舰回威海。

七月初五日己酉（8.1）

总管内务府大臣福锟奏，所欠海军衙门银17万两，因库款异常支绌，请展缓时日，陆续归还。

七月初十日甲寅（8.6）

李鸿章奏，北洋购买"犀照"小轮船作操习水雷用。船长57英尺，宽10英尺2英寸，吃水6英尺，马力60匹，航速9节，购价3 400两，月支薪银90两。

七月十二日丙辰（8.8）

两广总督张之洞调任湖广总督，李瀚章任两广总督。

七月十四日戊午（8.10）

李鸿章电海军衙门，南北洋各舰到釜山装煤，约十八日开驶，"定远""寰泰""威远"3舰途中尚测看三两处，余船由邓世昌带回威海。

七月十八日壬戌（8.14）

张之洞电裴荫森，请多调驾驶班学生。

七月二十七日辛未（8.23）

詹事志锐奏，酌拟海军事宜：事权宜专属，将材宜预储，经费宜广筹。请将沿海所有西式兵轮悉归海军衙门调遣。福建船政局、天津水师学堂由海军衙门派员监督。请饬各地多设海军学堂。请每年筹集500万元，分年造船。又请仿外洋，设立水路测量局，挑选引水人。清廷将志锐所奏各折片着海军衙门议奏。

八月初三日丙子（8.28）

福建船政局制穹甲巡洋舰"广乙"下水。舰长235英尺，宽27英尺，吃水13英尺，载重1 000吨，马力2 400匹，配150毫米炮1门，120毫米炮1门，哈式连珠炮2门，航速14节。

八月初九日壬午（9.3）

丁汝昌率"定远""康济""威远"3舰抵旅顺，余船由林泰曾率领在威海照章操练。

八月初十日癸未（9.4）

福建船政局青洲石坞因闽海关经费欠解，暂行停工。

八月十二日乙酉（9.6）

丁汝昌、琅威理率"定远""经远""寰泰"到达天津。

八月二十三日丙申（9.17）

奕譞电李鸿章，闻军舰巡海宣威安旋，甚慰。丁汝昌晤韩王，答语得体。次日李复电，告之已传谕嘉奖丁汝昌。海军冬间拟赴越南、小吕宋洋面操巡。

八月二十九日壬寅（9.23）

李鸿章函奕譞，丁汝昌、刘步蟾东巡回津后，已与其讨论志锐奏折。其奏与北洋现行办法大致相同，惟经费不充，未免捉襟见肘，拟旋行印花税。

八月

刘公岛水师学堂成立，专办驾驶班以补北洋舰队驾驶副之缺。次年开学。

九月初四日丁未（9.28）

"龙威"钢甲舰再次出海试航。十四日抵沪，二十六日拟展轮北上天津，发现小轴汽机力量不足，动掣不能如意。旋在耶松船厂定购小轴两具。十月十二日裴荫森奏请将制机学生参将陈兆翱、知县李寿田、县丞杨廉臣暂行摘去顶戴。因北洋瞬届冰冻，恐北上无人收管，应俟明春北上。

九月初五日戊申（9.29）

张之洞电裴荫森，他将于十月中旬交卸离粤，"广乙"系穹甲新船，集资奏准颇费周章，故必欲亲自一观。请务必于九月底前到粤。旋获裴回电，"广乙"轮机系进口，洋厂逾限未到货，故万难赶办。"广庚"

已饬工匠月底试车。

九月初十日癸丑（10.4）

丁汝昌函罗丰禄谈洋员加薪事。"定远"二管轮阿璧成，月加银15两，"经远"四管轮区尔，月加银15两，"经远"枪炮教习哈卜们，月加银10两。

九月十三日丙辰（10.7）

李鸿章电海军衙门，江南各船明日去烟台装煤，20日内回沪。

九月二十日癸亥（10.14）

张之洞奏建筑琼廉炮台，旋奉上谕，各省筑台购炮等事，均应先期咨商海军衙门，议定有案，方准兴修。张之洞事先未经咨商，动用巨款，殊属不合，着传旨申饬。所奏琼廉现办各事，着该衙门议奏。

九月二十三日丙寅（10.17）

张之洞电裴荫森，派都司张斌为"广庚"管驾。

九月二十五日戊辰（10.19）

总理海军事务奕劻议复志锐各折片，称各省兵轮同为西式，但有柚木、钢铁之分，其用有战守运练之别。各地海军管驾官，除北洋系学生出身，习于算法、阵法、机器、罗经、旗语、灯号，其他各省均未能讲求。拟请各省将现有西式兵轮详为查勘，报海军衙门，于明春三月全行解调至北洋验看，并拟照北洋海军提督呈报海署之例一律申报，以备考核。福建船政局近年经费不充，应变通裁减，归海署节制，将已开工石坞造竣，专为修理铁甲船之用。又称，拟令闽、粤、江、浙各省广设水师学堂。又请将浙江"超武"轮船拨付北洋，充作测量船。又请仿照西法，用印花税以备海军经费。

九月二十六日己巳（10.20）

"龙威"舰在上海又发生故障，裴荫森派洋员斐士博赴沪调查。

十月初四日丙子（10.27）

李鸿章电裴荫森，"龙威"多次修理，断不可靠。丁汝昌等即赴南洋操巡，故望速饬该舰毋庸北来。

十月初七日己卯（10.30）

李鸿章将丁汝昌、琅威理电报转裴荫森，称"龙威"屡坏，恐成病骥，未便收留。

十月初八日庚辰（10.31）

巳刻，李鸿章电丁汝昌，告之将来过沪察看"龙威"，切勿将就。午刻又电，据船政电，"龙威"船身及轮机毫无弊病，只因小抽水机、小抽气机屡次修改而延误。请丁过沪时勘验再议是否随同巡洋。

十月十二日甲申（11.4）

张之洞进呈《粤海图说》，内含广东全省海口总图，四路海口总分图等。

十月十四日丙戌（11.6）

丁汝昌函罗丰禄：海军号衣书由尊处核议进呈后，请将底本交下，以便暂照制穿，日后倘小更易，略改亦未甚费事。

十月十五日丁亥（11.7）

李鸿章奏，海防捐展限，恐难踊跃，请改捐章，并拟选法10条。

十月十八日庚寅（11.10）

① 张之洞奏，办理广东水陆师学堂情形。学堂建筑现已完工，管轮、驾驶、陆师各额设学生70名。现驾驶头班学生14名已次第毕业，拟以"广甲"充作练船，派尽先副将刘恩荣为练船总管，船政学生拔补千总程璧光为练船副总管。致电使英大臣刘瑞芬代募集洋教习。又为在堂出力之委员、教习、优等学生请奖。

② 又奏，广东船局于本年六月开造"广金"轮船，长150尺，宽23尺，吃水10尺，配500匹马力新式卧机，拟装120毫米炮2门，110毫米炮1门。工料银57 000两，时速33华里，限明春竣工。备钦州海面巡防。另拟造同型船"广玉"，备琼州海面巡防。

十月二十日壬辰（11.12）

张之洞奏，温子绍赔缴银早已呈缴，责令修捐厂屋亦已完成，该员从前办理机器局务物料不免浮糜，工徒不尽得力，事出有因，并非营私中饱，请将二品顶戴江苏试用道原官顶戴翎枝一并开复，仍归江苏原省试用，免缴捐复银两，以观后效。

十月二十二日甲午（11.14）

① 户部会议李鸿章奏海防捐事，户部尚书翁同龢谓不可再失信，遂定驳。次日翁晤户部满尚书福锟，商定不改班次而减成。

② 报载，天津水师学堂冬季招生。

十月二十六日戊戌（11.18）

志锐奏，购买船炮，经手者每有侵蚀。十二年，俄人密耳士与神机营委员董梦兰承买日本废枪，谋吞巨款。十四年，德人满德（H.Mandl）代北洋买火药30万磅，谋吞价银。请饬俄、德使臣，咨行各省督抚不得用此二人办事。

十月三十日壬寅（11.22）

谕内阁：给事中方汝绍奏，海防新捐请饬核推广。着交部议奏。旋户部议驳。

十一月初五日丁未（11.27）

李鸿章电海署，接丁汝昌电，"定远""镇远""致远""靖远""经远""来远"6船，拟初七日由威海直开上海。"济远""超勇""扬威"3船同日开，绕胶州到沪。"威远"十三日由威到沪。琅威理与丁汝昌商定，各舰今冬必须进坞。留威海者，"康济""敏捷""镇南""镇西"并练勇学堂，已令"康济"管带萨镇冰督率操练。

十一月初十日壬子（12.2）

"定远""镇远""致远""靖远""经远""来远"抵达上海。

十一月十六日戊午（12.8）

总署奏，遵议洋法印花税，遽难议行。

十一月二十日壬戌（12.12）

丁汝昌在上海勘验"龙威"舰，并决定将该舰调拨北洋。

十二月初三日甲戌（12.24）

李鸿章奏，福建船政建造调津海关使用的"镇海"兵轮，随同北洋海军周巡操防，并沿海各防营转运饷械，现锅炉、烟囱、船身龙骨均已损坏，请准予以大修，估需料费27 942两，拟在厘金项下动拨。

十二月初八日己卯（12.29）

李鸿章电海署，林泰曾率"镇远""靖远""来远"3舰初九日离沪赴基隆，绕后山。丁汝昌率"定远""致远""经远"十二日开基隆，过澎湖，在台南平安会齐，赴香港。"济远"候出坞率"超勇""扬威"巡阅闽浙海口，过福州到香港。另饬"威远"出海赴闽浙一带海口测量。

十二月十一日壬午（1890.1.1）

李鸿章奏，天津机器局仿制北洋海军各舰所需各种长式炮弹，需添置车床16具。

十二月十二日癸未（1.2）

林泰曾率"镇远""靖远""来远"3舰到基隆抛锚，因连日大风，未绕后山。旋奉丁汝昌令到澎湖归队。"定远""镇远""经远""来远"直去香港；"致远""靖远"应刘铭传电，协助在恒春"剿番"，派绕该处声援。

十二月十三日甲申（1.3）

裴荫森奏，派知府杨廷传充船政提调。

十二月十七日戊子（1.7）

奕劻奏，查志锐奏德商满德遇事欺蒙，系传闻之误。据李鸿章函复，光绪十三年代办栗色火药30万磅，价廉药好，各兵轮试放大炮，佥称合用。应陈明更正。

十二月二十一日壬辰（1.11）

"定远""镇远""经远""来远"4舰抵达香港修理。

十二月

严复（宗光）报捐同知，海军报案免选同知，以知府选用。

同年

在旅顺口设海军枪炮学堂，先后毕业学生三届共60名左右。1894年因甲午战争而停办。

光绪十六年庚寅（1890）

二月　琅威理"撤旗事件"/北洋海军访问南洋各埠
闰二月　为第三届海军留学生请奖
三月　帮办海军大臣曾纪泽去世/刘铭传帮办海军事务/卞宝第兼管船政/彭玉麟去世
四月　北洋海军接收"龙威"，改名"平远"
五月　琅威理辞职/李鸿章验收"平远"/北洋接收"福龙"雷艇
六月　杨岳斌去世
七月　陈湜总统南洋兵轮/南北洋军舰巡历朝鲜
八月　"广丁"改名"福靖"/开复吴安康
九月　赏还温子绍顶戴/设江南水师学堂
十月　北洋为颐和园承造小轮船
十一月　李鸿章论闽籍军官/旅顺船坞竣工/总理海军大臣醇亲王奕譞去世
本年　设立旅顺口鱼雷学堂

二月初四日甲戌（2.22）

丁汝昌电李鸿章，拟于初六日率北洋"致远""济远""经远""来远"4舰至南海一带操巡，约二十日回香港。"定远""镇远""超勇""扬威"在港操修，由琅威理与林泰曾、刘步蟾督率妥办。

二月初七日丁丑（2.25）

丁汝昌率舰出巡。林泰曾在"镇远"舰上降提督旗，升总兵旗。总查洋员琅威理与林泰曾、刘步蟾发生冲突。琅以提督自许，坚持不能换旗。林泰曾向李鸿章发电请示。

二月初九日己卯（2.27）

李鸿章与林泰曾、刘步蟾通电了解情况后，回电五色团龙旗只为中国实授提督所用，告之琅威理不可用，以免中外贻笑。

二月初十日庚辰（2.28）

广东水陆师学堂驾驶头班学生14名堂课已毕，原定以"广甲"为兵船，惟因聘请洋教习费巨从缓，广东水陆师学堂总办吴仲翔拟将学生送天津上"来远"练习。李鸿章函复其随时可与丁汝昌商办。

二月十六日丙戌（3.6）

琅威理电李鸿章，丁提督离军时，琅威理应升何旗？次日，李鸿章回电水师总兵林泰曾，"拟可酌制四色长方旗，与海军提督有别"（《北洋海军章程》规定，海军提督旗为五色长方旗）。

二月二十日庚寅（3.10）

丁汝昌率舰返回香港后，与琅威理谈话，告之五色团龙旗只为北洋海军提督设立且只有这样一位提督。琅威理是老师，负责培训、操练航海阵法。而舰队管理、人员升迁、惩罚、招聘都与他无关。因丁的信任，他拥有70%的权限，若丁离任或战死，琅会在同一位置去协助林泰曾。但琅绝不是舰队唯一的被托付者。琅表示，基于他的地位和职务，决不可能接受林泰曾的命令并成为其任何形式的下属。

二月二十七日丁酉（3.17）

福建船政局青洲石坞复工。

二月

丁汝昌率"致远""济远""经远""来远"巡历海南各口后回香港。

北洋海军水师提督旗样式

北洋海军总兵旗样式

闰二月初一日辛丑（3.21）

丁汝昌率"定远""镇远""济远""致远""来远"访问西贡、新加坡、小吕宋各口。

闰二月初八日戊申（3.28）

① 裴荫森奏复遵旨裁员。船政先后设厂所30处，员绅72人。递年以来裁并厂所6处，裁汰员绅21人，截至光绪十五年十二月底，实存24处，员绅51人。自十六年二月起，裁减铁胁厂、东考工所、发审所委员各1人，水雷所委员2人；前学堂汉文教习、后学堂帮教、枪炮教习、汉文教习、管轮学堂帮教、绘事院教习各1人。

② 裴荫森奏，第三届出洋学生期满，学习有成。襄办肄业各员请分别奖励。三届出洋学生34名，除黄裳在北洋供差未出外，赴英国专习测绘海图、巡海练船、兼驾驶铁甲兵船之学者陈恩焘、贾凝禧、周献琛，专习操放大炮、枪队阵图、兼驾驶铁甲兵船者刘冠雄、黄鸣球、邱志范、王学廉、郑汝成、陈杜衡、沈寿堃、郑文英，专习兵船管轮机之学者王桐，专学水师兵船、算学、格物学者伍光建、陈伯涵、曹廉箴，专习水师海军公法、捕盗公法及英国文字语言之学者张秉圭、罗忠尧、陈寿彭，专习海军制造之学者陈庆平、李大受、陈长龄、卢守孟。赴法国学习海军制造、算学、化学、格物学者郑守箴、林振峰，专学万国公法

后期福建船政的办公楼

及法文法语学者林藩、游学楷、高而谦、王寿昌、柯鸿年、许寿仁。*华洋监督周懋琦、斯恭塞格率领生徒出洋,调度有方,始终出力。随带学生出洋肄业并襄办出洋事务魏瀚、李寿田、吴德章、王桭辰、许贞幹、沈翊清、韩沐之、梁孝熊、李圣培,于应办事务均能措理得宜。所有学生及华洋襄办人员,均请以异常劳绩,援案奖励。又奏,驾驶学生陈鹤潭、制造学生林志荣在洋学习,积劳病故,请予优恤。

③ 裴荫森以肝痛请假两月调理。

闰二月十八日戊午(4.7)

日本海陆军在东京大演习,邀各国公使参观。各国武官预料中国将非其敌,谓中国海军无纪律。琅威理为华人挟制,不能控驭;丁汝昌不

---

* 本名单据裴荫森:《三届出洋学生学成并襄办肄业各员出力分别奖励折》(光绪十六年闰二月初八日),对比裴荫森《核估第三届出洋用款并另委洋监督折》(光绪十二年四月初七日),伍光建作伍光鉴,曹廉箴作曹廉正。又,十二年名单中无陈伯涵、陈寿彭,有陈燕年、杨济成。见《船政奏议汇编》,第311—312、402—404页。

刘铭传（1836—1895），安徽合肥县人，淮军将领，首任台湾巡抚，在中法战争中坚守台湾。后任帮办海军事务大臣

懂海军；刘步蟾吸食鸦片；袁世凯在朝鲜的行动将被日本武力摧毁。

闰二月二十三日癸亥（4.12）

帮办海军大臣曾纪泽去世。

闰二月二十五日乙丑（4.14）

谕：着李鸿章督饬统领，整顿防务，务使一船得一船之用，一兵得一兵之用。

闰二月二十七日丁卯（4.16）

奕𫍽电李鸿章，嘱其推荐帮办海军大臣接替曾纪泽。次日，李鸿章复电推荐刘铭传。

三月初二日辛未（4.20）

① 懿旨：福建台湾巡抚刘铭传着帮办海军事务。

② 谕：船政事宜极关紧要，近年该局积习甚深，裴荫森性情长厚，于刁劣员绅未能钤束，以致诸务废弛，裴荫森来京供职，派闽浙总督卞宝第兼管船政事务。务当破除情面，实力整顿。

三月初六日乙亥（4.24）

前湘军水师统帅彭玉麟去世。

三月初七日丙子（4.25）

李鸿章函吴安康，请将南洋"寰泰"等6船开支与北洋歧异者厘定划一。

三月十一日庚辰（4.29）

丁汝昌率舰队回香港。

三月二十日己丑（5.8）

丁汝昌率北洋6舰及"广甲"抵马尾，办理接收"龙威"事务。

三月二十四日癸巳（5.12）

李鸿章函曾国荃，提及吴安康久司船务，与丁汝昌气谊亦极投洽。

三月二十八日丁酉（5.16）

丁汝昌率舰队离闽，四月初一日抵沪。

四月初一日庚子（5.19）

李鸿章函广东水陆师学堂总办施在钰，吴仲翔方正自持，而论者谓其严刻，于闽粤学生又不免略分左右，今执事调剂方正，实于公事深有裨益。

四月初六日乙巳（5.24）

① 裴荫森奏，"龙威"快船于三月二十八日由丁汝昌统率北上，改名"平远"。

② 裴荫森奏，驾驶学堂洋教习邓罗，于光绪六年八月二十七日抵工。因教课认真，从张梦元、张佩纶至裴荫森任内数次奏请留任，现再请留任3年。

裴荫森又奏，青州石坞前因经费无从筹垫，于光绪十五年八月初十日奏明暂行停办。冬间海署来咨，以该坞可备北洋兵船避冻南下修理之需，应分年筹办，业于二月二十七日复行开办。

③ 裴荫森交卸船政大臣，再请假两月就医，卞宝第接篆船政大臣。

四月初七日丙午（5.25）

① 卞宝第奏报接篆兼管船政情形。以船政与省城相距60里路，往返不便，请求另派大员管理。

② 卞宝第奏复三月初二日寄谕，同治六年船厂开办，沈葆桢用人极为慎重，至亲旧交不滥收录，以故不利众口，谤议沸腾。接办诸臣欲思弭谤，不得不稍涉圆融，各路荐书难于拒绝，厂员皆系本地绅衿。臣惟有不避嫌疑，访查刁劣员绅，随时裁汰，务期振作。

③ 又奏，第三届出洋学生保案中，总办文案、即选知县王崧辰乘裴荫森患病，自开褒奖官阶。近三年中，该员代办提调，声名最劣，请将褒奖撤销，交部议处。

四月十二日辛亥（5.30）
　① 北洋诸舰回威海。
　② 严复乘"海晏"轮返回天津，暂寓海军公所会办吕增祥家，十六日迁入法租界德威尼寓旁新居。

四月十六日乙卯（6.3）
　以天津机器局为北洋海防水陆各军根本，李鸿章请派开缺福建布政使张梦元驻局会督员匠。

四月十九日戊午（6.6）
　外籍雇员致书《字林西报》称，中国海军官员渐觉自能驾驶北洋各舰，渐不服琅威理及外籍顾问指挥。时常发生冲突。实际上中国海军无纪律，若中国官任指挥，则将使舰队无用，一旦有事，只有深港躲藏而不敢出洋应战。

四月二十二日辛酉（6.9）
　吕耀斗、严复、罗丰禄开始对天津水师学堂驾驶学堂第三届学生刘秉镛等19人进行毕业大考。考试科目包括天文积算、天文征事、天文阐理、驾驶阐理、风涛潮汐、代数、几何、三角、力学、英语、气机鱼雷等15项。二十四、二十七日，邀请丹麦海军军官温德、英国海军军官德尼孙及刘步蟾参加阅卷。五月初一日，李鸿章亲临水师学堂考校。

四月二十三日壬戌（6.10）
　李鸿章函复广东水陆师学堂总办吴仲翔，粤堂保案复为吏部所排，文吏但知迁就科条，不甚通晓事理。执事资阅卅年，阅历三省，参与创建北洋、闽、粤学堂，而机缘久厄，薪积徒嗟。

四月二十六日乙丑（6.13）
　① 上谕：卞宝第奏船厂距省较远，难以兼顾。福建船政近来弊窦丛生，虚糜甚巨，亟待实力整顿。船厂离省60里，尽可随时前往督率经理，毋得稍有推诿。
　② 又谕：卞宝第奏船厂文案捏开褒奖，实属胆大妄为。王崧辰即行革职，永不叙用。裴荫森失察着交部议处。

四月二十八日丁卯（6.15）
　李鸿章函曾国荃，为沈葆桢四子、刑部主事沈瑜庆在江南水师学堂或在上海机器局谋差。称"文肃殁后无及时，其子弟已不能家食，然皆器识通敏，谨守家法，秀孝相继，振兴可期"，"鸿章与文肃交好逾四十年，视其子弟不同恒泛"。

五月初二日庚午（6.18）

广东黄埔船局建造"广金"兵轮下水。该舰长150英尺，宽24英尺，吃水9英尺半，排水量600吨，实马力500匹，航速10.8节。舰两耳台各安105毫米克虏伯炮1尊，配85毫米尾炮1尊。

五月初四日壬申（6.20）

金登干函赫德，《泰晤士报》驻上海记者发表了琅威理辞职的消息，希望这是个谣传。

五月初五日癸酉（6.21）

天津英文《中国时报》（*The Chinese Times*）报道，琅威理已于四月二十八日（6.15）辞职，预料以后将不会再有英国军官步琅氏后尘（一说琅五月初九日辞职）。此后，又于七月二十二日（9.6）、九月初五日（10.18）发表两篇短评，称中国不承认琅氏提督地位，不仅为一欺骗，而且为一侮辱。升旗事件，下级军官早有预谋。此举表示中国绝不允许任何外国军官去指挥他的舰队，其情形与阿思本舰队案相同。琅氏虽有中国皇帝赐予的荣誉提督衔，但并非服务于中国政府，而不过为一总督的奴仆。

五月初六日甲戌（6.22）

赫德函金登干：琅威理已经辞职，我使海军掌握在英国人之手保持了如此之久，现在可能要转到他人之手了。琅威理工作很有成绩，但他不会随机应变，终于自断退路。听说劳伦斯·庆已以海军上校身份退役，他是否能来接替？中国不听劝告，遭到不幸才会吸取教训。如今我要和海军离得远远的。

五月初七日乙亥（6.23）

李鸿章、周馥、罗丰禄等乘火车赴大沽验收"平远"快船。

五月初八日丙子（6.24）

李鸿章函温子绍，北洋在洋厂订造7舰，屡经考求，合于最新之制。前3舰犹有不嗛于经手者，颇有浮言，迨经辨明，而后4舰遂无异议。又称已知其前次因公受累之款悉已完清。

五月十三日辛巳（6.29）

李鸿章函复广东水陆师学堂总办吴仲翔，沈葆桢之后，福建船政规制渐改，植党盘固，积弊已深。裴荫森在任时，几于措手不得，廷议不欲闽人复充是选。执事再任提调时，即为异党排轧，不能自容，幸以辞差而免积习之坏。粤堂规模方新，成效渐著，现居总办，足以展其勤能，似不须舍此他图，自蹈嫌疑之地。

五月十四日壬午（6.30）

李鸿章函曾国荃，称南洋6船，自经指挥更定后，益加精练，自当顿改旧观，南北合操，可期一律。丁汝昌与吴安康气谊相浮，定能翕合。

五月十八日丙戌（7.4）

上海《北华捷报》（North China's Herald）发表社论《中国和她的外国雇员》，称中国人逼迫琅威理去职，是过河拆桥的行为。外国人以其辛劳忠诚，换得忘恩负义。外国军官除非不愿尽忠守职，并愿同中国军官同流合污，否则就会遭到妒嫉、暗算与排挤。现在琅威理已去，中国海军"混乱的狂欢"即将开始。社论又认为北洋海军应由丁、琅两人联合指挥，称以琅在英海军中的阶级与地位，不可能成为中国人的僚属。六月十五日（7.31）该报又发社论，称琅威理事件表示中国人欲将所聘外国人完全驱逐。七月初一日（8.16）该报发表第三篇社论《琅提督的辞职》，认为琅威理并非海军教习，亦非顾问，而系舰队中的副司令官，此乃当初由英外交大臣索尔兹伯里侯爵提出，李鸿章同意，琅始允来华服务。当丁汝昌离香港赴南海时，一部分军官已预先安排好将琅赶走。有如此一位廉洁负责的外国军官在此等地位，自然难使中国军官高兴。在此期间，该报还发表4封读者来信，其中第一封署名"老震旦"（Old Cathay），据说出于琅威理之手，称中国以后还可请他国之人帮忙，但亦将无助于中国。中国的战舰不久将变成破铜烂铁，中国的水兵变成散漫无纪的流氓。那时，中国当局及天津海校的绅士们，将会以高价聘请外国人救援。第二封信署名"无名氏"，估计为李鸿章的英文秘书罗丰禄或天津水师学堂总办严复，称琅在中国海军中仅是一名副将（Brigadier-General）而非提督（Admiral），是海军顾问（Naval Advisor）而非海军指挥官（Commander of the Navy），称其为琅提督或许是礼貌所致。」乃钦命北洋海军提督，"提督"是中国名词，可以译为Major-General，而与西方有所不同。丁提督并不如一般人想象的位于李鸿章之下，他可以直接上奏皇帝，并可未经协商海部而对皇帝表达意见。惟有明了此情，才可理解"香港事件"。李鸿章为嘉奖琅之服务，并不与丁提督冲突，特允许升四色长旗，但李不能未经皇帝准许而任命琅为提督。可惜琅不理解而辞职。琅去使中国海军失去了一位优秀军官，但在现有提督、舰长及军官的领导下，仍可日趋强大。

五月二十八日丙申（7.14）

李鸿章函复闽浙总督卞宝第，同意接收闽厂鱼雷艇"福龙"，但要求划拨而非购买。

六月初一日己亥（7.17）

丁汝昌函刘含芳，天津水师学堂驾驶二班学生冯琦等16名，经枪炮学堂学习后，又派往"康济"学习雷艺。又，初五日将赴大连湾打靶操雷，请嘱洋员罗哲士、福来舍乘"康济"前来。

六月初三日辛丑（7.19）

丁汝昌函罗丰禄等，"威远"洋教习倪尔森禀称体气不和，请假3个月。"济远"总管轮华甫曼请假6个月回德。

六月初四日壬寅（7.20）

琅威理致函中国驻英使馆参赞、英国人马格里，讲述"撤旗事件"过程，称"福建帮"在舰队中势力极大，一旦使之掌权，则海军可能被他们摧毁。舰队将成为福建人家族的舰队，各舰艇被他们的亲戚填满，而训练有素的北方人也将被他们排挤。又称，舰长在控制了行船公费的开支后，各种物资只有到了价格无可低时才购买，完全没有预备补给的物资、人员和弹药。舰只永远不会处于高水平状态。称丁汝昌可能在18个月后隐退，两位总兵不想有一个欧洲人在他们头上，而他们多年之后还不够班次率领舰队去面对多事之秋，那时候必须要有一个欧洲人被叫出去掌舵。

六月初六日甲辰（7.22）

丁汝昌带南北洋军舰赴大连湾打靶并演放鱼雷。"敏捷"单令出海操练，"平远""镇南"留威海操练。

六月十八日丙辰（8.3）

英国驻华公使华尔身函英国外交大臣索尔兹伯里侯爵，谓琅威理辞职系有两位高级军官不承认其权力而起，且李鸿章又不予以支持。故琅除辞职外别无他途。他认为李不久必将再请英国派人接替琅氏职务，但在他对此事未作完全报告前，英国不应接受李的请求。

六月二十三日辛酉（8.8）

金登干函赫德，对琅威理辞职不意外。劳伦斯·庆患重病，不会去中国，也不是该职位合适人选。

六月二十七日乙丑（8.12）

前湘军水师统帅杨岳斌去世。

七月初一日己巳（8.16）

驻英大臣薛福成电李鸿章，琅威理退，英外部电驻华公使复查，或须饬英员皆告退，能否转圜与邦交有益。

七月初二日庚午（8.17）

曾国荃奏，请派布政使衔前任山西按察使陈湜总统南洋兵轮。

七月初六日甲戌（8.21）

华尔身向李鸿章询琅威理辞职理由，李鸿章否认曾与英外相约定琅威理、丁汝昌平行，谓中国海军称琅为提督，乃客气用语，琅之官阶为副将，职务为顾问，无特别旗号。

七月初八日丙子（8.23）

① 李鸿章电薛福成，琅威理要求任实缺提督未允，即自行辞退，请转达英国外部，似与邦交无涉。

② 丁汝昌函李瀚章，"广乙""广丙"工程，似不宜督催太迫，恐其塞责，日后增修，转滋繁琐。不如稍宽时日，雷炮到齐一律安配完善，弁勇拨定即可随队出操。"广甲"随操数月，一切均有大致。增以教习、水勇，帮同训练，一经谙熟，庶资分布于将来。

七月十一日己卯（8.26）

丁汝昌函罗丰禄，琅威理二次来华，查系由出使大臣知照，外部委派前来。今彼告退，未知尊处已否请帅咨驻英大臣致谢外部？乞查照前案缘由，或面陈，或禀请，作速酌夺，上达帅听，以期事有结束，以符原案。

七月二十日戊子（9.4）

①丁汝昌函罗丰禄，十一日曾请禀帅咨薛福成致英外部谢函，是否已办？顷闻英外部有撤回水雷教习罗哲士等各情。意必听信琅威理一面之词，致有是议。罗哲士办事勤慎，似不必与琅同去留，借以示中国用人未始优劣无别。

②"定远""济远""开济""寰泰""超勇""扬威"巡朝鲜仁川、天冠山、釜山。八月二十八日复到仁川，九月初一日回威海。

七月二十七日乙未（9.11）

"靖远"与"南瑞"由海参崴开回元山，至午，风雨骤至，入夜愈猛。"靖远"被涌山侧，斜掠而过，船首铁冲外甲，擦偏，右帮铁板一块伤三小孔，即用铅钉补。八月初九日，丁汝昌电禀李鸿章，称虽值风溜致伤，究由驾驶不慎，请如一年前"致远"案办。

八月初七日甲辰（9.20）

两广总督李瀚章奏，温子绍前经张之洞和臣两次奏请开复，接准部咨，该革员参案系以免其置议奏结，碍难照准。查温子绍于机器制造历练多年，实为可用之才，请准赏还原品顶戴翎枝，留粤经办机器制造等事。

八月初九日丙午（9.22）

英国外交部照会中国公使，对琅威理居于一种不满意的地位表示遗憾，并通知批准琅氏辞职。英方称，除非得到满意说明，并确信英国军官将来不再遭到类似待遇，关于选择军官接替琅威理或罗哲士之事将难以考虑。

八月初十日丁未（9.23）

①李鸿章奏，"平远"舰配置官弁兵匠158员名，月支薪粮2 837两，行船公费银月支440两，岁支公费银200两，每年共需银33 400余两，按京二两平核发，归入"镇远"等7船案内核实报销。

②李鸿章奏，前福建水师尽先游击、"伏波"兵船管带吕文经，光绪十年在马江之战中，因轮船中炮先退，革职发往军台效力，十四年十一月期满释回。本年六月万寿庆典，该革员钦奉恩旨，照原官降二等，赏给职衔，查吕文经勤干耐劳，谙练驾驶，请交北洋海军差遣。八月十三日奉旨着照所请。

八月二十一日戊午（10.4）

① 卞宝第奏，第三届出洋学生褒案钦奉朱批恩准，嗣接吏部转咨，称柯鸿年、许寿仁所请翎衔与定章不符，陈恩泰履历册内未声叙保捐指省年月，陈长龄履历册开官衔与原褒清单不符。查陈恩泰系十六年二月在京捐局遵新海防例报捐县丞，并捐分直隶试用，前开履历对指分省份漏未声叙。陈长龄系光绪十四年十一月在江南捐局遵苏皖赈捐例报捐从九品职衔，该员请褒时自漏声明。请饬部将该二员照原保单开官衔奖叙。又请将柯鸿年、许寿仁改作巡检归部尽先选用，并加六品衔，以示奖励。

② 卞宝第奏，船政前学堂英文、格致、算学教习赖格罗于光绪十一年三月十七日抵工，定限三年，展留一年，于十五年三月限满，业已回国。后学堂驾驶教习邓罗于光绪六年八月二十七日抵工，经多次展留，现仍在工。后学堂管轮教习斐士博于光绪十三年十月二十九日抵工，定限三年，转瞬即将回国。汇核请奖，赖格罗拟赏二等宝星，斐士博拟赏五品顶戴，邓罗拟赏换三品顶戴。奉旨着照所请。

八月二十八日乙丑（10.11）

卞宝第奏，协粤制造"广丁"兵船，因两广总督李瀚章咨请暂缓行办，改名"福靖"，作为本厂自造之船，以为闽防之用。

八月二十九日丙寅（10.12）

李鸿章、曾国荃奏请开复吴安康暂行革职处分，朱批允之。

九月初五日壬申（10.18）

以制造机器船颇有心得，赏还已革浙江试用道温子绍顶戴。

九月十三日庚辰（10.26）

① 曾国荃奏，请在南京设立江南水师学堂，培养驾驶、管轮、鱼雷人才。该学堂有鱼雷厂、机器厂、翻砂厂、打靶场，道员桂嵩庆总办，蒋超英为总教官兼提调。

② 卞宝第奏，船政添置机器、修理船台，请予立案。

九月十六日癸未（10.29）

"济远""经远""来远"赴津，载继昌、崇礼赴朝鲜，祭奠太妃。二十日开行，二十二日到达。十四日上谕：着李鸿章严饬管带约束兵丁，不准登岸，免滋生事。

九月十七日甲申（10.30）
李鸿章函曾国荃，吴安康本系暂革处分，阅时已久，积劳已多，且曾立战功；蒋超英才艺出众，断不能以一眚废弃终身。

十月初二日戊戌（11.13）
两江总督曾国荃去世。

十月初三日己亥（11.14）
"济远""经远""来远"载继昌、崇礼回国，初五日到天津。

十月初八日甲辰（11.19）
"济远""经远""来远"由天津返烟台，次日到。初十日回威海。

十月十六日壬子（11.27）
出使英国大臣薛福成照会英国外交部，称接海军衙门兼北洋大臣文，琅威理请派水师实缺以代虚衔，否则告退。查此实职从未给予外国官员，只能准其告退。琅在中国海军效力殊属有功，中国海军衙门对此甚感怅惜。

十月十九日乙卯（11.30）
"广乙"首次试航，由林承谟暂时代驾。

十月二十日丙辰（12.1）
丁汝昌函刘含芳，罗哲士来称，英领事转到该国公使电，英外部饬其回国。其为琅威理作祟可知矣。当即面询是否仍愿来华，称可暂请假回国6月作速弥缝，当即旋转。现准假4个月。

十月二十五日辛酉（12.6）
李鸿章函奕谭，为颐和园承造小轮船将于明冬造妥。先是，已为昆明湖建造"捧日""翔云"小轮2只，奕谭嘱再造1只；又谈为西苑建造发电锅炉事。

十月二十六日壬戌（12.7）
李鸿章转丁汝昌致海署电，"定远""镇远""济远""经远""来远"5舰拟于二十八日开巡南洋，余船在威海，令邓世昌督率操练。

十月二十八日甲子（12.9）
"济远"由威海开上海修理。

十一月初一日丁卯（12.12）
① 李鸿章函出使英法俄比国大臣薛福成，琅威理书谓，兵船管驾，不

宜专用闽人。近日谈时务者亦多论及。黎兆棠言闽学生如词林，笑其不类材武。然海军人才必由学堂造就，闽堂最早，故不得不就中择用。谓闽人不可用是偏见，但不应专取一隅。前二十年之学生，积资当为裨将，岂能舍此而取其未习者。张之洞力言用北将，究未求教练之法，不足骤任舟师。

② "济远"抵沪，初二日进坞，初六日出坞。

十一月初五日辛未（12.16）

李鸿章奏，旅顺船坞已于九月二十七日全部告竣。遂派丁汝昌、周馥、刘汝翼认真验收。船澳、石坞等俱由法商德威尼（M.Thevenet）承包，全工折银1 393 500两，其修船大石坞长41丈3尺，宽3丈7尺8寸。大石澳东、南、北三面共长401丈6尺8寸，西面拦潮石坝长93丈4尺。水深2丈4尺。坞边建造修船各厂9座，铁码头1座。

十一月二十一日丁亥（1891.1.1）

总理海军事务醇亲王奕譞去世。李鸿章电丁汝昌传令各军舰下半旗十日致哀。

十一月二十七日癸巳（1.7）

赫德函金登干，称琅威理放弃不干是做了一件蠢事，他事实上并不是一个坚强的人，选中他的原因是李鸿章对他印象很好，因为他驾驶蚊船来中国。又称其（李鸿章）对此事听之任之，他们可以安插他们喜欢的任何人，可能是法国人、德国人、美国人。

十一月

候补知县萨承钰上书山东巡抚张曜，陈述奉命察看台湾、广东、福建、江苏、浙江、山东、奉天、直隶海口情形。

十二月初一日丙申（1.10）

总署电李鸿章，俄皇太子尼古拉明春访华，可否请其阅视威海、吴淞口炮台？李复电，原定四月校阅海军，闻俄皇太子明年三月二十日抵访烟台，拟提前半月出海，与其会晤，亦可请其往阅南洋吴淞口炮台工程。

十二月初七日壬寅（1.16）

李鸿章函庆郡王奕劻，醇王逝世后，洋务、海军各事宜，殿下更责专任重。

十二月初九日甲辰（1.18）

"济远"开出三义河口，十一日抵马祖，十二日抵福州，十八日离开，二十日抵香港。

十二月十一日丙午（1.20）

① 李鸿章奏，北洋海军精练后营练勇学堂系就原有水师屯船改设，专招沿海幼童练习水手技艺。拟从光绪十五年起月给公费银60两。又为海军提督书识及亲兵增加薪酬。

② 李鸿章电香港丁汝昌，命将"定远""镇远"赶紧油修，并预备东巡日本事。嘱明春三月初十日前赶回北洋。

十二月十六日辛亥（1.25）

李鸿章电丁汝昌，俄太子率俄4快船二月二十三日至香港，拟派"致远""靖远"2舰护送至广州、福州、上海、汉口、烟台。

十二月十八日癸丑（1.27）

丁汝昌电李鸿章，海军需筹随护俄太子及大阅事，拟大阅后再访日本。李复电同意，嘱时时振奋精神，勤苦督练。

十二月十九日甲寅（1.28）

丁汝昌电李鸿章，"定远""镇远"明年正月四五日油修可竣。派"致远""靖远"随护俄太子。"致远"现在威海。惟至长江似宜用"寰泰""镜清"。次日李复电，随护俄太子，系北洋专派之差，不分疆界，毋庸借用他船。调"致远"明年二月初往香港。

同年

① 北洋海军于旅顺口鱼雷营设立旅顺口鱼雷学堂，由鱼雷营总办兼堂务。本年招生，聘德员福来舍为教习。课程以学鱼雷为主，兼学德文、数学、航海常识。

② 王平撰《水雷电器问答》出版。江南制造局译书馆出版英国拿核甫撰、舒高第译、郑昌棪述《海军调度要言》3卷图1卷。天津机器局出版《鱼雷图说》2卷。

光绪十七年辛卯（1891）

二月　挪用新海防捐于颐和园工程 / 俄皇太子访华，南北洋派舰随护
三月　"广丙"下水 / 因病开去刘铭传帮办海军事务
四月　郭宝昌总统南洋兵轮船 / 李鸿章、张曜校阅南北洋海军 / 李鸿章奏巡阅海军及沿海防务，请于烟台、胶州口添筑炮台 / 户部奏南北洋暂停购买外洋船炮二年
五月　丁汝昌率北洋海军二访日本
七月　张曜去世 / 设立刘公岛水师学堂
八月　庆郡王奕劻总理海军事务，定安、刘坤一帮办海军事务 / 李鸿章奏复户部停购船械 / 英国拒绝接收中国海军留学生 / 用"海军巨款"息银归还颐和园工程款
九月　奖励办理海军有功人员 / 暂裁"飞霆"4炮船 / 旅顺大石船坞及船澳厂库全工告竣
十二月　新海防捐展限 / 裁停南洋兵轮船总统，各兵轮责成两翼长督率操练 / 希元兼署船政
　　　　光绪十三至十四年北洋海防经费报销（第五期）

正月初一日丙寅（2.9）

北洋5舰泊九龙，在"定远"舰团拜。

正月十三日戊寅（2.21）

出使英法俄比国大臣薛福成记，近闻西人谈及，旅顺口形势不及威海卫扼要，将来北洋似应以威海为战舰屯泊之区，而以旅顺为修船之所。

正月十四日己卯（2.22）

署两江总督沈秉成奏，江南创设水师学堂，分驾驶、管轮两门，额设学生60名，裁原设鱼雷学堂。

正月十七日壬午（2.25）

北洋5舰启行，十九日下午抵厦门。二十日离开。二十五日晚抵吴淞口外。

正月二十八日癸巳（3.8）

因俄太子决定不赴烟台，李鸿章改变其三月赴烟计划，仍由"致远""靖远"2舰随护俄太子赴福州、上海、汉口。

正月二十九日甲午（3.9）

李鸿章电告山东巡抚张曜，海军大阅仍订期四月出洋。又因"致远""靖远"吃水较深，李电告丁汝昌，可随俄太子大船队进止，不必深入长江。次日又得悉俄太子不赴上海。

二月初六日庚子（3.15）

前出使日本大臣黎庶昌奏，日本近年事事讲求，海陆两军扩张整顿，中国与之唇齿相依，宜将琉球一案彼此说明，别定互相之约，用备缓急。

二月初八日壬寅（3.17）

李鸿章函江南水师学堂总办沈瑜庆，沿海七千里，何地无才，但必须学堂造就。闽省学堂风气最先，学生成就最多。至海军将校、教习之选，莫先于闽。至于招取新生，自以就地取材为是。津堂多取北产，粤堂兼取闽广，宁堂近取江浙，自属相宜。今之论者，多谓水师不宜专用闽人，不独中国士夫，即洋将亦持此论，所以致此之故，殆亦有由。宁堂初开，曾国荃派弁挑取船政学生，为下宝第拒绝，信中又说沈为主事，江南传为口实。此后但论及学堂之事，未尝不以执事为言，嘱其注意。

二月初九日癸卯（3.18）

北洋赴南各舰，除"致远""靖远"去香港候接俄太子，"平远"留福州随护雷艇北来，余舰离淞返威，十二日抵威海。

二月十二日丙午（3.21）

李鸿章函卞宝第，曾国荃委沈瑜庆总办江南水师学堂，而不令入局办事，沈以假回籍，适有江南派弁入闽招取船政学生一事，为台端拒绝，南中竞相传播，挑构其间。沈瑜庆为沈葆桢之子，年少气锐，忌者不少。各处学堂造就各省人才，断无专取一省之理。闽堂风气最先，教习须用熟手。至新生自应就地取材，岂因闽人总办，遂独用闽人？

二月十六日庚戌（3.25）

① 奕劻等奏，颐和园钦工紧要，各省订筹海军巨款，并非一时可能解齐。工程用款请由新海防捐项下暂行挪垫，一俟海军巨款生息集有成数，再提解海军衙门分别归款。清廷从之。

② 海军衙门奏，请派大臣出洋合操。次日奉上谕，着派李鸿章、张曜认真会校。

③ 李鸿章奏，光绪十三四年北洋海防经费，旧管620 596两，新收2 284 411两，登除230 455两，支出2 594 830两，结余79 722两。

二月二十二日丙辰（3.31）

卞宝第奏，船政奏销经户部删除加给生徒薪水等项，据实声复。

二月二十六日庚申（4.4）

① 俄国皇太子尼古拉来华游历抵香港，北洋派"致远""靖远"舰随护，南洋派"镜清"赴闽迎护。经福州、上海前往武汉。

② 以在华著有劳绩，为中国制造海防巨炮，传授栗色火药秘法均能实心办理，李鸿章奏请赏德国克虏伯厂驻华照料炮械总兵福全尔二等第三宝星，该厂总办燕格、电报教习克伦西三等第一宝星，制造总办克拿思、兼任天津荷兰领事满德、俄国商务参议四达尔祚福、管驾"利运"轮船英国人摩顿三等第三宝星。二十九日奉上谕允之。

三月初三日丁卯（4.11）

福建船政局制造"广丙"舰下水。船长226英尺，宽26英尺4英寸，吃水11英尺6英寸，马力2 400匹，航速15节，配120毫米炮3门，五管哈式37毫米炮4门，6磅哈式炮4门，雷筒1具。

三月十九日癸未（4.27）

李鸿章奏，新授甘肃安肃道刘含芳，自北洋办理海防，即派赴山东威

福建船政建造的穹甲巡洋舰"广丙"

海卫相度台垒，旋调驻奉天、旅顺口筹办防务，督办船坞及鱼雷营兼司水陆军械。该道熟谙西法，于外洋制造器械及建置工，均能深研得失。创设鱼雷学堂、艇坞，已练成鱼雷艇十余号，可备辅翼铁舰之用。现在旅顺船坞、威海卫、大连湾炮台各工虽已报竣，惟善后头绪纷繁，请将刘含芳暂留旅顺，俟经手各事清理完竣，再赴本任。

三月二十七日辛卯（5.5）

① 谕：因病开去刘铭传帮办海军事务。

② 北洋舰队全部开赴大连湾，初四日抵旅顺口。

四月初九日壬寅（5.16）

沈秉成奏，南洋兵轮现以记名提督、安徽寿春镇总兵郭宝昌接任总统，并拟设左右翼。袁九皋堪委任左翼翼长，吴安康堪委任右翼翼长。

四月十一日甲辰（5.18）

晚7时，"济远""康济""平远"开烟台接张曜。十六日，张曜乘"康济"，其营务处乘"济远"赴旅顺口。

四月十六日己酉—五月初三日丙寅（5.23—6.9）

李鸿章暨帮办海军事务山东巡抚张曜率周馥、刘汝翼等校阅北洋海军。丁汝昌统率北洋海军"定远""镇远""济远""致远""靖远""经远""来远""超勇""扬威""平远""康济""威远""广甲"，郭宝昌

北洋海军鱼雷艇官兵

旅顺船坞

统领南洋"寰泰""南琛""开济""镜清""南瑞""保民"参加校阅。十七日，李鸿章至旅顺。十八日，校阅部队。十九日，查看新建大石坞工程及各炮台情形。二十一日，开赴大连湾，北洋各舰沿途布阵，又由雷艇演习阵法。二十二日，至三山岛，看舰队射击，施放鱼雷。二十五日，至威海卫。二十九日，赴胶州湾。五月初二日，赴烟台。

刘公岛全景

初三日，赴大沽等处观察。

四月二十五日戊午（6.1）

户部奏酌拟筹饷办法折，南北洋购买外洋枪炮、船只、械器暂停二年，所省价银解部充饷。

五月初二日乙丑（6.8）

张佩纶记，李鸿章阅兵在海上遇到大风，甚危险。

五月初五日戊辰（6.11）

李鸿章奏《巡阅海军竣事折》，称渤海门户，已有深固不摇之势。又奏，烟台、胶州请添筑炮台折，将山东省海防捐截留作为建台之费。

五月初八日辛未（6.14）

清廷奖叙出海巡阅海防出力人员，添筑烟台、胶州炮台着照所请。称海军至关重要，必须精益求精，仍着李鸿章、张曜认真经理，以期历久不懈，日起有功。

五月十一日甲戌（6.17）

李鸿章函川东道黎庶昌，批评户部暂停购买外洋舰船军火两年。谓"正在筹办胶州澳，而适见农部裁勇及停购船械之议，正与诏书整饬海军之意相违。宋人有言，枢密方议增兵，三司已云节饷，国家大事，岂真如此各行其是而不相为谋者耶？"十三日致函闽浙总督卞宝第，十五日致函督办东三省练兵事宜大臣定安，五月二十一日致函云贵总督王文韶，六月十八日致函吴大澂，亦作类似批评。

五月二十日癸未（6.26）

应日本邀请，丁汝昌率"定远""镇远""致远""靖远""经远""来

远"6舰开赴日本马关转驶各地访问。命方伯谦率碇泊威海各舰按章操练,又命"威远""敏捷"2练习舰本日出港练习。

五月二十一日甲申(6.27)

李鸿章向清廷报告北洋海军访日事。

五月二十二日乙酉(6.28)

北洋海军出访舰队到达马关,驻日公使李经方遣翻译罗庚龄率引水员登舰。次日前往神户。

五月二十三日丙戌(6.29)

① 李鸿章奏,请将萨镇冰、刘冠雄、薛振声、祁凤仪、洪桐书以借补改补各实缺。

② 李鸿章向丁汝昌转寄本日电旨:日本既有意修好,着严饬丁汝昌加意约束将弁兵勇,不得登岸滋事。其巡历情形及回伍日期,并着随时电奏。

③ 晨5时,北洋海军出访舰队启程。晚6时半,在犬岛东南投锚。

五月二十四日丁亥(6.30)

晨5时,北洋海军出访舰队启程,下午4时30分到达神户,中国领事洪迟昌等登舰迎接。

五月二十五日戊子(7.1)

洪迟昌登舰,联系日本兵库县知事周布公平拜访中国军舰事。中午,领馆设宴款待军官。下午,日本"葛城"号舰长町田实隆来舰访问。

五月二十六日己丑(7.2)

刘坤一奏,整顿南洋水师,请将"威靖""测海"2舰改为运船,"登瀛洲"改为练船，并另设练勇学堂，酌减人额薪费。

五月二十七日庚寅（7.3）

上午9时，丁汝昌答拜日本"葛城"号军舰；10时，拜访日本兵库县知事周布公平；中午参加华商宴请。下午3时半，周布公平等官员拜访中国军舰。

五月二十八日辛卯（7.4）

晨4时半，北洋海军出访舰队离开神户。

五月二十九日壬辰（7.5）

下午3时10分，丁汝昌率舰队到达横滨。美国旗舰舰长庄询与中国领事黎汝谦、驻日使馆官员吕增祥登舰。丁汝昌上岸，会见李经方，领馆设宴款待。

六月初一日癸巳（7.6）

① 李鸿章奏，北洋海军新设副将至守备各缺，前因无合例应补人员，即以官小者通融升署，俟升署三年期满，奏请补授。升署精练左营游击委带"康济"练船萨镇冰，自升署是缺后，于剿办台湾卑南叛番土匪，并往返朝鲜防护藩属期满请奖各案内，历保至参将尽先补用。升署中军右营都司，充"靖远"帮带大副事刘冠雄，自升署是缺后，于剿办台湾卑南叛番土匪，并三届出洋学生期满各案内，历保至都司尽先补用。升署中军中营守备，充"致远"驾驶二副薛振声，升署中军右营守备，充"靖远"驾驶二副祁凤仪，升署中军右营守备，充"靖远"枪炮二副洪桐书，自升署各缺后，于剿办台湾卑南叛番土匪案内，均保以守备尽先补用。请照现署各缺分别借补、改补各实缺。

② 上午9时，日本常备舰队司令长官有地品之允海军少将拜访丁汝昌。10时，日本海军参谋部长井上良馨海军少将、海军省军务局长伊东祐亨海军少将由东京来访。午后，丁汝昌赴"高千穗"舰拜访。5时，丁汝昌乘火车到东京，拜访日本外务大臣榎本武扬。李经方设宴欢迎丁汝昌，邀榎本出席。

六月初二日甲午（7.7）

丁汝昌偕李经方拜访日本总理大臣松方正义、宫内大臣土方久元、内务大臣川弥二郎、内大臣德大寺实则、海军大臣桦山资纪等官员。夜，丁汝昌及随从曾宗锟、陈恩焘与使馆官员吕增祥、郑孝胥等赴吉原饮酒。

六月初三日乙未（7.8）

丁汝昌偕李经方拜访各国驻日公使。下午参观学校及监狱。夜，使馆在红叶馆宴请丁汝昌及诸管带。

六月初四日丙申（7.9）

上午10时，日本天皇接见丁汝昌及各舰管带。丁旋偕李经方拜访炽仁、威仁、彰仁亲王。夜，有地品之允海军少将在芝山红叶馆设宴招待丁汝昌及中国官员。

六月初五日丁酉（7.10）

上午，丁汝昌偕李经方拜访日本司法大臣大木乔任、农商大臣陆奥宗光、文部大臣田中不二麿、递信大臣后藤象次郎、东京府知事蜂须贺茂韶、枢密院议长伊藤博文、式部长锅岛直大等官员。下午2时，丁汝昌等拜访能久亲王，后赴乐园榎本武扬举办之茶会，会后参观日本兵工厂，5时半，赴红叶馆参加亚细亚协会举办之宴会。

六月初六日戊戌（7.11）

① 刘坤一奏，整顿南洋防务，考核各号兵轮及变通学堂。

② 上午6时，丁汝昌、李经方乘火车返横滨，回"定远"舰。本日各舰弁目以下百数人休假上岸。午后，丁汝昌拜访横滨地方官。晚，华商宴请于中华会馆。

③ 李经方邀德使参观中国军舰。李先乘小轮登舰，遣小轮返回迎接过约定时间，德使已走。或曰李经方登舰后见军舰不洁，令急洒扫，并遣人改订德使登舰时间，未联系上，德使未登舰。

六月初七日己亥（7.12）

丁汝昌再赴东京，午后4时，应日本人高松保郎邀请，观日本剧。

六月初八日庚子（7.13）

丁汝昌偕李经方参观农科大学、医院、图书馆、植物园、天文馆。中午，日本海军大臣桦山资纪在精养轩招待丁汝昌及中国军官。午后5时，炽仁、威仁亲王举办茶会招待中国官弁。晚6时，中国军官乘火车返横滨归舰。

六月初九日辛丑（7.14）

丁汝昌、李经方在横滨停泊的"定远"舰上设茶会接待能久亲王及日本官员、各国使节和外国舰长约三四百人。德公使最后至。日海军元老、枢密顾问官胜海舟参观后对记者表示惊叹。

六月初十日壬寅（7.15）

丁汝昌率三管带及各舰军官20余人乘火车赴横须贺军港。军官司令福岛敬典迎接。参观横须贺船厂后，中方人士感叹，其监督之严整，职工之勤勉，制造之盛大，远在福建船政之上。日本海军之勃兴，他日不难与欧洲诸国并驾；又观海军医院，极其清洁，中国医院皆不能及。下午3时，丁汝昌等乘火车返横滨。

六月十一日癸卯（7.16）

丁汝昌在"定远"舰设茶会招待日本国会议员、横须贺将校及英国海军军官。日议员又参观"高千穗"舰，认为除水兵体格外，日舰皆不如"定远"，日必须要有坚牢军舰数艘。

六月十四日丙午（7.19）

丁汝昌率舰抵达神户。

六月十五日丁未（7.20）

北洋海军诸舰在神户装煤，至次日装毕。

六月十七日己酉（7.22）

日舰"千代田"号舰长千住成贞海军大佐拜访丁汝昌，午后，丁汝昌登"千代田"参观。该舰由英国阿摩士庄公司建造，本年刚返日本。下午，丁汝昌率管带等军官出席兵库县知事周布公平宴请。

六月十八日庚戌（7.23）

① 卞宝第奏请在船政厂地建立左宗棠、沈葆桢合祠，春秋致祭。
② 华商宴请丁汝昌及北洋海军军官。

六月十九日辛亥（7.24）

晨8时，丁汝昌率军舰离开神户，夜在麻祖岛投锚。

六月二十日壬子（7.25）

下午2时，丁汝昌率军舰在八代田岛投锚，率官弁20多人换乘"致远"赴吴港。吴港非对外开放口岸，丁汝昌欲观此港，与日本海军省商议，获允，日派海军大尉志贺来舰指导入港。日本甚秘海图，志贺亦不带海图引港。7时半，寄港严岛。

六月二十一日癸丑（7.26）

上午8时"致远"出港赴吴。8时半过江田岛，9时半到吴港。日"金刚"

舰长来访。丁汝昌、邓世昌率官弁30余人上岸，吴镇守府司令长官中牟田仓之助海军中将、吴军港司令官山崎景则海军少将来迎，丁汝昌等参观造船厂、海兵团、医院，在将校集会所午餐并座谈。午后3时归舰，访"金刚"舰长，又赴"严岛"参观。晚，丁汝昌等登岸赴中牟田仓之助宴请。中方人士感叹，日本以一小国而当事孜孜不倦，日谋自强。吴港开三年，其基础之精进，进步之速，令人生敬畏奋发之心，实不可限量。

六月二十二日甲寅（7.27）

"致远"舰午后1时半出港，归本队。5时，抵八代田。

六月二十三日乙卯（7.28）

晨6时，北洋海军各舰出港，下午5时半，过马关，抵六连岛投锚。

六月二十四日丙辰（7.29）

晨4时半，北洋海军各舰出港，下午6时半，抵长崎。中国领事张洞华等前来拜访。佐世保镇守府长官遣广濑海军大尉来，约请访问该港。

六月二十五日丁巳（7.30）

① 午前，中国军舰装煤。"葛城""磐城""满珠"三舰长、长崎县知事中野健明来访。午后12时半，丁汝昌率三舰长并各舰军官乘"靖远"舰，5时抵佐世保。佐世保军港司令官坪井航三海军少将、佐世保水雷敷设部司令官小田亨海军大佐、"千代田"舰长千住成贞海军大佐等前来拜访。6时半，丁汝昌赴"日进"舰答礼，旋上岸，拜访佐世保镇守府司令长官林清康海军中将、坪井海军少将并出席宴会。

② 丁汝昌电李鸿章，称刘步蟾力陈中国海军战斗力远不如日本，添船换炮刻不容缓。

六月二十六日戊午（7.31）

上午，丁汝昌拜访林清康海军中将，参观佐世保海兵团、医院、仓库鱼雷营及船渠。8时，"靖远"出港。中午，达长崎。

六月二十七日己未（8.1）

上午，长崎裁判所判事秋山源，英、俄、德、法、美五国领事来访军舰。中午，丁汝昌率军官赴华商宴，晚，又赴"葛城""磐城""满珠"三舰长宴请。

六月二十八日庚申（8.2）

中国访日军舰升满旗，庆贺光绪皇帝生日，日本军舰亦升满旗相贺。中午各舰放21响礼炮，丁汝昌在"定远"设宴，林清康海军中将、坪井海军少将及日本官员、海军军官、各国领事百余人出席，4时半散后，又赴市会议长林耕作之招待茶会及领事馆之庆祝会。

六月二十九日辛酉（8.3）

中国访日军舰本拟今日回国，因暴风雨和大雾，逐日后延，至七月初二日上午10点半启程。

七月初二日甲子（8.6）

李鸿章奏，请于威海、大连湾添设水雷，并设3个水雷营。又奏，请为威海各炮台大炮拨付炮费。

七月初四日丙寅（8.8）

丁汝昌率北洋海军出访舰队午后7时返抵威海。

七月十三日乙亥（8.17）

"济远"抵旅顺进坞。

七月十六日戊寅（8.20）

日本舰队来天津访问，谒李鸿章。

七月十九日辛巳（8.23）

山东巡抚、帮办海军大臣张曜去世。十七日作遗书谓：抚东五年，沿海炮台尚未修备，此北洋第一重门户，不能躬睹厥成，曜身死心未死，托诸李鸿章，愿有以永固国家久远之基。

七月二十日壬午（8.24）

"济远"回威海。

七月二十二日甲申（8.26）

① 李鸿章奏，威海刘公岛添建水师学堂，仿照天津水师学堂成规，招募教习学生。所需经费，统由北洋海防经费项下开支。计开管理学堂委员1员，洋文教习1员，汉文教习2员，学生36名，司事、洋号手、洋鼓手各1名，夫役14名。

② 李鸿章奏，兹查有电报总局丹国洋员博来，天津电报学堂教习丹国人璞尔生，英国格林海军书院教习蓝博德，"海晏"轮船管驾英人安得禄，历办各项差务，均能实心襄助，著有劳绩。请将博来比照各国总

刘坤一（1830—1902），湖南新宁人。后期湘系代表人物。1891年任帮办海军大臣，长期主持南洋事务。中日甲午战争中，任钦差大臣，节制关内外各军

教习例赏给二等第三宝星，璞尔生、蓝博德、安得禄三员比照教习例赏给三等第一宝星，借资鼓励。二十五日奉朱批允之。

③ 李鸿章奏，北洋海军升署精练前营守备充"威远"操练大副陈兆艺因病出缺，由"平远"枪炮大副千总陈杜衡升署。

八月初二日癸巳（9.4）

命庆郡王奕劻总理海军事务，正白旗汉军都统定安，两江总督刘坤一帮办海军事务。

八月初四日乙未（9.6）

薛福成电李鸿章，第四届海军留学生人数，请商驻华公使询明英外部后再奏。李鸿章复电，此事向不商英使。薛又电，闻将用恭思萨克为洋监督，官商学校工厂较熟，似可兼用。李复电，卞宝第拟节费，不用恭思萨克。

八月初五日丙申（9.7）

薛福成电李鸿章，留学生人多恐海部难收。李鸿章复电，驾驶学生赴英十余人，拟托蓝博德照应。英海部向颇尽心，未便因琅威理辞职小嫌致乖睦谊，嘱马格里设法疏通。

八月初八日己亥（9.10）

李鸿章奏复户部停购船械裁减勇营折。称伏读五月初八日诏书，方蒙激励之恩，忽有汰裁之命，惧非圣朝慎重海防作兴士气之至意也。经再三筹度，目前饷力极绌，所有应购大宗船械，自宜照议暂停。

八月十三日甲辰（9.15）

　　天津机器局为颐和园建造"恒春"小轮船，经海军衙门验收，共用工料运费库平银9 038.18两。

八月十四日乙巳（9.16）

　　薛福成电李鸿章：英海部因本国添船练兵，琅威理之嫌未释，教案迭出，北洋不派船巡江，不暇旁收中国海军留学生。马格里恳外部转圜，现候回音。李鸿章即转报总署，并提及似应多派兵轮巡江，以示保护。

八月十七日戊申（9.19）

　　遵总署令，李鸿章命丁汝昌派2舰往沪驻防，腾出南轮赴鄂弹压反洋教活动。

八月二十日辛亥（9.22）

　　李鸿章函奕劻，祝贺其总理海军事务。请按《北洋海军章程》，择优酌保海军衙门办事出力人员。

八月二十三日甲寅（9.25）

　　北洋派"经远""靖远"2舰往沪驻防。

八月二十五日丙辰（9.27）

　　奕劻、福锟奏，已从出使经费内借拨颐和园工程银100万两，由存津生息之海军巨款项下逐年归还。

八月

　　长江一带哥老公起事，重庆、芜湖、镇江教案迭出，派"测海""飞霆"往汉口、沙市驻防。

九月初三日甲子（10.5）

　　李鸿章函奕劻，谈为海军衙门各章京请奖事；又称南洋军舰船式落后，训练不得法，海战难期得力；又称昆明湖水师学堂人员，本次叙功，虚衔实职，并无可加，已在附片中声叙贤劳，上请特恩，优加奖擢。

九月初六日丁卯（10.8）

　　① 李鸿章奏办理海军请奖折。内阁中书王慈劭拟加侍读衔。候选詹事府主簿俞世爵拟加五品衔。三品衔候选道张士珩拟俟分省后归候补班补用并加二品衔。二品顶戴直隶候补道高骈麟拟请给二品封典。候选道顾元爵、薛华培、牛昶昞，拟加二品顶戴。奏调北洋分省试用道张云路拟分省后归候补班补用，并加三品衔。二品顶戴直隶候补道黄建

莞、二品顶戴存记江苏候补道张翼、二品衔尽先选用道潘志俊均拟从优议叙。直隶试用道吕耀斗拟归候补班前先补用。山东候补知府借补海军提标中军参将严道洪，山东候补知府张士智均拟免补知府，以道员留省遇缺题奏。直隶候补知府王仁宝、张观诚均拟免补本班以道员补用。分发浙江候补知府张云逵拟以道员留省补用，并加三品衔。奏调北洋浙江试用知府汪瑞高拟归候补班补用。候选知府马复恒、鲍兰征、严复均拟免选本班，以道员不论双单月遇缺前先选用，鲍兰征并加三品衔。候选知府胡漾请选缺后以道员升用。指分直隶试用直隶州李竟成，直隶候补直隶州承霖，直隶候补同知陈镜，直隶试用同知柳元俊均拟免补本班以知府留省补用，李竟成、承霖并加三品衔。分省补用直隶州林祗曾、解茂承，分省试用同知罗臻禄、李襄国、李继纲、王锡恩、洪恩广、刘树德均拟以知府分省归候补班前先补用，林祗曾、刘树德并加三品衔。道员用在任候补知府天津河防同知冯清泰拟离知府任归道员班后加二品顶戴。升用知府直隶候补同知姚谷拟俟同知补缺后以道员用。候选同知龚照瑸、余应璜、梁植均拟得缺后以知府用，先换顶戴。奏调北洋兵部候补员外郎白冠瀛拟免补员外郎，以直隶州知州俟分发到省后归候补班补用，并加四品衔。分省补用知州李可权拟以直隶州分省归候补班前先补用。知府用直隶候补知州胡恩溥拟俟补知府后以道员用。分省补用知州谢巨源拟加四品顶戴。直隶候补知州恽秀孙拟俟补缺后以知府用。候选知州陈惟彦拟得缺后以知府前先补用，并加四品衔。候选知州郑嘉荣拟免选知州，以运同不论双单月即选，并加三品衔。直隶候补通判庆志拟免补本班以同知留省补用。江苏试用通判吴瞻文拟归候补班前补用。河南候补通判叶芝昌拟补缺后以直隶州用。分省补用通判章乃为、赵之麟、李锬均拟补缺后以同知用。候选通判刘朝銮拟选缺后以同知用。候选通判王文彬拟加四品衔，并请照衔给予封典。候补直隶州准补获鹿县知县陈本拟以知府在任候补。准补隆平县知县王金铭拟以直隶州在任候补。直隶州用准补湖北石首县知县刘邦道拟加四品衔。署山东文登县知县许源清拟加同知衔。直隶候补县王锡藩、帅畹均拟免补本班，以同知留省补用，王锡藩并加知府衔。直隶候补知县顾元勋，直隶试用知县曾兆锟、陈恩橅，湖北候补知县王景仁，江苏候补知县朱福春、丁葆翼、刘步廷均拟免补本班，以直隶州留省补用，朱福春、王景仁并加知府衔，刘步廷并俟离任归知府班后加三品衔。候选知县张广生拟以直隶州遇缺前先选用。分省补用知县马复赉拟免补知县以同知分省补用。直隶候补知县吕增祥、廖炳枢、程德春，安徽候补知县郝崇照，江苏候补知县王树泰均拟补缺后以直隶州用，并加四品衔。河南候补知县王澍，分省补用知县唐润生均拟补缺后以直隶州用。直隶候补知县陆保善拟加随带二级。直隶候补知县杨善庆，河南候补知县龚世清、刘愈、刘思恕，候选知县毕振铨均拟加同知衔。直隶候补知县吴调鼎拟从优议叙。候选知县刘朝钧、邱良佐，拣选知县黄书霖均拟免选本班，以同知不论双单月即选。拣选知县朱铭盘拟以知州不论双单月尽先前选，并给五品封典。拣选知县孟昭暹，候选知县薛一兴均拟选缺后以同知直隶州用，孟昭暹并先换顶戴。淮阴知县姚为樑，拣选知县张尔梅均拟以本班不论双单月遇缺即选。分省补用知县张敬效拟补缺后以直隶州用。运同衔河南候补知县吴保清拟给四品封典。补用同知直隶州分省补用知县李延祜拟补知县后以知府补用。孝廉方正考取布政司都事刘步青拟以知县不论双单月选用。大挑教谕林菭拟免选本班以知县不论双单月即选。候选教谕陈重威拟选缺后以知县在任不论双单月遇缺即选，并加五品衔。候选教谕陈藩拟选缺后以知县用。候选训导吴之彦拟以教谕遇缺即选，并加中书衔。候选训导徐传钧拟选缺后以教谕尽先选用。候选训导刘劭生拟加光禄寺署正衔。候选训导方侗、翁式文、高翔墀均拟以本班不论双单月遇缺尽先前选。直隶试用州同黄建镠，江苏试用布理问樊棻均拟以知州留省补用。候选布理问方阜鸣，候选州同张敬熙、郝云书、郭世泰均拟免选本班，以知州不论双单月选用。候选布经历宋复虞拟以本班不论双单月前先选用。直隶试用直隶州州判常瑾芬拟以知县补用，并加五品衔。候选直隶州州判张蔚、候选州判王恩渥均拟免选本班以知县不论双单月遇缺即选。候选州判王秉谦拟加同知衔。准补长芦越支场大使刘承基拟以知县在任候补。分省补用盐大使许朝绅拟以运判分省补用，并加四品衔。分省补用盐大使赵植培拟以知县分省补用，并加五品衔。在任候补知县直隶布政司库大使唐应夔拟补知县后以同知直隶州用。直隶试用府经历李道煌拟归知县班后加同知衔。直隶试用府经历方汝谨、祝苇、柏斌，湖北试用府经历赵昌言，广东试用府经历王维麐，直隶试用县丞际安、刘朝森、周世铭、张继楠、张锡藩、赵文采、马毓桂、谢汝翼、林嵒、林联辉，北河试用县丞章道华，江苏试用县丞李国熙、罗熙禄、黄裳治，浙江试用县丞马籀图、王朝俊，湖北候补县丞甘露，山东试用县丞李宗棠、牛橚、吕德璋均拟免补本班以知县留省归候补班补用，刘朝森、赵文采、罗熙禄、甘露、林嵒、林联辉并拟加同知衔。补用知县直隶万全县县丞黄正拟开缺归知县班补用，并加随带一级。升用知县广东试用县丞李培厚拟归候补班补用，并俟补知县后以直隶州用。山东试用府经历王瑞祥，分省补用府经历张尔祺，直隶试用县丞刘朝陞、方汝霖，北河试用县丞周家梁、伍汝霖，江苏试用县丞汤建中、赵汗昌，湖北试用县丞龚顺辅，河南补用县丞赵湘菜、徐绍乐均拟补缺后以知县用。分省补用府经历孙诒泽，分省补用县丞方恒、戴宗泃、刘国灿、刘邦义、刘兰生、陈齐贤、鲍汝璠、韦承鼐、池仲祐、董遇春均拟以知县分省补用，戴宗泃、刘国灿、刘邦义、陈齐贤、鲍汝璠、韦承鼐并拟加同知衔。候选县丞屈永秋、王福昌、万中榕、王佑贤、黄仲良、吴郁文、陈文琪、陆锡珪、佘德锳、黄开文、邵瑞琮、顾廷枚均拟免选本班，以知县不论双单月尽先选用，王佑贤、黄仲良、吴郁文并拟加同知衔。分发升用知县候选县丞方国猷拟免选本班，以知县补用。候选府经历徐华清、何汝龄，候选县丞王亨鉴、黄家骏、蒋士翰均拟选缺后以知县用。候选县丞罗遝拟归知县班后加同知衔。直隶试用县丞汪嘉榘拟得缺后以知县尽先补用。升用知县安徽试用县丞邱瑞麟，山东试用县丞张云龙均拟归知县班后加同知衔。

② 提督衔海军左翼总兵林泰曾，海军右翼总兵刘步蟾，记名提督聂士成、袁九皋、赵怀业均拟赏加头品顶戴。借补海军中军中营副将、提督衔记名总兵、勃勇巴图鲁邓世昌拟赏换清字勇号。升署海军中军左营副将方伯谦，升署海军中军右营副将、捷勇巴图鲁叶祖珪，升署海军左翼左营副将、御勇巴图鲁林永升，升署海军右翼左营副将、劲勇巴图鲁邱宝仁均拟俟副将补缺后以总兵升用，方伯谦并赏给勇号，叶祖珪、林永升、邱宝仁并赏换清字勇号。记名总兵龚元友、徐传隆、丁华容均拟赏加提督衔。开复记名总兵吴安康拟赏还勇号并提督衔。记名提督程允和，记名副都统江宁正黄旗协领成鹤均拟敕部从优议叙。

提督衔记名总兵周光贵拟给予一品封典。总兵衔尽先补用副将刘志广拟给予二品封典。两江尽先补用副将刘锦发拟以总兵升用并给予二品封典。总兵衔升用副将刘超佩，总兵衔尽先补用副将郑崇义，补用副将何增珠、方正祥、王世祥均拟以总兵升用，并加提督衔。尽先补用副将朱玉春、张诚信，河南尽先补用副将赵家伟均拟加总兵衔。升署海军左翼右营参将黄建勋，升署海军右翼右营参将林履中，尽先补用参将徐万胜、王兆丰均拟加副将衔，黄建勋并给予二品封典。升用副将河南尽先补用参将朱鸣安，留直尽先补用参将李春，两江尽先补用参将施玉章，安徽尽先补用参将李学孔，河南尽先补用参将邱明礼、李大川，补用参将刘超先均拟以副将尽先补用，朱鸣安并给予二品封典，李春、施玉章、刘超先并加总兵衔。留闽尽先补用参将李田拟补缺后以副将尽先补用。升用副将两江补用参将吴大英拟给予二品封典。留粤尽先补用参将余雄飞拟以副将留于外海水师尽先补用。海军精练前营游击林颖启，海军中营游击陆麟清均以参将尽先升用，并加副将衔。升署海军左翼中营游击杨用霖，升署海军左翼中营游击余贞顺均拟俟游击补缺后以参将升用，并加副将衔。升署海军右翼中营游击李鼎新拟赏戴花翎。借补海军精练后营都司副将衔补用游击刘学礼拟以参将补用，并给予二品封典。借补海军精练左营游击萨镇冰，升署海军精练右营游击戴伯康均拟加副将衔，戴伯康并赏换花翎。两江尽先游击黄国瑚、王从义、李春庭，安徽寿春镇中营游击李经纶，安徽补用游击孙学贵，留直补用游击叶玉标、刘盛增、李经衡、李经业，尽先游击陈万清、贾业清、李得胜、何立朝，河南补用游击杨忠义，留闽补用游击何心川、汪恩孝均拟以参将留省尽先补用，孙学贵、叶玉标、刘盛增、陈万清、贾业清、何心川并加副将衔，王从义、李经纶并加总兵衔。尽先副将东河补用游击马金叙拟补副将后以总兵升用。副将衔两江补用游击胡廷相拟给二品封典。参将衔尽先游击赵立勋拟给三品封典。尽先游击汪宝庆、黄胜福、沈秉荣、陈迎祥均拟补缺后以参将尽先补用。河南补用游击管治平、管治兴、王殿魁，两江补用游击张志祥，安徽寿春镇标补用游击朱维钰，留闽补用游击徐克胜，升用参将尽先补用游击李得胜、王锦隆均拟加副将衔，朱维钰并给予二品封典。留直补用游击李瑞拟以本班遇缺尽先推补。已革游击吕文经拟开复原官。升署海军后军前营都司李和，后军右营都司蓝建枢，中军中营都司陈金揆，海军右翼左营都司林文彬，左翼中营都司何品璋，中军左营都司沈寿昌，升署提标都司吴应科，升署海军中军左营都司梁祖全，左翼左营都司孙姜，左翼中营都司王齐辰、许启邦，右翼中营都司陈楠、孙辉垣，中军右营都司林登亮，左翼右营都司黎星桥，右翼左营都司任廷山，右翼右营都司陈乔均拟都司补缺后以游击升用，李和、蓝建枢、陈金揆、林文彬、梁祖全、孙姜、王齐辰并赏换花翎，何品璋、沈寿昌、吴应科并赏戴花翎，陈楠、孙辉垣、黎星桥并赏戴蓝翎。海军中军右营都司刘冠雄，左翼左营都司陈策，海军委员留直补用都司杨福同、刘金相、阎钦，拣发都司张锦隆，借补提标千总两江补用都司朱广胜，借补提标把总补用都司孙余庆均拟以游击仍留原省原标尽先补用，刘冠雄、陈策、杨福同、刘金相、张锦隆并加副将衔，孙余庆并赏换花翎。尽先都司刘文豹、袁雨春、胡正鹏、吕芝田、曹永全、苏茂山、范瀛川、王化鹏、殷求敏、黄宏泰，安徽补用都司闻国发，贵州补用都司何廷光，两江补用都司吴长纯、童懋元、叶伯銮、胡青源、刘朝泰，河南候补都司崔敬，尽先都司顾承还、郭殿邦，留闽补用都司陆三兴、屠用裕、王永发，留直尽先都司黎晋贤均拟以游击仍留原省原标尽先补用，刘文豹、袁雨春、曹永全、苏茂山、范瀛川、王化鹏、吴长纯、童懋元、叶伯銮、胡青源、刘朝泰、郭殿邦、屠用裕、王永发并加副将衔，胡正鹏、吕芝田并加参将衔。两江补用都司周尚书，尽先都司马纪元、毛奇珍、张允泰均拟补缺后以游击尽先补用，张允泰并俟归游击班后加副将衔。升用游击两江尽先都司辛得化，升用游击尽先都司徐自发、张万才均拟归游击班后加副将衔。尽先都司胡春发拟加参将衔。尽先都司孙嘉、朱怀双、张鸿发、汪成发均拟加游击衔。补用都司通永镇标左营千总霍良顺拟免补都司以游击尽先补用，并加副将衔。尽先守备升署鱼雷左营都司蔡廷干拟补缺后以游击用。升署海军左翼中营守备刘冠南，右翼中营守备陈兆锵，中军中营守备郑文恒、曾洪基，中军右营守备任正申，右翼左营守备陈祥甸、陈景祺，精练前营都司衔守备黄应元，借补提标把总补用守备杨骏发，海军差遣补用守备蒋家有均拟以都司尽先补用，郑文恒、曾洪基并赏戴蓝翎，黄应元、蒋家有并加游击衔。升署海军左翼中营守备曹嘉祥、汤金城、王珍，右翼中营守备徐振鹏，中军中营守备林立金、周展堦，中军左营守备黄祖莲，中军右营守备祁凤仪，左翼左营守备李联芬、韩锦，右翼左营守备张哲溁、唐春桂，左翼右营守备翁守瑜，右翼右营守备郑文超，精练左营守备翁祖年、郑汝成，精练右营守备吴敬荣，提标军械守备郝艿，补用守备陈锡康，升署海军右翼中营守备宋文翔均拟守备补缺后以都司升用，曹嘉祥、徐振鹏、祁凤仪、吴敬荣并赏戴花翎，韩锦并赏换花翎，汤金城、林立金、黄祖莲、唐春桂、翁祖年并赏戴蓝翎。留闽尽先守备徐如骏，安徽抚标尽先守备张仁和，两江补用守备朱绪常，留直尽先守备陶鼎、杨常泰、张翼高、王涌泉、吴含义、陈鼎铭、许复昌，借补沧州汛千总刘长发均拟以都司留省尽先补用，徐如骏、张仁和、朱绪常、王涌泉、吴含义并加游击衔。补用守备李长得，尽先守备韩德昌、孙多庆、崔霖雨、丁玉玲、程铨，直隶补用守备宁津汛把总刘殿甲，河南抚标世袭云骑尉高维勋，尽先守备刘吉顺，补用守备廖天祐均拟以都司尽先补用，崔霖雨并加游击衔。卫守备海春拟以营守备补用，并加都司衔。河南尽先守备杨得魁，江南提标补用守备萧定拔，尽先守备史文华、汪如霆、汪锡龄、陈贻经、蔡元海、易永升、吴良起、吴良凤、倪金福、戴金标、陈子中、胡记成、杨邦义、王金玉，补用守备宋国钧均拟补缺后以都司尽先补用，胡记成、杨邦义并俟归都司后加游击衔。升用都司尽先守备刘朝兴拟俟升都司后以游击用。河南抚标世袭云骑尉李实秀，江苏淮扬镇标补用守备黄国忠，尽先守备吴佳义，选用卫守备聂鹏程均拟加都司衔。云骑尉图瓦谦拟免补防御以佐领尽先即补。五品军功金圣禄拟以骁骑校补用。尽先千总升署鱼雷右营守备徐永泰拟补缺后以都司用。补用把总升署鱼雷左营守备李士元，补用外委升署鱼雷左营守备孙士智，尽先千总升署鱼雷右营守备刘芳圃，准作把总升署鱼雷右营守备曹保赏均拟补缺后以都司用。署海军后军前营都司留闽补用千总黄鸣球，署海军右翼中营守备千总沈寿堃，右翼中营千总朱声岗，精练前营千总陈国昌，后军前营千总李恭岳，后军右营千总李挺英，提标把总拔补千总张得旺，候补千总袁培英，精练后营委员拔补千总黄金全均拟以守备尽先补用，黄鸣球、沈寿堃并赏换花翎，朱声岗并赏戴蓝翎，陈国昌、李恭岳并加都司衔。海军差遣督标后营左哨千总倪芳，天津镇标大沽协左营千总柴振邦，候补把总阎永泰均拟赏戴蓝翎。尽先千总吴鉴衡、潘德尚、钟文翠、孙茂盛、石德行、葛家瑞、张鸿胜、竺九凤，两江尽先千总鲍传伟，留闽尽先千总陆孝旺、黄以潼均拟以守备留省尽先补用，并加都司衔。尽先千总孙礼达、王起云、段玉龙、赵云奇、李安林、余发恩，留直尽先千总金升元、王有福，安徽镇标尽先千总葛定国，广东拔补千总程璧光，大沽协标候补千总李祥光均拟以守备尽先补用。卫千总王尚芝拟以营守备补用。尽先千总滕元邦拟以卫守备尽先选用，并加都司衔。卫千总陆敦元拟以守备留直补用。卫千总高有堂拟补缺后以守备用。尽先千总李金山、杨世高、李学贤、吴大贵、张成寅、赵得胜、刘大龙均拟补缺后以守备尽先补用，并加都司衔。留闽补用千总陈景康，尽先千总王举、李玉山、卢得才、章万春、周友胜、吴兆才、王吉林、朱正福、钟义才、蒲连元、陆春森、邓德昀、张士造、陈如松、杨守业、祝鸿标均拟补缺后以守备尽先补用。升用守备尽先千总周文得、郝士杰、李蕴盛、王登贵均拟补守备后以都司用。留直尽先千总顾保传、刘朝泰、游开泰、袁全胜，尽先千总唐士让、陈得全、张平远、张东瑜、孙效邦、朱得华均拟加都司衔。河营尽先千总倪维镕拟加四品衔。补用都司海阳汛千总谭文华，补用都司尽先千总借补羊儿庄汛把总葛开礼均拟俟离任归都后加游击衔。补用千总北塘营把总殷云龙拟免补千总以守备用。督标右营把总李楷拟以千总尽先拔补，并赏戴蓝翎。尽先拔补把总张以德、李德缤、刘长发、周树荣均拟以千总尽先补用，并加守备衔。尽先拔补把总赵连功拟加五品衔。初九日奉朱批"览"。

③ 李鸿章奏保甘肃安肃道刘含芳，候选道戴宗骞，江苏候补道、前天津知府、会办昆明湖随时学堂宜霖为海军出力。初九日奉朱批，均着交军机处存记。

④ 李鸿章奏，请赏威海卫承修日岛炮台三品顶戴德国兵官汉纳根总兵衔并戴花翎，赏天津机器局教习英国人施爵尔、北洋医官英国人伊尔文三品顶戴，赏施爵尔及铁路监工英国人金达三等第一宝星，旅顺船坞监工法国人吉利丰、旅顺船坞医生法国人道礼思、北洋水师营务处翻译德国人毛吉士三等第三宝星，旅顺船坞监工法国人邵禄、李维业、葡国人路笔纳五等宝星。初九日奉朱批，着照所请。

⑤李鸿章奏，统领毅军四川提督宋庆，统领铭军记名提督河南河北镇总兵刘盛休，统带亲庆军记名提督黄仕林，记名总兵张光前，统带护军尽先参将张文宣，历年分防旅顺、大连湾、威海卫各海口，修筑台垒，督率操防；办理旅顺船坞直隶试用道龚照玙，会办大连湾炮台记名道吴廷斌，督造巨工；水师营务处二品顶戴直隶补用道罗丰禄，襄助海军，巨细靡遗。宋庆拟敕部从优议叙。吴廷斌、罗丰禄均拟随带加三级。龚照玙拟归候补班补用。刘盛休、黄仕林、张光前均拟赏加头品顶戴。张文宣拟以副将尽先补用。初九日奉朱批"览"。
⑥李鸿章奏，升署北洋海军右翼中营守备尽先拔补千总充"定远"驾驶大副邝国光，升署北洋海军右翼中营守备补用把总充"定远"炮务二副邓士聪，操巡怠玩，难期得力，据海军提督丁汝昌呈请参办，即行革职，以示惩儆。初九日奉朱批：着照所请。

九月初七日戊辰（10.9）

李鸿章函署两广总督中军副将杨安典，称粤中向来所有轮船仅供送差巡缉之用，张之洞创造10舰，意欲独成一军，为何不数年"戊""己"2舰如此速朽？现将各船之中小号酌留数艘，以备供差，留大号之"镇涛"等4舰，改为二等兵船，专事操练，有事尚可护台守口，自是核定办法。似可酌留一号作练船，令学堂学生上船习练。

九月初十日辛未（10.12）

奕劻奏，议复张曜六月初三日奏，请将南洋"开济""保民"等6舰收停厂澳，十年可省经费500万两，另造铁甲坚船。奕劻称南洋6舰不可裁撤，拟暂裁"飞霆"等4炮船。

九月二十四日乙酉（10.26）

①李鸿章奏，由洋人包建旅顺大石船坞及船澳厂库各工、铁路、电灯全工告竣，并各项机器物件动用银两13 935 000两。
②李鸿章奏，大连湾新设水雷营，由大沽船坞建造"捷顺"小火轮船，长75英尺，宽16英尺，160匹马力，用银8 980两，设15员，月需薪粮银162两，自光绪十七年七月初一日起在北洋海军项下开支。

九月二十七日戊子（10.29）

李鸿章函复薛福成八月初四日来函，第四届出洋肄业海军，系循旧照办之事，不意忽有违言。琅威理自辞差，曲不在我。海军出洋留学，向不商之公使。留学生监督向用华洋二人，现下宝第不欲再用恭思萨克，未便强以必从。此次肄业，英数较多，拟托蓝博德照料。

十月初一日壬辰（11.2）

李鸿章函总统南洋兵轮船郭宝昌，刘坤一整顿南洋兵轮，酌量分别撤留，意主节饷而不主练兵。各轮形制既旧，习气亦深，麾下徒膺总统之名，难期整顿之效。意欲舍去，亦见实事求是之诚。惟刘坤一倚任颇殷，沿江多事，亦借声威，以资弹压。

十月初五日丙申（11.6）

李鸿章函卜宝第，接薛福成来函，英国海军部拒绝接受闽厂学生留学。称彼国允友邦学习海军，每国不过数人，今尽为中国所占。英国近日添造战船，厂中船中仅足练习本国学生。薛福成认为监督不用洋员，消息不灵。与许景澄联名来电，请仍用恭思萨克。敝处复以恭仅能料理法国事务，本次肄业注重驾驶，英数较多，拟托蓝博德照料。

十月十四日乙巳（11.15）

李鸿章奏，邝国光、邓士聪，操巡怠玩，难期得力，前经参革。所遗各缺，查右翼中营千总朱声岗，堪以升补右翼中营守备，充"定远"驾驶大副。又，北洋海军右翼左营守备充"来远"船大管轮事陈祥甸，调充"平远"快船总管轮，所遗守备员缺，由"平远"快船副管轮五品顶戴梅萼调署。又，精练前营守备充"威远"帮带大副周安因病出缺，由精练前营千总充"威远"船二副事马焌钰升补。

十月十五日丙午（11.16）

① 以创办海军事务衙门出力，赏镶蓝旗满洲副都统恩佑尚书衔，正红旗汉军副都统尚昌懋头品顶戴，余升叙加衔有差。

② 奕劻奏，创办海军，三年校阅，五年例保均已届期，请予望岫、常明、明惠、载林、联魁、铁良、麟瑞、英文、色克图、景亨等优奖。

十月十八日己酉（11.19）

清廷以海军衙门请将办事出力人员分别给奖，降旨允行。庆郡王奕劻自创办海军以来，尽心规划，悉协机宜，交宗人府从优议叙。

十一月初二日壬戌（12.2）

刘坤一函水师各营将弁认真整顿，协力训练。

十一月初三日癸亥（12.3）

刘坤一奏，黄本富、徐传隆2员于沿海、沿江提镇，可期称职。

十一月十六日丙子（12.16）

李鸿章奏，北洋海军奏定章程内开，提标项下应设总察全军军械事务游击、守备各1缺，职司考核各兵船军火利弊，稽查全军收发存储，核计盈绌，兼察各船收发杂械事务，责任綦重，五品军功把总郝艻，管理旅顺军械各库有年，稽核军火极有条理，堪以委署北洋海军提标军械守备员缺。应领薪水照升署例支给，并照章招募书识2名，每名月给口粮银9两；亲兵6名，每名月给口粮银4两5钱，均自本年三月初一日开支。十一月十九日奉朱批：该衙门知道。

十一月十八日戊寅（12.18）

"广丙"首次试航，由林承谟暂时代驾。

十二月初九日己亥（1892.1.8）

军机大臣张之万奏，海署请将海防新捐再展1年，得旨如所议行。

十二月初

"济远"出巡直隶东部一带，十七日回威海。

十二月十八日戊申（1.17）

刘坤一奏，以南洋酌裁兵轮人数，总统一差可暂停止。各兵轮责成两翼长督率操练。原任总统郭宝昌委任办理两江营务处。

十二月二十日庚戌（1.19）

清廷令卞宝第入京觐见，委福州将军兼署闽浙总督希元兼署船政大臣。

同年

据林乐知《各国新政治记》称，本年中国海军占世界第8位，日本占第16位。

光绪十八年壬辰（1892）

三月　李鸿章奏请将海军升署副、参、游、都、守各缺照部章改为补授
五月　谭钟麟兼管船政 / 丁汝昌率北洋海军三访日本
六月　"广乙""广丙"竣工 / 黄翼升任长江水师提督
闰六月　为筹"海军巨款"督抚请奖
七月　杨岐珍任福建水师提督 / 刘坤一筹划南洋水师规模
十二月　"福靖"下水
　　　光绪十五年北洋海防经费报销（第六期）

正月初一日辛酉（1.30）

北洋海军在威海团拜。

正月初八日丙申（2.6）

"济远"回旅顺修理火药舱，五月二十一日进坞，六月初五日出坞。

正月二十二日壬午（2.20）

① 卞宝第奏，光绪十五年正月至十六年底船政经费收支，总管、收银1 027 757两，统支790 207两余，实存银118 209两；又，存用剩钢铁木炭各料价值银119 340两余。

② 卞宝第奏，前学堂制造教习法人迈达，于光绪十二年七月来工，至本年七月期满，拟展留三年。

正月

总理海军事务衙门迁北京西四牌楼粉子胡同新衙署办公。该工程上年十月由奕劻暨海军大臣提出，将奕将军旧宅改建修饰，由广丰、祥茂、天德、兴隆等厂承办。

二月二十三日壬子（3.21）

李鸿章函刘坤一，德使巴兰德称接其外部信云，尊处拟向英国阿摩士庄厂订购铁甲船2只，鱼雷艇数只。因前者德厂建造之"定远""镇远"得力，嘱转商分订。李复以未闻此事，并转告刘坤一留意。

三月二十二日庚辰（4.18）

吕耀斗、严复邀请英国军舰大管轮伊敦、前船政学堂教习邓罗开始对天津水师学堂管轮学堂第三届学生16人进行毕业大考。考试科目包括算术、代数、几何、三角、重学理、重学术、物力水学、水重学、热学、气学、机器实艺、画法手艺、英语、鱼雷学等19项。五日考完。第一名唐文盛，趋向坚韧，初终不懈；第二名何嘉兰，入堂最后，奋猛力追，最堪嘉尚。其余一等5名，二等4名，剩余为三等。

三月三十日戊子（4.26）

李鸿章奏，海军升署各员内，除续保官阶与升署之缺衔缺相当者，已随时奏请改为补授外，尚有升署海军副参、游、都、守各缺方伯谦等6员，计自光绪十五年正月二十四日奉旨准其升署之日起，扣至十八年正月二十三日止，已届三年期满，应照部章改为补授。计开：升署北洋海军中军左营副将委带"济远"快船方伯谦，升署北洋海军中军右营副将委带"靖远"快船叶祖珪,升署北洋海军左翼左营副将委带"经远"快船林永升,升署北洋海军右翼左营副将委带"来远"快船邱宝仁,升署北洋海军左翼右营参将委带"超勇"快船黄建勋,升署北洋海军右翼右营参将委带"扬威"快船林履中,升署北洋海军左翼中营游击充"镇远"船副管驾杨用霖,升署北洋海军右翼中营游击充"定远"船副管驾李鼎新,升署北洋海军右翼中营游击充"定远"船总管轮余贞顺,升署北洋海军精练右营游击委带"敏捷"练船戴伯康,升署北洋海军提标都司充督队船大副吴应科,升署北洋海军左翼中营都司充"镇远"船帮带人副何品璋,升署北洋海军左翼中营都司充"镇远"船大管轮王齐辰,升署北洋海军右翼中营都司充"定远"船帮带大副江仁辉,升署北洋海军右翼中营都司充"定远"船大管轮陈楠,升署北洋海军中军中营都司充"致远"船帮带大副陈金揆,升署北洋海军中军中营都司充"致远"船总管轮刘应霖,升署北洋海军中军左营都司充"济远"船帮带大副沈寿昌,升署北洋海军中军左营都司充"济远"船总管轮梁祖全,升署北洋海军中军右营都司充"靖远"船总管轮林登亮。升署北洋海军左翼左营都司充"经远"船总管轮孙姜,升署北洋海军右翼左营都司充"来远"船帮带大副林文彬,升署北洋海军右翼左营都司充"来远"船总管轮任廷山,升署北洋海军左翼右营都司充"超勇"船总管轮黎星桥,升署北洋海军后军前营都司调带"平远"快船李和,升署北洋海军后军右营都司调带"镇中"炮船蓝建枢,升署北洋海军鱼雷左一营都司委带"左队一"号鱼雷艇蔡廷干,升署北洋海军提标守备充督队船二副冯荣学,升署北洋海军左翼中营守备充"镇远"船枪炮大副曹嘉祥,升署北洋海军左翼中营守备充"镇远"船鱼雷大副汤金城,升署北洋海军左翼中营守备充"镇远"船炮务二副陈成捷,升署北洋海军左翼中营守备充"镇远"船炮务二副沈权钤,升署北洋海军左翼中营守备充"镇远"船二管轮刘冠南,升署北洋海军右翼中营守备充"定远"船鱼雷大副徐振鹏,升署北洋海军右翼中营守备充"定远"船枪炮大副、调充广东"广甲"兵船操练大副宋文翙,升署北洋海军右翼中营守备、调署精练右营守备、充"敏捷"船帮带大副陈镇培,升署北洋海军右翼中营守备充"定远"船二管轮陈兆锵,升署北洋海军右翼中营守备定"充远"船二管轮林敬先，升署北洋海军中军中营守备充"致远"船枪炮二副周展阶，升署北洋海军中军中营守备充"致远"船大管轮曾洪基，升署北洋海军中军中营守备充"致远"船大管轮郑文恒，升署北洋海军中军左营守备充"济远"船驾驶二副黄祖莲，升署北洋海军中军左营守备充"济远"船枪炮二副柯建章，升署北洋海军中军左营守备充"济远"船大管轮黄胜，升署北洋海军中军左营守备充"济远"船大管轮郑朝宗，升署北洋海军中军右营守备充"靖远"船大管轮任正申，升署北洋海军中军右营守备充"靖远"船大管轮张玉明，升署北洋海军中军右营守备充"靖远"船鱼雷大副陈成金，升署北洋海军左翼左营守备充"经远"船大管轮卢文金，升署北洋海军左翼左营守备充"经远"船大管轮陈申炽，升署北洋海军左翼左营守备充"经远"船鱼雷大副李联芬，升署北洋海军左翼左营守备充"经远"船驾驶二副陈京莹，升署北洋海军左翼左营守备充"经远"船枪炮二副韩锦，升署北洋海军右翼左营守备充"来远"船鱼雷大副张哲溁，升署北洋海军右翼左营守备充"来远"船驾驶二副谢葆璋，升署北洋海军右翼左营守备充"来远"船枪炮二副唐春桂，升署北洋海军左翼右营守备充"超勇"船帮带大副翁守瑜，升署北洋海军左翼右营守备充"超勇"船大管轮邱庆鸿，升署北洋海军右翼右营守备充"扬威"船帮带大副郑文超，升署北洋海军精练左营守备充"康济"船帮带大副翁祖年，升署北洋海军精练右营守备、调充广东"广甲"兵船帮带大副吴敬荣，升署北洋海军鱼雷左二营守备委带"左队二"号鱼雷艇李士元，升署北洋海军鱼雷右一营守备委带"右队一"号鱼雷艇徐永泰，升署北洋海军鱼雷右二营守备委带"右队二"号鱼雷艇刘芳圃。四月初三日奉朱批，该衙门知道。

四月上旬

丁汝昌率"定远""镇远"等舰抵福建船政修理，至下旬离去。

五月十六日癸酉（6.10）

① 李鸿章奏，光绪十五年北洋海防报销折，连旧管79 721两，共实际收银1 077 850两，支银997 183两，结余银80 667两。

② 李鸿章奏，刘含芳于光绪七年经派驻山东威海卫及奉天旅顺口相度形势，建置炮台，创设水师重镇，十七年三月蒙简放甘肃安肃道。因该道久驻海口，实难骤易生手，奏请暂留旅顺，以重要防。现又奏明

该员于登莱所属之烟台、胶州筹建炮台，若使其久于其地，实于畿疆门户关系匪轻。请遇有北洋所辖海疆道员缺出，酌量调补。

五月二十八日乙酉（6.22）

清廷委闽浙总督谭钟麟兼管船政事务。

五月二十九日丙戌（6.23）

丁汝昌率北洋"定远""致远""靖远""经远""来远""威远"6舰抵日本长崎。六月初四日，"靖远""来远"开元山、海参崴。"致远""威远"驶往横滨。初八日，"致远""威远"抵达横滨。初十日管带邓世昌、林颖启赴东京拜访驻日使馆，参赞吕增祥、随员郑孝胥宴请。十一日，随舰的海军学生参观日本海军省。十二日，横滨知事在官邸招待丁汝昌、邓世昌、林颖启等，水兵上岸。十四日，邓世昌、林颖启获邀参加日舰"秋津洲"下水典礼。十五日，"致远""威远"自横滨出港往长崎，与"定远"会合。

六月初六日壬辰（6.29）

两广总督李瀚章奏，"广乙""广丙"于四月竣工，现派林国祥管带"广乙"，程璧光管带"广丙"，皆已选募官弁，并派余雄飞统带赴北洋随同操演。"广甲"拟改派吴敬荣管驾。"广丁""广辛""广壬""广癸"前奏缓办，今后倘有财力，拟继续添制中号兵轮一二艘。

六月十三日甲辰（7.11）

李鸿章奏请将已故广东巡抚刘瑞芬付史馆。称刘任驻英大臣期间，对外洋新式器械究心不已，近年英人增设兵船，添练学生，限制外国留学，每国不得超过3人。时中国学生16人业已出洋，力拒不受，刘多方沟通，选募优秀洋员来华服务，并允将学生分派海口练习。中国海军得教练之益而无挟制之患，学生得肄业之所而无往返之烦。

六月二十三日己酉（7.16）

① 长江水师提督李成谋因病解职，以前长江水师提督黄翼升为长江水师提督。

② 丁汝昌率"定远""致远""威远"等3舰抵朝鲜釜山，"经远"由长崎回威海。

六月三十日丙辰（7.23）

① 丁汝昌率"定远"等4舰出仁川回威海。

②"济远"回威海。

闰六月初五日辛酉（7.28）

奕劻等奏，各省认筹北洋发商生息之海军经费260万两已扫数解清，汇存生息（内广东100万两，两江70万两，湖北40万两，四川、直隶各20万两，江西10万两）。谨将筹解巨款各督抚，衔名并列，请予奖励。谕：筹办海军巨款，李鸿章悉心筹划，独任其难；张之洞力顾大局，殊堪嘉尚。均着交部从优议叙。李瀚章、沈秉成、裕禄、刘秉璋、崧骏、刚毅、奎斌、谭继洵、德馨、松椿、许振祎、崧蕃、王之春、成允、瑞璋、邓华熙、陈宝箴、方汝翼、周馥、福裕、江人镜，均着交部议叙。

闰六月二十日丙子（8.12）

李鸿章奏，旅顺口内建造大石船坞并船澳厂库各工，于光绪十六年秋间告竣，全坞所管机器、吸水、钢铁、锅炉、木工、舢板各厂，兼管存储料物、煤炭各库，暨电灯、泊岸、艇棚各项事宜，在在需人。统计员司、弁目、匠徒、夫役人等，每年额支薪粮公费等项，约需银9万余两。自光绪十六年八月初一日起支，在北洋海军经费项下按月拨给。其每年采购料物，应视工程多寡购备存储，实用实销。北洋创办海军，从前无修船巨坞，必须驶赴日本国、香港各洋厂。自旅顺造办石船坞，各战舰均可就近修理，洵为海军根本至计。旅顺船坞每年工料经费银20万两，原定经费实有不敷，准核实估定，另行添拨。至"镇远""定远"等船行驶有年，船身、机器应修之处，不特将来大修必须另行请款，即岁修遇有情形较重之处，亦须添雇匠役修理。以后续增舰艇，添建厂库，用人较多，薪费应照章酌加。

七月初二日丁亥（8.23）

清廷任命浙江海门镇总兵杨岐珍为福建水师提督。

七月三十日乙卯（9.20）

刘坤一函李鸿章预筹南洋水师规模，拟购"致远""靖远"之式快船2号，雷艇数号，合之原有兵轮，分布长江下游。

八月十六日辛未（10.6）

李鸿章函刘坤一，初议海军分为四部，闽广本系一支。醇亲王前议划分南北洋，则南洋辖境规模过于阔大。今则无人更理旧论，若照来示购舰，经费需200万两，筹措困难。北洋海军规模虽云初具，比之西洋之式，亦仅可云半支。若论扩充，密察目前情形，恐非十年内所能办到。

八月十八日癸酉（10.8）

"济远""平远""扬威"3舰由威海出巡直东洋面，经烟台、庙岛、祁口、北塘、营口、复州、长兴岛、金州至旅顺洋面。九月初十日前抵并赴大连湾打靶。

八月二十二日丁丑（10.12）

李鸿章函刘坤一，黄翼升担任长江水师提督，可将江南盐巡道存银12万两之每年息银余额6 000余两，拨归作为巡阅犒赏之用。

八月二十七日壬午（10.17）

① 湖广总督张之洞奏，因南洋裁减兵轮，"测海"拨归湖北留用，自本年正月起，由鄂供支薪粮。旋又将"金瓯"拨归湖北，四月起薪粮归鄂支发。现拟将光绪十五年由粤调鄂归铁政局使用之"楚材"兵轮改归善后局，三舰用于巡缉地方、弹压口岸。

② 江南水师学堂总办桂嵩庆禀请刘坤一，特委三品衔协理江南制造总局翻译馆译书事务傅兰雅主持五天大考。

九月初六日辛卯（10.26）

① 丁汝昌乘"镇远"离威海去大连湾，待各舰会齐，大操打靶。

② 刘坤一至江南水师学堂考试学生技艺，学生总成绩皆过总分。

九月二十三日戊申（11.12）

"济远"等舰回威海。

九月二十五日庚戌（11.14）

吕耀斗、严复、罗丰禄及洋员邓罗对天津水师学堂驾驶学堂第四届学生庄仁松等19人进行毕业大考。考试科目包括天文推步、天文测算、天文阐理、驾驶理法、风涛潮汐、几何、代数、平弧三角、力学、英语等10项。考试至二十九日结束。

十月初六日庚申（11.24）

命福建水师提督杨岐珍来京陛见。

十月二十一日乙亥（12.9）

① 李鸿章奏，北洋海军提标总察轮机参将员缺，前经奏请以海军左翼

中营游击陆麟清升补，所遗左翼中营游击充"镇远"船总管轮，由该营都司充"镇远"船大管轮事、升用游击王齐辰升补。所遗该营都司充"镇远"船大管轮，由该营守备充"镇远"船二管轮事补用都司刘冠南升补。所遗该营守备充"镇远"船二管轮，由该营千总充"镇远"三管轮事吴金山升补。十月二十四日奉朱批：该衙门议奏。

② 又奏，请将前借南洋及广东各轮守备、千总开缺，改归南洋、广东等省分别插补。提标守备充督队船二副冯荣学，调充广东"广乙"船驾驶二副。右翼中营守备充"定远"船枪炮大副宋文翱，调充广东"广甲"船帮带大副。中军左营守备充"济远"船驾驶二副黄祖莲，调充广东"广丙"船帮带大副。精练右营守备充"敏捷"船帮带大副事吴敬荣，调充广东"广甲"船管带官。中军中营千总充"致远"船船械三副郑纶，调充南洋"虎威"炮船管带官。候选县丞借补中军右营千总充"靖远"船船械三副温朝仪，调充广东"广乙"船帮带大副。右翼左营千总充"来远"船船械三副蔡灏元，调充广东"广丙"船驾驶二副。右翼左营千总充"来远"船二等管轮詹成泰，调充广东"广丙"船大管轮。

十月二十六日庚辰（12.14）

"镇远""济远""威远"开往上海，十一月十三日开往福州。十二月初五日到香港。十二月二十八日回抵厦门过年。

十一月初五日己丑（12.23）

李鸿章奏，升署海军都司许启邦等10员，自光绪十五年九月二十八日奉旨准其升署之日起，至十八年九月二十七日止，三年期满，巡防出力，照部章改为实授。升署左翼中营都司充"镇远"船大管轮许启邦，升署右翼中营都司充"定远"船大管轮孙辉垣，升署右翼右营都司充"扬威"船总管轮陈乔，升署中军中营守备充"致远"船鱼雷大副林立金，升署左翼中营守备充"镇远"船驾驶大副王珍，升署左翼中营守备充"镇远"船二管轮杨品棠，升署右翼左营守备充"来远"船大管轮陈祥甸，升署右翼右营守备充"扬威"船大管轮陈诗兰，升署鱼雷左三营守备委带左队三号鱼雷艇孙士智，升署鱼雷右三营守备委带右队三号鱼雷艇曹保赏，以上10员均请照章改为实授。北洋海军中军右营守备充"靖远"船鱼雷大副事陈成金，久历风涛，熟悉驾驶事务。

中军右营守备充"靖远"船驾驶二副事祁凤仪,通晓洋文,谙练鱼雷事务。请将该2员对调差遣。十一月初八日奉朱批:该衙门知道。

十一月十九日癸卯(1893.1.6)

① 卞宝第奏,闽厂试造钢甲兵船告成,在工员绅请按异常劳绩奖叙。又奏,船政衙门自光绪十三年四月"镜清"告成请奖,迄今已逾五年,期间建造"广甲""广乙""广丙""广丁""平远"5舰,并修理各处兵轮,请予奖叙。又奏,数年来在工病故者20余员,请予优恤。

② 卞宝第奏,船政前学堂法员迈达,同治七年来华教习十二年,光绪十二年七月续聘到工,仍充教习,请赏二品衔,以资鼓励。

十一月二十五日己酉(1.12)

李鸿章奏,德国军官汉纳根报效北洋,差满回国,请比照总教习赏给二等第三宝星。

十二月十八日壬申(2.4)

① 奕劻奏,昆明湖水操内外学堂先后告竣,请予在事人员奖励。

② 清廷以海军衙门创办水师内外学堂著有成效,予镶蓝旗蒙古都统恩佑、道员王福祥等优叙。

十二月十九日癸酉(2.5)

李鸿章奏,北洋海军"湄云"轮船管驾官副将衔游击屠用裕,蓝翎守备何能治,海军中军左营千总王锦春,把总康永瑞,海军管轮五品顶戴陈伯常,海军左翼委员选用县丞林振声等6员弁,均在海军舟次积劳身故,请从优议恤。

十二月二十九日癸未(2.15)

闽浙总督谭钟麟奏,建筑厦门炮台购置钢炮需款甚巨,请暂缓海防捐一年。清廷从之。

光绪十九年癸巳（1893）

三月　　　李鸿章与刘坤一论南洋购舰
八月　　　刘含芳兼管北洋海军营务 / 李鸿章论日本岁增铁舰，处处胜我一筹
十一月　　北洋水师天津总医院开办 / 严复任天津水师学堂总办
十二月　　筹划北洋军舰大修
　　　　　光绪十六年北洋海防经费报销（第七期）

正月初六日庚寅（2.22）

北洋"镇远""济远""威远"3舰抵福州，十二日开上海，十五日到。二十九日离上海，二月初二日到威海。

正月十四日戊戌（3.2）

"镇远"停泊在吴淞口三夹水地方，海军提标管轮参将陆麟清乘小船往各舰查验锅炉，失足落水身亡。

二月二十日癸酉（4.6）

朝鲜东学党人进入汉城，要求国王驱逐倭人。袁世凯电李鸿章速遣2舰前来弹压。李鸿章调"靖远""来远"前往仁川。

二月二十三日丙子（4.9）

清廷予因公漂没海军管轮参将陆麟清优恤。

二月二十九日壬午（4.15）

刘坤一以黄翼升年龄已74岁，密保浙江陆路提督黄少春接任长江水师提督。

三月初七日己丑（4.22）

李鸿章函刘坤一，南洋添制兵轮，刻不容缓。近来中国对此事逐渐考订，不至如从前初购之受亏。

三月二十八日庚戌（5.13）

① 李鸿章奏，北洋海军中军中营守备充"致远"鱼雷大副林立金，因病呈请开缺，请由该营守备充该船驾驶二副薛振声调补。所遗员缺，由该营守备枪炮二副周展阶调补。递遗之缺，由该营千总舢板三副黄乃模升补。

② 李鸿章奏，北洋海军实缺守备千总等8员，调赴南洋广东各轮船差遣，一时未能调回，请将各员开缺，改归江南广东分别插补，奉朱批着照所请，所遗北洋海军各缺，自应遴选序补，以实营伍而裨操防。提标守备充督队二副冯荣学遗缺，请以现署是缺尽先把总赵文锦升署。右翼中营守备充"定远"枪炮大副宋文翱遗缺，请以现署是缺花翎补用守备沈寿堃补授。中军左营守备充"济远"驾驶二副黄祖莲遗缺，请以现署是缺中军左营千总何广成升补。所遗中军左营千总充"济远"舢板三副员缺，请以现署是缺尽先拔补千总杨建洛补授。精练右营守备充"敏捷"帮带大副吴敬荣遗缺，请以调署是缺右翼中营守备陈镇

培调补。所遗右翼中营守备充"定远"炮务二副员缺，请以右翼中营千总高承锡升补。递遗右翼中营千总充"定远"船械三副员缺，请以现署右翼中营守备五品军功尽先拔补千总蒋拯拔补。中军中营千总充"致远"船械三副郑纶遗缺，请以现署是缺尽先拔补千总谭英杰拔补。候选县丞借补中军右营千总充"靖远"船械三副温朝仪遗缺，请以现署是缺本任后军前营把总郑祖彝升补。右翼左营千总充"来远"船械三副蔡灏元遗缺，请以现署该营千总充"来远"舢板三副本任后军右营把总邱文勋升补。所遗右翼左营千总充"来远"舢板三副员缺，请以现署该营千总充"来远"船械三副六品军功戴锡侯调署。右翼左营千总充"来远"二等管轮事詹成泰遗缺，请以现署是缺该营把总陈嘉寿升补。所遗右翼左营把总充"来远"三等管轮员缺，请以现署是缺尽先把总杨春燕拔补。

三月三十日壬子（5.15）

李鸿章又派"济远""经远"赴仁川候袁世凯调度。

四月初六日戊午（5.21）

英国驻华公使欧格纳（N.R.O'conor）赴朝鲜汉城，晤袁世凯，劝开口岸防俄，聘英人为朝鲜水师教习。

四月十五日丁卯（5.30）

以传授制造栗色火药技术，李鸿章奏请赏天津机器局德国教习沙尔富四品顶戴，三等第三宝星。

四月十六日戊辰（5.31）

"济远"开回威海，十七日到。

四月十九日辛未（6.3）

谭钟麟奏，接海署议复，前褒"平远"钢甲轮船一案，请奖至58人之多，未免漫无限制。只准找异常劳绩酌褒数员，其余汇入五年例褒案内，照寻常劳绩给奖。兹据提调杨廷传禀称，钢甲船试造之初，以魏瀚、郑清濂、吴德章监造船身，陈兆翱、李寿田、杨廉臣监造船机；沈翙清稽查厂务、催促赶工；制成之后赴津交收，沈贞幹总其成。拟以此8员按异常劳绩奖叙。

五月十二日癸巳（6.25）

"济远"开往旅顺，二十一日进坞，二十九日出坞。

五月二十八日己酉（7.11）

李鸿章奏光绪十六年北洋海防报销折，连旧管银80 667两，共收银1 468 545两，总支银1 426 038两，结余42 506两。又奏铁舰快船俸薪片。

六月十七日丁卯（7.29）

李鸿章函刘坤一，南洋议购兵船，使臣总其大要，仍须有监造得力之员。南洋无人，可由船政借用，从前"南琛""南瑞"诸弊，左宗棠委令洋行包办，自家全不理会，故致如此。北洋在英、德订造各船，由李凤苞、曾纪泽、许景澄经手，到华与合同相符。又说北洋近年军舰迄今未有续增。比之西洋海军，实未足成一队。日本岁增一二新式快船，中土能无愧憾？

七月初四日甲申（8.15）

① 李鸿章奏，升署精练左营守备充"康济"操练大副郑汝成请予以实授。

② 李鸿章奏，北洋随办洋务人员3年期满，请予奖励。二品顶戴分省补用道罗丰禄请予以一品封典。

七月初十日庚寅（8.21）

出使英国大臣薛福成奏，请酌派军舰，保护外洋华民。

七月十四日甲午（8.25）

李鸿章函海署，天津水师学堂考校昆明湖水师内学堂学生，得分在180分以上者24名，拟留堂学习，准备派上练船。11名学习成绩不合格者，拟请咨送回旗。

八月初四日癸丑（9.13）

准总署议复薛福成奏折，中国兵船不多，现尚不敷分布。若添拨兵轮，由商筹费，亦非政体，且恐别生事端。俟日后体察情形，再行筹办。

八月十六日乙丑（9.25）

李鸿章委山东登莱青道刘含芳兼管北洋海军营务。

八月二十日己巳（9.29）

谭钟麟奏，船政提调杨廷传在局日久，瞻徇太甚，呼应不灵，现在辞差，另委福建即补道杨正仪总办局务。

八月二十七日丙子（10.6）

李鸿章复函总理两江营务处郭宝昌，承询"致远""来远"，自以"来远"更为坚致。当时奉旨在英德两厂各订快船两艘，曾纪泽力主阿摩士庄厂之说，指摘伏尔铿厂甚苛，及4船造成，则德船实驾英船之上。德厂各事均由许景澄经理，许于船学确有研究，非同时诸人所及。

九月初六日乙酉（10.15）

李鸿章复函出使日本大臣汪凤藻，称日本蕞尔小国，而能岁增铁舰，所制专与华局比较，我舰行15海里，彼则行16海里。"定远""镇远"大炮口径30.5厘米，彼"松岛"等舰则配34厘米大炮并快放炮，处处胜我一筹。盖以全国之力注于海军，其国未可量也。

九月二十六日乙巳（11.4）

李鸿章奏，变通学艺期限，将京津两水师学堂学生学业展延一年半。

十月十九日丁卯（11.26）

李鸿章函奕劻，天津机器局二品衔补用道员傅云龙，拟比照从前潘道骏德兼充内学堂总办成案，派其兼充海军衙门帮总办上行走差使。

十一月初一日己卯（12.8）

天津储药施医总医院开院试办，向海军、炮台官兵和贫民提供服务。该院在天津城外建造医院房屋180余间。又在总医院内设西医学堂，为师生建房78间，由林联辉担任总办，聘请英国医官欧士敦来津，与洋汉文教习共同拟定课程，设头、二班进行授课。

十一月初九日丁亥（12.16）

"福靖"穿甲舰首次试航，由林承谟暂时代驾。旋派"艺新"管驾、都司杨永年任管驾。

十一月十一日己丑（12.18）

两广总督李瀚章奏，购黄埔地方洋人旧船坞，修造工竣，作"广甲""广乙""广丙"检修之所。此项工需系用官绅造船捐款。又奏，船局现无兴造之事，应行裁撤，所有船坞器具，就近归并雷局照料。

十一月二十五日癸卯（1894.1.1）

李鸿章奏，因北洋海军提标参将稽查全军轮机事务陆麟清因公漂没，所遗员缺，由升用参将海军右翼中营游击充"定远"总管轮余贞顺升补。海军精练前营守备充"威远"大管轮黄应元久病不愈，应请开缺，由尽先守备该船二管轮千总陈国昌升补。

十一月中旬

"广甲""广乙""广丙"南下上海。

十一月

严复担任天津水师学堂总办,洪恩广任会办。

十二月十三日辛酉(1.19)

"广甲""广乙""广丙"回粤。

十二月十八日丙寅(1.24)

李鸿章函海署,北洋海军共计25舰,有大小锅炉81座,拟分年更换,约需经费84万两。同时,军舰大修,需费60万两,加之旅坞添置机器厂房,总计需费150万两。拟自二十一年起,每年筹拨银15万两,至二十年止。

同年

① 薛福成奏"强邻环伺谨陈愚计疏",论及海军除北洋外,推行未广。今日不在骤拓规模,而在简核名实;不在遽添船炮,而在增练才艺。

② 谭钟麟将广东水师诵堂改名为黄埔水师学堂。

光绪二十年甲午（1894）

二月　北洋军舰筹换新炮

三月　刺杀金玉均事件

四月　李鸿章校阅北洋海军 / 对北洋海军装备落后的预感 / 东学党起义 / 朝鲜国王请求清政府派兵 / 日本劝诱中国出兵 / 日本组建联合舰队

五月　清军赴朝 / 日本提出"改革"朝鲜内政 / 李鸿章命添派军舰赴朝

六月　日本决定对华发动战争 / 李鸿章谋求外交调停 / 谋划采购外国军舰 / 日本进攻朝鲜王宫 / 丰岛之战 / "高升"被击沉

七月　中日宣战 / 丁汝昌革职及回护

八月　黄海海战 / "超勇""扬威""致远""经远"沉没 / 黄建勋、林履中、邓世昌、林永升殉国 / 杀方伯谦

九月　奕䜣总理海军事务 / 南洋军舰拒绝北上 / 拟定《海军惩劝章程》/ 奖励海战出力将士洋员

十月　汉纳根建议整顿海军 / 慈禧太后六旬大庆 / 命马格禄帮办海军 / "镇远"擦伤，林泰曾自杀 / 边宝泉兼管船政 / 旅顺失守 / 李鸿章革职留任

十一月　丁汝昌拿刑部治罪 / 刘步蟾暂署海军提督

十二月　命刘坤一节制关内外各军 / 拟用马复恒、徐建寅统领海军 / 日军荣成湾登陆 / 李鸿章要求保全海军战舰 / 威海防御之争
　　　　光绪十七年北洋海军报销案（第八期）

正月十三日辛卯（2.18）

以本年慈禧太后六旬庆辰，庆郡王奕劻晋封为庆亲王，大学士李鸿章赏戴三眼花翎，长江水师提督黄翼升、镶蓝旗蒙古都统恩佑赏加太子太保衔，定安及刘坤一赏戴双眼花翎，北洋海军提督丁汝昌赏加尚书衔，北洋海军左翼总兵林泰曾、右翼总兵刘步蟾赏宝寿字1方、大卷八丝绸2匹。

正月十九日丁酉（2.24）

刘坤一奏，南洋向德国伏尔铿、什好船厂订购鱼雷炮艇4艘，连同鱼雷、炮位、弹药共约银40万两。

正月二十六日甲辰（3.3）

丁汝昌率北洋6舰抵新加坡访问。

正月二十九日丁未（3.6）

日本在英国阿摩士庄公司订购的"吉野"巡洋舰抵吴港，该舰上年9月30日完成接收，11月25日离开英国波特兰德（Portland）回国。

二月初五日壬子（3.11）

丁汝昌率北洋6舰前往麻（马）六甲、槟榔屿等处访问。

二月十七日甲子（3.23）

清廷派李鸿章、定安认真会操海军。

二月十八日乙丑（3.24）

丁汝昌率舰队由新加坡北返。

二月二十五日壬申（3.31）

李鸿章奏，"定远""镇远"舰原设大小炮位均系旧式，"济远"仅配大炮3尊，炮力单薄，"经远""来远"尚缺尾炮，"威远"原设阿式前膛炮，现拟改换克虏伯新式后膛炮，共需新添炮位21尊，需银613 040两。因海署、户部经费支绌，拟先换"定远""镇远"二舰快炮12尊，需银334 000余两，由备用款内分年拨付。

二月二十六日癸酉（4.1）

李鸿章函定安：昨接海署咨会，定安将同李鸿章共同校阅北洋海军。拟四月上旬由津赴旅。丁汝昌统率军舰，昨从新加坡北返，三月望后可抵津。

二月

① 刘坤一函李鸿章，本年南北洋会操，已饬左右翼长统带6舰前往天津，请转饬丁汝昌赐之教督。一切进止，皆以北船为标准。

② "广甲"出巡越南及沿海各府，二月望后返抵黄埔。

三月初二日己卯（4.7）

① 李鸿章函海军衙门帮总办章京傅云龙，先拟四月初三日出巡。前奉懿旨，新制小轮船，五月内可造成，届时由通州陆运至昆明湖。秋间祝嘏入都，须赴颐和园伺候，前承庆王安排，在海军公所居住，请将公所草图及房间情况寄来。

② "威远""靖远"2舰载金玉均尸体及洪钟宇赴朝鲜。先是，朝鲜事大党派洪于二月二十二日刺杀开化党人金玉均于上海。事后洪被捕获。

三月初三日庚辰（4.8）

因朝鲜人李逸稷奉命在日本谋刺开化党人朴泳孝未成，逃匿朝鲜使馆，日本派人强行搜索。朝鲜使臣俞箕焕闭馆回国。日本玄洋社等团体称系中国指使，鼓吹对华宣战。

三月初四日辛巳（4.9）

袁世凯电李鸿章，日本驻朝公使大鸟圭介毫无滋事端倪。

三月十二日己丑（4.17）

① 李鸿章函定安，本次海军校阅，他四月初三日离津，顺道先阅小站盛军及大沽各军营操练，事竣出海。届时先派洪恩广乘商轮赴营口迎接。

② 朝鲜将金玉均尸身凌迟。日本浪人集团在朝大事活动，寻找挑战借口。

三月二十二日己亥（4.27）

① 丁汝昌率北洋舰队返回天津。

② 李鸿章以前出使美、西、秘大臣崔国因曾阅看美国及欧洲水师阅操，并访求英美海军章程，颇知奥窍，本次校阅海军，请饬令该大臣随同前往。上谕准崔国因大考后即行赴津。崔国因旋于四月初十日出京，十三日到威海卫，随同前往胶州澳、烟台、山海关阅视炮台。

四月初一日丁未（5.5）

海军衙门奉旨，诸成博奏交该衙门妥善酌办，复奏称，如有必须购自外洋之船只炮械，无论何项物件，均须遵照定章请旨，俟核准后再行

威海卫炮台

知照南北洋大臣转咨出使大臣照章核办。

四月初三日己酉—二十三日己巳（5.7—5.27）

按海军章程，三年一次校阅海军。李鸿章本日率刘含芳、刘汝翼、龚照玙自天津启程赴小站。初五日到大沽，初六日出海，初七日抵旅顺，与定安会齐。十一日至大连湾，十九日至胶州湾，二十日至烟台。是晚，定安渡海赴营口还奉天。二十一日李鸿章至山海关，二十三日由铁路还天津。丁汝昌调集"定远""镇远""济远""致远""靖远""经远""来远""超勇""扬威"及"威远""康济""敏捷"练船；余雄飞统率广东"广甲""广乙""广丙"；袁九皋、徐传隆分带南洋"南瑞""南琛""镜清""寰泰""保民""开济"阅操。其中，十三日夜在大连湾以鱼雷6艇演试袭营阵法，十四日"定远""镇远""济远""致远""靖远""经远""来远""广乙""广丙"在青泥洼验放鱼雷，均能命中破的。午后各舰至三山岛打靶。十七日在威海卫调集北洋军舰小队登岸，操练陆路枪炮阵法，并令"威远""敏捷""广甲"操演风帆。夜间合操，水师全军万炮齐发，起止如一。英、法、俄、日军舰来观，均称节制精严。李鸿章在十日、十三日、十七日三次会见英国驻中国

1894年5月,北洋海军军舰在阅操中行驶

1894年5月,李鸿章最后一次在大连湾观看北洋海军阅操。画面中正是"定远"级铁甲舰

舰队司令斐利曼特尔（Vice Admiral E.Fremantle），又派罗丰禄、志俊、张士珩等分考旅顺口之鱼雷、驾驶学堂、管轮学堂、水雷营学堂、大连湾之水雷营、威海卫绥巩军之枪炮学堂、南北岸水雷学堂、刘公岛水师学堂、山海关武备公所及水雷营，勘察海口炮台、船坞、厂库工程情形。四月二十五日，李鸿章奏巡阅海口情形，称西洋各国船式日新月异，即日本蕞尔小邦，犹能节省经费，岁添巨舰。中国自光绪十四年北洋海军开办以来，迄今未添一船，恐后难为继。

四月初四日庚戌（5.8）

袁世凯电李鸿章，朝鲜全罗道东学党起义，朝鲜求调驻防仁川之"平远"舰，载韩兵赴格浦海口登岸。李电丁汝昌照办。

四月初八日甲寅（5.12）

袁世凯电李鸿章，"平远"五日在群山卸兵，东学党闻讯瓦解。仍有数千人据山自保。

四月十八日甲子（5.22）

日本驻朝临时代理公使杉村濬致函外相陆奥宗光，指出如东学党之乱失控，朝鲜或被迫进行内政改革，或借清兵助剿。一旦清兵入韩，朝鲜未来形势变化之趋势莫测。建议为保护日本官民及为保持日清两国之均衡，以保护使馆名义，按旧约出兵；或清军虽入韩，日本政府亦不必另下派兵命令。建议外务省预先审议。

四月二十一日丁卯（5.25）

前因御使诸成博奏，嗣后各省需用军械，概在中国定铸，不准向外洋购买。诏命海署复奏。海署奏称，嗣后各省需用军械，先尽南北洋、湖北各厂制造。如有必须购自外洋之船只炮械，无论何物，均需遵照定章请旨，俟核准后再知照南北洋大臣转咨出使大臣核办，不得率行派员购买。又奏，请饬各省造报各营炮台、官兵饷糈、器械、军火、船只。

四月二十二日戊辰（5.26）

袁世凯电李鸿章，日本使馆译员询韩，"平远"来韩何为？韩答借送韩兵。问华兵下岸否？答以不下。日称若下岸须按1885年《天津条约》知照日本。

四月二十五日辛未（5.29）

① 李鸿章奏，北洋各口大沽、北塘、山海关、旅顺、大连湾、威海等处均已设有雷营，现请添设烟台、胶澳两口，各设水雷弁兵一营，各制布雷艇1艘，岁共需银36 000余两。请从东海关洋药厘金项下列支。

② 以总税务司赫德历年设立警船、灯塔、浮桩共260余处，如北洋之大沽、曹妃甸、辽河口、镇珧岛、成山头、崆峒岛、猴矶岛及与丁汝昌商同添造旅顺老铁山、威海卫赵北嘴等处，均属险要地方，于水师行驶、商船人货获益匪浅，请传旨嘉奖。上谕允之。

四月二十七日癸酉（5.31）

① 清廷以海军办理渐著成效，李鸿章督率有方，交部议叙。各将领着准择优保奏。

② 朝鲜东学党农民起义军占领全罗道首府全州。
③ 朝鲜国王请求清政府派兵协助镇压起义。

四月二十八日甲戌（6.1）

① 日本驻朝使馆翻译郑永宁询袁世凯，中国政府何不出兵？袁以实告，郑急电本国，希望日本同时出兵。
② 李鸿章电总署，候朝鲜求援政府文转到，即派叶志超带队前往，并派海军4舰赴仁川、釜山各口援护。

四月二十九日乙亥（6.2）

① 日本决定借机派大岛义昌率一旅团出兵朝鲜，同时令海军组织联合舰队赴朝。
② 日本常备舰队司令长官伊东祐亨海军中将率"松岛""千代田""高雄"3舰访问福州，次日接国内电报，即展轮回国，未及拜访闽浙总督谭钟麟。

四月三十日丙子（6.3）

① 朝鲜政府正式致文，请求中国派兵赴朝镇压东学党起义。
② 日本署理驻朝署使杉村濬晤袁世凯，劝诱中国出兵。
③ 李鸿章与日本驻天津领事荒川己次晤谈，称不可轻易干涉朝鲜国内之事，但若国王无力镇压叛乱之时，再请援助，责无旁贷。

四月

广东诸舰南归。"广甲"奉命遵例解运荔枝进御。

五月初一日丁丑（6.4）

① 李鸿章电军机处，已饬丁汝昌派"济远""扬威"2舰赴朝鲜仁川，并调叶志超、聂士成部1 500人坐招商局轮船进入朝鲜。
② "广甲"驶抵广州黄埔。时粤东、香港鼠疫流行，广东军官不敢留粤，自请北上。
③ 袁世凯派书记官蔡绍基通知杉村濬，朝鲜已正式向中国发出邀请援兵文书。杉村随即致电陆奥宗光，请急速派来日本士兵。
④ 陆奥宗光训令驻朝公使大鸟圭介，日本将向朝鲜派兵，如中国官吏问起出兵理由，可答按照《天津条约》第三款，保卫日本使领馆和侨民生命财产。

五月初二日戊寅（6.5）

① 日本于参谋本部设大本营，制定消灭北洋舰队，夺取黄海制海权，控制海上运输线，进而与清军在直隶决战的计划。日使大鸟圭介自日本乘"八重山"舰从横须贺返朝。

② 下午，"济远""扬威"2舰抵仁川，合"平远"为一小队，以"济远"为队长。

五月初三日己卯（6.6）

① 李鸿章电出使日本大臣汪凤藻，根据光绪十一年议定天津专条，备义将清政府派军赴朝之事知照日本。

② 清政府派聂士成率900人乘"图南"轮，由"超勇"舰护航赴朝。

五月初四日庚辰（6.7）

① 日本驻朝署使杉村濬通知袁世凯，日本派兵赴朝。

② 日本驻天津领事荒川己次晤李鸿章，告知日本派兵赴朝保护使领馆及侨民。李鸿章告以汉城、仁川、釜山现皆安静，日本似不必派兵。如已派，断不可多，不可入内地，致华、日兵相遇生衅。

③ "济远"舰管带方伯谦接袁世凯及丁汝昌电，有日舰赴牙山之海口，于3舰中酌派1舰前往。次日辰刻，派"平远"往牙山。

五月初五日辛巳（6.8）

聂士成部抵朝鲜牙山。下午，叶志超部乘"海晏""海定"2轮由山海关赴朝。"海晏"于初六日、"海定"于初七日分别在牙山湾洪州换船登岸。

五月初六日壬午（6.9）

① 大鸟圭介率日本先遣部队在朝鲜仁川登陆；次日，率兵400人前往汉城。

② 下午，"操江"到仁川。晚7时，"平远"由牙山回仁川。

五月初八日甲申（6.11）

东学党起义军撤出全州。

五月初九日乙酉（6.12）

① 李鸿章电驻日公使汪凤藻，日本雇商船14只运兵来仁川，自非意在护馆，究属何意，望向外务省询阻。

② 袁世凯与大鸟圭介商谈中日撤兵事，约定双方不再添兵。

五月初十日丙戌（6.13）

① 李鸿章电叶志超等缓进，暂驻公州牙山，确探情形，再定行止；又电袁世凯，与日本公使大鸟圭介约定同时撤兵。

② "广甲"装载军火、贡物，离粤北上，十六日抵大沽，次日抵津。

五月十一日丁亥（6.14）

"扬威"赴牙山。

五月十三日己丑（6.16）

① 日本外务大臣陆奥宗光约见汪凤藻，提出中日共同"改革"朝鲜内政。

② 因电报自五月初十日中断，"济远"赴牙山，方伯谦命"超勇"回威海禀报朝鲜情况。

五月十四日庚寅（6.17）

① 袁世凯与大鸟圭介商定双方撤兵。日撤四分之三，留四分之一，计250人驻仁川；中国撤五分之四，留五分之一，计400名移驻仁川附近。大鸟派人回国请示。

② 日本大本营训令海军控制朝鲜西海岸。

五月十五日辛卯（6.18）

① 李鸿章电丁汝昌，日本在仁川军舰达7艘，我仅"操江"在仁川，"济远""平远""扬威"在牙山。着派刘步蟾、林泰曾中一员，统率数船速赴仁川。又电复叶志超，十一日来电拟统兵前往汉城、仁川似太急迫。日廷现调兵来仁，我兵不及其半，切不可移近韩都挑衅。

② "扬威"自牙山回仁川。

五月十六日壬辰（6.19）

大鸟圭介得外相陆奥宗光电，终止与袁世凯谈撤兵事。

五月十七日癸巳（6.20）

① 日本召开御前会议，决定单独改革朝鲜内政。

② 李鸿章奏《北洋海军光绪十七年报销折》。连旧管银42 506两及各项登除，实际共收银1 299 493两，共支银1 278 047两，结余21 465两。又奏"镇远"等8船报销折。

③ "济远"得津电知"镇远""广丙""超勇"3舰将来韩。

④ 李鸿章奏，北洋海军右翼中营游击充"定远"总管轮余贞顺，升补提标管轮参将，所遗游击员缺，由升用游击右翼中营都司充"定远"

大管轮陈楠署理。所遗都司员缺,由该营守备充"定远"二管轮陈兆锵署理。所遗守备员缺,由该营千总充"定远"三管轮陈日升署理。

五月十八日甲午（6.21）

① 汪凤藻照复日本,中日同时撤兵。

② "北平"号运煤船到仁川,给"平远""扬威"上煤。

五月十九日乙未（6.22）

① 陆奥宗光照复汪凤藻,拒绝清政府关于中日双方同时撤兵建议。

② 下午3时,林泰曾率"镇远""超勇""广丙"到仁川。

③ 李鸿章奏请精练右营把总充"敏捷"练船船械三副穆晋书实授海军中军左营守备充"济远"鱼雷大副。

五月二十日丙申（6.23）

日本枢密院召开紧急会议,决定对中国发动战争。

五月二十一日丁酉（6.24）

林泰曾会同中国驻仁川理事刘永庆会见日本领事,日领事答复六条,称兵不聚汉城等。

五月二十二日戊戌（6.25）

① 谕李鸿章,日本胁迫朝鲜,口舌争辩已无济于事。前李鸿章不欲多派军队,虑衅自我开,现倭已多兵赴汉,势甚急迫。设协议已成,权归于彼,再图挽救,更落后着。时机吃紧,着李鸿章妥筹办法。

② 叶志超电李鸿章,仁川至汉城扼要各处,均被日军控制,且时来牙山窥探,请将彻底情况转告总署,速发大兵,以弭大患。

③ 俄使喀西尼（А.Р.Кассини）通知李鸿章,俄已勒令日本与中国同时撤兵,如日不遵,须用压服之法。李电袁世凯,令叶志超勿妄动,另电丁汝昌饬各舰勤探严防,不必请战,亦不须将林泰曾调回。

五月二十三日己亥（6.26）

① 大鸟圭介谒见朝鲜国王李熙,请朝鲜"改革"内政。

② 林泰曾电李鸿章,认为仁川战守皆不宜,拟以一二船驻仁探信,余船驻牙山备战,请速派雷艇三艘来牙。

③ "操江"开往仁川。

④ 5时,中国军舰各管带乘小火轮赴白石浦与叶志超会商水陆军情。

五月二十五日辛丑（6.28）

① 下午，"平远"由威海到牙山。

② "广甲"离大沽，次日抵威海。

③ 大鸟圭介函陆奥宗光，万一日方提出的改革方案被朝鲜拒绝，即以粗鲁手段促其必行，并请求增派日军入朝。

五月二十六日壬寅（6.29）

① 午刻，李鸿章电刘公岛丁汝昌，接袁世凯急电，日又添兵三千上岸，逼韩认非华属，否则失和。又闻日拟发雷艇轰我兵船，林泰曾等是否移驻牙山？望派快船往探，或与龚照玙商派大雷艇速往巡护。

② 申刻，李鸿章电袁世凯，韩属华已千余年，韩与各国立约亦经声明。务劝国王坚持，如畏日本，竟认非华属，擅出文据，华必兴师问罪。

③ 酉刻，李鸿章电刘公岛丁汝昌，日韩失和在即，日在英国议买在东海大轮，并欲尽雇东方海面之轮船，势将大举，我军应速预备。林泰曾二十三日电，仁川泊船战守均不宜。拟以一二船驻仁探信，余船驻牙山备战守。请速派雷艇3艘来牙云云，与尊电前拟调度稍异。威防但令雷艇、炮船辅炮台太单，但牙防"镇远""济远"等船加大雷艇防护能否得力，望妥筹见示。

④ 亥刻，李鸿章电刘公岛丁汝昌，接袁世凯二十四日电，风闻釜山现有倭兵二千，元山一千，随后将有鱼雷艇来仁。

⑤ 亥刻，李鸿章电总署，袁世凯敬电，日兵船"浪速""武藏"护商船8只（7装兵、1装煤）共来，兵约三千。

⑥ 张佩纶日记谓：日本以兵胁朝鲜，欲使为自主之国，不认中属。李鸿章甚愠，与幕僚集议竟日。余废人也，所谋未必合时，殊为愤闷，姑无言，预坐而已。

⑦ 金登干函赫德，日本在英国建造2艘1.2万吨铁甲舰，以同中国争夺海上霸权。如果报纸所传中国海军纪律松弛、作战效率低落、部分军舰失修等等属实的话，恐怕日本事实上早已占了上风。

⑧ 辰刻，"镇远""平远"往仁川。

五月二十七日癸卯（6.30）

① 李鸿章奏复二十二日密旨，连日接报，倭拟筹备5万人候调，先在英国订购最精大铁甲船2艘，其蓄意与中国为难，非止胁韩而已。口舌

争辩，无济于事，必须预筹战备。查海军各舰堪备海战者仅8艘，近年部议停购船械，未添新舰，而日本每年必新添铁快新船一二艘，海上交锋恐难胜算。陆路兵力不厚，处处空虚，从前防俄防法征调添募多至二三十营，此次更当厚集兵力，请饬下户部先筹的饷二三百万。二十九日密谕，该督练办海军有年，前据奏陈校阅操练情形，俱臻精密，自已足备缓急，究竟海军所练之兵共有若干，直隶绿营兵丁可备战守者若干，着即一一详细复奏。

② 辰刻，李鸿章收丁汝昌电，林泰曾要艇、雷，已分电张道、龚道。惟龚照玙尚无复电。"镇远""济远"驻牙山，万一失和，日必要截，前请调"镇远""济远""广丙"回防，奉谕恐示弱，故未敢渎请。现拟仍申前请，将3船调回，与在威各舰齐作准备。李即回电，如虑牙山煤粮难济，可调回"镇""济""丙"暂回整备。留牙船如何探巡接济，须妥筹办理。

③ 丁汝昌电李鸿章，派"康济"明日再往仁川，带粮饷接济"超勇""扬威""平远"3舰。煤已运牙山，三船上毕，余存岸。"镇远""济远""广丙""康济"4船分队陆续出口，取齐后回国整备。李鸿章复电丁汝昌，"康济"应先回牙山，令林泰曾察看。如该处可驻，令"平远""操江"并驻牙山，或再抽一船回。

五月二十八日甲辰（7.1）

① 清廷以倭焰益炽，他国劝阻徒托空言，将有决裂之势。李鸿章督练海军业已有年，着妥筹战守。

② 刘坤一电李鸿章，已派郭宝昌驰赴镇、沪，会商水陆统帅，密为布置。日本兵船若欲进长江口，拟只能准一二只，水雷艇当阻止进入。李鸿章复电谓有理。

③ 辰刻，"广丙"装叶志超军田鸡炮及文报赴天津。"平远"到牙山口外，升旗告在牙各舰起锚出口，合"镇远"回威海。8时，"济远""超勇"起锚，与"平远"会，途遇"镇远"，成鱼贯队出汉江。次日3时到威海。在韩期间，方伯谦上条陈与李鸿章，主张我舰队宜合聚一处，又请添购舰炮。

五月二十九日乙巳（7.2）

李鸿章电丁汝昌及南洋闽粤各督抚，转告总署来电，日本12只水雷船预备出口,命各海军预防。

六月初一日丙午（7.3）

① 南洋大臣委前寿春镇总兵郭宝昌暂行节制南洋兵轮,会同筹防人员赴上海备战。

② 闽浙总督谭钟麟电告总署,请调6艘南洋、广东军舰,游历长崎、台湾之间,使日本知我有备。

六月初二日丁未（7.4）

① 李鸿章奏,海军现有"定远""镇远"2铁甲舰,"济远""致远""靖远""经远""来远"快船5艘,皆购自外洋。"平远"快船,造自闽厂。此外,"超勇""扬威"2船皆系旧工,"镇东"等4艘蚊船仅备守口,"威远""康济""敏捷"3船专备教练学生,"利远"船专备转运粮械。自光绪十四年后未添购一船,操演虽勤,战舰过少。李并陈陆军布防形势,称海军就现有铁快各船,助以蚊、雷船艇与炮台相依辅,似渤海门户坚固,敌尚未敢轻窥。即不增一兵,不加一饷,臣办差可自信,断不致稍有疏虞。请筹的饷二三百万。

② 丁汝昌电李鸿章,初十日内将船征齐,拟请带"镇远""致远""靖远""经远""来远""济远""广乙""广丙"8舰探巡汉江、外冰洋、大同江一带,五六日回威。李鸿章复电称,此不过摆架子。斥丁胆小,不敢派舰前往大同江。

③ 金登干函赫德,如中国急需订购新军舰,阿摩士庄愿将正在为别处订造的快速巡洋舰尽先供应。

六月初三日戊申（7.5）

① 李鸿章电叶志超,难以调集商轮运兵牙山,主张先撤兵,秋初再合力大举。

② 金登干电赫德,阿摩士庄厂可在十个月内交付最快速巡洋舰,五星期内交付小型捕雷驱逐舰。次日又电函告,若中国需军舰,阿厂愿将别处订造的巡洋舰尽先供应。

六月初四日己酉（7.6）

① 以李鸿章奏海军战舰过少,沿海陆军分布直隶、山东、奉天海口,扼守炮台只有2万人,出境援剿亦须二三十营,令海军、户部先筹二三百万的饷以备缓急。次日奕劻邀翁同龢商筹款事,定海军、户部

各任一半，共300万两。

② 李鸿章电总署，建议调回袁世凯，由唐绍仪暂代。

六月初五日庚戌（7.7）

① 海署电询李鸿章，生息之260万两海军巨款能否立时收回，以备防务？次日李答存款期限未到，难以收回。

② 张佩纶日记谓：卫汝贵来，初议师出平壤，卫颇奋勇，请行，及闻倭船游弋大同江，丁汝昌不敢出巡，卫亦中沮。然在今日而论，欲固辽东，非兼护朝鲜不可。

六月初七日壬子（7.9）

① 俄国宣布日朝事件系日本无理，俄只能友谊力劝日本撤兵，未便强勒。

② 张佩纶日记谓：日使来，和议无成，李鸿章甚愤，始决用兵。然陆军无帅，海军诸将无才，殊可虑也。

六月初八日癸丑（7.10）

① 日本为统一海军指挥权，取消按区域划分舰队方法，收全国海军为常备和警备两个舰队。

② 李鸿章电两广总督李瀚章，谓北洋军舰无法调往台湾协防，"广甲""广乙""广丙"亦未便调往。中国新式兵轮不如日本之多，临时调抽，徒滋贻误。先是，清廷从邵友濂请，着刘坤一调南洋军舰赴台备用，刘称南洋兵舰不敷，请商之北洋、广东。

六月初九日甲寅（7.11）

叶志超提出三策：上策为速派大军北来，叶部由牙山前进，择要扼守；中策为撤退；下策为守此不动。次日，李鸿章转电总署，并表示他倾向中策。

六月初十日乙卯（7.12）

侍读学士文廷式，指责北洋海军糜费千余万却不能一战。丁汝昌本庸材，海军驾驶尽用闽人，习气既兴，选材亦隘，赏罚不公，贤愚不辨。主张对日作战，请速购军舰，与南洋闽粤各船梭巡海道，分倭谋韩之力。将来南洋水师即可由此经始。请勿依俄人。请予北洋海陆军以先发制人之便宜行事权。

六月十二日丁巳（7.14）

① 上谕谓：我军不宜撤回，传谕叶志超移驻进退两便之地。又谕李鸿

章，速筹一军由陆路前往边境驻扎待进，速筹水路，加强旅顺、大连湾、威海卫布防。

② 李鸿章电丁汝昌，内意拟将大举，水师应速筹布置。

六月十三日戊午（7.15）

① 以奕劻面奏，朝鲜之事，关系重大，亟需集思广益。请简派老成练达之大臣数员会商，光绪帝着翁同龢、李鸿藻与军机大臣、总署大臣会同详议处理朝事之策。

② 李鸿章电丁汝昌，叶志超现居绝地，拟十六日派商轮5只往牙山将全队运往平壤，须兵船5只护航。

六月十四日己未（7.16）

① 光绪帝召见军机大臣，表明一力主战，并传懿旨亦主战，不准借洋债。又欲议处北洋、又欲明发布告天下，议未行。军机大臣、总署大臣旋与翁同龢、李鸿藻会商，议无所决。翁、李皆主添兵，调东三省及旅顺兵赴朝。

② 谕李鸿章，朝事决裂，如势不可挽，朝廷一意主战。着李鸿章迅筹进兵一切事宜。

③ 李鸿章电出使英国大臣龚照瑗，嘱其在英密访议购新式大快船，趁未决裂前送回。当晚龚照瑗回电，阿摩士庄厂有一大快轮，炮全，时速24英里，须迟十个月交船；现有一大鱼雷艇，14寸5雷管，价全即交。

④ 李鸿章电丁汝昌，再谈拟用商轮从牙山接叶志超部转移平壤，着海军护航。

⑤《日英通商航海条约》在伦敦签字，日本调整对英关系。

六月十五日庚申（7.17）

① 日本大本营召开第一次御前会议，决定发动对华战争。

② 日本天皇发布特旨，恢复枢密顾问官预备役海军中将桦山资纪的现役，任海军军令部部长。

③ 大鸟圭介恫吓朝鲜政府，不接受日本"改革"内政提案，即将强行"改革"。

④ 翁同龢在书房向光绪汇报昨天议论事。光绪表示，撤兵可讲和，不撤不讲；又说太后有谕，不准示弱。

⑤ 李鸿章电叶志超，全队船移，不如添队为妥，拟令江自康带精兵增

援牙山。

⑥ 总署电李鸿章,据闻日人议定二十日开战。李复电称是谣传。

六月十六日辛酉（7.18）

① 清政府召袁世凯回国,以唐绍仪署驻朝总理交涉通商大臣。

② 赫德电询金登干,传说阿摩士庄厂尚有1艘和日本"吉野"号式样相同的巡洋舰,如在中国交割,价格多少？何时可出海口？

六月十七日壬戌（7.19）

① 总署议复闽浙总督边宝泉奏查明船政情形折,请将船政经费按甘饷边饷之例拨足；请派督办大臣赴闽（前由闽督兼署）,随时与该省将军、总督、南北洋大臣联衔会奏。一切兵轮统归节制,以重事权。

② 清廷以御史安维峻奏,海军报效无益,请一律停止。着海署会同户部议奏。寻奏,嗣后报效人员除与海军衙门定章相符者,仍查核户部是否合例,其报捐巨款之案,即比照赈捐一并停止,以清吏治。依议行。

③ 李鸿章电龚照瑗,询雷艇价格。

④ 李鸿章电丁汝昌,叶军不北移。为运送援军,十九日至二十二日各开1船,内"爱仁""高升""飞鲸"系租用,挂英旗,"镇东"挂招商局旗,无须护航。酌派兵船数只,届期往牙租英船运兵援叶军山海口外游巡,须俟4船人马下清后,再巡洋而回。

⑤ 英国驻天津领事先不允用英船装兵,盛宣怀通知丁汝昌将用招商局船,须军舰护航,旋又与英领事谈妥。

⑥ 日本政府训令大鸟圭介,不惜任何手段立即挑起中日军事冲突。

⑦ 日本成立联合舰队,以海军中将伊东祐亨为司令长官。

⑧ 日本大本营令海军截击丰岛中国护航舰队,求速战。

⑨ 夜,袁世凯离开朝鲜回国。

六月十八日癸亥（7.20）

① 大鸟圭介照会朝鲜政府,要求驱逐清军,限于西历22日答复；是夜,又照会朝鲜,要求废除中朝间一切条约章程。

② 李鸿章电叶志超,日虽竭力预备战守,我不动手,彼谅不动手。谁先动手谁理诎,不得先发制人。

③ 因牙山停轮处距内河70里,须有小轮来往联络驳运,李鸿章电戴宗骞,调"遇顺"拖轮随"操江"前往牙山；旋因吃水较深,未走。

④ 因牙山驳船仅30只，确定分批运兵。盛宣怀通知丁汝昌，海军驻牙，须待各船卸完，方能放心。

⑤ "致远"运炮，由天津抵达旅顺。

六月十九日甲子（7.21）

① 李鸿章派大同镇总兵卫汝贵率盛军马步6营7 000人，提督马玉昆率毅军2 000人，分乘"新丰""广济""海晏""镇东""普济""图南""拱北""新裕""丰顺"等招商局轮船，于十九、二十、二十三日由新城、旅顺赴朝鲜义州、平壤，另雇"爱仁""飞鲸""高升"等英船3只，分载总兵江自康仁字营及北塘防兵2营增援牙山。左宝贵马步队3 500人，丰升阿马步队1 500人由陆路赶往平壤。

② 下午6时，"爱仁"轮载兵1 150人出大沽赴朝。

③ 庞鸿书奏，海军提督丁汝昌日以冶游博戏为事，请饬北洋大臣严加管束。

六月二十日乙丑（7.22）

① 丁汝昌派"济远""威远""广乙"3舰于上午9时从威海再赴牙山。

② 辰刻，李鸿章电总署，丁汝昌告知接长崎电报，佐世保日本军舰11艘十八日出口。

③ 午刻，李鸿章电丁汝昌，近日倭情屡变，汝需带一队船往牙山一带海面巡护。如倭发炮，不得不应，相机酌办。

④ 龚照瑗电李鸿章，雷艇实价55 000镑，长20丈，带抓敌雷机，含炮及军火，雷价在外，可包送。

⑤ 傍晚5时30分"飞鲸"轮载兵700人、马47匹，离沽赴朝。

⑥ 酉刻，丁汝昌电李鸿章，拟率"定远""镇远""致远""靖远""经远""来远""超勇""广甲""广丙"9船及雷艇2艘出巡，威防无船，请饬"扬威"速回，与"平远"、4炮船、2雷船依辅炮台御守。"康济"行驶太钝，饬赴旅顺进坞，十日可竣。牙山在汉江口内，无可游巡。倭开仗，白天可力拼，夜间则凭天意。舰队汤汽备便，候电即开。

六月二十一日丙寅（7.23）

① 凌晨，大鸟圭介亲率日兵一个联队攻占朝鲜王宫，劫持国王，组织以大院君李昰应为首的亲日傀儡政权。

② 上午11时，日本联合舰队第一游击队"吉野""秋津洲""浪速"3

舰从佐世保军港出发，驶向朝鲜群山海面。下午4时，"松岛""千代田""高千穗""桥立""严岛"等舰以及由"葛城""天龙""高雄""大和"舰组成的第二游击队也先后出发。日舰队出动。

③ 李鸿章电丁汝昌，叶志超尚能自固，取消大队前去；责其胆怯，同意调回"扬威"。

④ 晚，"高升"轮载兵800余名，又炮队一哨赴朝，洋员汉纳根随船前往（一说载兵1 220人，炮12门及来福枪、军火等）。

⑤ 御史钟德祥奏请整肃船政，委任公忠廉干大勇有智略之臣督理船政。

六月二十二日丁卯（7.24）

① 晨4时，"爱仁"轮驶抵牙山。8点回驶。

② 下午2时，"飞鲸"轮驶抵牙山。"操江"载饷银及武器离威海前往朝鲜。

③ 晚9时15分，"威远"离牙山回驶威海卫。

④ 清廷以台湾重地，亟须预筹战备，着福建水师提督杨岐珍渡台，会商邵友濂，妥筹布置。

⑤ 龚照瑗电李鸿章：雷艇价昂难购。又新式小快船，时速20英里，有现成。又电，前云雷艇，系新式小快炮船，长25丈，行16英里，大小快炮14门，价58 000镑，一个月交船。又一现成兵轮，长50丈，行18英里，价10万镑，有人议购。

⑥ 李鸿章电龚照瑗，雷艇价昂，难购。新式小快船时速20英里外者，如有现成，乞访觅。

⑦ 金登干电赫德，巡洋舰可10个月内交货，造价34万镑，另加28 000镑（含保费）。

⑧ 张謇密信翁同龢，建议拔除丁汝昌，以武毅军江提督代之，"可免淮人复据海军"。称丁常与将士共博，士卒习玩之。与驾驶事不习。可从林泰曾、刘步蟾中择一人。海军总办章京恩佑阘茸小夫，绝不可信。

六月二十三日戊辰（7.25）

① 朝鲜大院君李昰应被迫宣布废除中朝两国所有商约，"授权"日军驱逐中国军队。

② 晨4时，"济远""广乙"驶离牙山回国。"济远""广乙"在牙山外丰岛附近与日舰"吉野""秋津洲""浪速"号遭遇，7时43分，"吉野"

沈寿昌,"济远"帮带大副。他是容闳1875年带往美国的第四批幼童之一,是北洋海军高级军官中唯一的上海人,祖居在浦东源生路奚家宅184号。牺牲于丰岛海战

首先向"济远"开炮,丰岛海战爆发。战斗中,"济远"大副沈寿昌、二副柯建章等牺牲,"济远"被击伤,管带方伯谦驾舰升白旗逃离。水兵王国成、李仕茂用尾炮击伤追击的"吉野"舰。"广乙"舰在海战中被击伤,退往朝鲜西海岸十八岛搁浅。

③ 上午8时左右,"高升"轮驶近丰岛海面,旋遭"浪速"舰非法查问。搭舰的汉纳根与日军官交涉无效。舰上清军拒绝投降。至下午1时,"浪速"舰长东乡平八郎下令用鱼雷击沉"高升",日舰还炮击落水及救生艇上的中国官兵。

④ 上午9时,管带王永发驾"操江"轮驶近丰岛海面,见"高升"被截,旋即回驶。下午2时10分,被日舰"秋津洲"号截获。至六月二十六日,被押至日本佐世保港。

⑤ 上午10时,"飞鲸"离牙山,次日上午9时,抵威海卫。

⑥ 下午,"爱仁"轮驶抵烟台。

六月二十四日己巳(7.26)

① 张佩纶日记谓:午后闻牙山运兵三船被袭,"济远"奔回,"广乙"沉没,"操江"被掳,"高升"所载千三百人及洋员汉纳根、两营官均没。合肥召谈,慨叹而已。

② 申刻,李鸿章电丁汝昌,两电悉,即带9船开往汉江洋面巡游迎剿,

惟须相机进退，能保全坚船为要，仍盼速回。

③ 金登干电赫德，前电所指巡洋舰与日本"吉野"同一类型，但较大，速度、火力也较高，此外还有一艘捕雷船，是在英国仅能买到的船只。

④ 英国驻华公使欧格讷向外交大臣金伯利（J.W.Kimberley）报告：中国军队虽然在数量上较日本有优势，但训练方面，尤其是装备方面远不及日本。自琅威理离去后，中国舰队一直无有能力的首领，丁汝昌未受过海军技术训练，他的习性和能力，远不足担任总指挥。"镇远"管带林泰曾三天前提出请求开缺（一说请求休假），被丁拒绝，而实际上是李鸿章拒绝了林的离职要求。李表示，谁再提这类申请就处斩。欧格讷说："我深怕诸如日本目前似乎企图突然发动强有力的侵略所造成的可怕后果；害怕无远见和缺乏军事知识的中国当局，将面临海军舰队被彻底摧毁的危险，将遭到一次导致现行极不完整的体制彻底解体的打击。"

六月二十五日庚午（7.27）

① 辰刻，李鸿章电译署，报告牙山之战。称二十三日辰时，多只倭兵船在牙山口外拦截我兵船，"济远"竭力迎敌，鏖战四点钟之久，中弹三四百个，赖钢甲尚坚，未至大损。午时连开后炮，击中倭船，彼即转舵逃去。"广乙"中敌两炮，船已歪侧，现未知下落。又，运送军械之"操江"被倭船击拿，英轮"高升"装兵续至，被击中3炮，停轮而沉。"高升"系怡和商船，租与我用，上挂英旗，倭敢击沉，英国必不答应。已饬丁汝昌统带铁甲快船，驰赴朝鲜洋面，相机迎击。

② 军机处奏，倭兵已在牙山击我兵船并击沉英船1只，狂悖已极，现拟先将汪凤藻撤令回国，再以日本种种无理情状布告各国，请发谕旨宣示中外。至一切布置进兵事宜，拟请寄谕李鸿章妥善办理。

③ 丁汝昌率舰队第一次出海至汉江口外巡游。

六月二十六日辛未（7.28）

① 清廷在太和殿举行光绪帝生日筵宴。

② 法舰"立安门"号在丰岛海面救起"高升"落水勇丁45人。

③ 张謇再函翁同龢，建议丁汝昌须速拔，仍令效力前线，戴罪自赎。

六月二十七日壬申（7.29）

① 丁汝昌率军舰回威海布防。北洋海军回威海。

② 据从朝鲜来华德商报告，发现途中有假用英国旗，船身涂黑色之船。

③ 日本陆军攻占朝鲜成欢。

六月二十八日癸酉（7.30）

① 丁汝昌电李鸿章，报告丰岛海战情况，称风闻日本提督阵亡，"吉野"伤重，中途沉没。赏水手王国成、李仕茂银1 000两，余众1 000两。

② 李鸿章电丁汝昌，威防应勤探严备，各船留火，官弁夜晚住船，不准回家。

③ 日军攻占牙山，叶志超、聂士成由公州北退平壤。

六月二十九日甲戌（7.31）

① 丁汝昌电李鸿章，威海南口太敞，恐日军偷袭。拟令"定远""镇远""致远""靖远""经远""来远"6船暂赴旅泊（"济远"亦在旅坞修理）。丁汝昌在威照料留防各船，李鸿章回电同意。

② 李鸿章电丁汝昌，闻有日船在中国近海巡缉。"定远""镇远"等船赴旅时，须在海面游巡，探有倭船，即设法围击。

③ 又电刘含芳，旅顺口灯塔暂行停点，以防日舰窥探。

七月初一日乙亥（8.1）

① 中日宣战。

② 总署照会英使欧格讷，闻日船冒用英旗以图溷迹。如有英船巡行中国海面，请先行知照。同日，行文法、俄、美、德、意、比、西、荷等国公使及南北洋大臣、沿海督抚。

③ 李鸿章电令丁汝昌带军舰往仁川附近截击日本运兵船，旅顺可暂不必去。

④ 李鸿章电询龚照瑗，快船航速？有快炮若干？实价若干？是否包运华？

⑤ 龚照瑗电李鸿章，现觅一快轮，与前觅55 000镑船同，时速26英里，炮4，价少5 000镑。包送大沽，水脚不赀。

⑥ 上海道黄祖络电李鸿章，接长崎电，日船改涂别色，佐世保新筑炮台。

七月初二日丙子（8.2）

① 丁汝昌率北洋6舰第二次巡弋朝鲜大同江口。

② 赴朝首批清军到达平壤。

③ 德国兵船"伊里达斯"（Iltis）送回从朝鲜积德地方救起的"高升

号落水弁勇120人，汉纳根同船到，称尚有百余人，寄在德署。东海关道刘含芳商请英舰"播布斯"（Porpoise）前去营救，初四日运回87人。
④ 经海署、户部会商，拨银200万两，交李鸿章购舰。总署电李，拟定4船，船式、炮位、交船日期均由李定。
⑤ 李鸿章电龚照瑗，从怡和洋行老板克锡（William Keswick）处获悉智利拟售阿摩士庄厂制"白朗古恩喀喇达"（Bianco Encalada）快船，请查询代订。
⑥ 盛宣怀电翁同龢，今后向其提供密电均通过翁曾荣转，若有可采，请作钧意。又电翁曾荣，叶志超军虽小胜，倭兵又从釜山、元山入，牙山必受围。应催卫汝贵、马玉昆、左宝贵选精队星夜驰平壤，严饬海军全队由威海送子药，并带选锋千人择牙山之南登陆。若不如此，牙军难全。翁次日收到，即复电。

七月初三日丁丑（8.3）

① 辰刻，李鸿章电总署，日本于汉江各口布置已久，倘我深入，恐堕奸计。我军精锐7舰，不可稍有疏失。丁汝昌率7舰巡大同冰洋，遇敌痛剿，近顾北洋门户，往来梭巡。
② 李鸿章电龚照瑗，克锡昨从伦敦密电，智利在英厂订造新快船3只，愿照原价出售，无论买到几只，须派人秘往查验。
③ 清廷电诘李鸿章，前电丁汝昌寻倭船不遇，折回威海布防。威海僻处东境，并非敌锋所指。究竟有何措置，抑或借此为藏身之固？着李鸿章察看，据实复奏。
④ 礼部右侍郎志锐奏请将丁汝昌、吴安康拿交刑部审明正法（称吴在甲申之役自凿兵船未置重典），将在丰岛海战中轰坏日船之方伯谦接替丁汝昌之职。

七月初四日戊寅（8.4）

① 清廷拨银200万两，着李鸿章订购英国新式小快船。
② 龚照瑗在德国签订合同，购鱼雷快艇1艘，价81 000镑，至十一月，德国以保持局外中立为名，拒绝出口，合同作废。
③ 吏科给事中余联沅奏御敌设防方略6条，请严惩派赴朝鲜、擅自折回之丁汝昌。
④ 盛宣怀电翁同龢，倭兵早到大同江，平壤危急。叶军三面围困，消

息不灵，深虑全军覆没。海军胆怯，似只可催北路进攻，分其兵力。翁次日收到。

⑤ "广乙"水兵9人从韩雇船回到成山。报告该舰伤亡学生、炮弁各1名，水勇、升火等30余人。管带林国祥将船搁浅十八岛后登岸，尚在泰安境内；大副带数弁勇乘船取道关东一带内渡报信。

七月初五日己卯（8.5）

① 清廷谕李鸿章，丁汝昌前称追倭船不遇，今又称带船出洋，安知不仍以未遇敌船为诿卸地步。着李鸿章接旨后即日电复，不得有片词粉饰。

② 李鸿章电奏，北洋只8舰可用，未敢轻于一掷。局外恐未深知局中之苦。丁汝昌如有畏葸纵寇，断不敢稍有粉饰。

③ 刑部侍郎龙湛霖奏请将丁汝昌革职，发往军前效力。再有贻误，即军前正法。

④ 钟德祥奏，派能臣察验边海防。

⑤ 文廷式奏，敌踪飘忽，请防定海、台湾；又请依《万国公法》，命海军稽查捕拿可疑之船；又请将丁汝昌革职拿问治罪。

七月初六日庚辰（8.6）

① 清廷谕李鸿章，大同江为平壤后路，应令海军梭巡固守，遇有倭船即行奋击，不得稍有疏失。

② 李鸿章电丁汝昌：对海军参折甚多，谕旨极严，当振刷精神，训励将士，放胆出力，林泰曾前在仁川畏日先走，方伯谦牙山之役躲入舱内，仅大二副在天桥站立，此间中西人传为笑谈，流言布满天下。汝一味颟顸袒庇，不肯纠参，祸将不测。

③ 日本联合舰队司令长官伊东祐亨下达攻击北洋海军基地威海，与北洋海军主力进行决战的命令。七至八日，联合舰队军舰陆续集中至朝鲜大东河口。

④ 日本间谍宗方小太郎向国内递交报告，判断中国海军已舍去进取之策，改为退守之计，建议日本联合舰队立刻放弃株守朝鲜近海的思想，突入渤海海口，以试北洋舰队之勇怯。将其诱出洋面，一决雌雄。

七月初七日辛巳（8.7）

① 英国及其他国家宣布中立。

② 荷兰公使费果荪（J.H.Ferguson）照会总署，按《万国公法》，交战

国对外国船只驶近时有盘查、辨别之权利。

③ 清廷以日军突犯朝鲜，我之海军船械不足，训练无实。李鸿章疏慢之咎，实所难辞。海军为国家第一要务，此后必须破格一意专营，总成大军。应如何办理，着李鸿章统筹熟计，以期扩充。

④ 李鸿章电丁汝昌，着率大队由威海赴大同江口一带巡游，于口内外相机击逐日舰及运兵船，并就近赴鸭绿江口巡查，一月内须往来二次。

⑤ 龚照瑗电总署，胶东洋面更吃紧，北洋久持，独力可虑，请饬南洋速购快兵轮助之。

⑥ 龚照瑗又电李鸿章，智利只卖一舰，还价52 500镑。巴西有数兵轮、10雷艇可卖。

⑦ 李鸿章命丁汝昌向福来舍询明其所推荐猎船、鱼雷艇详情。

⑧ 丁汝昌函旅顺船坞工程总办龚照玙，与其交涉弹药、水雷；称事到临头，遽以赴守大口为急务，多布水雷，而水雷究何从出？水军能出海远行之船，现仅10艘，岂能足恃？事已至此，惟有驱此一旅，搜与痛战，敢曰图功先塞群谤，利钝之机听天默运而已。

⑨ 刘坤一奏，南洋已派"南琛""南瑞"抵台，加强台防。

七月初八日壬午（8.8）

① 申刻，李鸿章电丁汝昌，责其胆怯，勿得以煤水将罄，多方推托。

② 酉刻，李鸿章电总署，北洋6船赴汉江口洋面梭巡，未遇日船，回威海添煤水后，又赴大同江口巡寻。

③ 李鸿章电丁汝昌，兵船赴大同江，遇敌船势将接仗，无论胜负，不必再往鸭绿江，恐日本大队船尾随入北洋。

④ 闽浙总督谭钟麟奏报整顿台闽防营事，请命陆路提督黄少春接办厦门防务兼管水师提督衙门。次日，上谕从之。

⑤ 两广总督李瀚章奏报广东筹备海防事。

七月初九日癸未（8.9）

① 上午，丁汝昌率"定远""镇远""致远""靖远""经远""来远""平远""广甲""广丙""扬威"10船第三次出巡，赴大同江，留"超勇"及3蚊船防御威海。

② 上午9时，日本"小鹰""第七号""第十二号""第十三号""第二十二号""第二十三号"等6艘鱼雷艇以及"山城丸"号鱼雷艇供应舰

组成的鱼雷艇部队,率先从朝鲜大东江口锚地出发,驶向威海。10时,联合舰队本队和第一、第二、第三游击队军舰随后跟进出发。

③ 李鸿章向总署转呈丁汝昌呈文,为防日舰假冒,中国军舰在朝鲜遇见各国轮船,拟开空炮一声示令停轮稽查。

④ "广乙"水手54名从韩回到成山,盛宣怀电速令其赴威海。

⑤ 御史安维峻奏请详查海陆军目前实情,丁汝昌是否进剿,船屯何处。

⑥ 福建水师提督杨岐珍奉旨抵台湾会办海防。

七月初十日甲申(8.10)

① 凌晨2时35分,6艘日本鱼雷艇航行到扼守在威海湾东口海中的日岛附近,被北洋海军巡逻艇发现,港内警报大作,各炮台及留港军舰纷纷开火射击,日本鱼雷艇队旋撤退。上午7时起,日本联合舰队与威海海岸炮台交火,至9时30分左右,日本舰队陆续撤退,往隔音岛锚地抛锚。

② 丁汝昌带舰抵大同江口搜寻日舰,未遇,寄泊樵岛,派2雷艇入口,探寻至许岛。

③ 李鸿章急调丁汝昌带舰回防。

④ 龚照瑗电李鸿章,阿摩士庄快船,长208英尺,速率20英里,25磅快炮2尊,3磅快炮4尊,鱼雷筒5个,船内一应用各件全,惟雷另配,已议定价52 500镑。英称自十二日禁卖兵船。倭在该厂亦购1只,尚未开。智利"白德古"船,克锡云倭出40万镑,不卖。瑗加2万亦不卖。巴西1大快船,长282英尺,宽42英尺,吃水19英尺,钢壳,行17英里,250毫米口径炮2尊,150毫米炮6尊,57毫米快炮5尊,37毫米快炮11尊,轻炮11尊,鱼雷筒4个,皆阿厂前2年造,价39万镑,包送沽口,送费在外。其余大快船、铁甲船价皆40万镑内外。部拨200万两合30万镑,不敷一船之价。顷克锡又云,智利有同样2快船,英来牙厂(Laid Brothers Limited)前3年造,长230英尺,行21英里,14磅快炮3尊,3磅快炮4尊,机器炮2尊,雷筒4个,各价75 000镑。

七月十一日乙酉(8.11)

① 丑刻,日舰至旅顺口挑衅,旋不知去向。

② 上午,丁汝昌令"广甲"并两雷艇进探至铁岛,北洋舰队在冰洋、大小青岛一带巡游,未遇日舰,仍泊樵岛。两艇及"广甲"成未归队。

③ 清廷以威海为南北要冲,津沽门户,应责成实力严办;其余北洋各

口，亦应往来梭巡，遇敌即击。着李鸿章随时相机调度，朝廷不为遥制。南洋兵轮太少，着转电龚照瑗、许景澄分别向英德各厂议价添购两舰，迅即来华。款项由户部筹给。方伯谦牙山鏖战甚久，炮伤敌舰，尚属得力，传旨嘉奖。

④ 清廷询问威海、山海关、大连湾、旅顺、塘沽等处有无预备水雷及各项御敌之件。李鸿章电复均已布置，威海南口稍阔，现置铁练、木桩、沉船拦截航道。大沽口置浮木栅，锁以铁练，昼开夜闭。

⑤ 总署照会各国，拟查倭船章程。李鸿章向总署转呈丁汝昌呈文，各国兵商轮于设防口岸，应按《万国公法》停轮候查，请知照各国公使。

七月十二日丙戌（8.12）

① 子初，日舰6艘驶近威海北山嘴、黄岛，各开数炮，2时退走。天明，又有数船驶过。又，昨下午有日船3只，挂英旗在旅顺铁山至小平岛一带来往；今丑刻，又添2只。未刻，李鸿章电丁汝昌，连日倭船20余只并民船十余，乘虚往来威海、旅顺肆扰，此正海军将士拼命出头之日，务即跟踪尽力剿洗。

② 北洋海军大队西行，将至海洋岛，海关"金龙"轮到，递送上谕。大队随即开拔。

③ 军机处电李鸿章，日舰运兵驶赴北洋海面，意图登岸滋扰，亟应严防。丁汝昌所带兵舰现在何处？着李鸿章严饬速赴山海关，遇贼截击。若能毁其数船，亦足以逭前愆。

④ 李鸿章电奏在英国、智利、巴西等国购买军舰情形。

⑤ 李鸿章电两广总督李瀚章，现拟订英德快船，急需巨款，部拨200万两，尚不足一船之用。粤力能助协若干？李瀚章次日回电，可助60万两。

⑥ 张謇密信翁同龢，拔丁汝昌须极机密。又谓7舰既不能援叶军，又不能游弋中东海面，岂不能守渤海，与旅顺、大沽炮台相辅，为渝关外蔽？

七月十三日丁亥（8.13）

① 晨6时，丁汝昌率舰队回威海。李鸿章令其先肃清渤海洋面，再赴山海关一带巡防。

② 清廷以丁汝昌巡洋数日，未遇一船，若再迟回观望，致令敌船肆扰

畿疆，必定重治其罪。

③ 北洋海军鱼雷教习福来舍称鱼雷猎船每艘32万两，多购每艘可省5 000两，该船长20丈，速度28节，每艘雷管3尊，可放18英寸鱼雷，6个月包送来华。李鸿章电刘含芳，命其与福来舍在烟台洽谈。

七月十四日戊子（8.14）

① 总署行文刘坤一、赫德，并照会各国公使，各国兵商轮船凡到设防口岸，须停轮检查方准进口。

② 欧格讷照会总署，日船冒用英旗事已转告本国水师。惟中国军舰检查各国轮船事，碍难照会。反对中国军舰与各国轮船相遇时先放空炮，主张仍用旗语。西班牙公使梁威理（J.Liaberia）照会总署，各国兵船不能受检，商船则可责问。

③ 丁汝昌率10舰2艇第4次出巡，至庙岛洋、秦皇岛、山海关，绕金州至旅顺。拟在旅顺添煤水，小修一二船，再赴烟台。

④ 李鸿章电龚照瑗，昨奉旨，除定购阿摩士庄1船外，智利快船2艘亦一并购定。龚电李，密议送船法。称克锡荐一英将，在洋送船多次；若果有3大船，命先毁长崎等口后，或驻南洋分倭势，或赴北洋即开战，皆愿效力。

⑤ 李鸿章电丁汝昌，已奉旨定购阿摩士庄小快船及智利现成2快船，包送来华。届时拟派洋员有胆识者管驾，弁勇须预筹调拨。

七月十五日己丑（8.15）

① 朝鲜组成"新内阁"，金宏集任总理大臣。

② 晚，丁汝昌率舰队到达山海关。

③ 翁同龢函张謇，提及"丁安能拔"。

七月十六日庚寅（8.16）

① 礼部右侍郎志锐奏，请议处贻误军机之丁汝昌。又称，在李鸿章外甥、天津军装局总办张士珩所用书办家擒获日本奸细，供出日本截夺"高升""操江"，皆其先期电闻；且谋用地雷轰海光寺军火库。对漫无察觉之张士珩，罪以失职，未免轻纵。应请饬李鸿章据实具奏应斩应别。

② 李鸿章电总署，接龚照瑗电报，智利2船尚在智利，已购阿舰在英国，东西隔，不能同行，或可在南洋岛会齐。

③ 李鸿章电龚照瑗，西班牙有大快船7只，近5年分造，行20余迈，

快炮尤多。智利2船既远且旧，内意因价不昂姑允。巴西船行缓，皆远不如西船。晤克锡应缓宕之。望与驻德公使许景澄密商访购。

④ 丁汝昌派福来舍到烟台与刘含芳谈购鱼雷猎船事，称6个月包送来华。

七月十七日辛卯（8.17）

① 丁汝昌晨抵大沽，即赴天津与李鸿章商量购舰及局势。约定敌船再入北洋门户，即与海战；并多募英德将弁以助闽将胆气。丁当晚返大沽。

② 协办大学士麟书等代呈翰林院编修曾广钧条陈战机并自请从军呈文。曾指丁汝昌为皖捻余孽，庸猥下材。以兵轮为毡膏之地，泝升提督，毫无识解，以致倭人先操胜算。又披露丰岛海战"济远"弃"广乙"而逃，旋粉饰战报。请从全军分出"致远""靖远"2舰，专运援兵，别曰游弋军，每船装勇千名，进驻牙山。三运六千人后，下碇牙山，以保运路。本人愿统带2舰，开海军攻敌之风气。乞朝廷假以事权，但领北洋粮糈，不受北洋节制。

③ 龚照瑗电李鸿章，购买快船由办事人巴墨（Palmer）出面，包送兵轮另有熟手大商包办。现探路，俟一切妥章与克锡议定，再购智利军舰。

七月十八日壬辰（8.18）

① 李鸿章电龚照瑗，小克锡（J.J.Keswick）来津，已令其电询其兄，查明智利有新式两大快船，是否肯售及价格。

② 李鸿章电刘含芳，福来舍谓鱼雷猎船即成不能包送，应缓议。

③ 龚照瑗电李鸿章，智利2舰甚精，雷炮军装全，可由智利走直线，十六日到旅顺。克锡约二十日签约，时机勿失勿疑，请发20万镑交汇丰。

④ 李鸿章电龚照瑗，智利2舰既定议画押，20万镑即交汇丰支付。小克锡另议智利大快轮无此余力，可罢论。

⑤ 许景澄电李鸿章，德国现无快船出售。

七月十九日癸巳（8.19）

① 金登干电赫德，前电所提捕雷艇已为英国海关扣留，禁止出口。巴西及其他南美洲国家或尚可买到军舰。

② 日本联合舰队进行改编。

③ 晚，丁汝昌率队再往大沽，护送"图南"装运军火，"四平"载煤至旅顺。

④ 龚照瑗电李鸿章，智利两大轮，俟晤克锡即商。倭添船械无已，各国惊羡，强已可见。华半临海，近畿辅重任，中堂一人担当。时局如此，谅已洞烛。省费与济事孰重？如因省费，勋名损于倭，恐天下后世罪有所归。

⑤ 李鸿章电龚照瑗，小克锡云，智利大快轮如允售，其船能多载煤径赴威海，然否？鸿已电奏请预筹款，能应手否？翁同龢不愿借洋债，又难筹巨款，故多棘手，尊论痛切可愧。

七月二十日甲午（8.20）

① 李鸿章电总署，智利2舰二十日画押，由汇丰电汇20万镑。惟镑价正昂，约须银140万两。前奉旨拨购快船专款200万内，海署生息百万，各银行多未到期，部款则丝毫未发。前汇英10万镑，兹又汇20万镑，合银已210万两，均由挪贷，务祈即日照数拨汇，以免掣肘。查倭近5年陆续新制快船7只，均驶行每钟20余迈，我海军因部议停购船械，各船旧式仅行十四五英里，实苦不及。此次所购3快船，稍嫌短小，若再得一二只长300余尺、行20余英里之头二等大快船，更为得力。顷克锡遣其弟由沪来商，智利尚有大快船可售，价须40万镑内外，已与龚往复电商，乞预筹款代奏。

七月二十一日乙未（8.21）

① 清廷查问海军各舰及丁汝昌行止，规定今后无论何处，均须电报，不得数日无电；又询龚照瑗电称智利2舰约十六日到，是否行程16天？

② 李鸿章复电总署，丁汝昌统率舰队赴庙岛、山海关、秦皇岛、洋河口一带巡查，回至大沽，折往旅顺添煤、小修，现拟由旅赴烟、威，据报洋面无倭船；又谓智利2舰约十六日可到旅顺，鸿疑电码有误，顷晤小克锡细询，谓由智利赴威海，至速须四十日内外。

③ 李鸿章电龚照瑗，顷路透二十日电报：中国在英定购鱼雷快船，英不准出口。前电谓倭船扣，我船可不扣，确否？如已扣，若何办法？凡事当格外机密。议购智利大快轮，令小克锡详电其兄，候复再电商。顷奉电旨，俟户部筹有的款，即电知遵办。四五十万镑恐筹不出，然此船实所必需。

④ 龚照瑗电李鸿章，英无禁军火出口示。询外部云，港亦不禁。智利15万镑2舰，允二十日定议，刻无复音。现办此事，一日数变，颇为难。

七月二十二日丙申（8.22）

① 李鸿章奏，酌定《海军交战赏恤章程》。二十五日，奉旨允准。

② 清廷以丁汝昌周历各口，迄无所获，着务必料敌意向，现丁汝昌由旅顺开行，安知敌船不复来旅顺？务当料敌意向，侦敌踪迹，痛加截剿。旅、威两口为北洋门户，勿令日船阑入一步。

③ 军机处奏，李鸿章电，智利尚有大快船可售，价需40万镑。现在库款支绌，军饷船价实难并筹。

④ 李鸿章电总署，智利大快船恐难成议。闻尚有一快轮可售。已购2艘，智利复电兑锡，准晚来商定一切。

⑤ 李鸿章电丁汝昌，香港英人谓北洋兵舰须聚泊海面，不宜入口，缘兵舰须处活地，相机攻敌。若日攻各口岸，兵舰从口外拦截；与炮台内外夹击，可断其归路。各兵舰须联络一气，不可分散。舰在口外，使敌船莫能测我趋向，声东击西，日防不胜防，乘其煤粮缺乏起而击之，无不胜云。

⑥ 晚，丁汝昌率舰队从旅顺开出，绕烟台探明威东无倭船才进口。

⑦ 龚照瑗电李鸿章，克锡来商定已议购二智利舰，智包送至威旅，用智旗，水脚16 000镑，一切包在内。其船内除原置炮械雷管不动外，各军火照英海部出师章程配齐，到指泊之所点交。惟船到小吕宋，前进如遇倭轮阻截，应否开仗，须中国先示明画押。付全价后10天内开行，20天抵威、旅，到小吕宋发电转达。智新快轮，欧洲识者皆私议："中倭海战，孰得孰胜。"造价35万镑，倭还价40万镑不卖，瑗试加2万亦不卖。克锡云：惟再加8万，可商让。智还有一钢壳快轮，长270尺，宽40尺，吃水18尺，6 500马力，航速18.5英里，船、炮皆阿摩士庄1884年造，观均如新，索价265 000镑，加佣5厘。如购再议定包送各费。

七月二十三日丁酉（8.23）

① 志锐奏，敌情诈伪宜防，称日人攻我威海、旅顺，情形近于海盗，今一击即去，俟我防弛志懈，必有猛攻大沽之举。若不早为之防，彼俟我庆典宏开之时，水陆并集，则全局必为震动。又称李鸿章衰病侵寻，每日须洋人为上电气2小时，时用铜绿侵灌血管，否则终日颓然若醉。请派重臣至津视师，并查看李鸿章衰病情状，若果属实，则万不可靠此人。奕劻、军机大臣、李鸿藻、翁同龢等人讨论后，决定电

谕丁汝昌，倭船前者威海、旅顺等处施放空炮，难保不乘我之懈再来猛扑。威海、大连湾、烟台、旅顺为北洋要隘、大沽门户，海军各舰应在此处来往梭巡，严行扼守，不得远离，勿令一船阑入。倘有疏虞，定将丁汝昌从重治罪。对其建议派人查看李鸿章病状，予以驳回。

② 清廷以叶志超、聂士成全军出险，饬解饷银、炮枪、子弹，由旅顺速运大东沟起岸。

③ 李鸿章电总署，智利二轮包运事已谈妥。大新快轮须50万镑方售。又有一快船，索价26.5万镑。

④ 上午，丁汝昌率舰队在烟、威之间寄泊。"威远""镇远"2舰进烟台载运威厂并守口要件。又派两鱼雷艇探威东、成山。申初回称，成山灯塔并民人均云，十余日未见倭船。旋起锚，夜抵威海。

⑤ 李鸿章派汉纳根襄助海军防剿事宜。

⑥ 龚照瑗电李鸿章，20万镑汇到，顷克锡来云，智利无故毁约，惟再设办法。次日李鸿章收电后回复，询问原因。

七月二十四日戊戌（8.24）

① 李鸿章派汉纳根前往北洋襄助海军防剿事宜，汉纳根电李鸿章，谓无快船不能做甚大事。闻现有4快船可买，若买得，日人当不敢狂驶。

② 翁同龢日记称：此时清议大约责我不能博采群言，一扫时局，然非我所能及。

③ 御史钟德祥奏，南洋统带兵轮，多系提镇大员。该统带等竟将各轮驶入吴淞内河，任意停泊，并不出洋巡儆，麇集上海夷场，饮博冶游。而日本兵船不时越驶，经台湾、厦门，过崇明至山东登莱洋面。丁汝昌现避于北洋，而南洋海军复泄沓如此，请旨饬刘坤一密查。

七月二十五日己亥（8.25）

① 奕劻、军机大臣、李鸿藻、翁同龢等人看折。钟德祥昨日奏，本多传闻失实，痛驳。侍郎长麟奏，海军延宕，贻误戎机，丁汝昌退缩不前，请简派吉林将军长顺或黑龙江将军伊克唐阿为钦差大臣，督办军务。御史高燮曾奏，军务孔急，请停止点景。又奏整顿海军，更易提督，并简派大员帮办北洋军务，御史易俊奏，丁汝昌贻误军机，请饬李鸿章遴员接代。讨论中，翁同龢、李鸿藻坚持说不治丁汝昌罪，众论不服，乃议革职戴罪自效。既定议，军机大臣额勒和布又谓宜令李

鸿章保举替人乃降旨；孙毓汶谓宜电报传旨，不必明发，翁同龢皆反对。最后拟定军机处奏折，关于丁汝昌革职暨电询李鸿章保举海军提督各节，等明日召见时请旨遵行。

② 清廷命叶志超总统平壤各军。谕龚照瑗详细复奏智利军舰需价若干，是否精良？

③ 福来舍约上海德商泰来洋行德尔赓在烟台见刘含芳，称愿意承办购买鱼雷猎船事，若购2艘，8个月完工，2个月包送。

④ 李鸿章电总署，兵船局外禁运，是各国通例，智利已定2轮忽罢议，或亦因此。又电，想系日人暗阻。

⑤ 李鸿章电龚照瑗，智利不肯照约办理，现在不能再议，今访得有一英国商轮，名"拉马赛斯"，可改为快船。请查明"拉马赛斯"航速，能在英配炮雷出口否？

七月二十六日庚子（8.26）

① 上谕：叶志超在牙山接仗，兵力过单，李鸿章派丁汝昌应援，该提督辄以未遇倭船，折回威海办防，置叶志超一军于不顾。复统带各船巡历海口，观望迁延，毫无振作。着即行革职，仍责戴罪自效以赎前愆。

② 军机处电谕李鸿章，丁汝昌已革职，戴罪自效。着李鸿章于诸将领中悉心遴选堪胜者，酌保数员。翁同龢日记称，丁汝昌革职之旨呈诸慈禧太后，以为此时未可科以退避，姑令北洋保替人来再议，罢丁之事办不成。

③ 军机处电谕龚照瑗，着详细复奏智利毁约原因及南美大快船之船质价值。龚照瑗回电，智利快轮实精良。

④ 南洋大臣刘坤一奏报上海防务情形。

⑤ 日本与朝鲜订立"攻守同盟"，订明此盟以使华军撤出朝鲜国境，增进"日朝两国利益"为目的。

七月二十七日辛丑（8.27）

① 清廷以倭船屡窥海口，海军防剿统将亟须得人；丁汝昌畏葸无能，难胜统带之任，严谕李鸿章于海军将领中遴选可靠之员，不得再以临阵易将、接替无人为词曲意回护。

② 又谕，南美快轮，着龚照瑗就近察看船质炮械，如确精良，即妥议购买。

③ 龚照瑗电李鸿章，奉旨饬查智利两轮毁议缘由。智议卖船后，接欧洲各国禁卖兵轮电报，遂随各大国守局外例，无他故。阿根廷五兵轮出售，该国电复，海部出巡，各细单十日内始能电寄到英。欧洲禁严，南美洲即有卖，无不居奇，且运送近于倭境，险阻堪虞。惟购西洋按兵轮造法之商轮，兵商两用，各国皆有。前克锡所称，英国家拨款助商，定造兵商两用之快轮可售，只须另配炮雷，运送稳便。允明日来面议，再详电情形。

七月二十八日壬寅（8.28）

① 安维峻奏，丁汝昌性情浮华，毫无韬略。虽为海军统领，平日宿娼聚赌，并不在营居住，一登兵轮，即患头晕之疾。左右翼总兵林泰曾、刘步蟾轻其为人，不服调度。该提督奉委进剿，乃声称未见敌船，借词退避，致叶志超孤军无援，为倭所围。李鸿章于丁汝昌曲意徇庇，巧为出脱，以铁甲坐守威海卫为藏身之固。应请将该提督谕以来京面询机宜，到京再降旨声明其罪，不致生变。

② 张佩纶日记谓：内意欲去丁汝昌，李鸿章嘱于式枚复疏护之，余不赞一辞。

③ 李鸿章电军机处，大东沟发现日本雷艇，拟令丁汝昌明日率"定远""镇远""致远""靖远""经远""来远""平远"等船前往海洋岛一带巡查。

七月二十九日癸卯（8.29）

① 李鸿章复奏，海军力量以之攻人则不足，以之自守则有余。臣所以战战兢兢，保船制敌为要，不敢轻于一掷。至论海军功罪，应以各口能否保护，有所疏失为断，似不应以不自量力而轻进苛责。丁汝昌并无迁延避敌。时战争日亟，不宜临阵去官。

② 李鸿章电牛昶昞，速将水雷局挪出水师医院，多留房屋，以备养伤。

③ 丁汝昌率舰队离威海第五次出巡，夜过海洋岛，寄泊洵岛。

七月三十日甲辰（8.30）

丁汝昌率舰队开赴大鹿岛泊巡。

八月初一日乙巳（8.31）

① 编修张百熙奏，丁汝昌固属无能，林泰曾、刘步蟾尤为庸懦无耻，赴援之始，即战栗无人色，伏匿内舱不出，贻误军情，应一并革职。

② 安维峻奏请慎购快船。谓丁汝昌不知海军奥妙，林泰曾、刘步蟾安富尊荣，拥以自卫。故北洋虽有铁快各船不能攻日本，不敢游弋仁川、牙山诸口。"济远"管驾方伯谦藏匿舱内不敢交锋。有水手山东人突开尾炮，击中倭船要害，"济远"得以脱归。若再购英国快船，何人管驾？且勿促造船，质量难保，虚糜帑项，当按许景澄《外国师船图表》酌定形式。

③ 清廷从李鸿章请，将丁汝昌暂免处分，着李鸿章严行训饬。嗣后倘遇敌船，畏缩退避，定按军法从事，决不姑宽。当日，孙毓汶告知翁同龢，"丁提督事，已复奏不办矣"。

④ 英"阿察"（Archer）舰长罗哲士（即前北洋海军鱼雷教习）派仁川英国医生蓝德士、"阿察"医生史普来、"播布斯"医生谭马士等驾舢板冒雨至朝鲜白石浦登岸，找到林国祥等18人，连夜登上"阿察"舰，送往烟台。

⑤ 总署收李鸿章文，总查北洋海防营务德员汉纳根请速购智利或阿根廷快船。

⑥ 丁汝昌率舰巡缉光禄岛、三山岛，下午到大连湾。又接讯，旅顺北有2日舰，派"致远""经远"，"左队一"号雷艇前去探询。

八月初二日丙午（9.1）

① 丁汝昌率舰赴旅顺。"致远""经远"在老铁山、长尖岛一带探寻，未见日舰。

② 海署收李鸿章文，海军鱼雷洋教习福来舍禀，请购置德国新式猎船雷艇。

八月初三日丁未（9.2）

① 丁汝昌率舰赴威海。

② 清廷指令龚照瑷，"阿摩士"（Qumuz）鱼雷快船可买，秘鲁兵船行驶过缓，毋庸购买。

③ 李鸿章电丁汝昌，总署电，初二日南洋电云，据闻时有倭船在中国洋面往来，间或闯进各口，迹近窥探，亦难免偷运粮食，偶遇中国巡轮，竟不知为倭船，并不过问，应请电饬各口严密查拿，以杜奸宄等语，希密查速复。查南洋轮船，并无巡海之事，所称自指北洋海军而言，嘱有则改之，无则加勉。

④ 赫德函金登干，称李鸿章的舰队、要塞、枪炮和人力虽被吹嘘得很厉害，但远非期待的那样。目前南洋舰队每门炮只有25发炮弹，北洋舰队克虏伯炮有药无弹，阿摩士庄炮有弹无药。汉纳根已受命办理北洋防务催办弹药，天津兵工厂10天前已收到赶造子弹的命令，但仍一无举动。琅威理走后，中国人把海军搞得一团糟，琅威理在中国的时候，中国人也没能好好地用他。

八月初四日戊申（9.3）

① 李鸿章函刘含芳，林国祥等18人，问明情况电禀，饬仍回威海交丁汝昌分别安置。

② 李鸿章函总署，冬电饬查日船往来中国洋面，间或闯进各口，遇我巡轮竟不知为日船，并不过问等因。查月前日船来扑威、旅各口，均经炮台官军击退，并未闯进，人所共知。北洋兵轮屡在洋面梭巡，亦无明知日船并不过问之事。南洋兵轮，自日事决裂后至今未出吴淞海口一步，所辖洋面，并无巡船，有无日船游游弋，自无人过问也。

八月初五日己酉（9.4）

因英使欧格讷要求林国祥等官兵出具不再当兵参战之保证，李鸿章函刘含芳，同意自行出结，以后打仗与否非外人所能查问。林国祥如须留营效力，应饬改名。告知丁汝昌，牙山以南有弁兵四五十名，查确雇渔船往接。

八月初七日辛亥（9.6）

① 李鸿章电总署及丁汝昌，据伦敦电报，俄国现派海军船队，向朝鲜进发。

② 上谕命李鸿章用现存汇丰银行款项之20万镑内购买鱼雷猎船4艘。李鸿章电丁汝昌，与福来舍切实妥议具复。

③ 叶志超电李鸿章，倭全力西来，后路并不设备，若趁此空虚，租雇外国兵船，在仁川登陆，直达汉城，与其南北合击，敌必破之。

八月初八日壬子（9.7）

刘含芳电李鸿章，福约泰来沪行，德尔赓经手议办，密商数日，船价各费、电灯、雷炮、鱼雷、快炮、炮子各价，4艘3 689 356马克。定银可存德华银行，俟船到威再取。芳意款存银行较稳，此条尚未议定。款20万镑可买4猎艇，惟烟台翻译向未办过此事，必须蔡廷干来，方能校对洋文。丁派蔡赴旅,电催尚须数日方回。

八月初九日癸丑(9.8)

① 户部奏,海防吃紧,请息借京城银票各号商银100万两,备充军饷。谕:着各直省督抚遍谕官绅商民,如有凑集资本情愿借与官用者,准赴藩司关道衙门呈明,照户部议定办法办理。

② 李鸿章电丁汝昌,日舰聚泊朝洋全罗道南岸康津之天冠山地方,前有海岛,或名莞岛,或名鹿岛,东西均密布水雷。

③ 李鸿章电总署,俄舰赴朝系为保商,并无他意。

④ 吴大澂在威海察看防务。

⑤ 李鸿章电刘含芳,购舰款存银行,俟船到威再取,自是稳妥。惟20万镑已汇存伦敦汇丰,议定后应由龚使就近照马克时价折镑划存汇丰,付取为便。事关重大,蔡廷干到后妥细校对洋文,先电后禀。

⑥ 李鸿章电丁汝昌,"经远""来远"船尾需换120毫米快炮,沪局前解4尊并子药,可提回速设。

八月初十日甲寅(9.9)

① 盛宣怀电丁汝昌,李鸿章拟调刘盛休部4 000人由大连湾赴东沟,北洋海军预备全军护送。一俟刘盛休电定行期,即令起碇。

② 林国祥及部属返回威海。

③ 长江水师提督黄翼升去世。

八月十一日乙卯(9.10)

① 吴大澂电奏,初九日奉旨查看威海后路,沙港舢板皆可登岸,经李鸿章饬令戴宗骞添募2营,分扎长峰、田村等处,并于沿海埋伏地雷、添筑短墙,再得游击之师三四营,威防益固。吴拟十二日赴津,与李鸿章面商一切,即回威海。

② 御史端良奏:革员张佩纶在李鸿章门下为司文案、营务等处笔札。李鸿章以女妻之。近闻复令在电报馆总理事务,往往将电奏电报文字随意改写,道府提镇文武各官群相侧目,莫敢有言。请将该革员张佩纶驱令回籍,俾免受其蒙蔽,以致贻误事机。上谕从之。

③ 丁汝昌电盛宣怀:已派3船十二日护送吴大澂赴大沽,十四日到旅顺归队;丁汝昌率全军十三日赴旅,俟3船齐,十五日开大连湾候令。盛宣怀回电,李鸿章已电奏北洋海军全队到湾护送铭军至大东沟,铭

军四千人，辎重不少，海军须在彼候其全军登岸，方可回来。

④ 丁汝昌又电盛宣怀：总查汉纳根前电罗丰禄禀李鸿章，在船奋勇洋员加薪一倍，留威海办事洋员加薪五成，迄无复电，乞催复。

⑤ 李鸿章电总署，昨奉公函，英轮救出"广乙"船弁兵18名，应守局外例，不能再当兵丁等语。查公法，俘获敌国弁兵应拘留，俟事定互换，友邦救出弁兵，系敦睦谊，无拘留、不准再当兵丁明文。"广乙"在牙山口接仗奋勇，实因船炮俱小，致被轰沉。该弁兵逃匿附近小岛，英船往救，殊为可感。欧使必令取结不再当兵，转近要挟。我海军未经战者过多，此项弁兵，分置各船备用，未便锢弃。刘含芳姑徇英请，令各具结，仍送回丁提督营内效力，彼无从查究。

八月十二日丙辰（9.11）

① 丁汝昌电李鸿章：明晚率大队赴旅，与龚照玙议配"经远""来远"后炮等事。十五日赴大连湾，候护铭军运船齐行。兵船大队停大鹿岛、大东沟居中处，备抵外窥，分饬炮船、雷艇随入驻护。兵船大队应驶巡大同江、青岛距成山中路处，兼顾门户，亦足遥顾运船，游巡一二日，仍回原处，候陆队下岸，再带同船艇等回威。

② 盛宣怀回电丁汝昌：洋员加薪事，李鸿章谕令罗丰禄酌拟数目报闻。此事只须催罗即可。丁汝昌旋复电，加薪事罗丰禄已复电。

③ 盛宣怀电刘盛休："镇海"十二日开往大连湾，"镇东""新裕""利运"十四、十五日由旅顺到大连湾，"图南""海定"十四、十五日由渝关装怀字营到大连湾。丁汝昌统大队十五日到湾取齐，十六日上船，直抵东沟。已奉李鸿章谕电嘱丁汝昌，军舰应护送全军俱入鸭绿江，再送商轮回来。

④ 李鸿章电总署，奉查军械局枪械子药用销各款是否相符等情，称刘瑞芬、沈保靖、刘含芳皆历管军械之人，刘含芳派赴旅顺后，委道员张士珩接管。该员虽系鸿章外甥，但对西洋军械探讨最久，水陆将领有求必应。军兴以来，兄弟甥舅随营襄助立功者指不胜屈，无干禁例。近来言路庞杂，吠声吠影，张士珩办事认真，绝无用销各款不符，窳败不堪应用之处。

八月十三日丁巳（9.12）

① "致远""靖远""来远"护送吴大澂到达大沽。

② 丁汝昌率舰队由威海赴旅顺，与龚照玙议配"经远""来远"后炮事。
③ 日军开始包围平壤。

八月十四日戊午（9.13）

① 晨，北洋舰队抵旅顺。午后接日舰出没威海战报，3时回航威海。
② 清廷以海防紧要，长江水师提督责任綦重。着刘坤一酌举一二人。

八月十五日己未（9.14）

① 丁汝昌派"超勇""扬威""平远""广丙""镇中""镇边"及2雷艇随护远兵商轮赴大东沟，自带余船至成山角巡弋。
② 李鸿章电刘坤一，新加坡总领事黄遵宪原电：有英船满载药弹，本日出口往倭。据英官云，不能截留，惟任听华船捕拿，此船名"李得斯得拉"云。鸿章因该船必经过澎湖、台北海面一带，即电台抚设法截拿。顷接邵友濂电，已传谕各管驾，如解拿到，立赏银10万，越级保升。奈敝处只南洋派来2船，"威靖"窳旧畏缩同废物，惟"南琛"可用，"飞捷"管驾林文和奋勇，可同行。电请刘坤一于"南瑞""开济"中酌派一艘相助。

八月十六日庚申（9.15）

① 日军总攻平壤。
② 丁汝昌率北洋舰队赴大连湾，候护铭军运船赴朝。
③ 伊东祐亨率日本联合舰队到达朝鲜黄海道大东河口附近之大青岛。
④ 李鸿章电总署代奏，经刘含芳与德商泰来洋行谈判，购买鱼雷猎船4艘，10个月船成，2月包送，总价3 788 338马克。

八月十七日辛酉（9.16）

① 丑刻，北洋舰队护卫招商局"新裕""图南""镇东""利运""海定"轮，运送铭军从大连湾开行。午后抵大东沟，派"镇中""镇南"及4鱼雷艇护送运船入口。"平远""广丙"在口外下碇，"定远""镇远""济远""致远""靖远""经远""来远""广甲""超勇""扬威"10船距口外12海里下碇。
② 日军占领平壤。
③ 午后5点，伊东祐亨率联合舰队离开锚地，向黄海北部一带游弋。7点，向海洋岛方向航行。

黄海海战

八月十八日壬戌（9.17）

① 李鸿藻在军机处，称李鸿章有心贻误，张之万与其争论，翁同龢支持李鸿藻，亦称李鸿章事事落后。乃定议军机处拟缮谕旨进呈：李鸿章未能迅赴戎机，以致日久无功。请拔三眼花翎，褫去黄马褂以示薄惩，或交部严加议处。光绪帝确定拔花翎、褫黄褂。

② 军机处电谕李鸿章，着丁汝昌于铭军登岸后即行回驶旅顺，巡防各海口，遇敌即击，不得延误。

③ 7时，在大东沟的运输船队获准可以自行返回港口。

④ 9时，北洋军舰在大东沟外进行常操。

⑤ 10时，"镇远"瞭望哨发现日舰驶来。丁汝昌率"定远""镇远""济远""致远""靖远""经远""来远""超勇""扬威""广甲"10舰迎击。日本舰队有"吉野""高千穗""秋津洲""浪速""松岛""严岛""桥立""千代田""比睿""扶桑""西京丸""赤城"12舰。12时50分，双方舰队相距5 300米时，"定远"发炮，黄海海战爆发。战斗中，中国舰队重创日舰"比睿""赤城""松岛""西京丸"。"超勇""扬威""致

黄海海战

远""经远"沉没,管带黄建勋、林履中、邓世昌、林永升等殉国。方伯谦驾"济远"、吴敬荣驾"广甲"擅离战场,返回旅顺,"广甲"后在大连湾三山岛触礁搁浅。"平远""广丙"及雷艇前来加入战斗。5时45分,日本舰队退出战场,"靖远"主动升旗集队,追击日舰一阵返回旅顺。

八月十九日癸亥（9.18）

① 丑刻,"济远"舰驶抵旅顺,报告战况。天亮后,丁汝昌率舰队抵港。

② 李鸿章电总署,接丁汝昌电,北洋海军昨日12时在大东沟外与日船开仗,5点半停战。"致远"沉、"经远"火,或"超勇"或"扬威"一火一驶山边,烟雾中望不分明。击沉日舰3艘。又电,我失4船,日沉3船,丁汝昌、汉纳根、戴理尔皆受伤,"定远"洋弁尼格路斯（Nicholls）、余锡尔（A.Purvis）皆阵亡。请派艇接汉纳根赴津。

③ 李鸿章电总署,转龚照玙电,除"致远""经远""超勇""扬威"外,"广甲"搁浅在三山岛外,已饬"金龙"往拖。"左二"雷艇及各运船,尚在东沟口内,其余海军战舰,均已到旅;各有伤处,"定远"尤甚。顷晤丁汝昌,见其右臂半边被药烧烂,左臂为弹炸望台木板击

伤，幸不甚重。拟先修"定远"，余船受伤轻重，容查明电禀。

④ 张佩纶日记谓：午后，李经述至，知师老无功，李鸿章褫三眼花翎、黄马褂，而平壤失守。水师杀伤相当，"致远""经远"已沉毁，铭军幸登岸。然我之海军不能成队矣。夜绕室不能成寐，为大局慨。

八月二十日甲子（9.19）

① 军机处传谕李鸿章，着查明阵亡士卒请旨优恤，饬丁汝昌赶修各船以备再战。

② 李鸿章奏，倭事初起时，中外论者皆轻视东洋小国，以为不足深忧，而臣稔知倭之蓄谋与中国为难，已非一日。倭人近十年来一意治兵，专师西法，倾其国帑，购制船械，愈出愈精。中国限于财力，拘于部议，未能撒手举办，海军快船快炮太少，仅足守口，实难纵令海战。以北洋一隅之力，搏倭人全国之师，自知不逮。就目前事势而论，惟有严防渤海。以固京畿。二十二日奉上谕，北洋门户最关紧要，现东沟业经开战，须防其进窥海口。畿辅安危所系，该大臣责无旁贷。

③ 派"济远"及"金龙"拖轮牵引"广甲"出险未成，旋用炸药炸沉。

④ 文廷式奏请严饬海军与日本决战，请擢用奋战之"广乙"管带林国祥。上谕着李鸿章查明。

⑤ 以李鸿章及台湾巡抚邵友濂请，刘坤一派"开济"舰赴台，拦截运载军火济日之英国商船。

⑥ 志锐奏，办事大臣结党阻战；又称据拿获日本奸细石川伍一供认，其与天津军械所刘树芬、张士珩等相识，获取情报等，请派人稽查。

八月二十一日乙丑（9.20）

李鸿章电总署，丁汝昌十八日接仗时，日炮打坏"定远"炮台，丁脚夹于铁木之中，身不能动。头面及颈皆被烧伤，现在头脚皆肿，两耳流血水，两眼不能睁开，请由刘步蟾暂行代理全军事务。

八月二十二日丙寅（9.21）

① 懿旨：用兵之际应宽备饷需，现由宫中节省内帑发去300万两，钱2万串，交李鸿章迅即运往。

② 清廷着刘步蟾暂行代理北洋海军提督。丁汝昌赶紧调治，一候稍痊，仍行接统。

③ 张佩纶函张人骏，称海军本不得力，林泰曾、刘步蟾性懦无能，丁

黄海海战后，丁汝昌写给李鸿章报告的草稿

汝昌受其挟制，方伯谦两次先逃反得嘉奖，闽党蟠结，前败牙山，近又战于鸭绿江口，师船益少，大局不堪设想。改其积习必须去闽将而用良材。有邓世昌者较好，闻近亦阵亡，未知确否？

④ 叶志超率军由朝鲜退过鸭绿江。

八月二十三日丁卯（9.22）

① 李鸿章转奏丁汝昌报海军接仗详细情形及方伯谦临阵逃跑，请求正法。"广甲"管带吴敬荣随退，中途搁礁，请革职留任，以观后效。上谕允之。

② 李鸿章电丁汝昌，方伯谦应速撤任派人看管，派林国祥充"济远"管带。

③ 盛宣怀电丁汝昌，奉李鸿章命令，石岛一带有倭船，似系守截军火。能否用铁甲击沉之，为邓世昌报仇。

八月二十四日戊辰（9.23）

① 晨8点，2日舰驶至威海，炮台开炮后旋退去。

② 李鸿章电丁汝昌、龚照玙，除"定远""镇远"赶修外，余船受伤轻者

尚能出口傍岸游弋否？丁汝昌须设法预备支持，使彼知我非束手也。

③ 赫德函金登干，称丁汝昌这人与他作朋友虽然极好，但毕竟不是军事人才，更不适于海军。

④ 严复函陈宝琛：17日之战，"定远"受千二百余弹，几沉不沉。铁甲之为利器如此。同学诸友，除方伯谦一人外，无不见危受命。其尤异者，"镇远"大副杨用霖，此人日后必海军名将。闻张士珩不肯照发弹药，致临阵不应手。李鸿章用人偾事，韩事信任武断专行之袁世凯，则起衅之由；信其婿张佩纶浸润招权，淮军有易将之失；欲同邑之专功，所以有卫汝贵之覆众；任其甥张士珩，致军火短给，而炮台皆不足以毙敌。一生勋业，殉此四五公者。

八月二十五日己巳（9.24）

① 方伯谦在旅顺被处决。

② 烟台、旅顺、大连湾均发现日舰游弋。

③ 清廷以倭船西行难保非来窥探动静，着李鸿章饬令各口随时探报。

④ 李鸿章电丁汝昌等，"平远""广丙""济远""靖远"4船务于十日内修好，在威海附近游巡。4"镇"炮船应同大雷艇在口外附近巡操。

⑤ 清廷命刘坤一督率水陆各军严防敌舰。

⑥ 台湾巡抚邵友濂奏，前派"南琛"等舰巡洋，在白犬山捕拿代日本运货之英船"巴山"号，内有洋枪2箱，子弹1箱，及铁路火车各料，请示处置。

八月二十六日庚午（9.25）

① 懿旨：因日人肇衅，六旬庆辰大典改在宫内举行，颐和园受贺事宜即行停办。

② 谕李鸿章，海军修理船只，九月下旬始齐，为期太迟，着饬催加工赶办。

③ 谕：长江水师提督黄翼升去世，着照提督例加恩，准国史馆立传。

④ 李鸿章电总署，台抚拿获代运日货之英船，现南北洋定购泰西军火，皆包洋商专船私运，若倭报复截夺，关系非轻。乞熟思审处。

八月二十七日辛未（9.26）

邵友濂奏，捕拿之英船，奉旨留枪弹释船，惟枪弹仅见货单，货压舱底，难以起清。现因舱深，无法进基隆，又无法押其赴沪，请示处置。

八月二十八日壬申（9.27）

① 慈禧太后、光绪皇帝召见军机大臣及李鸿藻、翁同龢，命翁秘往天津，面告李鸿章，俄人喀西尼前有3条同保朝鲜语，今喀使将回津，李某能设法否？翁对此等事未与闻，乞别遣。太后曰：吾非欲议和，欲暂缓兵耳，汝既不欲传此语，则径宣旨，责李某何以贻误至此，朝廷不治以罪，此后作何收束，且退衄者淮军也，李某能置不问乎？又与李鸿藻合词请派恭亲王差使。

② 李鸿章电丁汝昌等，"济远""靖远""平远""广丙"4船何日修好，立即报告；即不能制敌，亦可在口外近边游弋，切勿任员匠疲玩。

③ 邵友濂电奏，据西报载，英"巴山"船系售与日本，理应扣留。总署旋电，"巴山"船既系倭船，即将其带入口内查验。

④ 刘坤一奏，"开济"已由台湾回防。

八月二十九日癸酉（9.28）

① 上午8时，2日舰在威海北口一带游弋，仍是二十四日所来2舰。

② 谕李鸿章，前在牙山海面，"广乙"管带林国祥，以孤船当敌，力竭船沉，着暂行革职，委署"济远"管带。东沟之战，"定远""镇远"将士苦战出力，着李鸿章酌保数员，以作士气。

③ 李鸿章电丁汝昌，前据情奏令刘步蟾代理，旨令伤愈仍行接统。由此恶战，中外咸知，谤意顿消，望勉力视事，督催修理各船，以后专在北洋各要口巡击。又电，总署询"广乙"管带林国祥是何官职？

④ 上谕准李鸿章奏，蓝翎补用都司尽先守备借补海军提标把总张得旺，遇事蒙混，经丁汝昌奏参前来，将其革职，不准开复，以肃军律。

九月初一日甲戌（9.29）

① 懿旨：着恭亲王奕䜣管理各国事务衙门，并添派总理海军事务。

② 谕刘坤一，现北洋防务十分紧急，北洋各船修理需时，着暂调"南瑞""开济""寰泰"3舰迅速北上。

③ 李鸿章电丁汝昌等，日本欲窜旅顺后路，毁我船坞，各炮台须昼夜分班瞭望，师船速修，择其可用者常出口外巡查，略张声势。

④ 李鸿章电总署，林国祥系花翎参将衔游击用，借补广东海安营守备。

⑤ 林国祥前往"济远"署任。

九月初二日乙亥（9.30）

① 翁同龢抵达天津，晤李鸿章，传皇太后、皇帝上谕严责之。李鸿章曰："缓不济急，寡不敌众，此八字无可辞。"复责以水陆各军败衄情状，又云闻喀西尼三四日到津，可将详细情形告知翁某回京复奏云。翁曰出京时曾奉慈谕，现在断不讲和，亦无可讲和，喀使既有前说，亦不决绝，令不必顾忌，据实回奏。

② 刘坤一奏：南洋现仅5只军舰，分防吴淞、江阴，且闻洋面近日常有钢甲敌船游弋，请免派北上。

③ 许景澄电李鸿章，伏尔铿厂猎船长75.9米，时速21.25英里，吃水2.9米，双轮机，800吨，5个月成。100毫米快炮2，小炮8，雷筒3。船价58 800镑，允拆卸代运，不保禁阻。

九月初四日丁丑（10.2）

① 李鸿章电丁汝昌等，"定远""镇远"2舰择要修理，数日内出海，日运兵船不敢深入，关系北洋全局甚大。若刘步蟾等借修理为宕缓，定行严参。丁汝昌虽病，当认真督操，勿为若辈把持摇惑。

② 清廷以南洋现仅5船，分防各处，实形单薄，派拨北洋，着毋庸议。

③ 李鸿章电两广总督李瀚章，请将"广丙"存在粤局之快炮弹由"爱仁"轮运往北洋。

④ 李鸿章电许景澄，初二日电无炮雷筒价，询弹药配足，雷要新式，六电灯，全价若干？满德允拆运包送。

九月初五日戊寅（10.3）

① 调福建陆路提督黄少春为长江水师提督，俟海防事竣，再行到任。

② 李鸿章电龚照瑗，刘含芳与泰来德尔赓订购德国实硕厂猎艇2只，已画押。速由20万镑存款内先付第一期艇价21 500镑存伦敦汇丰，又付快炮、雷炮、子药、鱼雷半价209 600马克。

③ 严复函陈宝琛，事势至此，本为发难时所不料及，最可痛者，当路诸公束手无策，坐时强寇之所欲为。内里建言诸公，弹劾北洋，无一语中其要害。虽杀方伯谦，于军实又何所补？海军扶伤救弊，恐无实济，不如早和，宁忍眼下之亏，事后认真振作。又谓事后振作，恐必难期。

九月初六日己卯（10.4）

① 奕訢等密电李鸿章，翁同龢已回京，刻下战守均不可恃。喀西尼前

约，势须复理。该使数日内来津，可询之。参赞巴维福如能早日到津，望即与密议，如何妥筹善策，总以无伤国体，暂止兵争，速筹停战之法。事关紧要，不可稍有泄露。
② 李鸿章电丁汝昌等，日运兵船26只装满陆兵，待信即发，不日直奉必有大警。"定远""镇远""靖远""济远""平远""广丙"6船必须漏夜修竣，早日出海游弋，使彼运兵船不敢放胆横行。不必与彼寻战，彼亦虑我蹑其后。现船全数伏匿，将欲何为？用兵虚虚实实，汝当善体此意。
③ 赫德电金登干，请打听哪儿可以买到军舰。

九月初七日庚辰（10.5）

① 谕李鸿章，海军受伤各船，闻已陆续修齐，惟大船2只须半月修好，未免过迟。着星夜加工修理，如有敌船开过，迎头截击。
② 李鸿章据丁汝昌呈，奏请拟定《海军惩劝章程》，嗣后海军各船遇敌退缩即以军法从事，前敌冲锋尽力攻击者，虽军舰沉焚，而船中将士遇救得生，准免治罪，仍予论功。
③ 李鸿章奏《大东沟战况折》，为牺牲海军军官请恤。"致远"管带提督衔记名总兵借补中军中营副将葛尔萨巴图鲁邓世昌，"经远"管带升用总兵左翼左营副将穆钦巴图鲁林永升，"致远"大副升用游击中军中营都司陈金揆，争先猛进，死事最烈，拟请旨将邓世昌、林永升照提督例，陈金揆照总兵例，交部从优议恤。邓世昌首先冲阵，攻毁敌船，被溺后遇救出水，自以阖船俱没，义不独生，仍复奋掷自沉，忠勇性成，殊功奇烈，尤与寻常死事不同，且官阶较崇，可否特旨予谥。"超勇"管带副将衔左翼左营参将黄建勋，"扬威"管带副将衔右翼右营参将林履中，力战捐躯，同堪悯恻，拟请旨各照原官升衔交部从优议恤。

九月初八日辛巳（10.6）

① 日舰8艘在威海北口外游弋，旋驶往成山头。
② 李鸿章电丁汝昌、龚照玙等，舰队出海可相机趋避，遥相牵制，亦使敌运兵船稍有顾忌。
③ 李鸿章电龚照玙等，本日奉旨，旅顺后路空虚，亟应设法防守。着李鸿章迅速筹办。凡后路各要隘，多筑土炮台、土墙，分段设旱雷为要。

九月初九日壬午（10.7）

① 谕：从李鸿章请，嗣后海军各船有前敌冲锋沉焚而将士生还者，免治罪。

② 记名总兵邓世昌、升用总兵林永升均着照提督例从优议恤，邓世昌加恩予谥"壮节"。升用游击陈金揆着照总兵例优恤，参将黄建勋、林履中各照原官衔从优议恤。

③ 左庶子戴鸿慈奏，制敌取胜之上策，宜以北洋兵船游弋朝鲜洋面，扼日军粮道，以南洋调集兵轮直捣横滨；中策以南洋兵轮游弋海面，专击倭船，断绝饷道，以北洋兵轮护济转运，并防威旅。请立即罢斥丁汝昌。

④ 许景澄电李鸿章，伏厂猎船100毫米炮连弹千，净价189 565马克。格鲁森47毫米炮6，37毫米炮4连弹五千，约181 000马克。雷筒3、连雷6，约8 720马克。电灯2具，1 300镑。小炮如用哈乞，约可减4万马克。

九月初十日癸未（10.8）

① 李鸿章电许景澄，伏厂猎船100毫米炮连弹，雷筒连雷，电灯两具，均照购。各项定议后，是否分期付价？每期若干马或镑？乞电示。前汇银存龚处，即电拨。

② 御史陈其章奏，李鸿章年老昏庸，请简重臣会办北洋军务；又请将丁汝昌立置典刑。

九月十一日甲申（10.9）

① 谕：有人奏丁汝昌大东沟接战时，被日本炸弹打破望台，臂受轻伤，因流黄水，并非伤重难期速痊者之比。而请假调理，竟可置身事外，请旨饬查。着吴大澂确切查明。次日，又令四川提督宋庆确查复奏。

② 清廷赏汉纳根二等第一宝星。

九月十二日乙酉（10.10）

李鸿章电赵怀业、龚照玙，已饬正定镇总兵徐邦道统马、炮队各1营，新募勇2营由轮船分起赴旅顺，部署大连湾。湾防固，旅防后路益固。

九月十三日丙戌（10.11）

李鸿章电总署，龚照瑗十二日来电，阿轮可定行期，如英再阻即无法。克锡云，智利7兵轮，现决意卖，炮位、子药、鱼雷、员役一切俱全。阿厂新造大快轮在内，如能办到，日患早除，必省兵费。船名为"卜拉德""白朗古""额斯默拉尔达""额拉粗力士""平度""康德尔""林则"。此机万不可再失。现在军情紧急，价值多寡无关重轻等语。李鸿章按船名查各国刊行海军船表，内载"卜拉德"系钢甲快船，大而精坚，行18.3海里。"白朗古"即阿厂去年造成大快船，行22海里半。"康德尔""林则"快船较小，皆行21海里。"额斯默拉尔达"3船，行18—19海里不等。各船大小快炮均多，若疋买可自成一队，否则"卜拉德""白朗古""康德尔""林则"4船并购，亦足张吾军。日恃船多，横行海面，添此船必可制胜。

九月十四日丁亥（10.12）

清廷着李鸿章速商购该兵船。询7船中并购4船，价格分别多少？

九月十五日戊子（10.13）

① 李鸿章电丁汝昌：订期出海、力疾上船，慰甚。据德璀琳称，汉纳根言船上无用弁兵极多，极为难处，非奉派为提督衔海军副提督赏穿黄马褂，不肯再上船。前已赏汉纳根二等第一宝星，未便再奏。

② 张之洞奏，倭事日急，我非添船不可。巴西、阿根廷、葡萄牙、土耳其有军舰可售，请饬驻英、美、德大臣与各国公使密商，速购数艘，购款可借洋款。

九月十六日己丑（10.14）

① 李鸿章电丁汝昌，本日奉旨：海军受伤大船2只前经电谕，星夜加工修理，现在谅已修好，何日出巡洋面，守护炮台，着李鸿章迅速电复。李鸿章嘱丁汝昌，何日出巡至何处，仍以依护炮台为要。

② 李鸿章电张之洞，他已电请借洋债添船，翁同龢谓上不为然。

九月十七日庚寅（10.15）

① 李鸿章电总署，接丁汝昌电复，称足疾稍愈，不能步履。各船伤重且多，星夜加工修理，都未完工。拟一二日先带6船出口，过威海添配子药，清理各要事，再巡大连湾，到旅顺安配"定远""镇远"起锚机器。

② 李鸿章电龚照瑗，许景澄代订造鱼雷、猎艇，议明分三起付价，现应付船价三分之一，20 400镑；又付炮雷等半价20万马克；又两月半付三分之一，末批第四月交船时付清。

九月十八日辛卯（10.16）

赫德电金登干，请设法订购雷艇军舰。

九月十九日壬辰（10.17）
　　金登干复电赫德，军舰显然无处可得。中国使馆正与阿摩士庄厂接触。

九月二十日癸巳（10.18）
　　① 北洋舰队休整后，丁汝昌登舰，晚5时由旅顺口回威海。
　　② 赫德电金登干，转询琅威理愿否重回中国海军服务及所要条件。

九月二十一日甲午（10.19）
　　① 谕：汉纳根打仗出力，已赏宝星。若令统领师船，出洋攻战是否相宜？并应如何重以实任授以宝星之处，着李鸿章筹议具奏。
　　② 日本第二军司令官大山岩与联合舰队司令长官伊东祐亨在朝鲜大同江口渔隐洞协商日军在辽东半岛登陆地点问题。
　　③ 许景澄与伏尔铿船厂订立猎船合同，5个月交船。
　　④ 赫德电金登干，传智利愿出售2艘快速巨舰，能否为中国买到？

九月二十二日乙未（10.20）
　　金登干函赫德，言购舰有困难，又说已写信与琅威理联系。琅最近被派为"毁灭"号（Devastation）军舰舰长，并统率海军预备队。现在还未收到回信。

九月二十三日丙申（10.21）
　　① 李鸿章奏，北洋备倭经费，六月海军衙门奏拨存津巨款本银150万两，户部奏拨银150万两，李鸿章奏准借拨广东海防捐输银60万两，长芦运司筹拨20万两，各商借垫帑利银40万两，共计440万两。与各项支出相抵，仍短银120万两，饬户部迅行照数添拨。七月奉旨添购快船，海军衙门奏拨存津巨款本银100万两，户部奏拨银100万两，仍短银90余万两，拟从出使经费内借拨。又称前筹海军巨款分储各处情况：汇丰银行存银1 072 900两，德华银行存银44万两，怡和洋行存银559 600两，开平矿务局领存527 500两，总计260万两。
　　② 李鸿章奏，此次东征，以北洋一隅之力，御倭寇倾国之师，不得不事事求备，惟皆临事猝办，与平日章程例案有未能悉符者，尤难于事先立案，伏乞敕部查照。
　　③ 李鸿章奏，请奖大东沟海战出力员弁。二十五日奉上谕：右翼总兵刘步蟾，着以提督记名简放，并赏换格洪额巴图鲁名号。左翼总兵林泰曾，着赏换霍伽春巴图鲁名号。升用参将左翼中营游击杨用霖，着

参加甲午战争的洋员,英国人戴理尔

免补参将以副将尽先选用,并赏给捷勇巴图鲁名号。右翼中营游击李鼎新,着以参将尽先补用,并赏给振勇巴图鲁名号。升用游击提标都司吴应科,着免补游击以参将尽先补用,并赏给扬勇巴图鲁名号。升用都司左营守备曹嘉祥,右翼中营守备徐振鹏、沈寿堃,均着免补都司以游击尽先补用,并加副将衔。左翼中营守备沈叔龄,右翼中营守备高承锡,均着以都司尽先补用,并赏戴花翎。提督丁汝昌,着交部从优议叙。二十五日奉上谕从所请。

④ 李鸿章奏,请奖恤西员。此次海战洋员在船者共有8人,阵亡2员,受伤4员。该洋员等以异域兵官,为中国效力,不惜身命,奋勇争先,较之中国人员尤为难得。阵亡之"定远"管炮洋弁尼格路斯、余锡尔2员,拟按西国章程给予3年薪俸,以示体恤。其力战受伤之总管"镇远"炮务德员哈卜们(即赫克曼),拟以水师参将用。帮办"定远"副管驾英员戴理尔,帮办"定远"总管轮德员阿璧成,帮办"镇远"管带美员马吉芬,均拟以水师游击用,该4员并请赏戴花翎,给予三等第一宝星。二十五日奉上谕从所请。汉纳根再加赏提督衔。

⑤ 李鸿章奏,请恤海战阵亡将士。二十五日奉上谕,阵亡之尽先游击中军左营都司"济远"大副沈寿昌,着照副将例从优议恤。都司衔中军左营守备"济远"二副柯建章,尽先守备黄承勋,均着照游击例从优议恤。著中军左营守备杨建洛,著右翼左营守备徐希颜,左翼中营

参加甲午战争的洋员,美国人马吉芬,"镇远"航海教习

参加甲午战争的洋员,德国人赫克曼,"镇远"火炮教习

千总池兆瑸,署右翼左营千总蔡馨书,均着照都司例从优议恤。尽先把总孙景仁、史寿箴、王宗墀、张炳福、何汝宾,尽先外委郭耀忠,均着照守备例从优议恤。拟保把总汤文经、王兰芬,均着照千总例从优议恤。五品军功张金盛,六品军功王锡山,均着照千总例议恤。

⑥ 李鸿章闻荣成附近石岛有 2 日船往来测水,命丁汝昌速带 6 舰往巡驱逐,责丁胆怯。

九月二十四日丁酉(10.22)

军机处电刘坤一商调南洋军舰。

九月二十五日戊戌(10.23)

① 谕:洋员汉纳根果敢性成,打仗奋勇,总理衙门有面询事件,着汉纳根即行来京。

② 张之洞电总署,闻巴西有水线带装甲快船 2 艘可买,请饬驻美大臣杨儒或赫德迅速查验。

九月二十六日己亥(10.24)

① 日本第一军由朝鲜水口镇渡鸭绿江占安平河口,侵入中国。日本第二军在辽东半岛花园口登陆,入侵辽东半岛。登陆持续半个月。

② 李鸿章奏,汉纳根已授宝星,加提督衔。目前战船过少,似毋庸授实职。若将来军舰运到,可仿琅威理之例,授以副提督。

九月二十七日庚子（10.25）

① 日军第一军攻破清军鸭绿江防线。

② 电谕驻美大臣杨儒派员赴巴西，查明情况。

③ 晨，丁汝昌得成山电，南路遥有火光炮声，即带伤统"定远""镇远""济远""靖远""平远""广丙"及二鱼雷艇出威海，见有2日舰由南驶北，驱逐之。旋往成山、石岛一带巡缉，未见日舰返航。

九月二十八日辛丑（10.26）

① 日军第一军占领九连城、安东。

② 汉纳根奉旨由津进京。

九月二十九日壬寅（10.27）

国子监司业瑞洵奏，请饬沿海口岸遇有日船，一律阻其入口。

九月三十日癸卯（10.28）

① 李鸿章电丁汝昌，令其率舰队从威海赴大连湾、大孤山布防，以壮陆军声援。丁汝昌回电，当晚带"定远""镇远""济远""平远""靖远""广丙"及2鱼雷艇赴旅湾，再探剿大孤山一带。此行遇敌，惟有督率将士，尽力死拼。

② 李鸿章电戴宗骞，日军从平壤清军遗弃文件中获得威海营垒全图，请设法严守。

③ 奕䜣、奕劻、李鸿藻、翁同龢等在总理衙门召见汉纳根，询问战状及方法。汉纳根建议速购智利7舰，又言另募新兵10万。

十月初一日甲辰（10.29）

① 李鸿章向总署转发丁汝昌电报：昌前在大鹿岛力战受伤，蒙奏请假。前日由旅开威，昌力疾登船，督同诸将，调度巡防，尽心料理，未敢稍存推诿。刻下腿肿未消，一足不能落地，然伤虽未愈，当此军情吃紧，惟求奏明昌力疾销假，率队出海巡剿。

② 丁汝昌率舰队上午到旅顺，下午赶到大连湾东北河折回。同寄泊口内之马格禄云，我力过单，前去吃亏，现回旅顺配"定远""镇远"起锚机。

③ 杨儒奏称，请张之洞电告巴西军舰船名、现泊何处，并请派精通水师制造之人前往查验。

④ 李鸿章命龚照玙在旅顺白玉山顶高处星夜赶筑土炮台，以备护坞局。

十月初二日乙巳（10.30）

日军攻占凤凰城。

十月初三日丙午（10.31）

① 奕䜣等奏复李鸿章请拨备倭经费仍短银120万两，拟从部库领存内帑项下提银拨解。定购快船短银90余万两，李鸿章拟从出使经费内借拨，请由李鸿章电询南洋大臣刘坤一妥筹挹注。

② 户部奏复李鸿章奏《东征经费倭寇筹费为难各情请饬核实办理折》，称天下防营，以北洋最多，应需饷项，亦以北洋最巨。十数年来，李鸿章于筹防练军、购制船械，每遇请款，部臣无不竭力筹维。光绪十七年四月间，臣等因部库空虚，海疆无事，奏明将南北洋购买枪炮船只机器暂停两年，借资弥补。前此既未尝议停，后此亦未阻购办。况自限满，迄今业已一年有余，各省皆有购办大批外洋枪械之案，而北洋独未购办，是必该省船械足用，无待外求，非因部章为之限制。

③ 军机处奏汉纳根条陈，称中国海军近八年未添一船，所以近来外洋新式船炮一概乌有，而倭船炮皆簇新，是以未能制胜。现在第一应买能挡鱼雷及雷艇者，第二宜购快船快炮，第三应整顿水师将弁，另派一洋员为全军水师提督。

④ 李鸿章电询丁汝昌，何日配好锚机，并命其初五日巡游老铁山，以迎护卫汝成部所乘商船。

十月初四日丁未（11.1）

慈禧召见奕䜣、奕劻、军机大臣、翁同龢、李鸿藻等，问诸臣计将何出？孙毓汶陈各国调处事，翁同龢称此事不可成，亦不与闻。奕劻力陈奕䜣宜督办军务，允之。又命翁同龢、李鸿藻再见汉纳根。下午，翁、李在总署召见汉纳根，谈练兵、购船、购枪事。虽有条理，终无良法。在京期间，汉纳根上《购船议》，建议购买智利军舰6艘；上《整顿海军议》，建议海军衙门自行管理海军船只、船坞、制造局，所用水师文武官员本署自行遴选；海军经费由海署核发；派一精明公正之洋员为海军司，在津总理海军各事，予以用人权柄；水师提督应用一洋员，帮同督理操练、打仗等事；刘步蟾派往上海整顿南洋船只，林泰曾派赴福建整顿闽省船只，北来一同攻战；调广东鱼雷艇至北洋；速为"定远""镇远""靖远""济远"购置新式快炮。

十月初五日戊申（11.2）

① 清廷设立督办军务处，派恭亲王奕䜣督办，庆亲王奕劻帮办，翁同龢、李鸿藻、荣禄、长麟会办，节制各路统兵大员。

② 慈禧召见奕䜣、奕劻、翁同龢、李鸿藻，翁同龢力保汉纳根。

③ 清廷以海军提督丁汝昌统带战船不能得力，所有前次交部议叙之案，着即撤销。

④ 赫德电金登干，请询问怡和洋行老板克锡，购买智利军舰需什么条件？

十月初六日己酉（11.3）

① 补授翁同龢、李鸿藻、刚毅为军机大臣。

② 谕：倭氛逼近金州，旅顺后路危急，船坞要地，亟应尽力保护。李鸿章专任海军，不得以金州非直隶辖境推诿。着悉心筹划，调拨援兵，竭力固守。

③ 军机处请饬两广总督李瀚章令广东水师提督郑绍忠招募数十艘拖罾船攻打横滨、神户、长崎，攻其不备。

④ 李鸿章电告旅顺守将设法固守，倘若日舰来犯，命丁汝昌率舰出口，依傍炮台实施攻击。

⑤ 金登干电赫德，智利拒绝出售军舰。

十月初八日辛亥（11.5）

① 日军进攻金州，次日，金州失守。

② 李瀚章电奏，拖罾船并无炮械，香港至长崎1 270英里，北风当令，万难驶行。

十月初九日壬子（11.6）

① 谕：敌逼金州，旅防万分危急，其登岸处在皮子窝，必有日舰停泊。着李鸿章即饬丁汝昌、刘步蟾等统带海军各舰前往游弋截击，阻其后路。

② 李鸿章接丁汝昌电，旅顺工匠纷纷告去，有停工之势。水师在旅有三难：一、湾有失，敌必扑旅后路，我师船在口内，不能施展，无以为力；二、敌船来攻，口门窄小，不能整队而出，且"定远""镇远"必须俟潮，若过急，冲出不易；三、口外寄泊敌艇过多，夜间来攻，我船又少快炮，实难防备。请示遵行。李回丁电，敌踪距旅若干里，旅顺本水师口岸，若船坞有失，船断不可全毁。口外有敌船，须探明再定进止，汝自斟酌，勿得慌张胆怯，致干大戾。

③ 长芦盐运使季邦桢电翁同龢，旅大万急，请速调东军，并以汉纳根带海军往援。翁即请奕䜣发电催东兵，并札汉纳根带6舰，又札汉纳根往天津练兵，并札胡燏棻同汉妥商。

④ 左庶子戴鸿慈奏，为保全金州旅顺以卫奉直，请以海军援助，至大连湾一带巡弋，拦截日船。

⑤ 李鸿章电总署，接龚照瑗电，以办船屡议不成，奉旨申饬，不胜惶恐。欧洲各国守局外例示禁买卖兵轮后，南美如阿根廷、智利屡议售兵轮，临画押毁议。前怡和行克锡又接智利海部电，寄兵轮名单；并电称决意出售，至奉旨准后，令克锡屡电询价不复。嗣闻该国因有乱耗罢议。已购阿轮，议定借旗包送华，适日购兵轮于英未出禁示前开行，至亚丁被英扣留。凡兵轮出口，英查甚严，包送阿轮行主毁前保约，故至今仍未开行。现巴西在德厂新造带雷快轮，长24丈5尺，钢壳，行23英里，克虏伯100毫米炮3尊，哈乞开司40毫米快炮6尊，雷筒3个，有英商哈特包送至粤验收。原价存银行，倘有失事，原价收回，较为稳妥。请酌电署代奏。

⑥ 金登干电赫德，克锡说智利拒绝出售军舰。

十月初十日癸丑（11.7）

① 慈禧太后六旬寿辰，在皇极殿举行贺礼。

② 李鸿章电督办军务处，大连湾、旅顺口情形万紧，日提督大山岩水陆全力专注此路，金、旅电断，消息难通。顷旅顺河泊司英弁贾礼达附运兵船回津面称，连日日舰艇时来旅口窥伺，初八日下午，炮台轰坏其雷艇2只而回。商轮畏阻，不敢冒险运兵。据贾礼达云：敌踪距旅尚百里，各军防守加严，惟各分统无人督率，号令不齐。拟派唐仁廉前往督同诸将急筹守御。再，前派英弁赴皮子窝密探，该口日有大快轮兵舰14只，运船26只，皆设快炮，又鱼雷艇7只，往来梭巡。丁汝昌海舰现仅修好6只，小雷艇仅2只可出海，力量太单，未便轻进，俟汉纳根回后，再与妥商办理。

③ 丁汝昌上午在旅顺会晤徐邦道、赵怀业，旋率舰队撤至威海。

④ 张之洞电询李鸿章为何不购智利3艘军舰？称若需要，愿与李鸿章、刘坤一等联衔上奏力陈购之。

⑤ 金登干电赫德，阿摩士庄厂代表邓禄普（Dunlop）前往中国。琅威理

来信表示，如中国诚意邀请并经政府认可，他将不拒绝，并提出条件。

⑥ 日军占领金州、大连湾。

⑦ 严复函陈宝琛，时局愈益坠坏，龚照玙一市井小人，岂能坚守？今见九月初七日科道诸公弹劾李鸿章一折，闻系张謇、文廷式笔墨，其欲得李鸿章之心，不遗余力，以为用湘楚诸人，则倭患计日可弭。刘坤一何人？徒增一曹人献丑而已。

十月十一日甲寅（11.8）

① 李鸿章电总署，金州已失，旅顺各炮台防守半月可支，惟缺粮食。

② 丁汝昌电李鸿章，报告撤退威海情况。称大连湾和尚岛3炮台全失，现关内无重兵出援，旅顺口万难久支。旅坞已停工，"定远""镇远"起锚机未配妥，"来远"只修一半。旅顺陆路告急，各舰无能为力，有损无益，故回威。"广丙"拟在威海修理。

③ 未刻，李鸿章电丁汝昌，来电并未声明旅顺口外究竟有多少日船，或竟无日船。"来远"为何没有带出？昨电旨命你与刘步蟾带船往皮子窝设法雕剿，现仓皇出走，恐干重咎。

④ 亥刻，李鸿章电丁汝昌，旅顺警急，朝旨严催派兵往援，汝岂能避处威海，坐视溃裂？令其速带6船来沽。面商往旅拼战、渡兵、运粮械接济。成败利钝，姑不暇计。刻即启碇，勿迟误。

⑤ 亥时，李鸿章电总署，报告丁汝昌率舰队撤退威海情况。

⑥ 金登干函赫德，传智利巡洋舰"爱斯米拉达"（Esmeralda）为日本购去，克锡正急电查询。

十月十二日乙卯（11.9）

① 总署电谕李鸿章，昨饬李鸿章抽调数营往援旅顺，尚未电复；"定远""镇远"海舰，李鸿章电称不敢轻进，候汉纳根回再商，章高元8营亦未东渡。现在旅顺情形益急，汉纳根是否已到？其所举之船主马格禄（J.Mclure）是否已到威海？若以马统带舰队，护送章高元部赴旅，该船主是否胜任？着李鸿章面询汉纳根。

② 赫德电金登干，此间确愿琅威理回来，条件最好由他自定。总理衙门拟成立真正的海军，大概可使琅执掌大权。

③ 李鸿章、胡燏棻、汉纳根在天津商议局势，汉谓海军6舰，仅"定远""镇远"可恃，我舰挟运船往旅，必有大战。以寡敌众，"定

远""镇远"难保，运船必失。主张仍回威海与炮台依护为妥。

④ 张之洞电李鸿章，旨调南洋4兵轮，查该轮皆系木壳，且管带不得力，炮手水勇不精熟，不过徒供一击。请派林国祥率能带船之将弁数人来，将此4轮管带全行更换，北行以助臂力。次日李回电，南洋兵轮，鸿所深知，俟晤丁汝昌后妥筹奉复。

十月十三日丙辰（11.10）

① 谕：初三日因旅防紧要，电饬李鸿章身亲巡历。此外，电询饬查之件，多无复电。现旅防益危，该督更无筹划。"定远"各船，前奏三十五日修好，嗣又称起碇机器未全，今日来电仍云尚未配妥，"来远"亦只修一半，不知丁汝昌两月来所司何事？殊深痛恨！"定远"为该军制胜利器，今据称水道狭隘，不能转动，似与"来远"均尚在坞中未出，倘被贼堵口，直不啻拱手赍盗！着丁汝昌即日前往旅顺，将两船带出。倘两船有失，即将丁汝昌军前正法。李鸿章当懔旨办理，设法运送旅顺援兵。

② 丁汝昌率舰队到达天津，与李鸿章、汉纳根商量今后行动。汉纳根认为军舰为运船护航，徒多牵制，又不能保运船。或待马格禄回天津再商办法。丁汝昌称"定远""镇远"锚机铸铁工太大，未修妥，勉强行驶，起锚需三点钟之久；"来远"伤重匠少，只修一半。初十日已将"定远""镇远""来远"一并带回威海。

③ 总署给提督衔洋员汉纳根札，着其设法购买智利军舰。

④ 署南洋大臣张之洞奏请令彭楚汉署理长江水师提督。

⑤ 张之洞电李鸿章，询琅威理现在何处，拟约其来华教练南洋水师。又请调林国祥赴南洋。次日李复电，告之琅难招致，林国祥已接带"济远"，无员可替。

⑥ 以志锐面奏徐建寅可带兵船捣日铁舰，诏命传至督办军务处面询，徐称"定远""镇远"均其手造，颇自任。

十月十四日丁巳（11.11）

① 清廷电谕李鸿章，令丁汝昌率5舰为援旅运兵船护航。

② 李鸿章、丁汝昌继续商讨行动计划，丁称拟带6舰赴旅顺口外巡，遇敌即击，相机进退，不愿护送运船。马格禄尚未回津，丁若途遇，商令上船帮助。

③ 清廷以福建水师提督彭楚汉署长江水师提督。

十月十五日戊午（11.12）

下午3时，丁汝昌率舰队离津赴旅。

十月十六日己未（11.13）

① 上午9时，北洋舰队到达旅顺。丁汝昌登岸晤各将领，旋于下午6时离旅回威。

② 清廷以琅威理前在北洋训练海军，颇著实效，自该员请假回国，渐就废弛。着赫德传谕琅威理迅即来华，以备任使。此外，堪胜管带、驾驶各洋员，着琅悉心选募，酌带前来。

③ 赫德电金登干，皇帝已有谕旨，希望琅威理立即来华，此番他的地位将与以前不大相同，必会对他有所倚任。

④ 金登干电赫德，琅威理现在得封港任后备舰队指挥官。他提出条件，只有在英国政府认为他是为英国利益服务而要他去中国时，他才会答应。

十月十七日庚申（11.14）

① 督办军务处讨论汉纳根练兵方案，翁同龢与荣禄发生争议。

② 丁汝昌率舰队凌晨3时抵威海，"镇远"进港时为水雷浮鼓擦伤多处。

十月十八日辛酉（11.15）

① 晨，翁同龢以书房进讲机会，与光绪帝谈汉纳根练兵事。当日下旨胡燏棻，汉纳根所议，实为救时之法。着谕知汉纳根，一面迅购船械，一面开召新勇，招募洋将即日来华，赶速教练成军，不令掣肘。

② 李鸿章电丁汝昌，派英人马格禄（J.McClure）帮办北洋海军提督。月薪300两，战时加倍。传谕各管驾以下员弁谨受指挥。

③ 谕：着丁汝昌率舰在旅顺口外游弋，牵制贼势。

④ 金登干电赫德，克锡得悉，"爱斯米拉达"已卖给厄瓜多尔，无疑是为日本代购。次日又电，如迅速提供15万英镑的押金并以25万英镑购买的话，能设法使"爱"舰卖与中国而不卖给日本。

⑤ 李鸿章电丁汝昌，南洋张之洞电，北洋洋弁素多，如有熟于水师尚可任用者，望遣来南洋用之。希酌派，咨令赴宁差遣。

⑥ 李鸿章电张之洞：接丁汝昌电，奉旨调南洋师船来北会剿，据称须向北洋借才，查南船所缺何项人材，未能悬揣，且往返亦需时日。该船历年操练已久，亦非不能驾驶出洋，应请电致香帅，速饬行速炮快

马格禄（J.McClur），英国人，原是天津一艘拖船的船主。黄海海战后，汉纳根离开海军，他被任命为帮办北洋海军提督

4船，迅将领配一切赶紧备齐，径驶来威，昌即与酌添得力员弁，再筹会剿。又广东有4大雷艇，2艘已练齐弁勇，2艘尚未配人，并祈电请李瀚章，迅饬雷局配齐弁兵，赶驶上海，与南洋船整队北来。尚虞半路要截，则订期约会何处，昌可率队途中迎护云。查日船毕集金州岛各口，威海以南，近无游弋，祈酌办。

⑦ "左一"雷艇入大沽船坞修理。

十月十九日壬戌（11.16）

① 谕：近日旅顺告警，丁汝昌统带师船不能得力，着革去尚书衔，摘去顶戴，戴罪立功，以观后效。

② 光绪帝召见直隶候补道徐建寅，命其前往北洋察看海军一切情形，回京禀复。

③ 林泰曾因"镇远"擦伤，于卯刻服毒，辰刻身亡。派杨用霖暂行护理"镇远"。

④ 赫德电金登干，如琅威理仍拒绝，请另找一个称职的人。金登干当天即前往得封港找琅威理。

⑤ 李鸿章电张之洞，转丁汝昌电复：军中洋弁，各专一技，驾驶、管轮、枪炮、帆缆、鱼雷，系须何等教习，派在船抑在堂，请电询示悉，再酌办云。

林泰曾（1851—1894），福建侯官人，船政学堂首届学生，北洋海军左翼总兵，"镇远"管带

十月二十日癸亥（11.17）

① 谕李鸿章，现派道员徐建寅进津察看"镇远""定远"等船炮位弹药，着即将各船开赴大沽，令该员详细查验复奏。

② 金登干通报赫德，琅威理表示无论如何不愿辞去英国海军的军职，也不便为中国政府效力，对一个同英国友好的国家作战。又电，琅威理的条件包括由皇帝以玺书颁给他海军最高职衔等，显然太高了。他正与德勒赛提督（Admiral Tracey，即原船政练船教习，时任英国海军马耳他船厂负责人）密商另聘一位退役军官去中国。

③ 驻美大臣杨儒电奏，美国距智利、巴西海程20余日，日本在南美购舰不易查悉。

十月二十一日甲子（11.18）

① 辽东岫岩失守。日本第二军向旅顺进犯。

② 李鸿章奏报，昨电商粤督酌调该省雷艇2号，顷复粤省雷艇可勉强出海，惟造已10年，存煤不敷远行。可商借海关3船，祈与总税务司商调。

③ 李鸿章奏，定购智利7快船应速与赫德定议。

④ 金登干会见德勒赛海军提督，德勒赛称对中国最合适的人物是前日

本海军英籍顾问、现任皇家海军炮厂终身监督的英格斯（Ingles），英是金的表兄弟。德勒赛又说邓禄普也是最合适的人选，虽然脾气暴躁，但组织才能远胜琅威理。十月二十三日，德勒赛、英格斯、金登干会面长谈，英称他将愿意"割断旧日的情缘，在中国另结新欢"。金将此事通报赫德。

十月二十二日乙丑（11.19）

① 谭钟麟调任四川总督，清廷委闽浙总督边宝泉兼管船政事务。

② 李鸿章电丁汝昌，查询林泰曾死讯，旋报系其胆小内疚而轻生，未必有奸细破坏。

十月二十三日丙寅（11.20）

① 谕李鸿章，"镇远"擦伤情形已悉，既称林泰曾胆小，为何派令当此重任？杨用霖果否可靠，仍悉心察看。闻"平远"管驾李和练达出众，赋性忠勇，如果属实，即可调充。

② 李鸿章电丁汝昌，马格禄到后，细查"镇远"伤漏，如何修补？何日竣工？林镇因何服毒？实在情由，详确电复，勿得一字捏饰。

③ 李鸿章电丁汝昌，告知答复总署所转上谕所询问题。称林泰曾本闽厂学生出色之人，沈葆桢迭经保奏有案。北洋创立海军，仿照西洋各国水师定章，必须由学堂出身者，乃可滋充管驾。林泰曾出洋肄业有年，资深学优，委充"镇远"管带，驾驶合法，但未经战阵。今夏派赴朝鲜巡防，有人议其胆小，鸿章曾加训斥记过。迨大鹿岛之战，询其同船洋弁，云该镇临敌并未退缩，方冀其历练有成，不料竟因船被擦漏轻生，尚为有耻之将。至"镇远"大副杨用霖，汉纳根于鹿岛战后禀保，其尤为出力，自属公论，以该船副管驾代理管带，亦系照章，并无偏私。"平远"管驾李和，闻尚奋勇，容俟悉心察看，审酌具奏。李和是否能胜"镇远"管带之任，较杨用霖孰优，务悉心审酌，据实具复。总兵重任，勿稍偏徇干咎。

十月二十四日丁卯（11.21）

① 日军分三路进攻旅顺口，中午，旅顺后路陆路炮台被攻陷。午后，日军攻入旅顺。

② 赫德电金登干，不要"爱斯米拉达"号，询购智利其他军舰。金复电不能购到。

日占旅顺海军公所

十月二十五日戊辰（11.22）

旅顺失陷，日军进行4天大屠杀。

十月二十六日己巳（11.23）

① 李鸿章电奏"镇远"受伤情形，称丁汝昌电复：十六日晚由旅开，十七日早进威口。"定远"在前，过水雷浮鼓后，忽"镇远"旗报，该船受伤漏水。"定远"抛锚后，昌赶赴"镇远"，亲见船已鼓侧，即令驶到浅处，饬各船派人帮同抽水。当询林泰曾，据云，靠东浮鼓行驶时，船身忽然震动两次，想是擦伤左帮，验有进水。前无事时，兵船出入，皆向威口中道而行，现战时布雷，下两浮鼓，西靠水雷，东靠刘公岛，两鼓之中六百码为船道。嗣查知岛嘴撑出礁石至250尺之遥，东鼓下处，只距山嘴300尺，适连日风大水溜，浮鼓东移。又以"定远"先行，分水力大，浮鼓被推东南，"镇远"驶靠东浮鼓擦石即过。至十九日始将夹底以上抽干，设法用木撑百余根，分撑夹底各门，二十一日方竣，当驶深处抛锚。在弹子舱下觅出伤三处：一宽8寸，长6尺半；一宽10寸，长3尺半；一宽1尺8寸，长9尺。二十三日，觅出

帆舱下伤一处，首宽10寸，尾渐尖小，长17尺。二十四日在煤舱锅舱下，觅出伤三处：一宽2尺4寸，长11尺，近伤前后左右，有数小孔；一宽2尺4寸，长5寸；一宽4寸，长1尺8寸。又在水力机舱下，觅出伤一处，宽2尺6寸，长3尺9寸。二十四日，由沪雇来入水洋匠二人，乘"北平"由烟到此，商令下水补塞。至林泰曾何故自杀，严询该船员弁，据称该镇素日谨慎，今因时局方棘，巨船受伤，辜负国恩，难对上宪。又恐外人不察，动谓畏葸故伤，罪重名恶，故痛不欲生，服毒自尽，并无他故及奸细勾通各事。马格禄所查，亦属相符。鸿按所报船伤多处，尺寸不等，显系误触礁嘴，不仅为浮标所擦，修补费工需时。林泰曾素精船学，自知获咎颇重，故尔轻生，并无别故。

② 丁汝昌电李鸿章，林泰曾出缺，杨用霖、李和均可破格提拔。若照海军章程，当由叶祖珪推升，请择定。

③ 李鸿章奏，林泰曾所遗"镇远"管带，查现充该船副管驾杨用霖堪以暂行代理。所遗左翼总兵一缺，照章由臣妥择人选，会同海军衙门拟定正陪，开单请旨简放。

④ "犀照"轮船从旅顺口逃出，泊庙岛。

十月二十七日庚午（11.24）

① 谕：李鸿章调度乖方，革职留任，摘去顶戴。

② 谕李秉衡，旅顺已失，威海各口宜严密防守，免致乘虚抄袭。

③ 李鸿章电丁汝昌，以杨用霖暂护"镇远"管带。

十月二十八日辛未（11.25）

① 赫德函金登干，英格斯在此间不会受到欢迎。

② 清廷电询海军各舰现泊何处，"镇远"何时可以修好？

③ 谕：有人奏，南洋"元凯""超武"兵船，仅供大员往来差使，并不巡缉海面。该船两次修造，浮冒甚巨。着浙江巡抚廖寿丰查明复奏。

十月二十九日壬申（11.26）

① 谕：旅顺已失，丁汝昌救援不力，着即革职，暂留本任，严防各海口，以观后效。

② 李鸿章电总署，海军各舰泊威海协同陆军防守。"镇远"伤在水底，施工尚难克期。

十一月初一日癸酉（11.27）

① 李鸿章率曹克忠等人冒雪视察新城、大沽、北塘防务，于初五日回津。
② 李鸿章电丁汝昌、戴宗骞等，旅失威益吃紧，诸将领各有守台之责，若人逃台失，无论逃至何处，定即奏拿正法。若保台却敌，定请破格奖赏。有警时，丁汝昌应率船出，傍台炮线内合击，不得出大洋浪战。
③ 御史安维峻等60余京官，联名上奏请诛丁汝昌。称前方将士孤军捍垒，血肉横飞，而丁晏坐于蓬莱阁重帷密室中，姬妾满前，纵酒呼卢，视如无事。又称丁诞妄性成，自谓内有奥援，纵白简盈廷，绝不能伤其毫发。而军中舆论，则谓其外通强敌，万一事机危急，不难逃亡海外。请将丁汝昌即行开缺，授署理长江水师提督彭楚汉为海军提督；或擢汉纳根为海军提督。命新提督将丁锁拿解京，交刑部治罪。

十一月初二日甲戌（11.28）

① 山东巡抚李秉衡奏，海军主将望风先逃，以回顾威海为名，去之唯恐不速，请立诛一二退缩主将、统领。
② 以总办旅顺船局道员龚照玙潜逃惑众，诏命李鸿章查明参奏。
③ 戴宗骞电李鸿章，认为日军知威海海岸防守严密，故注意在空远处登陆。我炮台依山而建，前高后低，若日军抄近台营，我设之地雷并山岭行炮均为无用。鉴于旅顺、大连不迎击之失，株守必无全理。已抽拨行队，战守各专责成。闻警驰援，并力一决，必不偷生苟活。

十一月初三日乙亥（11.29）

荣禄函陕西巡抚鹿传麟，称翁同龢奸狡性成，不可思议。其误国胜过孙毓汶，与李鸿章可并论。日前欲令汉纳根练兵10万，岁费饷银3 000万两。所有中国练军均可裁撤。鄙人大不以为然，力争之。次早光绪帝谓必交汉纳根练兵10万，不准有人拦阻，不准鄙人掣肘，是书房有先入之言。

十一月初四日丙子（11.30）

① 午刻，李鸿章复电戴宗骞，在营内多掘地沟，将地雷移设后路，将行炮移向后路轰击，以能伤贼为主。
② 丁汝昌电李鸿章，近日与各防统将坚约与军舰相辅，戴宗骞主张无论敌在何处登陆，即带队巡剿；丁恐万一不支，后路炮台设一有失，为敌所用，则军舰难支，主张多筑炮台、沟道。

③ 李鸿章电罗荣光,"左一"雷艇何日出口赴威?

十一月初五日丁丑（12.1）

① 李鸿章电丁汝昌、戴宗骞,以丁之主张为是,反对浪战。

② 李鸿章又电吴大澂、丁汝昌等,据伦敦电,日军大山岩一军已由旅顺动身,往山海关进攻北京,前日拟往威海一节,顷作罢论。

十一月初六日戊寅（12.2）

① 李鸿章电总署,日军在旅顺大加杀戮,船坞炮台无恙,传言将攻威海,已饬丁汝昌及炮台各将严密防备。

② 丁汝昌到南帮炮台,会晤刘超佩及各营管,协调防务。因龙庙嘴炮台在防御长墙之外,约定水陆共护此台。倘万不得已,拆卸炮栓钢圈底归鹿角嘴炮台,以免资敌。

③ 未时,戴宗骞复电李鸿章,威海数月所布置沟墙,均防沿海近处登陆,今改防远处旱抄,移顾西南,全行换样,兵力止此,势难骤集。旅顺、大连湾之战各军株守,均以失事。故坚持截其登陆,进扼上庄口山。主动出击,宁力战图存,勿坐以待困。

十一月初七日己卯（12.3）

① 光绪帝召见张荫桓,询问汉纳根练兵事。慈禧太后亦召见张,命其前往天津,与李鸿章商量战事。

② 辰刻,李鸿章复电戴宗骞,我枪炮、诡计、狠劲均不及日本,汝欲扼上庄口山,自问能扼住否?仍以扼要埋伏地沟为妥。

③ 午刻,李鸿章电丁汝昌,所拟刘超佩各营布置甚妥。嘱其多挖地沟。

十一月初九日辛巳（12.5）

上午9时,"左队一"鱼雷艇出大沽口开往庙岛水域。下午1时返回,称遭日军6艘大雷艇包抄。李鸿章电罗荣光,将其暂留大沽差遣。

十一月初十日壬午（12.6）

① 张荫桓抵天津,见李鸿章,传达懿旨。次日又见,张荫桓向李鸿章询汉纳根练兵事,李云汉虽有才而不易驾驭,不料大内抚番如此。十二日,张荫桓向汉纳根询练兵办法,指出"练此大军本系创造,中国不能操纵,练之何用?若不予尔兵权,尔亦难教练"。

② 李鸿章电张之洞,据黄遵宪报告,英船"阿必伦"号满载军火,本日由香港赴倭。北洋不能派船远去,请张派船拦截。十二日张电李,

已派一轮，但恐不及。请电广东派舰由洋弁马驷带往香港查拿。十三日李电，告之英船装军火不止一次，且有军舰护航，广东舰小，不济事。

十一月十二日甲申（12.8）

① 徐建寅到威海历勘水师情形，十四日回烟台。旋上《禀复查验北洋海军札》，提出以马复恒接替丁汝昌。又附《北洋海军各船大炮及存船各种弹子数目清折》及《北洋海军存库备用各种大炮弹子数目清折》，内称海军尚存各种炮弹6 000余颗。

② 翁同龢赴督办军务处，以胡燏棻称与汉纳根因练兵事甚费踌躇。胡斥汉贪利无厌，汉禀一切购定。

十一月十三日乙酉（12.9）

张之洞电李鸿章，南洋兵轮木壳薄，炮手劣，管带庸，万难得力。请谕林国祥举荐得力武弁，四五人、七八人皆可。或在北洋船上现不居要职者；或在广东省，轮机明白、勇往敢战者。

十一月十四日丙戌（12.10）

李鸿章奏，龚照玙并无潜逃惑兵，惟系管理船政之员，船坞失陷，应即行革职。又请准其留营效力。

十一月十五日丁亥（12.11）

① 清廷以李秉衡奏，旅顺之役，海军主将率舰望风先逃，各路相率效尤，殊甚痛恨！着李鸿章懔旨确切查明。

② 丁汝昌电李鸿章，"定远""镇远"2舰原系徐建寅监造，昨天来威勘验，所论悉中机窍。请奏派留船，或为提督帮办，或为监战大员。

③ 李鸿章电告总署"镇远"修理情况。

十一月十六日戊子（12.12）

李秉衡奏，请将丁汝昌、龚照玙等贻误军机将领明正典刑。

十一月十八日庚寅（12.14）

李鸿章电丁汝昌等，他的英文秘书毕德格（W.N.Pethiek）荐美国人威理得（Wilde）、浩威（Howie）二人能造新式水雷秘法，驾雷艇出口包在洋面轰毁敌船，请从烟台送至威海。

十一月十九日辛卯（12.15）

张之洞电广东水师提督郑绍忠等，南洋5舰管带皆不得力，炮手甚劣，万难打仗。请推荐粤省带拖船、缉私船初出海捕盗者中好手，不论官阶,愿来南洋者,即与粤督李瀚章商调,派充管带。

十一月二十日壬辰(12.16)

① 日本大本营命令联合舰队司令长官伊东祐亨与第二军配合,一起进攻威海卫。

② 张之洞电上海道刘麟祥,刻下军情紧急,请速照会各国领事转饬各国轮船,每天晨6时至晚6时,准船入黄浦江,过时只准在吴淞口外抛锚,以免敌船混进;并命在第二灯塔左近设瞭望台,随时观察敌船。

十一月二十一日癸巳(12.17)

① 谕:海军提督丁汝昌统率海军多年,自日人启衅以来,迭经谕令统率师船出击援救,该革员畏葸迁延,节节贻误。旅顺船坞是其专责,复不能率师援救,实属怯懦无能,罪无可逭,着拿刑部治罪。龚照玙总理船局工程兼办水陆营务处,不能联络诸军,迨船坞俱失,避至烟台,着拿刑部治罪。

② 张之洞命上海电报局杨廷杲等速在吴淞炮台至江南制造局、上海道署架设电报线。

十一月二十二日甲午(12.18)

① 谕:昨降旨将丁汝昌拿问治罪。海军统帅需人,着李鸿章于海军将领中详加遴选,据实保奏,候旨擢用。李和、杨用霖、徐建寅能否擢授提镇,抑或暂令署缺,李鸿章应悉心酌度,迅速复奏。美国投效二人自述十事,言虽近诞,惟西人向多幻术,着李鸿章派员切实试看,有无明效,再行奏复。威海为我军诸舰常驻之所,防御尤关紧要。"镇远"前饬令加工修补,何时可以竣工备用,并着先期电复。

② 刘含芳将威理得、浩威送至威海,请海军中美留学生出身者考察,又称其术近于作雾。

③ 丁汝昌电李鸿章,"镇远"因天寒风大,难以速成,拟在夹底再加木撑,修理尚须三五日完工,"来远"要工略完。

④ 日舰抵威海卫侦察。

十一月二十三日乙未(12.19)

李鸿章函丁汝昌,美员静研化学,金山华商集资6千美元公聘此人来华,此人已抵北洋,所陈十事究有技否?望严密试演,随时详电。

十一月二十四日丙申（12.20）

① 谕李鸿章复奏，丁汝昌拿问后，海军宜派谁人接手？

② 李鸿章电总署、督办军务处，挽留丁汝昌。称接刘含芳电：丁提督逮问进京，在朝廷驭将之法，操纵自有权衡。然水师统将，去丁仅实缺总兵刘步蟾一人，更难驾驭得宜。查西国水师定章，管驾小船升管驾大船，其带大船即中国总兵也，再历练数年或十余年，乃升提督，否则众望不孚。中国陆军既不合西法，海军不可不步趋。如李和甫带"平远"小船，才具稍短。杨用霖甫以大副代理"镇远"管驾，虽尚得力，未便超升。徐建寅系义员，未经战阵。丁汝昌前请帮办监战，似系借此卸责，未可遽为定论。前派汉纳根总查海军，英水师提督犹讥之谓非水师出身，而汉纳根从此遂不上船。今丁既逮问，自无久留之理。惟威海正当前敌，防剿万紧，经手要务过多，一时难易生手。可否吁恩暂缓交卸，俟遴选得人，再行具奏。

十一月二十五日丁酉（12.21）

① 谕：北洋海军提督着刘步蟾暂署。仍着李鸿章遴员保奏。丁汝昌俟经手事件交替清楚，迅速起解。

② 徐建寅见翁同龢，甫威海查船归来，历言丁汝昌不能整顿，及闽人结党状。保候补道马复恒能管带，戴宗骞知守险，李秉衡忠赤，北洋不准战。

③ 张之洞电询李鸿章，闻日舰由北洋全开南洋，未知确否。李回电，告之英日密约不犯淞沪，且日舰吃水深，断不能深入长江。

④ 日舰再抵威海卫侦察。

十一月二十六日戊戌（12.22）

威海统将戴宗骞、张文宣、刘超佩电总署、督办军务处，恳吁挽留丁汝昌。又，刘步蟾暨各舰管带公电挽留丁汝昌。

十一月二十七日己亥（12.23）

① 李鸿章电戴宗骞、张文宣、刘超佩等，奉旨，丁汝昌着仍遵前旨，俟经手事件完竣，即行起解，不得再行渎请。查经手事件所包甚广，防务亦在其内，应令丁提督照常尽心办理，勿急交卸。

② 清廷谕李鸿章、丁汝昌，批准与威理得等签押试验击敌方法。

③ 丁汝昌报告，威理得等人之法，系用化学方法产生烟雾，试验材料

烟台、上海均无。

十一月二十八日庚子（12.24）

丁汝昌、马格禄与威理得签押试验合同。

十一月二十九日辛丑（12.25）

① 李鸿章电丁汝昌，据报昨有一日舰至荣成湾龙须岛。速统现有师船去龙须岛成山一带巡寻，否则听其后路包抄，威危而兵船无驻足之地。

② 马格禄带3艇出威海寻探，丁汝昌率其余军舰升火待发。

③ 李鸿章奏《请议恤援护朝鲜伤亡员弁折》，内开"高升"轮被沉淹毙员弁名单。

④ 李鸿章奏，为"致远""超勇""扬威"诸舰阵亡员弁请恤：副将衔升用游击左翼左营都司"经远"船帮带大副陈策，拟照原衔议恤。升用游击左翼左营都司"经远"船总管轮孙姜，升用游击左翼右营都司"超勇"船总管轮黎星桥，升用都司左翼左营守备"经远"船枪炮二副韩锦，均拟照副将例议恤。升用都司中军中营守备"致远"船驾驶二副周展阶，蓝翎中军中营都司"致远"船总管轮刘应霖，蓝翎尽先补用都司中军中营守备"致远"船大管轮郑文恒、曾洪基，蓝翎中军中营守备"致远"船鱼雷大副薛振声，升用都司左翼左营守备"经远"船鱼雷大副李联芬，升用都司左翼左营守备"经远"船大管轮卢文金，左翼左营守备"经远"船驾驶二副陈京莹，升用都司左翼右营守备"超勇"船帮带大副翁守瑜，均拟照参将例议恤。中军中营守备"致远"船枪炮二副黄乃模，左翼左营守备"经远"船大管轮陈申炽，补用守备借补左翼左营外委"经远"船巡查刘玉胜，左翼右营守备"超勇"船大管轮邱庆鸿，均拟照游击例议恤。中军中营千总"致远"船船械三副谭英杰，中军中营千总"致远"船舢板三副杨登瀛，五品军功中军中营千总"致远"船二管轮黄家猷、孙文晃，五品蓝翎左翼左营千总"经远"船船械三副李在灿，五品蓝翎左翼左营千总"经远"船二管轮刘昭亮，左翼左营千总"经远"船二管轮陈金镛，五品军功补用千总左翼左营把总"经远"船三管轮高文德、王举贤，五品军功补用千总左翼左营把总"经远"船正炮弁任其德，五品蓝翎左翼右营千总"超勇"船驾驶二副周阿琳，左翼右营千总"超勇"船二管轮李天福，尽先千总左翼右营把总"超勇"船三管轮郑光朝，尽先千总派

驻"超勇"船驾驶学生叶世璋，蓝翎千总中军中营把总"致远"船正炮弁李宗南，均拟照都司例议恤。五品军功左翼左营千总"经远"船舢板三副张步瀛，拟照都司例优恤。五品军功候补把总派驻"经远"船驾驶学生张海鳌，五品军功例保把总派驻"经远"船驾驶学生罗忠霖，均拟照守备例优恤。中军中营把总"致远"船三管轮钱秩、谭庆文，补用把总借补中军中营外委"致远"船副炮弁陈书、阮邦贵，五品军功提标把总暂代"致远"船巡查张多志，中军中营把总"致远"船水手总头目水连福，五品军功派驻"致远"船管轮学生徐怀清，五品军功派驻"经远"船管轮学生段绩熙，六品军功补用把总左翼左营外委"经远"船副炮弁周廷禄、万于滨、傅喜三，左翼左营把总水手总头目陶元太，尽先把总左翼右营外委"超勇"船副炮弁李英，五品军功例保把总派驻"超勇"船驾驶学生陈珠祥，五品军功派驻"超勇"船管轮学生高鹤龄，均拟照守备例议恤。五品军功"致远"船水手正头目王作基，拟保把总派驻"经远"船副炮目陈恩照，均拟照千总例优恤。中军中营外委"致远"船副炮弁张恩荣，候补把总"致远"船水手副头目曲延淑，拟保把总"致远"船水手副头目吴明贵，蓝翎把总"致远"船三等水手刘相忠，七品军功"致远"船鱼雷头目施得魁，候补外委"致远"船鱼雷匠张成，候补把总"致远"船管舱周喜，拟保把总派驻"致远"船副炮目张玉、沈维雍，五品军功"经远"船水手正头目余得起，六品军功"经远"船水手正头目任新銮，五品军功"经远"船水手副头目姚登云，六品军功"经远"船一等水手邓清，六品军功候补枪炮教习"经远"船三等水手杨永霖，五品军功"经远"船一等管汽吴馨泰，五品军功"经远"船二等升火翁庆平，六品军功"经远"船二等升火黄兆荣，六品军功"经远"船鱼雷头目张永清，补用把总"经远"船鱼雷匠李观鉴，六品军功"经远"船电灯匠周新铿，拟保把总派驻"经远"船枪炮副教习江友仁，六品军功尽先把总"超勇"船一等管汽李铭魁，拟保把总派驻"超勇"船枪炮副教习李镜堂，均拟请照千总例议恤。

十一月三十日壬寅（12.26）

总署电李鸿章，闻二十八日有日船送兵在龙须岛探水散线。又闻前日即有日船在石㠀岛量水，恐因辽海将冰，欲由荣成各海口上岸以攻威海后背，又袭皮子窝故智，望速筹严防。

十二月初一日癸卯（12.27）

李鸿章电奏，三十电悉。二十八有倭兵船一支在荣成龙须岛上岸，旋即折回南驶。威海距龙须、俚岛百余里，非守口炮台所能分队遥击，已严饬威防水陆将领相机雕剿。

十二月初二日甲辰（12.28）

① 清廷授刘坤一为钦差大臣，节制关内外各军。

② 安维峻奏，李鸿章平日以挟外洋自重，有私财寄顿倭国，故不欲战，倒行逆施、接济倭贼煤料军火，日夜望倭贼东来，而于我军前敌粮饷火器，则有意勒扣。有言战者，动遭呵责。还迷信美国人有雾气者，而枢臣中竟无人敢与其争论。又谓和议出自皇太后、李莲英，皇太后既已归政皇上，若仍遇事牵制，将何以上对祖宗，下对臣民？李莲英干政如果属实，当律之祖宗法制。要求明正李鸿章跋扈之罪，布告天下，以振士气。上谕谓其肆口妄言，将安革职，发军台效力赎罪。

③ 以倭船在龙须岛窥探，上谕命李鸿章酌拨威海两营，与东军分布要隘，合力严防；并饬威海守将戴宗骞等遇敌即击。李鸿章将上谕转电山东巡抚李秉衡，称威海两岸防守紧要，地阔兵单，无可分拨。

④ 上谕命严查旅顺守将提督黄仕林、赵怀业、卫汝成下落，迅速解部。

十二月初四日丙午（12.30）

① 谕：李鸿章将龚照玙等即行解京，不得任令隐匿。又命吴大澂将卫汝贵迅速押京，不得逗留。

② 李鸿章电总署，前饬刘含芳派人赴旅顺密探，昨已称，日本已将旅顺东西两局各库铁木料物及能拆机器掳掠一空，埋藏雷件、器械，亦皆挖出，装运回国。东澳"凛海""遇顺""超海"各船，皆已拖往该国坞厂。倭兵各持地钻，凡松土之地，无不深挖五六尺。旅顺街道所杀民人二千六七百，皆以大坑收埋。各山兵民被杀尤多，皆未掩埋。

③ 刘含芳电奏，据威海守将戴宗骞电，已挑选健队，配240杆快枪、4门75毫米克虏伯行炮，前往荣成，与山东泰靖、精健两营划段分守。

十二月初六日戊申（1895.1.1）

① 李鸿章奏，大东沟接仗，"扬威"行驶太迟，致离大队，受敌炮弹炸焚，又未能极力抢救扑灭。虽为"济远"碰伤，究因离队而起。现据

丁汝昌奏参，将该船帮带大副郑文超革职留营效力，以观后效。
② 又奏，海军精练前营守备充"威远"船操练大副事陈柱衡，光绪十七年七月二十七日奉旨允准升署斯缺，计至本年七月二十七日升署三年期满，应照定章改请实授。再，北洋海军右翼中营守备充"定远"船炮务二副事邓士聪被革职，当经遴员署理。查有署理是缺右翼中营千总"定远"船舢板三副杨金球，署事数年，克称厥职，堪以补授。现值防剿紧要，均请暂缓送部引见。
③ 李鸿章电奏，龚照玙正在清理所经手之天津大沽船坞工料，稍俟就绪，即行解京。次日上谕敦促速解，不得借词逗留。

十二月初七日己酉（1.2）

电谕李鸿章、吴大澂，速将叶志超押解赴部，不得借词逗留。

十二月初八日庚戌（1.3）

① 上谕：李鸿章奏，旅顺失守各将领中，黄仕林落水获救，赵怀业、卫汝成尚无下落。黄仕林着革职交刑部治罪，赵怀业、卫汝成仍着严密查拿，迅速解部。
② 刘坤一电李鸿章，两宫待李意厚，惟望整顿海军，裁并湾旅余勇。
③ 李鸿章电张荫桓，"海晏"轮现改名"公义"，可赴日，自家商船较方便，希酌定。

十二月初九日辛亥（1.4）

① 李鸿章电刘坤一，海军仅五六舰可出海，未能大战，必须等新购快船到后。但已订快船2只，为英德政府所阻，智利等船尚无定议。
② 丁汝昌电李鸿章，"镇远"伤痕已补，剩3处未修，共长30英尺，宽2至6尺不等。所雇洋匠称天寒风雪，水底万难旋工。拟请假回沪，只能照准。先就夹底木撑而用。次日李复电，夹底木撑必须试车试炮，察看能否得力。

十二月初十日壬子（1.5）

① 清政府派总署大臣张荫桓、署湖南巡抚邵友濂为全权大臣，赴日议和。慈禧召见奕䜣、张荫桓，言及安维峻一折，垂泪不止。
② "镇远"伤处除3处外，基本补好。因天寒冷，难以继续施工，沪雇洋匠，请求休假。船底伤处用夹层木撑。次日出口试车试炮，仅能行驶7海里，发炮后木撑未动。

十二月十二日甲寅（1.7）

① 刘坤一电督办军务处，保马复恒能胜海军提督之任。奉旨着现在海军当差之候补道员马复恒来京，交吏部引见。

② 刘坤一电李鸿章，海军提督缺悬已久，此间公论，均以马复恒为能胜任，似可径行保奏。李鸿章旋电丁汝昌，马复恒才具魄力，是否尚堪造就？鹿岛之战，是否在船驾驭？中外各员，能否妥协？望据实密复。

③ 刘坤一又电李鸿章，顷有旨令马复恒引见，大约为海军提督一缺，应请尊处保奏，或补或署。暂缓引见，以免往返需时，得以及早整顿。所遗海军营务处差，可否以徐建寅接办？

④ 李鸿章电总署，报告"镇远"修理情况。"定远"左台左炮，前被敌炮击伤，现经洋弁哈卜们督率试放4炮，尚无窒碍。连日迭据倭探，有尽力猛扑威海之说，丁汝昌与各统领商议，水陆合力严防。又两美员所需材料，马格禄电香港怡和代办50箱，起运未到。俟试验再电闻云。昨据成山电局报，日船数只，来往游弋不绝，已严饬威防水陆将领，预备夹击。

⑤ 李鸿章电奏，经查，卫汝贵已解入京。龚照瑗在津清理经手事件，并未潜行回籍。叶志超现在芦台防营，尊即派员分投解京交部。

十二月十三日乙卯（1.8）

① 丁汝昌电李鸿章，马复恒曾管带"操江""康济""海镜"各船，嗣经会办旅顺鱼雷局，未参加大东沟之战。全军素知马道心地明爽，故邀会办海军营务处。现马称才力不及，万难胜任；称徐建寅胜其百倍，奉旨统领水师必有成效。

② 李鸿章电刘坤一，查《海军章程》，提督缺出，在实缺总兵内择资深劳多勋望素著者，由北洋大臣咨会海军衙门请简放。又海军各缺，一时无合例应补人员，准择资深劳多者升署，再请补授各等语。提督统率全军，责任綦重。查马复恒前曾管带"操江""康济"各运船，皆非外海战船，嗣经会办鱼雷局。九月间丁汝昌鹿岛战后，伤病綦重，委令会办海军营务处。该道质地朴实，才具不长战船，现海军各舰，雇用洋弁颇多，驾驭不易，若非统率得人，鲜不偾事，未敢遽许马复恒能胜提督之任。前奉电旨，令左翼总兵刘步蟾署理提督，似较稳洽。马复恒仍令与徐建寅会办海军营务处。乞转商督办军务处核奏。

③ 谕李鸿章，据探报，敌有猛攻威海之说。又成山有敌船数只来往游弋，着李鸿章严饬威海水陆将弁加意扼守，昼夜严防，并知照李秉衡合力备御。成山、威海等处如有敌船窥伺，随时电奏。

十二月十六日戊午（1.11）

① 遵旨查拿道员张士珩已据投案。张士珩管理军械所盗卖军械，情节甚重。着张之洞接讯，务得确情，按律惩办。

② 谕李鸿章，敌兵第三军已于十四日在广岛开行，欲赴威海西岸。旅顺既为敌占，现又图攻威海，意在毁我战舰，占我船坞，彼之水师可往来无忌。威海左右附近数十里尤为吃紧。着李鸿章、李秉衡飞饬各军昼夜梭寻，不得稍有疏懈。

十二月十七日己未（1.12）

御使高燮曾奏请令李秉衡节制海军，切实整顿。

十二月十八日庚申（1.13）

① 马格禄电李鸿章，恳请保奏丁汝昌暂缓交卸。

② 清廷以海军战舰数已不多，若敌船逼近，株守口内，进退不自由。着李鸿章等酌调度办法。

③ 午刻，李鸿章电丁汝昌、戴宗骞等，日军登陆，东兵能否设法埋伏邀截以牵制？威防只能守炮台长墙，曷任焦系。

十二月二十日壬戌（1.15）

① 李鸿章等探知日军将在成山登陆。

② 李鸿章电总署，丁汝昌、马格禄决定依辅炮台，不出口迎战。

③ 严复在家信中说："北洋当差，味同嚼蜡"，打算明年去张之洞处发展。

十二月二十一日癸亥（1.16）

清廷以日军将在成山登陆，着李鸿章、李秉衡分饬将领，昼夜侦探，勿蹈皮子窝覆辙。

十二月二十四日丙寅（1.19）

威理得所需试验药料，由怡和洋行代购至烟台后，在存放民船中被焚。

十二月二十五日丁卯（1.20）

① 晨，第一批进攻山东半岛日军在荣成湾登陆，下午占领荣成。

② 威理得离开威海去烟台，浩威自愿留威上船。

③ 以气质柔弱为由，张之洞撤"南琛"兵轮管驾叶伯鋆职，由尽先参

日军在荣成湾登陆

将李田接任。
十二月二十六日戊辰（1.21）
① 李鸿章令前往荣成迎击日军的刘超佩部相机退守威海，勿为无益有损之战。
② 李鸿章转本日上谕给李秉衡和威海前敌，海军战舰，必须设法保全。
③ 清廷电谕张荫桓等，既定正月初三日启行赴日，勿迟。
④ 李鸿章电总署，日军2.5万人在荣成登陆，惟有死守。事到万一，计惟保全"定远""镇远"2舰。

十二月二十七日己巳（1.22）
① 清廷以荣成失守，李秉衡自请议处，着加恩宽免，厚集援军，迅速截堵；并着李鸿章调动"定远"等舰攻击登陆日军。
② 北洋护军统领总兵张文宣电李鸿章，日军若攻刘公岛，丁汝昌要出口浪战，岛舰不保，请电阻止。李鸿章回电以丁为是，责张未经战阵。

十二月二十八日庚午（1.23）
① 清廷以日军逼近威海南岸，着守军乘间出击，断敌后路，迅速退敌，则可立即开释丁汝昌身婴重罪；又令云贵总督王文韶帮办北洋事务。
② 李鸿章电巩军统领刘超佩必须死守炮台及长墙。又电丁汝昌，日兵

扑南岸尚须二三日，届时察看，刘超佩若彼不支，密令台上各炮拔去横闩，弃入海旁。若水师力不能支，不如出海拼战。战不能胜或能留铁舰退往烟台。

十二月二十九日辛未（1.24）

① 清廷谕李秉衡，保卫威海是为至要，着查明增援各营行抵何处。

② 丁汝昌电李鸿章，已挑奋勇安插炮台，暗备急时毁台。海军如败，万无退烟之理，惟有船没人尽而已。李鸿章旋复电丁汝昌，汝既定见，只有相机妥办。廷旨及刘坤一均望保全铁舰，能设法保全尤好。

③ 刘坤一于二十八日抵达天津，晤李鸿章等人。本日屯督办军务处，主张务须保全铁甲兵轮各船，又请姑宽拿办丁汝昌之罪。

④ 李鸿章严饬威海守将不得怯敌。

⑤ 英国远东舰队司令斐利曼特尔进威海港，向丁汝昌转交日本联合舰队司令长官伊东祐亨的劝降信。

十二月三十日壬申（1.25）

① 日军司令官大山岩在荣成设立司令部。日军从荣成分两路进犯威海。

② 李鸿章电威海前敌，必须坚持静伏，守住炮台，不得浪战。

同年

① 张之洞请奖南洋水师学堂教习各员。

② 将旅顺口水师练营移设于山东烟台，设练勇300名，内帆缆200名，管轮80名，管旗20名。

光绪二十一年乙未（1895）

正月　威海守将不和 / 日军陷南北帮炮台 / 清廷命海军突围 / 日鱼雷艇潜入威海锚地，偷袭"定远"/ 北洋鱼雷艇出逃 / 洋员劝降丁汝昌 / 刘步蟾自杀 / 日军猛攻威海卫，待援绝望 / 丁汝昌、杨用霖自杀 / 北洋海军投降

二月　斥革海军军官 / 停撤海军衙门

三月　日军占领澎湖 / "建靖"号下水 / 李鸿章赴日议和，签订《马关条约》/ 三国干涉还辽

四月　北洋海军各管带革职查办

五月　台湾军民反割台

闰五月　"飞霆"号鱼雷炮舰落成

六月　裁撤北洋海军武职

七月　李鸿章入阁办事，王文韶任北洋大臣

八月　刘坤一反对遽复海军

九月　德国要求租借海港 / 改"建靖"为练习舰，更名"通济"

十月　准俄国军舰借山东胶澳暂泊过冬

十一月　收回旅顺

十二月　黄遵宪总办北洋海军营务处

本年　南洋订购"辰""宿""列""张"鱼雷艇到华
　　　光绪十八年北洋海军报销案（第九期）

正月初一日癸酉（1.26）

① 李鸿章得知威海守将争吵不和，在防御中各自主张，去电申斥。

② 张荫桓、邵友濂离沪赴日本谈判。

正月初二日甲戌（1.27）

李鸿章向丁汝昌等转告张之洞电奏，力主海军出击。

正月初三日乙亥（1.28）

清廷命李鸿章妥筹海军出击，断敌接济，助台夹攻。

正月初五日丁丑（1.30）

① 日本海陆军向威海南帮炮台发动进攻，守将刘超佩逃走。丁汝昌登"靖远"舰指挥反击。南帮炮台失陷。丁汝昌下令鱼雷艇载敢死队炸毁赵北嘴炮台。龙庙嘴炮台未被破坏，构成对刘公岛及港内军舰威胁。

② 李鸿章再令丁汝昌率舰突围，否则将船凿沉。

正月初六日戊寅（1.31）

① 日军进攻威海北帮炮台，丁汝昌派"来远""济远"分击南帮鹿角嘴、龙庙嘴炮台。

② 谕水师各舰奋力冲击，勿以战舰资敌。

③ 刘含芳电李鸿章，事在危急，芳夫妇当与烟台共存亡，随侍34年，未有此次之难也。

正月初七日己卯（2.1）

① 李鸿章传旨丁汝昌，着其率舰在北岸、刘公岛各炮台，与陆军依护堵击日军。

② 丁汝昌往商绥、巩军统领戴宗骞，将北帮炮台轰毁。是夜，戴宗骞吞金自杀（一说戴宗骞于初八日吞金屑，延至亥刻而逝）。

③ 威海电报局与外界电信中断。

④ 李秉衡电奏，威海危急，请派大兵。

正月初八日庚辰（2.2）

① 日本攻占威海卫城和北帮炮台。

② 电谕丁汝昌，当照前誓，拼至船没人尽，无论如何危急，不得使军舰为敌所得。

正月初九日辛巳（2.3）

① 日本舰队炮击刘公岛、日岛，被击退。日本鱼雷艇破坏威海港口防材。

威海保卫战,"镇远"和"济远"正在对日激战中

② 给事中余联沅奏,请饬令张之洞等设法以水师直攻日本。

正月初十日壬午(2.4)

① 英国远东舰队司令斐利曼特尔进入威海港会见丁汝昌。

② 清廷电询海军各舰能否力战冲出,现泊何处,命李鸿章迅速报闻。

正月十一日癸未(2.5)

① 凌晨,日本鱼雷艇偷袭威海港,"定远"中雷。

② 日岛地井炮被日军炸毁。

③ 李鸿章向总理衙门转报威海守将求援函,请速饬各路援兵星夜解困。

正月十二日甲申(2.6)

① 谕李鸿章,各船坐困刘公岛,终恐难保,能否一并力战冲击,着设法探闻。

② 寅刻,日本鱼雷艇偷袭威海港,击沉"来远""威远""宝筏"。天明,日本20余舰及南帮3台炮轰北洋各舰及刘公岛,岛上居民云集码头,哀求生路,被劝散。

正月十三日乙酉(2.7)

① 日本联合舰队总攻刘公岛被击退。北洋海军放弃日岛炮台,萨镇冰

"定远"被日军鱼雷击中后的情景

率守军撤回刘公岛。

② 上午8时,王平、蔡廷干等率北洋海军鱼雷艇出口逃跑,日舰追击。"左队一""左队二"在烟台附近搁浅,"镇一""定二"在威海西麻子港、小石岛附近搁浅、"中队甲"在威海北山嘴附近搁浅,后被破坏;"左队三""右队二""定一"在威海西海岸郝庆附近搁浅,"中队乙"在威海西小石岛附近搁浅,后被日艇拖出,在阴山口被风浪打坏;"福龙""右队一"在威海西金山寨附近搁浅,"右队三"在烟台东养马岛附近搁浅,被日舰拖出后,编入日本海军;此外,共同出逃的"飞霆"轮船,在威海西海岸搁浅,被日舰拖出后,改为日本民船;"利顺"轮船在威海北口被日舰击沉。"镇二"在刘公岛铁码头附近沉没,后被打捞起,编入日本海军。

③ 上谕:戴宗骞力竭自尽,殊堪悯恻,着查明请恤。现在兵船仍在刘公岛守御,如能相机力战,冲击敌船,乘势连檣结队,出险就夷,则水师尚不至尽为所毁。着李鸿章电知刘含芳,设法送信丁汝昌等,速为筹划,毋误事机(李鸿章戌刻收到)。

④ 辰刻,李鸿章电总署,据英国军舰称,过威海时,见"定远"开炮

日岛炮台

轰南北岸炮台,毙贼无算。惟刘公岛孤悬海澳,四面皆贼,窃恐久战子药垂尽,无法接济,奈何!

⑤ 巳刻,李鸿章电刘含芳,水师苦战无援,前觅人往探,有回报否?如能同威海通密信,令丁汝昌、马格禄等带船乘夜冲出,南往吴淞。但可保铁舰,余船或损或沉,不齐赀盗,正合上意,必不致干咎,望速图之。

⑥ 未刻,李秉衡电总署代奏,闻刘公岛已失,水军覆没,倭船已西驶。遵旨移扼莱州,以顾全局(此电总署当在夜晚收到,翁同龢在次晨读到)。

⑦ 申刻,李鸿章电总署,刘含芳未初来电,今日闻威海炮声不绝,早有大震声。恐系船上药舱焚。又,未正电,顷有倭船1艘,雷艇5艘,在芝罘岛西向通申港开炮。炮台已回击。

⑧ 申刻,李鸿章又电总署,前已屡嘱丁汝昌带船冲出,又令刘含芳密派人赴威探信。顷刘道未刻电:前信已三路发去未回,现奉冲出密谕,即抄作密码,雇人再送。惟陆寇已抵上庄,水路炮声不绝,顷又传来岛舰凶耗,未知何如。

⑨ 夜,刘公岛护军各营兵云集码头,哀求放其生路,被劝退。

作者2014年9月第二次登上日岛炮台遗址。日岛孤悬威海湾中,炮台遗址较完好地保存下来

正月十四日丙戌（2.8）

① 洋员戴理尔、瑞乃尔劝丁汝昌投降,被拒绝。

② 凌晨,日本舰队偷入威海东口破坏防材,放雷未中而逃。

③ 翁同龢日记:早晨阅电,知刘公岛已失,水师覆没,愤闷难言。

④ 已刻,李鸿章电总署代奏,刘含芳昨日戌电:顷据雷艇管驾王平、穆晋书来烟台称,初十日夜,倭船偷进日岛南口,攻沉"定远"。十一日夜,南北两口倭雷艇进,攻沉"来远""威远""宝筏"。十三日7时,倭大队攻进日岛口,各舰艇起碇攻敌,随丁汝昌令,全军舰艇冲出北口,"左一"艇放雷攻敌,"吉野"转舵未中。倭以一快舰专打雷艇,以大队攻"镇远""靖远""广丙",丁汝昌在"镇远",余船未见。"左一"行过芝罘亦被击沉。在威海出口之时,日岛、刘公岛均尚在,惟我军舰艇已尽。又,十四日子初电:顷宁海局电,龙门港外击沉舰艇,救起弁兵60余人,刘含芳已电令送来烟台。鸿章查"定远""来远"等船,先在口内击沉,丁汝昌虽带"镇远""靖远"各船艇冲出,寡不敌众,亦必均被击沉,是以续电有龙门港击沉舰艇之报。鸿章相距过远,救援无及,保护无方,咎实难辞,应请旨立予罢斥。

刘步蟾,福建船政学堂首届学生,两次被派往英国学习。北洋海军右翼总兵,"定远"管带。在刘公岛保卫战中自杀殉国

⑤ 戌刻,李鸿章电总署,接刘含芳申电,昨天未刻"益生"轮过威海,见刘公岛南炮台尚挂黄龙旗。南口外倭船十数只,未闻炮声,亦未见冲出之"镇远""靖远""广丙"3舰,是张文宣所守刘公岛炮台尚未丢失。
⑥ 吏科给事中诸成博奏请将北洋剩余7舰调回天津,听候刘坤一、王文韶调遣。又奏,丁汝昌失陷要地,请饬李秉衡将其军前正法。
⑦ 御史张仲炘奏,请速除李鸿章、丁汝昌,以整顿海军。

正月十五日丁亥(2.9)

① 日本舰队齐攻刘公岛,"靖远"舰被击沉。时丁汝昌在船督战,欲与叶祖珪同舰共沉,被水手拥上小轮船。
② 申刻,李鸿章电总署,水手教习李赞元称,十三日早七点带"利顺"小轮开北口木筏门,倭船将"利顺"锅炉击破,船沉,逃出5人,被英提督船救起,送来烟台。"镇远"各船尚在口内,刘公岛炮台皆尚在。惟望援眼穿,水陆数千人徒增血泪。前传闻丁汝昌带5船冲出,未确。
③ 戌刻,北洋收上谕:阅李鸿章电奏海军各舰被击覆没情形,何胜愤懑。北洋创办海军,殚竭十年财力,一旦悉毁于敌,豫防纵寇,震动畿疆。李鸿章专任此事,自问当得何罪?当自念获咎之重,激发天良,力图补救。

正月十六日戊子(2.10)

① 寅时,日本鱼雷艇偷进威海西口放雷未中,被击退。午后,丁汝昌、

丁汝昌，原为淮军将领，后任北洋海军提督，在北洋海军发展成军过程中，做过大量组织工作。但他不谙海军业务——事实上，像他那样官居一品的大员，也不可能去钻研业务的。他的主要精力放在官场上，新式海军的迅速腐败也就成为必然。甲午战争中，他消极避战，在战略战术的运用上也都错误，但最终能与岛舰共存亡，自杀殉国，为他悲剧式的海军生涯打上一个亮点，不失烈士风范。近代世界海军将领中，像丁汝昌这样的舰队司令，恐怕确是绝无仅有的

刘步蟾等用水雷将已沉之"定远"炸散，又用鱼雷轰散"靖远"。夜，刘步蟾自杀。（一说刘步蟾十五日自杀。）

② 洋员同部分海军将领鼓动士兵胁迫丁汝昌投降，被丁拒绝。

③ 夜，刘含芳收到丁汝昌、张文宣、牛昶昞送出求援信，称十六、十七日援军不到，船坞万难保全。

正月十七日己丑（2.11）

① 寅初，日本鱼雷艇又进港放雷，被击退。天明，日军猛攻威海卫。

② 丁汝昌得烟台密信，知李秉衡已走莱州，援兵绝，遂召集海军将领会议，讨论突围，无结果。派人轰沉"镇远"，亦无人应。

③ 夜，日舰来攻，"康济"受伤。

④ 因日本以"全权"不足，拒绝谈判，诏命张荫桓、邵友濂先回上海。

正月十八日庚寅（2.12）

① 晨4时，丁汝昌服鸦片自尽。旋张文宣、杨用霖亦自杀。

② 洋员与牛昶昞等商议投降。由洋员浩威伪托丁汝昌起草降书，"广丙"舰管带程璧光充任军使，乘"镇北"炮舰，送至"松岛"号。日联合舰队司令长官伊东祐亨复信接受投降。

③ 张之洞电奏，请速购战舰数只，归南洋统带操练。

正月十九日辛卯（2.13）

① 凌晨，程璧光乘"镇中"艇，再至日本舰队，要求将缴械日期展延三天，伊东允之。傍晚，牛昶昞乘"镇边"挂日本旗赴日舰，同伊东祐亨谈判投降之具体事项。

② 清廷派李鸿章为头等全权大臣，赏还翎顶，开复革留处分，赏还黄马褂，赴日议和。

③ 总署收汉纳根电，已同阿根廷商定，购其铁甲舰"博兰"（Almirante Brown），快船"五月二十五日"（Veinticinco de Mayo）、"七月九日"（Nueve de Julio），可借巴拉圭之名，请速定夺。

④ 上谕着张之洞定购汉纳根所订之铁、快船，将来可拨归南洋调遣。

正月二十日壬辰（2.14）

牛昶昞向伊东祐亨呈交投降人员名册及统计表，签订刘公岛投降条约11条。

正月二十一日癸巳（2.15）

谕署北洋大臣王文韶与刘坤一随时妥商沿海防务。

正月二十二日甲午（2.16）

① 二艘日舰驶入威海港，日军派雷艇将北洋舰队洋员载往"松岛"舰。

② 张之洞电总署，琅威理前因闽人排挤，辞差回国。今欲急练海军，以为远图，非此人不可。请命其任南洋水师提督。盖外洋视水师提督甚重，或可鼓舞效命。中国除北洋外，闽浙皆有水师提督，才位皆不比外洋之重，似无所妨。

正月二十三日乙未（2.17）

① 上午，日本海军正式占领威海卫，俘获中国军舰"镇远""济远""平远""广丙""镇东""镇西""镇南""镇北""镇中""镇边"。

② 下午，"康济"舰载丁汝昌、刘步蟾、张文宣、杨用霖、戴宗骞、黄祖莲、沈寿昌灵柩及海陆军官、洋员前往烟台。次日上午抵烟，因风大，下午进口。

③ 总署札汉纳根，着其购买阿根廷"博兰"号、"五月二十五日"号2舰。船主、大副人等均用西洋水师出身人员。

④ 李鸿章为丁汝昌、刘步蟾、张文宣请恤，并请开复丁汝昌所得处分。

正月二十四日丙申（2.18）

刑部奏，旅顺总办船局道员龚照玙一闻警信，微服逃窜，致误事机，拟斩监候，秋后处决。奉旨依行。

正月二十五日丁酉（2.19）

① 李鸿章交卸直隶总督、北洋大臣，被命为议和全权代表。

② 上午10时，丁汝昌等人灵柩运至烟台岸上，寄顿广仁堂。

③ 张之洞札委水师学堂洋教习性森查验南洋各兵轮枪炮弹药机器。

正月二十六日戊戌（2.20）

刘含芳、牛昶昞、马复恒电李鸿章，述威海陷落情况。

正月二十八日庚子（2.22）

刘含芳电李鸿章，连日岛舰官兵陆续到烟台3 000余人，已将六"镇""镇远"先发遣饷，其余亦陆续遣行。海军有缺各官令开河赴津听候发落。

正月二十九日辛丑（2.23）

以"康济"管带萨镇冰多病，刘含芳电李鸿章，请改派程璧光接带。初一日李回电同意。

二月初一日癸卯（2.25）

李鸿章电复刘含芳，海军军官，本随船支薪俸，船失官悬，均应斥革，命其返回原籍。同意任命程璧光暂时管带"康济"舰。同日，刘含芳再电李鸿章，请示海军军官是否赴津之事。

二月初二日甲辰（2.26）

李鸿章电刘含芳，船失人存，有何用处？况我已交卸他往，应饬同陆军营哨官一并南归，以后如有用时再指调。

二月初四日丙午（2.28）

张之洞奏整顿南洋炮台、兵轮情形。

二月初十日壬子（3.6）

① 谕：刘公岛失后，倭人将丁汝昌等五柩并兵民四千余人送至烟台，铁甲、鱼雷各舰均为倭掳。有关情节着李秉衡详细查明奏复。

② 因日军撤退，清军收复威海城，日海军仍据刘公岛。

二月十一日癸丑（3.7）

张之洞申驻俄德奥荷公使许景澄，南洋拟用洋将练兵一万人，兵轮十余艘。请托克虏伯厂或他厂荐二三十人来。

二月十三日乙卯—十五日丁巳（3.9—3.11）

北洋海军军官张哲溁、曹嘉祥、饶鸣衢、沈寿堃、吴应科、高承锡、李鼎新、徐振鹏、郑祖彝、郑文超等，就海军失利缘由，撰写呈文。

二月十五日丁巳（3.11）

德国外交大臣马沙耳男爵（Baron von Marschall）致海军大臣何尔门海军中将（Vice-Admiral Hollmann）等极密件，提出中国继续遭到失败，德国将能"参加干涉"，并向中国要求土地，作为海军的储煤站或军港。请何尔门指出地点。

二月十六日戊午（3.12）

海署奏，岛舰失陷，时局艰危，遵议更定海军章程，衙门暂无待办要件，拟请暂行停撤；每年应解海军正款，请解户部收存，专为购办船械之用。海军内外学堂亦请暂行裁撤。均依议行。

二月十九日辛酉（3.15）

日本联合舰队从佐世保出发，南下侵略澎湖。

二月二十三日乙丑（3.19）

李鸿章抵达日本马关，次日与伊藤博文展开议和谈判。

二月二十五日丁卯（3.21）

李鸿章与伊藤博文第二次谈判。

二月二十八日庚午（3.24）

李鸿章与伊藤博文第三次谈判，李鸿章拒绝日方停战条件。会谈后，李鸿章遭小山丰太郎刺杀。

二月二十九日辛未（3.25）

日军占领澎湖。

三月初一日壬申（3.26）

日本"桥立"舰带同被俘的"济远""平远"驶离威海。

三月初二日癸酉（3.27）

日本御前会议通过新的停战条件。

三月初三日甲戌（3.28）

① 陆奥宗光拜访李鸿章，之后提出停战协议草案。

② 李秉衡奏，查明丁汝昌等死事情形。据牛昶昞、马复恒所称，丁系

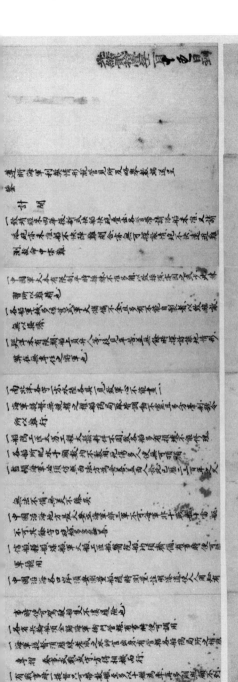

1895年3月，"定远"副管驾李鼎新撰写的对海军失败原因分析的呈文

李鸿章和伊藤博文进行《马关条约》谈判的情景

派程璧光先往日舰后与张文宣先后自杀。若死事据实，只可宽其既往之愆，此外毋庸深论。

三月初四日乙亥（3.29）

① 陆奥宗光拜访李鸿章，完成停战协定修改。

② 张之洞电刘含芳，闻"镇远"枪炮官曹嘉祥大东沟战伤，现在烟台，请饬速来南洋。次日刘复电，曹伤需2年在岸调养；又告各舰大二副，现共刘冠雄、郑祖彝、李鼎新、沈寿堃、张哲溁、饶鸣衢、郑文超、高承锡、何品璋、曹嘉祥、吴应科、徐振鹏、祁凤仪13人，需用可调。

三月初五日丙子（3.30）

陆奥宗光拜访李鸿章，签署停战协议。

1895 光绪二十一年乙未

三月初六日丁丑（3.31）

中日第四次马关谈判，双方确定谈判程序。日方向中方递交条约草案。

三月初十日辛巳（4.4）

张之洞电南洋兵轮统带吴安康及"南瑞""开济""寰泰""镜清""保民""飞霆""策电""龙骧""虎威"管带等，日舰现全在南洋，贼踪飘忽，命其认真训练，停泊一处，统一布防。

三月十一日壬午（4.5）

中方向日方递交议和条件复文。

三月十二日癸未（4.6）

① 日方递交复文，要求李鸿章对议和条件全面表态。

② 清政府添加李经方为议和大臣。

三月十三日甲申（4.7）

① 伊藤博文催促李鸿章对议和条件表态。

② 清政府电旨李鸿章，让地以一处为断，赔款以万万为断。

三月十四日乙酉（4.8）

俄国向英、德、法国建议劝告日本放弃吞并旅顺。英国表示拒绝参与干涉，德国加入干涉。

三月十五日丙戌（4.9）

① 谕：刘步蟾、张文宣、杨用霖、黄祖莲遵照军官阵亡例从优议恤；丁汝昌毋庸议恤。

② 李鸿章向日方提出条约修正案。

三月十六日丁亥（4.10）

中日第五次马关谈判，日方提出条约再修正案，以二十日下午4时为回答期限。

三月十八日己丑（4.12）

① 清廷电李鸿章，提谈判底线。

② 法国加入对日干涉。

③ 福建船政局造"建靖"运粮船下水。船长252.7尺，宽34.1尺，吃水16尺，载重1 900吨，马力1 600匹。

三月二十日辛卯（4.14）

李鸿章与伊藤博文商议，延迟一天做出答复。

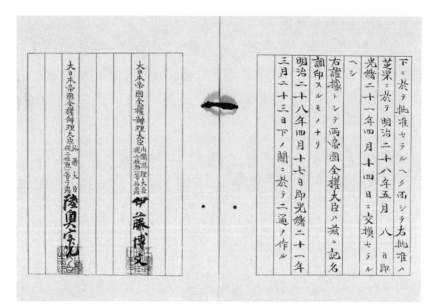

《马关条约》日文本签字页（一）

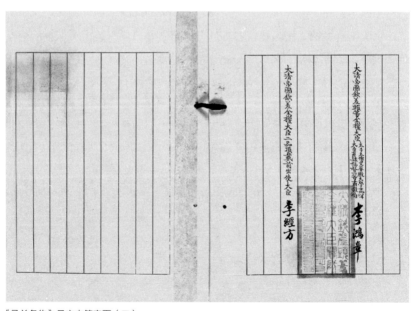

《马关条约》日文本签字页（二）

三月二十一日壬辰（4.15）

中日第六次马关谈判，李鸿章接受日方大多数条件。

三月二十二日癸巳（4.16）

总署电李鸿章，表示是否签约由其酌办。

三月二十三日甲午（4.17）

① 李鸿章与日本签订《马关条约》，中国割让台湾、辽东半岛，赔款2亿两。为保证履行条约，日军将暂时占领威海，包括刘公岛及威海卫港湾沿岸40里以内地区。李鸿章使团离开马关。

② 德国海军大臣何尔门向外交大臣马沙耳提出在华设立军港的3组地点：甲、舟山群岛和厦门岛（包括鼓浪屿）；乙、胶州湾和大鹏湾；丙、莞岛（朝鲜南端）和澎湖列岛。

③ 张之洞电奏，据王之春巴黎电，智利、阿根廷有10舰可购，琅威理亦愿帮华，并招募官兵2 000人，密袭日本。需向英商格林密行借款300万镑。

三月二十六日丁酉（4.20）

李鸿章使团回到天津。

三月二十九日庚子（4.23）

俄、德、法三国照会日本外务省，要求其放弃辽东半岛。四月初一日，日本决定向三国让步，但向中国收取赎金3 000万两。

四月初一日壬寅（4.25）

王文韶奏：林国祥、叶祖珪等管带官，当海岛被围，与巨舰十余艘，同聚一隅，既不为困兽犹斗之谋，亦不为凿船自沉之举，遂致船亡而人存。请将"济远"管带林国祥、"靖远"管带叶祖珪、"来远"管带邱宝仁、"平远"管带李和、"威远"管带林颖启、"镇中"管带林文彬、"镇边"管带黄鸣球、"镇东"管带陈镇培、"镇西"管带潘兆培、"镇南"管带蓝建枢、"镇北"管带吕文经、"镇远"副管驾何品璋、"定远"副管驾李鼎新、海军营务处会办鱼雷营三品衔候补道马复恒、威海水陆营务处兼管东口水雷营二品顶戴候补道牛昶昞、借补海军中军参将山东候补道严道洪等一并革职查办。"左队一"管带蔡廷干、"左队二"管带李士元、"左队三"管带徐永泰、"右队二"管带刘芳圃、"右队三"管带曹保赏（原文缺"右队一"）等6员，驾船先逃，罪无可逭，请旨一并革职严拿，拿获即行正法。"定远""镇远"随船雷艇同时先逃者，查明续行参办。初四日奉旨允准。

四月十二日癸丑（5.6）

英国驻华公使欧格讷致函外交大臣金伯利，英国迟迟不就"高升"轮向日本索赔，已使自己背上巨大的亲日嫌疑，一旦向中国提出索赔要求，将极大地伤害中国人的感情并严重影响我国利益，肯定会使控制中国重组海军的希望成为泡影，从而失去许多政治和其他方面的好处。若将其交付仲裁，摩擦会减少些。

四月十七日戊午（5.11）

谕：和约议定后，廷臣交章论奏，谓地不可割，费不可偿，仍应废约决战。而朕办理此事，万不得已之苦衷，有未能深悉者。去岁仓猝开衅，征兵调饷，不遗余力，而将少宿选，兵非素练，纷纭召集，不殊乌合，以致水陆交绥，战无一胜。至今日，关内外情势更迫，北则近逼辽沈，南则直犯京畿。况二十年来，慈闱颐养，备极尊崇，设使徒御有惊，藐躬何堪自问？此中万分为难情事，天下臣民皆应共谅。兹当批准定约，嗣后我君臣上下，当艰苦一心，痛除积弊，于练兵筹饷尽力研求，详筹兴革，以收自强之效。

五月初二日壬申（5.25）

台湾绅民反对日本统治，成立台湾民主国。次日，福建水师提督杨岐珍部12营自台湾内撤，至初七日撤完。

五月十一日辛巳（6.3）

新疆巡抚陶模奏，培养水陆人才勉图补救。

五月十四日甲申（6.6）

李鸿章电总署，去秋在英国阿摩士庄厂订购猎舰（按：即鱼雷炮舰），英禁出口。今和局已成，拟由阿厂包送到津，运费6 500镑，半月内开行，名"飞霆"。

五月三十日庚子（6.22）

李鸿章电总署，刘含芳派往旅顺之兵弁许广荣回称日军正在拆运黄金山、崂崒嘴、馒头山炮台大炮，其余各炮台子药已全部运空。鱼雷厂机器艇及各库屋门窗地板被全行拆去，仅船坞局机器尚在做工。"威远"、五蚊船、"导海"挖泥船、"超海"、"遇顺"、"福龙"、"敏捷"各

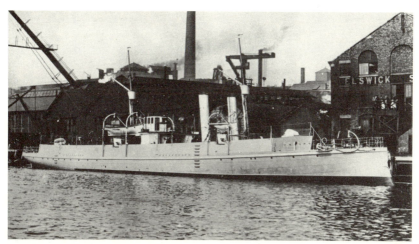

建造中的"飞霆"猎舰

小轮,新旧"海镜"皆在澳。

五月

王文韶召集海军已毕业各生,附于天津水师学堂温习旧课,刘公岛学堂未毕业各生附入续习。

闰五月初一日辛丑(6.23)

"飞霆"舰开往中国。该船长210英尺,宽24英尺,吃水9英尺5英寸,马力800匹,排水量720吨,航速12节;装有120毫米阿式炮1门,哈式6磅炮1门,哈式6磅副炮2门。

闰五月初四日甲辰(6.26)

日使林董照会总署,依据《马关条约》,将派兵一旅团(8 000人)进驻威海。

闰五月初六日乙巳(6.27)

李鸿章电许景澄,在德国伏尔铿厂定购之猎舰,取名"飞鹰",将派将弁水手赴德运回。

闰五月初七日丙午(6.28)

王文韶奏,上年日本击沉"高升"号,英国"阿察"快船船主罗哲士及仁川医生英国人蓝德士、"阿察"船医生史普来、"播布斯"船医生谭马士,营救"广乙"管带林国祥等18人回国。罗哲士前在旅顺教习三年，此次不畏艰险，救护"广乙"弁兵，请赏给二等第三宝星。史普来、蓝德士、谭马士请赏给三等第三宝星。上谕允之。

闰五月二十日庚申（7.12）

王文韶奏《光绪十八年北洋海军报销折》，连旧管21 445两，共收银1 542 439两，统共支银1 336 739两，共结余银14 294两。

闰五月二十六日丙寅（7.18）

陈恩焘、刘冠雄带兵弁乘德公司"拜晏"轮由沪起程，七月十七日抵德，接带"飞鹰"。该舰长259.2英尺，宽28.6英尺，吃水12.6英尺，排水量850吨，马力5 500匹，航速24节；装有125毫米克虏伯炮2门，37毫米哈式炮4门，鱼雷管3个。

闰五月二十七日丁卯（7.19）

张之洞奏，时事日急，万难姑安，请急图补救，提出御敌大端以海军为第一要务，"无论如何艰难，总宜复设海军"。以南洋、北洋、闽洋、粤洋各设海军一支；若物力太巨，则南北洋两支断不可少。将领必用洋将，请敕琅威理迅速来；购买外国军舰、多设海军船坞等。

闰五月二十八日戊辰（7.20）

方伯谦二弟方仲恒将方伯谦在刘公岛上38亩土地113座房产卖给广东商人梁浩池。先是，原北洋海军洋员嘉格蒙（Jackman）向方仲恒追索方伯谦所借欠款，方伯谦生前在刘公岛盖屋，租借给海军军官居住，造价8 000两，曾向嘉格蒙借英银6 000元，年息8厘。因方伯谦被处死，岛被日占，房屋被毁坏，嘉格蒙又索债，遂以4 000两银成交。

六月初一日庚午（7.22）

① 王文韶请将北洋海军武职各缺315员名全行裁撤，并将关防、印信、钤记一律缴销。仅存之"康济"一船，不能成军，改缺为差。

② 王文韶奏，以海军失事潜逃，管带鱼雷官县丞王登云、千总吴怀仁等5员，无职柳日太等3名，分别革职严拿正法。管带快船守备程璧光，船亡人存，革职查办。

六月十三日壬午（8.3）

李鸿章电总署，据许广荣九日自旅顺来称，船坞机器被日本运去三成，新"海镜"铁船身已拆运大半，"导海"已修好将开，澳中仅存"湄云""敏捷"及老"海镜"。

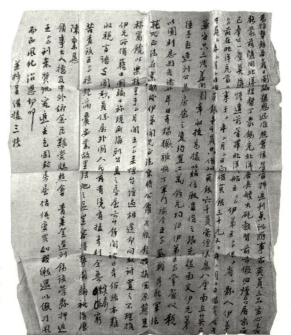

方伯谦曾向北洋海军洋员嘉格蒙借英银6000元，购买刘公岛地产。甲午战后，嘉格蒙向方伯谦之弟方仲恒追索欠款，此为请人代拟的诉状

六月二十七日丙申（8.17）

张之洞电总署、督办军务处，称南洋必需海军，而现在各船皆木质，难御敌。请调琅威理来华，先到南洋，察看情形，筹备购舰及教练人才。

七月初一日己亥（8.20）

清廷命许景澄查明在德厂订造最坚利铁甲舰需费若干，几时可成，有无现成上等船出售？

七月初六日甲辰（8.25）

准王文韶请，北洋海军伤亡员弁照章发给赏恤养伤银两。按照李鸿章奏定《海军交战赏恤章程》，阵亡各员，副将、参将、游击各给恤银600两，都司、守备400两，千总、把总、外委及驾驶、管轮教习、炮目等200两；受伤者按照官阶减半给予养伤之费。至文员在船当差者，道、府照副、参、游例，同、通、州、县照都、守例：佐杂、教职、举、贡、生、监照千、把、外委例核给。匠役兵勇阵亡者，给恤银100两，头目150两。受伤者分别等差酌给养伤费，一等给银60两，二等

40两,三等20两。查受伤员弁,情形不一。原奏章程所定养伤银数,仅按官阶之大小,未分受伤之轻重,除阵亡、殉难各员照章办理外,所有受伤员弁,拟将骨断成废者,按照所任实缺品级奏定应给养伤银两全数核发,其伤势较轻者减半发给。又查原奏无总兵阵亡给恤银数,拟照所定副参游例,酌给银800两。计阵亡殉难101员名,其应给恤银13 150两;受伤304员名,应给养伤银8 990两,统共银22 140两。

七月初九日丁未(8.28)

命大学士李鸿章入阁办事,王文韶实授直隶总督兼北洋大臣。

七月十三日辛亥(9.1)

总署照会日使林董,威海刘公岛铁码头请勿拆毁。先是,初八日,日船装80余工人前去拆除铁码头。

七月二十三日辛酉(9.11)

王文韶奏,留闽补用参将、"操江"管带王永发被日本释放回华,觍面生还,不知羞愧,且为在日病故之正管轮守备石德行请恤,实属荒谬。核实情罪,与业已参革之叶祖珏、程璧光等相同。请即行革职。朱批允之。

七月二十五日癸亥(9.13)

林董照会总署,刘公岛铁码头允留不拆。

七月

日本送还中国被俘水陆官兵,旋即发资遣散。

八月初七日乙亥(9.25)

刘坤一奏,海军既覆,不惟一时巨款难筹,将才尤属难得。威海亡陷,实由丁汝昌等失机。今南北洋无人堪任海军提镇,不必遽复海军名目、购制铁甲等船。暂就各海口修理炮台,购制碰快船、鱼雷艇。水师学堂学有成者,派入兵轮,出国游历。现在中国兵轮管驾官,察看存记。请劝谕外埠华侨捐资购舰,延聘外人堪为海军提督者。又奏请饬船政大臣认真整顿,沿海沿江各省需用木壳兵轮及商轮、差轮,概归船政承办。

八月十六日甲申(10.4)

李鸿章奏,前由丁汝昌、刘含芳及德国教习福来舍与德厂议购猎船4只,所定合同周详,请饬龚照瑗付款。

八月二八日丙寅（10.16）

兵部右侍郎徐树铭奏《军政宜修防维宜慎折》，提到海军之驾驶宜精，海军之兵勇宜练，船炮子药宜广储。

九月十二日己酉（10.29）

驻俄德使向许景澄提出租借中国海港要求。

九月二十二日己未（11.8）

① 中日订立《辽南条约》，日本交还辽东半岛，中国增付赔款3 000万两。
② 以辽约议定日本三月退兵，旅顺形势扼要，诏命张之洞将南洋舰只调派数只北来填扎船坞。

九月二十三日庚申（11.9）

王文韶赴天津水师学堂阅视学生年例考课。时有学生60人，管学堂者为道员严复、洪恩广。下午巡视天津机器局。

九月二十四日辛酉（11.10）

因奉电旨着查明最坚利之船需费若干，几时可成，许景澄将铁甲船、穹甲快船两式造价及期限电奏。

九月

清廷以北洋船只稀少，准王文韶请，改"建靖"轮为练习舰，更名"通济"，派李和监修。

十月初六日癸酉（11.22）

准俄国军舰借山东胶澳暂泊过冬。

十月十一日戊寅（11.27）

① 谕张之洞，胶澳已允俄舰过冬，虑各国援为口实，着饬带兵轮员弁，整顿北驶，先到烟台候信，再进旅坞，不得耽延。
② 着许景澄向俄国外交部声明，暂允俄舰停泊胶澳过冬，一俟春融，务即开去。

十月十二日己卯（11.28）

张之洞电总署，南洋5舰，"南琛"搁浅，余均应修，方能出海，可先派闽轮驻扎。

十月十三日庚辰（11.29）

清廷电责张之洞速将4舰修理，先调闽轮2艘北上。

十月十五日壬午（12.1）
　　① 张之洞奏，已饬"福靖"舰北上。"南琛"载勇在皖搁浅，余舰需修。
　　② 中国接收湾旅委员顾元勋、龙殿扬抵达旅顺。

十月十八日乙酉（12.4）
　　御史王鹏运奏请严谕疆臣，痛除因循旧习，称李鸿章任北洋大臣有年，任用私人，妨贤病国。东事一起，丧师失地，天下大局坐坏于三五小人之手。又称天津水师学堂为将来修复海军枢纽，事关重要。而总办道员伍廷芳，犹是李鸿章私党。更有道员闽人罗丰禄，禀性阴狡，暗中把持。现尽引闽厂学生，凡曾在刘公岛投降日本者，相率来学堂中，希图复用。将来海军重整，必仍此溃军降虏充塞其中，为祸非浅。

十一月初三日己亥（12.18）
　　清廷电直隶总督王文韶，着其筹度金州旅顺炮台归还后之布置。

十一月初五日辛丑（12.20）
　　① 顾元勋等于十月二十四日收回铁山灯塔，二十八日收回西鱼雷营，十一月初三日收回西岸船坞公所各处台、坞、厂、库。船坞无恙，材料悉被掳，机器损失过七成。是日午刻，在黄金山炮台换升龙旗。
　　② 清廷电询张之洞，南洋兵轮何时北上？

十一月初六日壬寅（12.21）
　　张之洞奏，南洋"寰泰""开济"2舰已修竣，九日北驶。"福靖"已于本日北上。

十一月初七日癸卯（12.22）
　　王文韶电军机处，旅大已收回，拟委开缺东海关道刘含芳督同接收委员顾元勋等详细履勘明确，再行核办。

十一月十六日壬子（12.31）
　　"开济""寰泰"抵达旅顺。

十一月二十四日庚申（1896.1.8）
　　南洋"镜清""南瑞"及福建"福靖"3舰抵达旅顺。

十一月
　　① 许景澄函总署总办，报告伏尔铿船厂甲船形制、报价。
　　② 许景澄函总署总办，报告所询刷次考甫鱼雷厂各项报价。

十二月初四日庚午（1.18）

王文韶奏，奉查海军营务处道员罗丰禄被参改译汉纳根关于方伯谦临阵先逃电报，嗾使方氏家属鸣冤，以及为倭探报海军情报均无其事。

十二月初七日癸酉（1.21）

王文韶奏请调道员黄遵宪总办北洋海军营务处。奉旨允准。

十二月

许景澄函总署总办，报告所询克虏伯厂各项火炮、弹药报价。

冬

南洋订购"辰""宿""列""张"4鱼雷艇到华。"辰""宿"艇，德国伏尔铿船厂制，长144英尺，宽17英尺，吃水7英尺，排水量90吨，马力700匹，航速18节，鱼雷管3个。"列""张"艇，德国硕效厂制，长130英尺，宽15英尺，吃水7英尺，排水量62吨，马力900匹，航速16节，鱼雷管3个。

同年

曾留学德国的陆军将弁卞长胜著《德国水师操法入门要诀》。

光绪二十二年丙申（1896）

正月　　王文韶奏整顿布置北洋防务
春　　　福建船政石坞建成
四月　　中俄密约／向德厂订购"海容""海筹""海琛"巡洋舰
七月　　裕禄兼署船政大臣
九月　　向英厂订购"海天""海圻"巡洋舰
九月—十二月　　德国谋占胶州湾
十一月　"元凯"改练船
　　　　光绪十九、二十年北洋海军报销折（第十期）

正月初二日丁酉（2.14）

琅威理函金登干，他受英国外交部和海军部的催促，愿意再去中国。金登干转报赫德。

正月初七日壬寅（2.19）

法国公使施阿兰（A.Gérard）为中国向法借款事，提出要求修建龙州铁路，反对俄船停泊胶澳，反对聘用琅威理。

正月十九日甲寅（3.2）

王文韶奏，北洋防军，天津机器局，旅顺各局、厂、台、库，水师，分别整顿布置，冀渐扩充。

正月二十日乙卯（3.3）

张之洞奏，"南琛"舰于长江繁昌地方搁浅，革其管带陈廷梁，请遴员接带。

正月二十四日己未（3.7）

谕：南洋"开济""镜清""寰泰""南瑞"及福建之"福靖"兵轮，遵旨调防北洋，着王文韶查明所需饷需，煤费各款，按月支给。

二月初一日丙寅（3.14）

张之洞请恢复江南水师学堂学生员额至120名。

二月

李鸿章在出访俄国途经南洋槟榔屿时，流寓海外之程璧光请见。李鸿章允诺为其化解，重新起用。

三月十二日丁未（4.24）

王文韶奏请户部筹银支调防北洋之南洋各船饷需。

三月十八日癸丑（4.30）

俄使喀西尼见庆亲王奕劻、翁同龢等，要求在烟台口岸，荐俄国军官训练中国海军。

三月二十九日甲子（5.11）

边宝泉奏，船政船厂招商迄无成议，请作罢论。

三月

许景澄函总署总办，伏尔铿厂总办齐莫曼已经到达北京。又称向德厂询问火炮鱼雷价单。中日大东沟之战，因开花弹罄尽仅用操演铁弹还击，不足以创敌舰，致失事机。故配弹尤注重开花弹。

春

① "开济""镜清""南瑞"复回南洋。

② 福建船政石坞建成。坞在罗星塔青洲，于光绪十三年由船政大臣裴荫森奏派出洋学生郑清濂、吴德章勘办，旋以款绌停办。十六年重新开工，至是告成。

四月二十日乙酉（6.1）

两广总督谭钟麟奏，上年因需外海轮船巡洋缉捕，调浙江"伏波"轮来差遣，由千总高林辉驾驶到粤。

四月二十二日丁亥（6.3）

李鸿章参加沙皇加冕典礼，在莫斯科同俄国签订《御敌互相援助条约》，规定日本侵入俄国东方土地或中国土地，或朝鲜土地，两国应派出水陆各军互相援助，如遇紧急之事，中国所有口岸均准俄舰驶入。

四月

总署电嘱许景澄向德厂订购"海容""海筹""海琛"3巡洋舰，派曾宗瀛、林鸣埙监造，价款163 000镑。

五月初十日甲辰（6.20）

李鸿章访问德国期间，参观伏尔铿造船厂。十四日，赴基尔参观德国海军。二十日，参观克虏伯兵工厂。

五月十一日乙巳（6.21）

赫德函金登干，中国正在洽购3艘伏尔铿厂的船，大概还要买1艘阿摩士庄厂的巡洋舰。他对这两笔买卖都反对，没有资金、无此需要。但那些有权发号施令的人另有想法，他们吃足贿赂，因此大笔经费就花出去了。

五月

许景澄函总署总办，与伏尔铿厂商量订造穿甲快船情况，称三船同时造成，至速必须十八月，不能再早，但可先赶一船。故四月初十日电，拟一船十五月，二、三船十八月成交。又与克虏伯厂、刷次考甫鱼雷厂商量，允将炮位各价改扣7厘，雷价改扣5厘。

六月初二日丙寅（7.12）

赫德函金登干，邓禄普和另外几个人正在此间闲住，等候命令，我相信将买1艘阿摩士庄厂的巡洋舰。

六月十八日壬午（7.28）

① 总署复奏边宝泉整顿福州船政厂坞事宜。计造船、开矿、聘洋教习、出国留学、筹款诸条，奉旨允准。

② 委福州将军裕禄兼署船政大臣。

六月二十六日庚寅（8.5）

李鸿章访英，本日经朴次茅斯，渡海往怀特岛阿斯本宫觐见维多利亚女王，回程在朴次茅斯阅英国海军会操。时有27艘铁甲舰，20艘巡洋舰。次日参观朴次茅斯造船厂。七月初四日，参观乌里治造船厂。初十日，在格拉斯哥参观造船厂。旋赴阿摩士庄府邸住宿。十二日，赴纽卡斯尔，参观阿摩士庄造船厂。

七月初八日辛丑（8.16）

兼署船政大臣裕禄接篆视事。

八月初三日乙丑（9.9）

王文韶奏《光绪十九、二十年北洋海军报销折》，连旧管14 294两，共收银2 925 585两，统共支银2 924 640两，共结余银945两。

八月十四日丙子（9.20）

总署奏重整海军，筹办战船情形。

九月十二日甲辰（10.18）

赫德函金登干，总理衙门在买船上花了一百多万，一半用于购买德国3艘铁甲船和4艘鱼雷艇，另一半用于购买阿摩士庄厂的2艘巡洋舰。琅威理将有一支很体面的舰队。

九月十三日乙巳（10.19）

① 赫德电金登干，总理衙门同阿摩士庄厂代理人签订了购买2艘巡洋舰（即"海天""海圻"）的合同，价格60多万镑。第一批价款218 828镑应在本周交付，但要付给代理人2 000多镑，以及付给汇丰银行16 000多镑的折扣。请向船厂核实是否收到报告。

② 裕禄奏，道员徐建寅到工，派充提调。又与法国兵船官卜珑（Bouter）晤商，延请洋员来工助理。

九月十五日丁未（10.21）

金登干电赫德，阿摩士庄公司合伙人诺布尔后天早晨来此，把阿公司同意的报告带来。

九月十六日戊申（10.22）
　　赫德电金登干，汇款指令今天已送交汇丰银行，合同上直接同代理人安排的媒体只是传达总理衙门大臣的指示。

九月十七日己酉（10.23）
　　金登干电赫德，汇丰银行今天把款子付给了阿摩士庄厂。

九月十八日庚戌（10.24）
　　① 命李鸿章在总理衙门行走。
　　② 以李鸿章本月十五日擅入圆明园禁地游览，殊于体制不合，着交部议处。二十四日吏部议应革职，奉上谕，加恩改罚俸一年。

九月二十八日庚申（11.3）
　　德国海军司令官克诺尔（Admiral E.von Knorr）与正在德国休假并奉令协助李鸿章访德的中国海关德籍职员德璀琳谈话，德璀琳认为胶州湾值得德国争取。同时，德政府还收到巡洋舰队长提尔皮茨提督（Admiral Tirpite）的报告，认定胶州湾冬季不冻。

十月十五日丙子（11.19）
　　① 裕禄奏，泉州船坞告竣。
　　② 德国驻俄大使拉度林公爵（Prince von Radohin）报告首相何伦洛熙公爵（Prince von Hohenlohe）：中国公使许景澄昨日派使馆参赞金楷理极秘密地暗示德方，要在中国取得一个巩固的、受人尊敬的地位，只有干脆攘夺一个海口据为己有，否则中国人不会因此感激。德皇威廉二世（William Ⅱ）批注："正确!这正是这两年来对外交部所谆谆劝说而没有成功的!""都是我多年来拥护的思想。"

十月二十八日己丑（12.2）
　　王文韶奏，闽省"福靖"兵轮上年冬间与南洋"寰泰"等4舰奉旨调防旅顺口。半年后，南洋4舰回防，"福靖"继续议留北洋，酌改练船，请拨经费。

十一月初二日癸巳（12.6）
　　赫德函金登干，他一直设法阻止中国人拆东墙补西墙的手段，他们把借款花在军舰、铁路和支付利息上，是极其拙劣的理财之道。

十一月初十日辛丑（12.14）
　　德使海靖（Baron von Heyking）晤李鸿章，要求租借胶州湾50年，总署拒绝。

十一月二十五日丙辰（12.29）

日本天皇视察被日军俘获的"镇远""济远""平远"，并观看"福龙"雷艇表演。

十一月二十六日丁巳（12.30）

① 裕禄奏，船政学堂前设"建威""扬武"练船，光绪十四年又将"靖远"兵轮改为练船，据该船管带林承谟禀，"靖远"舱面逼仄，且无桅帆，现请将在工修理之"元凯"轮船改为练船，安配，加配厂存120毫米炮2尊，6磅子炮4尊，议换锅炉，并修船壳等，月需经费2万余两。

② 裕禄奏，光绪二十年正月至二十一年底船政经费，旧管、新收银598 510.7两，统支426 381.4两余，实存银113 139两。

十二月二十三日癸未（1897.1.25）

王文韶奏，将原在山海关之"湄云"轮船收回旅顺后，议将其修理，改名"飞云"，用作差船，为宋庆部领运饷械。

十二月二十七日丁亥（1.29）

海靖再向总署要求租借胶州湾。

同年

① 总理衙门向英国阿摩士庄厂订购"海天""海圻"号巡洋舰，派程璧光、林国祥、卢守孟、谭学衡、陈镇培、黎弼良监造，每艘计价328 242镑。

② 萨镇冰就任吴淞炮台总台官。

光绪二十三年丁酉（1897）

三月　聘法人管理船政／"福安"下水／王文韶请量加录用北洋海军军官
五月　第四届海军留学生
六月　黄遵宪主张缓建海军
七月　德俄策划瓜分胶州湾、旅顺
十月　巨野教案／德军侵占胶州湾
十一月　俄占旅顺

正月初十日庚子（2.11）

前"镇远"舰航海教习美国人马吉芬在纽约医院用左轮手枪自杀。马吉芬在甲午战争结束后返美，作了若干关于黄海海战的采访和演讲。

正月十二日壬寅（2.13）

清朝决定于胶州湾设坞驻兵。

正月十八日戊申（2.19）

德国外交大臣马沙耳男爵奏报德皇威廉二世，海靖向中方提出割让一个储煤站的要求已被庆亲王拒绝。建议最后一次向中国政府提出割让一个海军港的要求，如果不成，干脆就用军舰占领一个合适的地点，制造既成事实。威廉二世批注："经过这样的拒绝后这将是个耻辱"，"立刻的。"最后批语是："无须再询问！地点定后，立刻占据。"

三月初二日辛卯（4.3）

裕禄奏，接驻法大臣庆常咨，法国海部按合同选派该国水师制造学堂帮办教习、二等监工杜尔业（C.Doyère）应聘来华，充当福建船政正监督。应聘日期拟自光绪二十二年十一月二十八日（1897.1.1）算起。随带勘矿炼钢监工达韦德、水师制造监工毕示第、绘图官李嘉乐、书记官伯乐。该5员于本年正月十三日由法国马赛起程，二月二十二日抵闽。

三月十八日丁未（4.19）

福建船政制造"福安"铁壳运船下水。船长238尺，宽32.2尺，吃水16尺，载重1 800吨，马力750匹，航速11.5节。

三月二十八日丁巳（4.29）

王文韶奏，北洋水师各船于大东沟之役颇能用命，泊防威海奈因陆兵太单，敌从后路抄入，尽失险要。我军喋血苦战，水陆援绝，以致军心涣散，将领自裁，尚得生还者亦有卧薪尝胆之志。第念海军为专门之学，非练习多年不能精熟，现在新制各舰将次毕集，驾驶训练在在需才。请准许臣严加考核，量加录用，除鱼雷艇管带蔡廷干等仍遵旨严拿惩办外，海军失事各员分别定拟缘由，请皇上鉴训。奉朱批：程璧光、马复恒、牛昶昞均照所拟，吕文经业经开复，其余各员均着革职留营。

四月初四日癸亥（5.5）

海靖致何伦洛熙公文，德国海军部顾问福兰西斯（Franzius）、海军中校徐亦（Zeye）等已视察中国沿海港湾，认为只有胶州湾一处值得考虑，三门湾、厦门等皆不适宜，并指出俄国对胶州湾并没有提出要求。

四月初十日己巳（5.11）

裕禄奏，船政学堂、艺圃久未招致新童，已于三月初挑选学生80名入前学堂肄业，挑选艺徒60名，送入艺圃肄业；并与杜业尔商定章程，前学堂课程限制以6年为期；艺圃拟分两学，一为艺徒学堂、一为匠首学堂，课程各限3年。

五月初三日辛卯（6.2）

裕禄等奏，船政选派第四批出洋学生，因英国格林尼治皇家海军学院额满，仅派前学堂学生施恩孚、丁平澜、卢学孟、郑守钦、黄德椿、林福贞等6名。派三品衔江苏候补知府吴德章担任监督，在法学习6年（一说，第四批海军留学生为光绪二十二年出洋；又称后以卢学孟调赴比国，以魏子京补充）。

五月二十九日丁巳（6.28）

刘坤一奏，南洋将"开济""镜清""南琛""南瑞""保民"5兵轮，"龙骧""虎威""飞霆""策电"4炮船酌减人数薪费，"登瀛洲""威靖"仍改运船，"寰泰"改为练船，每年约共省银16万两，专款存储，以备添购船艇之用。

六月十五日癸酉（7.14）

湖南盐法道黄遵宪与翁同龢晤谈，主张缓海军，急练陆军15万人。海军用守不用战，合船无用，琅威理也无用。

六月二十四日壬午（7.23）

裕禄奏，船政与洋员杜业尔拟定建造6 500匹马力鱼雷快舰两艘，需款480万法郎，分三年建成。该船长257英尺10英寸，宽27英尺7英寸，吃水10英尺10英寸，载重830吨，安装新式锅炉4座，航速22.5—23节；配有100毫米前主炮，65毫米后主炮；船旁配65毫米快炮2门，37毫米连珠炮6门，鱼雷炮2门，鱼雷4具。

七月初十日丁酉一十四日辛丑（8.7—8.11）

德皇威廉二世访问俄国，提出胶州问题。沙皇尼古拉二世（Николай Ⅱ）表示，俄国在未取得一个心目中的港口前还有意保证在胶州湾的进出，但允许德国共同使用，在俄撤出时，不反对把该港湾交给德国占领。

七月十九日丙午（8.16）

裕禄率徐建寅、杨正仪参加"福安"试航。"琛航"管驾周永庚驾驶，驶至妈祖澳，航速11.5节。

八月初六日癸亥（9.2）

裕禄奏，"福安"轮告成，拟留闽驶用。派令"琛航"轮船监管该船，养船经费只添派管守轮船官弁兵丁11名。如遇新船行驶，即将"琛航"官弁全调新船驾驶，新船官弁移入"琛航"看守，反之亦然。

八月二十五日壬午（9.21）

德国通知俄国，德国舰队将在胶州湾过冬。

八月二十九日丙戌（9.25）

德国外交部电令海靖以适当方式通知中国，德国军舰今冬必要时会停泊在胶州湾。

九月初六日壬辰（10.1）

海靖通告总署，德国将在胶州湾过冬，总署拒绝；并告知，俄国对胶州湾没有权利。

十月初七日癸亥（11.1）

山东曹州巨野县德国传教士被磨盘张庄大刀会成员杀死，"巨野教案"发生。

十月十二日戊辰（11.6）

威廉二世谕德国外交部，如果中国政府不对巨野教案以巨额赔款，并立即追缉严办凶手，舰队必须占领胶州湾并采取严重报复手段；并拟电报给驻吴淞的棣利士提督（Admiral von Diederichs），立即率领全部舰队驶往胶州的谕旨，次日深夜拍发。

十月十三日己巳（11.7）

① 威廉二世以胶州湾事询沙皇意见，沙皇表示，对德国开进胶州湾，既不赞成也不能不赞成。
② 威廉二世致电沙皇，德国将派舰队占领胶州湾。
③ 威廉二世电首相何伦洛熙，必须在另一个大国鼓动或帮助中国之前，尽快抓住机会，现在不干，就永远没有机会了。

十月十四日庚午（11.8）

俄国外交大臣穆拉维约夫（Муравьёв）训令俄国驻华代办巴布罗福

（A.I.Pavloff），反对德占领胶州湾，必要时亦派舰前往。因为自1895年以来，俄国军舰有投锚优先权。次日又电再次强调。

十月十六日壬申（11.10）

清廷谕李秉衡速派司道大员驰赴曹州，根究杀毙洋人起衅情形，务将凶手拿获惩办。

十月十七日癸酉（11.11）

穆拉维约夫上奏尼古拉二世，俄国应该准备应付任何不利的偶然事件，为此需要在太平洋维持颇大的海军及不冻港。建议占领大连湾。沙皇表示完全同意，并称不能错过时机。

十月十八日甲戌（11.12）

俄国代办巴布罗福电穆拉维约夫，德国驻华外交官向总理衙门声明，不会让教案无结果了结，但其要求尚未提出。中国人担心德国以此为借口实现其占领港口的计划，希望在德舰队开入胶州湾时，俄国军舰也开往该地，并愿意听从俄国的劝告。

十月十九日乙亥（11.13）

穆拉维约夫电俄国驻德国大使萨根，称俄国船只在1895年获得了胶州湾的驻泊权，德国船只可以进入，但要预先得到俄国海军当局的同意。

十月二十日丙子（11.14）

晨，棣利士提督率"皇帝"（Kaiser）"威廉公主"（Prinzess Wilhelm）、"鸬鹚"（Cormoran）舰抵达胶州湾，陆战队登陆，限中国驻防兵3点钟起全部退出女沽口崂山以外，以48小时为限。

十月二十一日丁丑（11.15）

谕：德国图占海口已久，此时将借巨野一案而起，万无遽行开仗之理。唯有镇静严札，任其恫吓，断不可先行开炮，衅自我开。

十月二十三日己卯（11.17）

俄国代理海军大臣特尔督夫（Тыртов）奉尼古拉二世之命致函穆拉维约夫，俄海军目前不宜派军舰去胶州湾，因为该地已被德人占领。

十月二十四日庚辰（11.18）

① 俄国代办巴布罗福告总署，俄已派兵赴胶澳，将与德难。二十六日，俄国对德让步，撤销俄舰驶往胶州湾命令。

② 穆拉维约夫电巴布罗福，目前俄国不宜派军舰去胶州湾。

1897年11月14日，德国借口巨野教案，派舰队占领胶州湾，成为列强瓜分中国的前兆

十月二十五日辛巳（11.19）

德皇命其弟海因里希亲王（Prinz Heinrich）为第二舰队司令，率"德意志"（Deutschland）、"格希翁"（Gefion）、"开泽林·奥古斯塔"（Kaiserin Augusta）等舰前往胶州湾。

十月二十六日壬午（11.20）

威廉二世通知尼古拉二世，德国对华关系目下处在屈辱位置，德皇将用一切方法将其一劳永逸地纠正过来。德国驻在胶州湾，并不想限制俄国船只，因为俄国不拟在黄海内部永远驻扎。

十一月初三日戊子（11.26）

沙皇尼古拉二世召集外交、财政、陆海军大臣会议，讨论占领大连湾。财政大臣维特反对马上采用军事手段。

十一月初八日甲午（12.1）

驻俄公使杨儒电总署，俄外部表示德事愿效力而难措词。或请指定海口，俾泊俄舰，示各国中俄联盟之证，俄较易借口，德或稍敛迹。

十一月十一日丙申（12.3）

盛宣怀电王文韶转李鸿章、翁同龢，英电，俄许德取胶，德许俄取韩，两不相干，德亲王来华，闻是经营胶埠，而非议款。

十一月十八日癸卯（12.11）

① 四川总督李秉衡因事解职，调福州将军裕禄为四川总督。旋命增祺为福州将军。

② 户部奏，海军经费改归部拨，奉旨依议。

十一月二十一日丙午（12.14）

李鸿章电王文韶，据巴布罗福称，俄已调水师提督列吴诺福带铁舰3艘，由长崎往旅顺暂泊。一杜英人窥伺，一催德退胶湾，绝无他意。请转告宋庆。

十一月二十二日丁未（12.15）

① 李鸿章收宋庆电，前英舰由长崎来，探问俄船到否，已于二十日由胶澳开去。如俄船遽来，恐英人借口复据大连湾。可否婉商俄使，暂缓来旅？李回电俄船已不及阻，该提督实无他意，务须以礼接待。

② 威廉二世在基尔港为海因里希亲王送行宴会上发表演说，称在德意志军旗保护下的德意志的贸易、商人、船舶，要享有与其他列强在这方面的同等权利。德意志的贸易因有能受到德意志国权的安全保障才能发展起来。国权即是海权，海权与国权犹如车之双轮、鸟之双翼，两两相辅而促进国运之发展。无论何人，若有欲试牵累或妨碍我正当权利者，即应挥举"武装的铁拳"征讨之！

十一月二十三日戊申（12.16）

俄国舰队入侵旅顺口，强占旅顺、大连。

十一月二十四日己酉（12.17）

① 上谕：总署、户部会奏尊议议估旅顺大连湾购炮修台经费，经王文韶派员勘估按照图说择要修筑大小各台，准如所请，着在杭州关税厘项下每年提拨20万两，湖北每年划拨厘金10万两，闽海关每年划拨洋药加价10万两，自明年起，解交北洋大臣，解足五年，合银2百万两。

② 又谕，刘坤一，俄舰到旅防英，英亦有大艘军舰泊吴淞，恐启事端，着镇静严备。

③ 威廉二世前往俄国使馆与沙俄大使萨根谈话，表示在给海因里希亲王的训令中，提出德俄在远东利益完全一致为主要原则。若与日本发生纠葛而迫使采取敌对行动时，可命令其舰队与俄舰队并肩作战。

1897年12月,沙俄军舰强占旅顺口

十一月二十五日庚戌(12.18)

清廷以英称将占吴淞长江各炮台,谕王文韶、刘坤一、张之洞等,此机括全在胶澳,现只可稳住各国,若将胶澳开作通商口岸,另给澳中租界与德屯煤,或可暂息纷争。

十一月二十八日癸丑(12.21)

因英舰陆续开进胶州湾和旅顺口,清廷命刘坤一与其和平商酌,告以胶澳不能轻让。俄船系自行开来,暂行停泊。

同年

浙江书局出版廖寿丰辑《格鲁森快放炮操法》,金陵练兵出版处出版《管炮法程》4卷(一题《克虏伯海岸炮管理法》)。

光绪二十四年戊戌（1898）

正月　　陈旭统带南洋兵轮
二月　　德租胶州湾
三月　　俄租旅大
闰三月　增祺兼管船政 / 日本退出威海
四月　　奕䜣去世 / 戊戌变法
五月　　英租威海卫
六月　　"海容"回华
七月　　"海筹"回华 / 光绪帝召见严复
八月　　戊戌政变 / "海琛"回华 / 批准船政造舰计划
九月　　暂停造船、经费解交户部
十二月　"建威"下水 / 江南水师学堂恢复招生
本年　　"海龙""海青""海华""海犀"鱼雷艇到华

正月初十日甲午（1.31）

刘坤一奏，派崇明镇总兵陈旭统带南洋兵轮。又奏，招募江胜军六营请以长江水师提督黄少春总统。

二月十二日丙寅（3.4）

① 裕禄奏，船厂鱼雷快舰现已开办，每年应摊银30万两上下，加上场中各项开支，船厂经费一年至少50余万两，请将闽海关洋药厘金项下迎接南北洋海防经费14万两，交船厂凑济造舰经费。

② 裕禄以本人调补川督，奏请将沈翊清引见后发往四川委用。奉旨留中。

③ 裕禄奏，光绪二十二年正月至十二月年底船政经费收支，旧管共收银401 665.1两，统支203 541.7两余，实存银123 690.2两。又用剩各料合银74 433.3两。

二月十四日戊辰（3.6）

清政府派李鸿章、翁同龢与德国驻华公使海靖签订《胶澳租界条约》，将胶澳之口南北两面租与德国99年。

二月二十一日乙亥（3.13）

法署使吕班（P.R.G.Dubail）向总署要求在南省海面设立趸煤处。

二月二十二日丙子（3.14）

总署电许景澄，当年还辽，言明不让别国据占。今俄欲租旅大，是与前议相背。务劝俄外部勿相逼。旅大两口可由俄随时借泊屯煤，勿存租界之名，以使日本及他国不得据为口实，另开衅端。

二月二十三日丁丑（3.15）

许景澄电总署，俄外部言，必须租得不冻港，为水师屯地。

三月初一日甲申（3.22）

裕禄奏，截留闽关洋药厘金充船政建造鱼雷练船所需。

三月初四日丁亥（3.25）

英外交部训令英使进行威海卫租界交涉，以维持均势。

三月初六日己丑（3.27）

清政府派李鸿章、张荫桓与俄国驻华代办巴布罗福签订《旅大租地条约》，订明为保持俄国水师在中国北方海岸得有足为可恃之地，将旅顺口、大连湾及附近水面租与俄国25年。俄国在旅顺、大连湾可建筑炮台,安置防兵,修筑灯塔。

三月二十日癸卯(4.10)
　　总署照会法国,允将广州湾租与法国作为停船趸煤之所。

三月二十六日己酉(4.16)
　　裕禄奏,"元凯"练船修改工竣,即将"靖远"练生移于该船练习。

闰三月初八日辛酉(4.28)
　　清廷委福州将军增祺兼充船政大臣。

闰三月十三日丙寅(5.3)
　　着王文韶查明天津水师学堂总办严复与人合股所办《国闻报》,有无与日人勾结情形。寻奏,查无此事。谕严复并学堂学生嗣后不得再有只字附登报馆,以自取戾。

闰三月十五日戊辰(5.5)
　　海因里希亲王率德国第二舰队抵达胶州湾。

闰三月十七日庚午(5.7)
　　许景澄与俄国外交大臣穆拉维约夫签订《续订旅顺大连租地条约》,规定租地范围自亚当湾(旅顺湾)、亚当山至皮子窝湾北,俄西伯利亚铁路通接至旅顺口及大连湾海口;中国兵退出金州,由俄兵替代。

闰三月十九日壬申(5.9)
　　根据《马关条约》规定之对日赔款付清,日军将退出威海。

闰三月二十三日丙子(5.13)
　　山东候补道严道洪、前游击林颖启奉王文韶之命前往接收威海。

闰三月二十四日丁丑(5.14)
　　新购"海容"号巡洋舰自德驶华。

四月初二日甲申(5.21)
　　船政大臣增祺接篆视事。

四月初八日庚寅(5.27)
　　总署收驻威委员严道洪、林颖启电,初六、七日,与英国派员及中国员绅验日本移交威海各处设施。

四月初十日壬辰(5.29)
　　恭亲王奕訢去世。

1898年5月23日，日军退出威海。24日，英国强租威海，在占领仪式上升起的英国国旗

四月十四日丙申（6.2）

驻德公使吕海寰电告总署，德皇允胶州湾中德兵舰并泊。

四月二十三日乙巳（6.11）

光绪帝诏定国是，变法图强。

五月十三日乙丑（7.1）

清政府派庆亲王奕劻、廖寿恒与英国驻华公使窦纳乐（Sir.C.M. MacDonald）签订《订租威海卫专条》，将威海刘公岛及附近威海湾之群岛租与英国，租期与俄国驻守旅顺之期相同。

六月初九日辛卯（7.27）

"海容"巡洋舰驶抵大沽。

六月初十日癸巳（7.28）

上谕：国家讲求武备，非添造海军、筹造兵轮无以为自强之计。兹经召见裕禄，询以福州船厂情形。据奏，工匠、机器均足以资兴造，惟所需经费较巨，必须于原拨经费外，另筹的款，庶足备制造船炮之用。着各该将军、督抚遵照单开直拨数目，妥善办理。单开直隶20万两，江苏25万两，江西、浙江各8万两，福建、湖南各10万两，湖北15万两，奉天、安徽、河南、山东、山西、陕西、甘肃各5万两，出使经费30万两,淮盐督销局12万两。八月初十日又续加吉林5万两,四川10万两。

六月二十三日乙巳(8.10)

谕:着南北洋大臣及沿海、沿江各督抚一体实力筹办水师学堂,并妥议海军事宜。

七月初八日己未(8.24)

在德订购之"海筹"巡洋舰驶抵大沽。

七月十三日甲子(8.29)

詹事府少詹事王锡蕃奏保通达时务人才,称沈葆桢之孙、四川候补道沈翊清,在船政局18年,办事精详,于制造之学具有心得,经理各事,措置裕如。北洋水师学堂总办候选道严复,于西国典章名理之学,俱能探本溯源,精心研究,著述甚富,水师情形尤其熟习。旋奉上谕:沈翊清、严复着饬令等来京预备召见。

七月二十一日壬申(9.6)

增祺奏,因徐建寅奉旨赏三品卿衔督理农工商总局,拟令沈翊清接办船政提调。

七月二十九日庚辰(9.14)

光绪帝召见道员严复,询办理海军、开设学堂及变法事。

八月初六日丁亥(9.21)

① 慈禧太后政变,临朝训政,戊戌变法失败。

② 谕:总署章京郑孝胥奏保北洋"通济"练船管带官参将萨镇冰,着荣禄详细察看。

③ 在德国订购之"海琛"号巡洋舰驶抵大沽。

八月初十日辛卯(9.25)

上谕:前因添设海军一事,据裕禄面奏,以振兴船政,为海上立一强军,必需大小战舰34只。除已有穹甲、铁甲等快船及各式鱼雷艇舰13只外,尚应添造一等守口甲船1只,二等守口甲船2只,二等鱼雷艇18只。估需造价及炮械等项约六670万两。如限四年造成,每年约需银160余万两。当经谕令各直省分别数目筹拨。现除四川、吉林尚未拨定,其余各省将军、督抚俱已如数认解,共173万两。即着增祺按照单开应行添制船炮数目,就闽厂赶紧兴办。

九月二十九日己卯（11.12）

上谕：昨经谕令户部分咨各省，将筹拨船厂经费解交部库候拨。所有前拟制造各船，着暂缓购料兴工，俟前项经费积有成数，再候谕旨。

九月

诏予"福靖"舰死难人员关庆祥等优恤。

十月初七日丁亥（11.21）

① 增祺奏，自前大臣裕禄接管船政，奉旨重加整顿，复经延订洋员杜业尔等来厂教习、制造，察看厂中各项机器。议定先造6 500匹马力新式鱼雷快舰两号，分三年造成。目前各项机器应修应添者，亦已陆续完备。新造第一号鱼雷快舰，冬腊月即可下水。第二号亦在厂接造龙骨，以备第一号下水后即可安上船台。如此接续赶造，可收速成之效。现接各省复电或称库款支绌，或俟续即筹解。除甘肃银5万两，已由闽海关协甘饷内兑解外，其已报批解之直、川、豫、皖、湘省，及出使经费亦止35万两。经与杜业尔商酌，头等甲舰需款较多，仍拟先造二等守口甲船1只，鱼雷艇4只，其余再为接续制造。该洋监督应由外洋购办料件，约需法银40万法郎，禀请先为拨给，以资采买。

② 增祺奏：适接户部电称，前令各省筹拨船厂经费188万两，现奉旨饬各该省解交部库存储。当即将杜业尔所请采购外洋物料之法银40万法郎，暨开送之21号舰艇估单，均饬暂从缓办。此项续造船只，是否仍行制造，自应候旨遵行。惟查目下厂造鱼雷快舰两号，工程紧要，所有应给采购外洋料价及洋员薪水暨常用各款，每月在5万余两。请准由现在各省已经报解之银35万两内，再留15万两以济急。

③ 增祺奏，厂内所造青洲船坞需用之300匹马力拖船一号已制造竣工，取名"吉云"。其船身长140尺，宽18尺8寸，吃水7尺2寸6分，吨载135吨。八月初二日曾派"元凯"练船管驾官林承谟带同试洋。计每点钟得速率11海里半，马力350匹左右，较原估时又为充拓。若用以拖带1 000—1 200吨之船，其速率5节。

十月十二日壬辰（11.25）

直隶总督裕禄奏，"海琛""海容""海筹"3舰先后到沽及验收情形。每舰长314英尺，宽40英尺8英寸，吃水19英尺，排水量2 950吨，马力7 500匹，时速19.5海里；配克式150毫米炮3门，克式105毫米炮8

"海琛"巡洋舰

"海容"官兵合影

门，克式60毫米炮2门，哈式37毫米炮4门，马式8毫米机枪5门，鱼雷管1个。

十月二十四日甲辰（12.7）

奉懿旨：钦差大臣大学士荣禄奏《练兵筹饷大概情形折》，所请将提督宋庆等部分为左、右、前、后四军，择要驻扎布置，及请另募中军万人督率训练，均着准行。所有新军饷项，除将添练新建陆军饷银40万两拨充外，不敷之数，由各省拨解福建船政经费项下动用。

十月二十八日戊申（12.11）

奉上谕：增祺奏闽厂现造船工暨拟续造各船情形，着准其在各省已经解到之35万两内留银15万两，以资应用，余仍尽数解部。至常年经费，据称每年不下60余万两，着仍照原定章程由闽海关四成洋税项下解银24万两，六成洋税项下解银36万两，每年照数筹解办理。现在外洋战船速率日增，鱼雷船每点钟能行23海里者甚多，各项战船速率亦不下十七八海里。此次该厂所造速率仅止11海里，国家不惜巨款办理船政，该将军务须将各船造法实力讲求，勿稍迁就。

十一月初三日壬子（12.15）

裕禄奏，旅顺口西澳里沙沟鱼雷营址，已租于俄，请于天津大沽船坞后旧有炮厂改设鱼雷营，以备训练。

十二月初八日丁亥（1899.1.19）

增祺奏，前接军机大臣字寄，准船政在各省已经解到之35万两内留银15万两，以资应用。余仍尽数解部。查各省已经解到船厂经费，计陕西5万两，江苏6万两，山东5万两，湖南3万两，河南5万两，四川10万两，出使经费5万两，共银39万两。遵留银15万两，其余24万两，即解交部库以应要需。

十二月十八日丁酉（1.29）

福建船政局第一号鱼雷快舰"建威"下水。舰长258尺，宽26.5尺，吃水11.5尺，排水量850吨，马力6 500匹，时速23海里，造价637 000两，由洋员杜业尔监造。

十二月十九日戊戌（1.30）

刘坤一奏，江南水师学堂已恢复招生120名，并有"寰泰"练船1艘，由道员柯铭钦总办。

江南水师学堂学生在做登攀演习。1898年考入水师学堂读书的鲁迅,后来在《朝花夕拾·琐记》中写道:"一进仪凤门,便可以看见它那二十丈高的桅杆。"那支成为地标的可爱桅杆,"它高,乌鸦喜鹊,都只能停在它的半途的木盘上。人如果爬到顶,便可以近看狮子山,远眺莫愁湖。""而且不危险,下面张着网,即使跌下来,也不过如一条小鱼落在网子里;况且自从张网以来,听说也还没有人曾经跌下来。"

同年

① 在德国实硕厂订购"海龙""海青""海华""海犀"4雷艇到华（一说光绪二十五年来华）。前派吕文经、蔡灏元、何嘉兰、吕调镛、林国禧赴德监造。

② 周树人（鲁迅）考入江南水师学堂管轮班。

光绪二十五年己亥（1899）

正月　　意大利索借三门湾
三月　　起用叶祖珪、萨镇冰／善联兼管船政
四月　　防意战备／意大利放弃索要三门湾
七月　　命叶祖珪整顿海军
十月　　法租广州湾
十一月　李鸿章署理两广总督
本年　　"海天""海圻"到华

正月二十一日己巳（3.2）

　　意大利索借浙江三门湾。

正月二十四日壬申（3.5）

　　① 意大利军舰3艘在中国东南地区活动。

　　② 裕禄奏，为在德国订购"海容"等舰出力之洋员及中国员弁提尔比茨、陶式鋆、曾宗瀛等酌请奖励。

二月初六日甲申（3.17）

　　谕刘坤一，意国索租三门湾未允，诚恐向隙生衅，着密饬沿海防军侦探踪迹，妥为防范。

二月二十八日丙午（4.8）

　　增祺奏，前接上谕，现在外洋战船速率日增，鱼雷船每点钟能行23海里者甚多，此次该厂所造速率仅止11海里，该将军务须将各船造法实力讲求，勿稍迁就。现第一号鱼雷快舰"建威"已于上年十二月十八日下水，第二号快舰亦于本年正月二十二日安上龙骨。其原定速率为22.5—23节，需试航后方能确定。奉朱批：知道了。

三月初一日戊申（4.10）

　　清廷着浙、赣等省照部拨数目赶紧筹解北洋海防经费。

三月初八日乙卯（4.17）

　　光绪帝召见总兵前北洋海军副将叶祖珪，着开复革职处分，赏加提督衔。副将衔补用参将萨镇冰赏加总兵衔。北洋新购舰只暨旧有各船，命叶祖珪为统领、萨镇冰为帮统领，选择驾驶之员，督同操练，以为整顿海军始基。

三月二十一日戊辰（4.30）

　　闽浙总督许应骙奏，闽省水陆各军改练洋操，分健、锐、强、毅四支扼要扎守。得旨，即着督饬提镇认真操练，勿稍弛懈。

三月二十五日壬申（5.4）

　　调增祺为盛京将军，以署福州将军善联兼管船政事宜。

四月初六日癸未（5.15）

　　着刘坤一详复意大利军舰状况，饬防军不动声色，严为戒备。又谕浙江巡抚刘树棠，意舰如系大队，未便以寻常兵轮尝试，只应设法试探，相机制敌，妥筹调度。

叶祖珪，福建船政学堂首届学生，被派往英国留学，后任北洋海军"靖远"管带。1899年后，主持海军重建，总理南北洋海军

四月初七日甲申（5.16）

刘坤一电总署，意舰现到3艘，2泊淞、1泊沪，据云提督即日赶到，闻尚有3舰续来。南洋形势，海防以吴淞为要，江防以江阴为要。已饬陈旭调集兵轮数号，会同陆军守御吴淞；以黄少春所部驻扎江阴之江胜军为策应之师。

四月初八日乙酉（5.17）

清廷谕刘坤一，意国无端索地，衅自彼开。万一有事，一切相度策应之事，朝廷不为遥制。

四月十四日辛卯（5.23）

刘坤一电总署，意索三门湾，一欲仿俄租旅顺通商，二因俄在西伯利亚铁路外拟添新路，英阻不从，为暗助英计。刻军舰在淞沪游弋，不过虚声恫吓，断不敢在长江肆扰。又，已饬沪道及各统领，一旦警信，即将白茆一带航行标志浮筒撤去，以重江防。

四月十九日丙申（5.28）

刘坤一电总署，南洋军舰6艘，皆系旧式木壳，钢板不过数分，仅能依附炮台，相机守口。若令出海备战，即与意驻吴淞军舰相较，利钝显见，未敢轻试。现令陈旭乘驻淞：1舰默察意舰动向，1舰赴镇江，余3舰及雷艇均驻江阴。

"海圻"巡洋舰

四月二十一日戊戌（5.30）

谕裕禄，北洋所有兵轮应饬叶祖珪统带出海，常川巡操，演练水师。

四月二十二日己亥（5.31）

意大利放弃对三门湾要求。

五月初二日戊申（6.19）

"海圻"悬英国旗，启程前往中国。

五月二十九日乙亥（7.6）

裕禄奏，通筹北洋海军"海容""海筹""海琛""海天""海圻""海龙""海犀""海青""海华""飞霆""飞鹰""通济""康济"13舰薪饷等经费，岁需100万两，请旨拨补。又奏，请由招商局每年报效10万两，并请电报、招商及矿务各局酌提盈余，解充海军薪饷。

七月初六日辛亥（8.11）

谕裕禄：意舰虽无动静，自应随时严防。惟海军新集，尚无铁甲巨舰，遽开出洋，尚无把握。万一有事，应仿坚壁清野之法。着叶祖珪熟察

"海圻"下水仪式

情形，妥筹万全之策，朝廷不为遥制。

七月二十五日庚午（8.30）

① 清廷以淮徐一带为中原绾毂之区，襟带江湖水陆要冲，实为北洋第一重门户。当精练一军力扼冲要，南北兼顾。黄少春、李占椿所统长江水师及南洋诸军各有专责，必得专阃大员，独树一帜，申明约束。无事勤加训练，有事则为游击之师。宁苏两属剔除税厘积弊，可得120万两，即为淮徐练兵之饷，着苏元春俟广州湾划界事竣，即驰赴淮徐一带择要驻扎，召募成军，归入北洋，听大学士荣禄节制。

② 又谕裕禄督饬叶祖珪等认真整顿"海容""海筹""海琛""海天""海圻"快船，"海龙""海犀""海青""海华"雷艇员弁，以备海战之用。

九月二十八日癸酉（11.1）

清廷以昨闻意大利暗调兵舰欲截三门湾，又云欲占暨州、庙岛，着裕禄，毓贤密饬各军早为布勒，毋使乘隙。

十月十四日戊子（11.16）

清政府与法国签订《广州湾租界条约》，租借广州为法国停船屯煤之所，租期99年。

十月十五日己丑（11.17）

着李秉衡驰赴长江上下周历察看，仿照彭玉麟巡阅章程办理。

十月十六日庚寅（11.18）

命李秉衡巡阅长江水师。

十月十八日壬辰（11.20）

清廷以意大利军舰在沿海一带不时窥伺，着各省沿江沿海炮台与兵轮相为表里，联络一气，并谨防抄袭后路。着叶祖珪率舰南下，与南洋、闽浙督抚面商机宜。

十月二十二日丙申（11.24）

命李鸿章为商务大臣，前往通商各埠考察一切商务。

十一月十六日庚申—二十四日戊辰（12.18—12.26）

刘坤一从江宁乘兵轮出发，查阅南洋炮台。二十一日在吴淞与江苏巡抚鹿传霖及叶祖珪会商事宜。

十一月十七日辛酉（12.19）

命李鸿章署理两广总督，谭钟麟来京陛见。

十二月初七日庚辰（1900.1.7）

李鸿章出京，乘火车到秦皇岛，转乘船到香港、广州。十八日接署理两广总督关防等。

十二月十六日己丑（1.16）

刘坤一、鹿传霖奏，江苏滨海临江，以吴淞、南塘、狮子林、江阴为最，镇江次之，金陵又次之。各处均设炮台，吴淞、江阴等处派有军舰、鱼雷艇扼守。南洋兵轮、炮台通语旗和灯均按北洋所颁章程讲习有年。此次叶祖珪南下，各舰均已辨认，不致有误。外洋兵轮以船旗为准。各炮台打靶成效可观。

同年

"海天""海圻"2巡洋舰到华。舰长424英尺，宽46英尺8英寸，吃水20英尺，排水量4 300吨，马力17 000匹，时速24海里；配阿式8英寸炮2门，阿式4.7英寸炮10门，阿式47毫米炮12门，阿式37毫米机关炮4门，马式7毫米机枪6门，鱼雷管5个。

光绪二十六年庚子（1900）

二月　　"建安"下水
四月　　许应骙兼管船政
五月　　义和团运动爆发 / 八国联军攻占大沽口 / 海军南下
七月　　因反对进攻使馆，许景澄被处死 / 八国联军攻入北京，慈禧挈光绪西狩
闰八月　李鸿章接任直隶总督 / 李鸿章到达北京，与各国议和
九月　　撤回第四届海军留学生
十月　　"建威""建安"拨归广东

二月初三日乙亥（3.3）

福建船政所造第二号鱼雷快舰"建安"号下水。"建安"各项性能参数同"建威"。

三月初九日辛亥（4.8）

① 善联奏，闽厂工需紧要，经费奇绌，本年至明年二月限满，尚短银46万两。现造2快舰，应请旨归入北洋海军，所有两船不敷工料银，亦应由北洋协助。

② 善联奏，船政第四批出洋肄业学生拟交出使大臣照料。原派监督、翻译撤回以省经费。旋朱批允准。

四月十四日乙酉（5.12）

清廷命署福州将军善联毋庸兼管船政事，以闽浙总督许应骙暂行兼管船政事宜。

四月二十六日丁酉（5.24）

① 上谕：谭钟麟着留京当差，李鸿章补授两广总督。

② 长江水师巡阅大臣李秉衡奏，密劾长江水师提督黄少春徇纵营私，贪赌嗜好，废弛戎务，勇额多虚，以致水陆军队百弊日滋。请立将黄少春开去长江水师提督并撤去江胜6营差使。又奏，密保前福建提督兼长江水师提督彭楚汉。

五月

义和团势力大张。先是，三月初七日，英美德法四国公使照会总署，要求两月内剿除之。三月下旬，义和团进入北京。四月二十三日，各国公使商议调兵进京保卫使馆。五月初一日，义和团毁丰台铁路。十三日，又毁京津铁路。十四日，英海军提督西摩（Admiral Sir E.H.Seymour）率英德俄法美日意奥联军2 000人自天津进军北京，在杨村受阻。十五日，日本使馆书记衫山彬在北京被董福祥甘军所杀。十九日，清廷命李鸿章迅速来京。是日，停泊在大沽口的外国军舰达42艘。

五月二十日庚申（6.16）

俄英德法意日七国海军将领在大沽外"露西亚"号军舰上举行会议，决定向大沽守将罗荣光发出最后通牒，要求在次日上午2时将大沽炮台交出。傍晚，分属六个国家的9艘浅水炮艇开进炮台的内侧停泊。大型军舰停在炮台射程之外。亥时，俄国参赞及英国翻译二人面见直隶

"海龙"鱼雷艇在八国联军攻打大沽口后被俘虏

总督裕禄,声称中国并不实力剿办义和团,转交最后通牒。

五月二十一日辛酉(6.17)

凌晨零时45分,中国防军开展防御型炮火射击。联军军舰也开展火炮攻击。战至6时30分,最后一处炮台也被占领。守将罗荣光战死。时海军均在登州一带操巡,"海龙""海青""海犀""海华"4鱼雷艇在大沽修理。适叶祖珪奉命乘"海容"赴津商承机要,以将有战事,命4艇归队以避敌锋,未及时而为联军所夺。"海华"管带饶鸣衢阵亡,"海容"亦被围困。随后,俄军占据天津机器局和大沽船坞。天津水师学堂为炮火摧毁。

五月二十五日乙丑(6.21)

清政府下诏向各国宣战。

五月二十六日丙寅(6.22)

① 上谕命罗荣光督率义和团等恢复大沽炮台。
② 林颖启奉袁世凯令,率北洋海军军舰南下,除"海容"在大沽、"海圻"在庙岛外,余均抵达上海。

五月二十七日丁卯(6.23)

淮阳道沈瑜庆电刘坤一、张之洞,义和团召外侮,杀无辜,得罪天下,可否布告各国,中国水师,甘愿剿匪,如果不济效,再请协助,以此自解于各国。

六月十二日壬午（7.8）
　　命李鸿章调补直隶总督，兼充北洋大臣。
六月十九日己丑（7.15）
　　李鸿章电福建船政大臣转吕文经，命其率"伏波"轮中途迎候李鸿章座船并随行。
六月二十一日辛卯（7.17）
　　李鸿章离开广州，乘招商局"安平"轮经香港北上，二十五日抵上海。
六月二十六日丙申（7.22）
　　李鸿章获知吕义经未接到电报，已于二十四日回粤，饬令其仍率"伏波"来沪听差。
七月初三日壬寅（7.28）
　　因反对进攻各国使馆，总理衙门大臣、吏部左侍郎许景澄，太常寺卿袁昶被处死。
七月二十日己未（8.14）
　　联军进入北京，次日，慈禧挈光绪出西直门西奔。
七月三十日己巳（8.24）
　　上谕准全权大臣李鸿章便宜行事，将应办事宜迅速办理，朕不为遥制。此谕李鸿章至八月十四日方由护理直隶总督廷雍转电获知。
八月十三日壬午（9.6）
　　船政大臣许应骙接篆视事。
八月二十三日壬辰（9.16）
　　李鸿章乘船离沪，二十五日抵达大沽。二十六日入天津海防公所暂住。
闰八月初八日丁未（10.1）
　　李鸿章接任直隶总督。
闰八月初九日戊申（10.2）
　　李鸿章奏，天津司道局各库存银数百万全被掳掠罄尽，各机器制造局、军械局枪炮子药尽数被掳。
闰八月十八日丁巳（10.11）
　　李鸿章抵达北京。
九月二十六日甲午（11.17）
　　许应骙奏，四届出洋学生已历二年，因经费困难，应一并遣撤回国。

十月二十八日丙寅（12.19）

许应骙奏，福建船政局所制快舰二号，原请拨给北洋遣用，所短经费即由北洋协助，奉旨依行。现在北洋协款无着，请拨粤省遣用。所短工料银50万两，即由该省筹款协助。十二月十二日上谕允准，着陶模、德寿迅筹的款。

十二月初六日癸卯（1901.1.25）

福建船政制"安海"小兵轮下水。该轮长100英尺，宽19英尺，吃水2英尺4英寸，载重65吨，马力300匹，航速10.5—11节，造价15 900两。

光绪二十七年辛丑（1901）

五月　　景星兼管船政
六月　　改总理衙门为外务部
七月　　《辛丑条约》
九月　　李鸿章去世
十月　　李占椿接统南洋兵轮

二月十二日戊申（3.31）
徐建寅在汉口试验火药失事，殉职。

三月二十六日壬辰（5.14）
李鸿章奏，按照和议总纲，拟改总理各国事务衙门为外务部，冠六部之首，管部大臣为近支王公，另设尚书二人，侍郎二人。尚书中必有一人为军机大臣，侍郎中必有一人通西文西语。

三月二十九日乙未（5.17）
驻英大臣罗丰禄函总署，"高升"赔偿案关键，中国必争"浪速"击沉该船是否合理，前英国外交大臣索尔兹伯里侯爵不允辩论，只谈中国赔款，兰斯顿侯爵接任后中国使馆再递照会，坚请公正人士判断曲直。

四月十八日癸丑（6.4）
许应骙奏，政务殷繁，船政势难兼顾，请简员兼管。

五月十三日丁丑（6.28）
李鸿章奏，三品衔江苏候补道吴德章，二十三年经前船政大臣裕禄奏派，带领学生赴法国制造官学肄业，现竣回华，请将该员留于北洋差遣委用。二十三日奉朱批着照所请。

五月二十二日丙戌（7.7）
清廷着福州将军景星兼管船政事务。

五月二十七日辛卯（7.12）
李鸿章电上海道袁树勋，已批准发放北洋海军练勇学堂遣费及"海容"进坞油底费用5 500两，候叶祖珪到沪后代发。

六月初九日癸卯（7.24）
改总理衙门为外务部，派庆亲王奕劻署理外务部事务，大学士王文韶为会办外务部大臣，瞿鸿礼调补外务部尚书，徐寿彭、联芳补授左右侍郎。

七月十五日戊寅（8.28）
景星奏，已于七月十三日接管船政关防，并请仍留四川候补道沈翊清在工，接任提调。

七月二十五日戊子（9.7）
庆亲王奕劻、李鸿章代表清政府与各国签订《辛丑条约》。

八月初九日壬寅（9.21）

周作人等59人参加江南水师学堂额外生入学考试，试题为"云从龙风从虎论"。十七日复试，试题为"虽百世可知也论"。

九月二十七日己丑（11.7）

① 命袁世凯署理直隶总督兼北洋大臣，未到任前着周馥护理。

② 李鸿章在北京去世。

十月初六日戊戌（11.16）

刘坤一奏，南洋兵轮改归江南提督李占椿接统，俾水陆各军联为一气。

同年

①《辛丑条约》签订后，议和大臣建议将"海天""海圻""海容""海筹""海琛"5舰撤售，经叶祖珪力争始寝。

② 陈寿彭译辑《中国江海险要图志》出版，共22卷，补5卷，图5卷。该书据英国海军海图局第三次编撰《中国海方向书》翻译。

光绪二十八年壬寅（1902）

三月　　沈翊清会办船政事宜
五月　　"开济"爆炸
七月　　叶祖珪参谋水陆军务 / 萨镇冰代统北洋海军
夏　　　"建翼"鱼雷艇下水
八月　　杜业尔擅定制造江船合同
十一月　赔偿"高升"轮 / 收回津沽机厂船坞

正月十四日乙亥（2.21）

英国驻华公使萨道义（Sir E.M.Satow）致函清政府外务部，光绪十八年十一月总理衙门将中国所用旗式绘图照送英国，二十六年英国驻天津领事亦询旗式，当时答称水师提督旗式欲改，现请将中国军商海关各船旗式绘图相示。十九日，外务部将照会转咨南北洋大臣。

正月二十八日己丑（3.7）

景星奏，船厂兼顾难周，提调即能旁参赞助，究不能公然持论。请破格擢用道员沈翊清，赏以四五品京堂，作为船政大臣。每月例支经费银，从提调每月薪水300两，提至每月600两。

三月初三日癸亥（4.10）

上谕：四川补用道沈翊清已尚加四品卿衔，派充会办四川矿务、商务大臣。现从景星奏，沈翊清着暂留闽省，会办船政。

四月初八日戊戌（5.15）

① 沈翊清到任视事。

② 沈翊清奏，请饬沿江沿海督抚，备造大小兵船、运轮，即就船政购造。

五月初四日癸亥（6.9）

萨道义致函外务部，英国海军部拟更改暑热之区海军军官礼服式样，

沈翊清，两江总督沈葆桢长孙，1880年入船政，1902年以四品卿衔，充会办四川矿务商务大臣，福州将军景星奏请留闽，擢为会办船政。任内疏请揽造商船、兵舰，以补船政财力不足，亦为船舰制造积累经验和培养人才

询问中国是否愿意依从。七月十六日，外务部照复，中西制度不同，中国官员所服自当仍照原式。

五月十七日丙子（6.22）

"开济"舰在南京下关因火药舱过热爆炸，全舰官兵罹难。管带李田在岸获免，定案议罪，革职发军台效力，被难士兵予恤。

七月十七日乙亥（8.20）

肃亲王善耆奏陈新政事宜，其中有扩充海陆军等。

七月二十日戊寅（8.23）

① 袁世凯派统领北洋海军总兵叶祖珪参谋水陆军务，参将萨镇冰暂行代统北洋海军。

② 外务部收袁世凯文，光绪二十六年五月二十日夜，各国兵船与大沽炮台开仗，事后知俄军独占大沽口西沽机厂船坞，现理应交还，请照会俄使，并电出使俄国大臣，向俄政府理论。

七月二十七日乙酉（8.30）

外务部照会俄使雷萨尔，交涉收回大沽机厂船坞。

夏

福建船政局制成"建翼"鱼雷艇。艇长86尺，宽10尺，吃水6尺，排水量50吨，马力550匹，航速21节。由洋员杜业尔监造，价银24 000两。

八月二十三日庚戌（9.24）

法国使馆甘司东（Gaston Camille Kahn）致函外务部右侍郎联芳，杜业尔现为轮船公司订造三艘轮船，借可获利，亦为厂中经费助。但恐闽浙总督不允，请使馆代请政府将此事谕知该总督。

九月初二日己未（10.3）

福州将军崇善、会办船政大臣沈翊清奏，船政二十三、二十四年经费收支共收管银1 181 645两，共支银875 884两，共存银9 361两，又用剩各料价银296 400两。

十月初一日丁亥（10.31）

军机处电船政大臣，船厂代造他国公司商船，终多流弊，如合同未定，请缓定。

十月初三日己丑（11.2）

① 崇善、沈翊清奏，视察船政近日制造情形。自"建威""建安"穹甲

舰工竣后，许应骙任内，饬制浅水巡洋轮船两艘，"定海"于去年春间告成，"安海"于本年夏季竣事，正在试航。"海筹""海琛"抵闽坞修理，已于七月离开。与两广总督陶模等咨商，拟造浅水快船一号，又改制"琛航"旧船，为廉、钦一带转运军火。

② 崇善、沈翊清奏，臣任事之初，英法文学堂尚有学生七八十名。随又招入七十名，学习制船、驾船。制造学堂算学教习为法员迈达，矿师戴乐儿（S.B.Tavler）兼教化学。书记伯乐兼教测量；驾驶学堂，令管坞洋员那戴尔兼教驾驶、天文。

十月初五日辛卯（11.4）

外务部代军机处电船政大臣，代造之议，原因欠杜业尔工款无偿，借此敷衍，我耗费代人造船已属失算，况闻每年除有着经费外尚短十数万，日久愈成不了之局。应设法筹款偿给杜业尔善遣之，今会订章程尚未画押，当尚可办到，其公司押可商作废。

十月十三日己亥（11.12）

崇善、沈翊清电外务部，杜业尔称合同万难作废。船政经费每月2万，此次代造，另有工价，3船计可剩30万元，以作还款，余欠既少，设措略易。应可遵谕筹偿善遣，以免后累。惟现议骤遣，实难办到，当于会订章程，加意慎重。

十月十六日壬寅（11.15）

法国公使吕班照会外务部，本年七月，杜业尔与法国立兴洋行商定建造沪汉往来轮船3艘合同，25个月竣工，造价115万元。此数堪敷船政二年需费。因事急迫，杜业尔未及与船政大臣商定。八月二十二日，船政大臣曾函杜业尔，指出将来商定合同，务当先期报明之语，亦称立即兴工，实属颇顾船政利益之办法。此函自系认允之据。现接北京停工之电，深为诧异。因停工所受亏累，当请索赔补。

十月十八日甲辰（11.17）

外务部代军机处电船政大臣，代造3船公司既画押难废，仍须设法尽每月2万，不再加增，并预筹善遣之策，务妥定章程。

十月二十二日己酉（11.22）

外务部照会吕班，杜业尔所订商船，已由军机处电闽，令其妥定章程，赶紧代造。

十一月十九日乙亥（12.18）

清政府向英商赔偿甲午战争中被日本击沉之"高升"号轮船3.3万镑。

十一月二十日丙子（12.19）

叶祖珪与俄海军参将金德理办理接收津沽机厂、船坞，于是日下午4点升挂龙旗。饬大沽协副将林颖启就近妥为照料。

同年

① 清政府订立《各国水师雇用华船报关检验章程》，凡受雇华船一律视同外国水师船只。

② 世界书局出版美国爱德华史宾氏撰《英美海军战史》3卷。

光绪二十九年癸卯（1903）

正月 裁停南洋军舰
二月 擢用萨镇冰 / 开复北洋海军军官
五月 向日本订制"江元"炮舰
闰五月 崇善督办船政 / 魏瀚会办船政
六月 "寰泰"被撞沉
八月 撤换船政监督杜业尔
十二月 日俄战争爆发，清政府宣布中立
冬 设立烟台海军学校
本年 广东创办水师练营

正月初八日甲子（2.5）

准署两江总督张之洞奏，除"镜清""寰泰"2舰，"威靖""登瀛洲"2运船仍予留用外，裁停南洋旧式兵船、蚊船"南琛""南瑞""保民""龙骧""虎威""飞霆""策电"，以积存薪饷，另造长江新式浅水快船。

二月初二日丁亥（2.28）

张之洞奏，练船学生极劣，特参"寰泰"练船管带参将何心川，不操训练，贻误水师人才，即行革职。

二月十三日戊戌（3.11）

张之洞奏，选派水陆师学堂学生出洋肄业事宜，将江南水师学堂毕业曾学英文者派往英国，四人专学管轮之学，四人专学驾驶之学，以三年为限。

二月二十日乙巳（3.18）

报载，杜业尔与立兴洋行合同规定，制造责任由杜业尔独任，工料归杜包办。船成之后，有无弊病、短绌、逾限，杜向洋行自理，与船政无涉。

二月二十二日丁未（3.20）

直隶总督袁世凯奏，请将萨镇冰破格擢用。二十七日奉朱批：萨镇冰以水师总兵记名简放。又奏，请将北洋海军蓝建枢、何品璋、程璧光、林文彬、严道洪等开复原官。二十七日奉朱批允准。

春

萨镇冰视察江防，以江阴地势险要，请将原江阴黄山炮台下设二水雷队改为水雷营。旋在江阴肖山头建筑水雷营，并在营内设立南洋海军雷电学堂，以水雷营管带黄以云兼学堂总办，水雷营帮带陈毓淳兼学堂提调兼总教官，汤文成为雷电正教官，另设副教官七人。额定学生六十人，旋又附学生二十人。学制三年。

四月十六日庚子（5.12）

署理英国驻华公使焘讷里（R.G.Townley）照会外务部，已收到汇丰银行交付33 411镑，作为赔偿"高升"沉失之款。

五月十六日庚午（6.11）

两江总督魏光焘援张之洞前奏之案，请以节存之款另购浅水快船。旋向日本川崎船厂订购"江元"舰，舰价305 000日元，合银263 518.7两（一说，船价315 000日元）。约以制造如式，再造"江亨""江

萨镇冰和"海圻"军官合影

利""江贞"3舰，每舰299 325日元；并派饶怀文、薛君谦前往监造。

闰五月初一日甲申（6.25）

清廷着福州将军崇善督办船政事宜，沈翊清不能得力，着即撤退，遴保妥员接办。

闰五月初四日丁亥（6.28）

清廷着广西候补道赏四品卿衔魏瀚会办船政，沈翊清撤退船政差使并撤销四品卿衔。

六月初二日甲寅（7.25）

袁世凯电外务部，闻意大利水师曾在浙江象山港测量水深，拟向中国索该港为泊船口岸。查该国曾索三门湾，我坚未允许，今又拟索象山，倘我允准，必牵动大局，请外部坚拒，并由浙抚防范。

六月初五日丁巳（7.28）

上谕：广东南澳镇总兵着萨镇冰补授。

六月十二日甲子（8.4）

崇善奏，福建船厂建造"建威""建安"2舰所欠法国地中海船厂之款，除炮价86 000法郎暂悬不计外，均已归入大赔款之内。请将2舰归入南洋收用。奉旨允准。

六月二十三日乙亥（8.15）

袁世凯奏，萨镇冰暂缓赴粤就任广东南澳镇总兵，仍留海军统带各船。

谢葆璋，曾任"来远"枪炮官，后来创建烟台海军学校。他是作家冰心的父亲

二十八日奉朱批允准。

六月二十四日丙子（8.16）

① 会办船政大臣魏瀚到工任事。奏称当制用拮据之极，宜审要以先营；鉴借才驾驭之艰，贵收权于旁落。

② 魏瀚奏，拟请旨饬沿江沿海各省量力筹款，向船政订造各种鱼雷艇。

六月

南洋"寰泰"舰运解军械赴粤，被英商"印度皇后"轮撞沉于汕头洋面，管带祁凤仪死亡。后经两年诉讼，英方赔款367 900余两。

八月

以船政正监督杜业尔揽造汉口华法立兴公司商船三号，旋又退造一号。工料、期限核估未定，擅行动工，遇事专擅，经议明遣散回国，由在厂洋员柏奥铿充总监工。

冬

萨镇冰在烟台嵩武军左军旧址金沟寨北海军练营内设立烟台海军学校，在烟台毓才学堂、益文学堂、实益学馆中考取学生戚本恕等20名入堂

烟台海军学校教员合影

学习，以海军练营管带谢葆璋兼理堂务，派驾驶军官徐裕源、汪克东分任教官，俗称"旧学堂"。不久，徐因病离职，汪亦他调，改以江忠清、朱正霖续任。

十二月二十五日甲戌（1904.2.10）

日俄宣战。先是，日本海军于二十三日袭击沙俄占领下的旅顺口，日俄战争爆发。清政府宣布中立，规定中国人不许参战，或接济任何一方。

十二月二十九日戊寅（2.14）

上海道袁树勋接两江总督魏光焘令，宣布上海为中立区；并照会日、俄总领事，申明两国军舰不得在中国沿江沿海停泊、采运或作战。

同年

广东创办水师练营，营址设于广州南石头炮台旧址。以北洋舰队老炮首陈树芠为管带，北洋舰队有经验的帆缆头目、枪炮头目、管旗头目、号目数人为各科教习，招募练兵一百名，仿旅顺练营成规，为广东各舰培养初级水兵。

光绪三十年甲辰（1904）

三月　　"海天"触礁沉没

七月　　日本强俘俄舰"刚毅"号 / 裁福建水师提督

十二月　叶祖珪总统海军

本年　　向日本订制"湖鹏""湖鹗""湖鹰""湖隼"雷艇，"楚泰""楚同""楚豫""楚有""楚观""楚谦"浅水炮舰

正月初四日癸未（2.19）

日本驻沪总领事小田切万寿之助照会袁树勋，要求驱逐停泊在吴淞口的俄国军舰。次日，袁树勋照会俄总领事，限令俄舰于初五日下午5时至初六日下午5时离开吴淞口。日舰"秋津洲"号进入张华浜，监督俄舰出港。

三月十一日庚寅（4.26）

"海天"舰奉命赴江阴运济军火，在舟山鼎星岛遇雾触礁沉没，管带刘冠雄革职。

五月初二日庚辰（6.15）

① 崇善奏，船政开厂鼓铸铜元，得此盈余，振兴厂务。

② 崇善奏，福建沙县知县高凌汉，办理船政文案十年，厂务巨细周知，请破格擢用，以道员存记，发往船政充当提调。奉旨：高凌汉着开缺，以知府候补，余依议。

六月初十日丁巳（7.22）

袁世凯奏，请准新授广东水师提督叶祖珪留直差遣。朱批允准。

六月十八日乙丑（7.30）

袁世凯奏起捞"海天"舰情形。称该轮值150万两，触礁后船身大半浸入水中，能否修理、所需费用多少，均须与丹麦公司订立合同，俟捞起入坞方能确估。打捞费用47万两。而船壳、穿甲、机器、锅炉等拆卖，均不止47万两。若舰不能捞起，则打捞费概不费用给，只将机器、锅炉变价，各分一半。二十三日上谕批准打捞。

六月二十八日乙亥（8.9）

德国军舰进入鄱阳湖游弋演炮，次日英舰亦进入。

七月初一日丁丑（8.11）

① 晨4时15分，俄国驱逐舰"刚毅"号从日军包围的旅顺突围，驶入烟台港，被萨镇冰率领的"海圻"等舰解除武装，予以避难。舰上官兵47人，载搭客9人，内女眷1人。晚7时半，2艘日本驱逐舰入港。次日凌晨3时半，日派舢板载30余人登俄舰，要求舰长出口决战，或向日舰投降。遂起争执，日兵开枪击伤俄舰长，双方相搏落水。经"海容"救起25人。4时20分，日舰强夺并拖走"刚毅"号。"海圻"派大副申明俄舰已向中立国缴械，不应拖去，日军不理。

② 另从旅顺突围的俄舰"阿斯柯德"号、"暴风雨"号驶入上海。经谈判，被中国政府解除武装并拘禁。

七月初二日戊寅（8.12）

裁撤福建水师提督，并入陆路，移驻厦门（原驻泉州）。

七月初八日甲申（8.18）

以海军保护不力，俄"刚毅"军舰被日本强行拖走，袁世凯奏请将萨镇冰交兵部议处。

十月初九日癸丑（11.15）

署理两江总督端方奏派水师学堂学生吴振南、朱天森、沈梁、蔡朝栋、王光熊、方佑生赴英舰学习管轮和驾驶。

十月初十日甲寅（11.16）

俄国驱逐舰"拉斯特罗尼"号驶入烟台向中国海军投降并接受拘留后，又将军舰自行炸沉。

十月十六日庚申（11.22）

广东水师学堂毕业生14人，赴北洋练船实习。

十一月二十七日辛丑（1905.1.2）

俄国驱逐舰4艘和汽艇2艘驶入烟台港向中国投降，并被解除武装。

十二月十三日丁巳（1.18）

两江总督周馥与袁世凯上奏，旧有兵船日形窳朽，徒糜饷项。管驾各官多不谙方略，亟应分别裁留，认真整顿。非重定章程不能革除旧习，非专派大员督率不能造就将士。请以叶祖珪统率南北洋各兵舰及南洋水师学堂、上海船坞、兵舰、饷械支应一切事宜。

同年

① 湖广总督张之洞由日本川崎船厂订购"湖鹏""湖鹗""湖鹰""湖隼"4雷艇，每艇合38万日元；又订购浅水炮舰"楚泰""楚同""楚豫""楚有""楚观""楚谦"6艘，每艘合455 000日元。派饶怀文监造。
② 两广总督岑春煊在广东开办鱼雷局。

光绪三十一年乙巳（1905）

三月　　整顿江南制造局

六月　　撤销蔡廷干严拿正法罪名 / 叶祖珪去世 / 萨镇冰补授广东水师提督

八月　　日俄订立《朴次茅斯和约》，俄将旅顺口、大连湾及附近领土领水租借权、长春至旅顺口铁路转让日本

十二月　向日本订制"江亨""江利""江贞"炮舰

正月二十日癸巳（2.23）

铁良奏，密查沿海各省防务情形，称江南水师学堂驾驶、管轮学生各40名，学习6年。十八年开办鱼雷营，雷艇2艘，泊草鞋峡。学堂总办为候补道黎锦彝。该学堂教法太旧，堂规松懈，学生入学数年未登舟演习。

二月

广东海防兼善后总局造报广东水鱼雷局、学堂、营船、雷艇等光绪二十九年份各项经费银数总册。

三月二十四日丁酉（4.28）

周馥奏，江南制造局船坞日久弊生，虚糜经费。经与北洋大臣商定，船坞另派人员督理，仿照商坞办法。将来南北洋兵轮均可归该坞包修，按实用工料收回工价。其余商轮亦准承揽修造。委派总兵衔候补副将吴应科总办船坞事宜，洋员巴斯为船坞总稽查。借江南粮道库款20余万两作购料添厂、开拓坞基之费，以今后修船余利分期归还。

四月十五日丁巳（5.18）

李准以记名总兵简放，署广东水师提督。

四月二十三日乙丑（5.26）

俄国"古洛尼亚""列伏尼亚""米梯亚""伐洛尼""佛拉迪密尔"号等6艘运粮船，由旅顺来沪，未经海关同意，私自停泊在吴淞口三夹水面。次日，袁树勋照会俄总领事阔雷明（W.C.Kleménow），要求于24小时内驶离上海，并责令吴淞口防营日夜严防。

五月初一日癸酉（6.3）

俄4艘运粮船驶入吴淞口，停泊于张华浜耶松船厂码头，2艘旋移泊吴淞口内炮台对江。次日，俄鱼雷艇"鲍特雷"号驶进吴淞口，初三日驶入黄浦江，与"阿斯柯德"号同泊东清码头。同日，瓜生少将率1艘日本鱼雷舰进入黄浦江，停泊在日领事署老船坞附近，监视俄运粮船。初四日驶离上海，但吴淞口外大戢山洋面仍停泊数艘日巡洋舰，负责监视停泊吴淞口外之俄舰船。

五月十二日甲申（6.14）

俄一军医船，载伤兵65名、护士32名，与"高丽"号一起驶入吴淞口，与其他俄舰同泊一处。次日，经袁树勋与税务司协商，卸下"高丽"号及其他俄舰军火863箱,交江南机器制造局保管。

六月十三日乙卯（7.15）

南洋向日本川崎船厂订购长江浅水快船第一号"江元"到沪。舰长180英尺,宽28英尺,吃水7英尺,排水量550吨,马力950匹,时速13海里;配有阿式120毫米炮1门,阿式75毫米炮1门,哈式47毫米炮4门,马式6.5毫米机枪4门。

六月十八日庚申（7.20）

已革北洋海军都司蔡廷干,甲午之役被俘,两国交俘时,前督臣以该员潜逃奏参,革职严拿,拿获即行正法。该革员交还后重赴美国考察政治、学校、农工商事。近闻该革员回抵香港,经调令来津考询。查甲午之役所有被掳人员均未置之重典,蔡廷干事同一律,请准将其严拿正法罪名销去,留北洋差遣委用,以观后效。二十三日奉上谕:着照所请。

六月二十七日己巳（7.29）

总理南北洋海军广东水师提督叶祖珪从江宁沿江南下,巡阅炮台水雷营,劳累中暑又染伤寒,卒于上海军次。清廷旋诰授"振威将军"。

夏

① 海军事务处派学生林国赓、许建廷、毛仲方、李国荣4人赴英留学。
② 萨镇冰奉南北洋大臣札,饬制造局将船坞及与船坞相连各厂并应用房屋等项分拨吴应科接管;直至民国元年,船坞归海军部接收。

七月十一日壬午（8.11）

袁世凯奏,以总理南北洋海军事宜广东水师提督叶祖珪出缺,请以广东南澳镇总兵萨镇冰继任。

七月十三日甲申（8.13）

萨镇冰补授广东水师提督,广东南澳镇总兵李准仍署理广东水师提督。

七月二十二日癸巳（8.22）

袁世凯奏,请将"海圻"舰管带、留直补用守备程璧光以都司补用,仍留直省,并加游击衔。

七月二十五日丙申（8.25）

外务部收周馥文,裁撤上海轮船支应所,改由筹防局办理。

八月初七日丁未（9.5）

日俄订立《朴次茅斯和约》,俄国将旅顺口、大连湾及附近领土领水租借权、长春至旅顺口铁路及一切支路转让日本。

八月十九日己未（9.17）

① 崇善、魏瀚奏，光绪二十五年正月至二十八年底船政经费，旧管、新收银1 508 035两，统支1 984 898两余，不敷银476 862两。

② 崇善、魏瀚奏，洋监督杜业尔于光绪二十八年八月揽造汉口华法立兴公司商船3号，旋退造1号，工料期限核估未定，擅行动工，收过该公司工料银195 000元兑银购料。因遇事专擅，经议明撤退回国，并由外务部委派浙江宁绍台道高英，会同法使所派上海总领事巨籁达（L.Ratard）来闽，经反复辩论，将杜业尔揽造两船合约作废。其所收工料银，酌贴利息，合共235 000元，兑还公司了结。该船第一号外皮钢板均已镶配，第二号仅安上龙骨。船长283尺，阔43尺3寸，吃水10尺8寸，轮机马力2 000匹，每船工料银38万两。拟先造第一号，俟工竣再将第二号或仍造商船，或改兵船，另行筹酌办理。

③ 崇善、魏瀚奏，船政原募法员正监督杜业尔，遇事擅专，于光绪二十九年八月间遣撤回国，遴选在厂洋员柏奥铿，派充总监工。

九月二十六日丙申（10.24）

俄驻沪总领事阔雷明照会袁树勋，告以在沪各俄舰由俄提督率领，于26日回国。实际上，至11月19日，在沪各俄舰12艘，方陆续离沪返国。

十月初三日壬寅（10.30）

船政制一号江船下水。该船即杜业尔前揽造之船。

十月十七日丙辰（11.13）

① 工部主事陈畬奏南田象山港情况，请辟为军港。

② 江阴水雷营不慎于火，雷库爆炸，库房全毁。水雷营管带兼南洋雷电学堂总办黄以云、帮带兼学堂提调陈毓淳撤职。

十一月二十七日丙申（12.23）

萨镇冰分别致书南北洋大臣，要求筹集巨款，在沪创水师学堂。

十二月初三日辛丑（12.28）

① 外务部收周馥文，言南洋兵船机老行迟，前已裁停。现已将"威靖"运船变卖规银2万两，"虎威"炮船因缉私被焚，估价1万元。"南瑞"舰仍暂停员。

② 外务部收周馥奏，江南筹防局向日本购"江元"舰勘验情形，并咨

送清册。

十二月十一日己酉（1906.1.5）

南洋按"江元"式样向日本川崎船厂订购"江亨""江利""江贞"。

十二月十七日乙卯（1.11）

① 崇善、魏瀚奏，厂制一号江船已经下水，第二号虽安龙骨材料未备，且系商船，制而无用。现南北洋重整海军，仍以改制兵船为当务之急。请饬下南北洋大臣会议，现需何式兵船，即着该省酌协饷项，以资挹注。近闻南洋拟向德国订制轮船，如未定约，尽可划拨一二，改由闽厂自制，中国仅此船厂，疆臣应同为珍惜。

② 崇善奏，船政褒奖，迄今已逾十年，在事人员积年出力，请照异常劳绩褒奖。

同年

① 南洋派管轮毕业生朱天奎赴奥地利学习制造，旋改赴英国留学。

② 两江总督派饶怀文赴日监造"江亨"等3舰，并派管轮毕业生封爕臣、王孝慕、李承曾、胡思浩、薛君谦5人随往学习新式机炉制造。

③ 修订法律馆出版《日本陆海军刑法》。

光绪三十二年丙午（1906）

二月　　周馥请将南北洋合为一军
九月　　清政府厘定官制，兵部改陆军部，海军事务暂归陆军部办理
本年　　五大臣出洋考察 / 派遣赴日海军留学生

二月二十四日辛酉（3.18）

法国允许中国学生入海军学校，清政府先派17人前往肄业。

二月二十八日乙丑（3.22）

周馥奏，请将南北洋海军合为一军，以便切实整顿。南洋兵船年久失修，分别裁留整修，以备操防。

春

江南雷电学堂首届学生75人毕业，学生留水雷营实习。夏，水雷营改称江阴要塞工程营，学堂停办。

闰四月初七日甲戌（5.30）

崇善奏，"建威""建安"鱼雷兵舰告成并一号江船下水，所有积年出力人员，遵旨择优褒奖。

五月十四日庚戌（7.5）

袁世凯奏，请撤销丁汝昌革职处分，开复原官原衔。

七月初六日辛丑（8.25）

戴鸿慈、端方等五大臣考察东西洋政事归来，奏《请改定官制以为立宪预备折》，称近世各国多以海、陆军各自为部，中国海军初有萌芽，未能独立，拟立军部，以兵部练兵处改并，管理全国海陆军事务，分设海军、陆军两局。

七月十一日丙午（8.30）

政务处奏，请详勘象山港情形。得旨如所议行。

八月初十日甲戌（9.27）

周馥派江南制造局道员张士珩就近兼管上海船坞。

八月二十六日庚寅（10.13）

戴鸿慈、端方等奏《军政重要请取法各国以图进步折》，提出军事大权谨请皇上亲御戎服以振士气。皇上实统海陆军之大权。海军制度宜次第筹划规复，宜指定一款为分年筹划之需。大抵先以五年为期，造就军官、军舰、军港、工厂、衙署。逐款预计，不准挪移，循序渐进。

九月二十日甲寅（11.6）

清政府厘定官制，兵部改陆军部，海军部未设之前，海军事务暂归陆军部办理。

十月二十三日丙戌（12.8）

张之洞札道员李孺等赴日本验收在川崎船厂所订炮舰雷艇。

十月三十日癸巳（12.15）

琅威理卒于英国。

十一月初三日丙申（12.18）

崇善奏，船政请归南北洋会筹管理。

十二月

① 萨镇冰将"南瑞"舰变卖，作抵修船之费。

② 端方奏，将南洋水师学堂第五届期满在事出力各员仍循照原奏给奖。

同年

清政府电各省选派之学生刘华式、郑礼庆、谢刚哲、金溥芬、萧宝珩、陈复、李景渊、王统等8人，又派吕德元、奚定谟、魏春泉、陈士珩、孟慕超、吴志馨、沈奎、王开元、徐世溥、卢同济、何兆湘、刘长敏等12人，又派凌霄、哈汉仪、吴兆莲、卓金梧、宋式善、沈鸿烈、龙荣轩、童锡鹏、李右文、姚葵常、陈华森、伊祚乾、萧举规、周光祖、黄显仁、杨徵祥、方念祖、刘田甫、姜鸿澜、姜鸿滋、杨启祥、张楚材、黄健元、戴修鉴、齐熙、王裘、范腾霄、宋振等28人赴日本留学海军。

光绪三十三年丁未（1907）

二月　　"楚泰""楚同""楚有"到华
四月　　陆军部设立海军处／"海容"等舰出巡南洋各埠
五月　　船政停办
八月　　重建海军计划／整饬长江水师
九月　　松寿督办船政
十月　　"楚谦""楚观""楚豫"到华
冬　　　派遣海军留英学生

"楚有""江亨"舰

二月初六日丁卯（3.19）

端方奏南洋水陆学堂情形。

二月二十八日己丑（4.10）

袁世凯、端方奏，德国洋员哈卜们，向在北洋海军当差，甲午大东沟之役，协同接仗，获李鸿章奏保花翎水师参将暨三等第一宝星。近十年来，查验海陆军枪炮，备极精详。请将哈卜们以副将用。

二月

"楚同""楚泰""楚有"3舰到华。舰长200英尺、宽29英尺6英寸，吃水8英尺，排水量780吨，马力1 350匹，时速13海里；配阿式120毫米炮2门，76毫米炮2门，拿式25毫米炮2门。

三月二十五日丙辰（5.5）

袁世凯奏，酌派兵舰巡历外洋情形。又奏，派"海筹""海容"巡阅南洋，约需用银5万两。请于津海关子口税项下匀拨。

三月

烟台海军学堂新校舍完工。校址在金沟寨村之南，占地90余亩，建筑费47 000两,俗称"新学堂",学生达192名。

四月初十日庚午(5.21)

崇善奏,船政提调高凌汉扶柩回籍终制,请派船政总稽查杨廉臣充提调。奉旨:该部知道。

四月二十七日丁亥(6.7)

陆军部奏定官制,设海军处,暂隶陆军部。设正使(视协都统)、副使(视正参领)各1人,承发官2人,录事4人。设机要、船政、运筹3个司,各司置司长、副官各1人。科长7人(机要4科:制度、筹械、驾驶、轮机;运筹3科:谋略、报务、测海;船政司不分科)。承发官3人(司各1人),一、二、三等科员18人(机要12人,运筹6人)。考工官5人(船政司置),艺师3人(船政1人,运筹2人),艺士4人(船政、筹运各2人),股长、股员视事闲剧酌置,录事18人。正使未简,副使以谭学衡充之。郑汝成任机要司长,程璧光任船政司长,林葆纶任运筹司长。

四月

① 练兵处提调姚锡光撰《拟就现有兵轮暂编江海经制舰队说帖》《拟兴办海军经费五千万两作十年计划说帖》《拟兴办海军经费一万二千万两作十二年计划说帖》等文件,提出重建海军的构想,按急就、分年两套方案筹划。

② 袁世凯派何品璋为队长,率"海容""海筹"等3舰赴西贡、新加坡等地巡视,抵粤,适逢潮州黄冈起义和惠州七女湖起义,乃留以镇压。事平后,赴西贡,中外商民来船参观者日以千计。三江、闽粤侨商分日开宴欢迎,谓中国军舰自光绪元年"建威"练船抵埠后,久无继至者,相隔数十年复睹盛事。嗣以国内需船,袁世凯电调2舰赴赣。

五月初一日辛卯(6.11)

革命党人刘师复谋炸署理广东水师提督李准未果。

五月初七日丁酉(6.17)

陆军部奏准福建船政暂行停办。

五月

① 姚锡光撰《拟询萨提督应筹船厂军港各节清单》《拟询萨提督海军整顿推广各节清单》《第一次海军议案》。

② "湖鹏""湖鹗"雷艇到华。艇长135英尺，宽15英尺6英寸，吃水7英尺6英寸，"湖"字雷艇排水量96吨，马力1 200匹，航速23节，鱼雷管3个。

六月初一日庚申（7.10）

清廷命福州将军特图慎督办船政事宜。

六月

姚锡光撰《拟暂行海军章程》。

八月初一日庚申（9.8）

陆军部奏，遵旨暂理海军事宜。拟添购3 000—4 000吨穿甲快船数艘，炮船20余艘，练船2艘；并筑浙江象山港以便各船收泊，共需开办经费1 500万两，常年经费150万两。清廷下军机处同度支部、陆军部妥议。

八月初三日壬戌（9.10）

① 福州将军松寿奏，福建船厂业经陆军部奏停，前募洋员总监工柏奥铠、副监工达韦德、医生威测海、书记德尔美、监工萨巴铁、厂首薛法黎、泰贝、匠首韦海，自光绪二十九年八月至本年九月，均届期满，应行遣散。前学堂教习迈达亦届期满，惟两班学生尚未毕业，请暂留以资教授。绘事教习、副监工竺蒲匏到工稍迟，至三十年五月期满，拟令专课绘生、艺徒测绘图理。刻下学生不足百名，月需经费仅千数两，不如留之以待将来。

② 松寿奏，请赏限满回国洋员宝星。总监工柏奥铠拟请赏三等第二宝星，前学堂教习迈达，拟将三等宝星赏换二等第三宝星，医生威测海，拟请赏三等第三宝星，副监工达韦德、竺蒲匏、书记德尔美拟请赏四等宝星，监工萨巴铁、厂首薛法黎、泰贝、韦海，拟请赏五等宝星。奉旨着照所请。

八月初八日丁卯（9.15）

留学生陈发檀递呈请速立宪法振兴海陆军。请速设海军部，速定军港。闻已定象山、荣成、舟山、北海湾为基地外，增琼崖岛榆林港为基地。请速设海军学校等。

八月

端方奏《筹议长江巡缉章程折》，为镇压革命党人及会党起义，拟实力整饬长江水师，派调江南差委湖北候补道孙廷林为长江水师督查营务处，筹办一切事宜。在提标及瓜、湖两镇标酌拨师船30只交给应用；并派文炳督率江、鄂两省兵轮不时赴上下游巡查。又附《长江舰队巡缉章程》《陆营巡缉章程》等。《长江舰队巡缉章程》称南洋兵舰向于巡缉未有专责，现拨给"南琛"兵轮等2艘，"辰""宿""列""张"鱼雷艇4号，暂编一队以备巡缉之用。每舰应派探访员在陆地侦探。苏省江面自吴淞历江阴、镇江、金陵至安徽界止，划分4段，以"辰""宿""列""张"4艇分任查缉，"南琛"往来督率。

九月初九日丁酉（10.15）

清廷命福州将军松寿督办船政事宜。

秋

农商部奏，南洋华侨商会成立，请派员考察奖励。廷旨派杨士琦于九月二十日率"海圻""海容"由上海启行，历菲律宾、西贡、曼谷、巴达维亚、三宝垄、泗水、日惹、梭罗、汶岛、新加坡、槟榔屿、大小霹雳等埠。

十月初三日辛酉（11.8）

松寿奏，船政洋员已陆续离工。

十月

"楚谦""楚观""楚豫"3舰到华。

十二月二十七日甲申（1908.1.30）

清廷决定广东水陆提督两缺仍分设。以前广东水陆提督萨镇冰为水师提督，萨未到任前，由北海镇总兵李准署理。

十二月

有人密报洋商私运军火将由澳门脱卸。两广总督派"宝璧"舰管带吴敬荣带领"广亨""广贞""安香""安东"4船往九洲洋巡缉。

冬

前赴英国留学生吴振南等于上年毕业回国，此时复就前项毕业生中挑选吴振南、毛仲方、林国赓、朱天森、许建廷等5人及驾驶毕业生王传炯赴英国海军学校肄业。留日学生吕德元因事调回，复就驾驶学生中挑选吕德元、孟慕超、奚定谟、沈奎4人赴英肄业。

同年

署理闽浙总督崇善、浙江巡抚张曾扬会奏辟象山为军港。

光绪三十四年戊申（1908）

八月　每年派舰巡历南洋
九月　美国"大白舰队"访问厦门
十月　光绪帝、慈禧太后去世
本年　《筹海军刍议》

1908
光绪三十四年戊申

正月初四日庚寅（2.5）

日轮"第二辰丸"私运军火，在广东九洲洋面为广东炮艇捕获。

正月二十五日辛亥（2.26）

松寿奏，船政未便全行停办，续准部咨令，就原厂、原款设法整顿。

正月

端方奏，太湖枭匪出没抢劫，已饬上海船坞制造浅水轮船2艘，柚木船壳，船长60英尺，宽11英尺6英寸，吃水20英尺，时速9公里。船首安置机器快炮2门。每船工料银8 300两，归宁、苏两属使用。

二月十三日己巳（3.15）

外务部接受日使林权助对"第二辰丸"提出的5项要求：道歉，赔款，惩官，释船，收买被扣军械。

二月二十日丙子（3.22）

驻美公使伍廷芳电外务部，美国派舰队环球游历，澳大利亚、日本邀请访问，中国政府似应邀请。次日外务部回电同意，并电两江总督南洋大臣端方转致萨镇冰，询问何地相宜接待。二十四日，萨镇冰回电可在烟台。

三月

"湖鹰""湖隼"鱼雷艇到华。

四月初一日乙卯（4.30）

美国驻华公使柔克义（William Woodville Rockhill）照会外务部，接本国政府电嘱，有本国海军提督思拍立（Charles Stillman Sperry）带领第二队装甲战斗舰8艘，于本年十月二十九日开至厦门，停泊六日。外务部即分电南北洋大臣、闽浙总督及萨镇冰，要求酌拟接待办法。

四月二十七日辛巳（5.26）

海军部奏，海军人员充补实官，并派军舰巡历南洋。奉旨依议。

四月

派学生罗致通、夏昌炎、曾广伦、黄绪虞、杨宣诚、李桢、胡晃、欧阳琳、严昌泰、宋复九、王楫、吴鸿襄、李大棹、李毓麟、朱伟、叶启菜、陈莘觉、李北海、范熙申、曾广钦、张维新、吴崵、刘励、任重、王时泽、冯鸿图、朱华经等27名；又张万然、王道堉、高凤华、吴建、吴湘、李文彬、谭刚、李绍晟、何超南、李震华、易定侯、余际唐、何道云、黄承羲、张汉杰、潘尚衡、沈一奇、张仲寅、何豪、郑仲濂、陈云、吴景英、黄锡典等23名赴日本肄习航海轮机各技术。

五月十一日乙未（6.9）

英国驻华公使朱尔典致函外务部，英国海军部拟出版各国国家乐章，请将中国乐章乐谱开示转复。

五月

端方奏，南北洋海军事务，前经奏派大臣常川驻扎上海，总理一切。所有海军人员办公本系暂借江南制造局房屋，嗣后添造船坞，将制造局划分。凡海军及船坞两处，时需接待中外官员，会议交涉事件。坞内洋员、学生膳宿处所规模亦隘，必须添造洋房一座，以便公用。萨镇冰现与上海汇广公司洋商罗士订约，于船坞偏东起盖洋式楼房，上下三层，分作三十间，计需工料银25 000两。

六月

端方奏，在日本川崎船厂制"江亨""江利""江贞"3船陆续完竣，"江亨"驶抵上海。由萨镇冰试验，与原订合同相符。查照"江元"弁勇名额，配募齐全，每船月支薪粮银1 500两。"江亨"暂拨江西调遣、"江利""江贞"均在江南驻防遣用。

七月初二日乙酉（7.29）

载洵、萨镇冰咨外务部，海军乐章乐谱未经奏定，未便抄送英国。八月十四日外务部将此事答复朱尔典。

八月初一日甲寅（8.27）

准陆军部会奏，今后每年冬令北洋派2巡洋舰巡历南洋。

九月初三日乙酉（9.27）

以美国舰队环球游历，将于十月间行驶厦门。廷旨派贝勒毓朗、外务部右侍郎梁敦彦前往劳问，闽浙总督松寿前往妥为照料，提督萨镇冰率舰先期赴厦门迎候。

九月二十七日己酉（10.21）

萨镇冰乘"飞鹰"抵达厦门。

九月二十九日辛亥（10.23）

毓朗由上海乘"海圻"前往厦门，十月初二日五刻抵达。

美国大白舰队环球航行,至厦门访问。图为当地搭出的彩楼

十月初六日戊午(10.30)

晨8时,额墨利少将(Willam Hemsley Emory)率美国舰队"路易斯安娜"(Louisiana)、"弗吉尼亚"(Virginia)、"俄亥俄"(Ohio)、"密苏里"(Missouri)、"威斯康辛"(Wisconsin)、"伊利诺斯"(Illinois)、"肯塔基"(Kentucky)、"奇尔沙治"(Kearsarge)抵达厦门。萨镇冰乘"飞鹰"出港欢迎,毓朗、梁敦彦、松寿等在厦门演武厅迎接,"海圻""海容""海筹""海琛"齐集。中方逐日宴请美方官兵,组织了体育比赛、观剧、舞会等活动,还安排了官兵游览厦门南普陀寺。十日,与美方人员共庆慈禧太后生辰,并赠送纪念品。十一日,厦门燃放烟花,欢送美国舰队。十二日早晨,大白舰队离开厦门港。

十月二十一日癸酉(11.14)

酉刻,光绪帝病薨,立醇亲王载沣之子溥仪为帝,年号宣统,载沣为摄政王。

十月二十二日甲戌(11.15)

未刻,慈禧太后病薨。

十二月初四日乙卯（12.26）

松寿奏，原任两江总督沈葆桢为福建船政首创，伊孙陆军部记名丞参、前四品卿衔会办船政大臣沈翊清在厂供事20余年，效力最久，功绩最多，厂事赖以维持。请附祀沈葆桢马江专祠及省城专祠。奉旨允准。

同年

① 东三省总督徐世昌奏，营口添制英国摆林厂制钢甲巡洋舰2艘，舰长105英尺6英寸，宽20英尺，吃水6英尺，马力260匹，时速11英里。

② 江南船坞为海军部造"甘泉"炮舰，为安徽造"安丰"炮舰。"甘泉"舰长119英尺，宽20英尺，吃水8英尺，排水量305吨，马力300匹，时速10海里，价银46 200两；"安丰"舰长122英尺，宽18英尺，吃水6英尺，排水量145吨，马力350匹，时速12海里，价银53 000两。

③ 姚锡光撰《筹海军刍议》《筹海军别录》出版，为上年筹划海军各项说帖、清单之结集。

宣统元年己酉（1909）

正月　派善耆等筹划海军
二月　"飞鹰"到东沙调查／"海圻"访南洋
五月　奏统筹海军方案／载洵、萨镇冰充筹办海军大臣／设立筹办海军事务处
六月　萨镇冰任海军提督／设立巡洋、长江舰队
七月　奏定海军官制、海军旗式官服／载洵、萨镇冰巡阅海防
八月　赴欧考察海军
十二月　赏海军留学生严复、伍光建、刘冠雄等进士、举人
本年　陆军部奏定水师事宜划归海军事务处管理

正月二十九日庚戌（2.19）

肃亲王善耆奏，筹办海军基础事宜。谕：派肃亲王善耆、度支部尚书镇国公载泽、陆军部尚书铁良、海军提督萨镇冰妥慎筹划，先立海军基础。并着庆亲王奕劻随时综核稽查。旋设参赞厅，分秘书、庶务二司，并设一、二、三、四司。

二月初二日壬子（2.21）

载泽奏，筹办海军事关重要，奴才殊未能堪，请准收回成命。

二月十一日辛酉（3.2）

"飞鹰"舰到日本人盘踞的东沙岛调查。

二月二十八日戊寅（3.19）

两广总督张人骏要求日本领事馆饬日人西泽吉次从东沙岛撤退。闰二月初三日（3.24）日领事答称东沙岛为无主荒岛，要求保护西泽等人。

二月

① 海军部派"海圻""海容"2舰巡视南洋，商部派员外郎王大贞随同抚慰华侨。2舰由吴淞启航，历赴新加坡、巴达维亚、三宝垄、泗水、巴里坤旬、日惹、望加锡、西贡等埠，至四月先后回华。

萨镇冰，船政学堂毕业后，被派往英国海军留学。甲午战争期间任"康济"练习舰管带。后任广东水师提督，筹办海军大臣，巡洋、长江舰队统制等。辛亥革命后，担任过海军总长、代理国务总理等。1949年任全国政协委员。在兴建近代海军的历史过程中，他是一个历经沧桑的见证人

1909
宣统元年己酉

1908年"辰"号雷艇官兵

② 度支部奏，御史石长信奏设海军爵赏以增海军军需之事应请毋庸置议。奉旨依议。

闰二月初八日戊子（3.29）

《申报》报道，爪哇华侨捐款，助清政府购买军舰护侨，并致电广东自治会，痛陈海军与领土领海保护华侨之关系。

三月初一日庚戌（4.20）

翰林院侍读容光奏，请于浙江沙门湾、舟山定海等处筹建海军港坞。

三月初七日丙辰（4.26）

准陆军部奏，核准南北洋海军经费，并补销其药费。

四月初二日庚辰（5.20）

松寿奏，光绪二十九年正月至三十年底船政经费，旧管、新收银1 818 894两余，统支1 820 652两余，不敷银1 757两。

四月十四日壬辰（6.1）

留日海军学生在东京组织创办《海军》季刊。

五月二十二日庚午（7.9）

善耆奏，请划一海军教育，统编舰艇，开办军港，整顿厂、坞、台。将烟台学堂改为驾驶专门，黄埔学堂改为轮机专门，福州前学堂改为工艺；象山设枪炮练习所、水雷练习所，京师设海军大学堂。"海圻""海容""海筹""海琛"堪称巡洋舰；"飞鹰""飞捷"（"飞霆"）"建安""建威""楚材""楚同""楚泰""楚谦""楚有""楚豫""楚

载洵,醇亲王奕谖第六子。1902年由慈禧太后指定过继给瑞郡王奕志为嗣,降袭贝勒。后授郡王衔。24岁担任筹办海军事务大臣。他声称"子承父志",其实不过凭着门第高贵和哥哥做了摄政王,自己全无能力,一个标准的纨绔子弟而已

观""伏波""琛航""元凯""南琛""福安""宝璧""镇涛""广玉""广全""广庚"堪算沿海巡防舰;"镜清""通济""超武""保民"堪称练习舰;"江元""江亨""江利""江贞""广元""广亨""广利""广贞""策电""登瀛洲"堪称长江巡防舰;"雷龙""雷虎""雷艮""雷乾""雷坎""雷震""雷坤""雷巽""湖鹏""湖隼""湖鹗""湖鹰""辰""宿""列""张"堪称守口雷艇。先行开筑象山港,整顿船坞、炮台等。

五月二十八日丙子（7.15）

① 清帝以宪政编查馆奏定宪法大纲,内载统率陆海军之权操自上等语,宣布自为大清国陆海军大元帅,所有一切权任事宜,于未亲政前由监国摄政王代理。

② 着郡王衔贝勒载洵、提督萨镇冰充筹办海军大臣。旋增设医务司。由度支部筹开办费700万两。各省每年分认海军经费500万两。

五月

端方奏,酌保长江水师历年拿获盗匪出力人员,湖口镇总兵杨福田、汉阳镇总兵张有亮拟请赏加提督衔;瓜州镇总兵陶树恩、岳州镇总兵鲁洪达、田镇营副将陈麟书、署荆州营副将正任汉阳营副将谢诗才、署江阴营副将正任荆州营副将胡忠胜拟请敕部从优议叙。

清末新建海军留英学生

六月初五日壬午（7.21）
　　陆军部奏，将军咨处、海军处文卷定期转交军咨处大臣、筹办海军大臣。

六月十二日己丑（7.28）
　　刊刻并启用筹办海军事务处木质关防。

六月二十二日己亥（8.7）
　　清廷准筹办海军事务处奏，奖叙留英海军毕业驾驶学生吴振南、朱天森、许建廷、林国赓。

六月二十八日乙巳（8.13）
　　陆军部会同海军大臣奏定筹办海军入手办法，拟分7年筹办海军。

六月二十九日丙午（8.14）
　　清廷以萨镇冰为海军提督，李准为广东水师提督。

六月
　　将南北洋海军收为统一，分为巡洋、长江两舰队。以程璧光统领巡洋舰队，沈寿堃统领长江舰队。

七月初五日壬子（8.20）

载洵等奏，请拟定海军人员官阶职任，照陆军奏定三等九级新官名目，并冠以"海军"字样。

七月初九日丙辰（8.24）

载洵等奏，请参仿各国成规，拟定海军长官旗式及各项章服，略备规制。

七月初十日丁巳—八月十一日丁亥（8.25—9.24）

载洵、萨镇冰南下巡阅海防。初十日出京，十四日抵沪。十五日阅看江南制造局及船坞。十八日到象山，十九日在高泥会同闽浙总督松寿、浙江巡抚增韫举行象山辟港典礼。二十日到福州，看马尾造船厂。驶往香港、广州、厦门、杭州、江阴、镇江、江宁、田家镇、汉阳，八月十一日返京。

八月十四日庚寅（9.27）

载洵奏巡阅闽、粤等9省海防情形。

八月十八日甲午（10.1）

出使意大利大臣钱恂奏请续修许景澄《外国师船图表》，并报意大利海军情况。

八月二十一日丁酉（10.4）

① 度支部奏，重建海军约需再办经费1 800万两（其中建港、学堂、工厂150万两，购舰1 650万两），为数甚巨、无力再筹。俟邮传部归还借款后全数提作海军开办经费。旋清廷谕令度支部尽力如数筹拨军咨处、海军处经费。

② 大学士、军机大臣张之洞去世。

八—十二月

① 载洵、萨镇冰带员赴欧洲考察海军。九月，抵意大利，定购"鲸波"炮舰（1 000吨）。旋往奥国，订造特快驱逐舰"龙湍"号（2 000吨。民国初年，因船款纠纷，"鲸波""龙湍"舰均未交给中国）。十月，抵柏林，参观各船炮厂，订购新式鱼雷快舰"同安""建康""豫章"（均700吨），钢甲平底炮艇"江鲲""江犀"（均400吨）。往英国考察各船厂及皇家海军大学，订购巡洋舰"肇和""应瑞"（均3 000吨）。十二月初回国。

② 载洵出洋时，挑选学生廖景方、曾以鼎、叶在馥、曾诒经、王助、

载洵（中）、萨镇冰（右三）赴欧洲考察海军

陈藻藩、王孝丰、郭锡汾、叶宝琦、伍景英、伍大名、杜衍庸、巴玉藻、黄承贶、沈成栋、向国华、司徒傅权、袁晋陈、石瑛、马德骥、叶方哲、王超、徐祖善等随往英国，留英学习制造船炮。

十月初二日戊寅（11.14）

钱恂奏考察意大利海军状况兼叙载洵、萨镇冰访意情形。又奏，三门湾宜建军港；洋员金楷理可任修《外国师船图表》一书；出洋学习海陆军人员不得同洋妇结婚，已婚者不得从事海陆军事务。

十一月十八日甲子（12.30）

调署湖广总督、江苏巡抚瑞澂奏，规复海军宜先育才、造炮、筹款。

十二月初七日壬午（1910.1.7）

赏游学专门严复、伍光建、刘冠雄等进士、举人有差。

十二月二十日乙未（1.30）

革命党人熊成基在哈尔滨谋刺筹办海军大臣贝勒载洵，事泄被捕，翌年一月十八日遇害。

同年

① 陆军部奏定水师事宜划归海军事务处管理。

② 护理两江总督樊增祥奏，拟改江南水师学堂为南洋海军学堂。
③ 海军大臣计划分8年筹备军港。
④ 海军经费，度支部认筹开办经费500万两；直隶认筹开办经费120万两、常年经费20万两；奉天、吉林、黑龙江三省共计认筹常年经费10万两；江苏、广东各认筹开办经费120万两、常年经费20万两；湖北、四川各认筹开办经费80万两、常年经费10万两；浙江认筹开办经费100万两、常年经费15万两；山东认筹开办经费80万两、常年经费15万两；福建认筹开办经费80万两、常年经费5万两；河南认筹开办经费60万两、常年经费8万两；山西认筹开办经费60万两、常年经费5万两；江西认筹开办经费50万两、常年经费10万两；广西认筹开办经费10万两、常年经费6万两；安徽认筹开办经费48万两、常年经费8万两；陕西认筹开办经费40万两、常年经费2万两；湖南认筹开办经费36万两、常年经费4万两。
⑤ "江贞""江利"2炮舰到华。
⑥ 南洋设立湖北海军学校。该校成立4年，毕业驾驶班学生10名，轮机班学生23名，均派至南洋舰队供职。
⑦ 宣统元年七月印行的《江南制造局译书提要》所载该局历年所译西书中有关海军的书籍，包括：《美国水师考》1卷，英国巴那比、美克利同撰，傅兰雅口译，钟天纬笔述；《俄国水师考》1卷，英国柏拉西撰，傅兰雅口译，李岳衡笔述；《海军调度要言》3卷，英国拿核甫赖甫吞、鲁脱能同撰，舒高第口译，郑昌棪笔述；《水师保身法》1卷，德国勒罗阿撰，英国伯克雷译，程銮重译，赵元益笔述；《铁甲丛谈》5卷附1卷，英国水师船厂总管黎特撰，舒高第口译，郑昌棪笔述；《行船免碰章程》1卷，傅兰雅口译，钟天纬笔述，华备钰校勘；《船海章程》1卷，美国弗兰克林纂、风仪口译，徐家宝笔述；《船海通书》不分卷；《行海要术》4卷，金楷理口译，李凤苞笔述；《船坞论略》1卷，傅兰雅口译，钟天纬笔述；《测海绘图》8卷附1卷，英国华而登撰，傅兰雅口译，赵元益笔述。
⑧ 美国默罕撰、吴振南译《海军正艺通论》，丁士源撰《世界海军现状》出版。

宣统二年庚戌（1910）

二月　　设立海军处各司和海军警备队
三月　　开复丁汝昌
七月　　载洵、萨镇冰访美购舰
十一月　设立海军部 / 萨镇冰统制巡洋、长江舰队

正月初三日戊申（2.12）
载洵奏请开去海军要差，并恳求另简贤能，以规进步。

正月初十日乙卯（2.19）
清廷命道员严复、伍光建、魏瀚、郑清濂为筹办海军事务处顾问官。

正月
以美国公使函称，其国舰队前次在厦门备承海军优待，现复来华游历，特送银杯以作纪念。准西历4月中旬到厦。遂令程璧光率"海圻""海筹"2舰先期到厦款待。

二月二十六日庚子（4.5）
① 载洵奏设立海军学校及建军港事宜。仿英国海军警备队之制，就京师城外昌运宫废址，设立海军警备队总营，以资试办。拟派留学英国海军学生料理员，兼充使馆海军随员。又奏，请拨地建造海军衙署。
② 载洵奏，重新厘定海军处各司职掌，原设第一司拟名军制司，掌海军规制、考绩、驾驶、器械、轮机等项事宜；第二司拟名军政司，掌修造战舰、建筑工程等项事宜；第三司拟名军学司，掌海军教育、训练、谋略等项事宜；第四司拟名军防司，掌铨衡各省水师将弁并侦察等项事宜；医务司拟名军医司；秘书司拟名军枢司，掌全处人员升迁、调补差缺、机密公牍、函电及承发文件等项事宜；庶务司拟名军储司，掌海军经费暨服装、军粮等项事宜。此外，拟请专设军法司，掌海军军事裁判、风纪、法律等项事宜。总计8司。

三月初一日乙巳（4.10）
① 载洵奏，海军部成立尚须时日，请缓裁浙省水师各营，以资防卫。
② 又奏，上年在筹议海军基础折内陈请添置新式练船2艘，航海炮舰10艘，编入练习舰队，业蒙允准。现在英厂订造练习舰，长320英尺，宽39英尺，吃水13英尺，排水量2 400吨，航速20海里，平常装煤225吨，满载装煤550吨，配官兵230人，学生在外。配最新式6英寸快炮2门，4英寸快炮4门，14磅快炮2门，3磅快炮6门，1磅快炮2门，18英尺鱼雷炮2门，加配弹药鱼雷共需银204 000镑。

三月初五日己酉（4.14）
美国亚洲舰队司令哈卜海军少将（John Hubbard）率"查理斯顿"（Charleston）、"查塔诺嘉"（Chattanooga）访问厦门。程璧光率"海圻""海琛"前往迎接。次日，哈卜向中方赠送银杯，感谢前年美国舰队访厦期间受到的接待。美舰"海伦娜"（Helena）、"克里夫兰"（Cleveland）、"维拉罗博斯"（Villlalobos）、"萨马耳岛"（Samar）等舰同时期也先后在厦门附近训练。厦门当地在南普陀刻石，将此称作美东方舰队再次访厦。

三月十三日丁巳（4.22）

都察院奏，候选道钱德芳条陈海军事宜，急进之法六条：1. 探求旧日海军人员，开办将校养成所；2. 招致南洋华商子弟与自费留学生在外国学习海军毕业者；3. 添购铁甲舰，联络现有兵轮，以立海军基础；4. 多备练船，即以各省水师学堂学生暨陆军备测绘学生、小学堂学生加习海军学术；5. 联络英人，以备新购铁甲舰至威海寄碇；6. 预算经费，以便集款。缓进之法三十条：兴学、造船、造炮、建坞、军港、征兵、购船、测量、游历、军制、军服、军律、演习、炮台、交通、医药、厚薪、借才、游学、调查、经营列岛、振兴渔业、辅助商船、提倡义勇舰队、编练沿海渔团、裁撤外海水师、会议、预算、求言、立海军部。下海军大臣知之。

三月十六日庚申（4.25）

① 准海军部奏，江防重要军务，准其专折奏陈。

② 以力竭捐躯，情节可怜，准载洵奏，开复已故前北洋海军提督丁汝昌原衔。

三月

湖南农民起事，攻毁衙署、教堂，清政府派六"楚"、四"湖"各舰船并令统领沈寿堃督率赴湘。又派"海筹""海琛""镜清""飞鹰"各舰及"辰""宿"雷艇防护长江一带，听候江督调度。

四月二十七日庚子（6.4）

准筹办海军事务处奏，奖励南洋海军学堂暨福建船政学堂毕业生。

五月初七日己酉（6.13）

筹办海军事务处咨送各部海军旗帜图解。

五月十四日丙辰（6.20）

准载洵奏，世爵报效府第地段，赏收拨建海军学校。依议行。

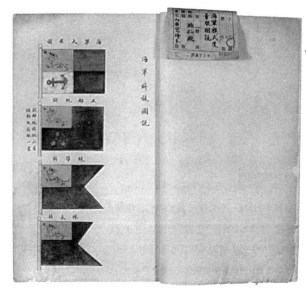

重建海军时制定的《海军旗式及章服图说》

五月二十一日癸亥（6.27）

准筹办海军事务处奏，赐《大清会典》一部。

六月初十日壬午（7.16）

驻英大臣李经方咨呈外务部，请将中国新订各海军官阶名目与各国海军各官由筹办海军处译定洋文，送英外部并转饬各属地政府。七月十六日，外务部将李经方咨呈转筹办海军处。

六月十八日庚寅（7.24）

令筹办海军事务大臣贝勒载洵充参预政务大臣。

六月二十三日乙未（7.29）

江南船坞建成海军大臣载洵钢甲座船"联鲸"号，船长173英尺，宽25英尺，吃水9英尺，排水量500吨，马力1 000匹，航速13节，配快炮6门，造价115 500两。

六月

澳门葡萄牙人越界浚海，清政府屡与交涉，派"海筹""海容"2舰驻泊澳门边界。

载洵、萨镇冰在美国考察海军造船厂

七月十四日乙卯（8.18）

　　载洵、萨镇冰离京，十七日抵沪，二十日下午5时离沪，前往美国考察海军。军学司司长曹汝英、军法司司长郑汝成、军制司司长徐振鹏随行。九月十九日，与美国纽约贝里咸钢铁公司（Bethlehem Steel Corporation）签订合同，建造3 000吨巡洋舰"飞鸿"号（"飞鸿"舰后因船款纠葛，未交中国）。旋赴日本，参观船厂、机械船，考察海军组织机构，订购炮舰"永丰""永翔"号（980吨）。至十一月返国。

九月初八日戊申（10.10）

　　李经方咨外务部，已将海军旗式译文送英国外交部，并转饬各总领事馆知悉。

十一月初三日癸卯（12.4）

　　清廷改筹办海军事务处为海军部，设海军大臣一员，副大臣一员。旋以载洵为海军大臣，谭学衡为副大臣。

十一月初四日甲辰（12.5）

　　以海军提督萨镇冰统制巡洋、长江舰队。

宣统年间载洵与海军部官员合影。注意多名官员手执团扇，一副旧式士大夫的习俗

十一月初五日乙巳（12.6）

准海军部奏，饬礼部铸造"海军部印"印信。未得之前仍用前筹办海军事务处关防。

十一月十四日甲寅（12.15）

长江水师提督程允和奏，布置江防，遵即于十一月初三日抵任所。得旨，江防关系重要，该提督务当认真巡缉，益加勤慎。

十一月十八日戊午（12.19）

准海军部奏，拟定海军大臣品秩。大臣视尚书，副大臣视侍郎。

十二月二十日庚寅（1911.1.20）

载洵等奏准，海军部办公廉费，仍照从前筹办海军事务处原支数目支领。

同年

将广东水师练营营址移迁至广州天字码头。

宣统三年辛亥（1911）

三月 "海圻"访英，参加英皇加冕典礼并访美国、墨西哥、古巴 / 任命海军部官员 / 拟定海军部官制职掌

闰六月 同盟会员刺杀广东水师提督李准

八月 武昌起义 / 萨镇冰率舰队抵汉口 / 海军与革命军作战 / 黎元洪劝降萨镇冰

九月 各地海军起义

正月

派"海琛"舰巡视南洋，兼赴西贡并荷属各埠。

二月初九日戊寅（3.9）

海军大臣载洵补授海军正都统，副大臣谭学衡补授副都统。

三月十三日辛亥（4.11）

载洵奏，英皇加冕，大阅兵舰，拟派巡洋舰队统领程璧光率"海圻"舰前往祝贺，从之。旋以吴应科署理巡洋舰队统领。

三月十四日壬子（4.12）

① 准载洵奏，据海军官制，就京外现充海要职各员，择其资劳较著者，拟定阶级除授。计开：巡洋长江舰队统制萨镇冰简授海军副都统并加海军正都统衔；巡洋舰队统领程璧光、长江舰队统领沈寿堃简授海军协都统；署理巡洋舰队统领吴应科，海军部一等参谋官严复，驻沪海军一等参谋官徐振鹏，烟台海军学堂监督兼海军部一等参谋官郑汝成，赏海军协都统衔；海军部军学司司长曹汝英简授海军正参领，以副都统记名简放；海军部军枢司司长伍光建、署理海军部军法司司长李鼎新、海军部军制司司长蔡廷干、署理海军部军政司司长郑清濂、驻英国威克斯船厂监造员李和、驻英国阿摩士庄船厂监造员林葆怿、"海圻"巡洋舰管带汤廷光、巡洋舰队总管轮孙辉恒简授海军正参领；海军部军储司司长林葆纶、舰队统制官一等参谋官郑祖彝、"海筹"巡洋舰管带黄钟瑛、"海琛"巡洋舰管带杨敬修、"海容"巡洋舰管带喜昌、"南琛"练船管带曾兆麟、"镜清"练船管带荣续、"通济"练船管带葛保炎、"保民"运船管带甘联璈、"江元"炮船管带宋文翙、"江利"炮船管带郑纶、"楚同"炮船管带何广成、"楚泰"炮船管带马烦钰、"楚有"炮船管带朱声岗、"江贞"炮船管带饶怀文，简授海军副参领；"飞鹰"鱼雷猎船管带林颂庄、"建威"鱼雷炮船管带程耀垣、"江亨"炮船管带沈继芳、"建安"鱼雷炮船管带沈梁、"楚谦"炮船管带王光熊、"楚豫"炮船管带方佑生、"联鲸"炮船管带许建廷、"楚观"炮船管带吴振南、"舞凤"炮船管带王传炯，补授海军协参领。

② 准海军部奏，赏给"海圻"巡洋舰人员宝星。程璧光赏二等第二宝星，汤廷光赏二等第三宝星，李国棠、刘冠南均赏三等第三宝星。

三月二十四日壬戌（4.22）

海军部会奏，遵拟海军部暂行官制和职掌。

三月二十六日甲子（4.24）

清廷派贝子载振为正使，程璧光为副使，参加英王加冕典礼和国际阅舰式。本日，程璧光率"海圻"舰离开上海杨树浦海军码头，前往英国。

三月

清廷派刘冠雄、王开治赴闽调查船政，派曹嘉祥帮办军港事务。

四月初五日癸酉（5.3）

两江总督张人骏奏，奖励南洋海军学堂洋教习孟罗、彭约翰宝星，朱批外务部查核具奏。

四月十二日庚辰（5.10）

海军处咨文外务部，请将程璧光及"海圻"管带官衔名并海军乐章词谱送英国外交部。

五月十四日辛亥（6.10）

外务部收日本照会，留日学习海军谢哲明等7名已授毕业证书，望回国后任以相当官职。

五月二十三日庚申（6.19）

"海圻"抵达英国朴次茅斯。五月二十七日（6.23），英王举行加冕礼。乔治五世（George V）及皇后举行国际阅舰式，并召见程璧光，赐以加冕银牌。七月初八日（8.31），"海圻"驶离英国，首次跨越大西洋，十八日（9.10）抵达纽约访问；八月，往墨西哥、古巴慰问华侨，复回英国，预备会合在英订造的"肇和""应瑞"共同回国。

六月

派蔡廷干、荣志会同军咨府、陆军部所派之员调查沿江沿海炮台。

闰六月初九日乙巳（8.3）

清廷准张人骏奏，奖叙南洋海军学堂在事出力蒋超英等各员。

闰六月十四日庚戌（8.8）

海军部奏，水师人员袭荫封赠事宜，划归内阁办理。

闰六月十九日乙卯（8.13）

同盟会员林冠慈在广州双门底刺杀广东水师提督李准。李伤，林中弹牺牲。

程璧光,福建船政学堂毕业,甲午战争时任"广丙"管带,曾向日军递交投降文书。战后被重新起用,任巡洋舰队统领。1911年率"海圻"参加英王加冕典礼,后率舰环球航行,访问美国、墨西哥、古巴

"海圻"访问纽约期间,向前总统格兰特陵园献花圈

闰六月

吴应科、曹嘉祥会同县令、绅耆、议长、乡董在象山购地4 000亩、屋600间,以备作军港时建筑船坞之用。

八月十九日癸丑（10.10）

武昌起义爆发。次日,署湖广总督瑞澂逃登"楚豫"炮舰。该舰泊于英国炮舰后面。瑞澂通知英国领事,他不能保护英租界,请英舰阻止起义军渡江前往汉口。

八月二十一日乙卯（10.12）

① 清廷着军咨府、陆军部速派陆军二镇赴湖北镇压民军,并饬萨镇冰率舰会同程允和长江水师赴援。

② 自即日起至九月初一日,外国军舰驶抵汉口者8批15艘,连同以前停泊汉口的外舰,共20艘,计英舰8艘,德舰5艘,美舰3艘,日舰2艘,俄、奥舰各1艘。

八月二十二日丙辰（10.13）

① 萨镇冰乘"楚有"舰由沪赴汉,饬"建安"舰由湖口迅速赴鄂。

② "楚同"舰载清军300人,从沙市下驶武昌。

八月二十三日丁巳（10.14）

英国驻华公使朱尔典电英驻华海军司令温思乐提督（A.Vice-Admiral Sir Winslose）,告之各国使节已向清政府紧急声明,希望它对萨镇冰发布训令,避免在作战时,使租界遭受炮火。当萨镇冰抵达后,日本舰队司令也会向他提出类似要求。如果确系作战,则要求萨在开始行动前,给外国人撤出租界的时间。朱尔典希望温思乐对萨产生影响,因为萨以前与英国海军有密切联系,又对温本人极为尊敬。

八月二十四日戊午（10.15）

① 萨镇冰抵汉口,通告各国领事,兵轮一到,即开炮轰城。领事团决议驳复阻止。

② 军咨府、陆军部、海军部电两江总督张人骏,命将各炮台125毫米及5英寸以上口径大炮炮闩暂行卸下,以防被革命党利用。

八月二十五日己未（10.16）

英国驻汉口代总领事葛福（H.Goffe）报告,停泊在武汉江面的外国军舰有:英国"蓟"（Thistle）号、"不列颠市场"（Britommart）号、"森林云雀"（Wood Lark）号、"山鹬"（Woodcock）号；美国"黑勒那"（Helena）号、"爱克洛"号、"威拉罗博司"（Villalobos）号；法国"决心"（Décidée）号；德国"老虎"（Tiger）号、"祖国"（Vaterland）号；日本"对马岛"号、"隅田"号。

八月二十六日庚戌（10.17）

① 已到汉口的清军军舰有"楚豫""楚有""楚同""楚泰""江利""建威"。次日，"建安""苏亨"2舰又到。清军派水雷艇巡逻武昌、汉阳间江面，限制革命军向汉阳方面接应。

② 英舰队司令温思乐（A.Winsloe）抵达汉口。

八月二十七日辛酉（10.18）

革命军与清军在汉口激战，海军舰只协助攻击革命军，轰击至下午7时。

八月二十八日壬戌（10.19）

清军军舰上午10时从锚地驶回上游，炮击革命军，但不如昨日激烈。下午5时，瑞澂乘"楚豫"舰偕"江利"舰驶向下游。

八月二十九日癸亥（10.20）

黎元洪致书萨镇冰，劝海军响应起义。又致书"楚有""楚同""楚泰""建威""建安""江利"各船主，劝告起义。

八月三十日甲子（10.21）

载洵与美国贝里咸钢铁公司代表在北京订立造船借款合同，总额2 500万两库平银，由美国政府助中国推广海军。

九月初四日戊辰（10.25）

黎元洪再函萨镇冰，劝其拯救同胞。

九月初五日己巳（10.26）

晨，"海筹"舰及另2艘炮舰出现于汉口下游，旋即下驶阳逻。停泊在阳逻的清舰有"海筹""楚豫""楚同""楚泰""楚有""江元"及水雷艇"湖鹏""湖鹰""湖隼"。

九月初六日庚午（10.27）

下午，萨镇冰通知英国海军中将温思乐，他将于次日下午3时炮击武昌。

九月初九日癸酉（10.30）

载洵奏，除"海圻"舰赴美未回，"舞凤"舰巡缉山东洋面，"江亨"舰拨归长江水师提督程允和遣用外，计派赴汉口之舰艇为："海琛""海容"""海筹""江贞""楚同""楚泰""楚有""楚豫""辰""宿""湖隼""湖鹰""湖鹗"13艘;派赴江西之舰艇为:"建安""江利""列"字3艘;派赴安徽之舰艇为:"飞鹰""建威""江元"3艘;派赴江宁之舰艇为:"镜清""南琛""楚谦""联鲸""登瀛洲""策电""楚观""张""湖鹏"9艘。此外,"通济"练船派运米油赴汉,"保民"舰饬由烟台装运巡洋舰弹药赴皖,"飞霆"正在修理。所属舰艇已尽数调遣,福州、厦门需船,一时无可抽调。

九月十二日丙子（11.2）

① "策电"炮船在吴淞起义。

② 黎元洪致书萨镇冰,劝舰队反正。

九月十三日丁丑（11.3）

清军与革命军隔长江炮战,清海军停泊武汉下游,始终未参战。

九月十四日戊寅（11.4）

驻沪海军"南琛"等舰起义。

九月二十一日乙酉（11.11）

驻宁海军由驻宁舰队队长、"镜清"舰管带宋文翙、"楚观"舰驻宁海军起义管带吴振南等率领在镇江起义。

九月二十二日丙戌（11.12）

① 武汉江面"海容""海筹""海琛"3舰,从七里沟停泊处起碇,悬白旗通过大冶。次日,抵九江参加起义。"楚豫""江利""江贞"及鱼雷艇亦于下午从七里沟起碇,向下游游弋,仍悬黄龙旗。

② 山东烟台革命党人攻占道署。次日,成立军政府,举"舞凤"舰管带王传炯为总司令。

九月二十三日丁亥（11.13）

萨镇冰离开"江贞"舰,在武汉、九江之间换乘英国轮船,至九江英国领事馆过夜后,转赴上海。"江贞""湖鹗""湖鹰"前往九江,参加"海容"等舰起义队伍。"江利""楚豫""湖鹏"下驶上海,途经镇江,参加起义。

九月二十八日壬辰（11.18）

李烈钧被任命为九江军政分府总参谋长,率兵400名分乘"海琛""江贞"赴安庆。"海容""海筹""湖鹗"上溯武汉。

九月二十九日癸巳（11.19）

"海容""湖鹏"黎明驶抵汉口阳逻附近，上午11时炮击江岸车站。下午3时，又在江面与清军激战。此后数天继续炮击清军。

十月初一日乙未（11.21）

"江贞"偕搭载南昌援鄂军之民船抵达九江。

十月初八日壬寅（11.28）

"海容""海琛"掩护南昌援鄂军3 000人在汉口下游阳逻登陆。

十月十五日己酉（12.5）

"南琛""海筹""江贞""楚同""湖鹰""海容""海琛""楚观""楚谦""楚豫""楚泰"诸舰在黄州阳逻间游弋。

十月十六日庚戌（12.16）

上海都督陈其美电武汉军政府，海军全权亟应统一。海军各处代表，公举程璧光为总司令，黄钟瑛为副总司令，黄裳治为参谋长，毛仲芳为参谋次长。总司令、副总司令未到之前，暂由参谋长代理一切。武汉军政府回电同意。

十月十七日辛亥（12.7）

① 沪军都督府接收江南船坞。

② "海琛""海容""建安"3舰下驶九江，"海琛""海容"加煤后继续下驶。

十月二十一日乙卯（12.11）

上午8时，"建安""楚谦"2舰自九江拖曳载有1 500名安庆、九江、南昌士兵之民船上驶黄冈。

十月二十五日己未（12.15）

"飞鹰"舰载运军火，自九江驶往武昌（由南昌驶来）。

十月二十六日庚申（12.16）

日本驻汉口总领事馆报告海军军官名单为：总司令官吴应科，海军司令部长黄钟瑛，海军第二舰队司令官汤芗铭，"海筹"舰长黄钟瑛，"海容"舰长杜锡珪，"海琛"舰长林永谟，"建威"舰长郑纶，"建武"舰长饶怀文，"楚同"舰长何广成，"楚有"舰长朱声岗，"楚谦"舰长王光熊，"楚豫"舰长方佑生，"楚泰"舰长马烦钰，"楚观"舰长吴振南，"江元"舰长邓家骅，"江亨"舰长沈继芳，"江利"舰长朱天森,"江贞"舰长周兆瑞,"飞鹰"舰长林颂庄,"镜清"舰长宋文翔,"通济"舰长葛保炎,"南琛"舰长曾兆麟,"保民"舰长甘联璈,"登瀛洲"舰长杜逢时,"联鲸"舰长许建廷,"舞凤"舰长王传炯,"湖隼"舰长林振镛,"湖鹏"舰长陆伦坤,"湖鹰"舰长杨树庄,"湖鹗"舰长林廷亮,"辰"字鱼雷艇艇长吴廷光,"宿"字鱼雷艇艇长林建章,"列"字鱼雷艇艇长薛启华,"张"字鱼雷艇艇长郝邦彦。

十二月二十二日乙卯（1912.2.9）

海军部答复外务部,接贵部十九日咨文,据驻英大臣刘玉麟电,在英国订造鱼雷艇,将在四星期内正式试验,海军部将派员监视。

同年

① 清政府在青岛德国船厂建造"舞凤"航海炮舰。舰长124英尺,宽20英尺,吃水7英尺,排水量200吨,马力300匹,时速9海里。

② 江南船坞建成"澄海"炮舰,归烟台关道用。舰长100英尺,宽17英尺,吃水8英尺,排水量150吨,马力350匹,时速11.5海里,价银3万两。

附　表

附表一 北洋海军舰只表（1894）

舰名	舰型	船材	长（米）	宽（米）	吃水（米）	排水量（吨）	功率实马力IHP）	航速（节）	下水年	武器	鱼雷	制造厂	结局
定远	铁甲舰	钢铁	93.88oa 91pp	18.3	6.05	7335	6000	14.5	1881	4-305mm; 2-150mm	3	德·伏尔铿	1895.2.4在威海湾被日军鱼雷艇击伤，2.9自爆
镇远	铁甲舰	钢铁	93.88oa 91pp	18.3	6.05	7335	6000	14.5	1882	4-305mm; 2-150mm	3	德·伏尔铿	1895.2.17在刘公岛被日军俘房
经远	巡洋舰	钢铁	82.4pp	12	5.1	2900	5000	15.5	1887	2-210mm; 2-150mm	4	德·伏尔铿	1894.9.17黄海海战被沉
来远	巡洋舰	钢铁	82.4pp	12	5.1	2900	5000	15.5	1887	2-210mm; 2-150mm	4	德·伏尔铿	1895.2.6在威海湾被日军鱼雷艇击沉
致远	巡洋舰	钢铁	76.2pp	11.58	4.57	2300	7500	18	1886	3-210mm; 2-150mm	4	英·阿摩士庄	1894.9.17黄海海战被沉
靖远	巡洋舰	钢铁	76.2pp	11.58	4.57	2300	7500	18	1886	3-210mm; 2-150mm	4	英·阿摩士庄	1895.2.9威海保卫战中被炮台击伤，2.10自毁
济远	巡洋舰	钢铁	72wl	10.4	4.8	2355	2800	16.5	1883	2-210mm; 1-150mm	4	德·伏尔铿	1895.2.17在刘公岛被日军俘房
平远	铁甲舰	钢	60	12.19	4	2100	2400	10.5	1887	1-260mm; 2-150mm	3	船政	1895.2.17于刘公岛被日军俘房
超勇	巡洋舰	钢铁	66.29wl	9.75	4.57	1380	2400	16	1880	2-10in; 4-4.7in	—	英·米切尔	1894.9.17黄海海战被沉

续表

舰名	舰型	船材	长（米）	宽（米）	吃水（米）	排水量（吨）	功率（实马力IHP）	航速（节）	下水年	武器	鱼雷	制造厂	结局
扬威	巡洋舰	钢铁	66.29wl	9.75	4.57	1380	2400	16	1880	2−10in;4−4.7in	—	英·米切尔	1894.9.17黄海海战战沉
镇东	炮舰	钢铁	38.1wl	8.84	2.86	440	350	10	1879	1−11in	—	英·米切尔	1895.2.17在刘公岛被日军俘虏
镇西	炮舰	钢铁	38.1wl	8.84	2.86	440	350	10	1879	1−11in	—	英·米切尔	1895.2.17在刘公岛被日军俘虏
镇南	炮舰	钢铁	38.1wl	8.84	2.86	440	350	10	1879	1−11in	—	英·米切尔	1895.2.17在刘公岛被日军俘虏
镇北	炮舰	钢铁	38.1wl	8.84	2.86	440	350	10	1879	1−11in	—	英·米切尔	1895.2.17在刘公岛被日军俘虏
镇中	炮舰	钢铁	38.1wl	8.84	3	440	400	10.3	1880	1−11in	—	英·米切尔	1895.2.17在刘公岛被日军俘虏
镇边	炮舰	钢铁	38.1wl	8.84	3	440	400	10.3	1880	1−11in	—	英·米切尔	1895.2.17在刘公岛被日军俘虏
威远	练习舰	铁木	69.47pp	9.95	5.09	1268	840	12	1877	1−7in;6−4.7in	—	船政	1895.2.6在威海湾被日军鱼雷艇击沉
康济	练习舰	铁木	69.47pp	9.95	5.09	1268	750	12	1879	1−80pdr	2	船政	1910年前后退役
敏捷	练习舰	木	43.22	8.93	4.54	414			1883		—	加拿大	

续表

舰名	舰型	船材	长（米）	宽（米）	吃水（米）	排水量（吨）	功率（实马力IHP）	航速（节）	下水年	武器	鱼雷	制造厂	结局
利运	运输舰					1080	110				—		
海镜	运输舰	铁木	64	10.24	3.84	1258	600	10	1873		—	船政	1894.11在旅顺被日军俘房
左一	鱼雷艇	钢铁	38.1	3.96	1.98	90	1000	23.8	1886	1—47mm	3	英·百济	1895.2.7从威海逃跑至烟台自毁
左二	鱼雷艇	钢铁	33.52	4.09	1.22	66	600	20	1883	2—5管37mm	2	德·伏尔铿	1895.2.7从威海逃跑，在烟台港西方搁浅
左三	鱼雷艇	钢铁	33.52	4.09	1.22	66	600	20	1883	2—5管37mm	2	德·伏尔铿	1895.2.7从威海逃跑，在威海双岛湾搁浅
右一	鱼雷艇	钢铁	33.71	3.51	1.07	74	900	20	1884	2—5管37mm	2	德·伏尔铿	1895.2.7从威海逃跑，在荣马岛附近搁浅后敏俘
右二	鱼雷艇	钢铁	33.52	4.09	1.22	66	597	20	1883	2—5管37mm	2	德·伏尔铿	1895.2.7从威海逃跑，在威海双岛湾搁浅
右三	鱼雷艇	钢铁	33.52	4.09	1.22	66	597	20	1883	2—5管37mm	2	德·伏尔铿	1895.2.7从威海逃跑，在金山寨口附近搁浅后敏俘
福龙	鱼雷艇	钢铁	43	5	2.3	120	1597	24.2	1886	2—5管37mm	3	德·希肖	1895.2.7从威海逃跑，在金山寨口附近搁浅后敏俘
定一	鱼雷艇	钢铁	19.74	2.59	1.07	15.7	200	15	1883	—	2	德·伏尔铿	1895.2.7从威海逃跑，在威海西岸搁浅

续表

舰名	舰型	船材	长（米）	宽（米）	吃水（米）	排水量（吨）	功率（实马力IHP）	航速（节）	下水年	武器	鱼雷	制造厂	结局
定二	鱼雷艇	钢铁	19.74	2.59	1.07	15.7	200	15	1883	—	2	德·伏尔铿	1895.2.7从威海逃跑，任威海小石岛附近搁浅
镇一	鱼雷艇	钢铁	19.74	2.59	1.07	15.7	200	15	1883	—	2	德·伏尔铿	1895.2.7从威海逃跑，任威海西麻子港搁浅
镇二	鱼雷艇	钢铁	19.74	2.59	1.07	15.7	200	15	1883	—	2	德·伏尔铿	1895.1.2在威海亨被"威远"撞沉
中甲	鱼雷艇	钢铁	15.9	2		15.7		16		—	1	德·伏尔铿	1895.2.7从威海逃跑，任威海北山嘴附近搁浅
中乙	鱼雷艇	钢铁	15.9	2		15.7		16		—	1	德·伏尔铿	1895.2.7从威海逃跑，任威海小石岛附近搁浅
乾一	杆雷艇	钢铁	26.82	3.05	1.02	28	650	18.2	1882	1-5管37mm	1，杆雷4	德·伏尔铿	
乾二	杆雷艇	钢铁	26.82	3.05	1.02	28	650	18.2	约1882	1-5管37mm	1，杆雷4	德·伏尔铿	

海军舰船的各项技术指标，因来源不同而往往差异很大，在技术定义上也有多重含义，而且由于古今、中外的不同翻译，使得今天要将其统一在一张表式中，会造成很大的不可比性。本表中军舰长度，依据史料，保留了"总长"（oa. Length overall）、"两柱同长"（pp. Length between perpendiculars）、"水线长"（wl. Length waterline）等标识。有的舰船没有找到这些标识，就只能是"船长"。"功率"、"实马力"的单位统一采用《北洋海军章程》。其中"威远"练船实马力840匹，与《船政奏议汇编》所载技术参数（750匹）不同，特此说明。

附表二 南洋兵轮船表（1884）

舰名	舰型	船材	长（米）	宽（米）	吃水（米）	排水量（吨）	功率（实马力IHP）	航速（节）	下水年	武器	鱼雷	制造厂	结局
南琛	巡洋舰	钢铁	86.11wl	11.27	5.51	2165	2400	14.5	1883	2-8in;8-4.7in	—	德·霍华德	1919年报废
南瑞	巡洋舰	钢铁	86.11wl	11.27	5.51	2165	2400	14.5	1884	2-8in;8-4.7in	—	德·霍华德	1906年报废出售
驭远	巡洋舰	木	91.44	12.8	6.1	2800	1800	10	1873	2-90pdr;24-42pdr	—	江南	1885.2.14在浙江石浦战沉
开济	巡洋舰	木	83.2	11.52	5.44	2200	2400	16	1882	2-210mm;8-120mm	—	船政	1902.6.22火次沉毁
澄庆	炮舰	铁木	69.47	9.95	5.09	1268	750	12	1880	1-160mm;6-120mm	—	船政	1885.2.14在浙江石浦战沉
威靖	炮舰	铁木	62.48	9.29		1000	605	12.5	1870	10-24p;2-12p	—	江南	1905年报废出售
登瀛洲	炮舰	木	65.41pp	10.32	4.16	1258	580	10	1876	1-160mm;6-120mm	—	船政	1918年报废出售
测海	炮舰	木	53.34	8.53	3.05	600	431	12.5	1869	15-24pdr	—	江南	
靖远	炮舰	木	53.12	8.32	3.77	572	80 350	9	1872	1-160mm;4-100mm	—	船政	
金瓯	炮舰	钢铁	32	6.1	2.13	195	200	10	1875	1-170mm	—	江南	
龙骧	炮舰	钢铁	36	8.23	2.29	319	235	10	1876	1-11in	—	英·米切尔	
虎威	炮舰	钢铁	36	8.23	2.29	319	235	10	1876	1-11in	—	英·米切尔	
飞霆	炮舰	钢铁	38.79oa	8.84	2.89	440	310	9	1876	1-12.5in	—	英·米切尔	
策电	炮舰	钢铁	38.79oa	8.84	2.89	440	310	9	1876	1-12.5in	—	英·米切尔	

附表三　南洋兵轮船表（1891）

舰名	舰型	船材	长（米）	宽（米）	吃水（米）	排水量（吨）	功率（实马力IHP）	航速（节）	下水年	武器	鱼雷	制造厂	结局
南琛	巡洋舰	钢铁	86.11	11.27	5.51	2165	2400	14.5	1883	2-8in; 8-4.7in	—	德・霍华德	1919年报废
南瑞	巡洋舰	钢铁	86.11	11.27	5.51	2165	2400	14.5	1883	2-8in; 8-4.7in	—	德・霍华德	1906年报废出售
开济	巡洋舰	铁木	83.2	11.52	5.44	2200	2400	16	1882	2-210mm; 8-120mm	—	船政	1902.6.22火灾沉毁
寰泰	巡洋舰	铁木	83.2	11.52	5.44	2200	2400	18	1886	3-7in; 8-4.7in	2	船政	1903.8.17被英国南船撞沉
保民	巡洋舰	铁木	72	11.5	4.57	1480	1900	13	1885	2-150mm; 6-120mm	—	江南	1920.3报废出售
威靖	炮舰	木	62.48	9.32	3.35	1000	605	12.5	1870	10-24pdr; 2-12pdr	—	江南	1905年报废出售
登瀛洲	炮舰	木	65.41pp	10.32	4.16	1258	580	10	1876	1-160mm; 6-120mm	—	船政	1918年报废出售
测海	炮舰	木	53.34	8.53	3	600	431	12.5	1869	6-24p; 2-12p	—	江南	
靖远	炮舰	木	53.12	8.32	3.77	572	350	9	1872	1-160mm; 4-100mm	—	船政	

续表

舰名	舰型	船材	长（米）	宽（米）	吃水（米）	排水量（吨）	功率实马力IHP	航速（节）	下水年	武器	鱼雷	制造厂	结局
金瓯	炮舰	钢铁	32	6.1	2.13	195	200	10	1875	1–170mm	—	江南	
龙骧	炮舰	钢铁	36	8.23	2.29	319	235	10	1876	1–11in	—	英·米切尔	
虎威	炮舰	钢铁	36	8.23	2.29	319	235	10	1876	1–11in	—	英·米切尔	
飞霆	炮舰	钢铁	38.79oa	8.84	2.89	440	310	9	1876	1–12.5in;2–2.75in	—	英·米切尔	
策电	炮舰	钢铁	38.79oa	8.84	2.89	440	310	9	1876	1–12.5in;2–2.75in	—	英·米切尔	

附表四 船政兵轮船表(1884)

舰名	舰型	船材	长（米）	宽（米）	吃水（米）	排水量（吨）	功率（实马力IHP）	航速（节）	下水年	武器	鱼雷	制造厂	结局
扬武	巡洋舰	木	60.8	11.52	5.12	1560	1130	12	1872	1–190mm; 10–160mm; 2–100mm	—	船政	1884.8.23马江之战战沉
万年清	炮舰	木	76.16oa 68.02wl	8.89	4.64	1450	580	12	1869	6–14mm	—	船政	1887.1.19被英国商船撞沉
济安	巡洋舰	木	64	10.24	3.84	1258	580	10	1873	1–160mm; 6–120mm	—	船政	1884.8.23马江之战战沉
福星	炮舰	木	51.8	5.97	2.94	515	350	9	1870	1–160mm; 4–100mm	—	船政	1884.8.23马江之战战沉
振威	炮舰	木	53.12	8.32	3.77	572	350	9	1872	1–160mm; 4–100mm	—	船政	1884.8.23马江之战战沉
艺新	炮舰	木	38pp	5.44	2.43	245	50nhp	9	1876	1–20pdr	—	船政	1884.8.23马江之战战沉
福胜	炮舰	钢铁	26.52	7.92	2.51	256	180	8	1875	1–10in	—	英·莱尔德	1884.8.23马江之战战沉
建胜	炮舰	钢铁	26.52	7.92	2.51	256	180	8	1875	1–10in	—	英·莱尔德	1884.8.23马江之战战沉
永保	运输舰	木	64	10.24	3.84	1258	580	10	1873	1–160mm; 2–100mm	—	船政	1884.8.23马江之战沉没
海镜	运输舰	木	64	10.24	3.84	1258	580	10	1873	—	—	船政	1894.11被日军俘虏
琛航	运输舰	木	64	10.24	3.84	1258	580	10	1874	—	—	船政	1884.8.23马江之战沉没
建威	练习舰	木	38.1	8.23	4.57					1后膛炮; 4边炮	—	德	

附表五 广东水师兵轮船表（1891）

舰名	舰型	船材	长（米）	宽（米）	吃水（米）	排水量（吨）	功率（实马力IHP）	航速（节）	下水年	武器	鱼雷	制造厂	结局
广甲	炮舰	铁木	67.67	10.24	4.19	1300	1600	14	1887	3-150mm;4-120mm		船政	1894.9.17黄海海战逃离,在大连湾外触礁
广乙	鱼雷巡洋舰	钢铁	71.63	8.23	3.96	1000	2400	14.85	1889	1-150mm;2-120mm	4	船政	1894.7.25丰岛海战重伤后搁浅自焚
广丙	鱼雷巡洋舰	钢铁	68.88	8	3.5	1000	2400		1891	1-150mm;2-120mm	4	船政	1895.2.17在刘公岛被日军俘房
广戊	炮舰	铁木	45.72	6.09	2.13		400		1886	1-120mm;1-105mm	—	黄埔	
广己	炮舰	铁木	45.72	6.09	3.13		400		1886	2-120mm;1-11mm	—	黄埔	
广庚	炮舰	铁木	43.89	6.1	3.05	320	400	9.7	1889	1-120mm;1-105mm	—	船政	
广金	炮舰	钢铁	45.72	7.31	2.9	600	500	10.8	1890	2-105mm	—	黄埔	
广玉	炮舰	钢铁	45.72	7.31	2.9	600	500	10.8	1890	2-105mm	—	黄埔	
广元	炮舰	铁木	33.53	5.49	2.29	300	78	8.7	1886	1-4.5ton,1-90mm	—	黄埔	
广亨	炮舰	铁木	33.53	5.49	2.29		65	7.8	1886		—	黄埔	
广利	炮舰	铁木	33.53	5.49	2.29		65	7.8	1886		—	黄埔	

续表

舰名	舰型	船材	长（米）	宽（米）	吃水（米）	排水量（吨）	功率（实马力IHP）	航速（节）	下水年	武器	鱼雷	制造厂	结局
广贞	炮舰	铁木	33.53	5.49	2.29		78	8.7	1886	—	—	黄埔	
海镜清	炮舰	钢铁	38.1wl	8.84	2.86	440	400	10.3	1879	1-11in	—	英·米切尔	
海东雄	炮舰	铁木	124尺						1881	1-18吨炮		黄埔	
雷乾	鱼雷艇	钢铁	26	3.58	1.5	27	420	19.5	1885-1886	—	1	德·希肖	
雷坤	鱼雷艇	钢铁	26	3.58	1.5	27	420	19.5	1885-1886	—	1	德·希肖	
雷离	鱼雷艇	钢铁	26	3.58	1.5	27	420	19.5	1885-1886	—	1	德·希肖	
雷坎	鱼雷艇	钢铁	26	3.58	1.5	27	420	19.5	1885-1886	—	1	德·希肖	
雷震	鱼雷艇	钢铁	26	3.58	1.5	27	420	19.5	1885-1886	—	1	德·希肖	
雷艮	鱼雷艇	钢铁	26	3.58	1.5	27	420	19.5	1885-1886	—	1	德·希肖	
雷巽	鱼雷艇	钢铁	26	3.58	1.5	27	420	19.5	1885-1886	—	1	德·希肖	

续表

舰名	舰型	船材	长（米）	宽（米）	吃水（米）	排水量（吨）	功率（实马力 IHP）	航速（节）	下水年	武器	鱼雷	制造厂	结局
雷兑	鱼雷艇	钢铁	26	3.58	1.5	27	420	19.5	1885–1886	—	1	德·希肖	
雷龙	鱼雷艇	钢铁	33.53	4.09	1.22	66	700	20	1883订	2–5管37mm	2	德·伏尔铿	
雷虎	鱼雷艇	钢铁	33.53	4.09	1.22	66	700	20	1883订	2–5管37mm	2	德·伏尔铿	
雷中	鱼雷艇	钢铁	33.71	3.51	1.07	74	900	20	1884订	2–5管37mm	2	德·伏尔铿	

附表六 巡洋舰队舰只表（1911）

舰名	舰型	船材	长（米）	宽（米）	吃水（米）	排水量（吨）	功率（实马力IHP）	航速（节）	下水年	武器	鱼雷	制造厂	结局
海圻	巡洋舰	钢铁	129.23oa	14.26	5.89	4300	17000	24	1897	2−8in; 10−4.7in	5	英·埃尔斯威克	1937.9.25在江阴自沉
海琛	巡洋舰	钢铁	100oa	12.5	4.88	2950	7500	19.5	1898	3−150mm; 8−105mm	4	德·伏尔铿	1937.9.25在江阴自沉
海筹	巡洋舰	钢铁	100oa	12.5	4.88	2950	7500	19.5	1897	3−150mm; 8−105mm	4	德·伏尔铿	1937.9.25在江阴自沉
海容	巡洋舰	钢铁	100oa	12.5	4.88	2950	7500	19.5	1897	3−150mm; 8−105mm	4	德·伏尔铿	1937.9.25在江阴自沉
飞鹰	鱼雷炮舰	钢铁	79	8.66	4.11	850	5500	22	1895	2−105mm; 6−37mm	3	德·伏尔铿	1932.7.6在海口被炸沉
保民	巡洋舰	铁木	68.66	10.97	4.34	1477	1900	13	1885	2−150mm; 6−120mm	2	江南	1920.3报废出售
通济	练习舰	钢铁	76.98pp	10.38	4.88	1900	1600	13	1895	2−6in; 5−120mm	−	船政	1937.8.12在江阴自沉
辰	鱼雷艇	钢铁	43.89	5.18	2.13	90	700	18	1895	2−37mm	3	德·伏尔铿	1937.8.12在江阴自沉
宿	鱼雷艇	钢铁	43.89	5.18	2.13	90	700	18	1895	2−37mm	3	德·伏尔铿	1937.8.12在江阴自沉
列	鱼雷艇	钢铁	39.62	4.87	1.52	62	600	18	1894	2−37mm	3	德·希肖	1937.8.12在江阴自沉
张	鱼雷艇	钢铁	39.62	4.87	1.52	62	600	18	1895	2−37mm	3	德·希肖	1937.8.12在江阴自沉
湖鹏	鱼雷艇	钢铁	41.1pp	4.94	1.1	96	1200	23	1906	2−47mm	3	日·川崎	1937.10.2被日机炸伤放弃
湖隼	鱼雷艇	钢铁	41.1pp	4.94	1.1	96	1200	23	1907	2−47mm	3	日·川崎	1938.10.8被日机炸伤放弃
湖鹗	鱼雷艇	钢铁	41.1pp	4.94	1.1	96	1200	23	1906	2−47mm	3	日·川崎	1938.10.8被日机炸伤放弃
湖鹰	鱼雷艇	钢铁	41.1pp	4.94	1.1	96	1200	23	1907	2−47mm	3	日·川崎	1938.8.9被日机炸伤放弃

附表七　长江舰队舰只表（1911）

舰名	舰型	船材	长（米）	宽（米）	吃水（米）	排水量（吨）	功率（实马力IHP）	航速（节）	下水年	武器	鱼雷	制造厂	结局
镜清	巡洋舰	铁木	83.2	11.52	5.44	2200	2400	17	1885	3–7in; 8–4.7in	2	船政	1918年退役
南琛	巡洋舰	钢铁	85.9	11	5.49	2200	2400	14.5	1883	1–190mm; 3–7in; 8–4.7in	—	德·霍华德	1919年报废
登瀛洲	炮舰	木	65.41pp	10.32	4.16	1258	580	10	1876	1–160mm; 6–120mm	—	船政	1918年报废出售
建安	鱼雷炮舰	钢铁	78.58	8.1	3.3	850	6500	23	1900	1–100mm	2	船政	1937年在江阴自沉
建威	鱼雷炮舰	钢铁	78.58	8.1	3.3	850	6500	23	1899	1–100mm	2	船政	1937年在江阴自沉
江元	炮舰	钢铁	54.86	8.53	2.1	525	950	13	1904	1–120mm; 1–76mm	—	日·川崎	1949.11.1触礁后拆解
江亨	炮舰	钢铁	54.86	8.53	2.1	525	950	13	1907	1–120mm; 1–76mm	—	日·川崎	1929年同江之战战沉
江利	炮舰	钢铁	54.86	8.53	2.1	525	950	13	1907	1–120mm; 1–76mm	—	日·川崎	1937.12.18在青岛自沉
江贞	炮舰	钢铁	54.86	8.53	2.1	525	950	13	1907	1–120mm; 1–76mm	—	日·川崎	1938.7.20遭日机炸伤放弃
楚有	炮舰	钢铁	60.96oa	8.99	2.43	740	1350	13	1906	2–120mm; 2–76mm	—	日·川崎	1937.10.1遭日机炸沉

续表

舰名	舰型	船材	长（米）	宽（米）	吃水（米）	排水量（吨）	功率（实马力IHP）	航速（节）	下水年	武器	鱼雷	制造厂	结局
楚泰	炮舰	钢铁	60.96oa	8.99	2.43	740	1350	13	1906	2-120mm;2-76mm	—	日·川崎	1939年遭日机炸沉后自焚
楚同	炮舰	钢铁	60.96oa	8.99	2.43	740	1350	13	1906	2-120mm;2-76mm	—	日·川崎	1955.12.31退役
楚观	炮舰	钢铁	60.96oa	8.99	2.43	740	1350	13	1907	2-120mm;2-76mm	—	日·川崎	1959.6.12被作为靶舰
楚谦	炮舰	钢铁	60.96oa	8.99	2.43	740	1350	13	1907	2-120mm;2-76mm	—	日·川崎	
楚豫	炮舰	钢铁	60.96oa	8.99	2.43	740	1350	13	1907	2-120mm;2-76mm	—	日·川崎	1937.12.18在青岛自沉
策电	炮舰	钢铁	38.79oa	8.84	2.89	440	310	9	1876	1-12.5in;2-2.75in		英·米切尔	
甘泉	炮舰	铁木	36.27	6.1	2.44	305	300	9	1908	2-37mm		江南	1929年报废

附表八　江南机器局造船一览表

舰名	舰型	船材	长（米）	宽（米）	吃水（米）	排水量（吨）	功率（实马力IHP）	航速（节）	下水年	武器	鱼雷	结局
惠吉	炮舰	木	56.39	8.28	2.44	600	392		1868	15–24pdr	—	1878年退役
操江	炮舰	木	54.86	8.43	3.05	640	425	10	1869	4–160mm	—	1894.7.25被日军俘虏
测海	炮舰	木	53.34	8.53	3.05	600	431	12.5	1869	15–24pdr	—	1905年报废出售
威靖	炮舰	木	62.48	9.29	3.35	1000	605	12.5	1870	10–24pdr;2–12pdr	—	
镇安	巡洋舰	木	91.44	13.8	6.1	2800	1800	12	1872	2–90pdr;24–70pdr	—	
驭远	巡洋舰	木	91.44	13.8	6.4	2800	1800	10	1873	2–90pdr;24–70pdr	—	1885.2.14在浙江石浦战沉
金瓯	炮舰	钢铁	32	6.1	2.13	195	200	10	1875	1–170mm	—	
保民	巡洋舰	铁木	68.66	10.97	4.34	1477	1900	13	1885	2–150mm;6–120mm	2	1920年报废出售
甘泉	炮舰	铁木	36.27	6.1	2.44	305	300	9	1908	2–37mm	—	1929年报废
安丰	炮舰		36.58	5.49	1.83	145	350	12	1908		—	
联鲸	座舰		52.73	7.62	2.74	500	1000	14	1910	4–47mm	—	1937.8.26遭日机炸沉
澄海	炮舰		30.48	5.18	2.43	150	350	11	1911		—	

附表九 福建船政造船一览表

舰名	舰型	船材	长（米）	宽（米）	吃水（米）	排水量（吨）	功率（马力）	航速（节）	下水年	武器	鱼雷	结局
万年清	炮舰	木	76.16oa 68.02wl	8.89	4.64	1450	150nhp 580ihp	12	1869	6–5.5in	—	1881年改为商船 1887.1.19被英国商船撞沉
湄云	炮舰	木	51.8	5.97	2.94	515	80nhp 320ihp	9	1870	1–160mm；4–100mm	—	1895年在牛庄被日军俘虏
福星	炮舰	木	51.8	5.97	2.94	515	80nhp 320ihp	9	1870	1–160mm；4–100mm	—	1884.8.23马江之战战沉
伏波	炮舰	木	69.7	11.2	3.51	1258	150nhp 580ihp	10	1870	1–160mm；6–120mm	—	
安澜	炮舰	木	64	9.6	3.84	1258	150nhp 580ihp	10	1871	1–160mm；6–120mm 1–7in；4–5.5in	—	1874.9.26遭台风沉没
镇海	炮舰	木	53.12	8.32	3.77	572	80nhp 350ihp	9	1871	1–160mm；4–100mm 2–160mm；2–40pdr	—	
扬武	巡洋舰	木	60.8	11.52	5.12	1560	250nhp 1250ihp	12	1872	1–190mm； 10–160mm； 2–100mm	—	1884.8.23马江之战战沉
飞云	炮舰	木	64	10.24	3.84	1258	150nhp 580ihp	10	1872	1–160mm；6–120mm	—	1884.8.23马江之战战沉
靖远	炮舰	木	53.12	8.32	3.77	572	80nhp 350ihp	9	1872	1–160mm；4–100mm 2–160mm；2–40pdr	—	

续表

舰名	舰型	船材	长（米）	宽（米）	吃水（米）	排水量（吨）	功率（马力）	航速（节）	下水年	武器	鱼雷	结局
振威	炮舰	木	53.12	8.32	3.77	572	80nhp 350ihp	9	1872	1–160mm；4–100mm	—	1884.8.23 马江之战沉没
济安	炮舰	木	64	10.24	3.84	1258	150nhp 580ihp	10	1873	1–160mm；6–120mm	—	1884.8.23 马江之战沉没
永保	运输舰	木	64	10.24	3.84	1258	150nhp 580ihp	10	1873	1–160mm；2–120mm	—	1884.8.23 马江之战沉没
海镜	运输舰	木	64	10.24	3.84	1258	150nhp 580ihp	10	1873	—	—	1894.11 被日军俘虏
琛航	运输舰	木	64	10.24	3.84	1258	150nhp 580ihp	10	1874	—	—	1884.8.23 马江之战沉没
大雅	练习舰	木	64	10.24	3.84	1258	150nhp 580ihp	10	1874	—	—	1874.9.29 遭台风沉没
元凯	炮舰	木	66.56	10.24	4.16	1258	150nhp 580ihp	10	1875	3–旧式火炮；2–120mm	—	
艺新	炮舰	木	38pp	5.44	2.43		50nhp	9	1876	1–20pdr	—	
登瀛洲	炮舰	木	65.41pp	10.32	4.16	1258	150nhp 580ihp	10	1876	1–160mm；6–120mm	—	
泰安	运输舰	木	65.41pp	10.32	4.16	1258	150nhp 580ihp	10	1876	—	—	1896年报废出售

续表

舰名	舰型	船材	长（米）	宽（米）	吃水（米）	排水量（吨）	功率（马力）	航速（节）	下水年	武器	鱼雷	结局
威远	练习舰	铁木	69.47	9.95	5.09	1268	750ihp	12	1877	1-7in；6-4.7in	—	1895.2.6在威海湾被日军鱼雷艇击沉
超武	炮舰	铁木	69.47	9.95	5.09	1268	750ihp	12	1877	1-80pdr	—	1910年前后退役
康济	练习舰	铁木	69.47	9.95	5.09	1268	750ihp	12	1879		2	1885.2.14在浙江石浦战沉
澄庆	炮舰	铁木	69.47	9.95	5.09	1268	750ihp	12	1880	1-160mm；6-120mm	—	1902.6.22火灾沉毁
开济	巡洋舰	铁木	83.2	11.52	5.44	2200	2400ihp	16	1882	2-210mm；8-120mm	—	1886.3.17触礁沉毁
横海	炮舰	铁木	69.47	9.95	4.48	1268	750ihp	12	1884	2-150mm；5-120mm	—	1918年退役
镜清	巡洋舰	铁木	83.2	11.52	5.44	2200	2400ihp	17	1885	1-190mm 3-7in；8-4.7in	2	1903.8.17被英国商船撞沉
寰泰	巡洋舰	铁木	83.2	11.52	5.44	2200	2400ihp	18	1886	3-7in；8-4.7in	2	1894.9.17黄海海战逃离，在大连湾外触礁
广甲	炮舰	铁木	67.67	10.24	4.19	1300	1600ihp	14	1887	3-150mm；4-120mm	—	1895.2.17在刘公岛被日军俘虏
平远	铁甲舰	钢	60	12.19	4	2100	2400ihp	10.5	1888	1-260mm；2-150mm	2	
广庚	炮舰	铁木	43.89	6.1	3.05	320	400	9.7	1889	1-120mm；1-105mm	—	
广乙	鱼雷巡洋舰	钢铁	71.63	8.23	3.96	1000	2400ihp	14.85	1889	1-150mm；2-120mm	4	1894.7.25丰岛海战重伤后搁浅自焚

续表

舰名	舰型	船材	长（米）	宽（米）	吃水（米）	排水量（吨）	功率（马力）	航速（节）	下水年	武器	鱼雷	结局
广丙	鱼雷巡洋舰	钢铁	68.88	8	3.5	1000	2400ihp	15	1891	1–150mm；2–120mm	4	1895.2.17在刘公岛被日军俘虏
福靖	鱼雷巡洋舰	钢铁	71	8	3.5	1000	2400	13.5	1893	1–150mm；2–120mm	4	1898.6遭风暴沉没
通济	练习舰	钢铁	77	10.38	4.88	1900	1600ihp	13	1895	2–6in；5–120mm	—	1937.8.12在江阴自沉
福安	运输舰	钢铁	72.54	9.8	4.88	1800	750	11.5	1897	2–57mm；2–37mm	—	1937.8在珠江口自沉
建威	鱼雷炮舰	钢铁	78.58	8.1	3.3	850	6500	23	1899	1–100mm；3–65mm	4	1937年在江阴自沉
吉云	拖船	钢铁	42.67	5.69	2.18	135	350	11.5	1898	—	—	
建安	鱼雷炮舰	钢铁	78.58	8.1	3.5	850	6500	23	1899	1–100mm；3–65mm	4	1937年在江阴自沉
安海	炮舰	钢铁	30.48	5.79	0.71	65	300	10.5	1900		—	
定海	炮舰	钢铁	30.48	5.79	0.71	65	300	10.5	1902		—	
建翼	鱼雷艇	钢铁	26.21	3.05	1.82	50	550	21	1902			
济川	工作船		12.19	2.59	1.09		40		1902			
祥云	工作船		8.69	2.26	0.99		16		1902			

福建船政早期造船，在官员奏报中均使用"虚马力"(NHP)概念，其中80匹虚马力，对应350匹实马力（IHP），150匹虚马力，对应580匹实马力。该换算的史料依据，见《海军实纪·造舰篇上》。

附图　清末海军舰只舰体线图

本书1994年版，首次发布了《清末海军舰只舰体图》25幅，这是我的老朋友，世界航海模型运动协会国际裁判赵幼雄先生绘制的。我和赵先生的合作，起于1986年为中国军事博物馆复制"定远"舰模型。受中国造船学会船史研究会的委托，我们寻找当时所能找到的一切文献和图片资料，力图将这艘历史名舰的风貌重新展现在世人面前，由此也开始了复原清末中国海军其他舰只的艰难探索。当年绘制的舰图，一直是研究者了解清末海军舰船直观形象的必备材料。转眼二十年过去，赵先生也已作古，新一代海军史的研究者在这套舰图的基础上，继续不断地深入发掘史料，完善细节，使得军舰的视觉形态更加真实和丰满。本版重新发布的线图，有24幅为海军史研究会的陈悦、方禾、顾伟欣先生考证绘制的，体现出两代研究者薪尽火传的持续努力。第二图保留了赵幼雄绘制的"操江"舰，也是对赵先生的怀念和敬意。

中国近代海军史事编年（1860—1911）

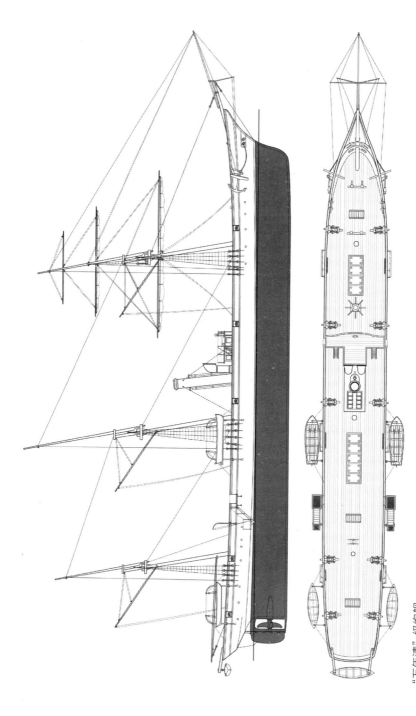

"万年清"级炮舰

附图 清末海军舰只舰体线图

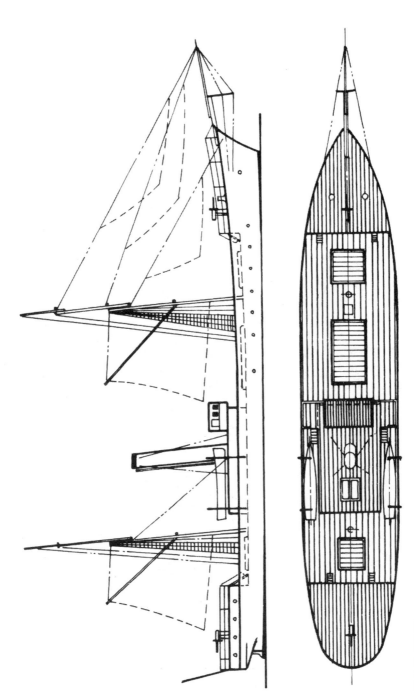

"操江"级炮舰

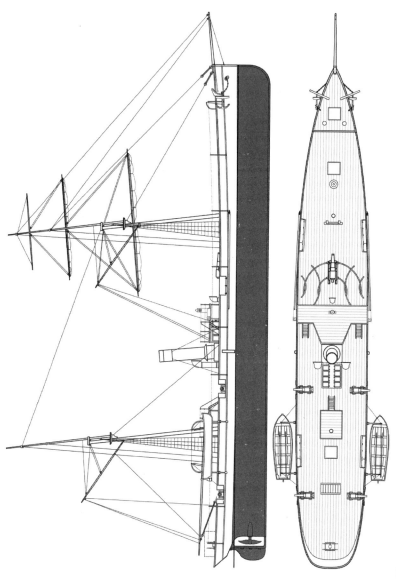

"福星"级炮舰

附图 清末海军舰只舰体线图

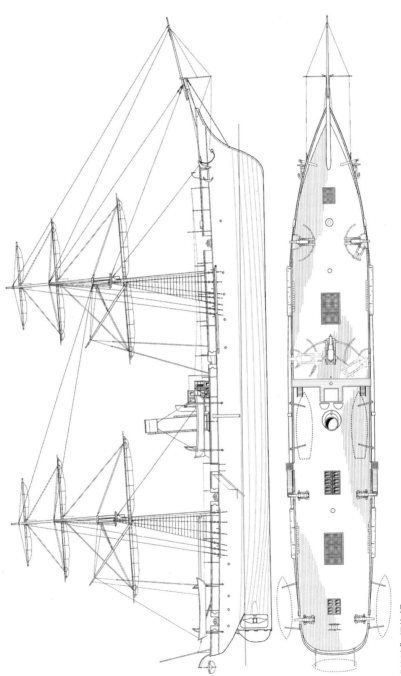

"大波"级炮舰

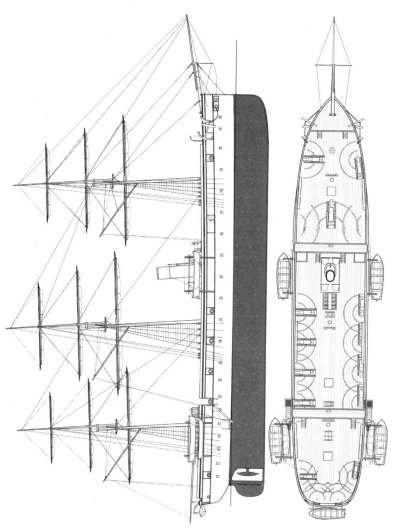

"扬武"级巡洋舰

附图 清末海军舰只舰体线图

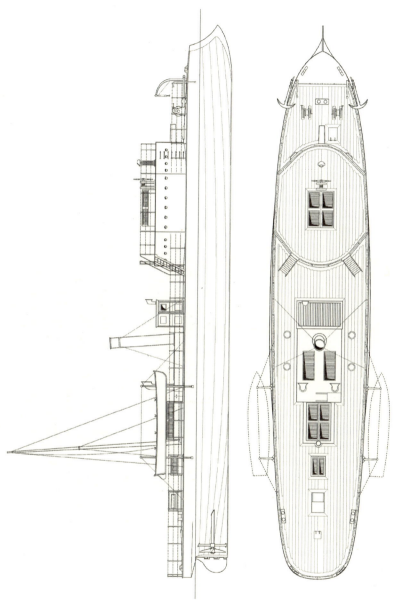

"金瓯"炮艇

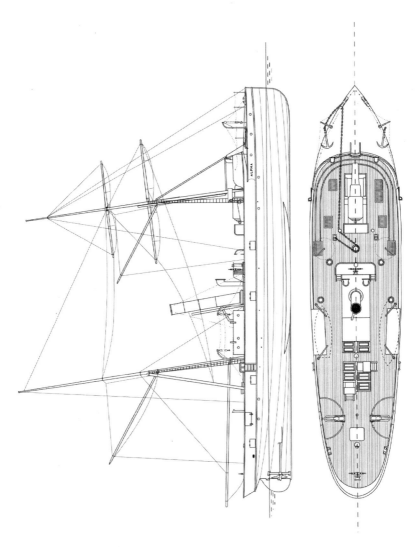

"龙骧"级炮艇

附图 清末海军舰只舰体线图

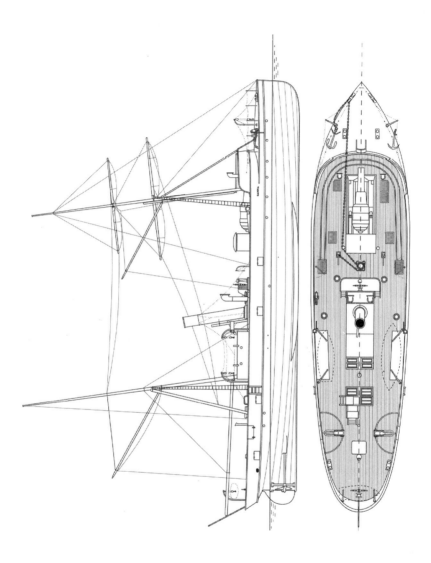

"飞霆"级炮艇

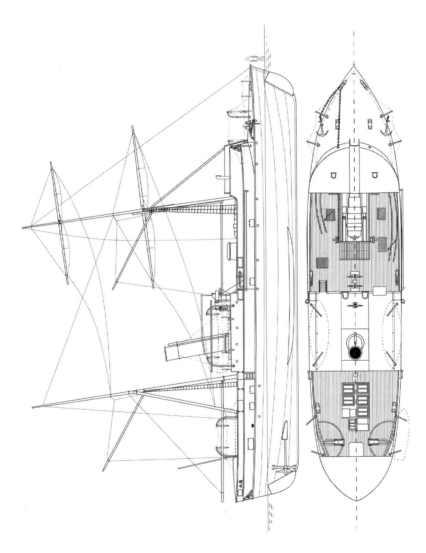

"镇东"级炮艇

附图 清末海军舰只舰体线图

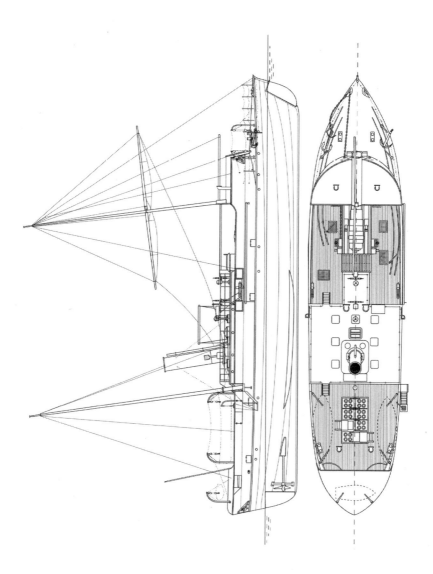

"镇中"级炮艇

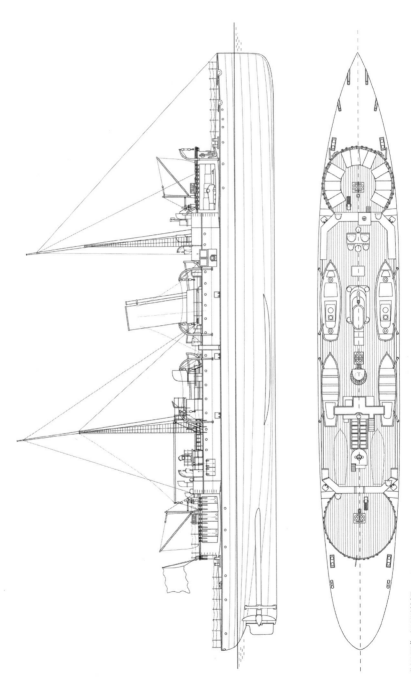

"超勇"级巡洋舰

附图 清末海军舰只舰体线图

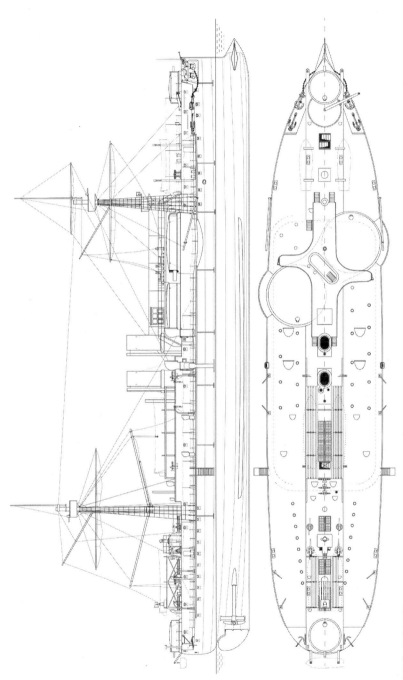

"定远"级铁甲舰

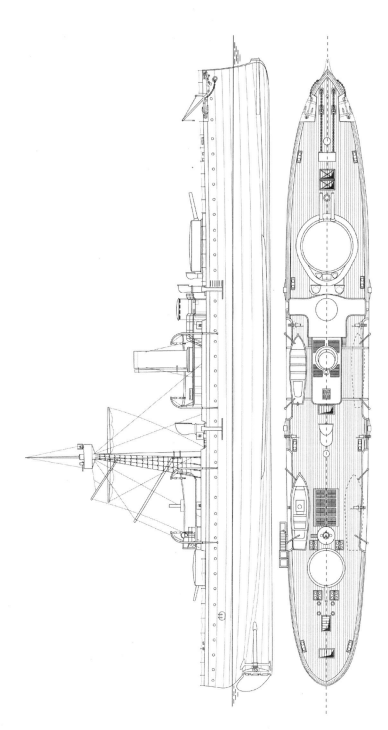

"济远"级穹甲巡洋舰

附图 清末海军舰只舰体线图

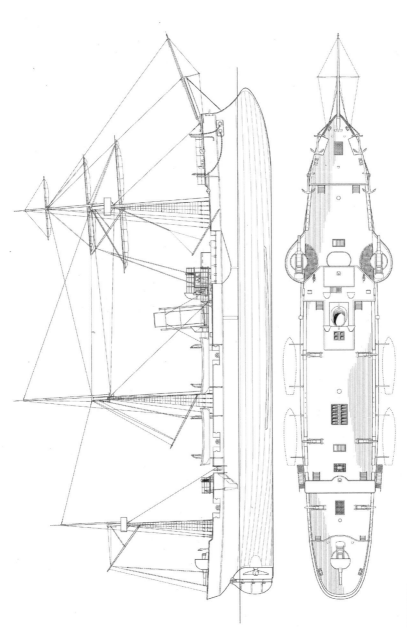

"开济"级巡洋舰

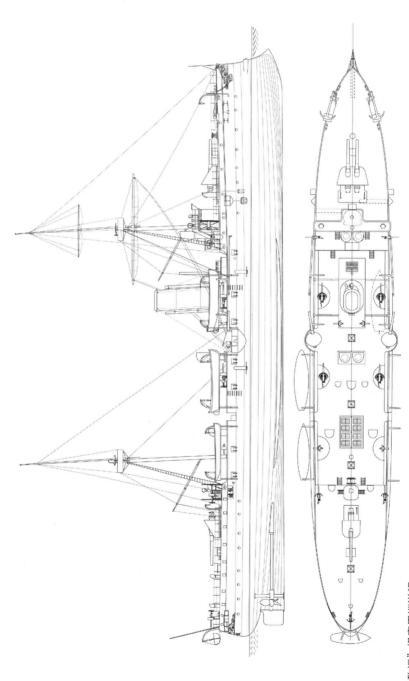

"致远"级穹甲巡洋舰

附图 清末海军舰只舰体线图

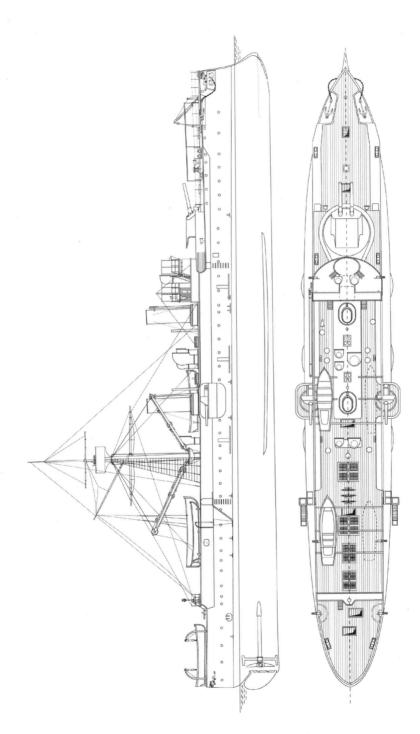

"经远"级装甲巡洋舰

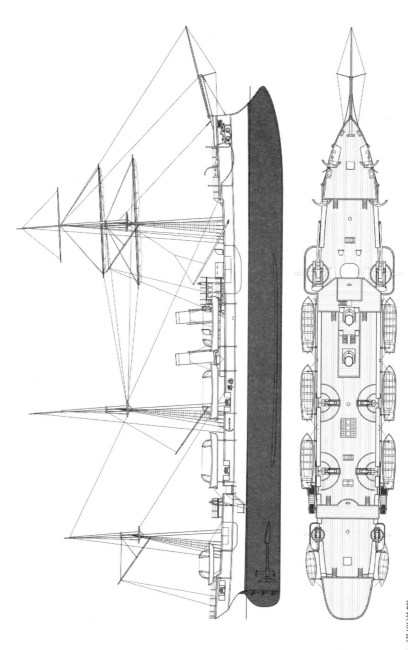

"南琛"级巡洋舰

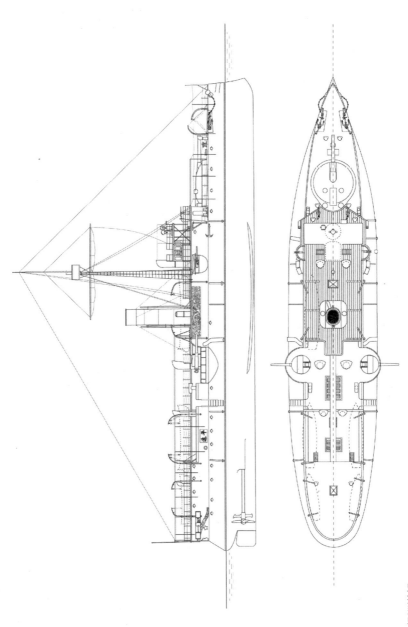

清末"海圻"级巡洋舰"海天"

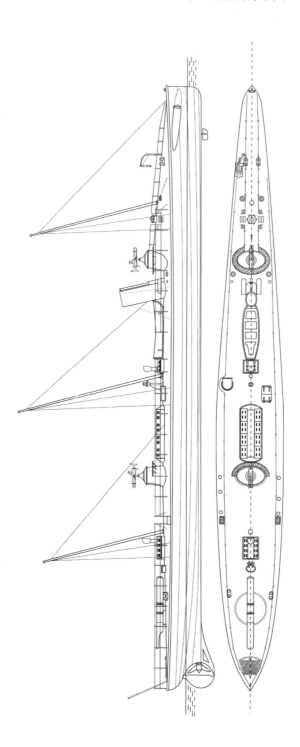

"福龙"鱼雷艇

附图 清末海军舰只舰体线图

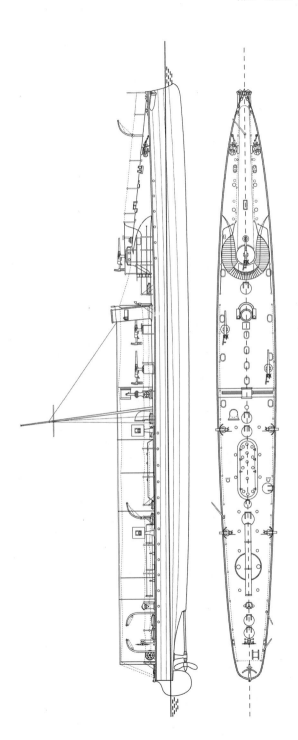

"左队一"级鱼雷艇

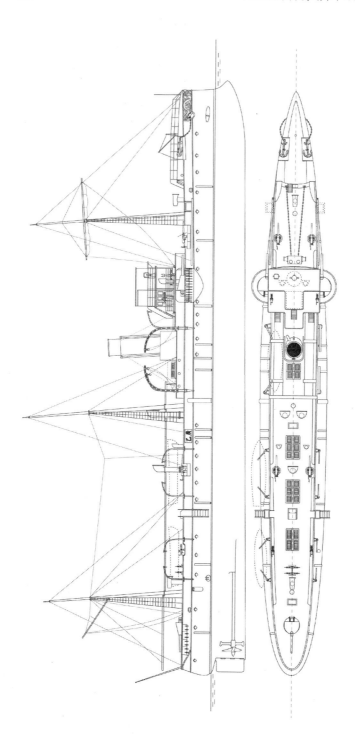

"乙"级巡洋舰

附图 清末海军舰只舰体线图

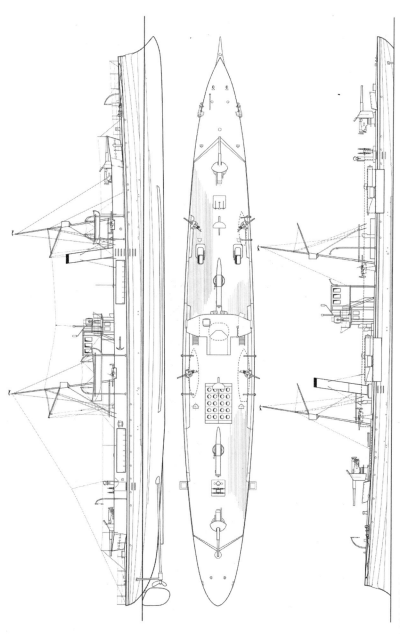

"飞霆"号鱼雷炮舰

688　中国近代海军史事编年（1860—1911）

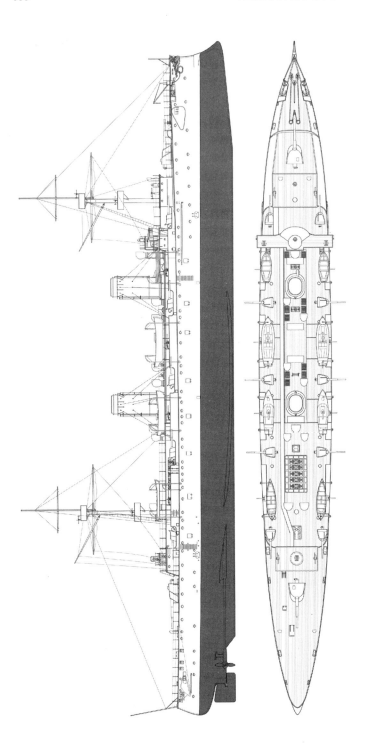

"海天"级穹甲巡洋舰

附图 清末海军舰只舰体线图

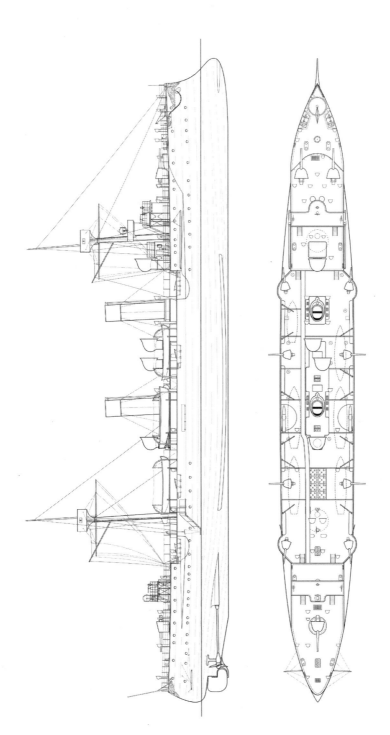

"海容"级穹甲巡洋舰

"联鲸"号炮舰

主要参考文献

史料及史料汇编

《筹办夷务始末》(咸丰朝),1979年中华书局
《筹办夷务始末》(同治朝),中华书局编辑部李书源整理,2008年中华书局
《大清穆宗毅(同治)皇帝实录》,1970年台湾华文书局影印本
《大清德宗景(光绪)皇帝实录》,1970年台湾华文书局影印本
《大清宣统政纪实录》,1968年台湾华文书局影印本
《清实录》,1987年中华书局影印本
《光绪朝东华录》,朱寿朋编,1958年中华书局
《清史稿》,赵尔巽等撰,1977年中华书局
《清朝续文献通考》,刘锦藻撰,民国二十五年商务印书馆
《光绪朝朱批奏折》,中国第一历史档案馆编,1995年中华书局
《光绪朝上谕档》,中国第一历史档案馆编,1996年广西师范大学出版社
《清光绪朝中法交涉史料》,故宫博物院编,民国二十一年故宫博物院铅印本
《清光绪朝中日交涉史料》,故宫博物院编,民国二十一年故宫博物院铅印本
《清季中日韩关系史料》,1972年台湾"中研院"近代史研究所影印本
《清季外交史料》,王彦威编,1935年外交史料编撰处铅印本
《清代外务部中外关系档案史料丛编——中英关系卷》,中国第一历史档案馆、北京大学、澳大利亚拉筹伯大学编,2009年中华书局
《清代官员履历档案全编》,秦国经主编,1997年华东师范大学出版社
《海防档》(甲、购买船炮;乙、福建船厂;丙、机器局),1959年台湾"中研院"近代史研究所影印本

《船政奏议汇编》，光绪戊子船政衙门版

《船政文化研究——船政奏议汇编点校辑》，张作兴主编，2006年海潮摄影艺术出版社

《福建文博》，1985年第1期"中法战争闽台战场专辑"

《胶澳专档，光绪二十三年—民国》，黄福庆主编，1991年台湾"中研院"近代史研究所编印

《德国外交文件有关中国交涉史料选》，孙芹译，1960年商务印书馆

《红档杂志有关中国交涉史料选译》，张蓉初译，1957年三联书店

《日本外交文书选译——关于辛亥革命》，邹念之编译，1984年中国社会科学出版社

《英国蓝皮书有关辛亥革命资料选译》，胡滨译，1984年中华书局

《清代档案资料丛编》第一辑，故宫博物院明清档案部编，1978年中华书局

《洋务运动》（中国近代史资料丛刊），1961年上海人民出版社

《中法战争》（中国近代史资料丛刊），1957年上海人民出版社

《中法战争》（中国近代史资料丛刊续编），张振鹍主编，1996—2006年中华书局

《中日战争》（中国近代史资料丛刊），邵循正等编，1957年上海人民出版社

《中日战争》（中国近代史资料丛刊续编），戚其章主编，1989—1996年中华书局

《辛亥革命》（中国近代史资料丛刊），1957年上海人民出版社

《清末筹备立宪档案史料》，故宫博物院明清档案部编，1979年中华书局

《北洋海军资料汇编》，谢忠岳编，1994年中华全国图书馆文献缩微复制中心

《北洋海军章程》（稿本），上海图书馆藏

《北洋记事·水师学堂》（未刊稿），上海图书馆藏

《清末海军史料》，张侠等编，1982年海洋出版社

《民国海军史料》，杨志本主编，1997年海洋出版社

《中国近代工业史资料》，陈真编，1961年三联书店

《中国近代工业史资料》，孙毓棠编，1957年科学出版社

《中国近代航运史资料》，聂宝璋编，1983年上海人民出版社

《中国近代铁路史资料》，宓汝成编，1963年中华书局

《中国近代学制史料》第一辑上册，朱有瓛主编，1983年华东师范大学出版社

《中外旧约章汇编》，王铁崖编，1957年三联书店

《甲午中日战争》（盛宣怀档案资料之三），陈旭麓、顾廷龙、汪熙主编，1980、1982年上海人民出版社

《义和团运动》（盛宣怀档案资料之七），陈旭麓、顾廷龙、汪熙主编，2001年上海人

民出版社
《轮船招商局》(盛宣怀档案资料之八),陈旭麓、顾廷龙、汪熙主编,2002年上海人民出版社
《中国海关与中法战争》,中国近代经济史资料丛刊编辑委员会编,1983年中华书局
《中国海关与中日战争》,中国近代经济史资料丛刊编辑委员会编,1983年中华书局
《中国海关密档》,陈霞飞主编,1990—1996年中华书局
《步入中国清廷仕途——赫德日记(1854—1863)》,[美]凯瑟琳·F·布鲁纳、费正清、理查德·J·司马富等编,傅增仁等译,2003年中国海关出版社
《近代温州社会经济发展概况 瓯海关贸易报告与十年报告译编》,赵肖为译编,2014年上海三联书店
《北洋海军大沽船坞》,塘沽政协文史委编,2005年中国文史出版社
《德国侵占胶州湾史料汇编》,青岛市博物馆等编,1986年山东人民出版社
《米字旗下的威海卫》,邓向阳主编,2003年山东画报出版社

文集、日记、书信

《清醇亲王信函选》,载《历史档案》1982年第4期
《曾文正公全集》,曾国藩撰,光绪二年版
《曾国藩全集》,曾国藩撰,1994年岳麓书社
《李文忠公全集》,李鸿章撰,光绪乙巳四月金陵版
《李鸿章全集》,顾廷龙、戴逸主编,2008年安徽教育出版社
《李文忠公尺牍》,李鸿章著,1916年合肥李氏石印本
《李鸿章全集·电稿》第1—3卷,顾廷龙、叶亚廉主编,1985—1987年上海人民出版社
《李鸿章致丁日昌函稿》,载《丰润文史》第二辑,1989年丰润县政协编印
《合肥李氏三氏遗集·李鸿章遗集》,李国杰辑,台湾文海出版社影印本
《左文襄公全集》,左宗棠著,光绪庚辰仲冬排印本
《左宗棠全集》,左宗棠撰,1987年岳麓书社
《沈文肃公政书》,沈葆桢著,光绪辛卯排印本
《沈文肃公牍》,沈葆桢著,1997年江苏广陵古籍刻印社
《沈文肃船工奏稿》,沈葆桢著,2005年全国图书馆文献缩微复制中心
《刘坤一全集》,刘坤一著,1959年中华书局

《曾忠襄公奏议》，曾国荃著，光绪二十九年仲春版

《曾国荃全集》，曾国荃著，2006年岳麓书社

《张文襄公全集》，张之洞著，1990年中国书店影印本

《刘壮肃公奏议》，刘铭传著，光绪三十二年版

《刘铭传文集》，刘铭传撰，马育华、翁飞点校，1997年黄山书社

《丁日昌集》，赵春晨编，2010年上海古籍出版社

《抚吴公牍》，丁日昌撰，宣统元年南洋书局

《彭刚直公奏稿》，彭玉麟撰，台湾文海出版社影印本

《丁文诚公遗集》，丁宝桢撰，台湾文海出版社影印本

《合肥李勤恪公政书》，李瀚章撰，台湾文海出版社影印本

《涧于集》，张佩纶著，1922—1928年丰润张氏涧于草堂刻本

《涧于日记》，张佩纶著，丰润张氏涧于草堂刻本

《李鸿章、张佩纶往来书信》（未刊稿）（上海图书馆藏）

《丁汝昌集》，戚俊杰、王记华编校，1997年山东大学出版社

《吴光禄奏稿》，吴赞诚著，光绪十二年版

《周悫慎公全集》，周馥撰，民国十一年孟春秋浦周氏校刻本

《许文肃公遗集》，许景澄撰，1918年北京外交部铅印本

《许竹篔先生出使函稿》，许景澄撰

《外国师船图表》，许景澄编，光绪十一年柏林石印本

《庸庵全集》，薛福成撰，光绪辛丑上海书局石印本

《浙东筹防录》，薛福成撰，台湾文海出版社影印本

《适可斋纪言纪行》，马建忠撰，台湾文海出版社影印本

《端忠愍公奏稿》，端方撰，1918年铅印本

《二二五五疏》，钱恂撰，上海聚珍仿宋书局印本

《袁世凯奏议》，廖一中、罗真容整理，1987年天津古籍出版社

《林文直公奏稿》，林绍年撰，1927年印本

《李秉衡集》，戚其章辑校，1993年齐鲁书社

《李忠节公奏议》，李秉衡撰，民国十九年铅印本

《黄体芳集》，俞天舒编，2004年上海社会科学院出版社

《佩弦斋文存》，朱一新撰，光绪二十二年葆真堂版

《郑观应集》上册，郑观应著，1982年上海人民出版社

《翁同龢集》，谢俊美编，2005年中华书局

《翁同龢日记》，陈义杰点校，1989—1998年中华书局

《王文韶日记》，袁英光、胡逢祥整理，1989年中华书局

《伦敦与巴黎日记》，郭嵩焘著，钟叔和、杨坚整理，1984年岳麓书社

《郭嵩焘奏稿》，杨坚校补，1983年岳麓书社

《郭嵩焘日记》，郭嵩焘著，本社校点，1981—1983年湖南人民出版社

《英轺私纪》，刘锡鸿著；《随使英俄记》，张德彝著，朱纯、杨坚校点，1986年岳麓书社合刊本

《曾纪泽遗集》，喻岳衡点校，1883年岳麓书社

《出使英法俄国日记》，曾纪泽著，王杰成标点，1985年岳麓书社

《曾纪泽日记》，刘志惠点校，王沣华审阅，1998年岳麓书社

《郑孝胥日记》，劳祖德整理，1993年中华书局

《张荫桓日记》，任青、马忠文整理，2004年上海书店出版社

《欧游杂录》，徐建寅著，1980年湖南人民出版社

《于湖题襟录》，袁昶编，1937年商务印书馆

《瀛环志略·航海琐记》，徐继畬、余思诒撰，2000年中华全国图书馆文献缩微复制中心

《早期日本游记五种》，罗森等撰，1983年岳麓书社

《龙的航程——北洋海军航海日记四种》，吉辰译注，2013年山东画报出版社

《勤务日志》，[日]田所广海著，瞿武、江枫、章骞、吴奇译，2015年上海书店出版社

《中东战纪本末》，林乐知撰、蔡尔康纂辑，光绪乙酉图书集成局铅印本

《普天忠愤集》，孔广德辑，光绪二十一年石印本

《东方兵事纪略》，姚锡光撰，光绪乙酉武汉刻本

《近代名人手札真迹——盛宣怀珍藏书牍初编》，王尔敏、陈善伟编，1987年香港中文大学出版社

《近代史所藏清代名人稿本抄本》第一辑，虞和平主编，2011年大象出版社

《清代名人书札》，本书编写组编，2009年北京师范大学出版社

《香书轩秘藏名人书翰》，赵一生、王翼奇主编，2005年浙江古籍出版社

《丁汝昌遗墨》，1895年日本中央新闻社

笔记、回忆录、方志

《西学东渐记》，容闳著，1981年湖南人民出版社

《孤拔元帅的小水手》，郑顺德译，2004年台湾史研究所筹备处

《蹇蹇录》，[日]陆奥宗光著，伊舍石译，1963年商务印书馆

《卢氏甲午前后杂记》，卢毓英，（影印件）

《我在中国海军三十年——戴理尔回忆录》，[英]戴理尔著，张黎源、吉辰译，2011年文汇出版社

《他选择了中国——大东沟海战亲历者、北洋海军洋员马吉芬传》，[美]李·马吉芬著，张黎源译，2013年山东画报出版社

《1904年"海天"军舰触礁沉没记》，林献炘，（未刊稿）

《知堂回想录》，周作人著，1980年香港三育图书有限公司

《汉纳根传——李鸿章的军事顾问》，刘晋秋、刘悦著，2011年文汇出版社

《对华回忆录》，[日]东亚同文会编，胡锡年译，1958年商务印书馆

《辛亥革命回忆录》第六册，全国政协文史资料委员会编，1963年中华书局

《武昌首义回忆录》第二辑，1980年湖北人民出版社

年谱、传记

《曾国藩年谱》，黎庶昌撰，1986年岳麓书社

《李鸿章年（日）谱》，窦宪一著，1975年香港有联出版社有限公司

《李鸿章年谱》，雷禄庆编，1977年台湾商务印书馆

《左宗棠年谱》，罗正钧著，1982年岳麓书社

《绝版李鸿章》，张社生著，2009年文汇出版社

《李鸿藻先生年谱》，李宗桐、刘凤翰著，1969年台湾商务印书馆

《清吴桐云先生大廷自订年谱》，吴大廷撰，1980年台湾商务印书馆

《绝版恭亲王》，[澳大利亚]雪珥著，2010年文汇出版社

《益堂年谱》，方伯谦撰，载《方伯谦问题研讨集》，1993年知识出版社

《丁日昌评传》，邓亦兵著，1988年广东人民出版社

《赫德传》，卢汉超著，1986年上海人民出版社

《赫德与中国海关》，[英]魏尔特著，陈教才、陆琢成等译，1997年厦门大学出版社

《严复年谱》，孙应祥著，2003年福建人民出版社

《程璧光殉国记》，程慎修堂编，台湾文海出版社影印本

《追寻鲁迅在南京》，徐绍武主编，2007年中国画报出版社

研究著作

《龙旗飘扬的舰队——中国近代海军兴衰史》（增订本），姜鸣著，2002年三联书店
《中国海军史》，包遵朋著，1974年台湾中华丛书编审委员会
《中国近代海军史论集》，王家俭著，1984年台湾文史哲出版社
《李鸿章与北洋舰队》，王家俭著，2008年三联书店
《李鸿章与北洋舰队——中国近代创建海军的失败与教训》，王家俭著，2000年台湾"国立编译馆"
《靖海澄疆：中国近代海军史事新诠》，马幼垣著，2009年台湾联经出版事业股份有限公司
《靖海澄疆：中国近代海军史事新诠》，马幼垣著，2013年中华书局
《图说中国海军史，古代—1955》，陈贞寿编著，2002年福建教育出版社
《北洋海军舰船志》，陈悦著，2006年现代舰船杂志社，2009年山东画报出版社
《碧血千秋——北洋海军甲午战史》，陈悦著，2008年吉林大学出版社
《近代国造舰船志》，陈悦著，2011年山东画报出版社
《民国海军舰船志》，陈悦著，2012年山东画报出版社
《清末海军舰船志》，陈悦著，2012年山东画报出版社
《辛亥·海军：辛亥革命时期海军史料简编》，陈悦编著，2011年山东画报出版社
《中法马江海战》，陈贞寿著，2007年中国大百科全书出版社
《福建三江口水师旗营》，陈贞寿著，2007年中国大百科全书出版社
《船政学堂》，沈岩著，2007年科学出版社
《甲午中日战争纪要》，参谋本部第二厅第六处编，1935年印本
《甲午中日海战史》，孙克复、关捷著，1981年黑龙江人民出版社
《甲午中日陆战史》，孙克复、关捷著，1984年黑龙江人民出版社
《甲午中日战争人物传稿》，孙克复、关捷主编，1984年黑龙江人民出版社
《北洋舰队》，戚其章著，1981年山东人民出版社
《中日甲午战争史论丛》，戚其章著，1983年山东教育出版社
《甲午战争国际关系史》，戚其章著，1994年人民出版社
《甲午战争史》，戚其章著，1990年人民出版社
《走近甲午》，戚其章著，2006年天津古籍出版社

《甲午海战与中国近代海军》，张炜编，1990年中国社会科学出版社

《甲午战争九十周年纪念论文集》，戚其章主编，1986年齐鲁书社

《甲午战争与近代中国和世界——甲午战争100周年国际学术讨论会文集》，戚其章、王如绘主编，1995年人民出版社

《甲午战争与东亚历史进程——纪念甲午战争120周年国际学术研讨会论文集》，2014年（打印本）

《北洋海军研究》，戚俊杰、刘玉明主编，1999年天津古籍出版社

《北洋海军研究》第二辑，戚俊杰、刘玉明主编，2001年天津古籍出版社

《北洋海军研究》第三辑，戚俊杰、刘玉明主编，2006年天津古籍出版社

《北洋海军新探——北洋海军成军120周年国际学术研讨会论文集》，戚俊杰、郭阳主编，2012年中华书局

《日清战史讲授录》，[日]誉田甚八著，1936年训练总监部军学编译处译印

《日清战争》，[日]藤村道生著，1981年上海译文出版社

《清日战争，1894—1895》，宗泽亚著，2012年后浪出版公司

《绝版甲午——从海外史料揭秘中日战争》，[澳大利亚]雪珥著，2009年文汇出版社

《大东亚的沉没——高升号事件的历史解剖》，雪儿简思著，2008年中华书局

《世界海战简史》，[德]H·帕姆塞尔著，1986年海洋出版社

《日本海军史》，[日]外山三郎著，1988年解放军出版社

《美国海军史》，[美]内森·米勒著，1985年海洋出版社

《俄国与苏联海上力量史》，[美]唐纳德·W·米切尔著，1983年商务印书馆

《中华帝国对外关系史》，[美]马士著，1960年商务印书馆

《日本军国主义》，[日]井上清著，1985年商务印书馆

《六十年来中国与日本》，王芸生著，1979年三联书店

《甲午战争前夕中日韩三国之动向》，林子候著，嘉义市大人物出版社

《沙俄侵华史》，中国社会科学院近代史研究所编，1981年人民出版社

《朝鲜1884年的政变》，杨昭全著，1986年商务印书馆

《洋务运动与中国近代企业》，张国辉著，1979年中国社会科学出版社

《中国近代造船史》，王志毅著，1986年海洋出版社

《福建船政局史稿》（增订本），林庆元著，1999年福建人民出版社

《沈葆桢与福建船政》，林崇墉著，1987年台湾联经出版事业有限公司

《中国早期的轮船经营》，吕实强著，1976年台湾"中研院"近代史研究所

《中国国民党史稿》，邹鲁著，1960年中华书局

《中国幼童留学美国史——现代化的探索》，高宗鲁编译，1982年台湾华欣文化事业中心

工具书

《近代中国史事日志》，郭廷以编，1987年中华书局

《中国军事史大事记》，军事科学院战略研究部百科编审室，1988年打印本

《中国近代教育史大事记》，陈学恂主编，1982年上海教育出版社

《近代上海大事记》，汤志钧主编，1989年上海辞书出版社

《中华民国史资料丛稿·大事记》第一辑，中国社会科学院近代史研究所中华民国史组编，1973年中华书局

《戊戌变法文献资料系日》，清华大学历史系编，1998年上海辞书出版社。

《中国国家博物馆馆藏文物研究丛书：历史图片卷》，中国国家博物馆编，2006年上海古籍出版社

《台湾历史影像》，杨孟哲编著，1996年艺术节出版社

《福州马尾港图志》，林萱治主编，1984年福建省地图出版社

《走进博物馆：舰船》，[英]托尼·吉本斯主编，郭威主译，2007年上海科学技术文献出版社

《清代职官年表》，钱实甫编，1980年中华书局

《中国近代海军职官表》，刘传标编纂，2004年福建人民出版社

《清季中外使领年表》，故宫博物院明清档案部等，1985年中华书局

《近代来华外国人名辞典》，中国社会科学院近代史研究所翻译室，1981年中国社会科学出版社

《中国兵书总目》，刘申宁编，1990年国防大学出版社

《近世中西史日对照表》，郑鹤声编，1980年中华书局

外文史料、研究著作

Correspondence Respecting the Fitting Out, Dispatching to China, and Ultimate Withdrawal of the Anglo-Chinese Fleet, Under the Command of Captain Sherard Osborn; and the Dismissal of Mr. Lay from the Chief Inspectorate of Customs, *British Parliamentary Papers v. 27*, Irish University Press, Shannon Ireland, 1971

China–Japan War, Vladimir, London, 1896

The Naval Annual, 1890, Edited by T.A.Brassey, London, 1890

The Naval Annual, 1895, Edited by T.A.Brassey, London, 1895

Pulling Strings in China, W. F.Tyler, London, Constable & Co Ltd., 1929

China's Struggle For Naval Development, 1839–1895, John L.Rowlinson, Harvard University Pr., 1967

Modern History of Warships, W. Hovgaaro, E.& F.N.Spon Ltd., London, 1920

The Japan–China War: The Naval Battle of Haiyang, Jukichi Inouye, Kelly and Walsh Limited, Yokohama, 1894

The Japan–China War: On the Regent's Sword: Kinchoe, Port Arthur, and Talienwan. Jukichi Inouye, Kelly and Walsh Limited, Yokohama, 1895

Fall of Wei-hai-wei, Jukichi Inouye, Kelly and Walsh Limited, Yokohama, 1895

The Chinese Steam Navy 1862–1945, Richard N. J. Wright, Chatham Publishing, London, 2000

Conway's All the World's Fighting Ships 1860–1905, Conway Maritime Press, 1979

《日清戰争實記》，明治二十七—二十八年日本博文館

《廿七八年海戰史》，日本海軍軍令部編纂，明治三十八年東京水交社

《廿七八年海戰史・黄海役》，日本海軍軍令部編纂（秘本）

《近世帝國海軍史要》，海军有终社編，1970年東京原書房

《山本權兵衛と海軍》，日本海军大臣官房編，1966年日本東京原書房

《威海衛戰纪》，平田胜馬編纂，明治三十年六月東京阳春堂

《山縣有朋意見書》，大山梓編，1973年東京原書房

《日清戰争写真貼・伯爵龟井兹明の日記》，1992年東京都柏書房

《あつ日本海軍》，松讓，1977年光人社

《海軍》第二卷《帝國海軍と日清戰争》，《海軍》編集委員會編纂，1981年日本東京诚文图书株式會社

《幕末明治の群像》第六卷《帝國陆軍の诞生》，1977年東京世界文化社

《日本陆海軍八十年——维新の建軍より敗戰の壞滅まで》，國書刊行會編纂，1978年東京都國書刊行會

中外文报刊

《格致汇编》

《申报》

《益闻报》

《民立报》

《东方杂志》

《历史研究》

《近代史资料》

《历史档案》

《海事》

《中国甲午战争博物馆馆刊》

THE CHINESE TIMES

WARSHIP INTERNATIONAL

SEA POWER

《世界の舰船》

人名索引

A

阿布堂（G.Upton） 102
阿璧成（Albrecht） 393, 501
阿达尔美阿 296, 312
阿礼国（Rutherford Alcock） 38
阿麟 304
阿摩士庄（William George Armstrong） 196, 210, 555
阿思本（Sherard Osborn） 7, 10—21, 24, 27, 29, 404
爱德华史宾 594
爱思德（G.Hext） 227
安的森 183
安得禄 424, 425
安度卢 371
安乐陶（M.Arneadeau） 57, 59, 65, 69, 71, 72, 80, 83, 95
安维峻 467, 476, 484, 485, 515, 522, 523
奥滨 170
奥礼武 170
奥赛尔 169

B

巴布罗福（A.I.Pavloff） 561, 562, 564, 567
巴克（Barker） 199

巴兰伯（H.Plambeck） 371
巴兰德（Maximilian August Scipio von Brandt） 106, 120, 129, 221, 344, 345, 438
巴墨（John Palmer） 479
巴维福 497
巴纳比（N.Barnaby，即巴纳贝） 194
巴斯（L.Basse） 604
巴士（Bach） 42, 216
巴士假 42
巴特纳（J.Patenôtre） 257, 258, 289, 293
巴玉藻 627
拔拉茂旦 371
白尔特 66
白冠瀛 427
白来尼（Vicomte Brenier de Montmorand） 34, 38
白罗们他耳（E.Blumenthal） 371
白藻泰（Georges Gaston Servan de Bezaure） 262
榜日 315
保罗（Paul） 153
宝琳（Frédéric-Albert Bourée） 192, 232
葆亨 121
鲍察（H.R.Boucher） 353
鲍超 175, 219

鲍德均　378
鲍兰征　427
鲍汝潘　429
鲍传伟　433
卑德儿（Péter）　42
贝阿　378
贝尔（John J.F.Bell）　153
贝锦达　39, 42
贝锦泉　32, 35, 52, 58, 75
贝那德　42
贝珊泉　125
贝索特　199
贡璧尼勒　360
比俄　170
毕德格（William N.Pethick）　207, 517
毕乐（Billot）　291
毕示第　559
毕庸　170
毕振铨　428
俾斯麦（Otto Edward Leopold von Bismarck）　129, 242
必里微　316
璧利南（John Brenan）　291
边宝泉　452, 467, 512, 553, 555
卞宝第　397, 401—403, 406, 409, 414, 415, 418, 422, 425, 435, 436, 438, 445
卞长胜　104, 106, 112, 118, 120, 128, 129, 136, 142, 282, 337, 551
卞那美　169
波赖　315
柏奥镗（Bertrand）　598, 606, 614
柏斌　428
柏拉西（T.Brassey）　628
博来　424
博赖（Anatole Borel）　42
博士忙（Brossement）　42
伯德　163

伯恩（J.Bourne）　150
伯克雷　628
伯乐　559, 593
伯洛内（C.H.M.Bellonnet）　32, 33, 38
卜珓（Bouter）　555
卜鲁斯（Sir F.Bruce）　8, 11, 19, 20, 25
布阿生　315
布爱达　42
布爱德　42
布德米　169
布拉　149, 170
布莱尔　199
布劳德迈　371
布士　315
布侬生　315

C

蔡朝栋　602
蔡福安　268
蔡国喜　13
蔡国祥　7, 13, 17—19, 93, 94, 98, 112, 115, 163
蔡接　268
蔡灏元　355, 444, 448, 575
蔡立焜　270
蔡绍基　458
蔡廷干　210, 370, 382, 431, 439, 486, 487, 531, 543, 559, 603, 605, 636, 637
蔡贤植　331
蔡馨书　502
蔡轩　330—334, 338
蔡元海　432
曹保赏　432, 444, 543
曹嘉祥　210, 383, 432, 439, 501, 538, 540, 637, 639
曹克忠　241, 256, 515
曹廉筬（曹廉正）　282, 316, 360, 399, 400
曹汝英　633, 636

曹永全　431
柴卓群　64
柴振邦　433
常瑾芬　428
常明　304, 343, 389, 435
常瑛　385
长麟　482, 505
岑春煊　602
岑毓英　194
陈宝琛　168, 170, 171, 179, 189, 197, 203, 219, 220, 244, 248, 250, 255, 257, 258, 260, 261, 267, 273, 276, 367, 494, 496, 507
陈宝箴　442
陈本　183, 427
陈本植　183
陈伯常　445
陈伯涵　399, 400
陈伯勋　309
陈伯璋　209, 232
陈才鎔　310, 314, 318, 338, 339
陈策　226, 370, 382, 431, 520
陈长龄　316, 399, 409
陈常寿　268
陈成捷　383, 439
陈成金　383, 440, 444
陈得全　433
陈鼎铭　432
陈杜衡　316, 338, 352, 399, 425
陈恩焘　316, 343, 349, 367, 399, 409, 420, 427, 546
陈恩照　521
陈发檀　614
陈藩　428
陈复　260, 261, 610
陈国昌　432, 450
陈国瑞　58
陈和庆　299, 306, 318, 366, 385, 390

陈鹤潭　316, 360, 400
陈华森　610
陈季同　93, 107, 116, 137, 145, 146, 186, 191, 315
陈嘉寿　448
陈金存　326
陈金揆　210, 355, 382, 431, 439, 497, 498
陈金镛　520
陈京莹　355, 383, 440, 520
陈锦荣　64, 167
陈景康　433
陈景祺　431
陈镜　427
陈钜庸（溶）　210
陈俊　270
陈可会　116, 137, 186
陈兰彬　182
陈林璋　116, 137, 142, 145, 146, 186, 350
陈麟书　624
陈麟图　283
陈楠　382, 431, 439, 461
陈日升　461
陈荣贵　210
陈如松　433
陈善元　268
陈其章　498
陈其美　642
陈齐贤　429
陈启泰　229
陈乔　431, 444
陈庆平　316, 399
陈绍芳　152
陈申炽　383, 440, 520
陈湜　273, 282, 397, 407
陈诗兰　444
陈士杰　241, 322, 325
陈士秀　268

陈士珩　610
陈寿彭　316, 399, 400, 589
陈书　521
陈树芎　599
陈廷经　25
陈廷梁　553
陈锡康　432
陈锡周　209
陈锡瓒　282
陈贤球　144
陈莘觉　617
陈祥甸　431, 435, 444
陈雄杰　268
陈旭　566, 567, 578, 692, 693
陈惟彦　427
陈文琪　429
陈万清　430
陈学书　181, 183, 194, 209, 382
陈塏　282
陈燕年　282, 316, 360, 400
陈养　144
陈贻经　432
陈英　103, 267, 271
陈应濂　342
陈迎祥　430
陈畲　606
陈毓淞　64, 147
陈毓淳　596, 606
陈玉书　355
陈远济　199, 209
陈云　618
陈藻藩　627
陈兆翱　93, 107, 137, 142, 145, 146, 157, 159, 160, 161, 185, 187, 191, 192, 237, 277, 318, 350, 363, 364, 392, 448
陈兆锵　384, 431, 439, 461
陈兆艺　209, 227, 238, 295, 318, 384, 425

陈择辅　98
陈镇培　384, 439, 447, 543, 557
陈重威　428
陈珠祥　521
陈柱衡　523
陈子中　432
成鹤　387, 429
成玺　377
成允　442
程璧光　361, 394, 433, 441, 535—537, 540, 546, 548, 553, 557, 559, 596, 605, 613, 625, 630, 636—638, 642, 696
程德春　428
程好　318
程铨　432
程銮重　628
程耀垣　636
程允和　429, 634, 639, 640
承霖　427
池寿光　371
池兆璜　502
池贞铨　116, 137, 138, 146, 186
池仲祐　181, 182, 194, 209, 217, 429
慈安太后（纽祜禄氏）　193, 194
慈禧太后（叶赫那拉氏）　6, 85, 91, 151, 165, 173, 194, 196, 218, 246, 249, 253, 273, 287, 288, 294, 295, 298, 301, 303, 318, 328, 343, 350, 361, 366, 376, 380, 384, 385, 452, 453, 483, 495, 504—506, 516, 523, 570, 582, 585, 616, 619, 624
炽仁亲王　421
崇厚　3, 5, 6, 8, 18, 19, 32, 35, 40, 48, 54, 58, 148, 156, 164, 165, 173
崇礼　112, 409, 410
崇善　592, 593, 595, 597, 601, 606, 607, 609, 610, 613, 615
崇绮　312

川弥二郎 420

椿枝 377

醇亲王（醇王，醇邸，奕谟） 90, 244, 247, 250, 253—255, 287, 294, 298, 300—304, 306, 307, 309, 310, 312—314, 318—328, 332—336, 339, 341, 343—346, 349—352, 359, 361, 365—370, 372, 375—381, 384, 385, 387, 389, 391, 392, 397, 401, 410, 411, 442, 619, 624

醇亲王（摄政王，载沣） 619, 624

崔国因 454

崔敬 431

崔霖雨 432

D

达布理 5

达朗阿 386

达尔 42

达祸 361

达士博（Adrien Trasbot） 42, 44, 46, 52, 54

达韦德 559, 614

大岛义昌 458

大久保利通 85

大木乔任 421

大鸟圭介 454, 458—462, 466—468

大山岩 500, 506, 516, 527

大隈重信 82

戴伯康 103, 226, 381, 430, 439

戴柏 170

戴金标 432

戴鸿慈 498, 506, 609

戴理尔（William Ferdinand Tyler） 491, 501, 533, 696

戴乐儿（S.B.Tayler） 593

戴庆涛 268

戴锡侯 448

戴修鉴 610

戴宗沟 429

戴宗骞 350, 433, 467, 487, 503, 515, 516, 519, 522, 525, 529, 531, 536

担文（William Venn Dummand） 332, 334—337

道礼思 433

叨司 316

德比伯爵（Edward Stanley, 15th Earl of Derby） 118—121, 124, 125, 128, 129

德璀琳（Gustav von Detring） 111, 158, 197, 205, 208, 211, 327, 328, 499, 556

德大寺实则 420

德尔赓（G.Telge） 483, 486, 496

德尔美 614

德基士 315

德克碑（Paul-Alexandre Neveue D'Aiguebelle） 22, 24, 29, 31, 32, 34, 35, 39, 42, 46, 74, 78

德勒塞（Richard Edward Tracey，即垂赛） 54, 63, 71, 75

德明 120

德尼孙 403

德寿 586

德威尼（M.Thevenet） 337, 403, 411

德馨 377, 442

德尚 240, 433

邓承修 213, 224, 225

邓德昀 433

邓桂庭 210

邓华熙 442

邓家骅 642

邓罗（H.B.Taylor） 177, 240, 274, 299, 330, 364, 402, 409, 438, 443

邓禄普（Dunlop） 506, 512, 554

邓清 521

邓世昌 55, 121, 152, 158, 164, 168, 176, 180, 181, 183, 208, 222, 226, 277, 348, 354—357, 362, 370, 371, 377, 381, 391, 410, 423, 429, 441, 452, 491, 493, 497, 498

邓士聪　210, 434, 435, 523
邓廷襄　210
邓秀枝　13
邓镇邦　260
狄隆（Charles Dillon）　220
棣利士（Otto von Diederichs，狄斯立克斯）　561
丁宝桢　65, 69, 71, 75, 76, 90, 95, 98, 99, 100, 103, 107, 132, 168, 196, 694
丁葆翼　427
丁长柱　370
丁崇吉　210
丁凤吟　370
丁华容　429
丁平澜　560
丁日昌　19, 24, 27, 37, 44, 45, 48, 49, 52, 54, 58, 72, 81, 87, 89, 90, 92—96, 99—102, 105, 106, 110, 112—117, 119—121, 124, 125, 127, 128, 131, 132, 136, 137, 140, 141, 143, 148, 151, 155, 158, 159, 161, 166, 168, 172—174, 213, 214, 286
丁汝昌　148, 159, 164, 167, 170, 177, 178, 180, 182, 188—191, 194—196, 199, 208, 209, 213, 216, 217, 220—224, 226, 227, 234, 235, 241, 252, 253, 256, 275, 276, 280—285, 287, 290—293, 295, 296, 301, 307, 309, 312, 313, 317, 318, 325—333, 335—341, 345, 348, 349, 351, 353, 355, 359—363, 365, 366, 372—378, 380, 386—396, 398—400, 402, 405—408, 410—414, 416, 418—424, 426, 434, 437, 440, 441, 443, 452—510, 512—520, 523—538, 541, 548, 609, 629, 631
丁应涛　309
丁玉玲　432
丁兆中　268
町田实隆　419

定安　293, 413, 418, 425, 453, 454, 455
东乡平八郎　470
董梦兰　395
董恂　82
董遇春　371, 429
董元度　217, 282
窦纳乐（Claude Maxwell MacDonald）　569
都逢　42
都朋　169
都兴阿　69, 86, 88
杜波克（Émile Duboc）　286
杜逢时　643
杜默能　345
杜锡珪　642
杜衍庸　627
杜业尔（Charles Doyère）　559, 560, 571, 573, 590, 592, 593, 595, 596, 598, 606
惇亲王（奕誴）　179
端方　602, 609, 610, 612, 614, 617, 618, 624, 694
端良　487
段绩熙　521
段起　105
段玉龙　433
多布类　169

E

额德茂（W.von Hanneken）　378
额尔金伯爵（James Bruce, 8th earl of Elgin）　2
额勒和布　247, 482
额墨利（William Hemsley Emory）　619
恩诺尔（Arnold）　294
恩雪（Hernshaw）　371
恩佑　304, 318, 319, 320, 322, 377, 435, 445, 453, 469
尔兰诺得　170

F

法乐（John Farrow） 228
范腾霄 610
范熙申 617
范瀛川 431
樊增祥 628
方伯谦 39, 64, 116, 125, 135, 137, 142, 143, 145, 146, 153, 172, 185, 186, 193, 195, 215, 229, 292, 305, 338, 370, 372, 381, 419, 429, 438, 452, 459, 460, 463, 470, 473, 474, 477, 485, 491, 493, 494, 496, 546, 547, 551
方侗 428
方阜鸣 428
方国猷 429
方恒 429
方履泰 371
方念祖 610
方汝谨 428
方汝霖 429
方汝绍 395
方汝翼 218, 442
方佑生 602, 636, 642
方正祥 281, 282, 430
方仲恒 546, 547
芳舒 170
斐利曼特尔（Edmund Fremantle） 456, 527, 530
斐士博（T.S.Fishbourne） 369, 393, 409
费果荪（Jan Helenus Ferguson） 474
丰大业（Henri Victor Fontanier） 57
丰升阿 468
封燮臣 607
蜂须贺茂韶 421
冯鸿图 617
冯焌光 27, 94, 98
冯琦 360, 406
冯清泰 427
冯荣学 383, 439, 444, 447
冯子材 287, 291
风仪 628
福岛敬典 422
福尔聂 315
福果阿贝 170
福果阿芒 170
福合尔 415
福克（Vok） 228, 293
福锟 391, 394, 426
福来舍（H.Fleischer） 297, 371, 387, 406, 412, 475, 478, 479, 483, 485, 486, 548
福兰西斯（Franzius） 559
福理士 368
福禄诺（F.E.Fournier） 247, 248, 254
福裕 442
弗兰克林 628
弗里林海森（F.T.Frelinghuysen） 267
傅兰克令 103
傅兰雅（John Fryer） 66, 73, 80, 103, 312, 345, 443, 628
傅喜三 521
傅宗舜 144
伏司（Vuß） 294
富礼赐（R.J.Forrest） 140
富升 196

G

甘联璈 636, 643
甘联洁 282
甘露 429
甘司东（G.C.Kahn） 592
刚毅 442, 505, 600, 601, 602
高骏麟 426
高承锡 448, 501, 538, 540
高而谦 316, 400
高风华 617

高鹤龄　521

高林辉　554

高凌汉　601，613

高氏耶　186，187，191

高松保郎　421

高腾云　267，271，285

高维勋　432

高文德　520

高翔墀　428

高燮曾　482，525

高有堂　433

高英　606

高仲瀛　339，341

哥嘉（Thomas E.Cocker）　167，169，170，171，188，197，199，205，228

哥士耆（Michel Alexandre Kleczkowsky）　5

哥送　42

戈威因（Gauvain）　205

葛保炎　636，643

葛定国　433

葛福（H.Goffe）　639

葛开礼　433

葛兰德　183

葛雷德　199

葛雷森（William Hughes Clayson）　136，164，169，170，171，176，177，180—182，188—191，194，195，199，204—208，213，216，226—228，232，233，290，291，349

葛雷维　371

葛家瑞　433

葛罗（Jean Baptiste Louis Gros）　2

格尔斯（Н.К.Гирс）　191

格拉封得（Grafunder）　371

格兰特（Ulysses Simpson Grant）　148，151，153，179，638

格兰维尔伯爵（Granville Leveson-Gower, 2nd Earl Granville）　216

格里那　42

赓音泰　277

恭思萨克　425，435

恭亲王（恭王，奕訢）　2，6，12，19，23，31，40，92，127，157，173，210，220，240，241，243，246，247，249，250，452，495，496，503—505，523，568，696

龚世清　428

龚寿　268

龚顺辅　429

龚元友　429

龚照琪　427

龚照玙　204，325，434，455，462，463，475，488，489，491，493，497，498，503，507，515，517，518，522，523，537

龚照瑗　203，286，289，466—469，472，473，475—485，496，498，499，506，524，548

孤拔（Amédée Anatole Prosper Gourbet）　237，239，240，244，251，252，254—256，259，262，267，270，272，274，283，285—287，289，293，294，305，696

古德（R.Coote）　157

古士亥　170

古新　186

顾保传　433

顾承还　431

顾世忠　195

顾廷枚　429

顾衍贵　282

顾元爵　426

顾元勋　427，550

关庆祥　571

官文　5，12，13

管治平　430

管治兴　430

光绪帝（载湉）　90，303，313，328，346，347，466，471，490，509，510，515，516，566，569，

570, 577, 616, 619
桂良　3, 5
桂嵩庆　409, 443
桂祥　385
郭柏荫　21
郭宝昌　241, 390, 413, 416, 435, 436, 449, 463, 464
郭葆辰　268
郭得山　13
郭殿邦　431
郭荐康　276
郭瑞珪　116, 137, 186
郭世泰　428
郭嵩焘　19, 91, 97, 99, 110, 113—122, 124, 125, 128—131, 135, 136, 138, 140—148, 154, 162, 695
郭锡汾　627
郭耀忠　502
郭玉麟　268
锅岛直大　421

H

哈汉仪　610
哈和　371
哈克士他耳（Hacke，又简称哈克）　183, 184, 300, 350
哈密敦（Richard Vesey Hamilton）　322, 323, 361
哈卜（John Hubbard）　371, 393, 501, 524, 612, 630, 631
哈卜们（Anton Cornelius Heckman，即赫克曼）　371, 393, 501, 502, 524, 612
哈朴里倍　371
哈瑞斯（Harris）　331
哈孙克赖乏（Hasenclever，即哈逊）　293, 295—297, 337, 347
海春　432

海靖（Baron von Heyking）　556, 557, 559, 561, 567
海南（Heine）　371, 398, 472, 477, 526, 529
海因里希亲王（Prinz Albert Wilhelm Heinrich von Preußen）　563, 564, 568
韩德昌　432
韩殿甲　25, 27
韩锦　355, 383, 432, 440, 520
韩沐之　400
汉密尔顿（B.Hamilton）　108
汉纳根（Constantin von Haneken）　187, 188, 208, 231, 232, 252, 291, 325, 433, 445, 452, 469, 470, 473, 482, 485, 486, 488, 491, 498—510, 512, 515—517, 519, 536, 551
郝邦彦　643
郝崇照　428
郝芗　387, 432, 436
郝云书　428
好士德　169
浩威（George Howie）　517, 518, 525, 535
何超南　617
何道云　618
何尔门（Friedrich von Hollmann）　538, 543
何广成　447, 636, 642
何桂福　181, 209
何豪　618
何嘉兰　438, 575
何璟　115, 119, 132, 133, 135, 136, 149, 152, 155, 156, 160, 162, 167, 171, 174, 180, 182, 193, 203, 209, 214, 227, 229, 238, 239, 241, 254, 256, 257, 262, 268, 270, 284, 286
何立朝　430
何理本（Theodo von Holleben）　347
何伦洛熙公爵（Chlodwig Carl Viktor, Prince von Hohenlohe）　556
何履亨　274
何能治　445

何品璋　382, 431, 439, 540, 543, 596, 613
何如璋　113, 119, 129, 131, 140, 149, 153, 213, 227, 230, 231, 239, 241, 242, 244, 246, 247, 251, 252, 254, 255, 259—262, 270—272, 276, 284, 286
何汝宾　502
何汝龄　429
何天爵（Chester Holcombe）259
何廷光　431
何心川　64, 116, 125, 135, 137, 142, 143, 145, 146, 152, 155, 167, 185, 186, 239, 330, 333, 430, 596
何兆湘　610
何增珠　430
赫布登　199
赫德（Robert Hart）4—6, 8—12, 14, 15, 17, 20, 21, 24, 26, 27, 29, 30, 32, 33, 35, 38, 40, 42, 49, 85, 86, 88, 89, 93, 94, 96, 97, 99, 101, 102, 104, 107, 108, 111—113, 115, 116, 119—121, 125, 127—130, 132, 134, 136, 143, 144, 146—148, 150, 151, 154—162, 165—172, 176—178, 181, 188—191, 193, 195, 196, 204—211, 215, 216, 219, 223—233, 235—240, 246, 247, 249, 252, 280, 299, 301—304, 310, 312, 313, 316, 329, 332, 333, 336, 338, 340, 344, 349, 363, 375, 377, 404, 407, 411, 457, 462, 464, 467, 469, 471, 478, 479, 486, 494, 497, 499, 500, 502, 505—507, 509—512, 514, 553—556
赫政（James Henry Hart）158
恒通　386
洪恩广　427, 451, 454, 549
洪钧　197, 208, 219, 239, 245, 378
洪仁玕　2
洪汝奎　105
洪桐书　355, 383, 419, 420
洪遐昌　419

洪钟宇　454
后藤象次郎　421
胡春发　431
胡恩溥　427
胡光墉　34, 35, 41, 42, 46
胡晃　617
胡记成　432
胡家玉　162
胡林翼　5
胡青源　431
胡思浩　607
胡廷相　430
胡漾　309, 427
胡燏棻　506, 507, 509, 517
胡正鹏　431
胡忠胜　624
花房义质　217, 221, 222
华备钰　312, 628
华尔（Frederick Townsend Ward）9, 10, 11, 12, 343, 347, 407
华尔身（John Walsham）343, 347, 407
华而登　628
华甫曼（Hoffmann, 即哈富门）371, 406
华蘅芳　32, 66
桦山资纪　420, 421, 466
怀特（H. White）247, 249, 298, 305
宦维城　210
荒川己次　458, 459
黄本富　436
黄承贶　627
黄承羲　618
黄承勋　501
黄戴　299, 306, 318, 367, 385, 390
黄德椿　560
黄国瑚　430
黄国瑾　257
黄国忠　432

黄宏泰　431
黄季良　210, 267, 268
黄家骏　429
黄家猷　520
黄建莞　426
黄建勋　64, 116, 125, 128—130, 136, 146, 185, 186, 195, 381, 430, 439, 452, 491, 497, 498
黄建筦　428
黄健元　610
黄金满　205
黄金全　432
黄金志　355
黄开文　429
黄联开　58
黄伦苏　221
黄梅生　57
黄鸣球　316, 338, 352, 359, 366, 388, 399, 432, 543
黄乃模　355, 447, 520
黄彭年　69
黄瑞兰　208, 211, 222, 278
黄裳吉　316
黄裳治　429, 642
黄少春　447, 475, 496, 567, 578, 580, 583
黄胜　383, 430, 440
黄胜福　430
黄仕林　321, 434, 522, 523
黄书霖　428
黄体芳　137—139, 287, 311, 312, 314, 694
黄廷耀　260
黄庭　209, 317, 338, 339
黄维煊　35, 46
黄锡典　618
黄显仁　610
黄绪虞　617
黄以潼　433
黄以云　596, 606

黄翼升　437, 441, 443, 447, 453, 487, 494
黄应元　384, 431, 450
黄兆荣　521
黄正　429
黄钟瑛　636, 642
黄仲良　429
黄祖莲　210, 383, 432, 440, 444, 447, 536, 541
黄祖络　472
黄遵宪　489, 516, 528, 551, 558, 560
惠年　344
霍布森　199
霍金司（Hutchins）　150
霍克尔（H.W.Walker）　279
霍良顺　431
霍伍德（W.Howard）　276

J

基尔　142, 170, 172, 277, 279, 280, 294, 310, 311, 554, 564
基尔德　170
吉利丰（Griffon）　433
极福德　133
陈安　429
继昌　409, 410
继昆　370
季邦桢　506
嘉格蒙（James Joseph Jackman）　256, 546, 547
嘉乐尔（J.Carroll）　42, 106, 109, 172, 177
佳臬　170
贾礼达（Calder）　371, 506
贾密伦（Cameron）　80
贾凝禧　316, 338, 353, 399
贾起胜　355
贾业清　430
假格士急　42
榎本武扬　225, 283, 420, 421

蒯炳南　274，277
江鸿珍　268
江懋祉　103，116，125，129—131，133，136，146，185，186，214
江仁辉　382，439
江人镜　442
江四　326
江永　181，182，209，217
江友仁　521
江自康　466，468
江忠清　599
姜桂题　355
姜鸿澜　610
姜鸿滋　610
蒋超英　64，75，116，121—123，136，145，146，158，168，177，185，186，226，234，245，267，273，279，292，409，410，637
蒋拯　448
蒋家有　431
蒋士翰　429
蒋益澧　35
金伯利（J.W.Kimberley）　471，544
金达三　433
金德理　594
金登干（James Duncan Campbell）　81，85，86，88，94，96，97，99，104，107，108，115，118，119，121，128—130，132，142—144，146—151，154，160，162，165—172，177，178，180，181，188—191，193—196，204—211，215—217，219，220，223—229，232—238，240，246，247，249，252，280，291，300—304，310，312，316，329，330，332，333，336，338，340，349，355，363，375，377，404，407，411，462，464，467，469，471，479，486，494，497，499，500，505—507，509—512，514，553—556
金溥芬　610

金宏集　478
金楷理（C.T.Kreyer）　66，73，113，157，174，181，556，627，628
金荣　54，63，144，228，279，292
金圣禄　432
金玉均　452，454
金升元　433
景亨　435
景廉　113
景星　587，588，591
井上良馨　420
井上馨　283，284，330，336，339—343，347，348
巨籁达（Louis Ratard）　606

K

喀士洛斯基　350
喀西尼（А.Р.Кассини）　461，495，496，553
凯古柏（Astley Cooper Key）　194，216，219，220，223，234，240
堪士郎　199
康长庆　152
康士坦丁亲王（Н.Веп.кн.Коnстантин）　173
康永瑞　445
柯鸿年　316，400，409
柯建章　383，440，470，501
柯铭钦　573
科里登　371
克尔沃（M.Kirkwood）　333，334
克利同　628
克伦西　415
克罗克　199
克拿思　415
克诺尔（Eduard von Knorr）　556
克锡（William Keswick）　473，476，478—482，484，498，505—507，509
邝炳光　210，383
邝国光　210，383，434，435

邝荣光　210
邝贤俦　210
邝咏钟　210, 267, 270
堃岫　304, 377
奎斌　377, 442
奎昌　344
奎焕　304, 343, 377
阔雷明（W.C.Kleménow）　604, 606

L

拉度林公爵（Prince von Radolin）　556
拉飞德　170
腊佛奴（Raffeneau）　42
腊根　169
腊依德　170
莱亚德（A.H.Layard）　11
赖格罗（le Orgs）　292, 296, 364, 369, 409
赖威尔（Ravel）　286
蓝博德（Lambert）　169, 238, 424, 425, 435
蓝德士　485, 545, 546
蓝建枢　103, 181, 183, 209, 382, 431, 439, 543, 596
兰斯顿侯爵（Henry Petty-Fitzmaurice, 5th Marquess of Lansdowne）　588
琅威理（William Metcalft Lang）　115, 121, 127, 136, 148, 150, 151, 153, 157, 159, 160, 162, 165, 169, 171, 172, 206, 213, 215—217, 219, 220, 223, 225—234, 236, 238, 240, 244, 246, 252, 277, 287, 290, 291, 293, 300, 301, 303, 304, 306, 310, 312, 313, 316, 317, 325, 326, 328, 329, 331—333, 335, 336, 338—341, 343—346, 348—350, 353—356, 359—363, 371, 373—377, 389, 392, 393, 395, 397, 398, 400, 403—408, 410, 411, 425, 426, 434, 471, 486, 500, 502, 506—512, 536, 543, 546, 547, 553, 555, 560, 610

朗克　331
郎格内　170
劳崇光　5, 8, 9, 10
劳敦　169
劳伦斯·庆（Laurence Ching，即庆司劳斯）　115, 404, 407
勒方锜　167, 182
勒罗阿　628
勒摩奴　169
勒普里曼达吉（Laprimandage）　108
乐半（Robin）　42, 279
雷萨尔　592
雷意（Louis）　42
黎弼良　557
黎锦彝　604
黎晋贤　318, 370, 431
黎庶昌　115, 143, 214, 222, 225, 228, 281, 387, 414, 418, 696
黎特　628
黎星桥　181, 183, 194, 209, 382, 431, 439, 520
黎元洪　635, 640, 641
黎兆棠　84, 105, 148, 157, 167, 170, 171, 173, 174, 176, 180, 182, 183, 187, 192, 193, 195, 197, 202, 203, 207, 211, 214, 215, 217—219, 221, 223, 228, 229, 233, 411
礼亲王（世铎）　93, 247
李安林　433
李北海　617
李秉衡　514, 515, 517, 519, 522, 525—527, 529, 532, 534, 535, 537, 538, 562, 564, 581, 583, 694
李长得　432
李长乐　355
李朝斌　135, 148, 150, 152, 169, 174, 179, 180, 210, 224, 344
李成谋　56, 58, 69, 73, 90, 150, 151, 154, 158, 165, 169, 192, 233, 234, 244, 247, 250, 261,

267, 273, 303, 372, 441
李承曾　607
李春　430
李春庭　430
李大川　430
李大棹　617
李大受　316, 399
李道煌　428
李得胜　430
李德缤　433
李鼎新　209, 227, 238, 295, 318, 381, 430, 439, 501, 538, 539, 540, 543, 636
李定明　374
李芳荣　209, 317, 338, 339
李凤苞　73, 94, 98, 104, 106, 110—113, 115—118, 120—122, 124, 125, 128—132, 134—136, 140—144, 147, 149, 150, 152, 153, 155—158, 161, 165—170, 172, 173, 176, 177, 180, 181, 183—186, 191, 192, 195—197, 202, 205, 210, 211, 214—217, 221, 226, 228—232, 235—237, 239, 240, 242, 243, 246, 251, 253, 262, 274, 276, 277, 279, 280, 287, 294, 298, 302, 304, 306, 307, 309, 310, 316, 317, 341, 354, 365, 368, 378, 384, 449, 628
李福泰　40, 42
李贵　176
李观鉴　521
李国荣　605
李国熙　429
李恭岳　432
李瀚章　21, 30, 86, 88, 89, 96, 391, 407—409, 441, 442, 450, 465, 475, 477, 496, 505, 510, 518
李和　55, 117, 176, 181, 183, 194, 208, 382, 431, 439, 512, 514, 518, 519, 543, 549, 636
李鹤年　73, 81, 83, 86, 88, 90, 100

李鸿藻　1, 113, 220, 224, 245, 246, 248, 250, 253, 466, 481, 482, 490, 495, 503—505
李鸿章　1, 2, 7, 9—15, 17—20, 22—27, 29, 30, 32, 34, 40, 44, 56, 58, 59, 61, 65, 67—69, 71, 72, 76, 78, 80, 81, 83—86, 88, 89, 91—107, 109—122, 124, 125, 127—132, 135—138, 140—144, 146, 148—162, 164—183, 185—192, 194—197, 199, 202—211, 213—252, 254—259, 261, 262, 267, 268, 270, 272—284, 286—307, 309—312, 314—318, 320—345, 347—355, 357, 359—363, 365—370, 372—381, 384—398, 401—420, 423—426, 433—438, 440—534, 536—538, 540, 541, 543—548, 550, 553—556, 563, 564, 567, 576, 581—583, 585, 587—589, 612
李宏谟　138, 139
李继纲　427
李嘉乐　559
李家孜（F.T.Richard）　292, 296, 364, 369
李金山　433
李经方　354, 419—421, 541, 632, 633
李经衡　430
李经纶　430
李经述　492
李经业　430
李景渊　610
李竟成　427
李镜堂　521
李俊云　270
李楷　433
李可权　427
李来生　270
李莲英　313, 319, 336, 522
李联芬　383, 432, 440, 520
李烈钧　641
李劢协　106, 112
李铭魁　521

李奈尔　170
李培厚　429
李青云　270
李庆霖　42
李孺　610
李瑞　354, 430
李绍晟　617
李圣培　400
李实秀　432
李时珍　292
李上彬　182
李士固（Liskow）371
李士林　193
李士元　384, 432, 440, 543
李仕茂　470, 472
李星应　222, 223, 224, 305, 468, 469
李寿田　115, 137, 138, 142, 145, 146, 186, 187, 229, 282, 310, 350, 363, 364, 392, 400, 448
李泰国（Horatio Nelson Lay）2, 5, 7, 10—15, 17—21, 24
李天福　520
李田　55, 71, 117, 152, 226, 430, 526, 592
李挺英　432
李维业（H.L.Reviere）215, 234, 433
李文彬　617
李熙　279, 295, 461
李襄国　371, 427
李祥光　318, 433
李相　276
李学孔　430
李学贤　433
李锬均　427
李延祜　428
李逸稷　454
李英　521
李右文　610
李与吾　275

李毓麟　617
李玉山　433
李岳衡　628
李蕴盛　433
李在灿　520
李占椿　580, 587, 589
李赞元　534
李桢　617
李震华　617
李宗岱　72
李宗南　521
李宗棠　429
李宗羲　78, 80, 82, 86, 88, 89, 91
李准　604, 605, 613, 615, 625, 635, 637
礼亲王（世铎）93, 247
里格迈登（Rigomaider）199
理格　177, 240
理尧年　322, 324
利士比（Sébastien Nicolas Joachim Lespés）251, 258, 259, 272, 285, 297
联芳　588, 592
联魁　435
梁炳年　115, 137, 138, 185
梁鼎芬　247
梁敦彦　206, 210, 618, 619
梁福禧　144
梁晋照　210
梁浩池　546
梁鸣谦　49, 84
梁汝辉　355
梁绍广　268
梁威理（J.Liaberia）478
梁伟年　207
梁云鹏　370
梁珍　270
梁植　427
梁祖全　309, 382, 431, 439

梁祖勋　268
廖炳枢　371，428
廖景方　626
廖寿丰　514，565
廖寿恒　309，569
廖天祐　432
廖云瑞　209
列吴诺福　564
林葆纶　613，636
林葆怿　636
林朝钧　371
林承谟　64，274，277，362，410，436，450，557，571
林莼　428
林登亮　382，431，439
林董　545，548
林藩　316，400
林福成　268
林福贞　560
林高辉　125，152
林贡　268
林冠慈　637
林国赓　605，615，625
林国禧　575
林国祥　55，84，125，379，441，474，485—487，492，493，495，508，517，543，545，557
林鹤龄　371
林泂淑　176
林建章　643
林敬先　384，439
林乐知（Y.J.Allen）163，436，695
林立金　432，444，447
林履中　103，240，309，327，370，381，430，439，452，491，497，498
林鸣埙　306，366，385，390，554
林鹏　268
林清康　423，424

林庆升　116，137，139，145，146，186
林权助　617
林日章　116，137，139，146
林嵒　429
林绍年　365，379—381，384
林森林　103，267，272，274
林寿图　84
林颂庄　636，643
林泰曾　36，64，75，93，106，107，116，121—123，136，141—146，152，155，157—161，168，170，176，180—182，185，190，191，196，206，208，222，226，245，253，277，278，306，335，353，355，362，365，370，372，374，378，389—392，395，396，398，429，452，453，460—463，469，471，474，484，485，492，500，504，510—514
林廷亮　643
林文彬　349，355，382，431，439，543，596
林文和　76，82，489
林维三　270
林怡游　116，137，138，142，145，146，186
林颖启　103，116，125，129，130，136，145，146，185，186，195，370，381，430，441，543，568，584，594
林永谟　642
林永升　64，116，125，126，135，137，142，143，145，146，172，185，186，195，197，348，354，355，370，371，381，429，439，452，491，497，498
林元　268
林振峰　316，399
林振声　445
林振镛　643
林志荣　316，400
林祗曾　427
麟瑞　435
麟书　479

凌霄　610

刘璈　296, 298

刘邦道　427

刘邦义　429

刘秉镛　403

刘秉璋　241, 256, 288, 289, 298, 316, 377, 442

刘步蟾　36, 64, 71, 75, 93, 106, 107, 116, 121—123, 128, 133, 136, 145—147, 149, 152, 155, 157—161, 164, 168, 170—172, 177, 183, 185, 197, 209, 215, 216, 219, 221, 231, 237, 238, 245, 277, 294, 298, 309, 326, 335, 337, 338, 362, 365, 370, 371, 378, 392, 398, 401, 403, 423, 429, 452, 453, 460, 469, 484, 485, 492, 495, 496, 500, 504, 505, 507, 519, 524, 528, 534—536, 541

刘步青　428

刘步廷　428

刘长发　432, 433

刘长敏　610

刘朝陛　429

刘朝钧　428

刘朝銮　427

刘朝森　429

刘朝泰　431, 433

刘朝兴　432

刘超佩　430, 516, 519, 526, 527, 529

刘超先　430

刘承基　428

刘大龙　433

刘得　229

刘殿甲　432

刘东山　355, 370

刘恩荣　354, 394

刘芳圃　384, 432, 440, 543

刘冠南　383, 431, 439, 444, 636

刘冠雄　316, 338, 349, 352, 355, 366, 382, 399, 419, 420, 431, 540, 546, 601, 621, 627, 637

刘国灿　429

刘含芳　136, 203, 216, 226, 252, 276, 313, 315, 318, 323, 325, 328, 353, 365, 373, 377, 387, 406, 410, 415, 416, 433, 440, 446, 449, 455, 472, 473, 478, 479, 483, 486—489, 496, 518, 519, 522, 529, 531—535, 537, 540, 544, 548, 550

刘华式　610

刘吉顺　432

刘金相　370, 431

刘锦发　430

刘坤一　30, 90, 96, 98, 105, 120, 146, 148, 154, 156, 161, 162, 166, 173—175, 179, 180, 182, 190, 197, 202, 203, 206, 210, 390, 413, 419, 421, 425, 435—438, 442, 443, 446, 447, 449, 452—454, 463, 465, 475, 478, 482, 483, 489, 492, 494—496, 502, 504, 506, 507, 522—524, 527, 528, 534, 536, 548, 560, 564, 565, 567, 573, 577, 578, 581, 584, 589

刘兰生　429

刘励　617

刘麟祥　518

刘懋勋　116, 137, 186

刘铭传　182, 251, 253, 254, 256, 259, 268, 272—275, 284, 296, 343, 362, 363, 373—375, 377, 396, 397, 401, 413, 416

刘汝翼　203, 377, 411, 416, 455

刘瑞芬　206, 330, 332—334, 336—341, 343, 349, 354, 357, 359, 361, 375, 394, 441, 488

刘劭生　428

刘盛休　350, 355, 434, 487, 488

刘盛增　430

刘思恕　428

刘师复　613

刘树德　427

刘树芬　492

刘树棠　577
刘田甫　610
刘文豹　431
刘锡鸿　113, 114, 116, 117, 120—122, 128, 129, 132, 133, 142—144, 159, 695
刘相忠　521
刘学礼　382, 430
刘郇膏　30
刘应霖　382, 439, 520
刘永福　219, 234
刘永庆　461
刘愈　428
刘玉麟　643
刘玉胜　370, 520
刘昭亮　520
刘志广　430
刘宗俊　352
刘佐禹　25
柳安庆　282
柳日太　546
柳元俊　427
柳原前光　84
龙殿扬　550
龙荣轩　610
龙湛霖　474
卢城　270
卢得才　433
卢守孟　316, 399, 557
卢同济　610
卢文金　383, 440, 520
卢学孟　560
卢祖华　210
鲁洪达　624
鲁脱能　628
陆奥宗光　342, 421, 457, 458, 460—462, 538, 540, 696
陆保　181, 209, 428

陆保善　428
陆春森　433
陆崇业　268
陆敦元　433
陆尔发　188, 211
陆麟清　191, 309, 318, 370, 381, 430, 444, 447, 450
陆伦华　75, 98, 226
陆伦坤　643
陆三兴　431
陆锡珪　429
陆孝旺　433
陆永泉　210
陆昭爱　318
鹿传霖　581
路笔纳　433
伦道尔（George Wightwick Rendel）　87, 151, 152, 171, 177, 196, 206, 207, 226, 232
伦道尔（Stuart Rendel）　85, 99, 210, 300
罗大春　73, 74, 75, 76, 83, 84
罗丰禄　71, 116, 133, 137, 142, 145, 146, 183, 186, 189, 191, 196, 219, 256, 276, 318, 323, 327, 360, 368, 372, 386, 388, 393, 394, 403—408, 434, 443, 449, 456, 488, 550, 551, 588
罗甫　170
罗庚龄　419
罗亨利　345
罗锦方　229
罗觉司（Reginald William Scott Rogers, 即罗察尔，罗哲士）　333, 336—338, 341, 343, 349, 387, 406, 408, 410, 485, 545
罗逵　429
罗荣光　325, 355, 516, 583, 584
罗士　618
罗斯（John Ross）　196
罗素（John Russell, 1st Earl Russell）　10, 11

罗熙禄　429

罗亚芬　239

罗曜廷　335

罗臻禄　106, 115, 137, 139, 142, 145—147, 427

罗致通　617

罗忠霖　521

罗忠铭　316, 338, 352, 353

罗忠尧　316, 399

吕班（Pierre René Georges Dubail）567, 593

吕德元　610, 615

吕德璋　429

吕调镛　575

吕海寰　569

吕瀚　55, 75, 76, 158, 168

吕文经　71, 75, 111, 211, 274, 277, 408, 430, 543, 559, 575, 585

吕耀斗　202, 233, 239, 299, 328, 350, 360, 368, 386, 403, 427, 438, 443

吕增祥　403, 420, 428, 441

吕芝田　431

M

马丹美　170

马德骧　627

马的奴得式内　169

马复恒　318, 427, 452, 517, 519, 524, 537, 538, 543, 559

马复贲　428

马复震　51

马格斐　185

马格里（Samuel Halliday MaCartney）25, 246, 302, 330, 354, 406, 425, 426

马格禄（J.M'clure，即麦格罗）452, 503, 507—510, 512, 514, 520, 524, 525, 532

马根济（John Kenneth Mackenzie）207

马吉芬（Philo Norton McGiffin）345, 371, 501, 502, 559, 696

马纪元　431

马嘉理（Augustus Raymond Margary）98, 104, 109

马建忠　80, 116, 137, 149, 173, 189, 194, 208, 213, 216, 217, 220—223, 226, 230, 232, 329

马金叙　430

马勒　5

马罗勒　360

马沙耳男爵（Baron von Marschal）538, 559

马驷（E.W.Kretzschmar）517

马图林　360

马新贻　48, 49, 51, 54, 55, 58

马应波　268

马玉昆　468, 473

马毓桂　371, 429

马毓藻　181, 182, 209, 217

马元恺　181, 209, 217

马煟钰　435, 636, 642

马籛图　429

迈达（Médard）161, 270, 364, 438, 445, 593, 614

麦赖斯（W.Mcleich）361

麦乞伊（J.Maclear）292

满德（H.Mandl）395, 396, 415, 496

毛鸿宾　20, 25

毛吉士　433

毛精长　157

毛奇珍　431

毛仲方　605, 615

冒澄　233

梅萼　435

梅辉立（W.F.Mayer Willliom Frederick Mayers）82

梅启照　149, 180, 185, 187, 190

美克利　628

美理登（B.E.Meritens）15, 38, 46

孟格非埃　169

孟罗　637
孟慕超　610, 615
孟昭暹　428
密耳士　395
密拉（Möller）　294
铭安　169, 176
明惠　377, 389, 435
闵泳翊　279, 333
默罕　628
莫卢阿　315
墨理贤（H.F.Merril）　312, 344
摩顿（T.S.Morton）　415
穆晋书　461, 533
穆拉维约夫（Муравъёв）　561, 562, 568
穆勒登（A.G.Moreton）　177
穆麟德（P.G.von Mollendorff）　292
穆图善　167, 171, 180, 190, 209, 238, 254, 257, 262, 267, 268, 271, 294

N

拿核甫　412, 628
拿破仑第三（Napoléon III）　40
那戴尔　593
那丽（Noric）　66
南廷哲　295, 296
能久亲王　421
尼格路斯（T.Nicholls，即尼科尔斯）　199, 491, 501
尼古拉二世（沙皇，皇太子：Николай II Александрович）　554, 560, 561, 562, 563
倪尔顺（Nelson，即倪尔森，纳尔逊）　337, 338, 406
倪芳　433
倪金福　432
倪维镕　433
倪文尉　238
尼文　315

聂鹏程　432
聂士成　429, 458, 459, 472, 482
牛昶昞　204, 426, 484, 535, 536—538, 543, 559
牛樾　429
诺布尔（Nobel）　555
努瓦康（Noiquand）　205

O

欧般　170
欧格讷（Nicholas Roderick O'Conor）　292, 293, 471, 472, 478, 486, 544
欧士敦（Frederick Samuel Houston）　450
欧阳芳　13
欧阳赓　210
欧阳琳　617
区尔（O.K.W.Kühl，即居尔）　371, 393

P

排白德　315
潘炳年　267, 270, 271
潘德尚　433
潘骏德　203, 216, 323, 325, 328, 344
潘尚衡　618
潘霨　84, 88
潘锡基　268
潘衍桐　242
潘兆培　543
潘志俊　427
庞鸿书　468
庞斯福德（Julian Pauncefote）　216, 300, 304, 332, 340
庞廷桢　268
裴龙（Peyron）　251
裴式楷（Robert Edward Bredon）　142—144
裴荫森　244, 284, 285, 289, 295, 296, 298, 299, 303, 310, 311, 314, 317, 324, 325, 330, 338, 342, 350—352, 355, 357, 361, 363—367,

369, 373, 374, 381, 385, 388—393, 396, 399—403, 405, 554

彭楚汉　84, 148, 154, 158, 159, 161, 219, 272, 305, 375, 508, 509, 515, 583

彭行赞　270

彭玉麟　48, 58, 72, 94, 150, 153, 154, 162, 165, 169, 170, 175, 177, 178, 180, 182, 187, 192, 195, 197, 202, 203, 206, 214, 224, 225, 227, 233, 234, 239, 242, 256, 260, 294, 298, 302, 372, 397, 401, 581, 694

彭约翰　637

朴泳孝　454

平安（Binghom）　82, 254, 395

坪井航三　423

璞尔生（Vilhelm Petersen）　424, 425

蒲安臣（Anson Burlingame）　9, 49

蒲连元　433

Q

耆龄　5

齐熙　610

岐元　174, 176, 196

祁凤仪　355, 383, 419, 420, 432, 445, 540, 598

戚本恕　598

齐莫曼（Robert.Zimmerman）　553

千住成贞　422, 423

钱德芳　631

钱恂　626, 627, 694

钱应溥　309

钱秩　521

乔松年　30

乔治五世（George V）　637

青木周藏　330, 331, 347

庆常　354, 559

庆春　151

庆亲王（庆郡王，奕劻）　302, 303, 411, 413, 425, 435, 453, 505, 553, 559, 569, 588, 622

庆志　427

邱宝仁　64, 71, 111, 112, 117, 120, 121, 127, 128, 168, 176, 240, 309, 327, 348, 354, 355, 359, 370, 371, 381, 390, 429, 439, 543

邱良佐　428

邱敏勋　371

邱明礼　430

邱庆鸿　383, 440, 520

邱瑞麟　429

邱文勋　448

邱志范　316, 338, 352, 359, 366, 399

秋山源藏　423

裘国安　116, 137, 139, 186, 299, 306, 367, 385, 390

屈永秋　429

曲延淑　521

瞿昂来　345

瞿鸿禨　588

渠威烈　315

R

饶怀文　597, 602, 607, 636, 642

饶鸣衢　538, 540, 584

热福礼（François Louis Henri de Geofroy）　85

仁礼景范　222

任光鉴　316

任国柱　268

任其德　520

任延山　431, 439

任新奎　521

任重　411, 617

任正申　383, 431, 440

日格密（Jacquemier）　251

日意格（Prosper François Marie Giquel）　12, 22, 24, 29—42, 44, 46, 52, 55, 72, 74, 78, 82, 84, 93—95, 103—107, 109—113, 116, 118, 121, 124, 125, 129, 136, 143, 147, 160,

161，164—166，173，185，186，221，235，237，279，315
荣禄 505，509，515，570，573，580
荣续 636
荣志 637
容光 623
容闳 2，14，18，20，21，111，470，696
容尚谦 210，267，305，316，325
容耀垣 210
柔克义（William Woodville RockHill） 617
阮邦贵 521
瑞澂 627，639，640
瑞联 69
瑞麟 27，35，49，51，71，84，429
瑞乃德 169
瑞乃尔（Theodore H.Schnell） 177，533
瑞洵 503
瑞璋 442
宍户玑 178

S

桑德斯（Saunders） 196
萨巴里 186
萨巴铁 614
萨把帖 169
萨承钰 411
萨道义（Ernest Mason Satow） 591
萨尔金特（Aaron Augustus Sargent） 217
萨根 562，564
萨蒙德（Nowell Salmon，即沙尔曼） 361
萨镇冰 103，116，125，126，135，137，142，143，145，146，172，185，186，217，218，381，388，395，419，420，430，530，537，557，570，576，577，590，592，595—598，601—603，605，606，610，615—619，621，622，624—627，629，633，635，636，639—641
沙都安 315

沙尔富 448
沙富 315
杉村濬 457，458，459
山崎景则 423
善福 389
善联 576，577，583
善庆 302，318—322，324，325，343，361，365，371，428
尚昌懋 435
尚贤 253
上野景范 116
邵禄（Chollot） 433
邵瑞琮 429
邵友濂 273，280，281，289，465，469，489，492，494，495，523，529，535
佘德镁 429
色克图 435
森有礼 102
沈保靖 27，68，254，360，488
沈葆桢 31，33—35，37—42，44—46，48，49，51—59，61，63，67—69，71，73—76，78，81—84，86—88，90，92—103，105—107，109—113，115，116，118，120，127，128，130—132，134—141，144，148—153，155—162，166，174，175，193，195，207，245，402，403，405，415，422，512，570，591，620
沈秉成 414，416，442
沈秉荣 430
沈成栋 627
沈桂芬 113，132
沈鸿烈 610
沈继芳 636，642
沈家树 210
沈奎 610，615
沈梁 602，636
沈权铃 439
沈寿昌 210，382，431，439，470，501，536

沈寿堃　316, 338, 352, 399, 432, 447, 501, 538, 540, 625, 631, 636
沈叔龄　383, 501
沈顺发　75
沈玮庆　350
沈维雍　521
沈一奇　618
沈翊清　400, 448, 567, 570, 588, 590—593, 597, 620
沈有恒　64, 167
沈瑜庆　403, 414, 415, 584
升芷　309, 316
盛康　168
盛宣怀　97, 168, 270, 272, 323, 325, 353, 467, 468, 473, 476, 487, 488, 493, 563
盛昱　246, 310
盛永清　13
胜海舟　73, 422
胜林　370
圣提莲（B.Saint-Hilair）　192
施阿兰（Augusts Gérard）　553
施得魁　521
施恩孚　560
施爵尔　433
施密士（Werner）　378
施密斯（W.H.Smith）　136
施玉章　430
施在钰　402
师德麟　133
师丢瓦　240
石长信　623
石川伍一　492
石德行　433, 548
石多士（A.von Stosch）　129
石瑛　627
史建中　103
史类白（H.Schnepel）　199
史理孟　188, 286
史普来　485, 545, 546
史寿箴　502
史塔克（Storck）　276
史文华　432
式百龄（Sebelin）　244, 277—284, 293, 294, 326
氏布多　315
舒爱把士德　170
舒斐（Zaffie）　118, 141, 152, 178, 371
舒高第　133, 188, 412, 628
舒文　302, 303, 309, 315
舒有　169
帅睕均　427
水连福　521
思拍立（Charles Stillman Sperry，即史博理）　617
斯德浪　183
斯蒂芬森（George Stenphenson）　196
斯恭塞格（Ernest Dunoyer de Segonzac）　84, 185—187, 191, 316, 400
斯内利　199
斯图尔特（H.Stewart）　194
司徒傅权　627
四达尔祚福　415
松椿　442
松方正义　420
松寿　611, 614, 615, 617—620, 623, 626
松田道之　97, 149
崧骏　442
崧蕃　442
宋复九　617
宋复虔　428
宋国钧　432
宋晋　62, 65, 68
宋庆　167, 253, 274, 321, 325, 355, 434, 498, 557, 564, 573

宋式善 610
宋文翙 210, 383, 432, 439, 444, 447, 636, 641, 643
宋振 610
苏萃 185
苏克明 371
苏茂山 431
苏锐钊 210
苏元春 580
苏哲尔 170
肃亲王（善耆） 592, 621—623
遂得 371
孙多庆 432
孙凤翔 273, 276, 282, 284
孙孚侃 317
孙辉恒 636
孙嘉 431
孙姜 382, 431, 439, 520
孙景仁 502
孙礼达 433
孙茂盛 433
孙绍钧 61
孙士智 432, 444
孙廷林 614
孙文晃 520
孙效邦 433
孙学贵 430
孙诒经 98
孙诒泽 429
孙余庆 431
孙毓汶 247, 343, 483, 485, 504, 515
索尔兹伯里侯爵（R.Gascoyne-Cecil, 3rd Marquess of Salisbury） 141—143, 145, 147, 361, 405, 407, 588
索普 199

T

台斐司 315
泰贝 614
谭碧理 344
谭刚 617
谭继洵 442
谭马士 485, 545, 546
谭庆文 521
谭文华 433
谭秀 318
谭学衡 557, 613, 633, 636
谭英杰 448, 520
谭钟麟 205, 437, 441, 445, 448, 449, 451, 458, 464, 475, 512, 554, 581, 583
汤建中 429
汤金城 383, 432, 439
汤廷光 636
汤文成 596
汤文经 502
汤芗铭 642
汤永图 371
唐春桂 384, 432, 440
唐定奎 273
唐敏仪 229
唐仁廉 325, 355, 506
唐荣俊 210
唐润生 428
唐绍仪 465, 467
唐士让 433
唐廷枢 107, 112
唐文盛 438
唐应夔 428
唐祐 221
焘讷里（R.G.Townley） 596
陶鼎 432
陶模 544, 586, 593
陶式鋆 577

陶树恩　624
陶威尔（H.Dowell）　292
陶元太　521
特尔督夫（Тыртов）　562
特图慎　614
滕元邦　433
提尔比茨（Alfred Peter Friedrich Tirpitz）　577
田贝（Charles Denby）　302
田中不二麿　421
铁良　435, 604, 622
廷雍　585
同治帝（载淳）　6, 75, 85, 90
童懋元　431
童锡鹏　610
屠仁守　377
屠用裕　431, 445
屠宗高　144
屠宗年　75
图瓦谦　432
土方久元　420
涂宗瀛　227

W

万国荣　374
万于滨　521
万中榕　429
万重暄　195
汪宝庆　430
汪成发　431
汪恩孝　370, 430
汪凤藻　450, 459, 460, 461, 471
汪嘉榘　429
汪克东　599
汪乔年　106, 350
汪如霆　432
汪瑞高　427
汪锡龄　432

王邦玺　278
王葆辰　46, 193
王秉谦　428
王朝俊　429
王超　627
王传炯　615, 636, 641, 643
王慈劼　426
王从义　430
王大贞　622
王道埴　617
王德均　27, 66, 203
王德奎　205
王得胜　136
王登贵　433
王登云　546
王殿魁　430
王恩渥　428
王福昌　209, 318, 338, 339, 429
王福祥　344, 445
王凤喈　282
王光第　371
王光胜　144
王光熊　602, 636, 642
王国成　470, 472
王亨鉴　429
王回澜　209, 317, 338, 339
王化鹏　431
王楷　617
王吉林　433
王家璧　94, 95
王金楷　144
王金铭　427
王金玉　432
王锦春　445
王锦隆　430
王景仁　427, 428
王举　421, 433, 520, 637

王举贤　520
王开元　610
王开治　637
王凯泰　65, 68, 69, 88, 101, 102
王闿运　187
王兰芬　502
王涟　267, 271
王良登　210
王鹏运　550
王平　412, 531, 533
王齐辰　181, 182, 209, 382, 431, 439, 444
王起云　433
王庆端　209
王裒　610
王仁宝　319, 371, 427
王荣和　107
王瑞祥　429
王尚芝　433
王时泽　617
王世清　260
王世祥　430
王寿昌　316, 400
王澍　428
王树泰　428
王崧辰　342, 355, 400, 402, 403
王添江　370
王桐　316, 360, 399
王统　610
王维麐　429
王文彬　427
王文韶　81, 89, 90, 217, 218, 418, 526, 528, 534, 536, 543, 545—553, 555—559, 563—565, 568, 588
王锡恩　427
王锡藩　427
王锡山　502
王先谦　158, 177, 178

王孝丰　627
王孝慕　607
王学廉　282, 316, 338, 352, 399
王永发　370, 431, 470, 548
王咏霓　298, 302, 303, 309, 390
王涌泉　432
王有福　433
王佑贤　429
王予照　59, 83
王肇铋　387
王兆丰　430
王珍　432, 444
王之春　442, 543
王宗墀　502
王助　626
王作基　521
威测海　614
威理得（Wilde）　338, 517, 518, 519, 520, 525
威廉二世（Karser William Ⅱ）　556, 559—561, 563, 564
威仁亲王　421
威妥玛（Thomas Francis Wade）　9, 20, 24, 25, 27, 82, 86, 109, 110, 121, 129, 148, 161, 216, 219
韦贝（Carl Waeber）　333
韦承萧　429
韦尔士（George Ommanney Willes）　219
韦海　614
韦振声　103, 152
尉达尔　42
魏春泉　610
魏光焘　596, 599
魏瀚　93, 107, 137, 142, 145, 146, 157, 159—161, 185, 187, 190—192, 240, 262, 270, 271, 318, 338, 342, 350, 351, 363, 364, 366, 400, 448, 595, 597, 598, 606, 607, 630
魏睦庭　6

魏瑆　209, 318, 338, 339, 350
魏子京　560
卫廉士（S.W.Williams）　19
卫荣光　241, 296
卫汝成　504, 522, 523
卫汝贵　355, 465, 468, 473, 494, 522, 524
温（J.C.A.Wingate，通译荣日德约瑟）　296
温朝仪　355, 371, 444, 448
温德　386, 403
温思乐（A.Winsloe）　639, 640
温子绍　84, 90, 98, 105, 148, 162, 170, 172, 175, 182, 189, 203, 210, 290, 310, 394, 397, 404, 408, 409
文彬　88, 349, 355, 382, 427, 431, 439, 543, 596, 617
文炳　615
文清　8
文瑞　203, 328, 329, 335
文天骏　90
文廷式　465, 474, 492, 507
文祥　3, 5, 13, 85—88, 93, 96
文煜　59, 61, 63—65, 68, 69, 71, 76, 83, 84, 88, 107, 115
闻国发　431
翁庆平　521
翁式文　428
翁守瑜　383, 432, 440, 520
翁守正　268
翁同龢　132, 176, 250, 254, 304, 325, 328, 341, 384, 394, 464, 466, 469, 471, 473, 477, 478, 480—483, 485, 490, 495, 496, 499, 503—506, 509, 515, 517, 519, 532, 533, 553, 560, 563, 567
翁祖年　384, 432, 440
倭芬礼（Richard Wolfenden）　211
倭良扎里（A.E.BnaHranH）　332, 333
倭伦　371

沃尔芬登　199
沃克（Walkrer）　153
吴安康　144, 244, 250, 273, 277—279, 281—289, 291, 298, 325, 331—333, 339, 355, 387, 389, 390, 397, 401, 402, 405, 409, 410, 416, 429, 473, 541
吴保福　207
吴保清　428
吴长纯　431
吴长庆　182, 219, 222—224, 229, 253
吴长元　306
吴大澂　176, 228, 239, 244, 248, 250, 251, 258, 280, 282—285, 298, 300, 328, 329, 342, 355, 418, 487, 488, 498, 516, 522, 523
吴大贵　433
吴大廷　45, 46, 49, 52, 54, 56, 58, 59, 63—65, 68, 76, 78, 83, 85, 90, 93, 96—98, 100, 101, 103—107, 109, 114, 115, 118—121, 124, 127, 128, 130, 135, 136
吴大英　430
吴德章　106, 115, 137, 138, 142, 145, 146, 186, 229, 282, 310, 318, 339, 350, 363, 364, 400, 448, 554, 560, 588
吴迪文　260
吴调鼎　428
吴观礼　137—139
吴含义　432
吴鸿襄　617
吴怀仁　546
吴佳义　432
吴建　617
吴鉴衡　433
吴金山　444
吴景英　618
吴敬荣　210, 338, 349, 384, 432, 440, 441, 444, 447, 491, 493, 615
吴开泰　103

吴良凤　432

吴良起　432

吴梦良　223

吴明贵　521

吴诺福　564

吴奇勋　158, 159

吴其藻　210, 267

吴全美　223, 225, 231—236, 238

吴世忠　52, 54, 58, 75, 76, 105, 109, 117, 152

吴棠　30, 34, 37, 38, 39, 40, 41, 42, 46

吴廷斌　434

吴廷光　643

吴锡章　58

吴锡贵　210

吴煦　6, 9, 11, 12

吴湘　617

吴馨泰　521

吴仰曾　210

吴应科　210, 382, 431, 439, 501, 538, 540, 604, 605, 636, 639, 642

吴屿　617

吴郁文　429

吴元炳　90, 137, 138, 150, 165, 173

吴赞诚　104—107, 109—113, 115, 117, 122, 124, 125, 127—129, 131, 132, 135, 136, 140, 147, 149, 150, 152, 154—159, 175, 176, 185, 192, 195

吴瞻文　427

吴兆才　433

吴兆莲　610

吴兆有　279, 280, 296, 321

吴振南　602, 615, 625, 628, 636, 641, 642

吴之彦　428

吴志馨　610

吴仲贤　210

吴仲翔　46, 84, 100, 107, 119, 121, 128, 149, 155, 187, 189, 193, 195, 209, 216—218,
　　233, 238, 276, 279, 282, 283, 290, 292, 311, 342, 354, 398, 402, 403, 405

伍大名　627

伍光建　282, 360, 399, 400, 621, 627, 630, 636

伍景英　627

伍汝霖　429

伍廷芳　338, 550, 617

伍廷山　382

武永泰　326, 361

X

西华（G.F.Seward）　48

西林　42, 78, 226, 615

西摩（Sir E.Seymour）　583

西乡从道　82, 83, 84

西泽吉次　622

希尔顺（G.H.Hearson）　368

希理哈（V.Scheliha）　66

锡恩　63, 427

锡珍　267, 296, 298, 305, 374

奚定谟　610, 615

希元　413, 436

习理格　177, 240

喜昌　636

夏昌炎　617

夏立士（A.K.Harris）　355, 362, 371

夏同善　150

夏威富勒都列　284

夏献纶　84

咸丰帝（奕詝）　6

祥普　304, 389

向德宏　179

向国华　627

萧宝珩　610

萧定拔　432

萧举规　610

萧韶　183

萧仲达　370
小克锡（James Johnstone Keswick）　479，480
小山丰太郎　538
小田亨　423
小田切万寿之助　601
谢葆璋　355，384，440，598，599
谢刚哲　610
谢光斗　371
谢巨源　427
谢满禄（M.J.C.E.R.Semallé）　253，261，262
谢汝翼　429
谢润德　268
谢诗才　624
谢太平　144
谢哲明　637
解茂承　181，182，209，217，319，371，427
解茂毓　371
忻成发　316，326
辛得化　431
性森　537
熊成基　627
徐邦道　498，506
徐长顺　144，226，250，279
徐承祖　251，280，283，330—337，339—344，347，348，384
徐传钧　428
徐传隆　63，279，429，436，455
徐华清　429
徐怀清　521
徐家宝　628
徐建寅　73，80，98，103，155，157，158，160，172，174，177，180，181，191，193，202，211，214，243，452，508，510，511，517—519，524，555，561，570，588，695
徐克胜　430
徐如骏　432
徐绍乐　429

徐世昌　620
徐世溥　610
徐寿　32，588
徐寿彭　588
徐树铭　549
徐万胜　430
徐文渊　35
徐希颜　501
徐亦（Zeye）　560
徐永泰　384，432，440，543
徐用仪　161，172，174
徐裕源　599
徐振鹏　210，383，432，439，501，538，540，633，636
徐稚荪　364
徐致祥　314
徐自发　431
徐宗干　25，30，34
徐祖善　627
许朝绅　428
许德和　384
许复昌　432
许广荣　544，546
许济川　103，152
许坚　270
许建廷　605，615，625，636，643
许景澄　244，261，274，275，277，279，280，293—303，305，306，309，312，313，315，316，326，329，336，339—341，344，345，348—350，354，357，359，435，449，450，477，479，485，496，498—500，537，545，547，549—551，553，554，556，567，568，582，585，626
许启邦　431，444
许铃身　113，115，119，134，141，142，154，158，164，167，170，171，177，178，197
许寿仁　316，400，409
许寿山　64，155，167，267，272

许应骙　582, 583, 585, 586, 588, 593
许源清　427
许贞幹　400
许振袆　442
宣统帝（溥仪）　619
薛法黎　614
薛斐尔（Robert Wilson Shufeldt）　204, 206, 217
薛福成　95, 156, 168, 178, 202, 208, 289, 407, 408, 410, 414, 425, 426, 434, 435, 449, 451
薛华培　426
薛焕　2, 3, 5, 6, 8—10, 12, 13
薛君谦　597, 607
薛启华　643
薛一兴　428
薛有福　210, 267, 268
薛振声　355, 383, 419, 420, 447, 520
逊顺（F.Johnson）　63, 71, 72, 169

Y

亚当生　199
严昌泰　617
严道洪　319, 371, 381, 427, 543, 568, 596
严复（严宗光）　36, 64, 107, 111, 116, 125, 126, 131, 133, 135, 136, 138, 140, 142—148, 153, 154, 157, 168, 170, 171, 176, 185, 186, 216—218, 238, 276, 282, 360, 361, 396, 403, 405, 427, 438, 443, 446, 451, 494, 496, 507, 525, 549, 566, 568, 570, 621, 627, 630, 636
严世永　292
阎敬铭　247, 250, 257
阎钦　370, 431
阎永泰　433
延茂　306
盐田三郎　347
燕格　415

杨安典　434
杨邦义　432
杨秉璋　58
杨昌濬　81, 88, 89, 268, 271—273, 277, 278, 281, 283, 285, 294, 296, 297, 305, 311, 329, 345, 351, 374
杨昌龄　210
杨常泰　432
杨春燕　448
杨得魁　432
杨登瀛　520
杨鼎勋　27
杨坊　9, 11, 12
杨福田　624
杨福同　431
杨济成　316, 400
杨建洛　447, 501
杨金球　523
杨敬修　636
杨进贵　176
杨骏发　431
杨廉臣　116, 137, 138, 142, 145, 146, 186, 229, 282, 310, 350, 363, 364, 392, 448, 613
杨明海　179
杨品棠　444
杨岐珍　437, 442, 443, 469, 476, 544
杨启祥　610
杨善庆　428
杨士琦　615
杨世高　433
杨守训　371
杨守业　433
杨枢　331, 332, 334, 338
杨树庄　643
杨廷辉　46
杨廷杲　518
杨星源　181

杨宣诚　617
杨永霖　521
杨永年　75, 76, 152, 450
杨用霖　181, 183, 209, 370, 381, 430, 439, 494, 500, 510, 512, 514, 518, 519, 528, 535, 536, 541
杨约翰（John Russell Young）267
杨岳斌　94, 150, 170, 175, 241, 272, 276, 281, 285, 297, 397, 407
杨则哲　195
杨兆鋆　294, 309
杨兆楠（南）210
杨徵祥　610
杨正仪　449, 561
杨忠义　430
姚宝勋　233
姚登云　521
姚谷　427
姚葵常　610
姚为樑　428
姚文栋　286
姚锡光　613, 614, 620, 695
叶宝琦　627
叶伯音　305
叶伯鋆　64, 221, 226, 431, 525
叶琛　103, 267, 272
叶殿铄　186
叶方哲　627
叶富　55, 82, 147, 149, 203, 204, 205
叶虎　115
叶启荣　617
叶世璋　521
叶文澜　35, 41, 42, 46, 105, 111
叶玉标　430
叶在馥　626
叶芝昌　427
叶志超　458—461, 463—467, 469, 472, 473, 482—484, 486, 493, 523, 524
叶祖珪　64, 116, 125, 126, 135, 137, 142, 143, 145, 146, 149, 172, 185, 186, 195, 197, 253, 348, 354, 355, 370, 371, 377, 381, 429, 439, 514, 534, 543, 548, 576—581, 584, 588—590, 592, 594, 600—603, 605
伊东祐亨　420, 458, 467, 474, 489, 500, 518, 527, 535, 536
伊尔文（Andrew Irwin）378, 433
伊格那提业幅（Н.П.Игнатвев）2
伊克唐阿　482
伊藤博文　291, 331, 332, 333, 347, 421, 538, 540, 541
伊祚乾　610
奕诋　624
奕谅　179
易定侯　617
易俊　482
易梅玉　144
易永升　432
宜霖　433
义欧　170
荫昌　301
殷求敏　431
殷如璋　310, 311
殷云龙　433
英格斯（Join Ingles）512, 514
英桂　33—35, 38—40, 42, 46, 57, 58, 61, 63
英翰　59, 61, 89
英文　29, 42, 118, 123, 146, 230, 279, 323, 404, 405, 409, 435, 517, 596
应宝时　48
永隆　370
游开泰　433
游学楷　316, 400
游学诗　106
有地品之允　420, 421

于凌辰　93，94
于式枚　484
余得起　521
余发恩　433
余际唐　617
余联沅　473，530
余思诒　370，695
余锡尔（A.Purvis，即波苂什）　371，491，501
余雄飞　430，441，455
余应璜　427
余瓗　214
余贞顺　309，370，381，430，439，450，460
虞庆堂　144，209
俞箕焕　454
俞世爵　426
毓朗　618，619
毓贤　580
裕宽　238
裕禄　89，245，303，316，377，442，552，555—557，559—561，564，567—571，573，577，579，580，584，588
袁保恒　109
袁保龄　197，222，231，232，245，281，283，290，311，318，323，325
袁昶　298，309，585，695
袁甲三　2，3
袁晋陈　627
袁九皋　250，273，279，416，429，455
袁俊　13
袁培福　195
袁培英　181，209，432
袁全胜　433
袁世凯　223，226，279，305，313，326，328—331，333，334，338，344，401，447，448，454，456—462，465，467，494，584，589，592，596，597，601，602，605，609，612，613，694
袁树勋　588，599，601，604，606

袁雨春　431
原敬　280
恽秀孙　427

Z

载林　304，435
载洵　618，621，624，626，627，629—634，636，640
载泽　622
曾福谦　352
曾广钧　479
曾广伦　617
曾广钦　617
曾国藩　1—3，5，6，9，12—15，17—21，23，27，30，34，38，39，41，46，48，49，56，58，59，61，63—65，67，68，146，170
曾国荃　14，19，23，24，175，176，180，225，227，232，235，236，238，244，245，247，249，250，252，255—262，268，270，272—281，283—286，288，289，291—296，298，303，306，311，312，324，338，341，351，354，377，378，389，402，403，405，407，409，410，414，415
曾洪基　383，431，440，520
曾纪泽　127，131，134，143，144，146，149，151—154，157，159，160，162，165，168，189，191，199，211，236，237，243，246，283，292，297，298，301—306，311，314，327，337，341—345，397，401，449，695
曾以鼎　626
曾治经　626
曾兆锟　427
曾兆麟　636，643
曾宗锟　420
曾宗瀛　306，367，385，390，554，577
增祺　564，566，568，570，571，573，577
增韫　626
查贵辅　204

詹成泰　444, 448
詹天佑　210
张百熙　484
张邦元　209
张斌　393
张炳福　502
张秉圭　316, 399
张步瀛　521
张成　55, 71, 75, 76, 82, 111, 112, 117, 120, 121, 127—129, 135, 136, 142, 152, 153, 156, 158, 159, 168, 207, 211, 215, 244, 255, 267, 270, 271, 278, 284, 286, 296, 305, 306, 343, 433, 521
张成寅　433
张诚信　430
张次韩　325, 353
张楚材　610
张春　268
张得胜　274
张得旺　432, 495
张德彝　143, 695
张东瑜　433
张洞华　423
张多志　521
张恩荣　521
张尔梅　428
张尔祺　429
张观诚　427
张光前　434
张广生　428
张海鳌　521
张汉杰　618
张浩　355
张鸿发　431
张鸿胜　433
张华奎　219, 220
张继楠　429

张家骧　309
张謇　469, 471, 477, 478, 507
张金生　116, 137, 146
张金盛　502
张锦隆　431
张景春　273
张敬熙　428
张敬效　428
张廉正　186
张梦元　231, 233, 234, 238, 239, 240, 242, 402, 403
张佩纶　164, 166, 168, 170, 171, 175—179, 182, 183, 187, 189, 191, 195, 202, 213, 214, 217—220, 224, 225, 227, 228, 233, 238, 240—262, 267, 268, 270—275, 277—279, 281, 284—286, 292, 296, 298, 300, 304—306, 314, 315, 317, 326, 327, 336, 343, 402, 418, 462, 465, 470, 484, 487, 492, 494
张平远　433
张启正　186, 299, 306, 366, 385, 390
张人骏　261, 275, 492, 622, 637, 639
张仁和　432
张士珩　426, 456, 478, 488, 492, 494, 525, 609
张士造　433
张士智　427
张树声　72, 173—175, 180, 203, 205, 213, 214, 216—220, 222—224, 226, 231, 234, 236, 238—240, 242, 243, 250, 256
张顺高　59
张万才　431
张万然　617
张蔚　428
张维新　617
张文宣　321, 332, 370, 434, 519, 526, 534—536, 540, 541
张锡藩　429
张曜　322, 325, 365, 371, 411, 413—416, 418,

424, 434
张以德　433
张翼　323, 427, 432
张翼高　432
张荫桓　90, 92, 100, 302, 307, 387, 516, 523, 526, 529, 535, 567
张涌泉　268
张永清　521
张有亮　624
张玉　383, 440, 521
张玉明　383, 440
张云逵　427
张云龙　429
张云路　426
张允泰　431
张曾扬　615
张兆栋　87, 105, 238, 241, 267, 268, 270, 276, 284, 286
张哲溁　384, 432, 440, 538, 540
张之洞　166, 175, 179, 244, 250, 251, 256, 258—263, 267, 286—288, 290, 294, 295, 300—302, 307, 310, 313, 326, 327, 329, 338, 342, 344, 351, 353—355, 359, 363, 366, 367, 369, 372, 377—379, 381, 385, 389, 391—394, 408, 411, 434, 442, 443, 499, 502, 503, 506, 508, 509, 510, 516—519, 525, 527, 529, 530, 535—537, 540, 541, 543, 546, 547, 549, 550, 553, 565, 584, 596, 602, 610, 626
张之万　247, 436, 490
张志祥　430
张仲寅　618
张祖远　144
章道华　429
章高元　507
章洪钧　197, 208, 219, 245
章乃为　427

章师敦（S.J.Johnstone）　181, 182, 188, 189, 199, 205, 206, 207, 233
章万春　433
彰仁亲王　421
掌孙　170
赵昌言　429
赵得胜　433
赵怀业　355, 429, 498, 506, 522, 523
赵继元　202
赵家伟　430
赵立勋　430
赵连功　433
赵铭　168
赵文采　429
赵文锦　447
赵沃　343
赵湘棻　429
赵汗昌　429
赵元益　188, 628
赵云奇　433
赵增盛　209
赵之麟　427
赵植培　428
郑昌棪　133, 163, 412, 628
郑朝宗　383, 440
郑崇义　325, 430
郑敦谨　30
郑溥泉　64
郑观应　91, 694
郑光朝　520
郑嘉荣　427
郑礼庆　610
郑纶　355, 444, 448, 636, 642
郑清濂　115, 137, 142, 145, 146, 181, 185, 186, 192, 240, 318, 350, 363, 364, 448, 554, 630, 636
郑汝成　316, 338, 352, 399, 432, 449, 613, 633,

郑绍忠　505, 517
郑守三　268
郑守钦　560
郑守箴　316, 399
郑听如　386
郑文超　384, 432, 440, 523, 538, 540
郑文成　217
郑文恒　383, 431, 440, 520
郑文英　316, 338, 352, 399
郑孝胥　420, 441, 570, 695
郑训承　291
郑永宁　458
郑渔　75, 82, 111, 207
郑藻如　158, 197
郑仲濂　618
郑祖彝　448, 538, 540, 636
志和　168
志俊　427, 456
志锐　391—393, 395, 396, 473, 478, 481, 492, 508
钟德祥　469, 474, 482
钟昆源　144
钟天纬　377, 628
钟文翠　433
钟义才　433
中根淑　286
中牟田仓之助　423
中野健明　423
周阿琳　520
周安　384, 435
周宝　306
周布公平　419, 420, 422
周传谦　368
周凤震　218
周福臻　371
周馥　197, 208, 210, 226, 245, 248, 252, 301, 307, 317, 318, 323, 325, 327, 335, 337, 343, 345, 350, 365, 367, 369, 372, 373, 375, 376, 378, 404, 411, 416, 442, 589, 602, 604—606, 608, 609
周光贵　430
周光祖　610
周恒祺　152, 162, 165, 185, 218
周家梁　429
周家楣　255
周开锡　41, 42, 44, 46
周礼　371
周立瀛　27
周懋琦　279, 281, 311, 316, 400
周尚书　431
周盛波　325, 355
周世铭　429
周树人（鲁迅）　574, 575
周树荣　433
周廷禄　521
周文得　433
周文祥　13
周喜　521
周献琛　316, 343, 360, 399
周新铿　521
周友胜　433
周永庚　561
周展阶　440, 447, 520
周兆瑞　643
周作人　589, 696
朱采　329
朱得华　433
朱恩锡　73, 113
朱尔典（J.N.Jordon）　618, 639
朱福春　427, 428
朱福荣　371
朱广胜　431
朱华经　617

朱怀双　431
朱铭盘　428
朱鸣安　430
朱其昂　71
朱声岗　432, 435, 636, 642
朱天奎　607
朱天森　602, 615, 625, 642
朱维钰　430
朱伟　617
朱希贤　371
朱绪常　432
朱耀彩　136, 142
朱一新　313, 328, 336, 694
朱玉春　430
朱正福　433
朱正霖　599
朱宗祥　277, 310, 315, 385, 390
诸成博　454, 457, 534

竹添进一郎　179, 281
竺九凤　144, 433
竺蒲匏　614
祝苇　428
祝鸿标　433
庄仁松　443
庄询　420
卓金梧　610
宗方小太郎　474
左秉隆　199
左子兴　204
左宗棠　22, 24, 27, 29, 31—35, 41, 42, 65, 67, 68, 69, 72, 78, 80, 91—94, 97, 106, 109, 156, 161, 165, 168, 172, 174, 175, 182, 189, 192, 206, 214, 219, 220, 223—225, 227—229, 233, 234, 237—242, 244, 245, 247, 268, 271, 272, 276, 277, 281, 283—287, 290, 292—296, 299, 301, 305, 422, 449

舰船索引

A

阿必伦（英商船） 516
阿察（Archer，弓箭手，英） 485，545
阿达朗德（Atalante，亚特兰大，法） 272，285
阿筏（法） 337
阿莱三登（Alexandra，亚历山大，英） 353
阿摩士（Qumuz，英） 485
阿其力（Achilles，阿喀琉斯，英） 144
阿斯柯德（Askold，亚斯柯德，俄） 602，604
爱克洛（Elcano，美） 640
爱勤考特（Agincourt，阿金库尔，英） 130，136，185，360
爱仁 467，468，469，470，496
爱斯米拉达（Esmeralda，额斯默拉尔达，翡翠，智利，后售日本，更名和泉） 499，507，509，512
安东 503，615
安丰 620，660
安海 586，593，664
安澜（广东巡船） 49，51，260，379
安澜（船政局制兵船） 62—64，69，71，72，75，76，83—85，193，211，661
安平 585

安普黎（法） 253，254
安涛 260
安香 615
奥德斯阿斯（Audacious，大胆，英） 57
奥利恩（Orion，猎户座，英） 166，167，170，180

B

八重山（日） 178，179，459
巴山 494，495
巴雅（Bayard，法） 272，285，289，293，294
白朗古恩喀喇达（Bianco Encalada，白朗古，白德古，智） 473
百济 339，349，372，648
百粤（李泰国起名广东 Kwangtung） 17
拜旻（Bayern，德） 546
鲍特雷（Bodri，俄） 604
保大 220，322，353
保靖 27，68，254，326，360，488
保民 250，303，331，387，389，417，434，455，541，560，596，624，636，641，643，651，657，660
宝璧 615，624
宝筏 530，533
报捷 260

暴风雨（Grozovoi，俄）424, 602
北平　461, 514
比睿（日）94, 281, 490
孛来克柏林（Black Prince，黑王子，英）
　　122, 136, 143, 185
伯里洛芬（Bellerophon，柏勒罗丰，英）
　　130, 136, 185, 352
柏尔来（Belleisle，英）165, 166, 167, 171
播布斯（Porpoise，海豚，英）473, 485, 545
博兰（Almirante Brown，布朗将军，阿）536
卜拉德（Capitan Prat，智）499
不列颠市场（Britomart,，英）639

C

操江　18, 50, 51, 59, 63, 65, 72, 96, 124, 158,
　　171, 336, 338, 378, 459, 460, 461, 463, 467,
　　469, 470, 471, 478, 524, 548, 660, 665, 667
测海　50, 52, 55, 59, 63—65, 68, 72, 78, 85, 97,
　　100, 105, 106, 115, 119, 124, 158, 177, 220,
　　250, 419, 426, 443, 613, 614, 628, 650, 651,
　　660
策电（Delta，德尔塔，从英国购买的炮艇）
　　114, 116, 119, 120, 140, 179, 250, 541, 560,
　　596, 624, 641, 650, 652, 659
查塔诺嘉（Chattanooga，即察单如嘎、差利
　　司顿，美）630
茶隼（Kestrel，英）215, 224
长门（日）344
长胜　27, 76, 83, 251
超海　522, 544
超武　134, 141, 147, 149, 193, 203—205, 221,
　　393, 514, 624, 663
超勇　164, 181—183, 189—191, 194, 197, 199,
　　201, 202, 204—208, 217, 219, 221, 222,
　　226, 234, 251, 252, 343, 275—278, 281—
　　285, 287, 292, 297, 298, 306, 311, 321, 322,
　　329, 351, 361, 372, 381—383, 387, 389,
　　395, 398, 408, 416, 439, 440, 452, 455,
　　459—461, 463, 464, 468, 475, 489—491,
　　497, 520, 521, 646, 676
琛航　74, 80, 84, 125, 152, 193, 257, 263, 361,
　　561, 593, 624, 653, 662
澄波　260, 326
澄海　643, 660
澄清　35, 39, 49
澄庆　164, 178, 193, 220, 221, 223, 226, 229,
　　250, 251, 257, 259, 260, 273, 278, 279, 281,
　　286—292, 298, 359, 650, 663
辰　528, 551, 615, 623, 624, 631, 641, 643,
　　657
赤城（日）490
楚材　443, 610, 623
楚观　600, 602, 611, 615, 623, 636, 641, 642,
　　659
楚谦　600, 602, 611, 615, 623, 636, 641, 642,
　　659
楚泰　600, 602, 611, 612, 623, 636, 640, 641,
　　642, 659
楚同　600, 602, 611, 612, 623, 636, 639, 640,
　　641, 642, 659
楚有　600, 602, 611, 612, 623, 636, 639, 640,
　　641, 642, 659
楚豫　600, 602, 611, 615, 623, 636, 639, 640,
　　641, 642, 659
春日（日）52

D

大和（日）469
大雅　81, 83, 84, 85, 193, 662
导海　364, 544, 546
德拉克（Drac，法）272
德胜（李泰国起名盛京Mukden，原英国
　　Baiiarat）17
德斯丹（D'Estaing，法）263, 265, 272, 285

德意志（Deutschland，德） 563, 564
登瀛洲 104, 108, 111, 193, 207, 221, 223, 226, 229, 232, 250, 257, 419, 560, 596, 624, 641, 643, 650, 651, 658, 662
第二辰丸（日） 617
第二丁卯（日） 52
第一丁卯（日） 52
第二十二号雷艇（日） 475
第二十三号雷艇（日） 475
第七号雷艇（日） 475
第十二号雷艇（日） 475
第十三号雷艇（日） 475
狄芬司（Defence，防御，英） 136, 185
定一 531, 648
定功 260
定二 531, 649
定海 593, 664
定远 116, 117, 184, 189, 202, 205, 211, 217, 221, 232, 235—237, 242, 244, 249, 276, 277, 280, 283, 287, 293, 294, 297, 300, 301, 306, 307, 309, 311, 313—315, 318, 321, 322, 325—327, 329—333, 335, 336, 340, 348, 351, 361, 367—369, 381—387, 389, 391—393, 395, 396, 398, 399, 408, 410, 412, 414, 416, 418, 421, 422, 424, 434, 435, 438—442, 444, 447, 448, 450, 453, 455, 456, 460, 461, 464, 468, 472, 475, 484, 489—497, 499, 501, 503—505, 507, 508, 511, 513, 517, 523, 524, 526, 528, 530, 531, 533—535, 539, 543, 544, 646, 665, 677
东（日） 52
都利（Thule） 18, 38
都麦林（Tourmaline，碧玺，英） 353
杜居士路因（Duguay Trouin，即都杰，法） 262, 272, 285, 286
对马岛（日） 640

E

俄亥俄（Ohio，美） 619
额格士塞兰德（Excellent，卓越，英） 338, 352
额拉粗力士（Presidente Errazuriz，艾拉苏力总统，智） 499
恩延甫（Euryalus，欧律阿洛斯，英） 143, 185

F

伐洛尼（俄） 604
飞电 260
飞鸿 633
飞捷 374, 489, 623
飞鲸 467—470
飞礼则唐（Phlegeton，地狱火河，法） 295
飞龙 36, 49, 385
飞霆（Gamma，伽玛从英国购买的炮艇） 114, 119, 120, 140, 142, 143, 152, 158, 159, 179, 250, 413, 426, 434, 531, 541, 560, 596, 623, 650, 652, 673
飞霆（鱼雷炮舰，从英国购买） 528, 544, 545, 579, 641, 687
飞霞 260
飞鹰 545, 546, 579, 618, 619, 621—623, 631, 636, 641—643, 657
飞云 67, 71, 75, 76, 84, 109, 117, 152, 193, 221, 263, 267, 268, 557, 661
费勒斯（Villars，维拉，法） 254, 258, 259, 261, 262, 285
丰顺 468
凤翔（日） 52
佛拉迪密尔（Vladimir，俄） 604
伏波（上海巡船） 27
伏波（船政制造） 43, 56, 59, 69, 71, 75, 76, 83, 84, 125, 193, 221, 257, 263, 270, 271, 274, 298, 362, 374, 408, 554, 585, 624, 661, 669

弗吉尼亚（Virginia，美） 619

富士山（日） 52

富有 283

福安 268, 558, 559, 561, 624, 664

福靖（原名广丁） 353, 366, 397, 409, 437, 450, 550, 553, 556, 571, 664

福龙 313, 336, 342, 397, 406, 531, 544, 557, 648, 684

福胜 91, 105, 152, 211, 263, 267, 268, 270, 274, 653

福星 43, 56—58, 75, 76, 83, 152, 193, 211, 221, 251, 263, 264, 267, 268, 270, 271, 653, 661, 668

福源 32

扶桑（日） 94, 116, 192, 281, 490

蝮蛇（Vipère，法） 262, 272

富有 283

G

甘泉 620, 659, 660

刚毅（俄） 442, 505, 600—602

高丽（俄） 604

高千穗（日） 420, 422, 469, 490

高升（Kow-shing） 187, 237, 452, 467—472, 478, 520, 544, 545, 588, 590, 594, 596

高雄（日） 458, 469

葛城（日） 419, 420, 423, 469

格希翁（Gefion，德） 563

公和 386

拱北 223, 468

古董 27

古洛尼亚（俄） 604

广安 260, 295, 326

广丙 353, 366, 407, 413, 415, 416, 436, 437, 441, 444, 445, 450, 451, 455, 460, 461, 463—465, 468, 475, 489, 491, 494—497, 503, 507, 533—536, 638, 654, 664

广丁（见福靖）

广庚 353, 380, 388, 392, 393, 624, 654, 663

广癸 353, 441

广亨 327, 615, 624, 654

广己 353, 372, 654

广济 260, 468

广甲 346, 353, 354, 359, 361, 363, 364, 366, 367, 379, 394, 398, 402, 407, 416, 439, 440, 441, 444, 445, 450, 451, 454, 455, 458, 460, 462, 465, 468, 475, 476, 489—493, 654, 663

广金 394, 404, 654

广靖 260, 326

广利 327, 624, 654

广庑 326

广全 624

广壬 353, 441

广戊 353, 363, 654

广万（李泰国起名厦门 Amoy，原英国海军 Jasper） 17

广辛 353, 441

广乙 353, 366, 380, 392, 407, 410, 437, 441, 444, 445, 450, 451, 455, 464, 465, 468—471, 474, 476, 479, 488, 492, 495, 545, 546, 654, 663, 686

广玉 394, 624, 654

广元 327, 624, 654

广贞 327, 615, 624, 655

H

海安（镇安） 67, 69, 78, 81—83, 85, 98, 101, 103, 107, 111, 118, 119, 121, 124, 131, 158

海琛（招商局轮船） 189—196

海琛（巡洋舰） 275, 552, 554, 556, 557, 570—572, 579, 580, 589, 593, 619, 620, 623, 631, 636, 638, 640—642, 657

海筹 552, 554, 566, 570, 571, 579, 580, 589, 593, 612, 613, 619, 623, 630—632, 636,

640—642, 657

海定　459, 488, 489

海东云（即五云车）57, 76, 82, 83

海东雄　189, 203, 260, 655

海华　566, 575, 579, 580, 584

海镜　74, 78, 80, 82—84, 193, 251, 283, 524, 545, 546, 648, 653, 662

海镜清　189, 197, 260, 326, 655

海龙　566, 575, 579, 580, 584

海门（日）280

海圻　552, 555, 557, 576, 579—581, 584, 589, 597, 601, 605, 615, 618, 619, 621—623, 630, 635—638, 640, 657

海青　566, 575, 579, 580, 584

海容　275, 552, 554, 566, 568, 569, 571, 572, 577, 579, 580, 584, 588, 589, 601, 611—613, 615, 619, 622, 623, 632, 636, 640—642, 657, 689

海生　27

海天　552, 555, 557, 576, 579—581, 589, 600, 601, 688

海犀　566, 575, 579, 580, 584

海晏（后改名公义）254, 273, 320—322, 342, 403, 424, 459, 468, 523

海伦娜（Helena，即黑聆那，美）631

汉口　239

横海　244, 260, 282, 310, 313, 316, 325, 359, 663

恒春　396, 426

湖鹗　600, 602, 614, 624, 641, 643, 657

湖鹏　600, 602, 614, 624, 640—643, 657

湖隼　600, 602, 617, 624, 640, 641, 643, 657

湖鹰　600, 602, 617, 624, 640, 641—643, 657

虎威（Beta，贝塔）从英国购买的炮艇　104, 108, 111, 112, 117, 121, 127, 128, 133, 140, 169, 179, 250, 444, 541, 560, 596, 606, 650, 652

华福宝　32, 48

寰泰　313, 337, 355, 359, 364, 387, 389, 391, 392, 401, 408, 412, 417, 455, 495, 541, 550, 553, 556, 560, 573, 595, 596, 598, 651, 663

黄鹄　31, 32

皇帝（Kaiser，德）562

毁灭（Devastation，英）500

惠安　260

J

吉野（日）453, 467—472, 490, 533

吉云　571, 664

济安　67, 72, 76, 82, 83, 105, 109, 111, 116, 151, 161, 193, 195, 211, 221, 263, 270, 653, 662

济川　103, 152, 260, 664

济远　117, 231, 240, 242, 243, 279, 280, 293, 294, 297—303, 305—311, 314—316, 321, 322, 325, 329—332, 335—338, 340, 348, 351, 361, 367, 381—383, 386, 387, 389, 391, 395, 398, 399, 406, 408—412, 416, 424, 436, 438—440, 442—444, 447, 448, 453, 455, 458—464, 468—472, 479, 485, 489—495, 497, 501, 503, 504, 508, 522, 529, 530, 536, 538, 543, 557, 646, 678

蓟（Thistle，英）639

辑西　260

建安　582, 583, 592, 597, 609, 623, 636, 639—642, 658, 664

建靖（见通济）

建康　626

建胜　91, 105, 152, 211, 214, 263, 264, 267, 268, 270, 653

建威（练船，即马得罗，Matadore，德）56, 59, 63, 64, 71, 74, 75, 103, 121, 557, 653, 664

建威（鱼雷快舰）566, 567, 573, 577, 582,

583, 592, 597, 609, 613, 623, 636, 640, 641, 642, 658

建翼　590, 592, 664

坚定（Staunch，师丹炮船，英）　81, 85, 87, 88

江孚　273

江亨　596, 603, 607, 612, 618, 624, 636, 640, 642, 658

江鲲　626

江利　596, 603, 607, 618, 624, 628, 636, 640—642, 658

江犀　626

江元　595, 596, 605—607, 618, 624, 636, 640—642, 658

江贞　597, 603, 607, 618, 624, 628, 636, 641—643, 658

金刚（日）　94, 222, 422, 423

金龙　477, 491, 492

金瓯　96, 104, 113, 250, 443, 650, 652, 660, 671

金台（李泰国起名北京Peking，原英国海军Mohawk）　17

精捷　260

靖安　260, 326

靖海（原名古董）　27, 152, 260, 326, 374

靖江　260

靖远（船政制造，后改练船）　67, 71, 75, 82—84, 105, 146, 147, 193, 220, 221, 250, 257, 557, 568, 650, 651, 661

靖远（北洋海军）　146, 334, 338, 346, 348, 349, 353—356, 361, 365, 366, 368, 369, 373—375, 377, 381—383, 387, 389, 395, 396, 408, 412, 414—416, 418, 420, 423, 426, 439—442, 444, 445, 447, 448, 454, 455, 464, 468, 472, 475, 479, 484, 488—491, 494, 495, 497, 503, 504, 529, 533—535, 543, 578, 646

经远　275, 338, 341, 346, 348—350, 353—355, 357, 361, 366, 368, 369, 381—383, 386—389, 391—393, 395, 396, 398, 409, 410, 416, 418, 426, 439—441, 448, 452, 453, 455, 464, 468, 472, 475, 484, 485, 487—492, 497, 520, 521, 646

鲸波　626

镜清　287, 310, 330, 333, 341, 350, 357, 359, 364, 387, 389, 412, 415, 417, 445, 455, 541, 550, 553, 554, 560, 596, 624, 631, 636, 641, 643, 655, 658, 663

决心（Décidée，法）　640

钧和　230, 341

K

开济　213, 229, 237, 239, 242, 250, 251, 257, 259—262, 273, 275, 276, 278, 279, 286, 288, 289, 310, 321, 322, 331, 337, 359, 364, 387, 389, 408, 417, 434, 455, 489, 492, 495, 541, 550, 553, 554, 560, 590, 592, 650, 651, 663, 679

开泽林·奥古斯塔（Kaiserin Augusta，德）　563

凯旋（Triomphante，法）　263, 265, 272, 285, 289

康德尔（Almirante Condell，康德尔将军，智）　499

康济　148, 152, 155, 193, 251, 252, 260, 285, 295, 328, 351, 359, 361, 365, 374, 375, 381, 382, 384, 386, 388, 392, 395, 406, 416, 420, 440, 449, 455, 463, 464, 468, 524, 535—537, 546, 579, 622, 647, 663

柯袭德（Coycyté，痛哭河，法）　295

克里夫兰（Cleveland，可利芝兰得，美）　631

肯塔基（Kentucky，美）　619

快马　320, 321

宽济　260

L

拉加利桑尼亚（La Galissonnière，法） 258，272，285

拉里（Raleigh，英） 149，352

拉马赛斯（英商船） 483

拉斯特罗尼（Rastoropni，俄） 602

来远 275，338，341，346，348，349，353—355，357—359，361，366，368，369，381，382，384，386，387，389，390，395，396，398，399，409，410，416，418，435，439，440，441，444，447—449，453，455，464，468，472，475，484，487—490，507，508，518，529，530，533，543，598，646

浪速（日） 228，462，468—470，490，588

老虎（Tiger，德） 252，640

雷兑 286，656

雷艮 286，624，655

雷虎 230，624，656

雷坎 286，624，655

雷坤 286，624，655

雷离 286，655

雷龙 230，624，656

雷诺堡（Château-Renault，法） 272

雷乾 286，624，655

雷巽 286，624，655

雷震 286，624，655

雷中 230，656

黎挠讷（里桡恩，德） 120，128，129

李得斯得拉（英商船） 489

利川 260，326

利济 260，374

利顺 531，534

利运 285，296，381，382，415，488，489，648

立安门（Lion，法） 471

联鲸 632，636，641，643，660，690

列 528，551，615，624，641，643，657

列伏尼亚（俄） 604

林则（Almirante Lynch，林则将军，智） 499

凛海 522

凌风 228

龙湍 626

龙威（见平远）

龙骧（Alpha，阿尔法，从英国购买的炮艇） 104，108，111，112，117，121，127，128，133，136，140—142，159，165，167，169，179，220，250，541，560，596，650，652，672

龙骧（日） 52

鸬鹚（Cormoran，德） 562

鲁汀（Lutin，法） 258，272

路易斯安娜（Louisiana，英） 619

露西亚（Rossia，俄） 583

罗福尔（Rover，英） 343，353

M

马得罗（Matador，德，见建威）

马那杜（Minotaur，弥诺陶洛斯，英） 122，133，136，143，185

满珠 423

湄云 50，52，54，55，57，71，75，83，88，105，193，221，251，445，546，557，661

美那（见平远，练船）

们那次（Monarch，君主，英） 143，185，360

孟春（日） 52，694

米梯亚（俄） 604

密苏里（Missouri，美） 619

敏捷 365，374，378，381，382，384，386—389，395，406，419，439，444，447，455，461，464，544，546，602，647

明治（日） 344

明治丸（日） 222

宙傍（日） 228，342，344，345

N

南琛 228, 244, 247, 249, 250, 252, 259, 273, 275, 276, 278, 279, 283, 286, 288—290, 293, 321, 322, 331, 335, 387, 389, 417, 449, 455, 475, 489, 494, 525, 549, 550, 553, 560, 596, 615, 624, 636, 641—643, 650, 651, 658, 682

南瑞 228, 244, 249, 250, 252, 259, 273, 275, 276, 278, 279, 283, 286, 288—290, 293, 321, 322, 331, 337, 338, 387, 389, 408, 417, 449, 455, 475, 489, 495, 541, 550, 553, 554, 560, 596, 606, 610, 650, 651

南图 223, 260

尼埃利（Nielly，法）285, 289

尼夫（Nive，法）272

纽卡斯尔（New Castle，英）153

诺尔参木布兰（Northumberland，诺森伯兰，英）152, 360

诺尔参木顿（Northampton，北安普敦，英）238

P

潘尼洛布（Penelope，潘尼洛普，英）141, 142

磐城（日）217, 423

蓬洲海 326

捧日 366, 367, 410

平度（Presidrnte Pinto, 平度总统，智）499

平远（练船，原名美那）295

平远（巡洋舰，原名龙威）346, 363, 364, 380, 387, 388, 392—395, 397, 402, 404, 406, 408, 414, 416, 425, 435, 439, 443, 445, 448, 453, 456, 457, 459—464, 468, 475, 484, 489, 491, 494, 495, 497, 503, 512, 519, 536, 538, 543, 557, 568—570, 572, 579, 581, 604, 618, 620, 623, 625, 626, 633, 636, 638, 641, 646, 647, 650, 651, 653, 654, 657, 658, 660, 661, 663, 683, 686, 688, 689

菩提西阿（Boadicea，布狄卡，英）143, 185

普济 285, 468

Q

七月九日（Nueve de Julio, 阿）536

奇尔沙治（Kearsarge，美）619

千代田（日）52, 422, 423, 458, 469, 490

乾行（日）52

桥立（日）312, 469, 490, 538

清辉（日）143

秋津洲（日）441, 468, 469, 470, 490, 601

R

日进 52, 423

日新 223

S

萨克森（Sachsen，德）177

萨马耳岛（Samar，美）631

三卫（李泰国起名天津，Tientsin）17

山东 57

山城丸（日）475

山鹬（Woodcock，英）640

汕岛（Swatara，美）217

摄津 52

森林云雀（Woodlark，英）639

斯卫福舒耳（Swiftsure，敏捷，英）238

士班德（Spartan，斯巴达，英）153

士迪克十（Styx，冥河，法）295

四平 479

松岛（日）312, 450, 458, 469, 490, 535, 536

苏丹（Sultan，英）353

宿 528, 551, 615, 624, 631, 641, 643, 657

绥靖 35, 42, 49

梭尼（Saône，法）272, 285, 289

索伯拉那（Soberana，西商船）113

T

塔恩（Tarn，法） 272

泰安　104，111，152，193，203，218，221，223，226，280，283，330，662

天龙　469

天平　48

恬波　46，49，51

恬吉　45，49，57，59，64，65，68，72，78，85

铁公爵（Iron Duke，英）　169，171，359

铁皮　48，96

通济（即建靖）　528，541，549，570，579，624，636，641，643，657，664

同安　626

图南　296，349，459，468，479，488，489

W

万利（Wille，德商船）　258

万年清　43，50—54，57，68，71，75，83，105，152，161，193，207，251，257，313，330，345，653，661，666

威凤　375

威靖　56，59，61，63—65，68，76，78，85，90，93，97，98，107，115，118—120，158，220，226，250，278，419，489，560，596，606，650，651，666

威拉罗博司（Villalobos，美）　640

威利　283

威廉公主（Prinzess Wilhelm）　562

威林密（英）　9

威灵顿（Willington，英）　144

威斯康辛（Wisconsin，美）　619

威远　114，118，124，141，151，152，155，161，178，193—195，197，203，217，221—223，226，229，234，251，252，281，282，284，292，326，329—332，335，338，351，353，361，368，373，374，381，384，386，387，391，392，395，406，416，419，425，435，441，444，447，450，453—455，464，468，469，482，523，530，533，543，544，647，649，663

维拉罗博斯（Villalobos，限拉路毕司，美）　631

窝尔达（Volta，嚣卢荼，法）　254，262，264，266，272，285

五月二十五日（Veinticinco dr Mayo，阿）　64，236，254，295，348，419，462，536，584

五云车（见海东云）

舞凤　636，640，641，643

X

西京丸（日）　490

犀照　391，514

香伯兰（Champlain，法）　285

翔云　260

翔云（颐和园小轮船）　367，410

祥麟　375

小鹰　475

新丰　468

新南升　182

新裕　468，488，489

宣威　260，392

Y

雅里阿特（Ariadne，德）　96

严岛（日）　312，423，469，490

扬威　181—183，189—191，194，197，199—202，204—208，211，217，219—222，226，234，251，252，273，275—278，281—284，287，292，295—298，311，321，322，329，341，351，353，361，372，381，382，384，387，389，395，398，408，416，439，440，443，444，452，455，458—461，463，464，468，469，475，489—491，497，520，522，647

扬武　67，69，70，75，83，92，93，101，103，104，105，109，112，115，117，121，124，151，152，

155,156,161,193,206—208,211,212,214,215,221,239,251,260,263,266—268,270,271,274,278,305,306,557,653,661,670

扬子 157

野猫（Lynx，端腊士，法） 254,262,272

一统（李泰国起名中国China，原英国海军Africa） 17

依及利亚（Egeria，英） 343

伊里达斯（Iltis，德） 472

伊利诺斯（Illinois，美） 619

艺新 104,106,124,193,221,263,270,271,274,450,653,662

益生 534

益士弼（Aspic，眼镜蛇，法） 254,262,285

翼虎 260

音温思布拉（Invincible，无敌，英） 149

英佛来息白（Inflexible，不屈，英） 143,177

应瑞 626,637

鹰梭 260

印度皇后（英商船） 598

永安 260,326

永保 74,76,78,82,117,193,256,263,653,662

永丰 633

永济 260

永清 13,260,521

永顺 181

永翔 633

右队二 384,440,531,543

右队三 444,531,543

右队一 384,440,531,543

豫章 626

隅田 640

遇顺 313,369,375,467,522,544

驭远 74,78,181,187,191,214,220,228,250,279,281,286—292,298,650,660

元凯 92,95,125,193,221,514,552,557,568,571,624,662

云扬（日） 52,99

运筹 326,384,613

Z

轧令尔 156

张 528,551,615,624,641,643,657

肇安 214,260

肇和 626,637

肇敏（日） 52

侦察（Eclatreur，法） 285

镇安（见海安）

镇北 148,151—155,159,167,171,177,178,197,251,322,326,335,382,386,535,536,543,647

镇边 189,197,198,208,215,251,285,322,328,335,382,489,536,543,647

镇东（北洋海军炮舰） 148,151—155,158,159,167,251,322,326,335,382,464,467,468,488,489,536,543,647,674

镇东（北洋海军炮舰） 148,151—155,158,159,167,251,322,335,382,468,488,489

镇东（招商局轮船） 223,467,468,488,489

镇东（广东炮船） 260,326

镇二 531,649

镇海（广东巡船） 39,49

镇海（船政局兵船） 62,63,65,71,72,75,96,98,101,105,193,217,218,221,226,253,338,395,488,661

镇南 148,151—155,164,167,171,172,199,251,322,335,382,386,395,406,489,536,543,647

镇涛 49,51,434,624

镇吴（李泰国起名江苏，Keangsoo） 17

镇西 148,151—155,167,193,251,295,312,322,326,335,382,395,536,543,647

镇一　531, 649

镇远　117, 189, 205, 232, 237, 242, 244, 276, 277, 280, 293, 294, 297, 298, 300, 301, 306—309, 311, 314, 315, 318, 321, 322, 325, 327, 329—333, 335, 336, 340, 348, 351, 361, 367, 381—383, 387, 389, 391, 395, 396, 398, 399, 408, 410, 412, 416, 418, 438—440, 442, 443, 444, 447, 450, 452, 453, 455, 460—464, 468, 471, 472, 475, 482, 484, 489, 490, 493—497, 499—505, 507—514, 517—519, 523, 524, 526, 530, 533, 534—537, 540, 543, 544, 557, 559, 646

镇中　189, 197, 198, 208, 251, 322, 328, 335, 382, 439, 489, 536, 543, 647, 675

振威　67, 72, 76, 83, 99, 105, 152, 161, 193, 211, 221, 263, 267, 268, 270, 605, 653, 662

执中　260, 326

致远　146, 334, 338, 346, 348, 349, 353, 354, 355—357, 359, 361, 362, 365—368, 369, 372—377, 380—384, 387, 389, 390, 395, 396, 398, 399, 408, 412, 414—416, 418, 420, 422, 423, 439—442, 444, 447—449, 452, 455, 464, 468, 472, 475, 479, 484, 485, 488—492, 497, 520, 521, 646, 680

中队甲　531

中队乙　531

祖国（Vaterland，德，"一战"后归中国，改名利绥）　640

筑波（日）　52

左队二　384, 440, 531, 543

左队三　444, 531, 543

左队一　354, 355, 372, 382, 387, 439, 485, 516, 531, 543, 685